조선후기 체제변동과 속대전

National Reconstruction after two Wars
in the Late Joseon Dynasty
and Compilation of the *Soktaejun*

edited by Oh, Young-kyo

이 저서는 2002년도 한국학술진흥재단의 지원에 의하여 연구되었음
(KRF-2002-074-AM1012)

연세국학총서 46
조선 국가의 구조와 경영 2

조선후기
체제변동과 속대전

오 영 교 편

혜안

간행사

2005년 올해는 광복 60년, 을사조약 100년이 된다. 관련 학계에서는 단순히 나열된 숫자로서가 아니라 그 의의를 크게 부여하고 다양한 학술행사를 통해 새로운 조명을 가하고 있다. 그러나 각각의 사건이 우리에게 제기했던 역사적 과제들은 60년, 100년이 다 되도록 그 해결의 끝이 보이지 않아 답답하기만 하다. 자주적 통일국가의 건설은 왜 이렇게 더디 실현되려 하는지.

본 연구진은 '조선시대 국가경영의 이상과 현실'이라는 주제 하에 2년차 연구로서 17세기, 18세기 초 조선의 국가·사회체제를 각 분야별로 분석하고자 했다. 특히 17세기 들어 50년 동안 4차례의 전쟁과 각종 자연재해, 인조반정 등 대내외적인 위기 속에 국가를 재건하고 國計·民利를 위해 법제와 기구를 정비하고 개혁론을 제시했던 政論家·儒者·官人들의 논의를 파악하고자 했다. 17세기 왕조가 교체된 중국·일본과 달리 조선왕조가 수많은 환난 속에 집권적 관료국가를 재건하게 된 내적 계기와 원인을 살펴보고자 하였다. 여러 가지의 도전과 난관에도 불구하고 계승·발전되어 온 국가 경영의 모습을 다시 한번 주목하려 했다.

구체적으로 이번 2차 년도에는 '양란 후의 국가위기 수습과 續大典 편찬'이란 주제로 10개의 과제를 세분하여 살폈다. 각각의 논문이 다룬 내용은 다음과 같다. 먼저 김용흠의 「17세기 정치적 갈등과 주자학 정치론의 분화」에서는 주자학의 절대화를 기치로 내걸었던 西人 내부에서 정국 운영을 두고 분화가 일어났으며 결국에는 老論과 少論으로 분기하게 되는 과정을 서술하고 있다. 도현철의 「17세기 주자학 道統主義의 强化와 지주제 유지론」은 17세기에 전개되는 서인의 주자학 도통주의화 노력은 사회경제적인 측면에서 이 시기 전일적으로 발전하게 되는 지주전호제에 조응한 것임을 밝히고 있다. 구만옥의 「17세기 주자학적 자연관의 변화와 실학적 자연인식의 대두」에서는 윤휴, 허목, 이현석 등 주자학에 비판적인 학자들의 자연인식이 자연을 도덕과 분리하여, 자연을 자연 그 자체로 인식하고자 하는 논리와 방법론을 지니고 있었음을 서술하였다. 한정길의 「양란 이후 주자학 이해의 분화와 異學觀」에서는 소론의 박세당과 정제두의 학문은 주자학에 대한 윤리적 실천적 비판을 거쳐 이기론의 본체론에 대한 비판까지 나아갔다고 하였다. 학제간 연구의 한 분야인 문학의 김영봉은 「17세기 민족 문학의 자각과 주체적 문학관의 대두」에서 전쟁 경험을 통하여 조선의 문학계가 주체적인 문학관을 전개하였으며, 이는 18세기 사실주의 문학의 배경이 되었다고 하였다.

　다음으로 오영교의 「『磻溪隨錄』의 국가구상과 小農經濟論」에서는 유형원의 『반계수록』을 분석하여 17세기 조선국가의 재건을 위한 노력, 새로운 변법적 국가론의 논리를 밝히고자 하였다. 백승철의 「17세기 국가주도의 商業論과 商業政策」에서는 17세기 국가 주도의 상업론은 개혁적 국가재건론과 맞물려 발전하였음을 강조하였다. 원재린의 「17세기 신분제 개혁론의 대두와 그 의미」에서는 17세기에 대두된 신분제 개혁론이 庶孼許通・奴婢從良 등과 같은 온건한 차원에서, 노비제 혁파론・양반제 소멸론과 같은 적극적 주장이 대두하였음을 밝히고 있다. 김선경의 「조선후기 정치체제론의 전개 ― 봉건제・군현제론을 중심으로 ―」는 17・18세기 유형원과 유수원의 정치체제 구상을 봉건제 군현제론과 연관하여 살폈다. 이 글은 본래 우리 과제가 출발할 때는 구상하지 않았으나, 논의를 보다 풍부하게 하기 위하여 중간 과정에서 보강하였다. 정호훈의 「18세기 전반 蕩平政治의 추진과 『續大典』의 편찬」에서는 18세기 탕평정치의 의미를 정리하면서 『속대전』은 탕평정치의 산물이면서 탕평정치의 정치적 이상을 담고 있음을 서술하고 있다. 마지막으로 장동우의 「『續大典』「禮典」과 『大典通編』「禮典」에 반영된 '17세기 典禮논쟁[禮訟]'의 논점에 대한 고찰」에서는 18세기에 편찬된 『속대전』과 『대전통편』 법전의 禮典에는 尊尊의 국왕 중심적-公權 중심적 성격을 강하게 띠고 있음을 보여준다고 하였다.

본 연구진은 이 시기 개혁구상과 이념간의 연계성 혹은 단절성을 보다 분명히 드러내고자 했다. 특정 시기에 나타나는 개혁구상 혹은 정치이념은 그 당대의 고유한 문제를 반영하며 형성되었다. 그러한 문제의식은 그러나 반드시 앞선 시기의 역사전통과 밀접히 연관되어 있었다. 내적인 연관 속에서 특정 시기의 정치이념, 문제의식이 형성되는 것이라 할 것인데, 본 연구에서는 이 점을 명확히 하고자 했다. 또한 이 시기에 활동했던 여러 정치세력과 그들의 정치이념을 보수와 진보의 측면으로 대별하고 이러한 서로 다른 경향의 세력과 이념이 충돌하고 절충하는 가운데 현실의 구체적인 법전 체제로 수렴되는 양상을 명확히 드러내고자 했다.

본 연구에서 조선시대 官人·儒者들이 발전시킨 이상과 현실의 변주 양상을 더욱 분명히 하기 위하여 역사학·철학·문학·과학사학의 학제간 연구를 표방하였다. 한 시대의 변동은 단선적으로 이루어지는 것이 아니라 다양한 분야의 다양한 욕구가 중첩되어 이루어지기 때문이다. 서로 다른 방법론과 문제의식을 활용할 수 있다는 점에서, 학제간 연구는 긴 시간에 걸쳐 복잡한 양상을 보이며 전개되는 본 연구의 주제를 성공적으로 소화할 수 있는 훌륭한 방법이 될 것으로 확신하였다. 2년에 걸쳐 동일한 연구실에서 수많은 상호 교정과 세미나를 통해 소기의 목적을 달성하고자 하는 노력을 가하여 왔다.

8

 본 연구서는 1차 년도 작업에 이어 2차 년도 작업의 결산물이다. 본 연구진은 다음 3차 년도 과제를 알차게 수행하여 본래 의도했던 연구목적이 성공적으로 이루어질 수 있도록 노력하고자 한다. 본 연구서가 나오기까지 여러 도움이 있었다. 먼저 학술진흥재단의 연구비 지원에 감사드린다. 이로 인해 연구자들의 풍부한 연구역량을 유지할 수 있었음은 더 말할 나위가 없다. 또한 여러 가지 연구를 위한 편의를 제공하고 이처럼 국학총서로 본서를 출판하게 배려해 준 연세대학교 국학연구원에 사의를 표한다. 또한 사료집 정리와 각종 학술행사에 참여해 도움을 준 석·박사과정 연구보조원들께도 고마움을 전한다. 끝으로 이 책을 출판해 주신 혜안출판사 오일주 사장께도 감사드리며, 관련 동학들의 비판과 질책을 기대한다.

2005년 5월 30일
오영교 謹識

차 례

제3부 變法理念의 전개와 새로운 국가구상

제4부 『續大典』『大典通編』의 편찬과
國典體制의 정비

CONTENTS

Part III : The Development of *pyeonbop*(變法) Idea and the
Conception of the New State

Oh, Young-kyo	The Conception of the New State and Theory of Peasantry Economy in the *Pangyesurok*(磻溪隨錄)
Baek, Seung-chul	The Theory and Policy on State leading Commerce in the 17th century
Won, Jae-rin	The Rise of the argument of a Social Status in the 17th century and its Significance
Kim, Seon-kyung	A Study on the Evolution of theory of the Political System in the Late Joseon Dynasty

Part IV : Compilation of the *Soktaejun · Taejuntongpyeon* and
Improvement of national law system

Jeong, Ho-hun	Promotion of Tangpyong Politics and the Compilation of the *Soktaejun* during the Early Period of the 18th Century
Chang, Dong-woo	A Stydy on the Arguing Point of Ritual Controversy in the 17th century Reflected in the *Yejeon* of *Soktaejeon* and in the *Yejeon* of *Taejuntongpyeon*

제1부
주자학의 絶對主義化와 世道政治論

17세기 政治的 갈등과 朱子學 政治論의 分化

김 용 흠*

1. 서 론

17세기는 한국사에서 봉건사회가 해체되기 시작하는 시기였다.『經國大典』체제로 표상되는 集權的 封建國家였던 朝鮮王朝는 16세기부터 이미 그 모순이 표면화되기 시작하여 兩亂 이후 모순이 격화되면서 해체되기 시작하였다. 경제적으로는『經國大典』체제를 지탱하고 있던 收租權 分給制가 폐기되고 私的 土地所有에 입각한 地主制가 본격적으로 발전하는 가운데 地主佃戶制의 모순이 격화되기 시작하였으며, 신분적으로는 兩班의 사회적 특권이 강화되는 가운데 良賤制의 모순이 극대화되었다. 사상적으로는 朱子學 政治思想이 國定敎學으로 정착되고 심화 확대되는 가운데 점차 현실 적합성을 상실해 가기 시작하였고, 이를 반영하여 소위 '黨爭'으로 칭해지는 정치적 갈등은 격화되었다. 兩亂으로 인한 수난은 당시의 지배층이 이러한 집권적 봉건국가의 모순에 제대로 대처하지 못한 필연적 결과였다.

17세기의 官人·儒者들은 兩亂을 전후한 시기의 국가적 위기에 처하여 전후 수습과 지배 체제의 재정비를 두고 자신들의 학문과 처지에 따라서 다양한 정치적 입장으로 분화되어 서로 대립하였다.[1] 크게 보

* 연세대학교 사학과 강사, 국사학

면 朱子學에 바탕을 둔 것이냐, 아니면 주자학을 넘어선 汎儒教 내지
는 老莊思想과 西學까지 포괄하는 새로운 사상을 모색할 것이냐를 두
고 서로 대립하였는가 하면, 朱子學 내부에서도 당시의 절박한 현실과
도 관련하여 朱子學 名分論과 義理論을 고수할 것인가, 아니면 당시
의 국가적 위기를 타개하기 위하여 朱子學 名分論과 義理論을 굽혀서
라도 전반적인 制度 改革을 추구할 것인가를 놓고도 격렬한 정치적
대립을 낳고 있었다. 흔히 '黨爭'이라고 인식되어 온 이러한 정치적 대
립은 政局運營論, 禮論, 社會經濟 改革論, 그리고 당시의 변화하고 있
던 동북아시아 국제 정세와도 관련하여 主和論과 斥和論의 대립 및
北伐論을 둘러싼 갈등 등으로 다양하게 표출되었다.2)

16세기 전반 士禍를 거치면서 16세기 후반 선조대에 李滉과 李珥에
의해 완성된 朝鮮 朱子學은 朱子學 名分論과 義理論을 강화시키는
형태로 程朱 理學을 심화 정비한 것이었다.3) 이후 官人 儒者들 내부

---

1) 17세기의 정치사를 정치사상의 분화와 갈등이라는 시각에서 조명할 것을 제
   창한 논고로서 金駿錫, 「탕평책 실시의 배경」, 『한국사』 32, 국사편찬위원회,
   1997, 19~46쪽 ; 金駿錫, 「兩亂期의 國家再造 문제」, 『韓國史研究』 101,
   1998①, 115~43쪽 ; 金駿錫, 『朝鮮後期 政治思想史 研究』, 지식산업사, 2003
   등이 참고된다.
2) 17세기 정치사 연구 경향에 대해서는 다음의 연구사 정리가 있어 참고된다.
   金燉, 「朝鮮後期 黨爭史研究의 현황과 '국사' 教科書의 敍述方式」, 『歷史教
   育』 39, 1986 ; 吳洙彰, 「조선후기 정치운영 연구의 현황과 과제」, 『韓國中世
   社會 解體期의 諸問題』, 한울, 1987 ; 朴光用, 「조선후기 정치세력 연구현
   황」, 한울, 위의 책, 1987 ; 李成茂, 「朝鮮後期 黨爭研究의 方向」, 『朝鮮後期
   黨爭의 綜合的 檢討』, 韓國精神文化研究院, 1992 ; 鄭萬祚, 「朝鮮時代의 士
   林政治 - 17세기의 政治形態」, 『韓國史上의 政治形態』, 一潮閣, 1993 ; 尹熙
   勉, 「朝鮮後期」, 『歷史學報』 140, 1993 ; 朴光用, 「조선후기 정치사 연구동
   향」, 『韓國史論』 24, 國史編纂委員會, 1994 ; 鄭萬祚, 「17世紀 政治史의 理
   解方向」, 『韓國의 哲學』 22, 1994 ; 이재철, 「朝鮮後期 政治史의 研究動向과
   '고교' 국사교과서의 敍述」, 『歷史教育』 67, 1998 ; 朴光用, 「朝鮮時代 政治
   史 研究의 成果와 課題」, 『朝鮮時代 研究史』, 韓國精神文化研究院, 1999.
3) 16세기 士禍를 거치면서 士林 系列 官人·儒者에 의해 정착된 朱子學 政治

에서는 이와는 다른 사상 경향을 배제시키는 형태로 정치 투쟁이 전개
되었다. 己丑獄事(1589)와 仁祖反正(1623)은 程朱 理學 일변도로 정
계와 사상계가 재편되는 과정의 필연적 소산이었다.4) 이를 주도하거나
찬조하였던 西人과 南人은 程朱理學에 입각한 朱子學 名分論과 義理
論 및 그것의 연장선상에서 제출된 朱子學 政治論인 君主聖學論을
주된 사상 경향으로 수용하는, 사상적·학문적으로 공통된 지반을 갖
고 있었다.

그러나 仁祖反正 이후 변화하는 국내외적 현실과 관련하여 朱子學
名分論과 義理論만으로는 조선왕조 국가가 직면한 국가적 위기에 대
처해 나가는 데 많은 한계를 노출하였다. 따라서 이들 현실을 둘러싸
고 정치적 갈등이 격화되는 가운데 朱子學 政治論은 분화되지 않을
수 없었다. 인조대에 이미 이후 숙종대까지의 정치적 갈등 구조는 모
두 나타났다.5) 仁城君 李珙의 처벌을 둘러싸고 政治的 現實主義와 道
德的 名分主義의 대립이 나타나서 이것이 政局運營論으로 확대되면
서 調劑論과 調停論의 대립으로 표출되었는가 하면, 元宗追崇論爭 과
정에서 드러난 孝治論 대 宗統論의 대립은 孔孟 儒學과 程朱學의 대
립의 표현이자 王權論 대 臣權論 대립의 일 양상을 노출하였다. 그리
고 당시의 사회경제적 현실 문제와 관련해서는 變通 위주 經世論과
修身 위주 經世論의 대립이 丁卯胡亂과 丙子胡亂을 전후한 시기에는
主和論과 斥和論의 대립으로 표출되었다. 즉 인조대에는 功臣이냐 士

論의 특징에 대해서는 김용흠, 「조선전기 훈구·사림의 갈등과 그 정치사상
적 함의」, 『東方學志』 124, 延世大 國學研究院, 2004 참조.
4) 정호훈, 『朝鮮後期 政治思想 研究』, 혜안, 2004, 32~4쪽, 109쪽 참조.
5) 仁祖代 政局 動向에 대해서는 다음 논고가 참조된다. 吳洙彰, 「仁祖代 政治
勢力의 動向」, 『朝鮮時代 政治史의 再照明』, 汎潮社, 1985 ; 禹仁秀, 「朝鮮
仁祖代 政局의 動向과 山林의 役割」, 『大邱史學』 41, 1991 ; 吳洙彰, 「붕당
정치의 성립」, 『한국사』 30, 국사편찬위원회, 1998 ; 李迎春, 『朝鮮後期 王位
繼承 研究』, 集文堂, 1998, 145~214쪽 ; 金容欽, 『朝鮮後期 仁祖代 政治論
의 分化와 變通論』, 연세대 박사논문, 2005.

類냐, 山林이냐 官僚냐, 西人이냐 南人이냐를 떠나서 朱子學 政治論
이 분화되어 정치적 대립으로 구현되었던 것이다.[6]

　孝宗, 顯宗 연간에는 그러한 대립이 西人 내부에서는 經世官僚 대
山林 계열 관료의 대립으로 표출되었는가 하면 마침내 서인 대 남인이
라는 학연과 결합된 대립으로 확대되어 두 차례의 禮訟으로 나타났
다.[7] 그 과정에서 西人 山林 계열 역시 분화되어 肅宗代에는 결국 西
人이 老·少論으로 분열되기에 이르렀다.[8] 17세기 후반의 이러한 정

---

6) 金容欽, 위의 글, 2005 참조.

7) 孝宗代 政局 動向에 대한 논고로는 李離和,「北伐論의 思想史的 檢討」,『創
作과 批評』38, 1975 ; 李京燦,「조선 효종조의 북벌운동」,『淸溪史學』5,
1988 ; 禹仁秀,「朝鮮 孝宗代 北伐政策과 山林」,『歷史敎育論集』15, 1990 ;
吳恒寧,「朝鮮 孝宗代 政局의 變動과 그 性格」,『泰東古典硏究』9, 1993 ;
崔完基,「17世紀 危機論과 孝宗의 經濟政策」,『國史館論叢』86, 1999 등이
있고, 顯宗代 政局 動向에 대해서는 李迎春,「제1차 禮訟과 尹善道의 禮論」,
『淸溪史學』6, 1989 ; 鄭萬祚,「朝鮮 顯宗朝의 私義·公義 論爭」,『韓國學論
叢』14, 國民大, 1991 ; 李成茂,「17世紀의 禮論과 黨爭」,『朝鮮後期 黨爭의
綜合的 檢討』, 한국정신문화연구원, 1992 ; 禹仁秀,「朝鮮 顯宗代 政局의 動
向과 山林의 役割」,『朝鮮史硏究』1, 1992 ; 李迎春,「붕당정치의 전개」,『한
국사』30, 국사편찬위원회, 1998 등의 논고가 있어 참고된다. 그리고 각 정치
세력의 국정운영론을 살편 鄭萬祚,「17世紀 中葉 山林勢力(山黨)의 國政運
營論」,『擇窩許善道先生停年紀念 韓國史學論叢』, 1992 ; 鄭萬祚,「17세기
중반 漢黨의 정치활동과 國政運營論」,『韓國文化』23, 서울대, 1999 등도 효
종~현종대 정치의 흐름을 보여준다. 최근에는 仁祖~顯宗 연간의 정치를 주
제별로 검토한 저술이 출간되어 참고된다. 한국역사연구회 17세기 정치사 연
구반,『조선중기 정치와 정책』, 아카넷, 2003.

8) 肅宗代의 정치사에 대해서는 다음 논고가 참고된다. 金相五,「懷尼師生論의
是非와 丙申處分에 대하여」,『論文集』1, 전북대 문리대, 1974 ; 鄭奭鍾,『朝
鮮後期社會變動硏究』, 一潮閣, 1983 ; 洪順敏,「肅宗初期의 政治構造와 換
局」,『韓國史論』15, 서울대 국사학과, 1986 ; 李銀順,『朝鮮後期黨爭史硏
究』, 一潮閣, 1988 ; 鄭景姬,「肅宗代 蕩平論과 '蕩平'의 시도」,『韓國史論』
30, 서울대 국사학과, 1993 ; 禹仁秀,「朝鮮 肅宗代 政局과 山林의 機能」,
『國史館論叢』43, 1993 ; 禹仁秀,「朝鮮 肅宗朝 南溪 朴世采의 老少仲裁와
皇極蕩平論」,『歷史敎育論集』19, 慶北大 師範大學 歷史敎育科, 1994 ; 朴

치적 대립 과정에서 朱子 道統主義가 확립되어 정계와 사상계를 지배
하였으며, 여기에 반발하는 일군의 官人・儒者들에 의해 朱子學 政治
論에 반대하는 蕩平論이 제출되었다.

본고에서는 우선 仁祖代 執權 官人・儒者 내부에서 빚어진 정치적
갈등에 대하여 주요 정치적 쟁점별로 그 대립의 논리를 살펴보고자 하
였다. 그리하여 당시의 정치적 대립과 갈등이 朱子學 名分論과 義理
論 그 자체를 고수하고자 하는 義理論者들과, 당시의 변화하는 현실에
발맞추어 國家의 존립과 발전을 위한 制度改革을 모색하였던 變通論
者들의 대립이기도 하였다는 것을 드러내고자 하였다.

다음 孝宗・顯宗 연간 西人 山林 내부의 사상적 분화와 갈등에 대
하여 집중적으로 분석하여 朱子學 政治論이 분화되는 양상을 살피고
자 하였다. 특히 宋時烈이 孝宗 연간에 제출한 反淸斥和와 復讐雪恥

光用,『朝鮮後期 '蕩平' 硏究』, 서울대 박사논문, 1994 ; 鄭景姬,「숙종 후반
기 탕평 정국의 변화」,『韓國學報』79, 일지사, 1995 ; 李熙煥,『朝鮮後期黨
爭硏究』, 國學資料院, 1995 ; 김용흠,「朝鮮後期 老・少論 分黨의 思想基
盤」,『學林』17, 연세대 사학과, 1996 ; 金駿錫,「탕평책 실시의 배경」,『한국
사』32, 국사편찬위원회, 1997 ; 金駿錫,「18세기 蕩平論의 전개와 王權」,『東
洋 三國의 王權과 官僚制』, 國學資料院, 1998② ; 洪順敏,「붕당정치의 동요
와 환국의 빈발」,『한국사』30, 국사편찬위원회, 1998 ; 朴光用,「肅宗代 己巳
換局에 대한 검토」,『東洋學』29, 단국대 동양학 연구소, 1999 ; 김용흠,「朝
鮮後期 肅宗代 老・少論 對立의 論理」,『韓國史의 構造와 展開(河炫綱敎授
定年紀念論叢)』, 혜안, 2000 ; 김용흠,「肅宗代 後半의 政治 爭點과 少論의
內紛」,『東方學志』111, 2001.
그리고 권력구조의 측면에서 17세기의 정치사를 이해하고자 한 연구로서
정홍준,『조선 중기 정치권력구조 연구』, 高麗大 民族文化硏究所, 1996, '閥
閱'의 형성과 갈등을 다룬 車長燮,『朝鮮後期閥閱硏究』, 一潮閣, 1997, 왕위
계승의 正統性 문제를 중심으로 정치적 갈등을 조명한 李迎春,『朝鮮後期
王位繼承 硏究』, 集文堂, 1998, '山林' 세력의 정치적 위상을 조명한 禹仁秀,
『朝鮮後期 山林勢力 硏究』, 一潮閣, 1999, 권력기구로서 備邊司의 기능과 운
영을 다룬 李在喆,『朝鮮後期 備邊司硏究』, 集文堂, 2001 등도 각각 仁祖~
肅宗 연간까지의 17세기 정치사에 대한 연구가 포함되어 있다.

의 義理를 드높인 것으로 평가되는 「己丑封事」와 「丁酉封事」를 비슷
한 시기에 제출된 兪棨의 「江居問答」과 비교 분석하고, 양자의 經世
論의 차이로 인해 西人 山林 내부에서 전개된 일련의 논쟁을 검토하
여 朱子學 名分論과 義理論의 본영이었던 西人 山林 내에서도 變通
論과 義理論의 대립이 발생하여 결국 西人이 老·少論으로 分黨되는
한 원인이 되었음을 보이고자 한다. 西人이 老·少論으로 분화되고 少
論 黨人에 의해 蕩平論이 제기된 것은 17세기 朱子學 政治論의 분화
를 반영하는 사건으로 보고자 하는 것이다.

2. 仁祖代 정치적 갈등과 政治論의 分化

1) '反正'의 名分과 政權의 正統性 논쟁

⑴ 仁城君 李珙 처벌 논의와 責任論

仁祖反正은 '殺弟廢母' 즉 綱常倫理를 저버렸다는 名分으로 신하가
군주를 폐출한 사건이었다. 즉 명분상으로는 君主에 대한 '忠'보다 父
母에 대한 '孝'를, 그리고 兄弟에 대한 友愛라는 倫理를 앞세운, 보기
드문 政治的 事變이었다.[9] '反正' 자체가 君主를 상대화시킨 사건이었
으므로, 仁祖는 끊임없는 正統性 論爭에 휘말려들어 그 王權이 취약
할 수밖에 없었다. 인조대 전반에 李适의 반란을 비롯한 끊임없는 逆
謀事件이 터져 나온 것도 그 때문이었다.[10] 이러한 사태의 전개는 반
정 주체 세력인 공신들 내부에서조차도 '反正'의 정당성에 대한 회의
를 불러일으킬 정도였다. 이러한 反正의 명분과 정치 현실 사이의 모

---

9) 金駿錫, 앞의 글, 1997, 25~6쪽 참조.

10) 金甲千, 『仁祖朝의 정치적 '適實' 지향성에 관한 연구 - 和斥論爭을 중심으
로』, 서울대 박사논문, 1998, 44~64쪽에 인조대 각종 역모 사건에 대한 상세
한 설명이 있어 참고된다.

순을 분명하게 보여준 사건이 바로 역모 사건 때마다 왕으로 추대되었던 인조의 숙부 仁城君 李珙의 治罪를 둘러싼 논쟁이었다. 王室 至親인 인성군을 어떻게든 보호하여 자신이 내세운 반정의 명분을 지키려는 인조와, 끊임없는 역모사건의 중심인 인성군을 제거하여 반정으로 성립된 정권을 현실적으로 안정시키려는 반정 주체 세력간의 대립이었다.[11]

政治的 現實主義에 입각해 보면 잇따른 역모 사건에 인성군이 관련되어 政權의 안전을 지속적으로 위협하였으므로 除去해버리고 넘어가면 될 일이었음에도 불구하고 仁祖代 初에 6년여에 걸쳐 논란이 된 것은 그것이 反正의 名分, 즉 정권의 정통성과 직결된 문제였기 때문이었다. 따라서 名分과 義理를 중시하는 朱子學 政治論에 깊이 浸潤되어 있던 國王 仁祖와 執權 官僚들로서는 쉽게 결단을 내리기 어려운 문제였다. 말하자면 지배적 政治思想으로서의 朱子學的 名分論과 義理論이 政治 現實 속에서 그 모순을 노출한 대표적 사건이었던 것이다.

國王 인조로서는 자신의 叔父이기도 한 仁城君을 어떻게든 보호하여 자신이 내세운 반정의 명분을 고수함으로써 정통성 논쟁에서 탈피하고자 하였다. 그러나 그를 둘러싼 역모사건이 끊임없이 일어나고 있었으므로 臣僚들 입장에서는 그를 처벌하여 정권의 안전을 도모하자는 주장을 하게 되는 것은 자연스러운 일이었다.

그러나 그로 인해 국왕과 신료들 사이에 갈등이 빚어지자 당시의 政治的 現實을 어떻게 볼 것인가, 그리고 現實을 중시할 것인가, 名分을 중시할 것인가 등을 놓고 西人과 南人·北人이라는 黨色간의 차이에 의해, 그리고 執權 西人 내부에서도 功臣이냐 士類냐에 따라서, 나아가서는 功臣 내부에서조차도 대립과 갈등이 조성되었던 것이다. 그리

11) 仁城君 李珙의 처벌을 둘러싼 논란에 대해서는 金甲千, 위의 글, 49~53쪽에 자세하다.

고 이러한 대립은 반정의 정당성에 대한 논란, 廢世子 이지의 처리 문
제, 반정 이후의 인재 등용 문제, 나아가서는 政局運營 방법 및 朋黨
論 등과 밀접하게 결부되면서 전개되었다.

　仁城君의 처벌에 반대하는 국왕 인조의 입장에 동조하고 나온 것은
鄭經世를 필두로 한 南人 일부와 北人 鄭蘊이었다. 이들은 인조의 '勿
問推戴之敎'에 '承順'하여, 역모 관련자들 공초의 증거 능력을 인정하
지 않으면서 反正의 名分을 내세우는 道德的 名分主義에 입각하여
인성군 처벌에 반대하였다.12) 이러한 논리는 특정 王族에 대한 義理論
을 政治的 돌파구로 활용하였던 士林派 일반의 義理論的 지향과 일맥
상통하는 것이었으며,13) 광해군대 全恩論의 연장선상에 서 있었다.14)

　이들 義理論者들을 대표하는 최고의 이론가는 鄭經世였다. '物來順
應'·'行其所無事'라는 宋代 理學의 道德修養 理論을 現實 政治에 그
대로 대입시키려는 鄭經世의 태도는 朱子學的 名分論과 義理論에 입
각하여 정치를 바라보는 당대 官人·儒者들의 세계관을 반영한 최고
의 수준이었다. 그들에게 政治는 道德과 義理의 연장선상에 있었으며,
분리될 수 없는 것이었다. 그것은 天理論·守經論 등과 결합되어 整
合的으로 표출되었다.15)

　鄭經世에 의해 창도된 義理論에 입각한 道德的 名分主義는 단순히
도덕적 명분에 머물지 않고 西人 功臣 계열을 비판하는 정치 공세의

---

12)『仁祖實錄』卷7, 仁祖 2년 甲子 12월 壬午, 國史編纂委員會 간행『朝鮮王朝
　　實錄』影印本, 33책, 659~60쪽(이하 33-659~60로 표기), 42(판심쪽수)ㄴ(좌
　　측면)~44ㄱ(우측면).

13) 16세기 士林派 義理論의 특징에 대해서는 김용흠,「조선전기 훈구·사림의
　　갈등과 그 정치사상적 함의」,『東方學志』124, 2004 참조.

14) 光海君代 全恩論에 대해서는 韓明基,「光海君代의 大北勢力과 政局의 動
　　向」,『韓國史論』20, 서울대 국사학과, 1988, 286쪽, 316쪽 참조

15)『愚伏集』卷6,「陳情乞遞箚」(甲子),『韓國文集叢刊』68책, 民族文化推進會
　　叢 刊, 115~6쪽(이하 叢刊 68-115~6로 표기), 24(판심쪽수)ㄱ(우측면)~26
　　ㄴ(좌측면).

성격을 띠고 전개되었으며, 그것은 역모사건에 빌미를 제공하여 반정 이후 西人 政權을 위협하였다. 즉 西人 政權 내부에 존재하던 反正에 대한 소극적 태도와 반정의 정당성에 대하여 회의하는 義理論的 指向 을 자극하여 功臣과 士類 사이, 그리고 功臣과 功臣 사이에 분열의 빌 미를 제공하고 그 틈새를 비집고 들어가서 그들의 정국 주도를 무력화 시키는 방향으로 작용하였던 것이다. 집권 西人들 역시 朱子學的 名 分論과 義理論의 굴레로부터 결코 자유롭지 못하였기 때문이었다. 이 들의 정치 공세는 소위 四大將을 비롯한 勳臣들의 軍官을 공격하고, 譏察과 告變을 비판하여 결과적으로는 大・小北 잔당들의 역모를 간 접적으로 지원한 셈이 되었다.

이들의 道德的 名分主義에 입각한 정치 공세로 인해 초래된 政權의 위기를 國家의 위기와 같은 차원에서 보고 가장 철저하게 논파한 인물 이 反正功臣 중 하나인 李貴였다. 이귀가 鄭經世로 대표되는 南人 義 理論者와 鄭蘊 등을 비판하는 논리의 핵심에는 宋代 士大夫 계급에게 특유한 國家와 政治에 대한 治者로서의 責任意識이 깔려 있었다. 그 는 反正의 名分을 내세우면서 폐세자 이지나 인성군에 대해서 全恩論 을 펴는 정경세 등을 國家의 안위는 置之度外하고 '王子를 구한다는 명예'를 탐내는 사람들로 간주하고 '好名'이라고 그 무책임성을 통렬하 게 비판하였다.16) 政治에서 현실을 무시한 채 義理와 名分만 내세운 다면 政權은 물론 國家도 그 존립을 위협받게 된다는 인식이었다. 도 덕적 수양과 개인의 절개, 즉 治者의 道德性만으로는 政治가 제대로 전개되는 것은 아니라고 보았던 것이다. 여기에는 道德과 政治는 분리 되어야 한다는 인식이 분명하게 나타나고 있었다. 즉 仁城君 처벌 등

<hr/>

16) 『李忠定公章疏』卷4, 「因玉堂論斥乞骸箚」(甲子 5월 3일), 23~32쪽. 宋代 士 大夫 계급의 經世意識과 責任論에 대해서는 諸橋轍次, 『諸橋轍次著作集』 제1권, 제2편 제3장 「宋儒와 經綸」, 鎌田 正・米山寅太郎 編輯, 1975, 大修 館書店, 279~80쪽 ; 戶川芳郎 외 지음, 조성을・이동현 옮김, 『儒教史』, 이 론과 실천사, 1990, 248~9쪽 등 참조.

의 논란에서는 義理論에 입각한 道德的 名分主義에 대하여 責任論에 입각한 政治的 現實主義가 첨예하게 대치하고 있었던 것이다.

그리고 이귀는 고정된 思想이나 理論보다 변화하는 現實에 대한 事實的 認識을 더 중시하였다. 그리하여 도덕적 명분주의자들이 변화하는 현실의 의미를 책임성을 갖고 깊이 따져보지 않고 天理論·守經論만 내세우는 것에 대해서 그는 人情論·權道論으로 대응하였다. 말하자면 道德的 名分主義를 뒷받침하는 논리가 天理論·守經論에서 주어진다면, 政治的 現實主義를 뒷받침하는 논리는 人情論·權道論에서 찾을 수 있다는 것을 보여준 것이었다.

光海君 때 當局하고 있던 北人들이 尊尊 위주의 家·國不同論으로 자신들의 討逆 政局을 합리화하였다면,[17] 朱子學 名分論과 義理論을 내세워 反正으로 이들을 축출하고 집권한 대표적 反正功臣이었던 李貴는 責任論으로 討逆을 합리화하였다. 여기에 북인들과는 또 다른 방향에서 朱子學을 넘어서는 政治論이 마련되는 계기가 주어지고 있었던 것이다.

李貴는 같은 반정공신이었던 金瑬와도 첨예하게 대립하였다. 仁祖反正 이후 功臣 내부에서 이귀가 責任論에 입각한 政治的 現實主義 입장을 취하였다면 김류는 義理論에 기초한 道德的 名分主義를 대표하는 인물이었다.[18] 김류는 인조대 정국에서 인조와 함께 권력의 중심에 서 있으면서도 制度의 改革을 통해 국가의 위기를 극복하고 민

---

17) 광해군대 폐모론자들의 家·國不同論에 대해서는 정호훈, 앞의 책, 2004, 71~8쪽 참조.

18)『仁祖實錄』卷3, 仁祖 元年 癸亥 11월 辛酉, 33-565, 35ㄴ, "(崔)鳴吉曰 當初不料國事之至今未定也. 申欽爲吏判 臣謂金瑬曰 今日用人 須屬於申欽. 金瑬以爲可. 又言于李貴 貴曰 不可. 始事之人 當了其事. 吾屬自當爲之. 豈付他手. 臣以其言爲不是也. 及見申欽之用人 循途守轍 非弘濟艱難之手. 厥後異色之人 不思同寅 同色之人 視功臣亦異於他士類 臣雖竭力周旋 而皆不肯從. 若但委其手 則用人之際 必多未盡之事. 到今思之 李貴之言 不無所見". 이 崔鳴吉의 발언은 두 사람의 사상적 차이를 보여 주는 좋은 예이다.

생 안정을 도모하는 것에 대해 부정적 입장을 취하였다. 따라서 李貴가 이를 위해 적극적으로 變通과 更張을 모색하는 것을 사사건건 방해하였다.[19] 그리고 打罷 朋黨을 내세웠지만, 그것은 黨色 간의 안배를 통한 調停論을 벗어나지 못하였다.[20] 이것은 道德的 名分主義라는 그의 사상적 한계의 필연적 표출이었다.

이귀는 責任論에 입각한 정치적 현실주의의 입장에서 기존의 붕당을 인정하면서도 黨色을 떠나 '재능에 따른 인재 등용(隨才收用)', 즉 調劑論을 주장하였다. 이귀의 破朋黨論은 인물 등용의 기준을 變通 指向 經世論에 둠으로써 調劑論이 調停論으로 빠져드는 위험성을 극복하고자 하였다.[21] 인물 등용의 기준을 經世에 두고 그것을 責任 있게 수행할 수 있는 賢者·能者에게 믿고 맡겨야 한다는 이귀의 '得賢委任'論은 당시 나온 調劑保合論 가운데 가장 발전된 형태로 간주된다. 그리고 이귀가 朱子의 '引君爲黨'說의 전제로서 이를 강조한 것이 주목된다. 이것은 得賢委任論이 朱子學 政治論 특유의 臣權論을 넘

---

19) 『仁祖實錄』卷9, 仁祖 3년 乙丑 5월 癸丑, 34-5, 10ㄴ ; 同, 7월 戊午, 34-19, 37ㄱ.
20) 오수창, 「붕당정치의 성립」, 『한국사』30, 1998, 82쪽 참조.
21) 『李忠定公章疏』卷3, 「請於昏朝舊臣中隨才收用疏」, 37~40쪽 ;『李忠定公章疏』卷14, 「因玉堂箚申辨朋黨箚」(己巳 6월 15일), 1~5쪽 참조. 調停論과 調劑論에 대한 자세한 내용은 鄭萬祚, 「朝鮮時代 朋黨論의 展開와 그 性格」, 『朝鮮後期 黨爭의 綜合的 檢討』, 韓國精神文化硏究院, 1992, 130~141쪽 참조. 그런데 여기서는 朋黨 단위의 用人을 인정하느냐(調停論) 아니냐(調劑論)에 양자의 결정적 차이가 있음을 부각시키지는 않았다. 그리고 양자가 모두 李珥의 調劑保合說과 흡사하다고 보았다. 李珥의 破朋黨論은 調停論이 아니라 調劑論이라고 보아야 할 것이다. 李貴의 得賢委任論은 이러한 李珥의 調劑論에 입각한 破朋黨論을 계승 발전시킨 것으로 이해된다. 調停論과 調劑論은 모두 현실적으로 존재하는 朋黨을 인정하면서도 罷朋黨을 지향한다는 점은 같지만 調停論이 당색간의 안배를 통한 세력균형에 초점을 맞추기 때문에 罷朋黨의 방법과 목적이 모순되는 것에 비해서 調劑論은 당색을 고려한 인재 등용이 아니라 '隨才收用'을 주장하기 때문에 논리적으로는 양자의 모순이 존재하지 않는다는 점에 차이가 있다고 본다.

어서 王權論과 결합할 가능성을 시사하는 것이기 때문이다.

어쨌든 이귀가 표면적으로는 朱子를 내세우고 있지만, 그의 이러한 調劑論은 修身 위주의 義理論에 기초한 君子小人論에 바탕을 둔 朱子의 朋黨論과는 그 역사적 성격을 달리하는 것이라고 보지 않을 수 없다. 그는 國家와 民生을 위한 變通과 更張을 목표로 하여 得賢委任論과 調劑論을 전개하고 있기 때문이다.

인조대 전반에 李貴의 責任論에 입각한 政治的 現實主義는 反正의 名分을 지키려는 仁祖와 사사건건 충돌하게 만들었다. 李元翼을 비롯한 鄭經世·李埈 등 南人들과 北人 鄭蘊 등은 교묘하게 인조의 주장에 편승하면서 자신들의 입지를 구축하기에 바빴다. 그리고 이귀의 變通論과 調劑論은 金瑬에게 음으로 양으로 저지되어 거의 구현되지 못하였다. 인조 역시 이귀에게 권력이 집중되는 것을 경계하여 이귀의 得賢委任論을 귀담아 듣지 않았다. 그리고 대부분의 臣僚들은 朱子學 政治論에 매몰되어 있었으므로 李貴 주장 자체를 거의 이해하지 못하였다. 다만 막연히 그의 國家를 위한 열성만은 인정할 수 있다는 분위기였다. 그러나 南人 중에서는 李睟光이 이귀의 주장을 전폭적으로 지지하였고,[22] 西人 가운데는 崔鳴吉, 兪伯曾, 朴炡, 羅萬甲 등이 이귀의 주장에 동조하거나 그와 비슷한 주장을 내놓기 시작하였다. 17세기 官人·儒者들이 朱子學 政治論을 벗어나는 것은 그처럼 쉽지 않은 일이었던 것이다. 그러나 17세기의 國家的 危機와 변화하는 현실 속에서 그것을 묵수하고만 있을 수 없다는 인식은 점차 그 저변을 넓혀가고 있었다. 仁城君의 처벌을 둘러싼 오랜 논란은 그러한 하나의 계기를 제공한 셈이었다.

---

22) 『仁祖實錄』卷2, 仁祖 元年 癸亥 7월 壬子, 33-543, 29ㄴ, "右贊成李貴曰 李元翼今方呈病 右相若遇重事 則必云當議于領相 故無一事成就者. 今之急務 須擇一相臣而委任 使之主斷國事 可也. 李睟光曰 李貴之言甚當. 今有兩大臣 而無一擔當國事者 恐殿下委任之誠 有所未盡也".

⑵ 元宗 追崇 論爭과 王權論

仁祖反正의 정당성과 인조 정권의 정통성 논쟁은 인조의 생부 定遠君 추존과 관련하여 仁祖代 전반 내내 진행된 일련의 禮論과 그 추진 과정에서 정점에 달하였다.[23] 즉위 초기에 인조의 왕권이 취약했던 것은 꼭 '반정'의 모순 때문만은 아니었다. 朱子學 政治論 그 자체가 전제왕권을 제약하는 논리로 가득 차 있었다. 이를 내세운 신료들의 압박에 대항하여 인조는 정원군의 追尊과 宗廟에의 입묘, 즉 元宗 追崇을 자신의 정통성 확립의 관건으로 보고 있었다. 여기에 반정 공신 가운데서는 李貴와 崔鳴吉이, 山林에서는 朴知誡가 동조하고 나섰다. 이들이 서인 산림 金長生과 남인 鄭經世로 대표되는 다수의 관인 유자들의 반발을 무릅쓰고 元宗 追崇에 찬성하였다는 것은 신료들 내부에서도 朱子學의 臣權 중심 政治論의 문제점을 인식하고 王權論에 동조하는 세력이 등장하였음을 의미하는 것이었다. 원종 추숭을 추진하는 과정에서 서인과 남인을 막론하고 이에 동조하는 관인 유자들이 속속 나타나고 있었다. 17·8세기를 통하여 官人 儒者들 사이에서 지속적인 쟁점이 되었던 王權論과 臣權論의 대립은 바로 이 원종 추숭

---

23) 仁祖代 元宗 追崇 論爭과 관련된 지금까지의 연구는 다음과 같다. 徐仁漢, 「仁祖初 服制論議에 대한 小考」, 『北岳史論』 創刊號, 국민대, 1984 ; 李迎春, 「潛冶 朴知誡의 禮學과 元宗追崇論」, 『淸溪史學』 7, 1990 ; 李迎春, 「沙溪 禮學과 國家典禮 - 典禮問答을 중심으로」, 『沙溪思想研究』, 沙溪愼獨齋紀念 事業會, 1991 ; 李成茂, 「17世紀의 禮論과 黨爭」, 『朝鮮後期 黨爭의 綜合的 檢討』, 韓國精神文化研究院, 1992(『朝鮮兩班社會研究』, 一潮閣, 1995에 재수록) ; 오항녕, 「17세기 전반 서인 산림의 사상」, 『역사와 현실』 9, 한국역사연구회, 1992 ; 琴章泰, 「17세기 朝鮮朝 禮學派의 禮學과 그 社會意識」, 『宗敎學研究』 11, 1992 ; 李迎春, 『朝鮮後期 王位繼承 研究』, 集文堂, 1998 ; 朴鍾天, 「仁祖代 典禮論爭(1623-1635)에 대한 宗敎學的 再評價」, 『宗敎學研究』 17, 1998 ; 李賢珍, 「仁祖代 元宗追崇論의 推移와 性格」, 『北岳史論』 7, 국민대, 2000 ; 김세봉, 「예론(禮論)의 전개와 그 양상」, 한국역사연구회 17세기 정치사 연구반(이하 '한역연'으로 줄임), 『조선중기 정치와 정책 - 인조~현종 시기』, 아카넷, 2003 ; 金容欽, 2005, 앞의 글, 3장 2절 참조.

논쟁에서 본격화되었던 것이다.[24]

　이 논쟁의 전개 과정은 모두 4시기로 구분해 볼 수 있다. 첫째는 反正 직후부터 시작된 私廟 典禮 論爭(1623~1625년), 둘째는 1626년(인조 4) 인조의 어머니 啓運宮 具氏의 죽음으로 촉발된 啓運宮 喪禮 論爭(1626~1628년 2월), 셋째는 1628년(인조 6) 啓運宮 祔廟禮를 전후하여 본격화된 元宗 追崇 論爭(1628년 3월~1632년 5월), 넷째는 元宗 追崇 이후 宗廟에 祔廟하기까지 전개된 宗廟 入廟 論爭(1632년 6월~1635년 3월)이 그것이다.

　추숭론자들의 주장은 대체로 朴知誡의 禮論과 유사하였는데 그것은 다음과 같은 특징이 있었다.[25] 첫째로는 入承大統한 君主는 자신의 私親을 추숭할 수 없다는 儒敎 朱子學의 君主權 견제 논리를 부정하지 않고도 선조-정원군-인조의 종법적 정통성을 합리화할 수 있는 經典上의 근거를 확보하였다는 것이다. 『儀禮』의 '爲人後' 조항과 '爲祖後' 조항의 차이에 주목한 것은 그의 現實的 문제의식과 禮學的 소양이 결합되어 이루어진 성과로 평가된다. 둘째로는 『近思錄』의 '諸侯脫宗'說에 근거하여 仁祖反正에 대한 평가를 극대화하였다는 점이다. 仁祖가 反正을 통하여 '小宗'에서 현달하여 '大宗'이 되었다고 간주한 것은 反正의 정당성을 가장 적극적으로 천명하는 논리였다. 셋째로는 儒敎 倫理 중에서 孝의 절대성에 기초하여 君主 專制權을 적극적으로 긍정하였다는 점이다. 그는 강력한 君主權을 통해서 당시 官人·儒者 일반에 만연된 잘못된 학문 풍토를 개혁하지 않으면 안 된다고 보고 있었다. 이러한 박지계의 주장은 朱子學 그 자체는 부정하지 않으면서도 原始儒敎의 정신에 입각하여 신료 일반의 臣權 중심 政治論과는

---

24) 17·8 세기 王權論과 臣權論의 대립에 대해서는 金駿錫, 「朝鮮後期 黨爭과 王權論의 推移」, 『朝鮮後期 黨爭의 綜合的 檢討』, 韓國精神文化硏究院, 1992 ; 金駿錫, 앞의 글, 1998② 참조.

25) 이하 박지계와 김장생의 예론에 대한 자세한 분석은 金容欽, 앞의 글, 2005, 88~94쪽 참조.

다른 王權 중심 政治論의 한 형태를 제시하였다는 점에 그 의의가 있다고 생각된다. 이에 대하여 金長生은 박지계의 '爲祖後' 조항의 적용을 거부하고, 仁祖反正에 대해서 '爲人後' 조항에 근거한 '入承大統' 이상의 의미를 부여하지 않았다. 그리고 程朱學的 義理論과 名分論을 儒敎 본래의 孝 倫理보다 우선하는 가운데 仁祖의 私親 추숭을 반대하는 臣權 중심 政治論을 천명하였다.

私廟 典禮 論爭에서는 '父子常經'論에 입각한 朴知誡의 稱考論과 '入承大統'論에 입각한 金長生의 叔姪論이 서로 대립하였다면, 啓運宮 喪禮 논쟁에서는 『儀禮』 '爲祖後' 조항에 근거하여 三年喪을 주장하는 王權論과 『儀禮』의 '爲人後' 조항을 적용하여 齊衰不杖期를 주장하는 臣權論의 대립 양상으로 나타났다. 전자는 程朱學보다 孔孟儒學을 중시하는 입장이라면 후자는 朱子學的 名分論을 절대화하는 입장이었다. 齊衰 不杖期를 주장하는 臣權論者들은 仁祖는 宣祖에게 '入承大統'하였으니 친부모인 定遠大院君과 啓運宮은 '私親'에 불과하므로, 啓運宮 喪은 國喪이 아니며 인조는 喪主가 될 수 없고, 따라서 제반 장례 절차도 상주인 綾原君이 주관하여야 한다는 입장이었다. 이에 비해 三年喪을 주장하는 王權論者들은 仁祖는 反正을 통해서 '直承祖統'하였으므로 父子祖孫의 倫理=父子常經을 굽힐 이유가 없다고 보고, 稱考論의 연장선상에서 啓運宮 喪은 國葬으로 진행되어야 하며, 인조는 喪主로서 모든 장례 절차를 직접 주관할 수 있다는 입장이었다.

啓運宮 喪禮 論爭에서 朴知誡는 孔孟儒學에 의거한 孝治論을 더욱 분명하게 주장하였다. 朝廷에서 이미 稱考하였다면 啓運宮 喪은 바로 '君之母喪'인데 '達官貴臣'들이 마치 平日처럼 '衣紅紫'하고 있다고 비판하면서 名稱은 君之母喪인데 服色은 마치 '路人之喪'과 같으니 이로 인해서 國人이 '君之爲重'과 '母之爲重'을 모르게 될 것이라고 통탄하였다. 그는 특히 朱子가 『家禮』에서 '從厚之道'를 강조하였는데,

'今世之士'는 '前聖之制作'에 근거하지 않고 경솔하게 변개하여 '從薄'
하려 하고 오로지 '抑損'에만 힘쓴다고 비판하였다. 더구나 三年喪에
대해서는 孔子·曾子·子思·孟子가 강조하여 논한 것이 經傳에 명
백하고, '必欲從厚 以固綱常之根本'하였다고 강조하였다. 이렇게 본다
면 박지계가 朱子를 내세우고 있지만 그것은 孔孟 儒學의 본지를 宣
揚했을 경우에 그러하였음을 여기의 문맥에서 명백하게 알 수 있다.26)

　朴知誡가 鄭逑의 禮學에 접했다는 점도 그가 단순히 朱子學 一遵
에만 빠져 있었던 것이 아님을 말해 준다.27) 寒岡 鄭逑가 私家禮에 치
중되어 있는 『朱子家禮』에 만족하지 않고 『五先生禮說分類』를 편찬
하여 王家禮의 중요성을 강조하였으며,28) 그의 영향을 받은 眉叟 許

---

26) 『潛冶集』 卷1, 「擬上疏」(丙寅), 叢刊 80-97~106, 21ㄴ~39ㄱ.
27) 李賢珍, 앞의 글, 2000, 61~2쪽.
28) 鄭逑가 주자 만년의 저술인 『儀禮經典通解』를 본격적으로 연구하여 『五先
生禮說分類』를 저술한 것은 朱子禮學의 심화로 볼 수 있다. 朱子禮學은 전
반기의 『朱子家禮』에서 만년의 『儀禮經典通解』로 변화된 것으로 이해된다.
그러한 변화는 분명히 宋代 士大夫 계급의 입장을 반영하는 義理論을 國家
의 公的인 차원으로까지 확장한 것으로 볼 수 있다. 여기에 대한 연구가 최
근에 학위논문으로 발표되어 참고된다(鄭景姬, 『朝鮮前期 禮制·禮學 硏
究』, 서울대 박사논문, 2000). 이에 의하면 조선에서 본격적으로 『儀禮經典通
解』 또는 朱子後期 禮學이 주목되기 시작한 것은 16세기 후반 사림파의 집
권 이후의 일로 볼 수 있는데, 그 방식에서 鄭逑와 金長生이 서로 다른 입장
을 취한 것이 주목된다. 鄭逑가 "『朱子家禮』 중심의 禮의 行用秩序를 수정
해서 私家·王室·邦國에 각기 적용되는 禮의 格式體系"를 세운 것에 비해
서(金駿錫, 앞의 책, 2003, 53~4쪽 참조), 金長生은 『儀禮經典通解』를 비롯
한 朱子後期 禮學으로 士禮인 『朱子家禮』를 보완하는 방식을 취하였다(鄭
景姬, 위의 논문, 2000, 245~248쪽 참조). 여기서 두 사람의 禮學이 모두 朱
子禮學의 심화라고 할 수 있되, 王權論과 臣權論으로 그 방향을 달리하고 있
음을 알 수 있다. 朴知誡는 그 중 鄭逑와 입장을 같이하였다고 볼 수 있다.
그것은 朱子學의 深化이면서도, 金長生과의 대립 관계에서 보면 脫朱子學이
라고도 할 수 있을 것이다. 17세기 官人·儒者들이 신봉하는 朱子學이 자신
들이 부딪힌 現實에 따라서 분화되는 양상을 여기서도 분명하게 살필 수 있
다.

穆이 尊君論에 입각하여 己亥禮訟을 주도한 것은 잘 알려진 일이다.[29] 己亥·庚子 禮訟의 두 주역이라고 할 수도 있는 許穆과 尹鑴의 尊君論과 孝治論이 이미 朴知誡에서 나타나고 있는 점이 주목된다 하겠다.[30] 元宗 追崇 論爭에서 朴知誡와 金長生의 대립은 己亥·庚子 禮訟에서 南人 대 西人의 대립으로 표출된 王權論 대 臣權論 대립의 선편을 이루었다고 볼 수 있다. 다만 차이점은 그 대립의 중심이 西人 내부에서 이루어졌다는 점이다. 말하자면 인조반정 이후 집권 세력이었던 西人 내부에서는 당시의 변화하는 현실과 관련하여 그 모순의 해결을 모색하는 가운데, 朱子學 政治論 내부에서조차도 王權論 대 臣權論의 대립으로 표출되었다는 것이며, 그것은 朱子學 政治論 그 자체가 심화 발전되는 서로 다른 두 방향이라고도 할 수 있다는 것이다.

조정에서 박지계의 이러한 王權論과 孝治論을 지지한 대표적인 인물이 反正功臣 李貴와 崔鳴吉이었음은 잘 알려진 바와 같다. 이들 역시 박지계와 비슷한 논리로 삼년상을 주장하였지만 朱子學 名分論者들의 공세에 밀리고 있었다.[31] 西人 名流 중에서는 趙緯韓(1558~1649)과 李命俊(1572~1630) 역시 삼년상과 원종 추숭에 찬성하는 입장이었지만 조정의 배척이 두려워 감히 입밖에 낼 수 없는 분위기였

---

29) 金駿錫, 앞의 책, 2003, 53~6쪽 참조.

30) 白湖 尹鑴의 孝治論에 대해서는 鄭豪薰,「朝鮮後期 새로운 政治論의 전개와『孝經』-尹鑴의『孝經』이해와 孝治論」, 朱子思想研究會 編,『朱子思想과 朝鮮의 儒者』, 혜안, 2003, 191~227쪽 참조. 朴知誡 門人인 金克亨은 戊辰年에 追崇入廟를 주장하는 상소를 올렸는데(『仁祖實錄』卷23, 仁祖 8년 庚午 10월 戊辰, 34-402, 35ㄴ), 그는 나중에 尹鑴와도 긴밀하게 교류하여, 윤휴의 삼년상을 청하는 상소문을 편지를 보내 칭찬하였으며(『白湖集』附錄, 叢刊 123-564, 12ㄴ), 윤휴는 그의 제문을 썼다(『白湖集』卷17,「祭金泰叔文」, 叢刊 123-291, 4ㄱ~5ㄱ). 이를 통해 朴知誡, 金克亨, 尹鑴로 이어지는 思想的 연관성을 추론할 수 있다.

31)『仁祖實錄』卷11, 仁祖 4년 丙寅 正月 戊辰, 34-62~63, 17ㄱ~19ㄱ, 兵曹判書 李貴 上疏 ;『遲川集』卷8,「論典禮箚」(丙寅), 叢刊 89-379~93, 1ㄱ~30ㄴ.

다.32) 南人 가운데 金時讓(1581~1643)과 李民宬(1570~1629)이 있고,33) 北人으로는 허적(1563~1640)이 追崇에 적극적이었으며, 明나라 戶部郎中 宋獻의 예설을 조정에 소개하여 추숭론을 뒷받침한 崔有海(1587~1641) 역시 적극적인 추숭론자로 볼 수 있다.34) 같은 북인이었던 金藎國(1572~1657), 南以恭(1565~1640), 金世濂(1593~1667) 등도 역시 삼년상을 지지하는 입장이었지만 西人 主流인 程朱學的 義理論者들과 맞서 자신의 주장을 드러낼 만한 위치에 있지는 못하였다.35)

박지계 문인 또는 그와 교유한 사람들은 대체로 朱子學이 심화되는 방향에 대해서 박지계와 공감대를 형성한 사람들로 볼 수 있다. 朴知誠 門人錄에 올라 있는 인물들을 살펴보면 趙克善(1595~1658)을 비롯하여 李義吉, 金克亨, 邊虎吉·邊麟吉 형제, 李重馨 등 나중에 元宗追崇을 주장하는 非主流 官人·儒者가 있는가 하면, 反正功臣 중에도 孝宗代 左議政까지 현달한 元斗杓와 그 형 元斗樞, 咸陵君 李澥 등도 있고, 인조와 이종사촌간인 洪振禮도 있으며, 權得己의 子 權諰도 있다.36)

박지계 문인 이외에 醫官 집안에서 문과에 오른 前 判官 柳咸亨이나 鍼醫로 발신한 鄭大鵬 같은 인물이 상소하여 追崇을 주장한 것도 주목된다.37) 특히 유함형은 군주가 위에서 孝를 몸소 실천하고, 이를

---

32) 『南溪集』 外集 卷15, 「知中樞府事玄谷趙公行狀」, 叢刊 142-45~8, 2ㄴ~10ㄱ ; 『樂全堂集』 卷13, 「兵曹參判李公行狀」, 叢刊 93-374~5, 33ㄴ~35ㄴ 참조.
33) 徐仁漢, 앞의 글, 1984, 124쪽 참조.
34) 李賢珍, 앞의 글, 2000, 88쪽 ; 김세봉, 앞의 글, 2003, 203~4쪽.
35) 金容欽, 앞의 글, 2005, 121~2쪽 참조.
36) 『潛冶先生年譜』 附錄, 「門人錄」, 19쪽 참조. 이들이 원종 추숭을 주장한 것에 대해서는 李賢珍, 앞의 글, 2000, 86쪽 참조.
37) 『仁祖實錄』 卷8, 仁祖 3년 乙丑 正月 乙丑, 33-671~2, 9ㄴ~11ㄱ, 前判官 柳咸亨 上疏 ; 『仁祖實錄』 卷23, 仁祖 8년 庚午 8월 己酉, 34-393, 17ㄱ~ㄴ, 陰城縣監 鄭大鵬 上疏.

근본으로 삼아서 정치를 해야만 백성들이 이를 본받아서 기꺼이 부모에게 효도하고 군주에게 충성하게 될 것이라고 박지계와 유사한 孝治論을 분명하게 개진하였다.

啓運宮 喪禮가 종결된 뒤에는 李貴와 양릉군 허적이 적극 나서서 추숭을 주장하였는데, 여기에는 주로 비주류 관인들이었던 박지계 문인들 뿐만 아니라 忠原 幼學 金燧, 進士 李元瑞, 全州의 前僉正 安旭, 利川 幼學 金益銑 등 지방 유생들 역시 동조하고 나왔다.38) 그리하여 인조는 西人과 南人의 主流 官人들의 반대를 무릅쓰고 李貴를 이조판서로 임명하여 추숭을 강행하였다. 이귀는 박지계 문인들과 趙緯韓, 呂爾徵 등을 등용하여 추숭을 성사시킨 뒤, 내친김에 宗號까지도 빨리 정할 것을 촉구하자 인조는 예조와 대신의 반대에도 불구하고 즉각 元宗으로 정해 버렸다.39)

이후 元宗을 宗廟에 入廟하는 과정 역시 순탄치 않았다. 三司와 예조, 승정원, 三公이 강력하게 반대하였는데, 인조는 臺諫을 쫓아내고 승지를 파직하는 등의 무리를 범해가면서 강행하였다. 이때는 李貴가 死去한 상태에서 崔鳴吉이 적극 추진하였는데, 兪伯曾(1587~1646), 朴潢(1597~1648), 鄭太和(1602~73) 등뿐만 아니라 李弘冑(1562~1638)까지도 입묘에 찬성하였다.40) 특히 趙翼 역시 이때는 적극적으로 상소하여 入廟를 주장한 것도 주목된다.41) 즉 元宗 追崇 과정은 執權 官人 내부에서도 王權論이 확대되는 형태로 진행되었던 것이다.

仁祖가 자신의 生父 定遠君을 元宗으로 追崇하고 宗廟에 입묘하였다는 것은 인조 반정의 정당성에 대한 논란에 종지부를 찍고 인조 자신의 정통성을 확립하여 兩亂이라는 미증유의 국가적 위기 속에서 약

38) 李賢珍, 앞의 글, 2000, 89쪽.
39) 李賢珍, 위의 글, 2000, 93~6쪽 ; 김세봉, 앞의 글, 2003, 209쪽 참조.
40) 李賢珍, 위의 글, 99~102쪽 참조.
41)『浦渚集』卷23,「入廟私議」, 叢刊 85-425~7, 25ㄴ~30ㄱ ; 金容欽, 앞의 글, 2005, 124~5쪽 참조.

화 일로에 있던 國王權을 재확립하는 중요한 계기가 되었다. 그 과정에서 程朱學의 名分論과 義理論에 기초한 臣權論에 맞서 孔孟儒學과 孝治論에 입각한 王權論이 제기되어 국왕권 확립을 뒷받침하였다. 孔孟儒學에 입각한 孝治論은 主流 官人·儒者 내부에서는 소수였지만 당대의 非主流 知識人 사이에서는 공감대를 확대시켜 가고 있었음을 논쟁 과정은 보여 주었다. 그것은 朱子學 名分論과 義理論을 부정한 것은 아니었지만 당시의 政治 現實과도 관련하여 朱子學이 심화 발전되는 한 유형으로 간주된다. 즉 元宗 追崇 論爭은 朱子學 政治論의 分化를 촉발하고 심화시킨 정치적 사건이었던 것이다.

2) 主和論과 斥和論 대립의 논리 구조

仁祖反正은 朱子學 名分論을 내세운 정치 변란이었으므로 이후 명분론적 지향이 강화될 수밖에 없었다. 이러한 경향은 經世論에서도 드러났다. 修身 爲主의 道學的 經世論이 바로 그것이었다. 당시 대부분의 官人·儒者를 지배하고 있었던 것은 朱子學 政治思想이었으므로 어쩌면 그것은 필연적인 일이었다. 그러나 그것만으로는 당시 조선왕조 국가가 직면한 대내외적 위기를 타개해 나갈 수 없었다. 그리하여 당시의 변화하는 현실에 맞게 법과 제도를 개혁해야 한다는 官人·儒者들, 즉 變法的 經世論者들이 등장하여 전반적인 제도 개혁을 추진하려 하였다. 따라서 이 양자 사이에 정치적 갈등이 일어나는 것은 피할 수 없는 일이었다. 그리고 변법론자들의 개혁이 도학적 경세론자들과 기득권 세력의 반발에 직면하여 지지부진한 가운데 두 차례의 호란을 맞이하였다. 그리하여 변법론자들은 主和論에 의해 일단 國家를 유지 보존하고자 한 반면 道學的 經世論者들은 朱子學 名分論과 義理論을 내세우면서 斥和論을 주장하였다.

⑴ 變法論과 守法論의 갈등

仁祖反正 직후의 정국에서는 새로운 정치에 대한 기대가 朝野에 팽배하였다. 官人 儒者들은 당시를 '鼎革之初', '更化之初', '正始之初'라고 부르면서 光海君代의 정치를 '弊政', '亂政'으로 규정하고, '變通'과 '更張'을 내세우면서 이를 극복해야 한다고 주장하였는데, 그 내용은 대부분 修身 위주의 道學的 經世論에 그치는 경우가 많았다. 이는 朱子學 名分論과 義理論을 내세운 인조반정의 필연적 귀결이라고도 할 수 있을 것이다. 그러나 이를 부정하지 않으면서도 당시 조선 왕조 국가가 직면한 대내외적 위기를 극복하기 위해서는 制度 改革이 필요함을 주장하는 官人 儒者들이 속속 등장하였다. 反正 功臣 가운데는 李貴와 崔鳴吉이 대표적이고, 非功臣 士類 중 西人으로는 趙翼·金堉·李植 등이 있으며, 南人 가운데는 李埈·李睟光 등이 바로 그들이었다.

인조대 초반 10여 년 동안 變法的 經世論을 가장 강력하게 제기한 것은 李貴(1557~1633)였다. 이귀는 성장 과정에서 李恒福(1556~1618)·李德馨(1561~1613) 등과 밀접하게 교유하였고, 李珥·成渾에게 수학하였다. 이귀가 자신의 스승인 李珥·成渾을 東人의 공격으로부터 방어하기 위해 문인들 중에 가장 적극적으로 상소를 올린 것이나 선조 말년에 鄭仁弘이 대사헌이 되었을 때 그의 '잘못과 악행'을 곧바로 지척하여 결국 그의 퇴진에 결정적 역할을 한 일이 있었는데,[42] 이로 인해 그가 大北 黨人들로부터 '疏魔'로 지목되었던 일[43] 등은 그의 정치적 실천성을 잘 보여주는 사례였다. 그가 '국가에 일이 있을 때마다 즉시 소매를 걷어올리고 상소하여' 사람들로부터 '상소 잘하는 벽이 있다'는 비웃음을 산 것이나[44] '나라 일을 담당하면서 견해가 있으면

---

42) 具德會, 「宣祖代 후반(1594~1608) 政治體制의 재편과 政局의 動向」, 『韓國史論』 20, 1988, 258~9쪽 참조.
43) 『光海君日記』 卷25, 光海君 2년 庚戌 2월 甲寅, 31-493, 10ㄱ.

말하였다'는 평가는 모두 그의 적극적인 정치적 실천이 治者로서의 責
務意識에 기초하고 있음을 보여준다. 崔鳴吉은 李貴의 이러한 적극적
인 정치적 실천성이 仁祖反正의 성공에 결정적 역할을 하였다고 평가
하였다.45)

　이러한 이귀의 책무의식과 실천성은 인조반정 이후 變法的 經世論
을 강력하게 제기하는 것으로 표출되었다. 이귀는 인조를 만날 때마다
'구차스럽게 常規만 지키면서 혁연히 更張하지 않는다'고 비판하였
다.46) 그 更張의 내용에는 '用人'뿐만 아니라 '論議', '規模', '制度'를 포
함하고 있다는 점에서 修身 위주의 道學的 經世論과는 분명히 그 성
격을 달리한 것이었다.47) 이귀는 反正을 王朝의 '中興'으로 규정하고
이를 왕조의 개창 즉 '創業'과 같으며, '守成'과는 다르다고 주장하였
다. 이것은 制度 改革의 당위성을 강조하는 말로 볼 수 있겠는데, 이러
한 '非常之擧'를 수행하기 위해서는 '時務를 아는'(識時務)는 俊傑 즉
'非常之人'이 있어야만 '非常之功'을 성취할 수 있다고 강조하였다. 守
成의 시기에는 '因循舊規'해도 되지만 中興의 시기에는 人主가 '必奮
大有爲之志'하여 '非常之人'을 얻어서 非常之擧를 단행해야 한다는
것이었다.48)

　이러한 李貴의 주장은 仁祖代를 王朝國家의 위기로 규정하고, 그
원인을 法制의 모순에서 구하면서, '時務를 아는'(識時務) 俊傑=豪傑
之士에 의해 大變通大更張을 통해서 積弊를 개혁해야 한다고 본 趙
翼의 주장과 매우 흡사하였다.49) 두 사람 모두 李珥·成渾이 인용한

---

44) 『宣祖實錄』卷106, 宣祖 31년 戊戌 11월 壬午, 23-528, 1ㄱ.
45) 『遲川集』卷18, 「李貴行狀」, 叢刊 89-560, 54ㄴ, "及當中興之際 諸公雖皆有
　謀 而頗懷前却 不敢輕擧 公獨奮袂決策 爲諸公倡 遂建大功".
46) 『仁祖實錄』卷3, 仁祖 元年 癸亥 윤10월 丁未, 33-561, 26ㄱ, "豈宜苟守常規
　而不爲赫然更張乎".
47) 『李忠定公章疏』卷3, 「進所論時務冊子仍請以韓浚謙爲體察使疏」(10월), 23
　쪽.
48) 『李忠定公章疏』卷8, 「陳軍務畫一箚」(丁卯 7월 8일), 1~2쪽.

魯齋 許衡의 다음과 같은 말을 즐겨 인용하면서 識見=識時務를 강조
하였다.

仁慈禮讓 孝悌忠信 而亡國敗家者 有之[50]

이것은 修身 위주의 道學的 經世論만으로는 국가의 위기를 타개할 수
없다는 이들의 확고한 인식을 보여주는 것이었다.

崔鳴吉은 반정 초부터 조선왕조 法制 자체의 정비를 주장하였다.
『經國大典』 자체가 편찬된 지 100년이 넘어 당시의 변화된 현실과 맞
지 않아서 大小臣僚들의 私情에 따라서 적용되거나 吏胥들이 농간을
부리는 수단으로 전락되어 나라에 법이 없는 것이나 마찬가지가 되었
다고 인식하였다.[51] 그리하여 인조 초년부터 권력구조의 개편 방안을

---

49) 『浦渚集』 卷2, 「因求言論時事疏」, 叢刊 85-54, 30ㄴ, ‘建立非常 弘濟艱難 非
豪傑之才 不可也.’ ; 同, 31ㄴ, ‘識時務者 在於俊傑.’ ; 同, 叢刊 85-55, 34ㄱ,
“今之所循以爲法制者 皆是病民之積弊也. 爲今之道 惟在大變通大更張 以
痛改其弊 乃可以拯民於水火之中”. 浦渚 趙翼의 개혁사상에 대해서는 金容
欽, 「浦渚 趙翼의 學問觀과 經世論의 性格」, 韓國史研究會 編, 『韓國 實學
의 새로운 摸索』, 2001, 306~21쪽 참조. 裵祐成은 李貴·崔鳴吉은 富國論者
로, 趙翼은 官僚的 安民論者로 구분하였다(배우성, 「사회정책적 논의의 정치
적 성격」, 한역연, 앞의 책, 2003, 참조). 그러면서도 양자가 모두 ‘제도적 대안
을 모색한다’는 측면에서는 공통점이 있으며, 제도 개혁에 소극적인 金長生
등의 山林的 安民論과는 구별된다고 인식하였다. 여기서는 制度 改革에 대
한 찬반이 보다 중요한 요인이라고 보고, 李貴·崔鳴吉·趙翼 등을 모두 變
法論者로, 金長生을 비롯한 대부분의 관료들은 제도 개혁에 소극적인 道學
的 經世論者로 분류하였다.
50) 『遲川集』 卷18, 「李貴行狀」, 叢刊 89-561, 56ㄱ ; 『浦渚集』 卷11, 「因求言條
陳固邊備改弊政箚」, 叢刊 85-198, 17ㄴ.
51) 『遲川集』 卷7, 「論官制箚」, 叢刊 89-375, 9ㄱ~ㄴ, “我國法制 具載大典 備細
詳悉 皆可爲法 而行之旣久 視爲尋常 大小臣僚 一任私情 於是大典爲虛套
而國無法矣. 今欲復祖宗之治 當修祖宗之法. 而但此書之刊 已過百年 或有
窒礙而不可行者 或有晦奧而不可曉者 其後又有續錄 則尤爲煩複 有難適從
只爲吏胥弄奸之資”.

건의하여 朱子學 政治論의 모순을 극복하고자 시도하였으며, 李貴가
죽은 뒤, 병자호란을 전후한 시기에도 이를 실현하고자 노력하였다.52)
李植(1584~1647) 역시 '徒善不足以爲政'이라고 말하여 道德的 修養
만으로는 정치가 될 수 없다는 분명한 인식을 표명하고, '安民守國'을
위해서는 制度 改革이 필요함을 강조하였다.53)

  變法을 둘러싼 논란은 인조대 거의 전 시기에 걸쳐서 나타났다. 예
를 들면 인조 3년 경연석상에서 최명길이 變法의 필요성을 제기하자
司諫 李埈이 이에 동조하였는데, 右議政 申欽은 이를 인정하면서도
자신은 능력이 없어서 감당할 수 없다고 이를 회피하였고, 刑曹判書
吳允謙은 祖宗之法을 遵行하면 된다고 분명하게 반대 의사를 표명하
였다.54) 變法論과 守法論의 대립이었다. 인조 5년 右議政 金瑬는 '전
후에 更張한 일이 많았지만 모두 끝이 좋지 못했다'고 하면서 "비록
마땅히 更張해야 될 일이라고 할지라도 民이 불편하게 여기면 옛 관례
대로 하는 것이 좋겠다"고 완곡하지만 분명하게 變法論에 반대하였
다.55)

52) 최명길의 개혁사상에 대해서는 다음 논고가 참고된다. 李綺南,「崔鳴吉의 政
   治活動과 權力構造 改編論」,『擇窩許善道先生停年紀念韓國史學論叢』, 一
   潮閣, 1992, 476~501쪽 ; 李在喆,「遲川 崔鳴吉의 經世觀과 官制變通論」,
   『朝鮮史硏究』1, 1992, 43~86쪽 ; 조성을,「17세기 전반 서인관료의 사상」,
   『역사와 현실』8, 역사비평사, 1992, 61~84쪽 ; 배우성,「사회정책적 논의의
   정치적 성격」, 한역연, 앞의 책, 2003, 312~40쪽 ; 金泰永,「遲川 崔鳴吉의 現
   實 變通論」,『道山學報』9, 道山學硏究院, 5~84쪽 ; 金容欽, 앞의 글, 2005,
   218~34쪽 참조.
53)『仁祖實錄』卷33, 仁祖 14년 丙子 9월 甲寅, 34-646, 19ㄴ,"夫所謂變通者
   專在於更張弊政 刮去姦蠹 一切以安民守國爲當務. 今止減省御供 節略小費
   而苟且姑息之政 擾民病國之科 一切付之於循襲之中 徒善不足以爲政 正謂
   此也".
54)『仁祖實錄』卷8, 仁祖 3년 乙丑 3월 己未, 33-687, 40ㄴ~41ㄱ.
55)『仁祖實錄』卷17, 仁祖 5년 丁卯 9월 戊子, 34-228, 20ㄴ,"(金)瑬曰 前後更
   張之事甚多 終未歸宿. 雖有當行之事 民若不便 則姑可仍舊".

인조 15년에는 右議政 崔鳴吉이 臺諫이 避嫌하는 제도를 개혁하려
하자 司諫院에서 '폐단을 바로잡으려다가 오히려 폐단을 늘리게 된다'
면서 이를 거부하였다.[56] 인조 18년에 右議政 姜碩期는 "모든 개혁에
관한 일은 부득불 고쳐야 될 일이 아니라면 역대 임금이 계승해 온 고
사를 따르는 것도 안 될 것이 없다"고 守法論을 피력하였다.[57] 심지어
는 "新法을 행하는 것이 舊法보다 100배 유리하지 않다면 개혁해서는
안 된다"는 극단적인 주장도 나왔다.[58] 이에 대해 李貴는 "오늘날 國
勢를 보면 병든 곳이 많아서 마땅히 變通해야 하는데, 변통을 하면 폐
단이 생기지만 변통을 하지 않는다면 앉아서 멸망을 기다려야 한다"면
서,[59] "그것이 정당한 일이라면 열 번을 바꾸어도 무방하다"고[60] 말하
여 대조적인 입장을 보였다.

왜란 이후 조선사회는 전쟁으로 인해 경작지는 황폐화되고 인구는
격감하였으며 농민층의 몰락과 유망이 일상화되어 있었다. 이와 함께
量案과 戶籍이 소실되어 土地·人丁·戶口에 대한 정확한 파악이 이
루어지지 않음에 따라 賦稅 行政의 운영이 난관에 봉착하여 國家的
危機의 원인이 되고 있었다.[61] 이를 극복하기 위해 봉건정부는 量田事
業과 戶籍·號牌法, 大同法 등을 추진하였지만 光海君代까지는 지지
부진하거나 치폐를 반복하는 등 효율적으로 시행되지 못하였다. 여기

---

56) 『仁祖實錄』卷35, 仁祖 15년 丁丑 6월 甲寅, 34-694~5, 5ㄴ~6ㄱ, "欲以矯弊
而適足以增弊. 臺諫變通之制 請寢成命".

57) 『仁祖實錄』卷41, 仁祖 18년 庚辰 8월 甲寅, 5ㄴ, "凡係釐革之事 與非不得
不改者 則遵用列聖相承之故事 未爲不可也".

58) 『仁祖實錄』卷26, 仁祖 10년 壬申 正月 辛酉, 34-467, 3ㄴ, "諫院啓曰 新法
之行 利不百於舊 則不可更革".

59) 『李忠定公章疏』卷9, 「請赦潰逃軍兵箚」(丁卯 12월 3일), 40쪽, "今日國勢 受
病處不爲不多 宜若不可不爲變通 而爲之則弊生 不爲則坐待其亡".

60) 『李忠定公章疏』卷11, 「三論逃軍事箚」(戊辰 8월 14일), 5쪽, "凡事惟患不得
其當 旣得其當 雖十易無妨".

61) 吳永敎, 『朝鮮後期 鄕村支配政策 硏究』, 혜안, 2001, 21~50쪽 참조.

에는 이러한 정부 정책들의 기조가 결국 兩班·地主 계급의 이해관계
와 상충되는 것이었기 때문이다. '寬民力'을 내세우는 道學的 經世論
은 바로 이들의 이해관계를 반영한 것이었다.[62] 따라서 국가의 유지
존속과 정상적 운영을 위해서는 당연히 수행되어야 했던 이들 사업들
은 지지부진한 가운데 인조대에는 점증하는 대내외적 위기와도 관련
하여 變法論에 입각한 改革의 차원에서 논의되기에 이른 것이다.

李貴·崔鳴吉의 變法論에 대하여 직·간접적으로 반발하여 대립한
것은 같은 반정공신이었던 金瑬였다. 李貴는 반정 직후부터 국가 재정
이 고갈된 상태를 타개하고 군량을 확보하기 위한 방안으로서 魚·
塩·鐵의 이익을 호조가 관리하는 방안을 제시하였다.[63] 이에 戶曹判
書 沈悅이 李貴를 兼判書 또는 鹽鐵使로 임명하여 줄 것을 청하고,
대신들은 그를 '鹽鐵句管堂上'이라 칭해서 호조와 함께 일하게 하자고
청하였다. 이 일은 인조가 따르지 않아서 유야무야 되었는데, 그 뒤 대
제학 金瑬가 月課의 表題를 '擬宋司馬光請罷鹽鐵使'로 삼은 것은 명
백히 李貴를 王安石에 비유하여 비판한 것이었다.[64] 인조 6~7년 사
이에도 兵曹判書 李貴는 여러 차례에 걸쳐서 각 衙門이 魚鹽을 貿販
하는 폐단을 지적하고, 그 이권을 戶曹에 넘겨야 한다고 주장하여 都
體察使 金瑬의 반발을 받았다.[65]

---

62) 金盛祐, 『조선중기 국가와 사족』, 역사비평사, 2001, 403~18쪽. 여기서 김성
우 씨가 말하는 '與民休息' 정책은 바로 '寬民力' 위주의 道學的 經世論이 구
현된 것이었다. 도학적 경세론의 내용과 성격에 대해서는 金容欽, 앞의 글,
2005, 181~8쪽에 자세하다.

63) 『李忠定公章疏』 卷3, 「論度支調度之策疏」(甲子 正月 初六日), 33쪽 ; 同, 卷
5, 「請令廟堂料理經費畫一箚」(乙丑 4월 17일), 10~12쪽 ; 同, 「再箚」(5월 16
일), 12~15쪽. 여기서 이귀는 魚塩鐵의 이익을 호조가 관리할 것을 주장하였
을 뿐만 아니라 銀鑛의 私採 허용, 貨幣 사용, 屯田 설치 등도 더불어 제안하
였는데, 이는 李德馨의 주장(『漢陰文稿』 卷8, 「陳時務八條啓」, 叢刊 65-392
~403쪽 참조)과 거의 일치한다. 이덕형의 상업론에 대해서는 白承哲, 『朝鮮
後期 商業史硏究』, 혜안, 2000, 86~120쪽 참조.

64) 『仁祖實錄』 卷9, 仁祖 3년 乙丑, 5월 癸丑, 34-5, 10ㄴ.

정묘호란 뒤인 인조 5년부터 인조 11년 李貴가 죽을 때까지 후금의
침략에 대비한 서북 방어 전략을 두고 이귀와 김류는 사사건건 서로
대립하였다. 이것은 保民論에 입각한 이귀의 軍政變通論에 대한 金瑬
일파의 반발을 보여주는 것이었다.[65] 인조 11년에는 이조판서 崔鳴吉
이 陰官 初入仕者가 주로 銓上으로 진출하는 폐단을 개혁할 것을 주
장한 것에 대하여 領議政 尹昉은 찬성하였으나 左議政 金瑬는 반대하
였다.[67] 이처럼 병자호란 전의 인조대 전반에 동일한 反正功臣이었던
李貴·崔鳴吉과 金瑬의 대립은 變法論과 守法論의 대립을 반영한 것
이기도 하였다.

  (2) 主和論과 斥和論의 대립[68]

  倭亂으로 표면화된 동북 아시아 국제정세의 변동은 만주족의 성장
을 자극하여 동북 아시아에 새로운 긴장을 조성하였다. 만주족의 통일
과 후금의 건국은 일정한 생산력 발전에 기초하고 있지만 그러나 그것
의 한계에 의해 滿·蒙·漢을 아우르는 多民族 國家로의 지향은 필연
적 추세가 되고 있었다. 그리고 明은 이미 쇠퇴해 가는 단계였으므로
이들과의 공존을 모색할 역량과 비전을 상실한 상태에 있었기 때문에
後金과 明의 충돌은 피할 수 없는 일이었다.

65)『仁祖實錄』卷19, 仁祖 6년 戊辰 10월 戊申, 34-301, 47ㄴ.
66)『李忠定公章疏』卷12,「申論敎鍊事仍請遞職箚」(戊辰 11월 10일), 8쪽에서
   이귀는 '묘당에서 자신이 하려는 일을 꼭 반대하는 사람이 있다'고 하였는데
   이는 김류를 지적한 말이 분명하다. 이귀는 병조판서로서 군정변통론에 관한
   장문의 상소를 누차에 걸쳐서 올렸다. 이에 대한 자세한 내용은 金容欽, 앞의
   글, 2005, 195~217쪽 참조.
67)『仁祖實錄』卷28, 仁祖 11년 癸酉 7월 壬寅, 34-527, 33ㄴ~34ㄴ. 여기서 제
   시된 최명길의 관제변통론은 '문벌보다 능력을 존중하는 자세에서 나온 것'으
   로서 '합리적인 관료제를 지향하는 것'이라는 평가가 있다(李在喆, 앞의 글,
   1992, 83쪽 참조).
68) 이 부분은 金容欽, 앞의 글, 2005, 제4장을 요약한 것이다.

따라서 朱子學 名分論과 義理論에 의해 對明 事大 路線을 취하고 있던 朝鮮과 後金의 충돌 역시 불가피한 상황이었다. 더구나 仁祖反正으로 光海君代 明과 後金 사이에서 취한 등거리 외교를 비판하고 朱子學 名分論과 義理論을 反正의 명분으로 宣揚하면서 집권한 인조 정권으로서는 후금의 침략에 대한 방어 대책에 절치부심하지 않을 수 없었다.

그러나 國防力이라는 것이 단순히 군사력 증가나 군사 조직의 창설로 강화되는 것이 아니었다. 당시에는 『經國大典』 체제 자체가 마비된 상태였으므로 새롭게 國家 體制를 재정비해야만 국방력을 강화시킬 수 있는 상황이었으며, 그 방향은 그때까지 조선왕조를 지탱하고 있던 양대 중심축인 兩班制와 地主制의 모순을 어떤 방식으로든 해소하는 것이어야만 했다. 말하자면 당시 지배층이 내세운 朱子學 名分論과 義理論 및 華夷論을 지키기 위해서라도 그 토대가 되는 兩班制와 地主制를 일정하게 制限해야 하는 理念과 現實이 모순된 상황에 봉착한 것이다.

그리하여 反正 初의 改革 局面에서 國家의 維持 保存을 통한 保民을 모색하는 變法論者들에 의해 量田과 大同, 號牌와 均役이 논의되고, 官人·儒者 사이에서 점차 지지자를 확대시켜 갔다. 이들은 號牌法 시행에 역량을 집중시켜 나가고자 하였지만 守法論者들의 반발과 丁卯胡亂으로 호패법은 결국 결실을 보지 못하고 폐기되고 말았다. 이것은 조선 봉건왕조가 국가를 방어할 수 있는 군사력을 정상적인 방법으로 증강시키는 것이 이미 불가능해진 상태에 처하였음을 의미한다.

制度改革을 통한 國家體制의 재정비와 그를 통한 국방력 강화가 지지부진한 상황에서 후금과 정면으로 맞서는 것은 무모한 일이었다. 여기에 變法論者들이 主和論을 취하게 되는 필연성이 있었다. 守法論者들은 朱子學 名分論과 義理論 및 華夷論으로 대표되는 자신들의 理念을 國家 그 자체보다 중시하면서 斥和論의 입장에 섰다. 이것은 이

들이 아무리 자신들의 주장을 民本論으로 포장하더라도 治者로서의
責務意識을 방기한 것으로 보지 않을 수 없는 것이었다.

그러나 主和論者들 역시 對明 義理論을 포기한 것이 아니었다. 丁
卯胡亂期에 主和論을 대표하였던 延平 李貴는 對明 義理論을 고수하
면서도 後金과 講和하지 않을 수 없는 현실을 經權論으로 합리화하였
다. 後金의 위협으로부터 國家를 유지하는 것이 保民의 관건이라고 간
주한 李貴는 事勢・形勢・時勢에 따라서 '因時制權'하면 '權變爲經'
할 수 있다고 보았던 것이다. 그것은 물론 自强을 위한 限時的인 '謀
國之權道'로서 였다. 이념보다 현실을 중시하는 이러한 사상은 治者로
서의 責務意識의 표현이기도 하였다. 丙子胡亂期 主和論을 대표하였
던 崔鳴吉은 자신의 주장을 名實論으로 합리화하였다. 그의 名實論은
政治的 現實主義 그 자체에 義理가 존재한다고 주장하여 현실과 괴리
된 명분의 존재를 부정하였다는 점에서 李貴의 事勢論과 經權論보다
진일보한 논리로 간주된다.

어쨌든 이귀가 제출한 經權論과 최명길의 名實論은 朱子學 名分論
과 義理論 및 華夷論 그 자체를 부정하지는 않았다고 하더라도, 그러
한 理念 그 자체보다 國家를 우선하는 思考였다. 따라서 현실 상황의
변화에 따라서는 朱子學 名分論과 義理論을 부정하는 방향으로 나갈
수도 있는 가능성을 내포한 政治思想으로 규정하지 않을 수 없다.

3. 孝宗・顯宗代 西人 山林 系列 政治論의 分化

1) 西人 山林 계열 經世論의 두 경향

西人 山林 세력이 본격적으로 정치적 영향력을 갖기 시작한 것은
丙子胡亂 이후의 일이었다.[69] 이들은 주로 李珥・成渾에서 시작된 畿

---

69) 山林에 대해서는 다음 연구가 있어 참고된다. 李佑成, 「韓國儒敎의 名分主

湖學派의 학통 계승을 표방한 金長生(1548~1631)·金集(1574~1656)
문하의　宋時烈(1607~89)·宋浚吉(1606~72)·李惟泰(1607~84)·兪
棨(1607~64)·尹元擧(1601~72)·尹文擧(1606~72)·尹宣擧(1610~6
9) 등이었는데 이들은 丁丑年 '城下之盟' 이후 자의반 타의반으로 출
사를 거부하고 金集 문하에 종유하면서 학문 탐구에 몰두하였다. 여기
에 朴知誡 門人이었던 南人 權諰(1604~72)와 北人系 南人 尹鑴
(1617~80)가 가담하였다.

이들이 정치적 영향력을 갖게 된 것은 反淸斥和의 기치를 높이 들
고 朱子學 名分論과 義理論의 수호자로 자처하였기 때문이었다. 정축
년 이후 仁祖代 後半에는 淸의 내정 간섭으로 인하여 자신들의 뜻을
펼 수 없다고 보고 출사를 거부하였다. 이들은 金長生이 죽은 뒤에는
金集의 문하에서 朱子學을 연마하는 것과 동시에 당시 反淸斥和의 상
징이었던 金尙憲(1570~1652)을 '大老'로 숭상하였다. 그리고 學問과
出處를 비롯한 禮制는 물론 신변잡기의 세세한 부분까지도 때로는 직
접 만나거나 아니면 書信을 통하여 서로 토론하여 공동보조를 취하려
고 노력하였다.

仁祖가 죽고 孝宗이 새롭게 즉위하여 反淸北伐의 기치를 내걸자 金
集과 金尙憲을 비롯한 이들 西人 山林들의 出仕에 대한 기대가 높아
졌다. 그리하여 金尙憲이 左議政에, 金集이 吏曹判書에 제수되었으며,
송준길과 송시열도 三司에 진출하였다. 송시열이 자신의 경세론을 집

義 및 그 政治的 機能에 關한 一考察 - 李朝後期의 山林에 대하여」,『東洋
學學術會議論文集』, 成均館大學校 大東文化硏究院, 1975(「李朝 儒敎政治
와 山林의 存在」,『韓國의 歷史像』, 創作과 批評社, 1982, 254~69쪽에 재수
록) ; 禹仁秀, 「17세기 山林의 進出과 機能」,『歷史敎育論集』5, 1983 ; 유봉
학, 「18·9세기 老論學界와 山林」,『한신대 논문집』3, 1986 ; 吳恒寧, 「17세
기 前半 西人 山林의 思想」,『역사와 현실』8, 1992 ; 金世奉,『17世紀 湖西
山林勢力 硏究』, 檀國大 박사논문, 1995 ; 정홍준,『조선중기 정치권력구조
연구』, 高大民族文化硏究所, 1996 ; 禹仁秀,『朝鮮後期山林勢力研究』, 一潮
閣, 1999.

약한 『己丑封事』를 제출한 것이 바로 이때였다.70) 그러나 金尙憲은
고령으로 직접 출사하기는 어려운 형편이었고, 金集 역시 金堉과의 불
화로 인하여 낙향하자 宋時烈과 宋浚吉 등도 사직하지 않을 수 없었
다. 여기에는 여러 가지 이유가 있었겠지만 기본적으로는 金堉 등 소
위 '漢黨' 세력의 變通論과 金集 등 '山黨' 세력의 義理論의 대립 구도
를 반영한 것이었다.71)

淸나라에서 조선에 대해 강경파의 입장에 있던 攝政王 多爾袞(九
王, Dargon)이 죽자 親淸的 노선을 취하던 金自點 일파를 숙청한 뒤
인 효종 3년부터 효종은 北伐 政策을 본격적으로 추진하였다. 그러나
효종의 北伐 정책은 變通論者와 義理論者들 모두의 반대에 직면하여
실효를 거두지 못하였다. 仁祖代 李貴(1557~1633)·崔鳴吉(1586~
1647) 등의 變通論을 계승한 趙翼(1579~1655)·金堉(1580~1658)·
李時白(1581~1660) 등 經世官僚들은 '國事와 民事의 일치를 추구하
는 保民論' 입장에서 당시의 현실과 괴리된 군비확장 정책에 반대하였
다. 仁祖代 尹煌(1571~1639)·金尙憲의 義理論을 계승한 宋時烈·宋
浚吉 등 西人 山林 세력 역시 '寬民力' 위주의 道學的 經世論에 의거
하여 지나친 군비확장에는 찬성하지 않았다.72)

<hr>

70) 송시열의 정치사상에 대해서는 다음 논고가 참고된다. 三浦國雄, 「17世紀朝
鮮における正統と異端-宋時烈と尹鑴」, 『朝鮮學報』 102, 1982(李東熙 譯,
「17世紀 朝鮮에 있어서의 正統과 異端-宋時烈과 尹鑴」, 『民族文化』 8, 民
族文化推進會, 1982) ; 李迎春, 「尤菴 宋時烈의 尊周思想」, 『淸溪史學』 2,
1985 ; 金駿錫, 「17세기 畿湖朱子學의 동향-宋時烈의 '道統' 계승 운동」,
『孫寶基博士停年紀念 韓國史學論叢』, 1988 ; 金駿錫, 앞의 책, 2003. 송시열
사상 전반에 대해서는 斯文學會 編, 『尤菴思想硏究論叢』, 태학사, 1992가 있
어 참고된다.
71) 鄭萬祚, 앞의 글, 1991, 1992, 1999 ; 배우성, 「17세기 정책논의구조와 김육의
사회경제정책관」, 『民族文化』 24, 2001 참조.
72) 宋時烈과 孝宗의 北伐論에 대해서는 논자들 사이에 엇갈린 평가가 나오고
있다. 송시열이 '진정한 北伐論者가 아니었다'(李迎春, 앞의 글, 1985, 147쪽)
는 평가가 있는가 하면 심지어는 '반북벌론자'로까지 규정한 논고도 있다(李

신료들의 반대에 부딪혀 북벌 정책이 난관에 봉착하자 효종은 다시 西人 山林 세력의 義理論에 기대를 걸고 宋時烈 등을 불러들이기 시작했다. 이 단계에서 작성된 것이 송시열의 「丁酉封事」(효종 8년)였다. 효종 9년에는 송시열을 吏曹判書에 임명하여 산림 계열을 끌어들여 중단된 북벌 정책을 재추진하고자 하였다. 그리하여 효종 10년 3월에는 송시열과 '獨對'라는 '위험한 방식'까지 동원하였지만 서로의 이견만 확인한 채 끝났고, 두 달 뒤인 같은 해 5월에 효종이 갑자기 사망함으로써 북벌 정책은 마침내 중단되었다.

宋時烈·宋浚吉 등과 함께 金長生·金集 문하에 종유하였지만 兪棨는 약간 다른 입장이었던 것 같다. 우선 유계는 병자호란이 일어나자 적극적으로 斥和主戰論을 주장하였다가 還都 후에 林川으로 유배되었다.[73] 송시열이 남한산성에 같이 들어갔지만 별다른 행동이 없었던 것과 대비된다.[74] 그리고 유계는 출사에도 적극적이어서 조정에서 관직을 주면 회피하지 않았다. 甲申年에 조정에서 注書로 임명하자 송시열이 편지를 보내 출사를 만류하였지만 '出身事主 所在致死 臣子之義也'라고 말하면서 출사 의지를 굽히지 않았다.[75] 효종 즉위 직후에

京爕, 앞의 글, 1988). 金駿錫 선생도 송시열의 북벌론이 '諦念論·運命論의 발상'이고 '철저한 관념 지향의 것'으로 보아(金駿錫, 앞의 책, 2003, 241~2쪽) 양자의 차별성을 강조하는 입장이다. 이에 대해 효종과 송시열의 북벌론이 갖는 '復讐雪恥'라는 義理論 측면에서의 공통점을 보다 강조하는 연구도 있다(禹仁秀, 앞의 글, 1990 및 吳恒寧, 앞의 글, 1992).

73) 『魯西遺稿』卷19,「嘉善大夫吏曹參判兼同知義禁府春秋館事藝文館提學成均館大司成市南兪公行狀」(이하 「兪棨行狀」으로 줄임), 叢刊 120-379~83, 3ㄱ~11ㄴ.

74) 『宋子大全』附錄 卷2,「年譜」, 崇禎 9년 丙子, 叢刊 115-206, 8ㄴ.

75) 『魯西遺稿』卷19,「兪棨行狀」, 叢刊 120-383, 12ㄱ, "甲申敍復注書 公將赴召 宋公時烈 移書止之 其意以爲 丁丑以後 士夫出處 不可苟然. 若非有陽復之幾 則不宜遽動也. 公曰 出身事主 所在致死 臣子之義也. 以罪廢黜 初非余之好遯也. 恩召之降 不可不一赴也. 宜擧亂後 以累自廢 公常謂 君則不可不處 我則不可不出也".

는 仁祖의 諡號 문제로 효종의 뜻을 거슬려 결국에는 穩城에 유배되고 말았다. 유계가 李珥의「東湖問答」을 모방하여「江居問答」을 지은 것은 이때 유배되었다가 풀려난 직후인 효종 5년의 일이었다.[76]

이처럼 송시열의「己丑封事」·「丁酉封事」와 유계의「江居問答」은 孝宗代에 동일한 西人 山林 계열에서 작성된 것이었지만 또한 적지 않은 차이가 있었다. 우선 눈에 띄는 것은 宋時烈이 朱子를 가장 적극적으로 인용하여 선양하고 있는데, 兪棨는 栗谷 李珥의 '經濟之學'을 계승하였다고 자처하였다는 점이다. 송시열의 朱子 崇拜, 朱子 絶對化, 朱子 道統을 강조하는 태도는 잘 알려져 있으므로[77] 여기서 상론할 필요는 없겠지만, 孝宗代의 두 차례 封事에서도 거의 매 항목마다 관련된 朱子의 저술을 길게 인용하는 것에서도 유감없이 발휘되었다. 심지어「己丑封事」에서는 朱子의「己酉擬上封事」와 제목까지도 거의 일치되고 있어 그의 朱子 尊信의 태도를 확인할 수 있다. 그러나 유계는 주자에 대한 인용은 거의 없는 대신 李珥의「東湖問答」과「萬言封事」를 주로 인용하였다.

무엇보다도 두 사람의 분명한 차이점은 制度 改革에 대한 태도에 있었다. 우선 송시열의 封事에서는 '變通', '更張'이란 단어 자체를 찾기가 어렵다. 두 차례의 封事에 드러난 그의 거의 대부분의 주장은 君主 '修身'의 차원으로 모두 환원될 수 있는 것들이었다. 地主制는 물론 당시의 가장 중대한 현안이었던 貢納과 軍政 등 제반 賦稅制度의 폐단에 대한 구조적 인식은 찾아볼 수 없다. 최소한 효종대 송시열의 경세론을 집약한 두 차례의 封事에서는 制度 改革을 통해서 제반의 폐단을 제거하려는 문제의식을 발견할 수 없었다.

「己丑封事」의 13가지 항목 중 賦稅制度와 관련된 것은 ⑪ 正貢案

---

76) 배우성, 앞의 글, 2003, 342쪽 참조.

77) 金駿錫,「조선후기 畿湖士林의 朱子 인식」,『百濟硏究』18, 1987 ; 金駿錫,「17세기 畿湖朱子學의 동향 - 송시열의 道統 계승 운동」,『孫寶基博士停年紀念 韓國史學論叢』, 1988, 351~83쪽 참조.

以紓民力 딱 한 가지 조항뿐이었다. 여기서 송시열은 당시의 貢案이
燕山君 때 제정된 辛酉貢案으로서 조선 왕조 초기의 그것에 비해 배
가 넘는다는 점, 이로 인해 '貴勢猾吏'에 의해 자행되는 방납의 폐단
등을 지적하고, 조선왕조 초기의 貢案을 회복할 것과 '量入爲出' 원칙
을 지킬 것 등을 제시하는 데 그쳤을 뿐, 당시에 심각하게 논의되고 있
던 大同法에 대해서는 언급하지 않았다.[78] 「丁酉封事」에서는 ㊜번 항
목에 대동법에 대해 언급한 항목이 있는데, 이것은 대동법을 시행하자
고 주장하는 내용이 아니라 1651년에 확대 시행된 湖西大同이 守令에
의해 잘못 운영되어 軍民에게 '失信'하는 폐단을 지적한 것이었다.[79]
그나마 민생안정과 관련된 것은 「丁酉封事」 19개의 항목 중에서 이것
이 유일한 것이었다.

「丁酉封事」 ㊝항에서 '賦役之煩'이 지적된 것은 효종의 북벌 정책
으로 인한 군비 확장을 '自焚之禍'를 초래할 것이라고 경고 비판하기
위한 것이었고, '得民心'이라는 '寬民力'論의 원칙을 재확인하는 것에

78) 『宋子大全』 卷5, 封事, 「己丑封事」(8월), 叢刊 108-198, 23ㄱ~ㄴ. 金駿錫 선
    생은 송시열이 大同法에 찬성하였다고 보았다(金駿錫, 앞의 책, 2003, 334쪽).
    그러나 효종 초에 송시열이 대동법을 찬성했다고 보기는 어려울 것 같다. 庚
    寅(효종 1)年에 송시열이 김집에게 보낸 편지에 나오는 제시된 자료(『宋子大
    全』卷27, 「上愼獨齋金先生」, 叢刊 109-9, 13ㄴ, "右相之欲大同者 公心也 吏
    判之欲從容詳究者 亦公也")는 右議政 金堉과 吏曹判書 金集이 서로 대립
    하자 김집을 구원하는 말로 보아야지 대동법을 찬성하는 것으로 간주하기는
    어렵다고 본다. 이때 그가 대동법에 찬성하였다고 본다면 그 뒤에 나온 두 차
    례의 封事에서 그것이 거론되지 않은 이유가 무엇인지 알 수 없게 된다. 송
    시열이 대동법에 대해 긍정한 최초의 자료는 무술년에 효종의 질문에 답하면
    서 였다고 보인다(『宋子大全』附錄 卷3, 「年譜」, 崇禎 31년 戊戌 7월 丁未,
    叢刊 115-230, 7ㄴ~8ㄱ). 그런데 이때 송시열이 대동법에 찬성하게 된 결정
    적 계기는 「丁酉封事」에 대한 尹宣擧 등의 집중적인 비판을 받고 난 이후의
    일이었다. 여기에 대해서는 후술한다.
79) 『宋子大全』 卷5, 「丁酉封事」(8월 16일), 叢刊 108-212, 52ㄴ, "以臣所見 朝廷
    失信於軍民者 甚多也. 湖西大同之始 守令以布尺之太長被推 而又截還其剩
    尺於民. 今則定尺之外 又爲餘數 以尺短還退 俾準其數".

불과할 뿐 그에 대한 해결책을 제시한 것은 아니었다. '賦役之重'은 「
己丑封事」에서 ⑼ 節財用以固邦本 항목의 小註에서도 지적된 바는
있다. 여기서 송시열은 賦役이 무거운데도 국가의 經費가 늘 부족하다
고 하면서, '度支之官'이 '律己'하지 못하여 '吏胥之姦'을 막지 못하고,
심하면 同謀하여 이익을 나눠 갖는 폐단, 文書를 모두 吏胥에게 맡겨
놓는 폐단, '權豪'가 請託하여 그 욕심을 채우는 폐단 등을 나열하고
그것의 원인이 모두 '紀綱不立'에 있다고 규정하고 이러한 폐단을 제
거하기 위한 방법으로서 '君上克己'와 嚴刑을 주문하고 있다.[80] 制度
의 모순에서 오는 폐단을 修身의 차원으로 환원해서 해결책을 구하는
道學的 經世論의 전형적인 모습이었다.

兪棨의 江居問答
① 序論 ; 李珥의 經濟之學 계승을 표방
② 立志
③ 務實之道 ; 格致・誠意・正心・修身・齊家・用賢・去奸・保民・敎化之實
④ 人主躬行範物之道   a) 絶去偏係 ; 內需司・宮家 문제, 蘆場魚鹽免稅之弊 b) 勤聽朝廷
⑤ 任官致治之目   a) 倚任忠賢 ; 朋黨論　　b) 作興人才　　　　c) 久任超遷   d) 信賞必罰
⑥ 敎民之策   a) 革弊=變通=更張　b) 改定貢案　　　　c) 大同法   d) 吏胥奸蠹之弊　　e) 庄屯侵占之弊
⑦ 軍政   a) 水陸軍族隣之弊　b) 物故老弱收布之弊　c) 鎭將浚剝之弊   d) 士族收布論　　　e) 束伍軍
⑧ 禁絶奢侈之弊를 말하지 않는 이유
⑨ 革去弊端과 軍政變通만 말하고 興利足國之術과 訓養組練之方을 말하지 않는 이유
⑩ 敎民正俗을 말하지 않는 이유

80) 『宋子大全』卷5, 「己丑封事」(8월), 叢刊 108-197, 22ㄱ~ㄴ.

宋時烈		朱熹	
己丑封事	丁酉封事	己酉擬上封事	戊申封事
序論	序論	序論	序論
㈀ 節哀而保躬	㈀ 奮發大志	㈀ 講學以正心	㈀ 人主心術論
㈁ 講禮而愼終	㈁ 武備보다 政治를	㈁ 修身以齊家	㈁ 輔翼太子
㈂ 勉學而正心	㈂ 明 유족과의 密議	㈂ 遠偏嬖以近忠直	㈂ 選任大臣
㈃ 修身而齊家	㈃ 機密 유지	㈃ 抑私恩以恢公道	㈃ 振擧紀綱
㈄ 遠偏佞以近忠直	㈄ 養兵보다 養民	㈄ 明義理以絶神姦	㈄ 變化風俗
㈅ 抑私恩以恢公道	㈅ 惶恐政丞	㈅ 擇師傅以輔皇儲	㈅ 愛養民力
㈆ 精選任以明體統	㈆ 鄭蘊 議諡	㈆ 精選任以明體統	㈆ 修明軍政
㈇ 振紀綱以礪風俗	㈇ 許衡 黜享	㈇ 振紀綱以礪風俗	
㈈ 節財用以固邦本	㈈ 麟平大君 使行事	㈈ 節財用以固邦本	
㈉ 正貢案以紓民力	㈉ 雜戱 금지	㈉ 修政事以攘夷狄	
㈊ 崇儉德以革奢侈	㈊ 金弘郁 신원		
㈋ 擇師傅以輔儲貳	㈋ 金弘郁 자손 용서		
㈌ 修政事以攘夷狄	㈌ 公主第宅		
	㈍ 軍律 不嚴		
	㈎ 李惟泰·兪棨 천거		
	㈏ 失信하지 마라		
	㈐ 灾異論		
	㈑ 勳戚大臣 규제		
	㈒ 善易者 不言易		

* 출전 ; 『市南集』 卷17, 「江居問答」, 叢刊 117-264~85, 1ㄱ~43ㄴ ; 『宋子大全』 卷5, 「己丑封事」(8월), 叢刊 108-187~203 ; 同, 108-203~15 ; 『朱熹集』 卷11, 「戊申封事」 ; 同, 卷12, 「己酉擬上封事」. 각항의 序論과 兪棨의 「江居問答」, 宋時烈의 「丁酉封事」, 朱熹의 「戊申封事」 ㈀人主之心術論은 필자가 제목을 붙였고, 나머지는 모두 자료에 있는 제목을 그대로 옮긴 것이다.

地主制의 모순에 대한 인식도 아주 없는 것은 아니었다. 사방의 비옥한 땅이 모두 '權豪私屯'이 되어 民田을 침탈하기 때문에 원망이 조정에 돌아오는 폐단, 그로 인해 征稅가 나올 곳이 없어 '無勢下戶'에게 '移賦'하는 폐단, 대토지 소유 농장에 良民을 모입해 들여서 兵籍의 감소를 초래하는 폐단 등을 지적하였다.[81] 그러나 문제제기에 그칠 뿐

---

81) 위와 같음, 22ㄴ, "臣又念 四方膏腴 盡入於權豪私屯 其弊有三. 取民田 歸怨

그에 대한 해결책을 언급한 곳은 찾을 수 없다. 잘 알려진 것처럼 송시열은 朱子의 井田難行說을 지지하여 土地制度 改革論에 대한 반대의 견을 분명히 하였다.[82]

이에 비해 兪棨는 「江居問答」에서 '救民之策'은 '莫先於革弊'라고 주장하여 制度 改革이 그 핵심임을 밝혔다. 그럼에도 불구하고 당시의 官人·儒者들 사이에 이를 꺼리고 거부하는 분위기가 지배적인 것을 의식하면서 먼저 制度의 變通=更張의 불가피성을 장황하게 논술하였다.

　무릇 聖王의 法이 因時制中한 것이므로 盡善盡美하여 더 보탤 것이 없지만 그러나 세월이 오래되면 弊端이 없을 수 없는 것은 理勢의 必然이다. 덜어내고 보태는 沿革의 마땅함에는 自然 乘除의 勢가 또한 있는 것이다. 이것은 마치 天地의 運動에 의해 寒暑·晝夜가 교대로 왕복하면서 옛것을 밀어내고 새것이 찾아온 연후에야 生意가 接續되고 化育이 流行하는 것과 같다. 따라서 폐단이 누적된 뒤에는 반드시 更張 損益之道가 있어야만 聖人의 마음이 오래 보존되어 소멸되지 않고 仁愛의 혜택이 萬世에 영원히 지속될 수 있을 것이다. 그러므로 祖宗의 良法이라도 오래되면 혹 폐단이 생겨서 生民의 病이 될 수 있기 때문에 變而通之하여 거꾸로 매달린 것과 같은 다급함을 구제해야 할 것이다. 하물며 지금 내려온 法 중에는 (祖宗의 法에) 添設科條한 것이 權奸의 손에서 나온 것이 많은 데도 마치 成憲인 것처럼 생각하여 遵守하고 고치기를 꺼리는 것은 어찌 잘못된 것이 아니겠는가.[83]

朝廷 一也. 征稅不出 移賦於無勢下戶 二也. 募入良民 以耗兵籍 三也".
82) 金駿錫, 앞의 책, 2003, 302~4쪽 참조.
83) 『市南集』卷17, 「江居問答」, 叢刊 117-273, 19ㄱ~ㄴ, "主人曰 救民之策 莫先於革弊 革弊之道 然然有節目 而流俗之見 率皆樂因循而憚更張 稍係變通 必加沮抑 此古今之通患也. 夫聖人之法 因時制中 盡善盡美 無以加矣. 而及其久也 不能無弊 理勢之必然也. 損益沿革之宜 亦有自然乘除之勢. 如天地之運 寒暑晝夜 代序往復 推舊致新 然後生意接續 而化育流行焉. 故承積弊

制度=法이 낡으면 改革해야 한다는 당연한 내용을 '理勢之必然'과 '天地之運'에 가탁해서 설명해야 하고 '聖王之法'과 '聖人之心'을 동원해야만 정당화할 수 있다고 보는 것은 自然理法에 깊이 침윤되어 制度의 改革을 꺼리는 朱子學者들을 설득하기 위해서는 불가피한 방법이었는지도 모른다. 더구나 당시에 통용되는 법이라는 것이 士林派 일반이 공격해 마지않던 燕山君 때 勳舊派에 의해 만들어진 것인데도 (辛酉貢案은 그 대표적인 예이다) 그것을 祖宗의 成憲으로 간주하고 개혁을 거부하는 모순된 태도를 당시의 官人·儒者들은 고수해 왔던 것이다. 따라서 朱子學을 드러내놓고 부정하지 않더라도 現實 認識에 따라서 制度 改革을 적극적으로 주장하느냐 아니냐의 여부는 朱子學 政治論이 분화될 수 있는 중요한 단서가 되지 않을 수 없었다.

사실 이러한 문제의식은 李珥와 成渾에 의해 일찍이 제시되었다.[84] 兪棨는 李珥·成渾의 그러한 주장을 따라서 '安民'을 第一義로 삼고 大臣들과 논의하여 李珥가 말한 '經濟司', 成渾이 말한 '革弊都監'과 같은 法=制度의 變通=更張=改革을 위한 특별 기구의 설치를 제안하였다.[85] 그리하여 大臣으로 하여금 주관하게 하고, '才誠을 겸비한 士流'를 '極擇'하여 '祖宗良法' 중에 '廢而不行者'는 修擧하게 하고, '久而弊生者'는 變通하는 일을 담당하게 하자는 것이었다.[86]

之後者 必有更張益損之道 聖人之心 長存無死 仁愛之澤 萬世永賴. 故雖祖宗良法 久而或弊 爲生民之病 則猶將變而通之 以救倒懸之急. 況後來添設科條 多出於權奸之手 而猶且視爲成憲 遵守而不敢改 豈非惑也哉".

84) 金駿錫, 「실학의 태동」, 『한국사』 31, 국사편찬위원회, 1998③, 349~53쪽 참조.

85) 『栗谷全書』 卷30, 「經筵日記」 3, 叢刊 45-227, 92ㄱ ; 『牛溪集』 卷2, 「辛巳封事」, 叢刊 43-31, 33ㄴ.

86) 『市南集』 卷17, 「江居問答」, 叢刊 117-273, 19ㄴ~20ㄱ, "今欲變通弊法 以救垂盡之民生 則亦當用先生之議 人主無先有適莫之心 惟取事理之中 一以安民爲義 詢訪大臣 極加稱停 別立一局 以大臣領之 極擇一時才誠兼備之士流 以充其僚屬 祖宗良法 弊而不行者 修擧之 久而弊生者 變通之 論難揣摩 周詳曲盡 俾無未盡之處 可疑之端 然後慮其緩急先後 次第擧行 不爲流俗之論

유계가 당시의 개혁해야 할 폐법 중에서 첫 번째로 거론한 것은 貢
案 改正이었다. 그 필요성에 대해서는 李珥의 「萬言封事」에 나오는
주장을 길게 인용하는 것으로 대신한 다음 '任土作貢'의 원칙에 의해
土産物이 아닌 공물은 '一切減去'할 것을 주장하고, 그에 대한 '大邑'
의 원망이나 '各司主人'의 반발을 논파하였다. 이처럼 유계가 貢案 改
正을 주장한 것은 송시열과 같았다고 하더라도 그것을 制度의 '變通'
과 '更張'의 차원에서 논하고 있다는 점에서 문제를 대하는 자세와 태
도 및 실천 의지의 측면에서는 현저한 차이가 있었다고 생각된다.

더구나 유계는 貢案 改正에서 멈추지 않고 大同法의 시행을 강력하
게 주장하였다. 그는 貢案을 改正하더라도 防納의 폐단은 제거할 수
없으므로 大同法의 시행은 불가피하다고 보고 大同法의 장점을 길게
논한 뒤, 이것을 시행하면 公私가 모두 편리한 데다가 전체 民結의 생
산량을 감안한다면 공안 개정 이후에도 그보다 3~4분의 1을 더 감해
줄 수 있기 때문에 '今日救時之策 莫過於此者'라고 단언하였다.87)

그리고 그는 대동법을 시행하더라도 공안 개정은 필요한 것으로 보
고 있었다. 대동법은 '一時變通之權制'이고 改正貢案은 '百世不刊之
大典'이므로 '擧此而舍彼'할 수는 없다는 것이다. 하물며 공안을 개정
하여 '名般'을 감소시켜 두면 대동법으로 부담하는 米布의 양을 헤아
려서 절감할 수 있으므로 '見末而遺本'할 수 없다고 주장하여 대동법
은 末이고 공안 개정이 本이라는 인식을 보였다.88) 이것은 지금으로서
는 본말이 전도된 인식이었지만 당시로서는 兪棨와 같은 진보적 지식

撓奪 則數年之間 豈無其效乎".
87)『市南集』卷17, 「江居問答」, 叢刊 117-275, 24ㄱ, "自餘公私便利者甚多 而統
計民結之所出 比舊可減其三四之一 今日救時之策 莫過於此者".
88)『市南集』卷17, 「江居問答」, 叢刊 117-276, 25ㄴ, "客曰 此法旣行 而貢物之
價 皆給米布 不納本色 則貢案亦何必汲汲改正也. 主人曰 設行大同 一時變
通之權制 改正貢案 百世不刊之大典 固不可擧此而舍彼. 況貢案旣改 名般
旣減 上納之處益省 刀登之路益狹 則大同米布之捧 亦可稱量而節減 又安可
見末而遺本乎. 此又大小先後之序 不可不辨也".

인으로서도 피할 수 없는 한계였으며, 따라서 肅宗代 대동법이 확대 시행되는 단계에서도 西人 내부에서는 공안 개정이 계속 중요한 논점이 될 수밖에 없었던 이유를 여기서 알 수 있다.

이외에도 유계는 救民之策으로서 吏胥가 농간을 부리는 폐단과 山林川澤에 대한 折受·立案의 폐단을 지적하였다. 유계가 吏胥의 폐단을 논한 것은 송시열과 같지만 그 해결책으로서 관료의 久任, 吏胥에게 祿俸을 지급할 것, 궁극적으로 吏胥의 숫자를 줄여 나갈 것 등을 제시하였다는 점에서 吏胥의 폐단만을 나열하면서 悲憤慷慨하는 것에 그쳤던 송시열과는 다른 모습을 보였다.

또한 兪棨는 ⑥ 救民之策과 함께 ⑦ 軍政의 폐단에 대해서 상론하고 그에 대한 해결책으로서 士族收布論을 제출하였다. 유계가 군정의 폐단으로서 거론한 것은 '水陸軍族隣之弊', '物故老弱收布之弊', '鎭將浚剝之弊' 등이었다. 그는 이러한 폐단이 모두 法과 制度의 모순에서 유래한 것임을 밝히고, '水陸軍族隣之弊', '物故老弱收布之弊'는 즉각 폐기하여 '窮民之心'을 위로해야 한다고 주장하였다. 그럴 경우 軍額이 감축되는 것이 문제였다. 이에 대해 유계는

　　窮하면 變하고 變하면 通하는 것이 하늘의 道이다. 폐단이 이 지경에 이르렀는데 변할 줄 모르고 常規를 固守하면서 앉아서 망하기를 기다리는 理致가 천하에 어찌 있을 수 있는가?[89]

라고 말하면서 그에 대한 '權宜變通之道'로서 各道 巡營의 牙兵에게서 收布하고 각 宮家·衙門에서 私占하는 魚鹽稅를 公家에서 환수하는 것만으로도 逃故·老弱 收布를 대신하고도 남는다고 보았다. 그리고 國家가 誠心으로 救民하려고 한다면 이외에도 變通之道는 얼마든

---

89)『市南集』卷17,「江居問答」, 叢刊 117-279~80, 32ㄴ~33ㄱ, "夫窮則變 變則通 天之道也, 弊至此極 猶不知變 膠守常規 坐待其盡 天下寧有是理哉".

지 있다고 단언하였다.

이렇게 하여 조정에 대한 백성의 신뢰가 생기면 數年이 지나지 않아서 점차로 軍役의 闕額이 채워질 것으로 보았다. 良民이 '絶小'한 문제에 대해서는 李珥의 주장을 인용하여 奴婢從母法을 그 해결책으로 제시하였다. '鎭將浚剝之弊'에 대해서도 兵·水使를 비롯한 僉使·萬戶 등 하급 군관들에게 '廩養之具'가 없는 '法制'의 미비에서 그 원인을 찾고 그에 대한 대책으로서 各邑의 '簿外之穀'으로 이들에게 적절한 보수를 보장해 주어야 한다는 李珥의 주장을 그대로 인용하여 제시하였다.

이와 함께 유계는 당시 '寬軍役'의 관건이 士族收布에 있다고 보았다. 祖宗朝에는 士大夫 子孫이나 庶孼도 貴賤을 가리지 않고 男丁이라면 모두 諸衛에 소속되어 '民志以定 民役以均'하였는데, '自數世以來 國綱解弛 人思自便'하여 '士夫胄裔'들이 점차 諸衛에서 빠지자 '窮鄕寒族支庶旁生者'까지도 군역을 지는 것을 수치스럽게 생각하여 기피하기 시작하였다는 것이다. 우리 나라는 땅이 좁고 人民이 적어서 '擧國之民力'으로 軍士를 양성해도 부족한데 10중 8·9가 '游惰者'여서 '孑遺良民'만이 홀로 군역을 담당하고 있으니, 이처럼 '丁役之不均'한 상태에서는 '和衆而服民'을 기대할 수 없다는 것이 그의 주장이었다.

그렇다고 해서 '祖宗之舊典'을 복구하여 이들을 갑자기 군역에 충정한다면 이전에 號牌法을 시행할 때와 같이 한바탕의 소란만 발생할 뿐 實效가 없을 것으로 보고, 유계는 그것과 '實同而名殊者'로서 士族들에게서 '通融收布'하되 군역에서는 영원히 면제해주는 방안을 제시하였다. 그러면 이들에게서 收布하는 만큼 步兵의 부담은 감소시킬 수 있으므로 '定軍之名'은 없지만 '定軍之實'은 있게 된다면서, 이를 '均丁役之大方'이라고 내세웠다. 이것이 유명한 유계의 '士族收布論'이었다.[90]

그러나 유계는 이러한 방안을 즉시 시행할 수는 없다고 보았다. 군정의 폐단을 '痛革'하여 생민의 마음을 크게 위로하기 위해서는 이러한 國家의 '新令'이 그 목표가 '添丁'에 있는 것이 아니라 '平均軍役'에 있음을 中外에 두루 알리지 않고는 결코 망령되게 시행할 수 없다는 것이었다. '恩信之孚'에 의한 '人情信服'을 그 시행 조건으로 간주하고 있는 것이다. 그리고 이러한 士族收布가 실현된다면 모든 '各色收布之役'을 '一切變通'하여 '均丁役'을 달성해야 한다는 것이 그의 일관된 주장이었다. 이것은 그의 士族收布論이 良役變通論의 일단으로서 제기된 것임을 분명하게 보여주는 대목이다.

이와 같이 유계는 制度 改革을 救民之策의 관건으로 보고, 당시 절실한 貢納과 軍政의 폐단을 해소하기 위한 개혁안으로서 大同法과 士族收布論을 적극 제기하였다는 점에서 朱子學 名分論과 義理論에 입각한 君主修身만을 일방적으로 강조하는 宋時烈과는 판이한 태도를 보였던 것이다. 물론 그가 君主修身을 소홀하게 여긴 것은 아니었다. 유계 역시 ② 立志와 ③ 務實之道에서 李珥의 「東湖問答」을 인용하여 君主修身에 대해 길게 논하였다. 그러나 그가 「江居問答」 앞부분에서 이처럼 君主修身에 대해 길게 논한 것은 異論에 흔들리지 않고 制度 改革에 나서는 군주의 자세를 점검하고 확인하기 위한 것이었지, 君主修身 그 자체로서 모든 폐단이 해결될 수 있다고 본 것은 아니었다.[91]

90) 鄭演植, 『조선후기 '役摠'의 운영과 良役 變通』, 서울대 박사논문, 1993, 114~17쪽에서는 이를 '儒布論'이라고 부르고, 良役變通論과는 구별되는 財政變通論으로 규정하였다. 이에 대해 유계의 주장을 '士族收布論'으로 부르면서 '양역변통론의 선구'로 보는 것이 온당하다는 지적이 있는데(鄭萬祚, 「양역변통론의 추이」, 『한국사』 32, 1997, 131~2쪽), 여기서 살펴본 「江居問答」에 제시된 兪棨의 士族收布論은 良役變通論임이 명백하다고 해야 할 것이다.

91) 『市南集』 卷17, 「江居問答」, 叢刊 117-266, 5ㄱ, "自餘英雄豪傑之奮發興隆者 多從困厄摧敗中發跡 此立志之說 所以尤切於今日也"; 同, 叢刊 117-267, 7ㄱ, "今我聖上 誠能擺脫虛文 專務實德 踐以誠篤 持以悠久 使近

유계는 君主修身에 의한 道德的 敎化와 制度 改革을 분명하게 구분하였다. 예를 들면 그는 ⑧ 禁絶奢侈之弊에 대해서 논하지 않는 이유를 묻자 그것은 '政法之弊'와 같이 更張의 대상이 아니기 때문이라고 답하였다.[92] 이러한 유계의 입장은 宋時烈이 「己丑封事」에서 ㈨ 節財用以固邦本, ㈪ 崇儉德以革奢侈를 '革弊의 근본'으로 간주하는 입장과 선명하게 대비된다. 또한 송시열이 ㈧ 振紀綱以礪風俗의 항목에서 길게 논한 '敎民正俗'에 대하여 언급하지 않은 이유에 대하여 유계는

今日 民生이 물과 불 속에 있는 것과 같이 遑遑汲汲하여 廉恥를 돌아볼 겨를이 없다. 이러한 때를 당하여 先王의 敎訓을 말하면서 그 귀밑에서 떠들어봐야 원망하고 고통스러워 할 뿐 따르지 못하는 것이 陳人이 王敎를 노래하는 것보다 심할 것이니 어찌 오활하지 않겠는가? 이것이 내가 감히 망령되게 논하지 못하고, 또 거론하고 싶지 않은 이유이기도 하다.[93]

라고 말하여 奢侈의 폐단이나 風俗의 타락 등과 같은 것은 道德的 敎

小之說 不能搖奪 大爲之志 無不丕應 以之體信達順 上格下孚 和氣充塞 灾沴消滅 泰階玉燭 其在斯矣".
92) 『市南集』卷17, 「江居問答」, 叢刊 117-284, 42ㄱ~ㄴ, "客曰 今日國家 不能量入爲出 而浮費不節 士民惟知崇尙奢侈 而風俗日敗 此皆今日之痼弊 而吾子之不言 獨奈何. 主人曰 此兩弊者 亦足以亡國 而僕所以未及論之者 誠以量入爲出 以革浮費 固在乎有司之臣留心經用 詳細揣摩 就議大臣 上達天聽……況禁節奢侈之弊 不可他求. 惟在聖上躬行儉約 以身先人……非如政法之弊 可以更張而卽行也. 此僕之所以不敢幷論於改革弊法之中也".
93) 『市南集』卷17, 「江居問答」, 叢刊 117-285, 43ㄴ, "客曰 敎民正俗 亦儒者之所重也. 今子所言 不及乎此 抑何故耶. 主人曰……今日民生 如在水火 遑遑汲汲 不暇廉恥. 當此之時 方且道先王之敎訓 以交聒於其耳 則其怨苦而不從也 殆甚於陳人之誦王敎矣 豈不迂哉. 此僕所以不敢妄論 而亦不欲遽論也".

化의 차원으로 보고 制度 改革과 구별하였으며, 당시의 현실 속에서는 民生 안정을 위해서 道德的 敎化보다 制度 改革이 먼저라고 분명하게 밝히고 있었던 것이다.

2) 尹宣擧의 宋時烈 비판 : 變通論 대 義理論의 대립

宋時烈과 兪棨의 經世論이 이처럼 서로 달랐지만 송시열의 「己丑封事」에 대해서는 크게 논란이 일어나지 않았던 것 같다. 아무래도 이때는 새로 즉위한 국왕 효종에 대한 기대와 함께 서로 출사를 독려하는 분위기였기 때문인 것으로 보인다. 그렇지만 이때에도 유계에게는 이미 君主修身과 制度 改革을 분리해서 보는 인식이 분명하게 자리잡고 있었다.

> 格君이야말로 진실로 大本이고, 激揚이야말로 진실로 士論이지만, 만약 本源이 盡淸해지고 朝論이 歸正해지기를 기다린 연후에야 保民之術을 논의할 수 있다고 한다면 오늘날 거꾸로 매달린 듯한 蒼生은 장차 말라비틀어진 물고기가 되고 난 뒤의 일일 것이다.[94]

'格君'·'激揚' 못지않게 '保民'이 급하다는 현실 인식이었다. 이것은 '格君'=君主修身이 '保民'으로 바로 이어지지 않는다는 인식의 분명한 표현이었다. 이어서 유계는 趙光祖와 李珥의 '經濟之策'에 이미 '革弊條件'이 잘 갖추어져 있으므로 그것을 실천하기만 하면 될 것으로 보고 있었으며, 간혹 '時移事變'하여 增損해야 될 것이 있다면 그 綱領에 따라서 節目을 變通하는 것은 大體에 방해되지 않을 것이라고 말하였다. '保民'에는 革弊=更張, 즉 制度 改革이 요구된다는 분명한 인식을

---

94) 『市南集』卷12, 書, 「答宋英甫書」(己丑), 叢刊 117-182, 5ㄴ~6ㄱ, "格君 誠是大本 激揚 誠是士論 而若必待本源盡淸 朝論歸正 然後方議保民之術 則 今日倒懸之蒼生 將見求於枯魚之肆也".

보여준다.

그런데 '在朝諸賢'은 이것을 못하고 있다면서 송시열에게 조정에 나아가면 諸賢과 相議하고 長老에게 質正하여 '位高言重之處'에서 이에 대한 논의를 시작하여 효종의 마음을 돌린 뒤, 널리 '才誠之士流'를 모아서 '設局揣摩 次第擧行'할 것을 요구하였다.[95] 그리고 尹宣擧 一門과 이에 대한 논의가 있어서 의견이 대략 같았음을 밝히고, 이들의 권유에 의해 李珥의 문집 중에서 '論治之綱目'을 부연하여 '冊子' 하나를 만들기로 하였다면서 송시열의 생각을 묻고 나서야 송시열의 「己丑封事」에 대하여 '全主本源 却於施設處濶略'이라고 조심스럽게 비판하였다.[96] 여기서 尹宣擧 등이 兪棨에게 편찬을 권장하여 나온 '冊子'가 바로 「江居問答」임을 알 수 있는데, 그렇다면 이것은 송시열의 「己丑封事」에 대한 이들의 불만의 소산임이 분명하다.[97] 그리고 그러한 그들

---

95) 위와 같은 곳, 6ㄴ, "兄之還朝 理難終免 須以此意 商議於諸賢 質正於長老 要使此議 必發於位高言重之處 以期回天 然後廣集才誠之士流 設局揣摩 次第擧行 則豈非生民之福 而吾道之光也".

96) 위와 같은 곳, 6ㄴ~7ㄱ, "頃到魯丘 與諸尹孝 論及此事 所見略同. 諸孝因勸弟 撮出栗老集中 論治之綱目 而演其說 成就一段文字 可便觀覽 然後仰質于諸賢……兄以此言 爲如何耶. 倘有分毫可採 則還朝之日 須鯁脊擔荷 爲道爲國 不勝幸甚. 明兄頃惠書 且投疏本 深用欽服. 其中論議 全主本源 却於施設處濶略 亦望以此紙示之 未知以爲如何也. 此間無便 尙未修復 如有近便 須及此意 徹之仲初文叔 曾前論議 亦不甚逕庭 抑未知以此議爲何樣也".

97) 『魯西遺稿』卷11, 書,「與兪武仲」(己丑 12월 23일), 叢刊 120-209~10, 4ㄴ~5ㄱ, "經濟餘矩 想已了於領略中矣. 本末輕重 燦然可述 而宋臺端道統之疏 略不及此者 有何意義耶. 欲法三代 當法祖宗 吾東方實下手者 無如癸未際會. 今以此言聞於當世者 實在於高明 道不前定 無以用行 十分摩厲 以幸斯文 區區之望也". 윤선거는 유계에게 보낸 위의 편지에서 송시열의 「己丑封事」에 대한 불만을 강하게 표현하였는데, 이때 송시열에게 직접 보낸 편지가 있는지는 확인되지 않는다. 裵祐成은 윤선거가 송시열계와 입장 차이를 분명하게 드러내기 시작한 것은 효종 9년경으로 보았는데(배우성, 앞의 글, 2003, 344쪽), 유계의 「江居問答」 자체가 이들의 토론의 산물임을 감안하면 효종 초에 이미 그 차이가 드러나기 시작했다고 보아야 할 것 같다.

의 논의에 대해 趙復陽과 金弘郁 역시 동의하였던 것으로 보인다.

이러한 친구들의 비판에 송시열은 거의 관심을 기울이지 않으면서도 유계의 제안에 대해서는 찬성하였다. 그렇지만 유계가 제안하는 制度 改革은 거의 실현 가능성이 없다고 보고 있었다.98) 그는 당시의 형세가 '淸議爲客 異論爲主'한 상황이어서 자신들이 多數를 차지해야만 異論이 소멸될 것으로 전망하였다.99) 그런데 大同法으로 인한 金集과 金堉의 대립을 예로 들면서 '潰裂至此 萬無所望'하다고 말하여 兪棨의 시도가 실현 가능성이 없음을 강하게 시사하였다.100)

尹宣擧의 制度 改革에 대한 관심도 송시열의 「己丑封事」를 보고 난 이후에 구체화되었던 것 같다. 특히 윤선거는 浦渚 趙翼(1579~1655)의 학문을 존숭하였고, 尹氏 일문은 趙翼-趙復陽-趙持謙으로 이어지는 이들 趙氏 일문과 밀접한 유대를 갖고 있었으며, 經世論은 趙翼에게서 강하게 영향을 받았던 것 같다. 趙翼은 어려서 月汀 尹根壽 문하에서 金尙憲과 동문수학한 사이였으며, 金長生 문하에도 출입하였다. 그리하여 程朱學을 宗主로 삼으면서도 李珥와 成渾을 사숙하여 그 經世論에 깊이 공감하고 仁祖, 孝宗 兩代에 걸쳐 大同法의 시행을 적극 주장하였고, 士族收布論을 비롯한 제반 社會經濟 改革論을 적극 피력하였다.101)

98)『宋子大全』卷32, 書,「與兪武仲」(庚寅 元月 2일), 叢刊 109-128, 7ㄴ~8ㄱ, "示諭欲作一冊子 亦可見仁人之心矣. 今雖不用 固無害於可用. 況天欲祚宋 安知終不能當上心耶. 唯冀益竭心思 使綱條燦然 俾人人知如此 必可以有濟. 不如此 必至於顚沛 則吾兄經濟手段 不待身出而已行矣. 來書當轉示諸友也".

99)『宋子大全』卷32, 書,「與兪武仲」(己丑 7월 1일), 叢刊 109-128, 7ㄱ, "今日 形勢 淸議爲客 異論爲主 必須疾收俊乂 聚在朝廷 然後多者勝 而異論自消".

100)『宋子大全』卷32, 書,「與兪武仲」(庚寅 元月 2일), 叢刊 108-128, 8ㄱ, "京大同已成頭緖 而愼齋丈啓罷之 其後請選諸人陞秩 且請選幼學入仕 右台防之 甚牢 至有作威福等語 盖所以報大同也. 潰裂至此 萬無所望 兄與一正有分 可作書宛轉之耶".

101) 金容欽, 앞의 글, 2001 참조.

윤선거는 趙翼의 학문이 '優於淸陰'이라는 金集의 말을 인용하면서 그를 '近世儒宗'으로 높이 평가하였다.102) 그는 송시열이 전하는 조익에 대한 세간의 비방을 신뢰하지 않았으며,103) 宋時烈과 朴知誡의 子 朴由淵이 조익이 편찬한 「四書困得」을 朱子와 다르다고 비난하자 『朱子家禮』를 예로 들면서 주자에게도 '未及檢校處'가 있음을 들어서 趙翼을 변론하였다.104) 그리고 조익이 庸學困得을 보내면서 편지로 권면하자 자신이 '實下工夫'가 없음을 매우 부끄럽게 여기고, 「四書困得」을 비롯한 그의 여러 저술이 '極有啓發於後學者'라고 깊이 공감하였다.105) 특히 조익이 죽은 뒤 趙復陽이 墓誌銘을 청하면서 보낸 그의 '狀草'를 보고, 그의 經世論이 '不計利害 不避非議'하고 '天德王道'로써 '懇懇陳奏'한 것을 알고 '積誠盡忠 近世所未有也'라고 경탄해 마지 않았다.106)

102) 『魯西遺稿』卷15,「日記」, 丙申, 叢刊 120-300, 21ㄴ, "盖浦爺一生用功 近世儒宗也. 愼齋曰 學術則優於淸陰".
103) 『魯西遺稿』卷15,「日記」, 壬辰 9월 초, 叢刊 120-291, 3ㄱ, "英甫嘗言 浦相爲人作銘 有一文人 就加刪改 浦相怫然曰 某也 敢改我文字云云. 以余所見 英聞或差耶. 不然則某也 或是浦相所嘗賤惡者歟".
104) 『魯西遺稿』卷15,「日記」, 丁酉, 叢刊 120-302, 26ㄴ, "躍起(朴由淵)論浦相困得四書之非 是大與趙有諸權思誠不同 話頭之峻 不減於宋英甫 自言初往請學 而知與朱子之旨不同 遂止不往十餘年矣. 余曰 浦相豈是不尊朱子者乎. 躍曰 朱說之外 難容一毫他談矣. 躍起問曰 家禮散垂之節 旣是朱子著論 三年不絞 朱子之意也. 君意何如. 余答曰 袒免始著於小斂 而不言還襲之節 亦可三年不襲乎. 家禮此等處多 余之所聞 皆是朱子未及檢校處也. 躍色不肯然. 盖篤信朱子 至於散垂之固執 則浦相亦不爲無意耶".
105) 『魯西遺稿』卷15,「日記」, 壬辰, 叢刊 120-291, 4ㄴ, "臘初 浦相送示庸學困得兩冊 手書獎勉 拜受修謝. 仍念余之孤陋 不曾實下工夫 而虛辱長者之賜 豈非可懼可愧者乎. 且於前日 因仲初昆季 得見論孟諸說 朱書要類等冊 極有啓發於後學者 而余力不足 無以領會 尤可警念 聊志于此 以自勉焉".
106) 『魯西遺稿』卷15,「日記」, 丁酉, 叢刊 120-301, 24ㄱ, "趙哀仲初 送示浦渚狀草 敬讀之 不覺欽欽. 不計利害 不避非議 唯以天德王道 懇懇陳奏 積誠盡忠 近世所未有也".

俞棨의 「江居問答」을 보고 윤선거도 자신의 구상을 밝혔다. 그 역시 당시 국가의 형세가 '大變革'이 없으면 안 될 것으로 보았으며, 大變革之道는 다른 곳에서 구할 필요 없이 '成憲舊章'에 의해서 '末俗之弊'를 혁파하면 된다고 주장하였다. 특히 그는 『經國大典』과 『五禮儀』를 소홀히 해서는 안 된다고 하였다. '三代를 본받으려면 마땅히 祖宗을 본받아야 한다'는 것이 그의 지론이었는데, 그는 李珥와 成渾의 變通도 그러한 범주에서 벗어나는 것은 아니라면서 『經國大典』과 『五禮儀』의 규모를 당시에 되살리는 것으로 충분하다고 보고 있었다.107) 그러면서 그는 자신이 생각한 개혁안 10가지를 제시하였다.

① 革內需私藏內官典守之弊
② 罷諸宮各衛折受屯田之弊
③ 申明戶籍之義
④ 制節上下之辨
⑤ 復諸衛正軍之法
⑥ 定學生校生之制
⑦ 婦人從夫服
⑧ 良民從母役
⑨ 八道盡行大同以救西北民刻骨之痛
⑩ 列邑耗穀盡收爲元穀以備不虞之畜108)

이것은 본인도 인정하고 있듯이 유계의 「江居問答」을 大綱으로 전제하고 나온 것이어서 보다 세밀해진 경향이 있다. ① 革內需私藏內官

---

107) 『魯西遺稿』卷5, 書, 「與俞武仲」, 叢刊 120-104~5, 30ㄴ~31ㄱ, "只以今日之事言之 不能大變革 則難望其有爲 而大變革之道 亦不必他求. 只因成憲舊章 以革末俗之弊 亦足了一時之功矣. 如五禮儀經國大典 不可歇看. 主乎二者 而就加沿革則可矣. 牛栗之變通 不過如是矣. 欲法三代 當法祖宗 亦是一論也".
108) 『魯西遺稿』卷5, 書, 「與俞武仲」, 叢刊 120-105~6, 31ㄱ~34ㄱ.

典守之弊과 ② 罷諸宮各衛折受屯田之弊는 '寬民力' 논자를 포함한 거의 모든 官人·儒者들의 주장이었고, ④ 制節上下之辨과 ⑦ 婦人從夫服은 사치를 금지하는 내용이므로 크게 보아 修身 위주의 道學的 經世論의 범주에 포함된다고 볼 수 있다.

좀 특이한 것은 윤선거가 이러한 개혁안을 거론할 때 이전 西人 또는 士林派 선배 官人·儒者의 주장을 인용하고 있다는 점이다. ① 革內需私藏內官典守之弊에서는 성종대 南孝溫의 상소문을 인용하고 인조대 趙錫胤의 주장대로 하면 된다고 하였다. ② 罷諸宮各衛折受屯田之弊와 ⑨ 八道盡行大同以救西北民刻骨之痛은 광해군대 秋浦 黃愼의 주장을 인용하고 있으며, ⑧ 良民從母役에 대해서는 李珥와 趙翼이 일찍이 주장하였고, 丙子年에는 金益熙가, 그리고 효종대인 당시에는 李慶億이 상소하여 이를 주장하였다고 밝히고 있다. 이는 자신의 주장을 士林派에서 西人으로 내려오는 變通的 經世論의 전통 속에서 합리화하려는 시도로 이해된다.

大同法에 대한 윤선거의 인식 역시 독특한 면이 있다. 우선 그는 대동법이 朱子의 주장과 일치한다고 간주하고 있는 점이다. 李珥가 海州에서 1결 1두를 거두자고 한 것은 '朱子之餘義'이고, '大同之議'는 趙翼에서 시작되었는데, 조익이 이를 논할 때 朱子로 증거를 댔다는 것이다. 따라서 대동법은 당시에 처음 나온 것이 아니라고 하였다.[109]

또한 金集이 대동법을 반대한 것이 아니라고 주장하고 있는 점이다. 김집이 당시에 진계한 말은 '급하게 먼저 거행할 필요는 없다'는 것이었는데, 즉위 초기에는 '納誨'가 우선이고 '變法之議'는 급하게 서둘 일이 아니어서 그렇게 말했다는 것이다. 그리고 '損上益下之道'에 의거

---

109) 『魯西遺稿』 卷5, 書, 「與宋明甫」(丁酉 秋), 叢刊 120-93, 7ㄴ~8ㄱ, "盖念大同之議 實自浦相主張 而浦論乃以朱子爲證 誠有所受之者矣. 栗谷封事中 海州一結一斗之論 亦是朱子之餘義 則大同之法 非始於今日也". 여기서 윤선거는 趙翼이 朱子의 「答張敬夫書」에서 '今財利之柄 制於聚斂掊克之臣'을 인용하여 증거로 삼았다고 주장하였다.

하지 않고 강제로 '量出爲入'하자는 논의가 옳은 일인지 모르겠다고 말했다고 한다. 그래서 金集 면전에서 자신이 趙錫胤과 대동법에 대해서 토론하고 1결당 5두를 거둔다면 公私가 모두 편리할 것이라고 말하자 김집도 동의하였다는 것이다. 그런데 후세 사람들이 이를 알지도 못하면서 金集이 '新法'을 공격하였다는 말을 만들어 서인을 분열시키려 한다고 개탄하였다.[110]

그는 대동법은 시행되지 않으면 안 되며, '損上'을 원칙으로 하고 모든 浮費를 혁파한 뒤에 시행해야 폐단이 없을 것이라고 하였다. 그런데 징수 액수에 대해서는 李珥가 말한 1결 1두는 물론, 黃愼이 말한 1결 6두 역시 貢物價만 계산되어 있을 뿐 '本官之需'가 감안되지 않아서 너무 적다고 보면서도 10두는 또 너무 많다고 하였는데,[111] 최종적으로는 5斗를 주장하였다. 그는 이러한 주장이 金集의 本意이고, 宋浚吉의 주장과도 어긋나지 않으며 趙復陽 등 諸人이 心服하는 것이라고 서인 산림 일반의 논의를 집약한 것임을 내세웠다.[112]

⑤ 復諸衛正軍之法, ⑥ 定學生校生之制에서는 兪棨의 「江居問答」에 대응하여 자신의 軍政變通에 대한 구상을 밝혔다. 우선 그는 正軍과 束伍軍을 구별하고, ⑧ 良民從母役之法을 전제로 上番正軍 40만을 확보해야 한다고 주장하였다. 그리고 속오군은 公私賤으로만 편성하되, 그 '資裝之費'는 이들에게 부담시키지 말고 각 지역에서 田結에 부과하자고 제안하였다. 따라서 속오군의 총수는 그 지역 전결의 다소에 따라 결정되어야 한다고 보았다. 또한 서울은 學生, 지방은 校生,

---

110) 『魯西遺稿』 卷5, 書, 「與宋明甫」(丁酉 秋), 叢刊 120-93~4, 8ㄱ~9ㄱ.

111) 『魯西遺稿』 卷5, 書, 「與兪武仲」, 叢刊 120-106, 33ㄱ, "栗谷之一結一斗 秋浦之六斗 只計貢物之價 而不計本官之需矣. 並官需而計之 則有些加減云. 盖大同之法 必以損上爲主 凡百浮費 一切罷除 然後愈久而無弊矣".

112) 『魯西遺稿』 卷5, 書, 「與宋明甫」(丁酉 秋), 叢刊 120-94, 9ㄱ, "妄意以爲 大同之法 則不可謂不便 而十斗之捧 未免爲太重. 若能減五斗 而一以損上爲主 勿復有增重之弊 則此實合於先生之本意 而於左右封事初論 不至於相悖也. 中草諸人 亦莫不心服之矣".

나머지는 모두 保人이 되게 하여, 幼學·武學과 같은 명목은 모두 혁
파하여 閑遊者를 없애자고 제안하고, 이는 서울의 宰相家부터 시행해
야 한다고 주장하였다.113)

그 뒤 己亥年 초에 兪棨가 軍政變通論을 상소하기 직전에 윤선거
에게 상소문을 미리 보여주고 의견을 교환하였던 것 같다. 여기서 윤
선거는 '軍政變通'을 '荒歲之急務'로 규정하고, 大擧軍籍에 의한 閑丁
搜括에 반대하면서, 당시에 시급히 착수해야 할 일로서 "步兵收布 不
可不罷也 正軍疊役 不可不除也 束伍資裝 不可不恤也"라고 세 가지
를 제시하였다.114) 군졸에게서 收布하는 것은 원래 國典에 없었으며,
양민의 껍질을 벗겨 騎曹官吏만 살찌우는 일이니 없애야 한다는 것이
고, 正軍을 束伍軍에 편성하는 것은 疊役이므로 제거하고 앞서 주장
한 양민은 정군에, 공사천은 속오군에 편성하는 것이 좋다는 것이며,
속오군의 軍裝에 대해서는 8결에서 出一兵하는 기준에 의해 전결에
부과하여 해결하자고 앞서의 주장을 보다 구체화하였다.

그리고 學生과 校生 이외에는 모두 保人으로 편성하고, 幼學·武學
이라는 직명을 없애자는 앞서의 주장에 閑良을 추가하여 제거할 것을
주장하였으며, 이에 따라 戶籍을 새롭게 정비해야 할 것으로 보았다.
군대 훈련은 營將에게만 전담시키지 말고 守令이 이를 담당하게 하고
영장은 때때로 순회하면서 점고하고 상벌로 勸懲하면 병졸들이 식량
을 싸들고 왕래하는 폐단을 제거할 수 있을 것이라고 주장하였다.

보다 주목되는 것은 그가 이 시기에 地主制의 모순을 개탄하면서
兪棨의 士族收布論에서 진일보한 備布論을 내놓았다는 것이다.

一國之內는 모두 王土이고 모두 王民인데, 公卿 이하 士庶에 이르

113)『魯西遺稿』卷5, 書,「與兪武仲」, 叢刊120-105, 32ㄱ~ㄴ.
114)『魯西遺稿』卷6, 書,「答兪武仲」(己亥 正月), 叢刊 120-113, 1ㄱ. 이때 윤선
    거와의 논의를 거쳐 올려진 유계의 상소문은『市南集』卷9,「論變通軍政疏」,
    叢刊 117-125~7, 10ㄱ~14ㄱ.

기까지 모두 得有土有民하여 田에서는 10분의 5의 이익을 취하고 家
에서는 生殺之柄을 휘두르니 이것은 一國之人이 모두 君인 것과 같
다. 이러고도 다스려지기를 바라는 것은 비록 善者가 있더라도 어떻
게 해볼 수 없을 것이다. 그러나 이것은 流來가 오래된 폐단이라서
오늘날 갑자기 변화시킬 수 없을 것이다. 가능한 방법으로서 田賦 10
분의 1세의 例에 따라 臧獲의 多少를 계산하여 각자 納布하게 하고
'傭布'라고 부르자. 10口에서 收一布하고 5口에 차지 못하는 者는 감
해 주며, 田地 3결을 초과하는 것은 10口의 수입이 있는 것으로 간주
한다. 이렇게 하여 기병과 보병에게서 收布하는 것을 영원히 제거한
다면 良民에게서는 偏苦之怨이 없게 되고 士族에게서는 偏逸之弊가
없어질 것이니 이것이야말로 虧盈益寡之道요 扶弱抑强之術이다.[115]

　公卿에서 士庶에 이르기까지 田地와 人民을 소유하고 幷作半收에
의해 이익을 취하면서 집안에서 生殺을 쥔 君主처럼 군림한다고 地主
들의 횡포를 비난하고 이로 인해 국가의 통치가 원활하게 이루어지지
않고 있음을 개탄하였던 것이다. 그렇지만 그 역시 土地改革은 불가능
하다고 보고, 田 3결, 口 10인 단위의 收布를 통하여 兵卒에게서 收布
하는 폐단을 영원히 폐지하고 地主制의 폐단을 완화시켜 보고자 하였
다. 이러한 윤선거의 傭布論은 세부적인 측면에서 정밀하지 못한 측면
이 많지만 후대의 結布論과 口布論의 맹아적 형태의 제안으로 볼 수
있을 것이다.
　이처럼 西人 山林 내부에서 制度 改革에 대한 연구와 토론을 통하

---

115) 『魯西遺稿』 卷11, 「與兪武仲」(己亥 元月), 叢刊 120-213, 11ㄱ~ㄴ, "一國之
　　內 皆王土也 皆王民也 而自公卿以下 至于士庶 皆得有土有民 田收什五之
　　利 家擅生殺之柄 是一國之人 皆君也. 以此而求治 雖有善者 亦末如之何矣.
　　第流來久遠之弊習 今不能猝變. 可依田賦什一之例 計臧獲多少 各自納布
　　名曰傭布 十口而收一布 未滿五口者減之. 田過三結者 亦視十口之入 而永
　　除騎步兵收布 則庶無良民偏苦之怨 士族偏逸之弊矣. 此乃虧盈益寡之道 扶
　　弱抑强之術也".

여 당시의 국가적 위기를 타개하고자 노력하고 있던 이들에게 宋時烈의 「丁酉封事」는 매우 실망스러운 것이 아닐 수 없었다. 이에 대해서 가장 적극적으로 문제를 제기한 것은 尹宣擧였다. 尹宣擧는 宋時烈에게 여러 차례 장문의 서찰을 통해서 그것의 문제점을 지적하였을 뿐만 아니라 宋浚吉·李惟泰·兪棨 등에게도 기회 있을 때마다 宋時烈 상소와 정치 행태의 문제점에 대해서 지적해 마지않았다.

송시열의 「丁酉封事」에 대한 윤선거의 문제제기는 크게 세 가지 정도로 압축해 볼 수 있다. 첫째는 당시의 형세를 헤아리지도 않고 淸에 대한 '復讐雪恥'의 '義理'를 내세우는 것의 허구성과 위험성에 대한 지적이다. 그는 지금이 청나라와 '閉關絶約'할 수 있는 시기냐고 묻고, 만약 그렇다고 한다면 그 말을 먼저 누설하여 '以害機事'한 것은 잘못이며, 만약 그렇지 않다면 불필요하게 '無益之言 以敗人國'하는 짓이니 역시 잘못이라는 것이다. 결국 이는 '時事를 헤아리지도 않고 듣기 좋은 말을 지어서 한 때의 聽聞을 快하게 하고, 後人의 칭찬하는 말을 도둑질'하는 짓이라고 통렬하게 비판하였다.116)

이것은 송시열의 유아독존적 정치 행태에 대한 비판으로 이어졌다. 윤선거는 송시열이 己丑年 이래 淸나라의 年號를 쓰지 않으면서, 이미 출사한 宋浚吉과 權諰가 年號를 쓰고 있다고 비판하는 것은 잘못이라고 주장하였다. 연호 사용 문제는 이미 己丑年에 金集이 그 '枉尺直尋之義'를 인정한 일인데도 그것을 그때는 말하지 않고 丁酉年이 되어서야 말하는 것은 불가하다는 것이다. 더구나 송시열이 '受職 受祿 受食物'한 것은 송준길·권시와 똑같으면서 이제 와서 '不書年號'를 내세우는 것은 '不枉尺'의 名만 있지 實은 없는 일이라고 꼬집어 비판하였

---

116) 『魯西遺稿』 卷5, 「與宋英甫」, 叢刊 120-98, 17ㄱ~ㄴ, "設令今日 使我秉國 閉關絶約 不可一朝遽辦……不知左右以今日爲猶有可爲耶 不可爲耶. 謂不可爲 則不必爲無益之言 以敗人國也. 謂猶有可爲 則亦不當先洩其聲 以害機事也. 不計時事之可爲不可爲 而只作好言語 以快一時之聽聞 以賭後人之 **稱許云爾** 則決非大人君子 援世以道 **好謀而成**之義也".

다.117)

　이로 인해서 송준길과 권시가 불안해져서 거취를 고민하게 만든 것
에 송시열의 유아독존적 정치 행태의 폐해가 있다고 윤선거는 보고 있
었다. 윤선거는 송준길과 권시가 날마다 경연에 나가서 효종을 계도한
공로가 송시열의 '囊封萬言之力'에 못지 않다고 간주하였다. 따라서
송시열이 할 일은 이들을 '夾輔贊襄'하여 '積誠盡意'하게 함으로써 효
종의 '求賢圖濟之志'를 저버리지 않는 것이었다.

　尹宣擧는 자신이 李惟泰에게 편지를 보내어 '今日憂同春(宋浚吉)
之憂小 憂尤齋(宋時烈)之憂大'라고 말한 것이 자신의 '實心'이라고 고
백하고, 그 이유는 송시열로 인해서 자칫 국가가 禍를 당하고 君父를
욕되게 한다면 그 책임이 '山林'에게까지 미칠 것이기 때문이라면서,
이로 인해 '士論一脈'이 '斬伐銷鑠'되어 '可爲之望'이 사라지는 것이야
말로 자신의 '大憂'라고 말했다.118)

　둘째, 許衡 黜享을 거론한 것에 대한 비판이었다. 송시열이 허형을
文廟에서 黜享하자고 주장한 이유는 두말할 것도 없이 南宋 출신으로
서 元을 섬겨 春秋 大一統의 尊周義理를 저버린 인물이라는 것 때문
이었다. 丁丑年 城下之盟 이후에 인심이 점차 어두워져서 '以僞爲眞
以僭爲正'하는 사람들이 많아져서 이대로 가면 십수년 뒤에는 搢紳間
에 正統之說을 들을 수 없을 것이라고 위기 의식을 고취한 뒤, 허형을
문묘에서 출향하여 '秉天理以正人心'하고 '闢邪說以一士趣'해야 한다
는 것이 그의 주장이었다.119)

117)『魯西遺稿』卷5,「與宋英甫」, 叢刊 120-98, 17ㄴ~18ㄴ.
118)『魯西遺稿』卷5,「與宋英甫」, 叢刊 120-99, 19ㄴ~20ㄱ, "日弟與草廬書曰 今
日憂同春之憂小 憂尤齋之憂大 此弟之實心也……而或使國家萬一 有庚寅之
厄 則吾恐天人咎責 一歸於山林 而士論一脈 卽見斬伐銷鑠 無復有可爲之望
矣. 此弟之大憂者也".
119)『宋子大全』卷5,「丁酉封事」(8월 16일), 叢刊 108-208~9, 44ㄴ~45ㄱ. 송시
열은 이후 약 1년간이나 자신의 진퇴를 걸고 이를 주장하였다고 한다. 李迎
春, 앞의 글, 1985, 147쪽 참조.

윤선거가 이를 비판하는 이유 역시 앞서와 마찬가지로 時勢論에 있었다. 그는 당시가 朱子가 살던 시대와는 다르다고 인식하였다. 즉 朱子之時는 '彼此相敵之勢'가 있었다는 점에서 丁丑年 이전과 비슷하지만, 당시는 高麗와 金・元과의 관계나 다름없어서, 庚寅年처럼 청나라 使臣 한 사람이 온 나라의 기를 빼앗을 수 있는 위험한 때인데 '大聲正號'하여 '以動遠近'할 필요가 있느냐고 반문하였다.[120]

그런데 송시열이 허형을 출향하자고 주장한 실질적인 이유는 좀 다른데 있었던 것 같다. '後人' 중에 허형을 빙자하여 자신의 주장을 하는 사람이 있다(後人藉此爲重)는 그의 지적은 음미할 필요가 있는 대목이다. 송시열이 말한 '後人'은 仁祖代 丁卯胡亂을 전후하여 主和論을 주장한 대표적인 政治家였던 李貴를 지칭하는 것이 거의 분명하다고 생각된다. 그런데 이귀는 주화론만 주장한 것이 아니었다. 崔鳴吉이 작성한 그의 행장에 의하면

癸亥年(인조 반정) 이후로 善類가 國事를 담당하여 淸議가 조정에 가득 찼지만 搢紳들에게 眞實敦朴之風이 부족하여 國家大計에 방해되는 점이 많았다. 公(이귀)은 늘 上(인조)을 대할 때마다 好名之弊를 極陳하면서 魯齋 許衡이 말한 '仁慈禮讓 孝悌忠信 而亡國敗家'라는 말을 인용하여 조정을 기롱하고 풍자하면서 한 시대의 폐단을 구제하려다가 늘 時輩와 서로 다투었다.[121]

120) 『魯西遺稿』卷5, 「與宋英甫」, 叢刊 120-97, 16ㄱ~ㄴ.
121) 『遲川集』卷18, 「李貴行狀」, 叢刊 89-561, 56ㄱ. 허형의 이 말의 출전은 다음과 같다. 『欽定四庫全書』『魯齋遺書』卷2, 語錄 下, "頑字最不好 頑到合忍時 却便成了大事 如舜事父母 與待其弟 非堅忍負重 安得如此之久. 敏字最好 然有不合敏處 亦多敗事. 大抵百行皆用 當其可得以成事. 此聖門所以汲汲要格物致知. 不然 則仁慈禮讓 孝友恭默 亡國敗家者 皆是也 可不務乎. 大抵聖賢成事 只是將好惡黜陟殺生予奪 布擺得是 上下順理. 桀紂只是布擺得差了 其心亦不欲至覆宗絶祀也". 許衡에 대해서는 다음 논저가 참고된다. 侯外廬 외 지음, 박완식 옮김, 『송명이학사 2』, 1995, 389~402쪽 ; 陳正夫・何植靖, 『許衡評傳』, 南京大學出版部, 1995.

즉, 이귀는 修身(仁慈禮讓 孝悌忠信)을 잘하고도 國家를 멸망시키는 일이 있다는 허형의 말을 인용하여 修身 위주의 道學的 經世論의 한계를 지적하고 法과 制度의 變通=更張을 통한 '國家再造'의 당위성을 역설하는 수단으로 삼았던 것이다.

그리고 사실 허형의 이 말은 이귀만이 아니라 멀리는 李珥와 成渾이 자신의 更張論을 피력하면서도 인용하였고, 趙翼 역시 이 말을 인용하여 제도 개혁의 당위성을 피력한 바 있었다.[122] 따라서 송시열이 허형을 문묘에서 출향하자는 것은 단순히 尊周義理를 선양하는 차원을 넘어서 變通的 經世論을 배척하는 한 수단으로서 주장되었을 개연성이 크다고 볼 수 있다. 즉 허형의 문묘 출향을 둘러싼 논란에서도 역시 變通論 대 義理論의 대립 구도가 작용하고 있었던 것이다.

윤선거가 송시열을 비판하는 세 번째 측면은 바로 그 점에 초점이 맞춰져 있었다. 윤선거는 당시의 근심이 '務名不務實'에 있다면서 '治繕 一事'는 '文具'가 되어버렸다고 탄식하였다. 그리고는 송시열이 그렇게 숭배해 마지않는 朱子가 만약 당시의 조선의 일을 논한다면 '聲義'를 우선할 것인지, '仁政'을 우선할 것인지를 물었다.[123] 윤선거는 송시열에게 다시 또 한편의 장문의 서신을 보내서 이 문제를 극론하였다.

금일에는 (復讐雪恥의) 意志가 없는 것이 걱정이 아니라 단지 그 實體가 없다는 것이 걱정이다. 善만으로 정치가 되기에는 부족하고, 法만으로 저절로 행해질 수는 없으며, 志만으로 政治가 되는 것도 아니니 오늘날의 急務가 과연 言語에 있겠는가. 내 생각으로는 朱子가 '몇 년에 걸친 規模를 정한다'고 한 바와 같은 施設上의 착실한 조치

---

122) 『浦渚集』卷11, 「因求言條陳固邊備改弊政箚」, 叢刊 85-198, 17ㄴ.
123) 『魯西遺稿』卷5, 「與宋英甫」, 叢刊 120-99, 20ㄱ, "今日所患 已在於務名不務實. 治繕一事 只是文具而已. 朱子若論今日之事 則其先聲義乎 其先仁政乎. 亦乞明敎".

> 와 계획이 있어야 한다고 본다. 위와 아래 사람들이 모두 이것을 분명히 깨달은 연후에야 비로소 군대가 강해지고 나라가 부유해져서 復讐雪恥할 수 있으니, 許衡의 黜享을 기다리지 않고도 人心이 믿고 향하는 바가 있게 될 것이다.[124]

'徒善不足以爲政'은 사실 앞서 變通論者들이 즐겨 인용한 許衡의 말(仁慈禮讓 孝悌忠信 而亡國敗家)과 같은 의미로 볼 수 있을 것이다. 修身 위주의 道學的 經世論만으로는 당시의 국가적 위기를 타개해 나갈 수 없다는 분명한 인식의 표현으로 보아야 할 것이다.[125]

앞서 윤선거의 經世論을 검토한 바에 의거해 볼 때 여기서 윤선거가 말하는 '施設上 着實措畫'이란 制度의 變通=更張을 의미하는 것이 분명하다. 그것은 여기에 이어지는 송시열 비판에서도 명백하게 드러난다. 즉 당시에 '治兵繕甲'하기에도 세월이 부족한데 한두 가지의 '大變革'을 했다는 소리를 듣지 못하였으며, '軍政未修 積弊未祛'한 것은 李珥가 살던 시대보다 더하다는 지적이 그것이다.[126] 윤선거는 富國强兵을 통한 復讐雪恥를 위해서는 이러한 制度 改革을 지향하는 變通的 經世論이 반드시 요구된다고 보고 있었던 것이다.

윤선거는 '知行兼進', '訥言敏行'은 學問에서만 요구되는 것이 아니

---

124) 『魯西遺稿』 卷5, 「答宋英甫」, 叢刊 120-102, 25ㄴ~26ㄱ, "今日所患 不患無其志 而只患無其實矣. 徒善不足以爲政 徒法不能以自行 徒志不可以有爲 則今日之急務 果在於言語而已乎. 愚意以爲 不若於施設上 着實措畫 如朱子所謂 定爲幾年之規者. 使上下曉然知如此 然後兵可强國可富 讐可復恥可雪 則不待懷慶之黜 而人心有所信向矣".

125) 義理論을 앞세우는 修身 위주의 道學的 經世論에 대한 비판이 이 편지의 주요 골자였다고 생각된다. 다음과 같은 표현도 그러한 사례에 해당될 것이다. 『魯西遺稿』 卷5, 「答宋英甫」, 叢刊 120-102, 27ㄱ, "當是時也 士之告君者 其當以聲義復讐之言進乎 其當以師門爲仁之說進乎. 漢元非不足於節儉 而貢禹進言 徒陳節儉之道 故君子惜之矣"

126) 『魯西遺稿』 卷5, 「答宋英甫」, 叢刊 120-102, 26ㄴ, "卽今治兵繕甲 唯日不足 而未聞有一二大變革之擧 軍政未修 積弊未祛 有甚於栗谷之時矣".

라 당시의 '爲國之道' 역시 마땅히 이와 같아야 하는데, 송시열은 '瀆陳已陳之言 强明已明之義'하면서 '行事之實'을 찾아 볼 수 없다는 것이었다.127) 윤선거는 이처럼 '無一着實擧措'한데 단지 '復讐'라는 말만 앞세우는 것이 '今日之大弊'라고 보고 있었다.128) 이와 같이 당시의 국가적 위기의 타개 방안을 둘러싼 尹宣擧와 宋時烈의 대립은 變通論 대 義理論의 대립으로 표출되었던 것이다.

이러한 윤선거의 비판을 송시열로서도 무조건 무시할 수만은 없었을 것이다. 「丁酉封事」를 올리고 난 이듬해인 戊戌年에 출사한 송시열은 처음으로 大同法에 대해 긍정적인 태도를 표명하였다. 이때가 戊戌年에 이루어진 효종과 송시열의 첫 만남이었는데, 효종은 湖西大同에 대한 백성들의 반응을 물었던 것이다. 이에 대해 송시열은 우선 대동법이 좋아하는 사람이 많은 '好法'임을 확인하고 '小戶와 小邑은 편하게 여기고 大戶와 大邑은 불편하게 여긴다'는 閔應亨의 말을 인용하여 '眞知言'이라고 긍정하였다. 그런데 '近日'에 藥材를 다시 '本道에 備納'하게 하여 '失信於民'하였을 뿐만 아니라 下吏들이 부과하는 防納價가 10배에 이르러 백성들이 심하게 원망한다고 지적하였다.

그리고 大同法은 '便民'을 위주로 하는 것이므로 '難便之勢'를 돌아볼 이유가 어디 있겠느냐고 반문하여 대동법 시행을 적극 주장하는 듯하지만, 당시 논의 중이던 湖南大同에 대해서는 民情이 '米斗의 加減'보다 '本色의 太多'를 더 근심한다고 언급하여 '貢案改正'을 보다 중시하는 그의 본심을 감추지 않았다.129) 이때 효종이 계속 '難便之勢'를

---

127) 『魯西遺稿』 卷5, 「答宋英甫」, 叢刊 120-102, 26ㄱ, "知行兼進 不唯學問如此 訥言敏行 不唯學問如此 愚以爲爲國之道 亦當如此也. 不然而瀆陳已陳之言 强明已明之義 而無一毫見諸行事之實 則不幾於有目無足者類耶".

128) 『魯西遺稿』 卷5, 「答宋英甫」, 叢刊 120-103, 27ㄱ, "無一着實擧措 而只發復讐之說者 亦非今日之大弊乎".

129) 『宋子大全』 附錄 卷3, 「年譜」, 戊戌年 7月 丁未, 叢刊 115-230, 7ㄴ~8ㄱ. 大同法의 근본 취지는 공납을 전결세로 전환하자는 것이므로 小作農에게 유리한 것이었고, 貢案改正은 공납의 총액을 감소시켜 대동법과 함께 시행될 경

거론하면서 난색을 표하자 송시열은 '지금 國勢가 편안한가 위기인가'를 묻고 宗廟祭享도 減省하는데 '變通'을 못할 이유가 없다고 貢案改正에 대한 강한 의지를 피력하였다.

이와 함께 송시열은 부족한 군병을 충원하는 방안으로서 良人從母法과 함께 豪勢家에 투입한 良民을 搜出하여 군병으로 삼을 것을 말하면서 당시의 폐단이 '不均'에 있음을 지적하기도 하였다.[130] 이어서 號牌法은 어떠냐는 효종의 질문에 '五家統'을 시행한 연후에는 시행할 수 있다고 긍정적으로 답하였다.[131] 그리고 己亥年에 들어서도 유계의 軍政變通을 주장하는 상소에 대한 주의를 환기시켰는가 하면 田政과 戶籍 및 貢案의 釐正에 대해서 언급하기도 하였다.[132]

이런 사실들에서 송시열도 制度의 變通과 更張을 주장한 듯이 보이지만 실제로는 그렇지가 못하였다. 앞서 대동법에 대해서는 그것을 긍정하면서도 貢案改正을 보다 강조하였음을 지적하였는데, 유계의 軍政變通論에서도 송시열이 받아들인 것은 物故兒弱 收布의 蠲減에 있었으며, 그것을 대체하는 士族收布論에 대해서는 '難處之事'가 많아서 '不可猝然爲之'라고 분명하게 반대하였다.[133]

효종 말년에 宋時烈 經世論의 주된 초점은 兩亂期 戰後復舊를 위해 제시된 '與民休息'='寬民力'論에서 벗어난 것이 아니었다.[134] 후대

우 田結 당 부담액수를 줄일 수 있어 地主에게 유리한 것이었다. 여기서 송시열이 대동미 이외의 공납을 모두 폐기할 것을 주장하지 않고 공안개정을 주장한 것은 대동법의 확대라는 시대적 추세를 수용하면서도 지주층의 부담을 최소화하려는 의도에서 나온 것으로 볼 수 있다.

130) 『宋子大全』 附錄 卷3, 「年譜」, 戊戌年 10월 己丑, 叢刊 115-235, 17ㄱ.
131) 『宋子大全』 附錄 卷3, 「年譜」, 戊戌年 10월 己丑, 叢刊 115-235, 17ㄴ.
132) 『宋子大全』 附錄 卷3, 「年譜」, 己亥年 3월 壬寅, 叢刊 115-245, 36ㄴ.
133) 『宋子大全』 附錄 卷3, 「年譜」, 己亥年 2월 己巳, 叢刊 115-243, 34ㄱ, "但分兩班庶孼 或收布定軍之際 必多難處之事 亦不可猝然爲之". 이때 송시열이 호포법에 찬성했다고 본 것은 착오인 듯하다(배우성, 앞의 글, 2003, 367쪽).
134) 壬亂 직후에 전후복구 사업의 일환으로서 추진된 '與民休息' 정책에 대해서는 金盛祐, 『조선중기 국가와 사족』, 역사비평사, 2001, 388~418쪽 참조.

에 그의 문인들에 의해 작성된 「年譜」에서 송시열이 항상 '損上益下爲主'로 주장하였다고 내세우고 있는데, 여기서 '上'은 國家나 王室을 지칭하고, '下' 또는 '民'은 地主를 의미하는 경우가 대부분이었다.[135] 여기서 內需司의 폐단이나 各衙門 屯田의 폐단, 또는 王子 · 公主家와 같은 王室이 토지를 집적하는 폐단에 대해서는 17세기 거의 모든 官人 · 儒者들이 논하는 것이니 논외로 한다면, 각종 賦稅의 蠲減에 송시열 주장의 초점이 맞추어져 있었다. 이것은 制度 改革을 추구하는 變通論者들이 國事와 民事의 일치를 추구하는 保民論의 입장에 서 있었던 것과 대비되는 修身 위주 道學的 經世論의 범주에 속하는 것이었다.

송시열에게서도 法制에 대한 언급이 없는 것은 아니었다. 당시의 法令紊亂, 紀綱未整이 법전의 미비에 있다고 지적하고, 윤선거가 즐겨 인용하였던 '堯舜을 본받으려면 祖宗을 본받아야 한다'는 말을 그 역시 인용하여 '卽今先務'가 '修擧舊典'에 있음을 주장하기도 하였다. 그런데 그와 함께 송시열이 예로 든 것은 勸農條의 '力業者 獎勸之規'였다.[136] 이것은 윤선거와 유계가 大同法과 士族收布論을 당시 制度 改革의 중심 과제로 제기한 것과는 분명히 구별되는 태도였다.

이러한 차이는 윤선거의 편지에 대한 송시열의 답장에서도 분명하게 드러난다. 윤선거는 유계에게 당시 '革弊政事'는 반드시 '雷厲風飛'하듯 수행되어야 함을 여러 차례 역설하였는데,[137] 이에 대해 송시열

---

135) 『宋子大全』附錄 卷3, 「年譜」, 己亥年 正月 丁酉, 叢刊 115-242, 32ㄴ, "盖先生常以損上益下爲主 而朝議輒以經費爲慮 上雖是先生之言 而國計板蕩 亦不能大段施惠 每以爲歎云".

136) 『宋子大全』附錄 卷3, 「年譜」, 己亥年 3월 壬寅, 叢刊 115-245, 37ㄴ, "卽今先務 莫如修擧舊典 祖宗朝法制 雖或非三代之法 而當初定制時 詳審愼密矣. 今旣廢舊典 又不刱新法 以致政令紊亂 紀綱未整. 古人云 欲法堯舜 當法祖宗. 試以其中一事言之 如勸農條 力業者 獎勸之規. 此雖與秦時力農者 復其身之法相似 而實有補於務本之道 請令廟堂 分付修擧".

137) 『魯西遺稿』卷11, 「與兪武仲」, 叢刊 120-212, 9ㄱ, "凡係於革弊政事 必須雷

은 '雷厲風飛之說'은 '克己工夫'에 사용하는 것이지 '施爲擧措'에 쓰는 말은 아닌 것 같다고 반박하였다.[138] 그러자 윤선거는 그것이 '革弊政事'를 말하는 것임을 다시 한번 확인하고 '軍卒 徵布'를 없애는 것을 荒政의 일환으로 보는 자신의 軍政變通論을 그 예로 들고 있었다.[139]

3) 禮訟과 尹宣擧의 破朋黨論

이와 같이 송시열과 윤선거는 당시의 역사적 과제였던 '國家再造' 方略에서 서로 다른 思想的 傾向을 분명하게 드러내고 있었지만 윤선거는 송시열 등에 대한 기대를 포기하지 않았다. 孝宗 末年의 정국에서 윤선거는 宋時烈, 宋浚吉, 兪棨 세 사람이 世道를 담당하고 있다고 보고 세 사람의 분업에 의한 협조를 촉구하였다.[140] 윤선거는 송시열이 當局하고 난 이후 '大計'에 좀 差跌이 생긴 것은 사실이지만 아직 흠잡기는 부족하다고 생각하였다. 그는 宋時烈은 '格君心'을 책임지게 하고, 宋浚吉은 '勵風俗'을 책임지게 하며, '出謨猷'는 兪棨가 담당하면 된다고 보고 있었다. 따라서 이 세 사람은 마땅히 '熟議預講 同心合辭'하여 公卿과는 '金石之交'를 맺고 君上과는 '膠漆之契'가 있어야 '大小事業'에 '藉手而成務'할 수 있다는 것이다.

윤선거는 자신이 구상하는 制度 改革=變通과 更張을 실현하기 위

厲風飛 旬月之內 風采立變 可救一分耳".

138)『宋子大全』卷37,「答尹吉甫」(戊戌 11월), 叢刊 109-229, 28ㄱ, "武仲以所得別紙見示 皆是至論. 然雷厲風飛之說 用之於克己工夫 則當矣. 用之於施爲擧措 則似不然".

139)『魯西遺稿』卷5,「答宋英甫」(己亥 正月), 叢刊 120-110, 42ㄴ, "所謂雷厲風飛云者 盖謂革弊政事而言之也. 田租之減 農民大悅 而步兵新選 猶夫前日 軍卒徵布 古無此法 已是寒心. 況今荒政 獨不及於軍卒……軍卒徵布 豈可不革其弊乎".

140)『魯西遺稿』卷6,「答李泰之」(己亥 3월), 叢刊 120-119, 13ㄱ, "試觀今日當世道者 實是春尤市 三箇人 則中外之所屬望 上下之所倚毗 皆已歸之矣".

해서는 우선 이들 세 사람을 중심으로 西人 山林이 단결하여 협조하지 않으면 안 된다고 생각하였다. 그는 己亥年에 李惟泰가 萬言封事를 올리려 하자, 반드시 송시열과 먼저 의논하고 다음에 宋浚吉, 兪棨, 심지어는 權諰와도 상의해서 '量其可否 齊其同異'하여 '士林公共之一大案'을 만들어서 올릴 것을 주문하였다. 그는 成渾이 「辛巳封事」를 올리기 전에 李珥와 먼저 상의했던 사실을 상기시키고, 그것을 비록 이유태가 올리더라도 실제로는 '諸公之定論'이 되어야 한다면서 혼자서 먼저 상소하려는 이유태를 비판하였다.[141]

윤선거는 이들의 조정에서의 활동이 '合謀同心'해야 함을 누누이 강조했을 뿐만 아니라 특히 '通變作爲之擧'에 대해서는 반드시 '熟計深思 廣議博採'한 연후에야 후회가 없을 것이라고 주장하였다.[142] 즉 그는 '變通法制'에 관한 일은 서인 산림뿐만 아니라 조정의 관료들과도 충분히 논의하여 실천에 옮겨야 할 것으로 보고 있었다. 특히 국왕에게 올리기 전에 大臣과는 반드시 먼저 상의해야 하며 가능하면 대신으로 하여금 建白하게 하는 것이 좋다고 말했다. 그는 제도 개혁을 주장하다가 諸賢이 '償事之咎'를 당하는 것을 가장 우려하면서, 비난받는 일이 있다면 자신도 함께 책임지겠다고 공동 책임의식을 피력하면서도 그것을 피하는 한 방안으로서 大臣을 참여시킬 것을 주문하였던 것이다.[143]

그렇지만 이것은 윤선거의 희망 사항이었을 뿐이었다. 실제로는 서인 산림을 대표하여 출사했던 세 사람 사이에서도 같이 일하기 어렵다는 불평이 쏟아졌다. 이러한 상황은 윤선거에게는 위기의식으로 다가왔다. 공동 책임의식을 강하게 느낄수록 위기의식의 강도는 높아졌다. 효종 말년 송시열을 비롯한 서인 산림이 당국하고 나서 초래된 이러한

---

141) 『魯西遺稿』 卷11, 「與李泰之」, 叢刊 120-221, 27ㄱ~ㄴ.

142) 『魯西遺稿』 卷5, 「與兪武仲」, 叢刊 120-107, 35ㄴ.

143) 『魯西遺稿』 卷11, 「與兪武仲」(己亥 元月之念), 叢刊 120-212~3, 10ㄴ~11ㄱ.

정치의 난맥상을 윤선거는 송시열 비판을 통해서 타개해 보려 했다. 그것은 결국 앞서 논술한 바와 같은 變通論에 입각한 송시열 비판을 대전제로 하면서 政局運營 전반에 대한 비판으로 확대되는 형태로 전개되었는데 핵심은 인사문제에 대한 비판으로 모아졌다.

윤선거는 송시열이 吏曹判書로 임명되자마자 효종에게 '常規'에 구애받지 말고 인재를 등용하자고 건의한 것은[144] '古者 郎薦之美意'라고 긍정하였지만 결국 그가 등용하는 인물이 '私昵之人'에 불과하여 그것을 비난하는 말이 遠近에 널리 전파되었다면서 이러고도 인심을 복종시킬 수 있겠느냐고 兪棨에게 보낸 편지에서 반문하였다.[145] 李惟泰에게 보낸 편지에서는 송시열 인사가 '前日 激揚之擧'에 지나지 않는다면서 '循俗之轍'을 면하지 못하였다고 그 義理論 위주의 인사 정책을 비판하였다.[146] 나아가서 그러한 인사 정책의 폐단을 다음과 같이 지적하였다.

내가 듣건대 송시열 문하에 단지 私昵之人만 往來할 뿐 諸葛亮과

144) 『孝宗實錄』 卷20, 孝宗 9년 戊戌 10월 己卯, 35-154, 40ㄱ.
145) 「魯西遺稿」 卷5, 「與兪武仲」(戊戌 至月), 叢刊 120-107, 36ㄴ, "且以尤政言之 則旣白前席 勿拘常規 乃是古者郎薦之美意 而畢竟所用 皆是私昵之人 曉曉之說 已有遠近之傳 如是而能服人心乎".
146) 『魯西遺稿』 卷5, 「與李泰之」(戊戌 臘月), 叢刊 120-108, 37ㄴ. 송시열 인사가 義理論 위주로 이루어지는 것에 대해서는 효종 역시 분명하게 반대 입장을 표명하였다. 『孝宗實錄』 卷20, 孝宗 9년 戊戌 11월 庚戌, 36-161, 53ㄱ, "上又謂領左相曰 今者堂上中 抄薦人太少 且欠着實. 如尹文擧愼天翊 今雖陞秩 豈肯來仕乎. (元)斗杓曰 以一時名望而選擇 故如此也. 上曰 如柳慶昌 亦合於擢用乎. (宋)時烈曰 雖不知其才局之如何 而律己淸白爲可尙矣. 上曰 淸白則可尙 而但慶昌在藩時 稱病蹣跚 一不隨行於艱危之地 還京之後 其病卽差 以此觀之 則不必合於擢用矣". 즉 송시열은 柳慶昌이라는 인물에 대하여 '才局'은 잘 모르면서도 '律己淸白'을 높이 사서 탁용하고자 하였는데, 효종은 자신이 藩陽에 있을 때의 경험에 비추어 탁용의 대상이 아님을 지적하여 '名望'이나 '律己淸白'을 기준으로 삼는 義理論 위주의 인사에 제동을 걸고 있었다.

같은 法正者는 없다는 소문이 파다하게 퍼져 있다고 한다. 과연 그렇다면 아첨하는 말만 날마다 듣게 되고, 正士의 말은 멀어지게 될 것이다. (국가의) 存亡大計를 어찌 이러한 碌碌한 餘子들과 계획할 수 있겠는가?147)

여기서 윤선거가 말하는 '法正者', '正士'란 당시의 국가적 위기를 制度 改革을 통해서 극복해보고자 하는 更張論者를 지칭한 것이 분명하다고 생각되며, 이러한 경장론자들에게 요구되는 才局이나 識見은 도외시한 채 名望이나 淸白한 절개만을 기준으로 삼을 경우 필연적으로 '私昵之人'과 같은 아첨배들만을 등용하는 폐단이 나타날 것이라고 경고하였던 것이다.

윤선거는 송시열 등이 자신의 가문을 비롯하여 친구들을 관직에 추천하는 것도 잘못이라고 비판하였다. 그가 거론한 사람은 尹鑴, 李惟泰, 權諰 등이었다. 이들이 일시에 조정에 나가서 관직에 포열하는 것은 '吾黨之先務'가 아니라면서 己卯年 趙光祖 등의 실패를 경계로 삼아야 한다고 말했다.148) 윤선거는 심지어 송시열이 집권한 이후 그 害가 자신의 家門에 미치고 있다고까지 말하였다. 조정에 나갈 것도 아닌데, 薦望者 名目만 채우게 되니 '友朋姻婭之嫌'으로 인해 반드시 크게 세상의 비난을 받게 될 것이라는 것이었다.149) 자신의 가문뿐만 아니라 兪棨, 李惟泰의 '一家姻婭'가 모두 '登政'하였으니, '君父'로부터조차도 '有權'으로 의심받을 수 있다면서 송시열 스스로는 '私'가 아니라고 주장하더라도 다른 사람들은 '私'로 생각한다고 경계하였다.150)

---

147) 『魯西遺稿』卷5, 「與李泰之」(戊戌 臘月), 叢刊 120-108, 38ㄱ, "竊聞尤門 只有私昵之人 往來騰舌而已. 無有如武侯之法正者云. 果然則諂諛之言 日至於前 而正士退聽矣. 存亡大計 豈足與碌碌餘子而計之哉".

148) 『魯西遺稿』卷5, 「答宋英甫」(己亥 正月), 叢刊 120-111, 43ㄱ~ㄴ.

149) 『魯西遺稿』卷5, 「與兪武仲」(己亥 正月), 叢刊 120-111, 43ㄴ, "尤台當路之後 其害先及於吾兩家. 兄家則征吉 故並登於政目 弟家則廢伏 故虛充其薦目 友朋姻婭之嫌 必大爲世所誚 豈非兄我之所深懼者乎".

이로 인해서 송시열이 점점 비난의 대상이 되었는데도 公卿조차도 세력을 두려워 말을 하지 않는다면서 송시열이 깊이 생각하지 않고 친구들을 갑자기 등용하여 '俗人之脣舌'을 초래한다고 비판하면서 '一私字 足以敗萬事'라고 개탄하였다.[151] 윤선거는 송시열의 정국운영이 '招權'이라고 비난받을 만하다고 보고 '吾輩'가 송시열을 바로잡는 '한가지 일'을 이루지 못한다면 '士林之大可羞恥'가 될 것이라고 유계에게 역설하였다.[152]

윤선거는 송시열의 이러한 인사 정책이 '大義'를 내세우는 것과 밀접한 관련이 있다고 보고 있었다. 송시열이 자신은 '大義로써 一世를 風勵하고자 한다. 지금 이루지 못하더라도 後人에게 물려줄 것이다'고 말하는 것에 대해서, 윤선거는 그런 일은 '無位之地'에서도 가능한 일이기 때문에 굳이 인사권을 행사하는 자리에 있을 필요가 없다고 말했다. 그는 이것을 '變革'과 대비시켜서 논하고 있었다. 즉 당시의 조정을 仁祖反正 초기와 유사하다고 규정한 뒤, 당시에 何等 '變革'한 일이 없었다고 비판하고, 그에 비해서 '지금의 국세는 어떠하냐'고 반문하였다.[153]

친구들을 등용한다고 비판한 것도 그랬다. 이것은 일견 앞서 서인 산림이 단결하여 협조해야 한다고 주장한 것과 모순된 듯이 보이지만 윤선거의 주장은 친구들을 등용하라는 것이 아니라 그들의 '言計'를 실천하여 '共濟國事'하면 된다는 것이었다.[154] 尹鑴나 權諰에 대해서

---

150) 『魯西遺稿』卷6, 「與宋英甫」(己亥 2월), 叢刊 120-116, 7ㄴ.

151) 『魯西遺稿』卷6, 「與兪武仲」(己亥 正月), 叢刊 120-115, 5ㄱ~ㄴ.

152) 『魯西遺稿』卷5, 「答兪武仲」(己亥 正月), 叢刊 120-111~2, 44ㄴ~45ㄱ, "儒賢行道 流俗招權 所爭公私之分而已. 爲人擇官 則雖公亦私 一政之失 而大缺群望 趙雄譏朱子之言 不幸近之矣. 此時吾輩不能正尤之一事 而反有所藉手之端 則致尤招權之謗 猶小小事耳. 豈非士林之大可羞恥乎".

153) 위와 같음, 44ㄱ~ㄴ.

154) 『魯西遺稿』卷6, 「答兪武仲」(己亥 正月), 叢刊 120-115, 5ㄴ, "自今以往 雖如草廬諸人 不必汲汲援引 苟榮其身 只可採其言計 共濟國事而已. 曾以此

도 마찬가지였다. 윤선거는 이들을 西人 山林과 함께 '吾黨', '吾輩'라
고 칭하고 있었는데, 자신이 이들을 송시열 등에게 추천한 것은 꼭 관
직에 등용하라는 것이 아니라 그들의 주장을 채택해서 실천하라는 것
이라고 누차 주장하였다.155) 여기서 윤선거가 실천할 것을 역설한 '言
計'란 같은 편지의 바로 앞부분에서 언급한 '革弊政事', 즉 制度 改革,
바로 그것이었다.

그러나 己亥禮訟이 일어나기 전부터 이미 송시열은 尹鑴와 權諰 등
을 멀리하고 있었다. 잘 알려진 것처럼 송시열은 윤휴가 『中庸』에 대
한 朱子의 주석을 고친 일을 가지고 癸巳年(1653)에 이미 '斯文亂賊'
으로 배척한 바 있었다.156) 그런데 己亥年 3월에 송시열이 윤휴를 찾
아가서 다시 윤휴의 中庸說을 놓고 하루종일 토론한 일이 있었던 것
같다. 이에 대하여 윤선거는 송시열이 이미 윤휴의 중용설에 대해서
알고 있으면서 그것을 다시 물은 것은 잘못이며, 윤휴의 '다른 견해 중
에 채택할만한 것'이 있는데(他說有可採者), 중용설 때문에 이를 폐기
하는 것도 잘못이라고 비판하였다. 當國之道는 酸甘同異를 모두 '和
劑'한 연후에야 성공할 수 있다면서 한 사람의 윤휴를 포용하지 못한
다면 무슨 말을 할 수 있겠느냐고 반문하였다.157)

權諰에 대해서도 마찬가지였다. 윤선거는 송시열이 當國한 지가 해
를 넘겼는데도 權諰에게 한 마디도 '相訊'한 것이 없다고 비판하였다.

意 略及於尤台 而恐未之深省也耶".

155)『魯西遺稿』卷5,「答宋英甫」(己亥 正月), 叢刊 120-111, 43ㄱ, "況復希仲事
市南尤不諒人 必加職名於希 無益於政 不宜强拂群心 不可說也. 用希不必
以爵 只採其言計而已 則或頡或頑 豈非有補於公私乎".

156) 三浦國雄, 앞의 글, 1982.

157)『魯西遺稿』卷6,「與李泰之」(己亥 3월), 叢刊 120-117~8, 10ㄴ~11ㄱ, "尤齋
訪希仲 曉來而夕返. 希陳許多說話 尤問中庸說 希言云云……妄意則尤翁訪
希之前 已知希見如此 則何必更問 雖問之 何必復訝也. 他說有可採者 則固
不當以中說 而廢其餘矣……當國之道 酸甘同異 悉皆和劑 然後可以有成矣.
一希不能容 則其他又何說爲.

'諸賢'이 在野에 있을 때 견해가 같지 않은 한두 가지 점이 있었지만 그것은 작은 일이라면서, 親友와 共謀하지 않고 '流俗者'와 더불어 周旋하는 것은 다른 사람의 비난을 면치 못할 것이라고 주장하였다. 당시에 權諰가 물러나기로 결심한 것은 송시열이 쫓아낸 것이나 마찬가지라고 개탄하고, 송시열이 윤휴와 권시를 포용하지 못하는 것은 '士林之深恥'라고 말했다.158)

이때 윤선거의 송시열 비판은 尹鑴·權諰와 같은 南人을 포용하지 못하는 것에만 국한된 것은 아니었다. 같은 서인 중에서도 趙涑(1595~1668)이나 尹元擧(1601~72) 등과 같은 인물이 朱子學을 공부하지 않았다는 이유로 멀리하는 것은 잘못이라면서, '비록 朱子의 저술을 읽지 않았더라도 취할 만하다면 취해야만 인재를 놓치지 않을 것'이라고 당시로서는 파격적인 주장을 내놓았다.159) 윤선거는 송시열이 자신에게 迎合하는 사람만 등용한다는 소문이 都下에 파다하다고 전하고, 이들에게 官爵을 주라는 것이 아니라 그들의 '言計'를 수용하여 '共成國事'하라는 것이라면서 만약 관작으로 '當世之士'를 진퇴시키려 한다면 송시열이야말로 '專權之一宰相'에 불과할 것이라고 경계하였다.160)

그렇다면 기해년 3월에 송시열이 윤휴를 방문하여 하루종일 토론한 배경이 무엇인지 궁금해진다. 효종 말년에 송시열이 이조판서가 되어 인사권을 쥐고 나서 송시열의 인사를 비판한 것은 윤선거만이 아니었다. 그는 이조판서가 된 뒤 근심 걱정으로 밤잠을 자지 못할 정도였다. 그런데 '諸公'들은 '傍觀各立'할 뿐 도대체 '相助之意'가 없어서 자신은 고립되어 顚沛할 지경이라고 이유태에게 하소연하면서 출사를 청하고 있었다.161)

---

158) 위와 같음, 11ㄴ~12ㄱ.
159) 위와 같음, 12ㄱ, "求士 豈必盡讀朱書而後可哉. 雖不及讀朱書 其人可取則取之 方不失人矣".
160) 위와 같음, 12ㄱ~ㄴ.
161) 『宋子大全』卷40, 「與李泰之」(戊戌 12월 24일), 叢刊 109-277, 22ㄱ.

그 고민의 핵심에 윤휴가 놓여 있었다. 송시열은 자신의 위태한 처지가 실로 윤휴에게서 연유한다고 고백하였다. 송시열이 윤선거의 비판을 받자 衆議를 물리치고 거취를 걸고 윤휴를 등용한 이후 金長生의 손자인 金萬基 이하 소장들은 '憮然失圖'하고, 李厚源 이하 노장들은 '朝廷事體'를 무너뜨렸다고 송시열을 비난하였던 것이다.162) 金萬基 등은 송시열이 추천하였기 때문에 윤휴를 건드리지는 못하였지만 윤휴의 문도인 이류 등의 등용에 대해서는 탄핵하여 저지하였다.163) 이로 인해 윤휴 문도들의 반발을 받고 兪棨가 調劑에 나섰지만 역부족으로 실패하고 말았다. 이것은 기해예송이 일어나기 전에 이미 서인과 남인 사이에 첨예하게 대립하는 형세가 조성되었으며, 송시열과 윤휴는 본인의 의도와는 관계없이 각 당파를 대표하는 입장에 처하게 되었음을 말하는 것이었다.

아마 이러한 상황은 송시열로 하여금 윤휴에 대한 입장을 분명히 할 필요를 느끼게 하여, 己亥年 3월 윤휴를 방문하여 그의 中庸說에 대한 견해를 재차 확인하였던 것으로 보인다. 이후부터 송시열 문하에서는 윤휴를 '異端'으로 공격하는 흐름이 분명해진 것 같다. 윤선거는 이러한 사태를 보고 士林 중에서 儒者들이 서로 공격하게 되면 宗社大計는 '第二件事'로 추락하는 것을 면치 못할 것이라고 크게 우려하였던 것이다.164)

---

162) 『宋子大全』卷40, 「答李泰之」(己亥 元月 9일), 叢刊 109-278, 23ㄱ~ㄴ ; 同, 附錄, 卷3, 「年譜」, 戊戌年 11월 甲寅, 叢刊 115-238~9, 24ㄴ~25ㄱ.

163) 『孝宗實錄』卷21, 孝宗 10년 己亥 正月 戊戌, 36-171, 3ㄱ. 이로 인해 金萬基 역시 비난을 받고 인피하였는데 諫院에 의해 체차되었다. 同, 正月 丙辰, 36-172~3, 5ㄱ~6ㄱ.

164) 『魯西遺稿』卷6, 「答李泰之」(己亥 3월), 叢刊 120-119~20, 14ㄴ~15ㄱ, "今日之所大憂者 誠使尤翁 終卞中庸 如執事之云云 則異端二字 大起尤門之爭端矣. 士林中 自成鄒魯之鬪場 則宗社大計 自未免墜落於第二件事矣. 近因金李事 已有此漸云 極歎極歎". 여기 세주에 등장하는 '金李事'란 앞서 언급한 金萬基가 이류의 등용을 탄핵하여 저지한 사건을 말한다.

'闢異端'은 朱子學 義理論의 핵심 영역으로서, 朱子의 君子小人論
과 결합될 경우 君子 一朋黨論으로 귀결되기 마련이었다. 송시열은 이
논리를 尹鑴로 대표되는 南人을 인사에서 배제시키는 논리로서 활용
하고 있었던 것이다. 여기에 송시열이 윤휴의 中庸說을 끝까지 물고
늘어지는 소이가 있었다. 이에 대해 윤선거는 윤휴의 중용설은 작은
일인데 여기에 얽매여서 國事를 소홀히 하는 것은 있을 수 없는 일이
라면서 '程朱法門'이 '元祐之舊弊'를 답습해서는 안 된다고 역설하고,
古人은 '仇敵奸凶'도 '革而化之'하는데, '同室之人'을 감화시키지 못하
겠느냐고 이유태에게 반문하였다.165)

이처럼 윤선거는 윤휴 등을 '吾黨', '吾輩', '同室之人'으로서 같은
'程朱法門'에 속한다고 보고 있었는데, 송시열은 이에 대해 '洛建之叛
卒'인 윤휴를 '程朱法門'이라고 말하는 것은 윤휴가 주자보고 '중용을
모른다'고 말한 것보다도 심한 말이라고 크게 반발하였다.166) 물론 그
렇다고 윤선거가 윤휴를 두둔하기만 한 것은 아니었다. 禮訟 이전부터
윤선거는 윤휴의 처신과 출처를 두고 가차없이 비판해 마지않았다. 이
유태에게도 '朋友之道'를 내세우면서 윤휴에 대한 가차없는 비판을 주
문할 정도였다.

기해년 들어서 윤선거는 특히 윤휴에게 禍가 닥칠 것을 우려하면서
빨리 서울을 떠날 것을 강력하게 권하였다. 윤휴가 山林으로서의 명성
에 편승하여 '治第擧嬴'하는 것이 '俗流'와 다름없고, 말하는 것이 '諱
忌'하는 것이 없으며 행동에 '周愼'하는 것이 부족하다고 가차없이 비
판하였다. 뿐만 아니라 조정 신료들을 비난하고 時政을 평론하는 것이
'경솔하고 날카로와서'(率意徑情 動觸機穽) 그를 중심으로 南人들이
집결하여 西人의 표적이 되고 있는 점을 윤선거는 크게 우려하였던 것

<hr>

165) 위와 같음, 15ㄱ～ㄴ, "古人革仇敵爲一家 和奸凶爲善良者 無他焉. 吾之擧措
有以大服人心故也. 彼仇敵奸凶 猶欲革而化之 況同室之人哉".
166) 『宋子大全』 卷37, 「答尹吉甫」(己亥), 叢刊 109-233～4, 36ㄴ～37ㄱ.

이다.167) 앞서 언급한 이류 추천 문제에 대해서도 윤휴가 그것을 막지 않았을 뿐만 아니라 오히려 조장하고 있다고 비판한 것은 그 一例에 해당한다.168)

따라서 윤선거는 윤휴가 예송에 적극 참여한 것에 대해서 격렬하게 성토하였는데, 그 이유 역시 '吾黨'='同室之人'의 분열과 대립을 惹起한 것에 초점이 맞추어져 있었다. 그는 己亥年 孝宗의 國葬 당시 윤휴가 斬衰說을 제출한 것에 대해서는 있을 수 있는 일로 보고 있었다.169) 그가 집중적으로 성토한 것은 尹善道 상소가 나온 이후 윤휴가

167) 『魯西遺稿』別集, 「與尹鑴」, 叢刊 120-487, 26ㄴ, "自守孤高 大坐街衢 治第舉嬴 有同俗流 而言無諱忌 行欠周愼 歷詆朝貴 評論時政 率意徑情 動觸機穽 游談者 又從而尊奬之 曰某也 眞大才 可爲將 可爲相云 此皆足以損兄實德 而嫁兄世禍者也. 如是而居於都下 吾恐其禍至之愈速也. 傍觀者憂兄之危 不啻履虎涉水 而兄不自覺".

168) 『魯西遺稿』別集, 「與尹鑴」, 叢刊 120-488, 27ㄱ, "如就者一處士也. 本不應舉干祿 則得薦失薦 並不關己 一譽一毁 何足喜怒. 薦者削者 自相與奪 而自家未免焚撓如此 則得無爲識者所笑耶. 親友如兄者 無能改而反益之 則此豈平日所望於兩兄者也".

169) 顯宗 년간에 진행된 禮訟에 대해서는 다음 논고가 참고된다. 黃元九, 「己亥服制論案始末」, 『延世論叢』社會科學編 2, 1963 ; 成樂熏, 「韓國黨爭史」, 『韓國文化史大系』2, 高麗大學校 亞細亞文化研究所, 1965 ; 姜周鎭, 『李朝黨爭史研究』, 서울대 출판부, 1971 ; 柳正東, 「禮訟의 諸學派와 그 論爭」, 『韓國哲學研究』(中), 東明社, 1978 ; 鄭仁在, 「尹白湖의 禮論과 倫理思想」, 『現代社會와 倫理』, 韓國精神文化研究院, 1982 ; 池斗煥, 「朝鮮後期 禮訟研究」, 『釜大史學』11, 1987 ; 鄭玉子, 「17세기 思想界의 再編과 禮論」, 『韓國文化』10, 1989 ; 李迎春, 「第一次禮訟과 尹善道의 禮論」, 『淸溪史學』6, 1989 ; 鄭仁在, 「朝鮮朝 禮學의 哲學的 特性 - 茶山의 己亥禮訟의 해석을 中心으로 -」, 제1회 東洋哲學國際學術會議 發表要旨, 圓光大學校, 1990 ; 李迎春, 「服制禮訟과 政局變動 - 第二次禮訟을 中心으로 -」, 『國史館論叢』22, 國史編纂委員會, 1991 ; 李成茂, 「17世紀의 禮論과 黨爭」, 『朝鮮後期 黨爭의 綜合的 檢討』, 韓國精神文化研究院, 1992 ; 裵相賢, 「尤菴 宋時烈의 禮學攷」, 『尤菴思想研究論叢』, 斯文學會, 1992 ; 許捲洙, 『朝鮮後期 南人과 西人의 學問的 對立』, 法仁文化社, 1992 ; 李俸珪, 「조선후기 禮訟의 철학적 함의 - 17세기 喪服論爭을 중심으로 -」, 『한국학연구』9, 인하대학교 한국학연

이유태에게 보낸 편지 때문이었다.[170] 윤선도 상소가 왕실 전례 논쟁
을 정치 문제화하여 정국 변동의 계기가 되었음은 잘 알려진 일인데,
그 공격의 초점은 송시열에게 맞추어져 있었다.[171] 윤선거는 이러한
윤선도의 상소를 '傾危之說'로서 배척하였는데, 윤휴의 이 편지가 그것
을 답습하여 '이미 끝난 예송을 다시 불러일으키는' 잘못을 범하였다면
서, 설사 윤휴의 '論禮之義'가 모두 타당하더라도 그 '惹訟之擧'는 '千
萬不是'라고 비난하였다.[172]

　예송 초부터 사람들이 "이번 예송은 모두 윤휴가 일으킨 것이다"고
말해도 믿지 않았으며, "윤휴가 송시열을 힘써 배척하여 반드시 이기
려고 傾危之說만을 주장한다"고 말해도 송시열이 윤휴를 배척하는 것
이 '公'에서 나온 것임을 윤휴 역시 잘 알고 있으니 윤휴가 송시열을
배척할 리가 없다고 생각하여 믿지 않았는데, 이제 이유태에게 보낸

구소, 1998. 이에 대한 연구사 정리로는 李迎春, 「17世紀 禮訟 硏究의 現況
과 反省」,『韓國의 哲學』22, 1994 ; 李俸珪, 「예송의 철학적 분석에 대한 재
검토」,『大東文化硏究』31, 1996 등이 있어 참고된다. 기해예송에서 尹宣擧
의 입장과 그가 尹鑴와 宋時烈 사이에서 행한 중재자 역할에 대해서는 禹仁
秀, 앞의 책, 1999, 86~92쪽 참조.
170)『白湖集』卷23, 「與李惟泰書」, 叢刊 123-406~7, 18ㄱ~20ㄴ. 윤휴의 이 편
지는 尹善道 상소가 나온 이후에 작성된 것으로 밝혀졌다(李迎春, 앞의 책,
1998, 232~3쪽 참조). 이것은 윤휴가 후일 예송의 전말을 회고한 글에서도
분명하게 나와 있다(『白湖集』卷23, 「書宋二相小說後」, 叢刊 123-404, 13ㄴ
~14ㄱ). 여기서 윤휴는 윤선도 상소를 보고 송시열과 송준길에게 편지를 보
내어 그 예론의 잘못을 지적하고자 하였으나 이미 조정을 떠났고, 이유태만
이 조정에 남아서 기년설의 정당성을 주장하고 있었기 때문에 이유태에게 편
지를 보냈다고 쓰고 있다.
171) 윤선도 상소에 대한 상세한 분석은 李迎春, 앞의 책, 1998, 228~40쪽 참조.
172)『魯西遺稿』別集, 「答尹鑴書」(庚子 7월), 叢刊 120-488, 28ㄱ, "議禮之初 朋
友有問則答之 乃常也. 及乎傾危之說 幻出陷人之阱 則明者所宜失色 而却
走處也. 高明乃反以是說 復惹已停之訟 則此果君子忠告善導之道乎" ; 同,
叢刊 120-489, 29ㄴ~30ㄱ, "高明論禮之義 設或皆當 高明惹訟之擧 千萬不
是".

편지를 보고 사람들의 말이 맞다는 것을 알았다면서 윤휴의 이러한 행동은 '大錯大錯'이라고 개탄해 마지않았다.[173]

禮訟에 대하여 윤선거는 '一春官之任'에 불과하다면서 그것이 정치적 쟁점이 되어 士林을 분열시키는 것을 가장 크게 우려하였다.[174] 그는 당시 서인 당국자들이 결정한 朞年說이 비록 '差失'이 있더라도 '從周之義'에는 크게 해될 것이 없는데, 權認가 나서서 상소하고 尹鑴가 斬衰說을 주장하는 것은 '卽當之譏'를 면할 수 없는 일이라고 비판하였다.[175] 그는 당시의 禮論이 이미 정치적 목적을 달성하기 위한 수단(筌蹄)으로 전락하여 傾危之說로 상대방을 위협하려 드니 다시는 입에 올리고 싶지도 않다면서 자신과 아들 尹拯의 이름을 더 이상 거론하지 말아 달라고 요청하였다.[176] 그리고 이로 인해 黨禍가 장차 大亂이 되어 '亡身亡國'하고도 그치지 않을 것이라고 하면서, 이러한 '典禮之訟'이 오래 가면 갈수록 승패에 관계없이 '壞國'에 이르게 될 것이라고 크게 우려해 마지않았다.[177]

---

173) 위와 같음, 30ㄱ.
174) 위와 같음, 28ㄱ~ㄴ, "禮訟雖大 不過一春官之任也 則高明之不堪憂憤 無乃太多事乎……冲庵復妃之疏 竟爲己卯之禍胎 今此禮訟之末 安知不爲士林之深憂乎".
175) 『魯西遺稿』 續集 卷1, 「與子拯推」, 叢刊 120-440, 36ㄴ, "今此之禮 雖或差失 不害爲從周之義也. 有何大關於禮防乎. 而炭翁如是大拍頭 誠可惜也. 希仲則主斬衰之論云 此尤可駭. 誠希於此 實難免卽當之譏 可歎".
176) 『魯西遺稿』 別集, 「答尹鑴書」(庚子 7월), 叢刊 120-490, 31ㄴ, "今禮論 則已歸筌蹄 而傾危之說 使人氣塞 不欲更掛於口舌上";『魯西遺稿』 卷6, 「與權思誠」(辛丑 正月), 120-129, 34ㄴ, "深願高明 勿復以愚父子姓名 參錯於上下之論 如何".
177) 『魯西遺稿』 卷6, 「與權思誠」(辛丑 正月), 叢刊 120-129, 34ㄱ, "禮訟已歸筌蹄 黨禍將成大亂 其勢不止於亡身亡國而已";『魯西遺稿』 卷11, 「與兪武仲」(庚子 初夏), 叢刊 120-213, 12ㄱ, "大槩此訟 不至於拖長 則國家之幸也. 典禮之訟 十年壞國而後已. 無論得失 亡羊均也". 윤선거가 처음에는 삼년설을 지지하였다가 기년설로 돌아선 것은 분명한 것 같다. 『白湖集』 卷15, 「與李就規」, 叢刊 123-256, 7ㄱ, "似聞吉抵武仲書 極言期制之可 此友之見 亦如此

그는 許穆의 상소는 經傳註疏에 근거한 것이므로 해로울 것이 없지만 윤휴의 주장은 經傳註疏에 근거가 없는 '娼家之講禮'에 불과하다고 깎아내리고, 그러한 '娼家之講禮'는 '周公之美'가 있더라도 인정하기 어렵다는 입장이었다.[178] 그는 윤휴가 '局外之人'으로서 자신의 혐의스러운 행적에도 불구하고 '踏襲危語'하였으니 '百般疑謗'은 스스로 불러들인 것이므로 어쩔 수 없는 일이라고 말하고, 그런데도 불구하고 '力戰謗議 自作一隊'하여 송시열을 공격하는 '宗主'가 되었다고 비난하였다.[179] 그리하여 윤휴와는 이미 '道之相去'가 '千里之遠'에 이를

變易何也". 그렇지만 윤선거의 예송에 대한 위와 같은 입장을 고려하면 기년설이냐 삼년설이냐를 떠나서 예송이 정치 문제로 확대되는 것을 반대했다고 보는 것이 정확할 것이다.

[178] 『魯西遺稿』別集「答尹鑴書」(庚子 7월), 叢刊 120-490, 31ㄴ, "許憲之疏 欲辨庶字之疑 則固據經傳註疏而爲言 雖十往反 不害爲問辨之一事 高明所論 則實出於經傳註疏之外 雖欲與之反復 亦不可得也";『魯西遺稿』卷6,「與權思誠」(辛丑 正月), 叢刊 120-129, 33ㄴ, "雖欲自主好議論 不過爲娼家之講禮也";『魯西遺稿』別集,「答權秀夫」, 叢刊 120-492, 35ㄴ, "娼家之講禮 雖有周公之美 亦難見許. 況其斬衰無稽之論乎".

[179] 『魯西遺稿』卷6,「與權思誠」(辛丑 正月), 叢刊 120-129, 33ㄴ, "愚之所戒於希仲者 高明實親聽之矣……丁寧告戒 不啻再三 而希不我信 以致今日之敗. 噫. 以局外之人 自赴蛾燭 不顧嫌迹 踏襲危語 百般疑謗 渠所自取也……力戰謗議 自作一隊 爲攻宋之宗主 則終无可奈何矣". 이러한 윤선거 등의 비판에 대하여 윤휴 역시 매우 당황하였던 것 같다. 윤휴도 예론이 다르다고 해서 서로 등돌리고 적대시하면서 공격하는 태도에 대해서는 비판해 마지않았다(『白湖集』卷15,「與宋伯興」, 叢刊 123-262~3, 19ㄴ~22ㄱ 참조). 그는 '天下之事'에 대해서는 얼마든지 견해 차이가 있을 수 있는 일이며, 이로 인해 '賢否邪正'이 결판나는 것도 아닌데(同, 20ㄴ, "凡天下之事 百慮殊途 見識之不同 論議之不齊 固恒物之大情也. 賢否邪正 有不可斷之於此") 자신과 의견이 다르면 '不肖'하다고 배척하는 것은 잘못이라는 것이었다(同, 21ㄴ~22ㄱ). 그리고 그는 자신의 斬衰 三年說은 '온 세상 사람이 비난하더라도 흔들릴 수 없다'고 고집하였다(同, 21ㄱ, "苟以爲是也 則擧世非之 而不可搖也"). 이렇게 본다면 윤선거가 윤휴를 '力戰謗議 自作一隊 爲攻宋之宗主'라고 비난한 것은 사실과 다르다는 것을 알 수 있다. 윤선거가 문제삼은 것은 윤휴의 예설 그 자체보다는 그로 인해 그에게 닥쳐오는 '危機'에 있었다(『魯西遺稿』

정도로 '道旣不同'해졌기 때문에 '不可相謀'할 지경에 이르렀다고까지 말할 정도였다.[180]

그렇지만 예송으로 인해 윤선거가 윤휴를 포기하거나 절교에까지 이른 것은 아니었다. 잘 알려진 것처럼 宋時烈은 己亥禮訟을 계기로 윤휴를 단순한 '異端'의 차원을 넘어서 南袞·沈貞과 같이 '禍心'을 품은 小人이자 '죽여야 되는 적'으로까지 간주하고 배척하였다.[181] 이에 대해 윤선거는 송시열에게 예송에서는 '是非'만 가리면 되는데 '彼此'를 구분하려는 것은 잘못이라고 비판하였다. '큰 지향점이 같다면 작은 차이는 해될 것이 없다(大處無不同 則小不同 何害焉)'면서 예송에 대하여 몇몇 '士友'에게 '出入長短之弊'가 없지 않지만 이들은 모두 '吾

別集, 「答尹鑴書」, 叢刊 120-490, 31ㄱ, "草令所謂殺渠云者 可見其驚急之狀 初非爲一言之不合也. 卽觀士友之素厚高明者 莫不視高明爲癘疾人 駭走而 不敢近者 無他也. 以其所自發者 危機也"). 윤선거 자신은 윤휴의 예설을 '疏 脫之所致'라고 이해할 수 있지만 윤휴를 '좋지 않게 보는 자들은 그것을 용서할 수 없을 것'(同, 31ㄴ, "愚則知高明疏脫之所致 而人之薄高明者 其誰肯曲 恕之乎")이라고 말한 것을 보면 윤휴의 예설이 학문적 토론에 그치지 않고 정치적으로 확대될 수밖에 없었던 서인 내부의 분위기를 전하면서 윤휴에게 경거망동을 자제해 줄 것을 강력하게 권고하였던 것이다. 윤휴는 윤선거의 이런 충고를 긍정적으로 수용하고 있었다(『白湖集』卷16, 「與尹吉甫」, 叢刊 123-266, 4ㄱ~ㄴ, "昔兄謂我市朝不可處 於是乎鑴不得不敬拜於老兄 且愧 誠信之未孚 自服失言之非耳……似聞道路 言左右者 亦知我無狀 見於翰札 口語囂囂 此果謂何. 願從執事者 得聞而後改之. 如不可告不可改者 鑴亦自 今以後 不敢更通記問於門下 以爲執事羞矣"). 아마도 윤휴가 더 이상 예송에 적극적이지 않았던 것은 여기에 그 원인의 일단이 있었던 것 같다.

180) 『魯西遺稿』別集, 「答權秀夫」, 叢刊 120-492, 36ㄱ, "道旣不同 則不可相謀 ……若其道之相去 已不翅千里之遠矣". 이로 인해 윤선거가 얼마동안 윤휴를 멀리한 것은 사실인 것 같다(『白湖集』卷14, 「答權思誠」, 叢刊 123-247, 26ㄴ, 27ㄱ). 그렇지만 윤휴가 생각한 것처럼 그가 윤휴와 절교한 것은 아니었다.

181) 三浦國雄, 「17世紀 朝鮮에 있어서의 正統과 異端-宋時烈과 尹鑴」, 『民族文化』 8, 1982, 179쪽 ; 禹仁秀, 앞의 책, 1999, 89쪽 ; 李善娥, 「尹鑴의 學問과 南人과 西人의 政治的 分立」, 『民族文化』 26, 2003, 25쪽 참조.

道中人'임을 강조하였다.182) 그리고 '追崇典禮之訟'에서 다투는 것은
'公'인데 만약 이들을 '彼此'로 구분한다면 '所爭之禮'가 '정치적 목적
을 달성하기 위한 수단'(筌蹄)이 되고 말 것이라고 예송이 정치 투쟁으
로 격화된 책임이 송시열에게도 있음을 시사하였다.

그리고 예송으로 격화된 정국을 수습하기 위해 윤선거는 '吾黨之共
相勉者'는 오직 '一悔字'에 있다면서 각각 한발씩 물러나서 반성할 것
을 요구하였다. 송시열에게는 許穆을 배척한 것이 잘못임을 인정하게
하고, 權諰에게는 송시열을 공격한 것이 잘못임을 인정하게 하며, 윤
휴에게는 城市를 떠나서 還鄕할 것을 각각 요구하였던 것이다.183) 이
에 대해 權諰는 송시열과 송준길에게 맏아들을 보내 사과하는 것으로
호응하였으며,184) 윤휴는 '이것이 사과하는 정도로 풀릴 문제가 아니
다'고 반발하면서 자신의 斬衰說을 양보하지는 않았지만 역시 윤선거
주장을 수용하여 결국 月川으로 낙향하였다.185)

그렇지만 송시열은 윤선거의 주장을 수용하지 않았을 뿐만 아니라
그가 윤휴를 비호한다고 끈질기게 몰아세웠다.186) 소위 '東鶴寺 모임'

---

182) 『魯西遺稿』別集, 「與宋英甫」(庚子 5월), 叢刊 120-482, 15ㄱ, "抵市南書中
……然其所謂彼說二字 高明似未之深思也. 凡論議之間 可否之際 只說是非
而已 何用彼此爲哉……大處無不同 則小不同 何害焉. 竊觀今日數三士友 雖
不無出入長短之弊 盖皆是吾道中人. 其視奸程僞朱之類 不啻黑白之異陰陽
也. 何必區而別之 激而躍之 重犯元祐諸君子之戒乎".

183) 『魯西遺稿』卷6, 「與權思誠」(辛丑 正月), 叢刊 120-129, 33ㄴ~34ㄱ, "大槩
今日吾黨之所共相勉者 唯在於一悔字 尤台斥許而悔 高明攻宋而悔 希仲之
所善補者 亦不外於知悔而已 遷屣還鄕 悔之實事也". 윤선거는 허목의 상
소는 불가할 것이 없는데 송시열이 과잉반응을 보인 것으로 간주하고 그에게
반성을 요구하고 있었다.

184) 『白湖全書』卷15, 「答權思誠」, 『국역 백호전서』IV, 민족문화추진회, 1996,
원문 40쪽, "似聞老兄委長胤 謝過於尤春諸公之門 果有此事. 鑣誠淺暗 不能
曉解. 若老兄今日事 誠如論者所云 固非解謝所道".

185) 『魯西遺稿』卷12, 「上叔兄」, 120-236, 18ㄱ~ㄴ, "弟於希仲 自初謂其遷屣還
鄕 則可見改過之實 向聞其遷屣歸於月川 故作書以慰 此則弟之素心也".

186) 『宋子大全』卷38, 「答尹吉甫」(庚子 6월), 叢刊 109-237, 6ㄱ~ㄴ ; 同, 「答尹

에서 송시열이 윤선거에게 黑白論理에 의해 윤휴를 異端으로 인정할 것을 압박한 사건은 그 연장선상에 있었던 것이다.[187] 송시열과 그 문인들은 예송이 윤휴 일파가 자신들을 일망타진하려는 음모의 소산으로 규정하고 있었으며, 그것은 '朱門의 反賊'인 尹鑴가 품어왔던 異端的 思想의 필연적 귀결로 몰고가려 한 것이었다.[188]

그렇다면 윤선거가 송시열과 그 문도들의 끈질긴 압박에도 불구하고 윤휴 등을 비호하려 한 이유는 어디에 있었을까. 윤선거는 庚子年 末에 송시열의 압박이 강도를 높여가는 가운데서도 許穆을 三陟에 補外한 태도를 '消長之論'으로 '陰陽之戰'에만 몰두하려 든다고 비판하고 다음과 같이 말하였다.

> 이전에 諸賢이 출사하여 世道을 담당한 것은 오로지 先王(=孝宗)이 품은 不世出의 大有爲之志에 감격한 때문이었다. 그런데 諸賢이 設施 布置한 것은 우리 先王이 興發한 大計를 선양하기에는 미치지 못하니, 이것은 단지 諸賢을 위해서만 한스러운 것이 아니라 우리 先王의 巍煥한 大業을 海隅蒼生에게 드러내지 못하는 것이 크게 傷痛한 일이라고 할 수 있다.[189]

여기서 윤선거가 지적한 孝宗의 '不世出의 大有爲之志'는 '北伐大義'를 가리키는 것이며, '興撥之大計'는 이를 뒷받침할 수 있는 民生安定과 富國强兵을 위한 제반 改革 政策을 지칭한다는 것은 두말할 것

吉甫」(庚子 8월), 叢刊 109-238, 8ㄱ ; 同, 「與尹吉甫」(癸卯 4월), 叢刊 109-243~5, 18ㄴ~19ㄱ 등 참조.
187) 三浦國雄, 앞의 글, 1982, 181쪽 ; 禹仁秀, 앞의 책, 1999, 91~2쪽 참조.
188) 李善娥, 앞의 글, 2003, 25쪽 참조.
189) 『魯西遺稿』卷6, 「與宋英甫」(庚子 11월), 叢刊 120-128, 31ㄴ, "向來諸賢之出當世道 只爲感激先王不世出大有爲之志而已. 而諸賢所以設施布置者 未及對揚我先王興撥之大計 則此非獨爲諸賢之所恨 使我先王巍煥之大業 不表於海隅蒼生 爲大可傷痛也".

도 없는 일인데, 禮訟에서 피차를 구분하고 상대방을 말살하려는 송시열 일파의 당파적 행동은 孝宗이 지향했던 이러한 정책 노선과는 어긋난 것임을 분명하게 강조하고 있었던 것이다.

이로써 禮訟에서 윤선거가 견지하려는 입장이 變通 指向 經世論을 실현하기 위한 破朋黨論의 발현임을 분명하게 확인할 수 있다. 이에 대해 송시열은 朱子學 義理論의 핵심 영역인 闢異端論에 의거하여 윤휴로 대표되는 南人을 정국운영에서 배제하려는 君子 一朋黨論을 지향하고 있었다. 예송에서 드러난 尹宣擧와 宋時烈의 대립은 이러한 서로 다른 政治思想을 반영한 것이었다.

앞서 살핀 바와 같이 윤선거가 尹鑴와 權諰를 '吾輩', '吾黨'이라고 칭하면서 그 '言計'를 실천할 것을 송시열 등에게 주문한 것이나 윤선거가 이들과 '大處無不同'하다고 말한 것 등은 이들이 견지한 變通 指向 經世論이 자신과 동일하다고 보았기 때문이었다. 윤휴는 丙子胡亂 당시에 이미 斥和主戰論과 함께 變通 指向 經世論을 강하게 주장한 바 있었으며,[190] 甲寅禮訟 이후 肅宗 때 출사해서는 淸나라에서 일어난 三藩의 亂을 계기로 구체적인 北伐 계획을 제시하고 이를 뒷받침하기 위한 '大更張策'을 줄기차게 주장하였다.[191] 權諰 역시 孝宗·顯宗 年間에 제도적 차원의 쇄신을 도모하는 養民論을 개진하고 있었던 것이다.[192] 윤선거가 앞서 이들과 '共濟國事'할 것을 주장하면서 송시열 등에게 끝까지 이들을 포용할 것을 주문한 것은 變通 指向 經世論을 실현하기 위해서는 이들과의 협력이 반드시 필요하다는 인식의 소

---

190)『白湖集』卷4,「擬上疏」(丙子), 叢刊 123-55~62, 1ㄱ~16ㄱ 참조.
191) 鄭豪薰,「白湖 尹鑴의 現實認識과 君權强化論」,『學林』16, 延世大 史學研究會, 1994 ; 鄭豪薰,「尹鑴의 經學思想과 國家權力强化論」,『韓國史研究』89, 1995 ; 鄭豪薰,「尹鑴의 政治理念과 富國强兵策」,『民族文化』26, 2003 참조.
192) 李泰鎭,「炭翁 權諰先生의 養民論」,『道山學報』創刊號, 1992 참조. 裵祐成은 권시의 경세론을 서인 산림 계열의 안민론과 비슷한 범주로 파악하였다 (배우성, 앞의 글, 2003, 348쪽).

산이었다.

4. 결론

지금까지 仁祖代에는 執權 官僚層 내부에서, 그리고 孝宗・顯宗 年間에는 西人 山林 系列 내부에서 朱子學 政治論이 분화되어 정치적 갈등으로 표출되고 있음을 살펴보았다. 이제 그 내용을 요약하고 이후 肅宗代 정국과의 관련성을 따져보는 것으로 결론을 삼고자 한다.

仁祖代의 정치적 갈등은 거의 모두가 지배적 政治思想과 政治 現實 사이의 모순에서 초래된 것이었다고 해도 과언이 아니다. 仁祖反正은 朱子學 名分論과 義理論이 정착・심화되는 과정에서 일어난 政治變亂이었는데, 이후의 정치 현실은 이러한 朱子學 政治論을 고수하는 것이 封建王朝 國家의 유지・존속을 위협하게 된다는 것을 보여 주었다. 여기에 國家를 보위하고 특정 정파의 政權을 유지하기 위해서라도 朱子學 政治論이 분화될 수밖에 없었던 필연성이 존재하였다.

仁祖의 숙부 仁城君 李珙이 지속적이고도 끈질기게 역모 사건의 중심으로 떠오르는 현실은 反正주체 세력과 反正의 名分에 대한 가장 구체적이면서도 심각한 도전이었다. 光海君代 全恩論의 연장선상에서 나온 鄭經世・鄭蘊 등의 天理論・守經論에 기초한 道德的 名分主義만으로는 집권 세력의 政權을 안정시킬 수 없었던 것이 현실이었다. 그렇다고 새로운 정치세력이나 정치사상이 존재하였던 것도 아니었다. 여기에 宋代 士大夫 계층에게 특유한 治者로서의 責務意識을 강조하면서 人情論・權道論에 입각하여 政治的 現實主義를 표방하는 정치 세력이 등장하게 되는 소이가 있었다. 光海君代 北人政權이 朱子學 政治論을 벗어난 家・國 不同論으로 討逆 政局을 합리화하였다면 仁祖代 李貴로 대표되는 反正功臣들은 朱子學 政治論 내부에서 責任論

으로 자신들의 政治的 現實主義를 합리화하였던 것이다. 朱子學 政治論의 분화였다.

　그러나 反正功臣 내부에서조차도 李貴의 責任論에 입각한 政治的 現實主義에 대하여 金瑬의 義理論에 기초한 道德的 名分主義가 서로 대립하였다. 이러한 대립은 당시의 현안이었던 '國家再造' 방략과 政局運營을 두고 각각 變法論 대 守法論, 調劑論 대 調停論의 대립으로 확대되었다.

　仁城君 李珙의 治罪를 둘러싼 논쟁이 反正의 정당성과 관련된 논쟁이었다면 인조의 生父 定遠君의 追尊을 둘러싼 논쟁은 인조 정권의 正統性 論爭이었다. 仁祖가 자신의 生父 定遠君을 元宗으로 追崇하고 宗廟에 入廟하였다는 것은 인조 반정의 정당성에 대한 논란에 종지부를 찍고 인조 자신의 정통성을 확립하여 兩亂이라는 미증유의 국가적 위기 속에서 약화 일로에 있던 國王權을 재확립하는 중요한 계기가 되었다. 그 과정에서 程朱學의 名分論과 義理論에 기초한 金長生 등 執權 主流 官人·儒者들의 臣權論에 맞서 李貴·崔鳴吉·朴知誡 등에 의해 孔孟儒學과 孝治論에 입각한 王權論이 제기되어 국왕권 확립을 뒷받침하였다. 孔孟儒學에 입각한 孝治論은 主流 官人·儒者 내부에서는 소수였지만 당대의 非主流 知識人 사이에서는 공감대를 확대시켜 가고 있었음을 논쟁 과정은 보여 주었다. 그것은 朱子學 名分論과 義理論을 부정한 것은 아니었지만 당시의 政治 現實과도 관련하여 朱子學이 심화 발전되는 한 유형으로 간주된다. 즉 元宗 追崇 論爭 역시 朱子學 政治論의 分化를 촉발하고 심화시킨 정치적 사건이었던 것이다.

　仁祖反正은 朱子學 名分論을 내세운 정치 변란이었으므로 이후 명분론적 지향이 강화될 수밖에 없었는데, 이러한 경향은 經世論에서도 드러났다. 修身 爲主의 道學的 經世論이 바로 그것이었다. 당시 대부분의 官人·儒者를 지배하고 있었던 것은 朱子學 政治思想이었으므

로 어쩌면 그것은 필연적인 일이었다. 그러나 그것만으로는 당시 조선
왕조 국가가 직면한 대내외적 위기를 타개해 나갈 수 없었다. 그리하
여 당시의 변화하는 현실에 맞게 법과 제도를 개혁해야 한다는 官人·
儒者들, 즉 變法的 經世論者들이 등장하여 전반적인 제도 개혁을 추
진하려 하였다. 따라서 이 양자 사이에 정치적 갈등이 일어나는 것은
피할 수 없는 일이었다. 그리고 변법론자들이 추진한 개혁이 도학적
경세론자들과 기득권 세력의 반발에 직면하여 지지부진한 가운데 두
차례의 호란을 맞게 되었다. 그리하여 변법론자들은 主和論에 의해 일
단 國家를 유지 보존하고자 한 반면, 道學的 經世論者들은 朱子學 名
分論과 義理論을 내세우면서 斥和論을 주장하였다.

制度改革을 통한 國家體制의 재정비와 그를 통한 국방력 강화가 지
지부진한 상황에서 후금과 정면으로 맞서는 것은 무모한 일이었다. 여
기에 變法論者들이 主和論을 취하게 되는 필연성이 있었다. 守法論者
들은 朱子學 名分論과 義理論 및 華夷論으로 대표되는 자신들의 理
念을 國家 그 자체보다 중시하면서 斥和論의 입장에 섰다. 이것은 이
들이 아무리 자신들의 주장을 民本論으로 포장하더라도 治者로서의
責務意識을 방기한 것으로 보지 않을 수 없는 것이었다.

그러나 主和論者들 역시 對明 義理論을 포기한 것은 아니었다. 丁
卯胡亂期에 主和論을 대표하였던 延平 李貴는 對明 義理論을 고수하
면서도 後金과 講和하지 않을 수 없는 현실을 經權論으로 합리화하였
다. 後金의 위협으로부터 國家를 유지하는 것이 保民의 관건이라고 간
주한 李貴는 事勢·形勢·時勢에 따라서 '因時制權'하면 '權變爲經'
할 수 있다고 보았던 것이다. 그것은 물론 自强을 위한 限時的인 '謀
國之權道'로서 였다. 이념보다 현실을 중시하는 이러한 사상은 治者로
서의 責務意識의 발현이기도 하였다. 丙子胡亂期 主和論을 대표하였
던 崔鳴吉은 자신의 주장을 名實論으로 합리화하였다. 그의 名實論은
政治的 現實主義 그 자체에 義理가 존재한다고 주장하여 현실과 괴리

된 명분의 존재를 부정하였다는 점에서 李貴의 事勢論과 經權論보다 진일보한 논리로 간주된다.

어쨌든 이귀가 제출한 經權論과 최명길의 名實論은 朱子學 名分論과 義理論 및 華夷論 그 자체를 부정하지는 않았다고 하더라도, 그러한 理念 그 자체보다 國家의 存立을 우선하는 思考였다. 따라서 현실 상황의 변화에 따라서는 朱子學 名分論과 義理論을 부정하는 방향으로 나갈 수도 있는 가능성을 내포한 政治思想으로 규정하지 않을 수 없다.

丙子胡亂에 이은 丁丑年 城下之盟 이후 중원을 장악한 淸의 압력이 가중되면서 朝鮮王朝는 현실적으로 明을 대신하여 淸에 事大할 수밖에 없었지만 朝野에서는 오히려 對明 義理論이 강화되었다. 孝宗代의 北伐論은 그러한 官人·儒者들의 정치적 사상적 지향점을 집약한 것이었다. 反淸斥和의 기치 하에 朱子學 名分論과 義理論의 수호자로 자처했던 西人 山林 세력이 孝宗·顯宗 年間에 정계와 사상계를 지배하였던 것 역시 그것을 말해 준다. 그렇지만 이 시기의 서인 산림 세력 내부에서도 당시의 변화하고 있는 社會經濟的 現實과도 관련하여 '國家再造' 방략을 둘러싼 사상적 분화는 피할 수 없는 일이었다. 孝宗代 宋時烈의 「己丑封事」(1649)와 「丁酉封事」(1657)에서 드러난 경세론과 兪棨의 「江居問答」(1654)의 그것 사이의 차이는 그러한 사상적 분화를 반영한 것이었다.

무엇보다도 두 사람의 분명한 차이점은 制度 改革에 대한 태도에 있었다. 우선 송시열의 封事에서는 '變通', '更張'이란 단어 자체를 찾기가 어렵다. 두 차례의 封事에 드러난 그의 거의 대부분의 주장은 君主 '修身'의 차원으로 모두 환원될 수 있는 것들이었다. 地主制는 물론 당시의 가장 중대한 현안이었던 貢納과 軍政 등 제반 賦稅制度의 폐단에 대한 구조적 인식은 찾아볼 수 없다. 최소한 효종대 송시열의 경세론을 집약한 두 차례의 封事에서는 制度 改革을 통해서 제반의 폐단을 제거하려는 문제의식을 발견할 수 없었다. 이에 비해 유계는 制度 改革을 救民之策의 관건으로 보고, 당시 절실한 貢納과 軍政의 폐단을 해소하기 위한 개혁안으로서 大同法과 士族收布論을 적극 제기하였다.이것은 朱子學 名分論과 義理論에 입각한 君主修身만을 일방적으로 강조하는 宋時烈과는 분명히 다른 태도였다. 유계는 君主修身에 의한 道德的 敎化와 制度 改革을 구별하고, 당시의 현실 속에서 民生安定을 위해서는 道德的 敎化보다 制度 改革이 먼저라고 분명히 밝히고 있었다.

趙翼의 變通論에서 강하게 영향받은 尹宣擧 역시 制度 改革의 필요성을 강조한 점에서 兪棨와 입장을 같이하면서, 이를 南孝溫·趙光祖 이래 李珥·成渾, 그리고 黃愼으로 이어지는 士林派 變通論의 계보 속에서 확인하고, 여기에 金集까지도 끌어들여 西人 山林 일반의 지배적 견해로 간주하려 하였다. 그리하여 大同法을 시행해야 한다고 주장하였음은 물론이고, 地主制의 모순에도 주목하면서 유계의 士族收布論에서 진일보한 傭布論을 내놓았다. 그의 傭布論은 후대의 結布論과 口布論의 맹아적 형태를 보여주는 것이었다.

尹宣擧는 이러한 變通論에 입각하여 宋時烈의 「丁酉封事」를 비판하였다. 우선 송시열이 당시의 形勢를 헤아리지도 않고 淸에 대한 '復讐雪恥'의 '義理'를 자신만의 전매특허인양 내세우는 정치 행태의 허구성과 위험성을 지적하였다. 당시 송시열이 許衡의 文廟 黜享을 거론한 것은 그러한 정치 행태의 극명한 표현이었다. 尹宣擧는 形勢論, 時勢論에 의거하여 이를 비판하였다. 윤선거는 송시열이 義理論을 독점하려는 정치 행태를 '務名 不務實'이라고 비판하였는데, 이는 '復讐雪恥'를 실현할 수 있는 실질적인 역량을 갖추기 위해 필수적인 富國强兵을 지향하는 制度 改革에는 힘쓰지 않고 '復讐雪恥'의 義理 그 자체를 자신만의 정치적 명분으로 독점하려는 義理論的 指向의 극단적 弊害에 대한 분명한 비판이었다. 이와 함께 '徒善 不足以爲政'이라고 말하여 義理論을 앞세우는 修身 위주의 道學的 經世論에 대해서도 누누이 비판해 마지않았다. 이처럼 윤선거의 송시열 비판은 變通論 대 義理論의 대립 구도를 띠면서 전개되었다.

효종 말년에 송시열이 출사하여 이조판서로서 인사권을 쥔 뒤에는 그의 義理論 위주의 인사 정책을 비판하였다. 인사의 기준을 制度 改革을 위한 才局이나 識見에 두지 않고 名望이나 淸白한 절개만을 기준으로 삼을 경우 필연적으로 '私昵之人'과 같은 아첨배만을 등용하는 폐단이 나타날 것이라고 경고하였다. 즉 尹鑴나 權諰와 같은 南人이 배제되는 것은 물론이고 西人 내부에서조차도 편파적인 인사로 흐를 수밖에 없을 것이라는 것이 윤선거의 우려였고 그것은 현실로 나타났다.

송시열은 尹鑴 등 南人을 인사에서 배제시키는 논리를 闢異端에서 구하였다. 己亥年 이후 송시열 문하에서 윤휴를 '異端'으로 공격하는 흐름이 분명해진 것은 송시열의 義理論的 지향이 현실 정치에서 발현된 필연적 결과였다. '闢異端'은 朱子學 義理論의 핵심 영역으로서, 朱子의 君子小人論과 결합될 경우 君子 一朋黨論으로 귀결되기 마련이었던 것이다. 禮訟이 일어나기 전부터 尹宣擧가 이를 우려하여 윤휴 등을 '吾黨', '吾輩', '同室之人'으로서 같은 '程朱法門'에 속한다고 주장하면서 '共濟國事'할 것을 강조하였지만 송시열은 이를 받아들일 수 없었다.

따라서 義理論的 지향은 당쟁을 격화시키기 마련이었다. 顯宗代 禮訟이 격화된 것은 宋時烈로 대표되는 西人 山林 계열의 그러한 思想的 경향이 낳은 필연적 산물이었다. 송시열과 그 문인들은 禮訟을 윤휴 일파가 자신들을 일망타진하려는 음모의 소산으로 규정하고 있었으며, 그것을 '朱門의 反賊'인 尹鑴가 품어왔던 異端的 思想의 필연적 귀결로 몰고 가려 하였다. 이에 대해 윤선거는 예송이 정치적 쟁점이 되어 士林을 분열시키는 것을 가장 크게 우려하였다. 그는 朞年說이든

三年說이든 당시의 禮論이 이미 특정 정파의 정치적 목적을 달성하기 위한 수단(筌蹄)으로 전락하였다고 반복하여 지적하였다. 그가 볼 때 禮訟에서 彼此를 구분하고 상대방을 말살하려는 송시열 일파의 당파적 행동은 당시의 조선왕조 國家가 부딪힌 시급한 현안이었던 民生安定과 富國强兵을 위한 제반 制度 改革을 가로막는 가장 큰 장애 요인으로 인식되었던 것이다. 윤선거는 또한 그것은 尹鑴와 權諰 등도 마찬가지라고 보고 예송을 격화시키는 이들의 태도를 비판하였다. 그렇지만 송시열이 이들을 異端으로 몰아서 공격하는 것에 대해서는 '吾道中人'임을 내세우면서 변론하였다. 그가 이처럼 尹鑴와 權諰 등을 변호한 이유는 變通 指向 經世論을 실현하기 위해서는 이들과의 협력이 반드시 필요하다는 인식의 소산이었다.

이로써 禮訟에서 윤선거가 견지하려는 입장이 變通 指向 經世論을 실현하기 위한 破朋黨論의 발현임을 분명하게 확인할 수 있다. 이에 대해 송시열은 朱子學 義理論의 핵심 영역인 闢異端論에 의거하여 윤휴로 대표되는 南人을 정국운영에서 배제하려는 君子 一朋黨論을 견지하고 있었다. 예송에서 드러난 尹宣擧와 宋時烈의 대립은 이러한 서로 다른 政治思想을 반영한 것이었다.

孝宗·顯宗 年間에 윤선거에 의해 표명된 變通論과 破朋黨論은 중요한 의의를 갖는 것이었다. 잘 알려진 것처럼 尹煌-尹宣擧 父子는 仁祖代 金尙憲과 함께 反淸斥和를 대표하는 인물로 각인되어 있었다. 丁丑年 城下之盟 이후 對明 義理論이 강화되면서 그것을 뒷받침했던 朱子學 名分論과 義理論 역시 강화되는 것은 필연적 흐름이었다. 宋時烈이 修身 위주의 道學的 經世論을 견지하고, 정국운영에서는 闢異端論에 입각한 君子 一朋黨論을 관철시키려 한 것은 그러한 경향의 극단을 보여준 것이었다. 그가 朱子 道統主義를 강조한 것도 바로 그러한 경향의 표현이었다. 이에 대해 윤선거는 趙光祖로부터 李珥·成渾으로 이어져 온 變通論의 계승을 표방하고 이를 구현하기 위해 정국운영에서는 破朋黨論을 강조하였다. 그리고 이를 둘러싸고 송시열과 논쟁하는 과정에서 윤선거는 仁祖代 主和論者들이 의거했던 時勢論·形勢論을 들고 나와서 朱子學 名分論과 義理論이 특정 인물이나 당파의 정치적 명분으로 전락하는 의리론적 지향의 극단적 폐해를 제거하고자 하였다. 이것은 反淸斥和論의 본영이었던 西人 山林 계열 내부에서도 朱子學 政治論이 분화되어 義理論的 指向에 제동을 걸고 새로운 정치론을 모색하는 가운데 仁祖代 主和論者들과 일치된 思想的 지향을 갖게 되었음을 보여준다.

斥和論을 대표하는 西人 山林 계열 내부의 이러한 사상적 분화는 결국 두 차례의 예송을 거친 肅宗代에 西人이 老論과 少論이라는 서로 다른 정치 세력의 분화로 귀결되기에 이른다. 宋時烈의 義理論과 君子 一朋黨論을 계승한 老論 黨人들은 정국운영에서 南人을 闢異端의 차원에서 철저하게 배제하고자 하였다면, 尹宣擧의 變通論과 破朋黨論을 계승한 少論 黨人들은 蕩平論을 제기하여 南人과의 협조 하에 變通論을 구현하고자 하였다. 여기에 主和論 계열의 經世官僚가 합류하여 蕩平論을 주장한 것은 자연스러운 흐름이었다. 말하자면 肅宗代에 朴世堂, 尹拯, 南九萬, 朴世采, 崔錫鼎 등에 의해 제기되고 실천에 옮겨진 蕩平論은 仁祖代 이래 政治的 現實主義 대 道德的 名分主義, 王權論 대 臣權論, 變法論 대 守法論, 調劑論 대 調停論, 主和論 대 斥和論 등으로 朱子學 政治論이 분화되어 대립하는 가운데, 朱子學 名分論과 義理論의 극단에 맞서 새롭게 성립된 政治論이었으며, 여기에는 인조대 主和 變通論者와 西人 山林 계열에서 형성된 變通論者가 합류하여 少論 黨人을 형성하기에 이르렀던 것이다.193)

193) 숙종대 탕평론을 이러한 시각에서 살핀 논고로는 金駿錫, 앞의 글, 1998② ; 김용흠, 앞의 글, 1996, 2000, 2001 참조.

17세기 주자학 도통주의의 강화와
지주제 유지론

도 현 철*

1. 서론

조선사회에서 17세기는 정치, 경제, 사회 모든 분야에 변화가 일어나
는 체제동요, 사회변동의 시기였다. 주지하듯이 임진왜란을 계기로 중
국에서는 명·청의 왕조교체가 이루어지고 일본은 德川幕府가 성립되
었다. 조선은 왕조의 교체는 없었지만 그에 상응하는 사회 내적인 변
동을 겪게 되었다. 전란으로 인한 농촌사회의 파괴, 사회신분제의 동
요, 수취체계의 문란과 국방대책과 관련한 재정수요의 증가, 그리고 정
부지배층의 권위실추와 사회기강의 이완현상이 나타나고 결국 지배체
제의 동요 현상으로 이어지고 있었던 것이다.

주자학을 국정교학으로 삼고 『경국대전』 체제로 집약되는 정치체제
를 유지해 왔던 조선의 지배층은 급변하는 현실변화에 대응해서 타개
책을 마련하여야 했다. 인조반정을 통하여 광해군의 대북정권을 대신
해서 등장한 집권 세력은 기호학파의 서인이 중심이 되어 주자학에 근
거해서 지배질서를 재건하려고 하였다. 이들은 栗谷 李珥(1536~1584)
가 개척한 학설에 기초하여 주자학의 절대성을 강조하는 한편으로 개

---

* 연세대학교 사학과 부교수, 국사학

량적인 사회안정책을 제시하였는데, 그 핵심내용은 주자학의 綱常名
分論의 철저화와 사회경제적인 변화의 부분적인 제도론으로의 수용으
로 집약된다.

그동안 이 시기 사회변화에 대한 정치사상적 대응에 관한 연구가 행
해지고 많은 성과를 거두었다.[1] 17세기 노론 주자학의 움직임을 두고
이들이 당대 주도권을 장악할 수 있었던 이유는 이들의 현실 대응력이
뛰어날 수밖에 없는 학문적, 정치적 이론구조를 갖추었기 때문이고, 그
런 점에서 이들의 활동을 긍정적으로 파악해야 한다는 견해가 제시되
었고,[2] 신분계급적 성격에 유의하여 이들의 사회경제적 지향은 지주전
호제를 적극 옹호하고 향촌 사회의 자율성을 중시하는 것이었다는 연
구가 제시되었다.[3] 이와 더불어 이 시기 절대화, 도통주의화의 양상을
보이는 주자학의 움직임을 두고, 관념적이고 도덕적인 경향이 강하며,
그 점에서 보수개량적인 성격이 강하다는 관점도 제시되어 있고,[4] 서
인 노론계열과 구별되면서 주자학에 얽매이지 않고 현실변화에 능동
적으로 대응하는 사상학문의 흐름과 그 연원을 따지는 연구가 제시되

---

1) 조선후기 성리학에 관한 최근의 연구 성과 정리로 다음이 참고된다(조성산,
「조선후기 성리학 연구의 현황과 전망」,『조선후기 성리학 연구의 현황과 과
제』, 창작과 비평사, 2000 ; 이봉규, 「조선시대 유학연구 再讀」,『철학연구50
년』, 혜안, 2003).
2) 池斗煥, 「仁祖代의 大同法 논의」,『歷史學報』155, 1997 ;「尤庵 宋時烈의
政治思想 - 孝宗代를 中心으로 -』『韓國學論叢』23, 2000 ;「尤庵 宋時烈의 生
涯와 思想」,『韓國思想과 文化』17, 2001.
3) 金容燮,『朝鮮後期農業史研究』(Ⅰ,Ⅱ), 1989 ; 金容燮,『朝鮮後期農學史研
究』, 일조각, 1988 ; 李景植, 「17세기 農地開墾과 地主制의 展開」,『韓國史研
究』9, 1973 ;「17世紀 土地折受制와 職田復舊論」,『東方學志』54・55・56,
1987 ; 崔潤晤,『朝鮮後期 土地所有權의 發達과 地主制』, 연세대박사학위논
문, 2001 ; 오영교,『朝鮮後期 鄕村支配政策 研究』, 혜안, 2001.
4) 金駿錫,『朝鮮後期政治思想史研究』, 지식산업사, 2003 ;「朝鮮後期 畿湖士
林의 朱子認識 - 朱子文集・語錄 연구의 전개과정 -』,『百濟研究』18, 1987
;「17세기 畿湖朱子學의 動向 - 宋時烈의 道統繼承運動 -」,『孫寶基博士停
年紀念韓國史學論叢』, 지식산업사, 1988.

어 있다.5)

본고는 이러한 성과에 유의하는 가운데6) 17세기 노론학계의 율곡 이이 학문의 계승이 사상 내적인 측면에서 구체적으로 어떻게 설명될 수 있는지 확인하고자 하며,7) 그것이 또한 지주제 옹호론으로 연결되는 특성을 해명하고자 한다. 이를 통해서 주자학에 근거하여 17세기 조선사회의 위기를 돌파하려던 정치이념이 가진 역사적 특질이 보다 입체적으로 해명될 것이다.8)

2. 양란기의 체제변동과 주자 도통주의의 절대화

1) 양란기의 체제변동과 국가 재조 방략

17세기 조선사회는 16세기 이래의 사회모순이 심화되는 시기였다.9)

---

5) 元在麟,『조선후기 星湖學派의 학풍 연구』, 혜안, 2003 ; 鄭豪薰,『朝鮮後期 政治思想硏究』, 혜안, 2004.

6) 최근의 연구로는 한국역사연구회 17세기 정치사 연구반,『조선중기 정치와 정책 - 인종~현종시기』, 아카넷, 2003과 17세기를 특화하여 발표한 다음의 공동의 연구가 있다(한국역사연구회의 '17세기 후반 조선사상계의 분화',『역사와 현실』13, 1994 ; 문헌해석사의 '17세기 문화지도',『문헌과 해석』2000 봄 - 2002 여름호 ; 역사문화연구소의 '17세기 한국 지식인의 삶과 사상',『역사문화연구』18, 2003).

7) 金世奉,『17世紀 湖西山林勢力 硏究 - 山人세력을 중심으로 -』, 단국대박사논문, 1995 ; 충남대학교유학연구소 편저,『기호학파의 철학사상』, 예문서원, 1995 ; 琴章泰,『朝鮮後期의 儒學思想』, 서울대학교출판부, 1998 ; 李俸珪, 「性理學에서 未發의 철학적 문제와 17세기 畿湖學派의 견해」,『韓國思想史學』13, 1999 ; 禹仁秀,『朝鮮後期 山林勢力 硏究』, 일조각, 1999.

8) 三浦國雄, 李東熙 譯,「17세기 朝鮮에 있어서의 正統과 異端」,『민족문화』8, 1982 ; 정호훈,「朝鮮後期 '異端' 論爭과 그 政治思想的 意味 - 17세기 尹鑴의 經書解釋과 宋時烈의 批判 -」,『韓國史學報』10, 2001).

9) 17세기의 사회경제적 상황에 대한 최근의 연구로 다음이 있다(鄭奭鍾,『朝鮮後期 社會變動 硏究』, 1983 ; 이영학,「17세기의 사회경제적 상황」,『역사문

16세기 이래의 생산력 발전과 장시의 발달에 수반하는 상업의 발전, 군역의 포납화와 양역화, 공물 방납의 성행 등의 사회경제적 변화는 정치·정책으로 수렴하여 국가의 공식적인 법제로 완결되지 못하였고, 양란을 맞게 되면서 사회변동·모순은 더욱 심화되게 되었다.

양란 이후 조선사회는 농촌사회가 파괴되고 농업생산이 줄어들며, 농민이 몰락하였다. 임란 이전의 평시 전결은 151만여 결이었는데, 胡亂 후의 時起耕은 67만여 결에 불과하였다. 경작지의 황폐화는 軍國之需의 감소로 이어져 전라도의 경우 평시의 경작면적인 44만결 가운데 6만결만 경작되고, 경상도지역은 종전 43만결 가운데 7만결로 감소되었다.[10] 농지의 감소는 두 차례의 전란과 농민의 死·散으로 인한 田畓의 荒廢化 외에도 지방관이나 衙前 및 토호층의 토지겸병으로 인한 隱結化가 그 원인이었다. 그러므로 조선 정부는 경제재건과 농업생산의 복구에 힘쓰지 않을 수 없었고, 가능한 한 감축된 田結을 量田 搜括하여 조세원을 원상태로 회복하며, 진전을 개간하고 농업생산을 증진시키는 권농정책을 펴지 않으면 안되었다.[11]

양란후의 경작지의 감소는 인구의 감소로 이어지고 향촌사회를 붕괴시키고 있었다. 당시 농촌사회의 실태는 "난리를 치른 백성들이 모두 생활터전을 잃어 풀을 깎고 이삭을 주워 목숨을 유지한다.……더구

화연구』 18, 2003.6). 한편 이태진은 1500~1750년대를 小氷期로 보고, 이로 인한 자연현상의 변화를 설명했다. 즉 지구의 한냉화로 인하여 자연재해가 빈번하고 여름철에 우박이 떨어지고, 눈이 오며 서리가 내렸으며, 이러한 자연재해는 곡물생산을 어렵게 하였고 기근과 전염병을 확대시켰다(이태진, 「小氷期(1500-1750) 천재재이 연구와 『朝鮮王朝實錄』」, 『歷史學報』 149, 1996 ; 「장기적인 자연재해와 전란의 피해」, 『한국사』 30, 1998)고 한다.

10) 오영교, 「제1장 양란이후 향촌사회의 운영실태」, 『朝鮮後期 鄕村支配政策研究』, 혜안, 2001, 22~24쪽.

11) 李景植, 「17세기의 土地開墾과 地主制의 展開」, 『韓國史研究』 9, 1973 ; 宋贊燮, 「17·18세기 新田開墾의 확대와 經營形態」, 『韓國史論』 12, 1985 ; 金容燮, 『朝鮮後期農學史研究』, 일조각, 1988.

나 列邑이 텅비고 사망한 자가 반이나 되어, 평소에 100호가 되던 마을이면 10에서 한둘도 남아 있는 곳이 드물었다"[12]는 말에서 짐작할 수 있다. 이러한 상황은 咸陽, 河東, 晉州와 같은 지역도 예외는 아니었다. 16세기 이래 자연촌의 성장에 따른 촌락구조의 변동은 강력한 파괴력을 동반한 전쟁을 통해 더욱 촉진되었고 향촌사회를 재편할 필요성이 제기되었던 것이다.

여기에 신분제의 동요, 혼란을 맞게 된다. 양반신분이 격증하고, 양민신분이 감소하며, 노비신분이 격감한 것이다. 즉 노비의 도망을 통한 免賤·免役, 양인의 納粟收職과 冒錄을 통한 免役, 이에 따른 양반신분의 분화가 촉진된다. 전란으로 인하여 기강이 해이해져 호적이 상실되고 인구가 감소되며 봉건적 신분제가 이완되어 갔던 것이다.[13]

한편 선조, 광해군대의 집권층은 전란을 타개하고 정국을 안정적으로 유지하지 못한 채 무능, 무기력을 드러냈다. 더욱 광해군의 정치적 행위는 지배층내의 분열을 더욱 촉진시켰고, 주자학의 강상론·명분론에 근거해서 광해군이 계모인 仁穆大妃를 유폐시키고,[14] 後金(淸)과 通交함으로써 明나라를 배반했기 때문에 안 된다는 의리·명분을 내세운 '仁祖反正'을 야기시켰다. 조선왕조에서는 실추된 국왕과 지배층의 권위를 회복하고 체제를 안정시킬 방안을 마련해야 했다.[15]

양란 이후 체제위기를 타개하기 위해 마련한 대책은 경제의 기축인

---

12) 『宣祖實錄』 卷93, 宣祖 30년 10월 丁丑(23책, 320쪽).
13) 오영교, 앞의 책, 2001, 2~50쪽.
14) 북인정권 시기 仁穆大妃의 廢母論議를 주도한 許筠의 정치사상 연구로 다음이 참고된다(정호훈, 「許筠의 學風과 政治理念」, 『韓國思想史學』 21, 2003).
15) 한 연구에서는 당시 조선 지배층이 실추된 권위를 회복하기 위한 수단으로 再造之恩을 강조하여 전란극복의 공을 명군에게 돌리고 명군을 요청한 것이 자신들이라는 사실이 강조된다고 한다. 이는 일선에서 직접 싸워 공을 세운 이순신이나 권율같은 구국의 영웅이나 재야의 의병장들이 했던 역할의 의미를 퇴색시키고 전쟁과 연이은 패전을 불러온 책임소재를 완화시킬 수 있었다고 한다(한명기, 『임진왜란과 한중관계』, 역사비평사, 1999, 80쪽).

농업생산을 정상화하고 주자학이념에 입각한 人倫道德을 재건하는 문제에 집중되었다. 농업의 정상화 대책으로는 量田事業에 의한 隱結의 搜括과 陳廢田의 개간, 宮房田·官屯田의 설치, 農書의 편찬과 농업기술의 보급, 移秧法의 확대와 이에 따른 수리시설의 정비를 꾀하는 것이었다. 農本主義에 입각한 농민경제의 안정을 도모하여 국가의 인적·물적 기반을 보장하려는 것이라고 하겠다. 주자학이념에 입각한 人倫道德의 재건과 관련해서는 上下·嫡庶·班常의 차별의식을 철저화하는 방법으로서 名分論·三綱五倫을 근간으로 하는 주자학의 도덕의식·가치관념을 재확인하는 작업이 전개되었다. 전란으로 비롯된 양반들의 사회적 경제적 失勢, 영락이나 常·賤民의 신분상승 등은 농촌사회의 피폐, 농민들의 토지이탈 현상과 맞물려 사회불안·신분질서의 혼란을 야기하고 있었는데, 이를 주자학의 명분론과 강상질서의 회복 차원에서 이해하고 조선왕조의 지배질서를 정상화하려는 것이다. 이를 위해서 시행한 것이 효자·충신·열녀에 대한 旌表의 실시,16) 전쟁 중에 인정했던 庶孼의 許通과 私賤의 속오군 入屬을 終戰 후에 금지, 향약의 실시,17) 戶籍 정리나 面里制 정비, 號牌法·五家作統法의 시행 등이다.18)

그런데 인조반정을 계기로 집권한 서인세력은 주자학에 입각한 정치운영과 사회통제를 전개하지만, 청이 가한 대외적 압박과 사회경제의 변동에 따른 현실대응책에서 이견이 존재하기 시작했다. 조선왕조의 정치사회운영이 주자학이념에 입각하고, 경국대전 체제를 보수 개

16) 朴珠, 『朝鮮時代의 旌表政策』, 일조각, 1990.
17) 韓相權, 「16·17세기 鄕約의 機構와 性格」, 『震檀學報』 58, 1984 ; 金仁杰, 「조선후기 鄕村社會 統制策의 위기 - 洞契의 性格變化를 중심으로 - 」, 『震檀學報』 58, 1984 ; 金武鎭, 「조선중기 士族의 動向과 鄕約의 性格」, 『韓國史研究』 55, 1986.
18) 김준석, 「탕평책 실시의 배경」, 『한국사』 32(조선후기의 정치), 1997, 19~31쪽.

량함으로써 지주 중심의 지배질서를 재편성하는 일이 당시 조선 사회가 해결해야 할 과제라는 점에서 동일한 인식이 형성되고 있었지만, 당색이나 학파 등에 따라 변화가 급격한 현실상황에 따라 서로 다른 대응방식이 제시되고 있었던 것이다.

그러한 분기는 만주족인 청에 대한 대응의 차이에서 나타났다. 인조반정(1623), 정묘호란(1627), 병자호란(1636)을 거치면서 만주족 청에 대한 主戰論과 主和論의 대두가 그것이다. 仁祖反正이라는 하나의 명분에서 출발했던 집권세력이 현실문제의 인식과 대응을 놓고 그 논리와 방법에서 분기한 것이다. 전란에서 참담한 패배를 경험한 뒤 양반 지배층 일각에서는 주자학 일변도의 대응논리에 회의와 공허를 느끼면서 현실을 있는 그대로 체감 직시하고 실제적으로 문제를 해결해가려는 인식과 행동이 등장한 것이다. 兩亂의 前後收拾方略, 국가사회 질서의 재건을 둘러싼 사상·이념이 분화되는 것이라고 하겠다.

그 하나는 주자학의 명분론·화이론을 전제한 인조반정의 논리를 고수하면서 만주족 청에 대한 강경한 입장을 취하는 것이다. 삼강오륜과 華夷의 준별, 곧 漢族 중심의 중화주의 세계질서의 유지를 통하여 유교적 질서를 확고히 하고 청나라의 군사적, 물리적 압력에 정면 대항해야 한다는 논리이고, 그 실현방법으로서 북벌론=복수설치론을 제기하고, 이를 내수외양론으로 발전하는 입장이다. 즉 외양=북벌을 위해서는 먼저 內修가 갖추어져야 하고, 내수의 선행조건으로서 君主聖學論을 제기한 것이다.[19] 안으로는 해이해진 사회기강을 바로잡고, 밖

---

19) "天下의 일은 그 善惡을 不問하고 人主의 一心에 근본하지 않음이 없다"(『宋子大全』 卷5, 「己丑封事」(8월))고 하거나 "국가 自强의 계책은 內政을 닦는 일보다 급할 것이 없고 내정을 닦는 방도는 근본(군주의 一心)을 바로잡는 일보다 급할 것이 없다"(『宋子大全』 卷7, 「二疏」(辭吏曹參議疏)(乙未 2월))고 한 것에서 이를 알 수 있다(金駿錫, 「17세기 正統朱子學派의 政治社會論 - 宋時烈의 世道政治論과 賦稅制度釐正策 - 」, 『東方學志』 67, 1990, 110~111쪽).

으로는 明 왕조의 멸망과 함께 붕괴된 中華의 세계질서를 재건하는 일
을 목표로 한 것이다.

다른 하나는 현실변화를 인정하고 청과의 화의를 주장하는 입장이
다. 이는 保國生民 곧 국가의 명맥을 유지하고 민생의 고통을 해소하
기 위해서는 人倫과 華夷의 名分을 말하는 주자학을 융통성 있게 현
실에 적용해야 한다는 것이다. 최명길(1586~1647)은 인조반정의 공신
이지만, 정통주자학과는 다른 현실주의적 경세관을 보이고 양명학을
받아들였다. 정묘호란과 병자호란이란 청의 침략에 대하여 화친을 주
장하고 청의 존재를 인정하며, 의정부 기능의 회복과 비변사의 폐지,
삼공의 육조관할 등의 권력구조 개혁과 대동법의 시행, 五結布의 경
감, 서얼 허용의 신축적인 시행 등의 현실개혁안을 제기하며 변화하는
현실에 직접적으로 대처하는 안을 내놓았다.[20]

어느 쪽이든 호란의 대응책을 둘러싸고 조선왕조의 지배체제를 회
복하는 것이 자신들의 존립근거를 마련하고 민생대책을 마련하는 최
선의 길이라고 생각하였다.[21] 이러한 논의는 주자학의 정치사상을 기
초로 현실문제에 대응한다는 점에서 일치하였다.

2) 주자학의 절대화와 이단배척

朱子學을 正統의 학문, 國政의 敎學으로 삼아 조선을 이끌고 간 지
배층은 17세기 조선사회에 밀어닥친 체제위기, 체제변동을 타개하기
위하여 주자학의 절대화, 곧 정학, 정통 학문의 수호와 이단 배척을 철

---

20) 李在喆, 「遲川 崔鳴吉의 經世觀과 官制變通論」, 『朝鮮史研究』 1, 1992 ; 조
    성을, 「17세기 전반 서인관료의 사상 - 김류·최명길·조익을 중심으로 - 」,
    『역사와현실』 8, 1992 ; 李綺南, 「崔鳴吉의 政治活動과 權力構造 改編論」,
    『擇窩許善道先生停年紀念韓國史學論叢』, 1992 ; 金泰永, 「遲川 崔鳴吉의
    現實 變通論」, 『道山學報』 9, 2003 ; 金容欽, 『朝鮮後期 仁祖代 政治論의 分
    化와 變通論』, 연세대 박사학위논문, 2005.
21) 金駿錫, 「兩亂期의 國家再造 문제」, 『韓國史研究』 101, 1998, 130~140쪽.

저히 한다.22) 주자학은 다른 종교사상에 대한 배타적인 특성을 갖고
그 결과로서 사상싸움, 정치투쟁을 야기시킬 수 있는 내재적 요인을
안고 있다고 할 수 있다. 주자학은 송이 직면한 위기상황과 관련하여
사상논쟁, 정치싸움을 통해 형성되었기 때문에, 성립 당초부터 자신 이
외의 학문 사상을 이단으로 파악하고 용납하지 않았던 것이다. 특히
주자는 陸象山이나 陳亮을 비롯한 많은 학자들과 論戰을 벌였고 韓侂
冑에 의하여 慶元僞學의 禁을 당하는 정치적 위기를 맞기도 하였다.
　　주자는 정통·정학으로서의 道學을 확고히 하는 일을 필생의 과제
로 삼았고, 이러한 도학의 학문적 위상을 정립하는 과정에서 도통론을
확립하였다.23) 道統論은 儒家의 학문의 요지인 "人心惟危 道心惟微
惟精惟一 允執厥中"의 16자가 전수해 간 내력으로서, 요·순·우·
탕·문·무의 帝王과 周公으로 이어진 후 공자·顔子·曾子를 거쳐
子思·孟子에게 전해졌다는 것인데,24) 주자는 이를 진전시켜 上古의
聖神으로부터 공자·증자·자사·맹자에 이르는 道統과 周·程과 자
신을 직결하는 2개의 道統이 연결되어 성립한다. 이때 제1의 도통과
周·程이 연결되는 것은 유학의 正統이 周·程의 학(道學)이라는 것
을 의미하며, 周·程과 자신이 직결되었다는 것은 자신이 도학의 정통
이라는 것을 의미하는 것이 된다. 그의 도통론은 유학 내에서 道學의
정통뿐만 아니라 道學 내에서 자신이 정통의 지위에 놓여 있다는 사실
도 포함된다. 곧 도학의 통일을 도학의 내부 및 주변에 대한 것으로 보

22) 金駿錫, 「17세기 畿湖朱子學의 動向 - 宋時烈의 道統繼承運動 - 」, 앞의 책
　　 ; 「17세기 正統朱子學派의 政治社會論 - 宋時烈의 世道政治論과 賦稅制度
　　 釐正策 - 」, 앞의 책.
23) 大島晃, 「宋學における道統論について」, 『中哲文學會報』 6, 1975 ; James
　　 T.C.Liu, How did a Neo-Confucian school become the stste orthodoxy
　　 philosophy, east and west, 1973 ; 近藤一成, 「道學派の形成と福建 - 楊時の
　　 經濟政策めぐつて」, 『中國前近代史研究』, 1979 ; 土田健次郎, 「道統論再
　　 考」, 『鎌田茂雄博士還曆記念論叢·中國の佛教と文化』, 大藏出版, 1988.
24) 張立文, 『朱熹思想研究』, 중국사회과학출판사, 1981.

는 것이다.25)

주자학을 국시로 하는 조선왕조는 도학, 도통론을 통하여 조선의 지배이념을 강화하고 지배질서를 유지하고자 한다. 광해군대에는 임진왜란의 전후복구사업과 병행해서 주자학적 지배질서를 확립하는데 주력하며 주자학의 정치사회이념을 실현하는데 게을리 하지 않았다. 비록 광해군대 대북정권이 정국을 주도하고 서인이나 남인이 소외된 정국동향을 보여주지만, 주자학이라는 정치 이념 하에서 명분에 실현되는 강상질서를 확립한다는 점에서 마찬가지였다. 광해군대에는 후술하는 바와 같이『東國新續三綱行實』과 같은 윤리교화서가 간행되고, 김굉필(1454~1504), 정여창(1450~1504), 조광조(1482~1519), 이언적(1491~1553), 이황(1501~1570)의 東方五賢의 文廟從祀가 마무리된다.26)

더욱 인조반정 이후 집권한 서인은 주자학의 명분에 충실하고 주자학의 절대화를 도모한다. 大明義理論과 廢母殺弟에 대한 응징이라는 인조반정의 명분뿐만 아니라 조선의 지배질서의 확립을 위해서 집권 서인의 기호 중심의 학맥을 중심으로 한 주자학의 도통계보를 확립하려고 하였다. 이러한 주자학의 절대화의 중심에는 宋時烈(1607~1689)27)이 있다. 그는 율곡-사계를 잇는 기호 학맥을 주자학의 도통론을 통하여 설명하고, 양반 중심의 지배체제를 재건하며 명 중심의 중화질

25) 土田健次郎, 앞의 글, 1988.
26) 李羲權, 「東方五賢의 文廟從祀 小考」,『全北史學』7, 1983.
27) 송시열에 대한 최근의 연구로는 다음과 같은 논문이 있다(이봉규, 「조선 성리학의 전통에서 본 송시열의 성리학 사상」,『韓國文化』13, 1992 ; 정재훈, 「17세기 후반 노론학자의 사상 : 송시열·김수항을 중심으로」,『역사와 현실』13, 1994 ; 「17세기 문화지도 : 송시열」,『문헌과 해석』2001 겨울, 통권 17호 ; 정두희, 「송시열의 숭명배청론 재평가」,『역사비평』35호, 1996 ; 고영진, 「송시열의 사회개혁사상」,『역사문화연구』18, 2003 ; 지두환, 「尤庵 宋時烈의 社會經濟思想」,『韓國學論叢』21, 1999 ; 「尤庵 宋時烈의 政治思想」,『韓國學論叢』23, 2001 ; 「尤庵 宋時烈의 生涯와 思想」,『韓國思想과 文化』17, 2001).

서를 회복하려고 하였다.[28]

송시열은 주자를 성인시하고 주자학적 이상국가를 만들고자 하였다. 그는『朱子大全』과『朱子語類』를 통해서 朱子의 人間과 學問에 沒入한 결과 朱子를 無謬의 聖人으로 崇信하게 되었다. 朱子 자체를 學問의 목적으로 삼고 朱子를 絶對視하게 된 것이다. 그는『朱子大全』과『朱子語類』의 공부를 통해서 朱子이해에 몰두했다. '내가 배운 것은 朱子大全뿐'[29]이라든가, '학문하는 사람은 하루라도『朱子語類』가 없어서는 안 된다. 의복을 팔아서라도 사야된다'[30]고 것에서 보여주듯이 그는 朱子의 詩文集과 語錄에 심취했다. 그는 개인적 내면적 측면에서 朱子이해에 沒入하는 한편, 사회정치적 차원에서도 朱子를 선양하고 朱子學의 정당성을 확립하는데 힘썼다. 그럼으로써 朱子道統의 전수관계를 객관적으로 보증하려는 것이었다.

그는 조선에서의 주자학 연원·사승관계를 자기 방식으로 재정립하려고 했다. 그것은 기호주자학의 開祖인 栗谷(李珥)을 朱子의 嫡傳으로 추장하는 일이었다. 우리나라 先儒로서는 아는 것이 바르고 선명하기가 栗谷만한 이가 없다.[31] 栗谷의 학문은 주자의 그것을 주로 한다고 하였다.[32] 그래서, '栗谷先生은 참으로 朱子의 嫡統'[33]임을 단정하는 것이다. 그가 栗谷의 年譜를 조사해서 그 행적을 면밀히 재검토한 일, 율곡의 文廟從祀를 끝까지 실현한 일, 退溪(李滉)의 학문과 出處語默에 비판을 가한 일 등은 朱子－栗谷으로 이어지는 道統傳授 관계를 확립하기 위한 기초작업이 될 수 있었다. 이렇게 되면 栗谷－沙溪

28) 金駿錫,「朝鮮後期 畿湖士林의 朱子認識 - 朱子文集·語錄 연구의 전개과정 -」, 앞의 책 ;「17세기 畿湖朱子學의 動向 - 宋時烈의 道統繼承運動 -」, 앞의 책.
29)『朱子大全』卷77, 與金遠明(戊申11월25일) "愚之所學 只一朱子大全而已".
30)『朱子大全』부록 卷16, 語錄.
31)『朱子大全』부록 卷17, 語錄.
32)『朱子大全』卷139, 朱子大全箚疑序 "盖栗谷先生之學 專主於考亭".
33)『朱子大全』卷100, 答兪公佐, 己巳 4월 29일.

(金長生)-愼獨齊(金集)-尤庵(宋時烈)으로 연결되는 기호학파는 朱
子嫡統, 곧 朱子道統을 계승하는 것이 되고 영남학파(퇴계학파)에 대
한 이제까지의 劣勢도 만회될 것이었다. 물론 영남학파에서는 기호학
파, 西人 중심의 새로운 道統계승운동을 좌시하지 않았기에 그 시기
두 학파·세력 사이에는 격렬한 당파적, 학문·사상적 대결을 연출했
던 것이다.[34]

주자학을 수호하기 위한 송시열의 또 다른 노력은 朱子說에 비판을
제기하는 일체의 異說이나 반대세력을 철저히 배격하는 일로 나타났
다. 이것이 곧 '崇正學闢異端' 운동으로서 이 시기의 저명한 反朱子學
者 尹鑴[35]와 朴世堂(1629~1703)[36]을 斯文亂賊으로 규정, 破門한 사
실이 바로 그것이었다. 이는 말할 것도 없이 朱子道統 계승운동의 일
환이기도 하였다.

송시열의 윤휴(1617~80) 비판은 윤휴의 나이 22세때(1639) 사단칠
정과 人心道心說을 놓고 토론할 때부터 숙종 6년(1680) 庚申換局으로
죽을 때까지 지속된다. 송시열은 주자의 견해와 생각을 달리하는 윤휴
를 '辨理氣說'을 지어 '共學'할 수 없는 자로 규정하고, 윤휴가 지은 '중
용설'을 '주자와 어긋나며 後學을 오도할 글'로 극력히 비판하였다. 효
종 3년(1652) 족인인 송기호를 통해 윤휴의 「中庸章句」 개정본을 보고

---

34) 金駿錫, 「17세기 畿湖朱子學의 動向 - 宋時烈의 道統繼承運動 - 」, 앞의 책.
35) 윤휴의 사상에 대해서는 정호훈의 최근의 연구가 참고된다(鄭豪薰, 「白湖 尹
鑴의 현실인식과 君權强化論」, 『學林』 16, 1994 ; 「尹鑴의 經學思想과 國家
權力强化論」, 『韓國史硏究』 89, 1995 ; 「朝鮮後期 새로운 經典解釋과 그 政
治思想 - 윤휴의 『大學』 해석과 군주학」, 『韓國史의 構造와 展開』, 혜안,
2000 ; 「朝鮮後期 '異端' 論爭과 그 政治思想的 意味 - 17세기 尹鑴의 經書
解釋과 宋時烈의 批判 - 」, 『韓國史學報』 10, 2001 ; 「朝鮮後期 새로운 政治
論의 전개와 孝經 - 윤휴의 孝經 이해와 孝治論」, 『朱子思想과 朝鮮의 儒
者』, 혜안, 2003 ; 「尹鑴의 政治理念과 富國强兵策」, 『民族文化』 26, 2003).
36) 김용흠, 「朝鮮後期 老·少論 分黨의 思想 基盤 - 朴世堂의 『思辨錄』是非를
中心으로 - 」, 『學林』 17, 1996.

난 후 송시열은 마침내 윤휴를 斯文亂賊으로 단죄하고, 윤휴의 견해에 동조하는 세력에 대한 비판을 통하여 윤휴의 견해가 확산되는 것을 막고자 했다. 당시 윤휴의 견해는 여러 학자들에게 공감대를 얻고 있었고 심지어 송시열의 동문 제자들에게도 인정되고 있었다. 여기에는 16세기 후반 이래로, 이이학파와 서경덕·조식 학파 간에 지속적인 학문적 대립과 정쟁이 있고, 또 당시 조선사회에 닥친 위기국면을 어떻게 극복할 것인가 하는 점을 둘러싼 정치적 입장 견해의 대립이 내재되어 있다.[37]

송시열은 윤휴와 같은 주자의 견해에서 벗어나는 논의를 차단하기 위하여 주자의 저작 언설에 대한 전반적인 재검토 작업을 벌이고, 주자의 眞意와 定說을 명확하게 하는 작업을 벌인다. 『朱子大全箚疑』와 『朱子言論同異考』는 이러한 작업의 일환으로 만들어졌다. 朱子의 著作·語錄을 經典視하고 그에 대한 逐次的 註釋과 考證·辨正 작업에 착수함으로써 朱子言說의 政論을 제시, 그 완전성을 입증하려는 것이다.[38]

그런데 송시열 자신의 師承관계를 이렇게 朱子嫡統으로 정립시키려는 노력은 반대세력의 격렬한 반발과 항쟁을 불러일으켰다. 嶺南儒林을 포함한 南人측과의 대립, 특히 尹鑴와의 적대관계, 그리고 이의 연장으로서 전개된, 같은 西人이며 同門士友, 門人인 尹宣擧(1610~69)·尹拯(1629~1711)부자와의 반목은 服制논쟁[39]과 西·南交替, 庚

---

37) 정호훈, 「朝鮮後期 '異端' 論爭과 그 政治思想的 意味 - 17세기 尹鑴의 經書解釋과 宋時烈의 批判 - 」, 앞의 책.

38) 三浦國雄, 「「朱子大全箚疑」をめぐって - 朝鮮朱子學の一側面 - 」, 『森三樹三郎博士頌壽紀念東洋學論集』, 1979 ; 金駿錫, 「朝鮮後期 畿湖士林의 朱子認識 - 朱子文集·語錄 연구의 전개과정 - 」, 앞의 책.

39) 李迎春, 「服制禮訟과 政局變動 : 第二次禮訟을 中心으로」, 『國史館論叢』 22, 1991 ;「17世紀 禮訟 硏究의 現況과 反省」, 『韓國의 哲學』 22, 1994 ; 李俸珪, 「조선후기 禮訟의 철학적 함의 - 17세기 喪服論爭을 중심으로 - 」, 『한국학연구』 9, 1998 ; 李元澤, 「숙종초 乙卯服制 논쟁의 사상적 함의」, 『韓國

申換局과 老少分黨[40]이라는 그 시기 정치과정의 특징을 대변해 주고 있었다. 송시열이 제기하는 반대파 배격의 논리는 朱子說에 대한 「異端」・「邪說」・「斯文亂賊」이라는 표현으로 집약되었다. 자기 류의 朱子이해만이 정당하다는 二分法的인 思惟태도는 곧바로 朱子를 假托해서 君上을 풍자하고 偏黨을 비호한다는 반격을 불러일으켰다.

朱子絶對化=朱子道統 계승운동은 많은 반대파와 敵을 만들게 되었지만 그것은 동시에 동조세력의 결집과 그 사상적 정치적 입장의 통일을 모색해 가는 과정이기도 했다. 즉 송시열은 사상적 정치적으로 守勢에 몰리기 시작한 현종 말년부터 道統계승의 궁극적인 목표는 世道의 실현이므로 그가 朱子를 絶對化해서 그 道統계승을 自任한다고 했던 것이다. 우선 두 차례의 전란이 계기로 된 17세기의 사회적・사상적 전환기에 처해서 송시열류의 朱子絶對化에 대한 확신과 그 실천은 광범한 식자층의 의식체계에 강한 호소력을 발휘할 수 있었다.

한편 朱子絶對論의 관점에서는 朱子를 충실히 배우고 朱子의 방식을 통해서 현실문제의 타개방안을 찾아내야 한다고 믿었다. 朱子는 無謬의 聖人일 뿐만 아니라 '朱子의 南宋'과 '宋時烈의 朝鮮'은 사회적・역사적 기원에서 거의 일치하므로 朱子의 匡救策 또한 송시열 자신의 현실대책으로 수용되어도 아무런 무리가 없다는 것이었다. 즉 초역사적 絶對精神=道統意識에서는 17세기의 조선사회를 時空을 뛰어넘어서 12세기 南宋사회와 等質사회로 규정하고 朱子의 눈을 통해서 그 처방을 구하려는 것이었다. 여기에 정치・사회 대응태세에서 朱子道統派의 기본방향은 朱子의 정치사회론의 맥락에서 마련될 것임을 예

思想史學』 14, 2000 ; 「己亥服制 논쟁과 그 이념적 지향」, 『한국정치학회보』 34-4, 2001.

40) 吳洙彰, 「仁祖代 政治勢力의 動向」, 『韓國史學』 13, 1985 ; 洪順敏, 「肅宗初期의 政治構造와 「換局」」, 『韓國史論』 15, 1986 ; 禹仁秀, 「朝鮮 肅宗代 政局과 山林의 機能」, 『國史館論叢』 43, 1993 ; 김용흠, 「朝鮮後期 老・少論 分黨의 思想 基盤 - 朴世堂의 『思辨錄』 是非를 中心으로 -」, 앞의 책.

상하게 된다. 또 道統論的인 思惟에서는 '唯一無二'한 '專一者'를 추구
함으로써 朱子絶對論에 귀착하였다. 그 결과 똑같이 朱子로부터 출발
했으면서도 朱子를 '한 사람의 儒者'로 상대화하는 尹鑴적인 사유와는
대립적일 수밖에 없었다.

송시열의 朱子絶對論은 이 시기 새롭게 성장하는 허목·윤휴의 朱
子相對論과 함께 대응하는 두 개의 사회사상, 즉 체제 보수사상과 진
보적 개혁사상의 흐름을 형성하게 되었다. 결국 朱子學과 집권체제의
결합의 所産 가운데 하나가 道統論的인 사유방식이었다. 집권체제 자
체의 속성으로서, 이념의 統一性과 完結性이 당연히 요구되는 가운데
'唯一者'로서 朱子絶對精神=朱子道統은 강조되었던 것이고 바로 이
점에 17세기 朝鮮朱子學의 체제보수적 특징이 규정된다고 하겠다.41)

3. 집권 서인의 정치론과 지주제유지론

1) 군주성학론과 사대부 정치론

17세기 조선사회를 타개하기 위해 확립되어진 주자학의 절대화 논
의는 현실정치에서 주자의 정치사상 특히 군주성학론과 재상정치론으
로 이어진다. 송시열은 君主一心成敗論과 군주수양론을 제시한다. 마
음은 일신의 주재이고 만화의 근본이므로, 군주의 마음은 정치를 하는
근원이고 천하를 다스리는 기틀이 된다는 것이다. 그리하여 송시열은
주자의 말42)을 이용해서 "천하의 일은 그 선악을 불문하고 인주의 한

---

41) 金駿錫, 「17세기 畿湖朱子學의 動向 - 宋時烈의 道統繼承運動 - 」, 앞의 책.
42) 『朱子大全』 卷11, 庚子應詔封事, "然綱紀不能以自立 必人主之心術公平正
　　大 無偏黨反側之私 然後綱紀有所繫而立. 君心不能以自正 必親賢臣遠小人
　　講明義理之歸 閉塞私邪之路 然後乃可得而正也. 古先聖王所以立師傅之官
　　設賓友之位 置諫錚之職 凡以先後縱臾 左右維持 惟恐此心頃刻之間或失其
　　正而已 原其所以然者 誠以天下之本在是 一有不正 則天下萬事將無一物得

마음에 근본하지 않음이 없다"[43]고 전제하는 가운데 군주의 심술이 공
명정대하여 편당을 두둔하거나 사심이 없게 된 다음에 기강이 서고 나
라가 다스려질 것으로 보았다.[44] 또한 국가자강의 계책은 내정을 닦는
일보다 더 급한 것이 없고, 내정을 닦는 방도는 근본을 바로잡는 일보
다 급한 것이 없는데,[45] 그 근본이 되는 것은 군심의 잘못을 바로잡는
일일뿐[46]이라고 하였다. 주자의 "天下의 일체의 事는 군주의 心術의
正과 邪에 의한다고 보고, 군주 혹은 황제의 心術이 사회역사발전의
결정요소로 본 이해"[47]를 받아들였던 것이다. 세계의 선악, 사회기강,
국가자강책 등의 흥망성쇠의 여부는 군주의 心術如何에 달려 있다고
보고, 국가정치의 是非와 사회의 强弱과 盛衰 그리고 역사발전의 변화
모든 것이 君主一人에 달려 있다고 보는 것이다.[48]

군주의 마음을 바르게 하기 위한 방법으로 군주수양, 군주성학론이
제시된다. 요순처럼 성인군주가 되도록 마음공부, 수기·수양을 철저
하게 해야 한다는 것이다. 이때 수양공부는 主敬·講學을 통해서 사물
의 幾微를 올바로 분별하여 天理를 보존하고 人欲을 막는 일이 된
다.[49] 이 역시 주자의 견해[50]를 원용해서 학문의 방도는 窮理와 讀書,

其正者 故不得而不謹也".

43) 『宋子大全』 卷5, 己丑封事(8월).
44) 『宋子大全』 卷5, 丁酉封事.
45) 『宋子大全』 卷7, 二疏(辭吏曹參議疏).
46) 『宋子大全』 卷69, 答李養而.
47) 『朱子大全 卷12, 己酉擬上封事, "臣聞天下之事 其本在於一人 而一人之身
其主在於一心 故人主之心一正 則天下之事無有不正 人主之心一邪 則天下
之事無有不邪 如表木而影直 源濁而流汙 其理有必然者".
48) 金駿錫, 「17세기 正統朱子學派의 政治社會論 - 宋時烈의 世道政治論과 賦
稅制度釐正策 - 」, 앞의 책.
49) 『宋子大全』 卷5, 丁酉封事.
50) 『朱子大全』 卷14, 甲寅行宮便殿奏箚(2), "蓋爲學之道 莫先於窮理 窮理之要
必在於讀書 讀書之法 莫貴於循序而致精 而致精之本 則又在居敬而持志 此
不易之理也".

居敬과 持志를 학문의 태도·방법으로서 제시하였다.[51] 이때, 송시열은 居敬에 앞서 窮理, 格物致知를 더 중시하였다. 주자가 말한 대학의 '格致爲先'을 받아들여, "내 마음 가운데 있는 사물의 지극한 이치"를 깨닫기 위해 窮理·格致해야 한다는 것이다.[52] 물론 格物致知는 自然·事物現象, 경험·물질세계에 대한 객관·과학방법의 인식 과정이 아니라, 사람이 사람으로 된 까닭이나 사람이면 마땅히 그렇게 하지 않으면 안될 준칙을 따져보는 일이었다. 그리하여 세계와 인간의 존재 의의를 일체 客觀化된 마음에서 구하고 인간 개체의 감정과 주관을 부정하도록 한다. 이렇게 人性을 물질(관능)·욕망의 추구와 도덕·규범의 지향이라는 두 측면으로 나누어 전자를 天理의 公正과 善으로, 후자를 人欲의 私邪나 惡으로 규정하고 이 모든 작용은 마음의 속성에 기인하는 것이므로 사람은 人欲의 私를 버리고 天理의 公으로 돌아가야 한다고 하였다.[53]

이러한 군주수양론, 군주성학론은 자연인 군주를 무오류의 인간의 완성자가 되기를 기대하면서 그만큼 군주의 權能과 責務를 말해주는 것이다. 그는 人君은 하늘을 대신해서 만물을 다스리는 존재(人君代天理物)[54]로 보고, 임금의 직분은 天敍·天秩 곧 하늘로부터 받은 本性으로서의 道理이자 秩序를 이행하는 것이라고 하였다.[55] 그리하여 聖人인 君主는 綱常秩序를 유지하고 이를 위해서 '崇正學闢異端', '尊華攘夷'를 위해서 적극 노력해야 한다고 하였다. 하지만, 현실의 군주는 이에 도달하기 위하여 현인재상의 인도를 받아야 한다. 황제가 바른 마음을 가지고 올바른 결정을 할 수 있도록 신료가 바르게 인도해야

51) 『宋子大全』 卷7, 辭召命兼論聖學疏.
52) 『宋子大全』 卷90, 答李汝九(丙辰 9월 12일) 別紙.
53) 金駿錫, 「17세기 正統朱子學派의 政治社會論 - 宋時烈의 世道政治論과 賦稅制度釐正策 -」, 앞의 책.
54) 『宋子大全』 卷121, 答或人.
55) 『宋子大全』 卷15, 二疏, 癸丑 9월 26일.

한다는 것이다. 송시열은 임금의 마음을 바로잡고(格君心) 조정을 바로잡는(正朝廷) 주체는 현인군자, 혹은 대인으로 보았다.[56] 그는 주자의 말[57]을 인용해서 宰相은 모든 官職과 政務를 총괄하고 임금과 더불어 가부를 결정해서 政令을 발포하고,[58] 宰相은 임금을 보필해서 百官을 통솔함으로써 君德의 得失과 人物의 正邪 일체를 살피며,[59] 天下의 일은 宰相을 경유한 다음에 시행해야 함은 理勢의 당연한 것으로 보았다. 그리하여 군주는 格君의 能力과 德性을 갖춘 '大人'을 재상으로 선임하여 大綱을 잡게 해야 한다고 하였다.[60]

이때 재상은 단 한명의 현인을 의미하는 것이 아니라 사대부의 대표, 곧 사대부의 公論을 수렴하는 대표자로서의 재상을 의미한다. 天下 이치와 天下의 公論을 많은 賢者들의 도움을 통하여 획득해야 하기 때문이다. 특히 재상은 天下의 賢者를 구하여 安危治亂의 밝은 경계를 날마다 진술케하여 군주의 마음을 열게 하고 음험하고 사악한 자를 없애도록 해야 한다.[61] 말하자면, 재상은 사대부의 공론을 수렴하여 천하의 이치를 파악하고 군주를 바르게 인도하며, 천하의 賢否와 忠邪를 가려 한 시대의 정론과 國是를 정하고, 궁극에 가서는 천하를 구제해야 한다고 보는 것이다.

이러한 송시열의 재상론은 주자의 군주관이자 재상론을 원용한 것이다. 주자는 군주의 一心이 천하만사의 성패를 좌우하지만, 군주의

---

56) 『宋子大全』 卷69, 與李養而(戊申).

57) 『朱子大全』 卷11, 庚子應詔封事, "一家則有一家之綱紀 一國則有一國之綱紀 若乃鄕總於縣 縣總於州 州總於諸路 諸路總於臺省 臺省總於宰相 宰相兼統衆職 以與天子 相可否而出政令 此則天下之綱紀也".

58) 『宋子大全』 卷14, 三疏, 辛亥 12월 23일.

59) 『宋子大全』 卷14, 陞拜左議政後 引罪乞遞疏, 壬子 5월 28일.

60) 『宋子大全』 卷5, 己丑封事(8월).

61) 『朱子大全』 卷28, 與留丞相(7월4일) "於是焉 汲汲乎以求天下之賢以自助 使之更進送入 日陳安危治亂之明戒 以開上心 排抑陰邪 無使主勢小傾而陷入其黨".

자질과 덕망은 그것을 보장할 수 없다고 보았다. 그러므로 재상이 군주를 이끌고 천하의 현인 군자를 등용하여 天下의 일을 도모해야 한다고 하였다. 주자의 이러한 생각은 송의 정치체제와 군주권을 부정하는 것은 아니다. 송의 정치체제를 전제하는 가운데 재상이 주체적으로 漢唐의 재상처럼 군주를 바로잡고 천하의 일을 행하도록 권하고 있는 것이다. 송의 정치체제를 긍정하는 가운데 정치안정을 바라는 소극적 개량적 입장의 정치론이라고 하겠다.[62]

주자의 재상론은 사대부 정치론의 반영이었다. 사대부는 天理를 궁구하고 실천하는 주체이고, 군신관계를 자연의 질서로 확립하여 名分秩序를 유지하는 주체로서 자임하였다. 이들은 科擧를 통하여 관료가 되고 권력기구의 일원으로 참여한다는 점에서 군주에 의존하지만, 반대로 군주는 사대부에 의해 옹립되고 그 권력이 유지된다는 점에서 군주도 사대부에 의존한다. 사대부는 자기의 존재 기반을 유지하기 위해 그 권력의 자의적 행사를 경고한다. 특히 이들은 역성혁명에 의한 군주에 대한 경고를 역사적 실례로서 보여준다.[63] 송 사대부는 이러한 군주와의 이중적 관계를 體制의 집권성과 공공성을 확립하면서 보장받으려고 하였다. 즉 이들은 公論政治를 내세우는 가운데 사대부의 정치참여를 보장받아 사대부 전체의 이해와 주체성을 확보하려고 했던 것이다. 이때 재상은 사대부의 대변자로서 사대부의 정치경제적 이해를 보증하는 공적 기구가 되고 정치 운영의 실질적인 주체가 되는 것이다. 주자의 재상정치론은 이러한 사대부의 이해를 정치에 반영하는 수단으로 제시된 것이었다.[64]

---

62) 金駿錫, 「17세기 正統朱子學派의 政治社會論 - 宋時烈의 世道政治論과 賦稅制度釐正策 - 」, 앞의 책 ; 金容燮, 「朱子의 土地論과 朝鮮後期 儒者」, 『朝鮮後期農業史研究』 Ⅱ(증보판), 일조각, 1992.
63) 佐野公治, 「明夷待訪錄における易姓革命思想」, 『日本中國學會報』 17, 1965, 137~139쪽.
64) 守本順一郎, 「朱子學の歷史的 構造」, 『東洋政治思想史研究』, 1967 ; 張立

송시열의 재상정치론은 이러한 주자의 사대부 정치론을 집약한 것
이다. 주자학의 이념에 따라 天理를 밝히고 실천하는 주체를 사대부로
설정한 것은 사대부가 현실 정치의 주체이고 사회질서를 바로잡는 역
할을 인정한 것이기 때문이다. 사대부가 군신 상하의 위계질서를 인정
하면서도 전제왕권을 견제하는 가운데 사대부의 공론 정치를 실현하
는 것은 사대부의 정치참여를 보장받아 사대부 전체의 이해와 주체성
을 확보하려는 것이다.65) 송시열이 지향하는 정치론은 주자가 남송시
대의 사대부 정치론을 주장하듯이, 조선 사회에서의 사대부의 정치적
입장을 대변하는 것이었다.

2) 주자학적 사회질서의 강화와 지주제 유지론

17세기 조선 지배층은 양란 이후의 사회변화, 변동을 타개하기 위하
여 농촌경제의 정상화와 주자학이념에 입각한 人倫道德의 재건, 綱常
秩序의 회복에 주력한다. 이는 당시 주자학의 정치사상을 활용하고 주
자를 절대화하려는 노력과 조응하여 주자학에서 제시하는 사회질서를
목표로 하는 것이다. 주지하듯이 주자학의 명분론은 인간이 현실의 자
기 위치와 분수를 불가항력의 자연법칙으로서 받아들여야 한다는 것
이고, 그에 입각한 교화론은 인류의 완성자인 성인을 법으로 삼고 그
가르침을 받아야 한다는 것이다. 그리하여 修己·修養에 성공한 聖人
(=君子)을 지배층으로, 氣質과 人欲에서 벗어나기 어려운 愚人(=小
人)을 피지배층으로 설정하여, 敎化 곧 인류의 확립을 통하여 尊卑·
貴賤의 지배와 복종관계로 나타나는 신분질서를 정당화시키는 것이
다.66)

文,「朱熹的政治學說」, 앞의 책.
65) 金駿錫,「17세기 正統朱子學派의 政治社會論 - 宋時烈의 世道政論과 賦
稅制度釐正策 -」, 앞의 책.
66) 鄭弘俊,「壬辰倭亂 직후 統治體制의 整備過程」,『奎章閣』11, 1988.

　주자학의 명분론에 입각한 윤리도덕 강화, 교화작업은 조선사회의
사회통합과 신분질서의 옹호를 위한 정표정책의 추진으로 나타난다.
특히 양란 이후 드러난 체제동요와 신분질서의 문란, 기강의 이완, 지
배질서의 동요를 주자학적 명분론과 윤리를 강조함으로써 타개하고자
하는 것이다. 이를 위해서 학교교육을 강화하고 주자학적 이념을 보급
하며 윤리교화서를 간행한다. 그 가운데 광해군(1609~23)에서 숙종
(1675~1720)에 이르기까지 효자, 충신, 열녀에 대한 적극적인 정표정
책과 『신속삼강행실도』와 같은 도서간행 작업이 이를 잘 보여준다. 광
해군 6년(1618) 『東國新續三綱行實』(18권)을 완성하고 900권을 인쇄
하여 공청도 200권, 평안도 50권, 황연도 150권, 경상도 200권, 전라도
300권씩 반출하였다. 『東國新續三綱行實』에 수록된 인물은 1650여 인
으로, 임진년 이후의 효자, 충신, 열녀를 모으고, 『三綱行實圖』, 『續三
綱行實圖』 그리고 『東國與地勝覽』에 기재된 인물을 추가하여 수록하
였는데, 대부분은 선조 34년 예조에서 만든 임진란 이후의 守節人이
차지한다.[67]

　또한 이 시기에는 旌表정책을 추진하고, 孝子·忠臣·烈女·義婦
에 대한 포상과 장려정책을 행하였다. 인조대를 보면 5년(1627), 9년,
11년, 12년, 13년, 15년, 16년, 17년 등 거의 매년 이들에 대한 旌表, 贈
職, 復戶를 행하고 있고 효종(1650~59)·현종(1660~74)·숙종(167
5~1720)대도 마찬가지이다.[68] 이러한 유교윤리의 강화와 정표정책은
흐트러진 민심을 안정시키고 사회기강을 확립하려는 것이다. 전란 중

<hr/>

67) 『동국신속삼강행실도』는 많은 비판을 받았다. 세종대와 중종대에 만든 삼강
　　행실도를 합하는 과정에서 이를 구분을 하지 않고, 정치권력이 개입하거나
　　사실 확인이 되지 않은 인물을 수록하기도 하였던 것이다. 조선정부가 의도
　　하는 교화의 기능이 제대로 수행할 수 있는지 의문이 제기되기도 하다(朴珠,
　　「東國新續三綱行實圖 烈女圖의 分析」, 『女性問題硏究』 20, 1992 ; 「임진왜
　　란과 旌表」, 『韓國傳統文化硏究』 8, 1993 ; 金恒洙, 「『三綱行實圖』 편찬의
　　추이」, 『震檀學報』 85, 1998).
68) 朴珠, 「17세기 旌表의 性格」, 『朝鮮時代의 旌表政策』, 일조각, 1990.

국가를 위해 죽거나 부모를 위해 목숨을 바친 인물들의 행적을 드러내
고 충효의식을 선양함으로써 유교적 사회질서를 확립하려는 것이다.
그리고 여기에는 삼강오륜을 핵심으로 하는 주자학적 명분론이 내포
되어 인간관계에서는 반드시 지켜야 할 합당한 도리 즉, '當然之則'이
있음이 전제되고 주어진 지배복종의 상하관계를 정당화하게 한다. 三
綱五倫을 통하여 上下, 尊卑의 조선의 지배질서를 긍정하게 하는 것
이다.

한편, 주자학의 정치사회사상과 차별적 인간관에 입각한 사회경제제
도가 도입된다. 주자학의 절대화와 함께 구체적인 현실사회를 유지하
기 위한 신분제와 토지론, 부세론, 향촌사회론 등이 활용되었던 것이
다. 이때, 성리학적 정치사회이념과 제도는 기왕의 양반 지배층의 중심
의 지배질서를 온존 강화하는데 초점이 맞추어져 있다.

주자학에 입각한 향촌사회론은 서인의 정론가들을 중심으로 전개되
었는데, 강상질서의 확립 차원에서 그리고 지주전호제의 유지와 관련
하여 언급되었다.69) 이들은 『맹자』의 '得民心論'을 통하여 민에 대한
국가의 신의 구축을 우선해야 한다고 보고 구체적인 지방제도, 신법의
시행에는 유보적인 입장을 취하였다. 이들의 향정론은 민과 향촌지배
라는 지방제도 본래의 영역과는 거리가 있는 부세제도 개선책과 관련
하여 언급되었다. 즉 농민의 流離 逃散을 방지하여 징세대상자를 확
보, 파악하는 수단으로 號牌法, 5家統法, 鄕約을 이용·하려고 하였다.
이는 현존하는 지주전호제를 인정하고 민에 대한 統制 '制民' 차원에
서 鄕政 문제에 접근한 주자의 향촌책과 입장과 궤를 같이하는 것이
다.70)

이 시기 향정론에는 주자가 대외적 위기와 농민항쟁을 극복하기 위

69) 물론 집권사회 내부에서는 윤휴나 유형원처럼 주대 봉건제, 삼대 고법제의
뜻에 충실하여 강력한 군주권의 확립과 국가재정의 확보, 소농민 안정책을
제시하기도 하였다(오영교, 앞의 책, 2001).
70) 오영교, 「제2장 17세기 새로운 향정론의 전개」, 앞의 책.

해 제시한 社倉論이 제기되기도 한다.[71] 주자의 사창론이 그러하듯이 이 시기 사창론 역시 豪民·富戶의 입장을 반영하였다. 李端夏(1629~89)는 社倉制를 還穀制度의 보완기구로 활용함으로써 환곡의 절대량 부족 현상을 극복해 보려고 하였다. 그는 社倉의 母穀을 民間私聚로 충당하고 什二之率의 取息으로써 그 聚穀者의 이익을 보장해 줄 수 있다고 보고, 사창의 설행을 추진한 것이다. 그러나, 환곡의 取耗補用에 의존하고 있는 정부기관이나 지방관아, 그 중간이득을 생활기반으로 하고 있는 吏胥層, 什伍之率의 高利貸 수입으로 富를 축적하는 豪富·豪强層의 반발로 인하여 소기의 성과를 거두지 못했다. 豪民·富戶들 역시 私穀을 社倉에 聚穀함으로써 便宜的인 殖利活動이 鄕任·品官 등 사창의 운영주체에 의해 제약받기를 원하지 않았다. 이단하가 富民을 권장, 격려해서 聚穀設倉하게 하려고 했던 것은 富民層을 구래적인 지배계층의 범주에 흡수함으로써 전반적인 지배체제를 강화하려는 것이었다.[72]

한편 17세기 조선지배층은 농업문제를 타개하기 위한 대책도 마련하였다. 양란후의 사회변동의 기저에는 농업기술이 발달하고, 농업생산력이 발전하며 농업경영에 변화가 일어나고, 또 이러한 것들이 사적 소유와 유통경제의 발달과 연관되어 지주제가 변동하고 농민층의 몰락과 체제위기 상황을 초래되고 있다는 점을 염두에 둔 결과였다. 특히 토지의 사적 소유와 그 권리가 일찍부터 있어 왔던 조선사회에서는 토지의 겸병과 상실, 농민층의 토지에서의 이탈이 되풀이되고 있었다. 때로는 田多者와 田少者, 有田者와 無田者, 地主와 佃戶의 갈등이 촉발되고 나아가서 지배층의 相爭과 농민항쟁까지 격발됨으로써 경제가 파탄되고 사회가 혼란하며 政情이 불안하여지는 사태도 일어났다. 그러므로 이를 타개하기 위하여 토지소유의 均分을 목표로 하는 토지개

---

71) 주) 17과 같음.

72) 金駿錫, 「畏齊 李端夏의 時局觀과 社會論」, 『韓南大論文集』 16, 1986.

혁론이 일찍부터 제기되었고, 16세기에 제기된 限田論 역시 그러한 맥락에서 제기된 것이었다. 限田 50結로 上限으로 한 이 논의는 지주층 상호간의 알력과 대립을 완화하여 지주전호제에 입각한 농촌안정을 도모하는 지극히 소극적인 대책이라고 할 수 있다.[73]

양란을 거치면서 토지문제는 더욱 악화되었다. 소유지의 겸병과 소유불균등, 농민층의 분화가 더욱 촉발되었다. 하지만, 집권 서인층은 주자의 절대화와 같은 맥락에서 주자의 토지론 곧 정전난행론을 주장하면서 대동법, 호포법 등의 부세제도 개선을 통해 당시의 문제를 해결하고자 하였다. 17세기 주자 존숭의 선두에 있던 송시열은 주자의 土地改革難行論을 지지하면서 井田制難行說과 量田論을 주장하였다. 그는 당시 정계에 쟁점이 되어 있던 井田法의 實在에 대해서 묻는 門人(崔愼錄)의 질문에 다음과 같이 대답했다.

箕子가 區劃한 井字形의 옛 基址가 아직도 평양에 남아 있는데 어찌 산이 많아서 시행할 수 없다고 할 수 있겠나. 지세가 비록 험하더라도 면적(畝數)을 계산해서 8집(戶) 단위로 나누어주고 힘을 모아 경작하도록 한다면 井田法을 시행 못할 토지는 없을 것이네. 다만 후세로 갈수록 人口가 점점 늘어나서 땅은 비좁고 사람은 많아 井田法을 실행하기가 어렵게 되었네. 그렇기 때문에 朱子도 일찍이 '兵亂을 겪고 인구가 감소한 뒤에라야 井田法을 행할 수 있다'고 생각하였네.[74]

그는 箕子 井田을 긍정하고 '計其畝數'해서 分給하면 그 원리를 실현할 수 있다고 보았다. 즉 井田制의 정신이 井井方方이라는 토지형

73) 李景植,「朝鮮前期 土地改革 論議」,『韓國史硏究』61·62, 1988.
74)『宋子大全』附錄 卷17, 語錄, 崔愼錄(上), "箕子畫爲井地 基址尙存于平壤 則何可以山多而不可行乎 地雖崎嶇 而計其畝數 分授八家 使之同力合作 則 井田之法 恐無不可行之地也 但後世人物益繁 地少人多 恐難行井田之制 故 朱子嘗以爲必經兵亂 人物尠少 然後可行井田耳".

태에 있지 않고 노동력을 기준으로 한 토지의 '均分'에 있다고 보았다. 그러나 '地少人多'를 이유로 들어서 兵亂을 거치고 사람이 감소한 뒤가 아니면 실행 불가능하다고 봄으로써 朱子의 井田制難行說에 찬동하고 있었다.

널리 알려 있듯이 주자는 남송대의 직면한 위기상황을 타개하기 위한 방안을 여러 면에서 궁구하였고, 대토지소유자의 토지겸병과 소토지소유 자영농민층의 몰락 그리고 이로 인해서 농민항쟁이 벌어지는 상황을 알고 있었다. 주자는 정전제 이념이 지닌 균전제의 시행을 통하여 많은 문제가 해결될 수 있을 것으로 보았지만, 현실적으로 불가능하다고 보았고 무엇보다도 대토지를 소유한 관료, 지배층, 부민층의 저항이 만만치 않을 것으로 보았다. 그리하여 그는 토지개혁은 대전란, 큰 변란을 겪은 후 천하에 사람이 없고 토지가 모두 관에게 귀속되었을 때 민에게 분급할 수 있다[75]고 하였다.[76] 송시열은 이러한 주자의 견해에 동조하며 井田制의 실현가능성에 대해서는 부정적인 입장을 취했던 것이다.

주자와 같이 토지개혁, 井田制의 실현 가능성을 부정한 송시열은 賦稅制度의 釐正을 통해서 문란해진 對民收取 秩序를 재정비함으로써 국가의 財政補塡을 실현하는 가운데 농민부담을 일정 경감시키고, 다른 한편 강상윤리를 강화하고 사회통제장치를 확대함으로써 民生・民産의 불안정에서 야기될 수 있는 社會不安・체제동요를 道德과 法制의 양면에서 억제하는 길이었다. 통상적인 정부지배층의 방안이라고 할 수 있다.[77]

집권 서인은 개간과 量案의 정비과정을 통하여 소유권의 안정화를

75) 『朱子語類』卷98, 張子書, "若欲行之 須有機會 經大亂之後 天下無人 田盡歸官 方可給與民……若平世 則誠爲難行".
76) 金容燮, 「朱子의 土地論과 朝鮮後期 儒者」, 앞의 책, 1992, 401~408쪽.
77) 金駿錫, 「17세기 正統朱子學派의 政治社會論 - 宋時烈의 世道政治論과 賦稅制度釐正策 - 」, 앞의 책.

모색하였다. 양란 후 조선정부는 파괴된 농업생산을 복구하기 위하여
開墾을 장려하고, 陳田을 개발하며 時起結의 확보와 隱田의 파악을
통하여 불법적인 토지소유를 방지하려고 하였다. 생산력의 발전과 수
세원의 확보를 통하여 국가재정을 확보하려는 것이다. 1634년의 갑술
양전과 1720년의 경자양전은 그러한 입장을 잘 보여주는 것이다. 양전
사업을 통해 작성된 量案으로 조세부담자, 소유권자를 확인하고 그를
통해 토지의 조세량을 부과하는 것이다. 이때 국가는 기주에 대해 토
지소유권을 보장해 주고자 하였다. 양안에는 조세부담자이면서 소유권
자로서 起主에 대한 규정이 있는데, 起主는 立案을 통해 소유주로 등
재되고 해당 토지에 대한 권리를 행사하는 자를 의미한다. 국가입장에
서는 조세부담자와 소유권자를 일치시켜 궁극적으로 국가의 개별토지
에 대한 체계적인 관리를 확고히 하고 지주는 토지에 대한 사적 권리
를 보장할 수 있게 하였다. 그리하여 조선후기 양전사업은 기주에 대
한 사적 소유권을 부각시키는 결과를 가져왔다.78)

17세기 조선사회를 주자학의 절대화를 통하여 극복하려는 입장은
정치운영에서 군주성학론과 재상정치론을 통한 사대부 정치론으로 나
타나고 구체적인 현실문제에서 지주제를 당연한 전제로 받아들이는
가운데 양반사대부 중심의 향촌사회 운영을 모색하였다. 즉 주자학의
名分論과 綱常論에 근거해서 貢案, 兵制 등 부세제도의 이정을 통하
여 대토지소유를 억제함으로써 중소지주와 농민층을 보호하고 농민의
유리, 도산을 방지하여 농민의 안정과 국가의 부세원을 파악하려는 것
이다.

---

78) 崔潤晤, 『朝鮮後期 土地所有權의 發達과 地主制』, 연세대 박사학위논문,
2001.

4. 맺음말

이 논문은 17세기 대내외적 위기, 체제변동에 직면한 조선사회가 이 위기를 해소하기 위한 대응책 가운데 조선왕조의 국정교학인 주자학의 절대화를 통하여 타개하려는 집권 서인의 입장을 파악하려는 연구이다.

양란 이후 조선후기는 정치 경제 사회 모든 분야가 변화가 일어나고 체제동요, 사회변동의 시기였다. 전란으로 인한 인명의 피해, 농민의 생산기반 붕괴, 각종 시설의 파괴 그리고 전쟁과정에서 드러난 정부, 지배층의 무능과 분열 그리고 그 결과로서 지배체제가 동요하고 있었다.

17세기 조선의 집권층은 전후복구 사업에 매진하고 경제의 기축인 농업생산을 정상화하고 주자학이념에 입각한 人倫道德을 재건하는 문제에 집중되었다. 인조반정을 계기로 집권한 서인세력은 주자학에 입각한 정치운영과 지배질서의 안정화를 도모하였다. 하지만, 청이 가한 대외적 압박과 사회경제의 변동에 따라 현실대응책에서 이견이 나타나기 시작했다. 조선왕조의 정치사회운영이 주자학이념에 입각하고, 경국대전 체제를 보수 개량함으로써 지주 중심의 지배질서를 재편성하는 일이 당시 조선사회가 해결해야 할 과제라는 점에서 동일한 인식이 형성되고 있었지만, 변화가 급격한 현실상황에 따라 당색이나 학파 등에 따른 서로 다른 대응방식이 제시되었던 것이다. 주자학의 명분론·화이론을 전제한 인조반정의 논리를 고수하면서 만주족 청에 대한 강경한 입장을 취하려는 주전론의 입장과 保國生民 곧 국가의 명맥을 유지하고 민생의 고통을 해소하기 위해서는 人倫과 華夷의 名分을 말하는 주자학을 융통성 있게 현실에 적용해야 한다는 주화론이 그들이다. 어느 쪽이든 호란의 대응책을 둘러싸고 조선왕조의 지배체제를 회복하고 주자학의 정치사상을 기초로 현실문제에 대응한다는 점에서 일치하였다.

집권 서인들은 주자학의 절대화를 통하여 주자학을 정통·정학으로 파악하고 주자학 이외의 사상을 정통·정학에 대한 이단·사설로 배척하였다. 송시열은 이 작업에 선두에 서서 주자의 도통설을 이론적 근거로 하여 집권 서인의 기호중심 학맥을 확고히 하려고 하였다. 그는 朱子의 人間과 學問에 沒入한 결과 朱子를 無謬의 聖人으로 崇信하였다. 朱子 자체를 學問의 목적으로 삼고 朱子를 絶對視하고 사회정치적 차원에서도 朱子를 선양하고 朱子學의 정당성을 확립하는 데 힘썼던 것이다. 그리고 송시열은 반대파의 논리를 朱子說에 대한 '異端'·'邪說'·'斯文亂賊'으로 보고 그 존재를 인정하지 않았다.

또한 이들은 朱子를 충실히 배우고 朱子의 방식을 통해서 현실문제의 타개방안을 찾고자 하였다. 朱子는 無謬의 聖人일 뿐만 아니라 '朱子의 南宋'과 '宋時烈의 朝鮮'은 사회적·역사적 기원에서 거의 일치하므로 朱子의 匡救策 또한 송시열 자신의 현실대책으로 수용되어도 아무런 무리가 없다는 것이었다. 즉 초역사적 絶對精神=道統意識에서는 17세기의 조선사회를 時空을 뛰어넘어서 12세기 南宋사회와 等質사회로 규정하고 朱子의 눈을 통해서 그 처방을 구하려는 것이었다.

주자학을 절대화한 집권 서인은 주자학의 정치론을 활용하여 지주제를 유지하는 방안을 구상하였다. 이들은 주자학의 군주성학론과 재상정치론을 주장하였다. 주자는 군주의 한 마음이 모든 일을 결정하고 좌우한다는 군주일심성패론을 주장하고 이를 위해서 군주성학론, 군주수양론을 제창했다. 군주의 절대성을 자연의 질서로서 존중하면서도 聖學, 곧 성인이 되어 자질과 덕망에서 최고의 인간이 되어 만물, 만사를 다스려야한다고 보는 것이다.

이때 군주의 절대성을 주장하지만, 專制君主를 말하는 것은 아니었다. 그는 君主 一人이 권력을 장악하여 정치를 주도하기보다는 대다수 臣僚들의 公論을 집약한 재상 중심의 정치론을 지향하였다. 사대부는

天理를 궁구하고 실천하는 주체이고, 君主秩序를 자연의 질서로 확립하여 名分秩序를 유지하는 주체로서 자임하였다. 이들은 科擧를 통하여 관료가 되고 권력기구의 일원으로 참여한다는 점에서 군주에 의존하지만, 반대로 군주는 사대부에 의해 옹립되고 그 권력이 유지된다는 점에서 군주도 사대부에 의존한다. 사대부는 자기의 존재 기반을 유지하기 위해 그 권력의 자의적 행사를 경고한다. 특히 이들은 역성혁명에 의한 군주에 대한 경고를 역사적 실례로서 보여준다. 사대부는 군주와의 이중적 관계를 體制의 집권성과 공공성을 확립하면서 보장받으려고 하였다. 이들은 公論政治를 내세우는 가운데 사대부의 정치참여를 보장받아 사대부 전체의 이해와 주체성을 확보하려고 했던 것이다. 이때 재상은 사대부의 대변자로서 사대부의 정치경제적 이해를 보증하는 공적 기구가 되고 정치 운영의 실질적인 주체가 되는 것이다. 재상정치론은 사대부의 이해를 정치에 반영하는 수단으로 제시된 것이었다. 정치의 주체는 士大夫의 公論을 수렴하는 宰相이어야 한다고 보았고, 이는 사대부의 재상론, 정치참여를 반영한 것이라고 할 수 있다.

주자를 절대화하고 주자학의 정치사상을 활용하는 조선 지배층의 노력은 양란 이후의 사회변동을 타개하기 위하여 농촌경제의 정상화와 주자학이념에 입각한 人倫道德의 재건, 강상질서의 회복으로 이어진다. 보다 구체적으로는 주자의 정치사회사상에 입각한 신분제와 토지론, 부세론 그리고 향촌사회론 등이 그것이다.

서인 집권세력은 강상질서의 확립 차원과 지주전호제의 유지와 관련하여 향촌사회론을 제시하였다. 이들은 『맹자』의 '得民心論'을 통하여 민에 대한 국가의 신의 구축을 우선해야 한다고 보고 구체적인 지방제도, 신법의 시행에는 유보적인 입장을 취하였다. 이들의 향정론은 민과 향촌지배라는 지방제도 본래의 영역과는 거리가 있는 부세제도 개선책과 관련하여 언급되었다. 즉 농민의 流離 逃散을 방지하여 징세

대상자를 확보, 파악하는 수단으로 號牌法, 5家統法, 鄕約을 이용하려
고 하였다. 이는 현존하는 지주전호제를 인정하고 민에 대한 統制 '制
民' 차원에서 鄕政 문제에 접근한 주자의 향촌책과 입장과 궤를 같이
하는 것이다.

또한 송시열은 토지문제에서, 井田制을 긍정하면서도, 井田制의 정
신은 井井方이라는 토지형태에 있지 않고 노동력을 기준으로 한 토
지의 '均分'에 있다고 보았다. 그러나 '地少人多'를 이유로 들어서 兵亂
을 거치고 사람이 감소한 뒤가 아니면 실행 불가능하다고 봄으로써 朱
子의 井田制難行說에 찬동하고 있었다. 주자와 같이 토지개혁 井田制
의 실현 가능성을 부정한 송시열은 賦稅制度의 釐正을 통해서 문란해
진 對民收取 秩序를 재정비함으로써 국가의 財政補塡을 실현하는 가
운데 농민부담을 일정 경감시키고, 다른 한편 강상윤리를 강화하고 사
회통제장치를 확대함으로써 民生·民産의 불안정에서 야기될 수 있는
社會不安·체제동요를 道德과 法制의 양면에서 억제하는 길이었다.
통상적인 정부지배층의 방안이라고 할 수 있다.

결국 17세기 양란후의 사회변동, 체제위기를 타개하려는 서인 집권
층의 주자학 절대화 논리는 지주전호제를 유지하면서 강상론에 입각
한 향촌사회안정론을 제시한 것이다. 이러한 방식은 조선의 지배질서
의 안정, 賦稅源인 농민에 대한 파악과 통제를 위한 신분제 사회의 고
식적인 대책에 불과하였다. 이에 따라 조선사회를 유지하는 지주제와
신분제의 모순은 심화되고 지배질서가 크게 동요하게 되었다. 이제 사
회모순·사회변동에 대한 타개 방법은 보다 근본적이고 철저한 것이
어야 했다. 18세기의 토지개혁론을 비롯한 개혁론은 개량적인 개선론
에 대한 반발이면서 심화된 사회모순, 사회변동을 타개하려는 근본적
인 현실타개책으로 제기된 것이다.

제 2 부
주자학적 세계관의 굴절과 비판

17세기 朱子學的 自然觀의 변화와 實學的 自然認識의 擡頭
-近畿南人系 實學의 思想的 淵源을 중심으로-

구 만 옥*

1. 머리말

朝鮮王朝의 集權體制, 이른바 '經國大典體制'는 16세기 말부터 동요하고 있었다. 地主制의 확대에 따른 토지문제가 절실하게 대두되었고, 貢納制의 폐단으로 대표되는 賦稅制度의 모순 또한 심각하였다. 이와 같은 내부의 모순을 주체적으로 해결하지 못한 상태에서 倭亂과 胡亂이라는 未曾有의 전란을 겪게됨으로써 조선왕조는 해체의 위기에 직면하게 되었다. 17세기는 이러한 대내외적 모순으로 파생된 사회문제를 수습하기 위한 노력이 國家的 차원에서 경주된 시기였다. 그것은 단순히 전후 수습의 차원에 국한된 것이 아니라 國家體制의 전면적인 改造와 향후의 國家像을 염두에 둔, 이른바 '國家再造'의 차원에서 진행된 것이었다.

국가체제의 재편을 구상하는 논자들의 견해는 각자의 현실인식, 학문적 배경, 정치사상적 지향, 사회경제적 처지에 따라 여러 갈래로 제

---

* 경희대학교 사학과 전임강사, 국사학

기되었다. 예컨대 舊體制로의 복귀를 지향하는 견해도 있었고, '경국대전체제'의 保守·改良을 주장하는 입장도 있었으며, 때로는 '경국대전체제'의 근본적인 變革과 새로운 국가체제의 모색을 추구하는 흐름도 있었다. 조선왕조 정부는 이와 같은 다양한 견해들을 절충·수렴하면서 현실적인 국가재조 방략을 추진하게 되었다. 그 결과 조선왕조의 국가체제가 재정비되었고, 국가의 운영 방향이 『續大典』으로 정리되었다. 이른바 '續大典體制'의 성립이었다.

17세기에는 사상계의 변동과 함께 자연인식 내지 자연관에도 적잖은 변화가 일어났다. 그런데 이러한 변화의 원인으로 흔히 거론되는 것은 '西學의 傳來와 受容'이라는 외래적 요인이었다. 종래 조선후기 西學史와 科學技術史의 문제 의식이 대체로 그러하였다. 西學의 자연학적 담론들이 조선후기 일부 지식인들의 자연관에 끼친 영향은 실로 지대했다. 그러나 그들은 당시의 학계·사상계에서 극히 예외적인 경우에 속했고, 서학의 수용이 곧바로 전통적인 자연인식의 극복이나 폐기로 연결되지도 않았다. 대다수의 조선후기 지식인들은 서학에 관심을 기울이지 않았거나 오히려 강한 辨斥의 자세를 견지하였다. 또 동일한 내용의 서학에 접한 사람들의 경우에도 그것을 수용하여 체화하는 과정과 그것이 각자의 사유체계에서 차지하는 비중은 각각 달랐다. 조선후기 지식인들의 학문적·사상적 프리즘을 통해 서학이라는 광선은 다양한 색깔의 빛으로 갈라지게 되었던 것이다.

그렇다면 서학의 수용을 통해 자연관이 변화하는 과정을 추적하는 작업도 중요하지만, 그에 못지않게 그들의 학문적·사상적 배경 속에서 어떻게 서학 수용의 논리가 만들어지고 있었는가, 더 나아가 서학 수용 이전에 전통적 사유체계 내에서 자연관의 변용은 어떻게 이루어지고 있었는가 하는 문제를 살펴보는 것이 우선적 과제가 된다고 할 수 있다. 이와 같은 관점에서 볼 때 조선후기 자연관의 변화에 대한 탐구는 일단 조선후기 사상계의 변동 속에서 자연관 변화의 내재적 요인

과 계기를 살펴보고, 그 토대 위에서 서학 수용의 논리가 마련되어 양
자의 결합을 통해 자연관의 질적 변천이 이루어지는 일련의 과정을 아
우르는 것이 되어야 하지 않을까 한다.

이 글에서는 近畿南人系의 사상적 원류와 관련하여 자연관의 변화
문제를 그 내재적 계기에 초점을 맞추어 살펴보고자 한다. 17세기에
進步·改革的 입장에서 國家再造를 추진하였던 인물 가운데는 南人
系列의 인사들이 중요한 위치를 차지하고 있었다. 이들은 朱子學 一邊
倒의 획일적 사상 경향에 반대하면서 다양한 사상 조류를 수용하는 한
편, 당대의 사회변동을 시대의 추세로 받아들이며 變通의 방법을 모색
하였다.

近畿南人系의 사상적 원류는 韓百謙(1552~1615)·李睟光(1563~
1628)과 같은 北人系 南人學者들로부터 발원하여 許穆(1595~1682)과
尹鑴(1617~1680)를 거치면서 학문적 성격의 일단을 분명히 드러냈
고,[1] 李瀷(1681~1763)에 이르러 학파로서의 성격을 완성하였으며[2]
丁若鏞(1762~1836) 단계에서 학문적으로 집대성되는 것으로 파악된
다. 이들은 그 학문적 계보가 위로 李滉의 학통에 연결되고, 아래로는
李瀷과 丁若鏞을 대표로 하는 '星湖學派'로 이어진다는 점에서 朝鮮
後期 實學의 대두와 전개 과정을 해명하는 데 중요한 의미를 갖는 인
물들이라고 볼 수 있다.

여기에서는 일단 17세기 사상계의 동향과 관련하여 李睟光, 許穆,
尹鑴, 李玄錫(1647~1703) 등을 중심으로 자연관의 변화를 살펴보고자
한다. 기존의 연구를 통해서 이수광에서 윤휴를 거쳐 이익으로 이어지
는 학문적 계보의 일단이 밝혀졌다. 이수광은 太宗의 첫 번째 아들이
었던 敬寧君(孝嬪 金氏의 아들)의 6대 후손이다.[3] 그는 두 아들을 두

1) 鄭豪薰,『朝鮮後期 政治思想 硏究-17세기 北人系 南人을 중심으로-』, 혜
   안, 2004.
2) 원재린,『조선후기 星湖學派의 학풍 연구』, 혜안, 2003.
3) 張維,「行狀」,『芝峯集』附錄, 卷1, 1ㄱ(66책, 318쪽-『韓國文集叢刊』, 民族

었는데 장남 李聖求(1584~1644)는 영의정에까지 올랐고, 進士試·會
試·殿試의 壯元으로 文名을 떨쳤던[4] 차남 李敏求(1589~1670)는 병
자호란 때 江都 방어의 실패로 인해 정계에서 축출된 후 복귀하지 못
했다. 이수광 본인은 黨色을 드러내지 않았지만 그의 가문은 그 아들
대부터 南人으로 自定하게 되었다. 특히 李敏求는 尹鑴에게 학문을
전했고,[5] 윤휴는 李聖求의 자식들(李同揆)과 밀접한 정치적 동맹관계

文化推進會의 책수와 쪽수. 이하 같음). 李睟光의 家系에 대해서는 「行狀」
이외에 다음의 글을 참조. 李埈, 「贈大匡輔國崇祿大夫議政府領議政行正憲
大夫吏曹判書兼知經筵義禁府春秋館成均館事弘文館提學贈諡文簡公李公行
狀」, 『蒼石集』 卷18, 36ㄴ~48ㄴ(64책, 574~580쪽) ; 申欽, 「贈大匡輔國崇祿
大夫議政府領議政兼領經筵弘文館藝文館春秋館觀象監事世子師行資憲大夫
兵曹判書兼知經筵事李公神道碑銘並序」, 『象村稿』 卷26, 1ㄱ~5ㄴ(72책, 77
~79쪽) ; 李敏求, 「伯氏領議政分沙李公神道碑銘並序」, 『東州集』 文集 卷7,
27ㄴ~32ㄴ(94책, 383~385쪽) ; 吳光運, 「資憲大夫議政府左參贊兼知義禁府
事五衛都摠府都摠管李公諡狀」, 『藥山漫稿』 卷20, 4ㄱ~13ㄱ(211책, 136~
141쪽) ; 『萬姓大同譜』 上, 全州李氏 敬寧派 ; 柳洪烈, 「李睟光의 生涯와 그
後孫들의 天主教 信奉」, 『歷史教育』 13, 歷史教育研究會, 1970. 이상의 내용
을 토대로 가계를 정리하면 아래와 같다.

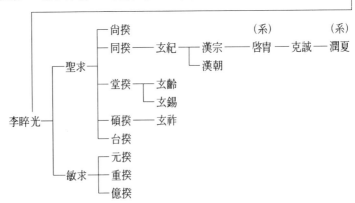

4) 『芝峰類說』 卷4, 官職部, 科目, 33ㄴ(75쪽-영인본 『芝峰類說』, 景仁文化社,
1970의 쪽수. 이하 같음).

를 유지함으로써 이후 이수광의 자손들은 당쟁의 전면에 등장하게 되었다.[6] 이수광의 7대 후손인 李克誠은 星湖 李瀷의 사위가 되었고,[7] 李克誠의 양자인 李潤夏는 천주교신앙운동을 일으킨 인물로 알려져 있다.[8] 이와 같은 사실을 통해 이수광→윤휴→이익으로 이어지는 학문적 연속성을 짐작할 수 있다.

한편 許穆의 학문적 연원에 대해서는 여러 가지 견해가 병존하고 있다.[9] 먼저 허목은 家學的 전통 속에서 徐敬德(1489~1546) 계열의 학문과 연결된다. 그의 아버지 許喬(1567~1632)가 서경덕의 문인인 朴枝華(1513~1592)의 제자였기 때문이다. 또 학문적으로 北人계열의 鄭介淸(1529~1590)과도 연관을 맺고 있고, 鄭逑(1543~1620)의 학맥을 통해 영남남인계열(李滉계열과 曺植계열)에 연결되기도 하며, 서울지역의 李元翼(1547~1634)이나 羅州 출신의 鄭彦訥(鄭彦言[또는 誾])과의 사승관계 속에서 秦漢古文派의 영향을 받기도 하였다.[10] 요컨대 허목은 북인계 남인의 학문적 전통 위에서 근기남인과 영남남인을 매개하는 역할을 담당하였던 것이다. 그가 정치적 고려 속에서 李

---

5) 尹鑴, 「都事李公墓碣銘並序」, 『白湖全書』 中, 849쪽(『白湖全書』, 慶北大學校 出版部, 1974의 쪽수. 이하 같음). "余幼少時 讀書于觀海翁(李敏求의 別號－인용자)丈席……"; 「書東洲司馬回年宴詩帖後」, 위의 책, 1016쪽, "以鑴是東洲先生之門人也".

6) 대표적인 인물이 聖求의 아들인 同揆・堂揆와 堂揆의 아들인 玄齡・玄錫이다. 李敏求의 문집으로 『東州集』이, 李玄錫의 문집으로 『游齋集』이 남아있다.

7) 일찍이 李晬光은 李瀷의 曾祖인 李尚毅(1560~1624)와 光海君 3년(1611)의 使行에 동행한 바 있다. 李尚毅는 이수광의 「安南國使臣唱和問答錄」에 跋文을 써 주었다. 「跋」, 『芝峯集』 卷8, 16ㄱ(66책, 92쪽), "歲辛亥日南至 余與芝峯子俱賀節於天朝".

8) 柳洪烈, 앞의 글, 1970, 41쪽.

9) 윤사순, 「眉叟 許穆 연구의 어제와 오늘」, 『미수연구논집』 창간호, 미수연구회, 2002, 26~30쪽 참조.

10) 李東麟, 「17세기 許穆의 古學과 春秋災異論」, 서울大學校 大學院 國史學科 碩士學位論文, 2000, 5~22쪽 참조.

滉→鄭逑→許穆→李瀷의 학문적 계보에 위치하게 된 것도 이러한 그의 역할과 무관하지 않았다.[11]

李睟光, 許穆, 尹鑴, 李玄錫 등이 주로 활동했던 17세기에는 자연학의 분야에서 다양한 흐름들이 착종하고 있었다. 내적으로 전통적 자연인식, 특히 易學的(象數學的) 自然認識의 비약적인 발전이 이루어졌고, 외적으로는 西洋科學이 전래되어 문화적 충격을 던져주고 있었다. 이러한 상황 하에서 전통적인 자연인식을 심화시켜 가는 흐름이 뿌리 깊게 존재하는 가운데, 전통적인 자연인식의 문제점, 예컨대 理法天觀의 문제점을 비판하면서 새로운 자연인식의 가능성을 열어 가는 흐름이 대두하고 있었다. 17세기 近畿南人系의 자연인식에 대한 탐구는 그러한 시대적 단면을 살펴볼 수 있다는 점에서 의미를 갖는다.

2. 16세기 말∼17세기 초 朱子學的 自然觀의 변화

1) 道德天과 自然天의 분리

조선후기에 자연인식이 변화하는 실상을 확인하기 위해서는 朱子學的 自然觀을 구성하는 핵심 개념들에 어떤 변화가 일어나고 있었는가를 살펴보는 것이 하나의 방법이 될 수 있다. 그 가운데 자연계를 구성하는 최고의 원리인 '天'의 의미 변화, 나아가 天觀의 변화를 구명하는 것이 중요하다. 주자학의 天 개념은 복합적이다. 거기에는 自然天, 道德天, 主宰天, 나아가 理法天의 성격이 혼재되어 있다.[12] 그러나 그것

---

11) 유봉학, 「18세기 南人 분열과 畿湖南人 學統의 성립-《桐巢謾錄》을 중심으로-」, 『한신대학교 논문집』 1, 1983(유봉학, 『조선후기 학계와 지식인』, 신구문화사, 1998에 재수록).

12) 『朱子語類』 卷79, 尙書2, 泰誓, 陳文蔚錄, 2039쪽(點校本 『朱子語類』, 中華書局, 1994의 쪽수. 이하 같음), "曰 天固是理 然蒼蒼者亦是天 在上而有主宰者亦是天 各隨他所說 今旣曰視聽 理又如何會視聽 雖說不同 又却只是一箇

은 무분별하게 나열되어 있는 것이 아니라 天理=理法을 매개로 통일
되어 있다.13) 따라서 주자학의 천관에서 핵심적인 개념은 역시 理法天
이라 할 수 있으며,14) 주자학적 천관의 변화 역시 이러한 이법천의 성
격 변화에서 그 단초를 찾아야 한다.

李睟光은 자연적·객관적인 하늘(在天之天)과 인간에게 내재되어
있는 주체적인 하늘(在己之天·在心之天)을 나누어서 사고하였다.15)
물론 양자는 天人合一이란 관점에서 볼 때 근본적으로는 일치하는 것
이었지만, 이수광의 일차적인 관심은 어디까지나 주체적인 하늘에 있
었다. 그리고 그 배후에는 道德天과 自然天의 분리, 道理와 物理의 분
리라는 사상적 전환이 자리하고 있었다.

이수광은 일련의 災異현상을 "이치에는 본래부터 알 수 없는 것이
있다"16)는 관점에서 설명하면서, 이치 밖의 이치에 대해서 세상 사람
들이 자신의 견문에 국한되어 부정하는 태도를 수긍하지 않았다.17) 여
기서 이수광이 말하는 이치는 物理를 의미하는 것이라고 여겨진다.18)

知其同 不妨其爲異 知其異 不害其爲同".

13) 『朱子語類』卷25, 論語7, 八佾篇, 與其媚於奧章, 董銖錄, 621쪽, "周問 獲罪
   於天 集注曰 天卽理也 此指獲罪於蒼蒼之天耶 抑得罪於此理也 曰 天之所
   以爲天者 理而已 天非有此道理 不能爲天 故蒼蒼者卽此道理之天 故曰 其
   體卽謂之天 其主宰卽謂之帝".

14) 溝口雄三은 理法天을 "主宰的인 天과 自然的인 天의 內實을 理法이라는 관
   념에서 포착했을 때 추출되는 法則性·道義性·公正性이라는 관념"이라고
   정의하였다(溝口雄三·伊東貴之·村田雄二郎, 『中國という視座』, 平凡社,
   1995, 44쪽).

15) 「條陳懋實箚子乙丑」, 『芝峯集』卷22, 17ㄴ(66책, 217쪽) ; 「薛文淸讀書錄解」,
   『芝峯集』卷25, 4ㄴ(66책, 271쪽) ; 『芝峰類說』卷5, 儒道部, 心學, 7ㄱ~ㄴ
   (80쪽).

16) 『芝峰類說』卷1, 災異部, 人異, 27ㄴ(17쪽), "理固有不可知者".

17) 『芝峰類說』卷1, 災異部, 物異, 29ㄴ(18쪽), "世人局於見聞 以其小知而欲窮
   天下之理 烏可哉".

18) 『芝峰類說』卷1, 災異部, 物異, 29ㄴ(18쪽), "物之化生 理也……此則理外之
   理也".

물리는 무궁하기 때문에 자신의 국한된 견문과 지식을 가지고는 다할
수 없는 것이었다.19) 물리에는 틀림없이 '이치 밖의 이치[理外之理]'가
있는 것이었다. 그러면서도 物理는 一理라는 커다란 구조 속에서 통일
되어 있었다.20) 그 하나의 이치가 이른바 '生生不息之理'였다.21) 따라
서 천하 만물의 이치는 무궁하지만 生物之理라는 하나의 기준을 가지
고 미루어 간다면 파악 가능한 것이었다.22)

　반면에 인간의 삶을 규정하는 도덕 원칙으로서의 道理는 명확한 것
이었다. 그것은 三綱五倫으로 표현되는 바 봉건적 도덕질서였고,23) 때
문에 바깥의 사물에서 구할 필요가 없는, 자신의 마음 속에 내재되어
있는 것이었다. 따라서 나의 마음을 미루어 가면 人事의 是非善惡은
명쾌하게 판별할 수 있다고 보았다.24) 왜냐하면 사람들은 비록 각각이
지만 도덕 원칙(도덕성)을 본질로 하는 마음을 가지고 있다는 점에서
는 일치하기 때문이다.25) 이것이 이수광이 말하는 一心論의 내용이었

19) 이러한 사고의 구조를 우리는 邵雍에게서도 발견할 수 있다. 『性理大全』卷
12, 皇極經世書 6, 觀物外篇 下, 4ㄴ(886쪽-『性理大全』, 山東友誼書社,
1989의 쪽수. 이하 같음), "物理之學 或有所不通 不可以强通 强通則有我 有
我則失理而入於術矣".
20) 「秉燭雜記」, 『芝峯集』卷28, 17ㄴ(66책, 298쪽), "理一而已 在天爲天理 在物
爲物理 其實未嘗二也".
21) 「采薪雜錄」, 『芝峯集』卷24, 1ㄱ(66책, 256쪽). "天以生爲德"; 「采薪雜錄」,
『芝峯集』卷24, 11ㄱ(66책, 261쪽). "觀萬物之生意 則可以見天地生物之心"
; 「秉燭雜記」, 『芝峯集』卷27, 4ㄱ(66책, 283쪽). "天以自然爲體 以不息爲
用"
22) 「秉燭雜記」, 『芝峯集』卷27, 3ㄱ(66책, 283쪽), "物有彼我 而理無彼我……故
曰 以一物觀萬物".
23) 「秉燭雜記」, 『芝峯集』卷28, 15ㄴ(66책, 297쪽), "愚謂君臣父子夫婦之倫 天
理也 天理者 自然而已".
24) 「秉燭雜記」, 『芝峯集』卷27, 3ㄱ(66책, 283쪽), "故曰以一心觀萬心 一身觀萬
身"; 「秉燭雜記」, 『芝峯集』卷27, 12ㄴ(66책, 287쪽), "以心應事 如鏡照物"
; 「警語雜編」, 『芝峯集』卷29, 6ㄴ(66책, 302쪽), "凡事有是有非 君子所爲
只要成就一箇是而已".

다.

이와 같은 道理(事理)와 物理에 대한 구별을 이수광은 다음과 같이 표현하고 있었다.

君子는 一心으로 萬事의 변화에 대응하고 一理로써 萬物의 情을 궁구한다. 가히 잡은 바가 간략하다고 할 수 있다.[26]

여기서 우리는 事理의 파악을 一心論의 관점에서, 物理의 파악을 一理論의 관점에서 시도하고 있는 이수광의 논리를 엿볼 수 있다. 이러한 논리 속에서는 사리의 파악, 즉 주체의 도덕 원칙을 확인하기 위해서 외재 사물을 대상으로 窮理공부를 할 필요가 없게 된다. 그것은 내적인 심성 수양을 통해서 가능하다고 보았다. 반면에 물리를 파악하기 위해서는 궁리해야 한다. 이것이 居敬과 窮理 양자를 모두 인정하고 있는 이수광의 논리 구조였다.[27]

그러나 이수광에게서 事理와 物理의 분리는 철저하게 이루어지지 못하였다. 아직까지 양자는 天人合一의 관점에서 느슨하게 연결되어 있었다. 그로 인해 天人感應의 논리가 가능해진다. 그럼에도 불구하고 이수광은 人事와 天變의 즉자적인 결합에 대해서는 난색을 표명하였다. 즉 人事의 잘잘못에 따른 하늘의 변화라는 天人感應의 기본 구도는 인정되어야 하지만 天變을 논리적으로 설명하기에는 난점이 있다는 사실을 시인하였다. 이는 자연법칙을 인간의 도덕원칙에 종속시키는 理法天觀의 이해 방식을 부분적으로 부정하는 것이었다.

---

25) 「警語雜編」, 『芝峯集』 卷29, 9ㄱ(66책, 304쪽), "人雖衆 心則一" ; 「剩說餘編」 上, 『芝峯集』 卷30, 2ㄱ(66책, 305쪽), "凡人之心 與聖人之心一也".

26) 「剩說餘編」 上, 『芝峯集』 卷 30, 6ㄴ(66책, 307쪽), "君子以一心應萬事之變 以一理窮萬物之情 可謂所操者約矣".

27) 「薛文淸讀書錄解」, 『芝峯集』 卷25, 2ㄱ~ㄴ(66책, 270쪽), "愚謂居敬窮理二者 不可闕一 然居敬而有孤寂之病 則非眞居敬者也 窮理而有紛擾之患 則非眞窮理者也".

듣건대 아래에서 人事에 잘못이 있으면 위에서 天變이 감응한다. 人事는 형체이고 天變은 그림자다. 하늘에 있는 그림자는 멀어서 징험하기 어렵고, 사람에게 있는 형체는 밝아서 쉽게 볼 수 있다.[28]

따라서 이수광이 중요하게 생각했던 것은 징험하기 어려운 天이나 天變이 아니라 찾기 쉽고 나타나기 쉬운 人事였다. 이것은 곧바로 그의 학문관과 연결된다. 이수광은 학문의 최종적인 목적이 道의 실현이라고 생각하였다.[29] 그는 道라고 하는 것은 본래 보기 쉽고 알기 쉬운 것인데 사람들이 보지 못하고 알지 못하는 까닭은 사람들이 그것을 잘 살피지 않기 때문이라고 지적하였다. 만약 人倫日用의 사이에서 道를 구한다면 道는 바로 거기에 있다는 것이다.[30] 그는 다음과 같이 말하고 있다.

道는 民生의 日用之間에 있다. 여름에는 삼베옷을 입고 겨울에는 가죽옷을 입으며, 배고프면 먹고 목마르면 마시는 것이 곧 道이다. 이것 이외에 道를 말하는 것은 잘못이다.[31]

그가 高談峻論하는 것을 싫어하고 현실에 즉해서 人事를 이야기하고자 한 것은 이러한 취지에서였다. 학자란 당연히 체험을 통해 실질을 획득하고, 그것을 실행해야만 하는 존재였다.[32] 요컨대 이수광의

28) 「條陳懋實箚子乙丑」, 『芝峯集』 卷22, 13ㄱ(66책, 215쪽), "盖聞人事失於下 則天變應於上 人事形也 天變影也 影之在天者 窅爾而難徵 形之在人者 灼然而易見".
29) 「采薪雜錄」, 『芝峯集』 卷24, 1ㄴ(66책, 256쪽), "學者 將以求道也"; 「采薪雜錄」, 『芝峯集』 卷24, 10ㄱ(66책, 260쪽), "學以得道爲至".
30) 「警語雜編」, 『芝峯集』 卷29, 7ㄴ(66책, 303쪽), "道本易見 而人自不見 道本易知 而人自不知 其不見不知者 不察之過也 若求諸人倫日用之間 則道在是矣".
31) 「采薪雜錄」, 『芝峯集』 卷24, 12ㄴ(66책, 261쪽), "道在於民生日用之間 夏葛而冬裘 飢食而渴飮 卽道也 外此而言道者 非矣".

일관된 관심사는 '在天之天'이 아니라 '在己之天'(또는 '在心之天')이었던 것이며, 그것은 주체의 확립을 통해 객관세계로 나가고자 하는 의도였다.[33]

　自然天(在天之天)에 대한 이수광의 논의를 살펴볼 때, 우리는 그가 마테오 리치(利瑪竇)의 「坤輿萬國全圖」를 통해 알게된 아리스토텔레스의 9重天說을 전통적인 우주구조론과 연결시켜 이해하고 있었다는 것[34] 이상의 새로운 사실을 발견할 수 없다. 그의 자연천에 대한 지식은 17세기 초반 단계의 조선 지식인들이 습득하고 있던 일반적인 교양 수준을 벗어나지 않았다. 그것은 그의 관심이 자연천에 있지 않았기 때문이었다. 그의 주된 관심은 내재적·주체적인 하늘(在心之天)에 있었다. 그가 '敬天'·'事天之道'·'消弭之方'을 말하면서 외재적인 하늘에서 구하지 말고 내재적인 하늘에서 그것을 추구해야 한다고 주장한 것은 바로 이러한 관점에서 나온 견해였다.[35]

　이수광이 생각하는 내재적·주체적인 하늘이란 性理學의 天觀에 기초하여 나온 것이었다. 그것은 理法으로서의 天, 원리로서의 天이 인간에게 내재된 것으로 바로 마음(心)이었다. 天에 대한 성리학의 대표적인 명제는 '天卽理'[36]이다. 우리는 그것을 이수광에게서도 확인할 수 있다.[37] 그와 동시에 확인되는 것이 '心卽天'의 명제이다.[38] 형식논리

32) 「秉燭雜記」,『芝峯集』卷28, 15ㄴ(66책, 297쪽), "愚謂學者 將以行之 若不能 體驗得實 著述何爲".

33) 「與鄭副學采薪錄評」,『芝峯集』卷24, 19ㄴ(66책, 265쪽), "善學者 取諸身以 觀天地".

34) 『芝峰類說』卷1, 天文部, 天, 3ㄱ(5쪽).

35) 「條陳懋實箚子乙丑」,『芝峯集』卷22, 17ㄴ(66책, 217쪽) ;「薛文淸讀書錄解」,『芝峯集』卷25, 4ㄴ(66책, 271쪽) ;『芝峰類說』卷5, 儒道部, 心學, 7ㄱ~ㄴ(80쪽).

36) 『論語』, 八佾, 13章, "子曰 不然 獲罪於天 無所禱也"의 朱子 註, "天卽理也".

37) 「采薪雜錄」,『芝峯集』卷24, 4ㄱ(66책, 257쪽), "天卽理也".

38) 「采薪雜錄」,『芝峯集』卷24, 8ㄱ(66책, 259쪽), "凡人之心 卽天也" ;『芝峰類說』卷5, 儒道部, 心學, 7ㄱ(80쪽).

적으로만 따진다면 이수광의 경우에 '心卽理'를 주장하였던 것이라고
말할 수도 있다. 그러나 이 경우에 이수광이 말하는 心이란 일반적인
마음이 아니라 心之理로서의 聖人의 마음을 가리키는 것으로 보아야
한다.39)

'心卽天'이라고 할 때 그 心에는 다음과 같은 두 가지 속성이 포함된
다. 하나는 人倫·名分을 의미하는 天理로서의 心이다. "君臣·父子·
夫婦의 윤리가 天理다. 天理는 自然일 뿐이다"40)라는 언명이 그것이
다. 이는 국가와 사회의 운영 원리를 人倫道德·名分에서 찾는 것으로
서, 상하관계의 수직적 질서가 제대로 유지되어야 국가·사회가 안정
적으로 운영될 수 있다는 관점의 표명이었다. 이런 관점에서 이수광은
조선왕조가 壬亂을 극복할 수 있었던 요인도 평소에 名分을 소중히
여긴 결과라고 파악하였다.41) 따라서 이수광은 사회신분제에 걸맞는,
다시 말해 각자의 신분적 처지에 합당한 역할을 사회구성원들이 자발
적으로 수행하기를 요구했던 것이다.

　　士農工商이 각각 그 本業에 편안한 연후에 백성들의 뜻(民志)이
　　정해지고 국가가 편안하게 된다. 그렇지 않으면 윗사람을 업신여기고
　　신분에 어긋나는 짓을 하여(凌上犯分) 반드시 편안해질 수 없게 된
　　다. 그러므로 나라를 다스리는 데는 敎化를 우선하는 것이다.42)

---

39) 「題蔡子履中庸集傳贊後 附管見」, 『芝峯集』 卷26, 10ㄱ~ㄴ(66책, 280쪽),
　　"聖人卽天 天卽聖人 一而非二也". 이수광의 이러한 주장은 程頤의 주장을
　　수용한 결과로 파악된다. 程頤는 「中庸解」에서 같은 내용을 말하고 있었다.
　　「中庸解」, 『河南程氏經說』 卷8(1158쪽-『二程集』, 漢京文化事業有限公司,
　　1983의 쪽수. 이하 같음), "聖人誠一於天 天卽聖人 聖人卽天".
40) 「秉燭雜記」, 『芝峯集』 卷28, 15ㄴ(66책, 297쪽), "愚謂君臣父子夫婦之倫 天
　　理也 天理者 自然而已".
41) 『芝峰類說』 卷3, 君道部, 法禁, 17ㄱ(51쪽), "我東方素重名分 壬辰之變 擧國
　　瓦解 而世族大家 擧義討賊 迄至恢復 盖其効也".
42) 「剩說餘編」 下, 『芝峯集』 卷31, 8ㄴ(66책, 314쪽), "士農工商 各安其業 然後
　　民志定而國家安 不然則凌上犯分 必無可安之理 故爲國 以敎化爲先".

이수광이 생각하기에 당시 조선사회는 戰亂과 亂政을 겪은 후 世道가 더러워지고 紀綱이 타락한 상태였다.[43] 그러한 타락상은 사회 곳곳에 만연하여 '百隷惰慢', '賤以凌貴'하는 현상이 일상화하고 있었는데,[44] 이것은 국가의 存亡과 관련되는 중대한 문제였다.[45] 이수광은 이러한 인식에 기반하여 기강을 세울 수 있는 방도로 大公至正한 마음의 확립을 주장하였으며, 그 마음의 내용을 天理로 제시했던 것이다. 요컨대 이수광은 각 신분층의 사람들이 자기에게 부여된 天理로서의 본분을 주체적으로 인식하여 자발적으로 국가·사회 운영에 참여하기를 원했다. 이것이 心의 첫번째 속성으로서 天理를 주장하게 된 현실적 이유였다.

心의 또 다른 속성은 '生道'였다.[46] 天의 속성 가운데 하나는 끊임없이 만물을 낳는 것이다.[47] 이것을 본받은 것이 生物之心으로서의 仁(=惻隱之心)이었다.[48] 위정자들이 본받아야 할 것은 바로 이러한 天의

---

43) 「條陳懋實箚子乙丑」, 『芝峯集』 卷22, 21ㄱ(66책, 219쪽), "盖自亂政以來 世道穢濁 紀綱蕩然".

44) 「條陳懋實箚子乙丑」, 『芝峯集』 卷22, 21ㄴ~22ㄱ(66책, 219쪽). 여기에서 李睟光이 당시 紀綱이 문란해져 나타나는 현상으로 지적하고 있는 것은 대략 10가지 정도인데 정리하면 다음과 같다. ①百隷惰慢, ②閭巷小生 各以所見 輕論國家之大政, ③令出惟反 而玩法不行, ④賤以凌貴, ⑤奢僭無度, ⑥防納刁蹬之弊, ⑦少有不慊 顯發怨上之言, ⑧吏胥奸騙之害依舊, ⑨訟牒公移 盡爲舞弄之資, ⑩皂隷使令 因事操縱 侵漁無忌 등.

45) 「條陳懋實箚子乙丑」, 『芝峯集』 卷22, 21ㄱ(66책, 219쪽), "紀綱存則國雖弊而不亡 故欲知國家之存亡 視其紀綱而已矣".

46) 「剩說餘編」 下, 『芝峯集』 卷31, 1ㄱ(66책, 311쪽), "程子曰 心生道也 至哉言乎". 이것은 「附師說後」, 『河南程氏遺書』 卷21, 下(274쪽)에 나오는 말이다. 원문은 다음과 같다. "心生道也 有是心 斯具是形以生 惻隱之心 人之生道也 雖桀跖不能無是以生 但戕賊之以滅天耳 始則不知愛物 俄而至於忍 安之以至於殺 充之以至於好殺 豈人理也哉".

47) 「采薪雜錄」, 『芝峯集』 卷24, 1ㄱ(66책, 256쪽), "天以生爲德"; 「采薪雜錄」, 『芝峯集』 卷24, 1ㄴ(66책, 256쪽), "萬物皆生成於天地 天生之 地成之".

48) 「采薪雜錄」, 『芝峯集』 卷24, 11ㄱ(66책, 261쪽), "觀萬物之生意 則可以見天

속성으로서의 '生道'였다. 그것은 바로 保民論・爲民論의 논리적인 근
거였다. 이수광에 따르면 民도 天地가 생성시키는 만물 가운데 하나였
다. 즉 民을 태어나게 하는 것은 天이며, 聖人은 民으로 하여금 그 生
을 완수할 수 있도록 해주는 존재였다. 이것이 바로 聖人을 '天地의 化
育에 참여하는 자'라고 일컫는 까닭이었다.49) 邵雍의 말처럼 聖人이란
'利物而無我'한 존재였던 것이다.50) 여기서 無我란 '公'을 의미하는 것
이며,51) '公'은 天理의 속성이었다.52)

　민생을 보호・육성하는 의미로 心이 이해될 때, 그것은 위정자들의
통치 자세와도 밀접한 관련을 갖게 된다. 公・國家라는 관념이 일차적
가치의 대상으로 부각될 때, 위정자들에게는 이러한 일차적 가치를 위
해 봉사해야 한다는 '奉公'의 자세가 요구될 수 있었다.53) 이수광의 이
러한 요구는 당시 백성들이 지배층의 虐政에 시달려 마침내는 '思亂'
을 도모하는 지경에까지 이르렀다는 절박한 현실인식에서 나온 것이
었다.54)

　이수광의 '心卽天'의 논리 속에 포함되어 있는 心의 두 가지 속성,
즉 人倫・名分으로서의 心과 生道로서의 心은 별개의 것이 아니었다.
그것은 '誠'이라는 동일한 관념으로 관통되고 있었다. 유기체적 자연관
아래에서 인간은 自然天에 대한 탐구를 통해 획득한 天의 본질을 추

　地生物之心 生物之心 仁也 人能以天地生物之心爲心則仁矣".
49)「秉燭雜記」,『芝峯集』卷27, 3ㄴ(66책, 283쪽), "愚謂民亦物也 生之者天 而
　使民遂其生者聖人也 所謂參天地之化育者也".
50)「秉燭雜記」,『芝峯集』卷27, 4ㄱ(66책, 283쪽), "邵子曰 聖人利物而無我".
51)「秉燭雜記」,『芝峯集』卷27, 5ㄱ(66책, 284쪽), "無我則公 有我則私".
52)「秉燭雜記」,『芝峯集』卷27, 13ㄱ(66책, 288쪽), "所謂天理者 公而已矣".
53)「采薪雜錄」,『芝峯集』卷24, 9ㄱ(66책, 260쪽), "一身之利 無謀也 而利國家
　則謀之 君子之用心也";「剩說餘編」上,『芝峯集』卷30, 7ㄱ(66책, 308쪽),
　"君子一於公而無私".
54)「條陳懋實箚子乙丑」,『芝峯集』卷22, 18ㄱ~ㄴ(66책, 217쪽), "今民之困於虐
　政久矣……而失所思亂之民 環聚於四境 則竊恐赤眉黃巾 再起於漢 不獨外
　寇之爲患而已".

상화시킴으로써 '誠'이라는 개념을 창출해 냈다. 따라서 誠의 속성은
天의 속성으로부터 유래하는 것이라고 볼 수 있다. 인간이 보기에 하
늘은 쉼없이 운행하면서 끊임없이 생명을 생성시키는 존재였다. 이러
한 天의 특징으로서 '無妄'[55] · '不息'[56] · '生'[57]이라는 개념이 도출되
었고, 그것은 '自然'으로 간주되었다. 그것을 형이상학적으로 추상화시
킨 개념이 '誠'이었고, 따라서 誠은 天道와 人道를 관통하는 논리가 되
었다. 그것을 분명하게 보여주는 경전이 『中庸』이었다. 『중용』에서 학
문과 수양의 궁극적인 목적으로 제시하고 있는 것은 誠이라는 개념을
매개로 한 天道와 人道의 합일(天人合一)이었다. 따라서 이 경우의 天
이란 自然天을 의미하는 것이 아니라 理法으로서의 하늘, 天道로서의
하늘을 의미하는 것이다. 이수광이 말하는 주체적인 하늘도 이것과 같
은 맥락이었다. 그도 역시 誠을 매개로 하여 天道와 聖人을 일치시키
고 있었다.

> 내가 생각하기에 天道도 또한 誠일 따름이다. 聖人이 하늘과 더불
> 어 하나가 되는 것은 그 誠 때문이다. 그러므로 誠이란 하늘의 道이
> 다.[58]

天地로 대표되는 자연이 오래토록 보존될 수 있는 이유는 바로 '至
誠無息'에 있었다.[59] 따라서 인간 사회도 그와 같은 天의 속성, 즉 誠
을 본받을 때 자연스럽게 영원할 수 있었다. 이수광은 程子의 견해에

---

55) 「采薪雜錄」, 『芝峯集』 卷24, 3ㄴ(66책, 257쪽), "愚謂天者 無妄之謂".
56) 「秉燭雜記」, 『芝峯集』 卷27, 4ㄱ(66책, 283쪽), "愚謂天以自然爲體 以不息爲
    用 卽所謂道也".
57) 「采薪雜錄」, 『芝峯集』 卷24, 1ㄱ(66책, 256쪽), "天以生爲德 以自然爲道".
58) 「秉燭雜記」, 『芝峯集』 卷27, 1ㄱ(66책, 282쪽), "愚謂天道亦誠而已矣 聖人與
    天爲一 以其誠也 故曰 誠者 天之道也".
59) 「秉燭雜記」, 『芝峯集』 卷28, 2ㄴ(66책, 290쪽), "愚謂天地之所以存而久者 以
    其誠也".

따라 中庸을 '常久之道'로 이해하고 있는데,[60] 이것은 誠=中庸=常久 之道의 구도를 보여주는 것이라 할 수 있다. 中庸을 常久之道로 이해 하는 이수광 우주론의 핵심을 여기에서 찾아볼 수 있다.

2) 事心論과 觀物論의 제기

주체의 역할을 강조하는 이수광의 사유체계에서 인간은 적극적인 역할을 부여받는다. 이수광에게 인간은 '動과 靜을 주관하면서 天地를 겸하는 존재'[61]로서, '道가 내재해 있는 天地를 운행시키는 존재'[62]로 서 적극적으로 인식되고 있다. 이수광이 보기에 인간이란 태어날 때 '天地之性'을 부여받아 자신의 性으로 삼고, '天地之氣'를 부여받아 자 신의 氣로 삼는 존재였다. 그러므로 인간의 마음은 곧 天地의 마음이 었다.[63] 여기에서 곧바로 '心卽天'이라는 명제가 나오게 된다.[64]

이수광은 心이 인간의 한몸을 主宰하는 중요한 역할을 담당하고 있 다고 파악한다. 그런데 이러한 마음은 "잡으면 보존되지만 놓으면 잃 어버리게 되는 것(操則存 舍則亡)"[65]이어서 잘 보존하기가 매우 어려

---

60) 「題蔡子履中庸集傳贊後 附管見」, 『芝峯集』 卷26, 12ㄴ(66책, 281쪽), "所謂 常久之道 盖亦指中庸而言也". '常久之道'와 中庸의 관계에 대해 程子는 다 음과 같이 말했다. 「天地篇」, 『河南程氏粹言』 卷2(1225쪽), "子曰 天地所以 不已 有常久之道也 人能常於可久之道 則與天地合"; 같은 글(1227쪽), "子 曰 天地之化 雖蕩無窮 然陰陽之度 寒暑晝夜之變 莫不有常久之道 所以爲 中庸也".

61) 「采薪雜錄」, 『芝峯集』 卷24, 4ㄴ(66책, 257쪽), "天主動 地主靜 人主動與靜 故天不能兼地 地不能兼天 能兼之者人也".

62) 「采薪雜錄」, 『芝峯集』 卷24, 5ㄴ(66책, 258쪽), "道本無形 形之者天地也 然 道在天地 而天地不能自行 行之者人也".

63) 「采薪雜錄」, 『芝峯集』 卷24, 3ㄴ(66책, 257쪽), "人之生也 受天地之性以爲性 稟天地之氣以爲氣 故人之心 卽天地之心".

64) 「采薪雜錄」, 『芝峯集』 卷24, 8ㄱ(66책, 259쪽), "凡人之心 卽天也".

65) 『孟子』, 「告子」 上, 8章, "孔子曰 操則存 舍則亡 出入無時 莫知其鄉 惟心之 謂與".

운 것이었다.66) 그렇다면 마음을 보존한다는 것은 무엇인가? 그것은 하늘로부터 부여받은 마음의 본래의 상태, 다시 말해 마음의 본체(心體)를 유지하는 것이었다. 이수광은 體用論의 관점에서 마음을 분석하고, 그것을 '心統性情'의 논리로 설명하였다. 心은 性情을 포괄하는데, 性이란 마음의 寂然不動한 상태를 가리키는 것이고, 情이란 그것이 발동한 상태를 일컫는다. 心은 이러한 動靜을 관통하여 一身의 主宰가 된다.67) 요컨대 性은 心의 본체로서 '天之性'이고, 情은 心의 用으로서 '性之情'인 것이다. 따라서 心과 性은 나누어서 말할 수 없다는 것이다.68) 여기에서 性卽理=心卽理(心卽性)69)의 논리가 가능해진다.70)

심과 性을 동일한 차원에서 파악하는 이수광의 심성론이 갖는 의미는 무엇인가? 그것은 주자학과 대비해 볼 때 분명해진다. 주자학의 '性卽理'는 사회윤리의 실천이 개인 심성의 도덕성에 기초하여 행해져야 한다는 점에서는 내면성을 중시한다고 볼 수 있으나, 이러한 도덕적 心性을 수립하기 위한 전제이자 기준을 心性 자체가 아닌 '사회윤리의 원칙'에 두고 있었다는 점에서 '心卽理'의 논리와 대조를 보인다. '心卽

---

66) 「采薪雜錄」, 『芝峯集』卷24, 13ㄱ(66책, 262쪽), "況心爲一身之主宰 操之則存 舍之則亡".
67) 「采薪雜錄」, 『芝峯集』卷24, 14ㄱ(66책, 262쪽), "寂然不動者 謂之性 其發動者 謂之情 心則貫動靜而爲之主宰 故曰 心統性情".
68) 「題蔡子履心法論後」, 『芝峯集』卷26, 1ㄱ(66책, 276쪽), "然妄意人生而靜 天之性也 感而遂通 性之情也 性卽心之體 情卽心之用 心與性固不可分而言之 ……".
69) 이러한 一元的 관점은 二程에게서도 찾아볼 수 있는 것이다. 『河南程氏遺書』卷18, 劉元承手編(204쪽), "心卽性也"; 『河南程氏遺書』卷25, 暢潛道錄(321쪽), "心也 性也 天也 非有異也". 이에 대한 분석으로는 蔡方鹿, 『程顥程頤與中國文化』, 貴州人民出版社, 1996, 101~105쪽 참조.
70) 『芝峯集』에 실려있는 다음과 같은 단편적인 언급을 통해 天·性·心·理·道를 一元的으로 파악하고 있는 李睟光의 입장을 추론해 볼 수 있다. "天卽理也"(66책, 257쪽), "道卽性 性卽道也"(66책, 258쪽), "凡人之心卽天也"(66책, 259쪽), "心卽道 道卽心"(66책, 285쪽).

理'는 인간의 心을 性과 情으로 구분하여 대립적으로 보는 주자의 관점에 반대하여 渾一的으로 이를 파악하여 善과 惡으로 구분되기 이전의 心 그 자체에 理가 內在한다고 보는 입장이었다.[71] 물론 이수광이 말하는 心은 陸王의 그것과는 의미를 달리하는 것이었지만, 性卽理와 동일한 차원에서 心卽理를 주장한다는 점에서 주자학의 문제점을 비판적으로 극복하고자 했던 그의 자세만은 분명히 볼 수 있다.

이처럼 이수광이 말하는 마음의 본체란 性(天地之性·天之性)을 가리키는 것이었다. 그런데 이 心體는 '寂然不動'이라는 표현에서 알 수 있듯이, 크고 밝고 고요함(大·明·靜)을 그 기본적인 성질로 하는데 그 가운데서도 가장 중요한 것이 '靜'이었다.[72] 마음은 廓然한 것으로서 본래 太虛와 同體였다.[73] 이것은 王守仁의 말을 그대로 인용한 것인데, 이때 太虛란 모든 사물을 다 포괄하고 있지만 어느 한 사물에 의해서도 가리워지지 않는 마음의 본래의 상태를 형용한 말이다.[74] 따라서 마음을 보존한다는 것은 마음을 본래의 상태, 즉 靜의 상태로 유지하는 것을 의미한다.[75] '主靜'이 학문의 근본으로 간주되고,[76] 군자가 학문을 하는데 靜을 근본으로 삼는다고 주장한 것[77]은 모두 이러한 맥

---

71) 李範鶴, 「『近思錄』과 朱子」, 『韓國學論叢』 18, 國民大學校 韓國學硏究所, 1995, 150쪽.

72) 「薛文淸讀書錄解」, 『芝峯集』 卷25, 1ㄴ(66책, 270쪽), "心體本大" ; 「薛文淸讀書錄解」, 『芝峯集』 卷25, 5ㄴ(66책, 271쪽), "心鏡本明" ; 「警語雜編」, 『芝峯集』 卷29, 2ㄴ(66책, 300쪽), "心體本靜".

73) 「警語雜編」, 『芝峯集』 卷29, 8ㄱ(66책, 303쪽), "此心廓然 本與太虛同體".

74) 『芝峰類說』 卷5, 儒道部, 心學, 9ㄱ~ㄴ(81쪽), "王陽明曰 此心廓然 與太虛同體 太虛之中 何物不有 而無一物能爲太虛之障礙……太虛之體 固常廓然無礙也 余謂此言固善 但從佛語中來".

75) 「采薪雜錄」, 『芝峯集』 卷24, 13ㄱ(66책, 262쪽), "人心一於靜 則亦能酬應萬變而不窮 是故 君子爲學 以靜爲本" ; 「警語雜編」, 『芝峯集』 卷29, 7ㄴ(66책, 303쪽), "靜則常安 儉則常足 故君子靜以存心 儉以養德".

76) 「秉燭雜記」, 『芝峯集』 卷28, 5ㄱ(66책, 292쪽), "愚謂學以主靜爲本".

77) 「采薪雜錄」, 『芝峯集』 卷24, 13ㄱ(66책, 262쪽), "君子爲學 以靜爲本" ; 「秉

락에서였다.

　그렇다면 靜의 상태란 무엇인가? 그것은 '사사로운 욕심(人欲)'에 의해 구속되지 않는 大公至正한 상태, 다시 말해 天理를 따르는 상태를 뜻하며 이러한 상태의 마음이라야 '죽지않고 살아있는 마음(心活)'이 된다는 것이었다.[78] '心活論'의 제기였다. 천리를 따르는 마음의 상태란 이미 앞에서 살펴보았듯이 天의 속성으로부터 유추된 心의 본질로서의 人倫·名分과 生道의 원칙에 충실한 상태를 의미한다. 마음을 살아있는 상태로 유지하기 위해서는 욕심을 없애는 것이 필요하다.[79] 이렇게 욕심을 없애고 마음을 살아있는 상태로 유지할 때 '靜·一·簡'의 관점,[80] 즉 '簡以制煩 靜以制動'(簡易)의 관점이 획득되는 것이다. 이러한 마음의 상태는 외적인 규제에 의해서 강제되는 것이 아니라 주체의 자각과 자발적 의지에 의해 유지된다. 결국 이러한 心活論의 구조는 天人관계에서 인간의 주체적인 측면을 강조하는 것으로 표출된다.

　　무릇 사람의 마음은 곧 하늘이다. 한 가지 善한 마음은 景星·慶雲과 같고 한 가지 악한 마음은 熱風·疾雨와 같다.[81]

燭雜記」,『芝峯集』卷28, 2ㄴ(66책, 290쪽), "君子以靜爲主 以不息爲功用".
78) 「采薪雜錄」,『芝峯集』卷24, 9ㄴ(66책, 260쪽), "心是活物 而循乎天理則活 梏於人欲則死 死則不活 活則不死";「題蔡子履心法論後」,『芝峯集』卷26, 2ㄱ(66책, 276쪽), "愚謂心者 活物也";「剩說餘編」下,『芝峯集』卷31, 1ㄱ(66책, 311쪽), "心要常活 以理義養之則活 無以養之則不活".
79) 「薛文淸讀書錄解」,『芝峯集』卷25, 2ㄴ(66책, 270쪽), "愚謂省欲則心自靜事自簡".
80) 「剩說餘編」上,『芝峯集』卷30, 2ㄴ(66책, 305쪽), "人心靜則一 不靜則二 故以主靜爲要".
81) 『芝峰類說』卷5, 儒道部, 心學, 7ㄱ(80쪽), "凡人之心卽天也 一念之善 景星慶雲 一念之惡 熱風疾雨". 이것은 원래 薛瑄의『讀書錄』에 나오는 말인데, 이수광은『芝峯集』과『芝峰類說』의 여러 곳에서 이 말을 인용하고 있다. 「條陳懋實箚子乙丑」,『芝峯集』卷22, 17ㄴ(66책, 217쪽) ;「薛文淸讀書錄解」,

위와 같은 언급은 분명한 天人感應論的 사고의 전형이라고 할 수
있다. 앞에서도 언급한 바와 같이 이수광은 기본적으로 천인감응론의
구도를 받아들였다.[82] 그러나 이수광이 천인관계에서 보다 중요하게
생각했던 것은 인간과 인간의 마음이었다. 따라서 천인감응론의 연장
선상에서 나오는 '事天'의 문제에서도, 事天의 대상은 자연적인 하늘
(在天之天)이 아니라 인간의 마음 안에 있는 하늘(在己之天·在心之
天)이어야 한다고 주장했던 것이다.[83] 결국 인간은 '法天'·'奉天'을 통
해 天理에 순응하여야 하는 존재인데, 그때의 '事天'이란 곧 '事心'을
의미하며, 그것은 '存心'에 다름 아니었다.[84] 이러한 내용을 갖는 이수
광의 천인감응론과 事天論=事心論은 天理라는 객관적 진리의 외재적
인 규제 아래 왜소화된 인간의 주체적인 능동성을 부각시켰다는 점에
서 새로운 인간관의 수립을 지향한 것으로 평가할 수 있다. 이는 이전
시기 理學의 문제점－天理라고 하는 본체론적 기초를 확립하는 데 초
점을 맞추었기 때문에 도덕 실천의 주체인 인간의 능동성을 소홀히 하
였다는 실천론상의 문제[85]－을 인식하면서 주체의 능동성을 강조했다
는 점에서 사상사적 의미를 갖는 것이었다.

주자학의 인식론은 '格物致知'論으로 집약된다. 격물치지란 사사물
물의 이치를 하나씩 궁구하여, 그것이 나날이 축적되면 어느 순간에
'豁然貫通'의 경지에 도달하게 된다는 것이다. 이러한 주자학의 격물치

『芝峯集』卷25, 4ㄴ(66책, 271쪽).

82) 「條陳懋實箚子乙丑」, 『芝峯集』 卷22, 17ㄴ(66책, 217쪽), "所爲善惡上與天通
　　 故吉凶休咎 各以類應"; 「薛文淸讀書錄解」, 『芝峯集』 卷25, 4ㄴ(66책, 271
　　 쪽), "所謂善惡上與天通……吉凶禍福 各以類應".

83) 「條陳懋實箚子乙丑」, 『芝峯集』 卷22, 17ㄴ(66책, 217쪽), "若不求在己之天
　　 而欲責諸在天之天則末矣"; 「薛文淸讀書錄解」, 『芝峯集』 卷25, 4ㄴ(66책,
　　 271쪽), "今人不求諸在心之天 而欲責諸在天之天 左矣".

84) 「采薪雜錄」, 『芝峯集』 卷24, 8ㄱ~ㄴ(66책, 259쪽), "故君子事心如事天 存心
　　 以存神也".

85) 陳來, 『宋明理學』, 遼寧敎育出版社, 1991, 13쪽.

지론은 이성적인 방법을 통한 객관적인 이치(天理)의 확인이라는 점에서 이전의 불교와 도교의 인식론을 비판·극복하는 기능을 담당했으나, 격물의 과정에서 '見聞之知'를 적극적으로 긍정함으로써 지식 추구의 경향을 드러내게 되었고, 이것은 결국 訓詁에 빠지는 폐단이 발생할 가능성을 내포하고 있었다. 또한 讀書窮理의 강조는 知行의 문제에서 '先知後行'의 입장을 고수함으로써 실천에서 취약성을 드러냈다. 일찍이 이러한 위험성을 간파한 陸九淵은 주자학을 支離煩瑣하다고 비난하면서 '簡易' 공부를 제창했던 것이다.86) 이수광의 인식론은 이와 같은 주자학의 '格物致知'論에 대한 반성에서 출발하고 있었다.

이수광은 먼저 독서를 통한 窮理를 적극적으로 부정하지는 않았지만 일단의 회의를 표명하였다. 聖人可學論이라는 커다란 전제 위에서 '聖人의 말씀'으로서의 六經의 가치를 인정하는 이수광이 갖고 있던 회의는 다음과 같은 것이었다.

> 옛사람은 뼈와 함께 이미 썩었으며, 남아 있는 것은 자취일 뿐이다. 그 자취를 따라 그 마음을 추구하니 잘못이 없을 수 있겠는가? 詩書와 六藝는 모두 聖人의 자취이다. 옛사람의 마음을 책 속에서 찾으니 그것을 얻는 자가 드물다. 성인의 마음은 얻지 못하고 오직 자취만을 찾고 있으니 미혹됨이 크다. 이런 까닭에 老子(道敎)는 그것을 싫어하고, 석가모니(佛敎)는 그것을 부질없다고 하였다. 대체로 과격한 바가 있는 것이다.87)

---

86) 박경환, 「공부 방법론으로서의 존덕성과 도문학─주희와 육구연의 아호(鵝湖) 논쟁」, 『논쟁으로 보는 중국철학』, 예문서원, 1994, 237~262쪽 참조.

87) 『芝峰類說』 卷5, 儒道部, 心學, 6ㄱ(80쪽), "古之人與骨皆已朽矣 而所留者跡耳 因其跡而究其心 得無誤乎 凡詩書六藝 皆聖人之跡也 求古人之心於方冊之內 其得者鮮矣 不得乎聖人之心 而惟跡之是求 其惑也大矣 是故老氏厭之 釋氏空之 蓋有激焉者也". 이것은 원래 「采薪雜錄」에 실려있었던 것으로 생각된다. 현재 『芝峯集』에 수록되어 있는 「采薪雜錄」에는 이 조목이 보이지 않지만, 그 내용을 가지고 李睟光과 논변을 펼쳤던 鄭經世의 『愚伏集』에는

이와 같은 이수광의 주장은 동시대의 鄭經世(1563~1633)로부터 '輪扁之說'[88]로, 후세에 책(讀書)을 폐지할 위험이 있는 견해라고 비판받았다. 비판의 요점은 聖人의 마음을 구하는 것도 六經에 의거하지 않으면 '面壁觀心'과 같은 직관적 방법에 빠지게 되는데, 그것은 학문의 어려움을 피해 지름길을 찾는 것에 다름 아니라는 지적이었다.[89] 그럼에도 불구하고 이수광이 이와 같은 주장을 펼치게 된 것은 그가 기본적으로 '讀書窮理'보다는 '存心養性(存養)'을 강조하는 입장에 서 있었기 때문이었다.[90] 물론 이수광이 전적으로 독서의 기능을 부정했던 것은 아니다. 그도 역시 독서를 '明理'의 수단으로서 긍정하였다. 그러나 이치의 심오함은 문자나 언어로 다할 수 있는 것이 아니기 때문에 문자 이외의 공부에 힘을 써서 自得한 연후에야 학문을 잘한다고 일컬을 수 있다는 입장이었다.[91] 문자 이외의 공부란 다름 아닌 마음 공부인 것이며, 이때 중요한 것은 '體認'과 '踐履'였다.[92] 體認이 없는 독서란 쓸모없는 것이었다.[93]

存養의 강조는 결국 사사물물에 대한, 다시 말해 객관적 세계에 대

이 조목이 수록되어 있기 때문이다[「李芝峯采薪錄辨疑」, 『愚伏集』卷14, 14ㄱ(68책, 252쪽)].

88) 『莊子』外篇, 「天道」13(안동림 역주, 『莊子』, 현암사, 1993, 364~366쪽), "桓公讀書於堂上 輪扁斲輪於堂下 釋椎鑿而上 問桓公曰 敢問 公之所讀者 何言邪 公曰 聖人之言也 曰 聖人在乎 公曰 已死矣 曰 然則 君之所讀者 古人之糟魄已夫".

89) 「李芝峯采薪錄辨疑」, 『愚伏集』卷14, 14ㄱ(68책, 252쪽), "求聖人之心不於六經 則必面壁觀心 爲直截徑捷也 此輪扁之說所以啓後世廢書之患 不可作如此見解也".

90) 「與鄭副學采薪錄評」, 『芝峯集』卷24, 20ㄴ(66책, 265쪽), "盖朱子所云爲學專在讀書窮理上 故愚欲以存養底工夫 發明朱子之旨".

91) 「采薪雜錄」, 『芝峯集』卷24, 7ㄴ(66책, 259쪽), "讀書 所以明理 理之所蘊 有非文字言語所能盡者 唯用力於文字之外 而有所自得 然後可謂善學矣".

92) 「采薪雜錄」, 『芝峯集』卷24, 4ㄴ(66책, 257쪽).

93) 「秉燭雜記」, 『芝峯集』卷27, 9ㄱ(66책, 286쪽), "若不能體認則讀書何爲".

한 탐구보다는 주체에 대한 탐구에 주목하게 되며, 그 논리적 토대를
이루는 것은 一理論的 관점이었다.

　傳에 이르기를 "萬物이 모두 나에게 갖추어져 있다"라고 하였다.[94]
대저 天地萬物은 본래 나와 一體이다. 그러므로 萬物의 이치를 잘
궁구하는 자는 萬物에서 구하지 않고 내 몸에서 구한다.[95]

내 몸으로부터 미루어 만물의 이치를 궁구한다는 것은 存養을 강조하
는 것이며, 그 논리적 기초는 '天地萬物 本吾一體'라는 인식이었다. 이
것은 이수광 자신의 부인에도 불구하고 주자의 격물치지설에 대한 비
판의 결과이며, 당연히 '致良知'說에 가까운 것으로 의심받을 수 있는
소지가 있었다.[96]
　그런데 이수광의 이 말은 程顥(1302~1085)의 '天地萬物一體之仁'
에서 유래한 것으로 보인다. '天地萬物一體之仁'이라는 말은 정호에게
서 비롯되어 陽明學의 이론적 기초가 된 명제였다. 정호는 仁을 설명
하면서 "仁이란 것은 천지만물을 일체로 보아 (천지만물이) 내 몸과
다를 바 없다고 여기는 것이다"[97]라고 하여 '萬物一體'를 주장하였다.
그는 또한 '生之謂性'을 주장함으로써,[98] '氣質之性'과 대비되는 '本然
之性'을 통해 性의 본질을 이해하고 그 객관성·규범성·도덕성을 부
각시키려고 한 주자와는 달리 性의 內在性·自然性을 강조하였다. 정
호의 이러한 심성론(生之謂性)은 인간의 타고난 본능과 욕망을 무조
건 부정하지 않는다는 점에서 이후 陸九淵이나 王守仁의 심성론(心卽

94)『孟子』,「盡心」上, 4章, "孟子曰 萬物皆備於我矣".
95)「采薪雜錄」,『芝峯集』卷24, 6ㄱ(66책, 258쪽), "傳曰 萬物皆備於我矣 夫天
　地萬物 本吾一體 故善窮萬物之理者 不于萬物 于一身".
96)「李芝峯采薪錄辨疑」,『愚伏集』卷14, 12ㄴ(68책, 251쪽).
97)『河南程氏遺書』卷2上, 元豐己未與叔東見二先生語(15쪽), "仁者 以天地萬
　物爲一體 莫非己也".
98)『河南程氏遺書』卷1, 端伯傳師說(10~11쪽).

理)과 통하는 성격을 지니고 있었다.[99]

이렇듯 이수광은 기본적으로 一理論的인 입장에 서 있었다.[100] 사물에는 彼我의 구별이 있을 수 있고, 시간에는 古今의 구별이 있을 수 있지만 이치에는 彼我의 구별이 없고 道에는 古今의 구별이 없다는 것이었다. 사람의 이치나 사물의 이치는 모두 一理라는 측면에서 관통하고 있었다. 따라서 하나의 사물을 통해서 萬物을 볼 수 있으며, 하나의 세상을 통해서 萬世를 볼 수 있다고 하였다.[101] 이러한 一理論的 입장이 이수광으로 하여금 心의 문제에 집중하도록 만든 주요 원인이었다. 왜냐하면 이러한 논리를 계속 확장시켜 나가면 나의 한 마음으로 천하의 모든 마음을 볼 수 있으며, 나의 한 몸으로 천하의 모든 몸을 볼 수 있기 때문이었다.[102]

朱子의 격물치지론을 비판하면서 존양을 강조하는 이수광이 주목한 것은 邵雍(1011~1077)의 인식론이었다.[103] 그가 판단하기에 소옹의 인식론,[104] 즉 '以物觀物'의 방법론과 그 궁극적인 도달점인 '反觀'의 경지야말로 주체를 중심으로 한 세계 이해에 적합한 방법이었던 것이

---

99) 李範鶴, 앞의 글, 1995, 142~148쪽.

100) 주 20) 참조.

101) 「秉燭雜記」, 『芝峯集』 卷27, 3ㄱ(66책, 283쪽), "物有彼我 而理無彼我 時有古今 而道無古今 故曰 以一物觀萬物 一世觀萬世".

102) 「秉燭雜記」, 『芝峯集』 卷27, 3ㄱ(66책, 283쪽), "以一心觀萬心 一身觀萬身".

103) 위에서 李睟光이 인용한 '以一物觀萬物 一世觀萬世', '以一心觀萬心 一身觀萬身'은 바로 邵雍의 말이었다. 「觀物內篇」 2, 『性理大全』 卷9, 皇極經世書 3, 12ㄴ(684쪽), "何哉 謂其能以一心觀萬心 一身觀萬身 一物觀萬物 一世觀萬世者焉".

104) 邵雍의 사상에 대해서는 다음을 참조. 大島晃, 「邵康節の<觀物>」, 『東方學』 52, 東方學會, 1976 ; 趙東元, 「邵雍의 歷史觀」, 『釜大史學』 6, 釜山大學校 史學會, 1982 ; 侯外廬·邱漢生·張豈之 主編, 『宋明理學史』 上卷, 人民出版社, 1983, 181~217쪽 ; 陳來, 『宋明理學』, 遼寧敎育出版社, 1991, 117~128쪽 ; 정해왕, 「邵雍의 先天易學에 관한 硏究」, 『人文論叢』 42(부산대), 1993 ; 余敦康, 『內聖外王的貫通-北宋易學的現代闡釋』, 學林出版社, 1997, 176~262쪽 ; 唐明邦, 『邵雍評傳』, 南京大學出版社, 1997.

다. 왜냐하면 觀物이란 외부 사물에 대한 이성적 분석과 종합, 또는 추상을 가리키는 것이 아니라 일정한 정신 경지에 기초한 주체가 사물을 관조하고 마주 대하는 것이기 때문이다. 동시에 그것은 외부 사물에 대한 감성적인 직관이나 반영이 아니라는 점에서 '觀心'의 오해를 벗어날 수 있었기 때문이다.

소옹의 觀物論은 흔히 세 단계로 나누어 설명된다. 첫 번째가 이목에 의한 감관적 인식(以目觀物)이고, 두 번째가 心에 의한 인식(以心觀物), 그리고 마지막 단계가 이성에 의한 인식(以理觀物)이다. 감관적 인식을 통해서는 사물의 形을 볼 수 있고, 心에 의한 인식으로써 사물의 情을 볼 수 있으며, 이성에 의한 인식에 의해서 비로소 사물의 性을 다할 수 있다.[105] 이 세 번째 단계의 인식이 진정한 인식으로서 소옹은 이것을 '反觀'이라고 표현하였다. 反觀이란 바로 '以物觀物'의 인식을 말함이다.[106]

<표> 觀物의 인식론적 구조

단계	인식 방법	인식 내용	비 고
1	以目觀物	見物之形	
2	以心觀物	見物之情	以我觀物
3	以理觀物	盡物之性	以物觀物=反觀

이른바 '以物觀物'이란 사물의 본성과 상태에 순응한다는 말로, 자신의 好惡를 사물을 대하는 태도에 뒤섞지 말라는 의미이다. 그것은 사람들로 하여금 모든 생활에서 '나'의 감정·요구·의견에 기초하여

---

105) 「觀物內篇」 12, 『性理大全』 卷10, 皇極經世書 4, 29ㄴ(806쪽), "夫所以謂之 觀物者 非以目觀之也 非觀之以目而觀之以心也 非觀之以心而觀之以理也". 邵伯溫 解 : 以目觀物 見物之形 以心觀物 見物之情 以理觀物 盡物之性.

106) 「觀物內篇」 12, 『性理大全』 卷10, 皇極經世書 4, 30ㄴ(808쪽), "所以謂之反 觀者 不以我觀物也 不以我觀物者 以物觀物之謂也 既能以物觀物 又安有我 於其間哉". 이에 대한 개괄적인 분석으로는 大島晃, 앞의 글, 1976을 참조.

행동하지 말 것을 요구한다. 그것은 곧 '無我'에 대한 요구이며,107) 여기서 無我란 사물을 따르는 것, 사물에 순응해야 한다는 것이다.108) 따라서 '以物觀物'은 '以我觀物'인 情에 대비되는 性인 것이다.109)

　이수광에게 無我란 公·無欲·無私 등의 개념과 일맥상통하는 것이었다. 이는 公·國家·萬世를 일차적 가치의 대상으로 하여 그것에 봉사하는 자세를 말하는 것으로, 바로 '思無邪'의 경지였다.110) 이수광이 君子를 설명하면서 마음씀이 공변된 자로,111) 또는 사물을 이롭게 하는 것으로 마음을 삼는 자112)로 묘사한 것은 모두 이러한 관점에서였다. 때문에 無我란 서로간의 처지를 바꾸어 생각하는 것(易之以處)으로, '恕'(推己及人)의 개념과 통하는 것으로 설명되기도 한다.113) 이수광이 학문의 목표로 삼고 있는 聖人은 '無我'하므로 능히 사물을 이롭게 할 수 있는 존재였다.114) 성인은 그 마음에 본래 만물을 모두 구비하고 있으므로 하나의 사물도 없다고 할 수 있었다. 오직 '無物'하여야만 능히 觀物할 수 있으며, 虛心하여야 사물을 비출 수 있는 것이었다.115)

----

107)「觀物內篇」12,『性理大全』卷10, 皇極經世書 4, 31ㄱ(809쪽), 邵伯溫 解, "不以我觀物者 能無我故也".
108)「觀物外篇」下,『性理大全』卷12, 皇極經世書 6, 2ㄱ(881쪽), "因物則性 性則神 神則明矣".
109)「觀物外篇」下,『性理大全』卷12, 皇極經世書 6, 3ㄱ(883쪽), "以物觀物 性也 以我觀物 情也 性公而明 情偏而暗".
110)「采薪雜錄」,『芝峯集』卷24, 6ㄱ(66책, 258쪽), "以物觀物而不役於物 則吟詠在物而不在我 所謂思無邪者也".
111)「剩說餘編」上,『芝峯集』卷30, 7ㄱ(66책, 308쪽) ;「剩說餘編」下,『芝峯集』卷31, 7ㄱ(66책, 314쪽).
112)「剩說餘編」下,『芝峯集』卷31, 9ㄴ(66책, 315쪽).
113)「秉燭雜記」,『芝峯集』卷28, 18ㄱ(66책, 298쪽), "人於物我之間 常思易地以處 則彼此平等 己所不欲 自不施於人 所謂恕也 能恕則無我矣".
114)「秉燭雜記」,『芝峯集』卷27, 4ㄱ(66책, 283쪽), "愚謂聖人無我 故能利物".
115)「采薪雜錄」,『芝峯集』卷24, 8ㄱ(66책, 259쪽), "愚謂聖人之心 本備萬物 而無一物 夫惟無物 乃能見物 蓋逐物者蔽於物 而虛心者足以燭物故也" ;『芝

以物觀物의 인식론은 무엇을 의미하는가? 그것은 결국 事事物物의 이치를 탐구하는 것에 의해서가 아니라, 주체의 확립을 통해서, 다시 말하면 내 마음 속에 내재해 있는 천리를 확인하고 확충함으로써 그것에 기초하여 대상 세계의 이치까지 밝힐 수 있다는 것이다.[116] 이를 위해서 주체에게 요구되는 수양법은 '存養'이며,[117] 구체적인 방법은 '寡慾'·'去欲'[118]·'省欲'[119]인 것이다. 즉 私欲을 억제함으로써 公·無慾·無私의 경지에 도달한다는 것이 수양론의 핵심으로 등장하게 된다.[120]

이상에서 살펴본 바와 같이 李睟光은 事理(道理)와 物理를 분리함으로써 事事物物에 대한 탐구를 통해 도덕원칙을 확인하고자 했던 종래의 방식을 止揚하고, 人事의 문제를 오로지 인간 주체의 문제로 전환시키고자 하였다. 물론 李睟光의 주된 관심은 인간의 주체적인 자각을 통해 실천성을 확보하고, 그에 기초하여 당대의 사회 문제를 해결하고자 한 것이었지만, 그가 제시한 道理와 物理의 분리라는 話頭는 그것이 自然學의 영역에 적용될 때 객관적인 物理 탐구를 추동할 수 있는 중요한 계기가 될 수 있다는 점에서 역사적 의미를 갖는다. 이후 이수광의 학문적 성과는 후손들을 거쳐 北人系 南人의 사상적 배경으로 연결되었다.

峰類說』卷5, 儒道部, 心學, 6ㄴ(80쪽).

116)「與鄭副學采薪錄評」,『芝峯集』卷24, 19ㄴ(66책, 265쪽), "善學者 取諸身以觀天地".

117)「采薪雜錄」,『芝峯集』卷24, 4ㄱ(66책, 257쪽), "愚謂學以存養爲要".

118)「秉燭雜記」,『芝峯集』卷27, 13ㄴ(66책, 288쪽), "故去欲爲養性命之本也".

119)「薛文淸讀書錄解」,『芝峯集』卷25, 2ㄴ(66책, 270쪽), "愚謂省欲則心自靜事自簡".

120)「采薪雜錄」,『芝峯集』卷24, 4ㄴ(66책, 257쪽), "寡慾以至於無慾 存養之至也".

3. 17세기 중반 天觀의 변화와 事天論의 전개

1) 理法天의 비판과 人格天의 부활

北宋代 天觀의 변화를 거치면서 수립된 朱子學의 天觀은 理法天觀으로 규정할 수 있다. 그것은 '天卽理'의 명제로 대변되는 바 고대의 人格的·主宰的 天과 六朝 시대의 自然天을 극복하면서 등장한 것이었다. 理法的인 天이란 主宰的인 天과 自然的인 天의 내용을 理法이라는 관념에서 포착할 때 추출되는 法則性·道義性·公正性이라는 관념을 뜻한다.[121] 이와 같은 송대의 천관에 기초하여 볼 때 천지 만물과 인간은 모두 자신에게 내재하는 법칙성에 기초하여 존재하는 것으로 파악되며, 천지 만물과 인간에 내재하는 이치가 바로 天理였다. 그 것은 자연법칙임과 동시에 인간사회의 도덕적 질서였고 天과 인간은 바로 이와 같은 자연 법칙과 도덕에 의해 하나로 관통될 수 있었다.[122]

尹鑴와 許穆은 이와 같은 朱子學의 理法天觀에 의해 부정·극복되었던 주재자로서의 人格天의 의미를 새롭게 되살렸다. 그것은 그들의 학문적·사상적 배경 및 지향과 관련하여 주목된다. 尹鑴는 먼저 天의 人格的·主宰的 성격을 복원시켰다. 그것은 人格天에 대한 재인식이었다. 다음과 같은 그의 언급은 天觀의 변화, 새로운 天人關係의 수립과 관련하여 주목된다.

사람이란 天地의 마음이요 鬼神의 회합이다. 天地와 鬼神도 역시 이와 같을 뿐이다. 이로써 옛 사람들이 幽明의 이치에 통하고 鬼神의 情狀을 알 수 있었던 것이다. 옛 사람들은 삼가고 공경하며, 두려워하고 편안하지 아니하기를 마치 (上帝가) 항상 위에서 보고 계신 듯, 곁에서 質正하는 것처럼 하였기 때문에 첫 번째도 上帝요, 두 번째도

上帝였다. 한 가지 일을 할 때도 上帝가 명하신 것이라 하였고, 善하
지 못한 일을 하면 上帝가 금하는 바라고 하였다. 어찌 증명할 수 없
는 말에 집착하여 내 마음을 속이는 것이며, 어둡고 알 수 없는 것에
가탁하여 天下 後世를 미혹시키는 것이겠는가.123)

그가 학문에는 畏天·親民·尙志·取善의 네 가지 일이 있다고 하
면서 외천의 중요성을 강조한 것도 같은 맥락이었다.124) 외천의 바탕
은 天地를 부모로 여기는 마음이었다. 거기에서 공경하는 마음이 생기
고,125) 이에 바탕하여 인간의 聰明睿知가 나오게 된다. 하늘을 섬기고
상제에게 제사지내는 이유가 바로 이것이었다.126) 戒愼恐懼 역시 부모
인 천지를 공경하는 마음으로부터 발원하는 것으로 볼 수 있다.127) 그
것은 다음과 같이 표현되기도 한다.

　매일매일 조심하고 두려워하며, 언제나 삼가고 공경하여 하나도 上
帝요, 둘도 上帝라고 하면서 삼가고 공경하기를 위 아래에 두루 통하
게 하여 마치 (上帝가) 좌우에 있는 듯이 하였으니, 堯·舜·禹가 하
늘을 삼가는 마음(勤天之心)이었다.128)

---

123)『白湖全書』卷33, 雜著, 庚辰日錄, 4월 2일(癸丑), 1346쪽, "人也者 天地之心
　　鬼神之會也 天地鬼神 其亦若是焉而已 此古之人所以通幽明之故 知鬼神之
　　情狀者也 古之人皇皇翼翼 怵惕靡寧 凜凜乎若臨之在上 質之在旁 一則曰上
　　帝 二則曰上帝 行一事則曰上帝所命 作不善則曰上帝所禁 夫豈執無徵之說
　　以欺吾心 假幽昧不可究以惑天下後世者".
124)『白湖全書』卷33, 雜著, 辛巳孟冬書, 1367쪽, "君子曰 學不可以已 學蓋有四
　　事焉 求道者宜識之 一曰畏天 二曰親民 三曰尙志 四曰取善".
125)『白湖全書』卷33, 雜著, 辛巳孟冬書, 1367쪽, "古人以天地爲父母而欽敬生焉
　　……".
126)『白湖全書』卷33, 雜著, 辛巳孟冬書, 1367쪽, "是知聰明睿知由此出焉(程子
　　曰 敬者 體信達順之道 聰明睿知 皆由此出 以此事天享帝)".
127)『白湖全書』卷33, 雜著, 辛巳孟冬書, 1367쪽, "戒愼恐懼 從此而發之也".
128)『白湖全書』卷33, 雜著, 辛巳孟冬書, 1367~1368쪽, "又曰 兢兢業業 一日二
　　日 翼翼皇皇 惟時惟幾 一則曰上帝 二則曰上帝 欽哉敬哉 洋洋乎達于上下

尹鑴의 天人分二的 天觀은 天에 대한 畏敬心을 강조하고, 인간으로 하여금 天의 명령인 인간 사회의 禮的 질서를 준행토록 규제하는 기능을 하였다. 그것은 李睟光 단계에서 보였던 心學的 天觀을 극단으로 추구한 결과였다고 여겨진다.

한편 許穆은 理法天觀의 문제를 해결하기 위한 방법으로 災異論的 사고를 강조함으로써 漢唐代의 人格天으로 회귀하고자 하였다. 그가 災異를 강조한 이유는 그것이 인간 사회의 禮的 질서가 문란해진 데 대한 하늘의 경고라고 여겼기 때문이다. 許穆에게 禮는 天과 人을 매개하는 중요한 수단으로 간주되었고, 그는 이러한 禮制의 회복을 통해 조선후기의 사회모순을 해결하고자 하였던 것이다.

허목의 재이론은 그가 중시했던 六經學, 그 일부로서의 春秋學과 관련하여 제기되었다. 그는 『春秋』를 '禮義之大宗'[129]으로 규정하면서 많은 관심을 기울였다. 일찍이 『춘추』를 '禮義之大宗'으로 규정한 것은 董仲舒였고,[130] 그것은 胡安國(1074~1138)의 『胡氏春秋傳』을 통해서 다시금 확인되었다.[131] 따라서 허목의 춘추론은 동중서 이래의 그것을 계승한 것이라 볼 수 있다. 여기서 허목이 말하는 '禮義'란 종교적 의례의 차원의 넘어서 중세사회의 신분적 질서를 규제하는 일체

如在其左右 堯舜禹勤天之心也".

[129] 「答客子言文學事書」, 『記言』卷5, 6ㄱ(98책, 52쪽), "禮義之大宗 莫過於春秋"; 「春秋說」, 『記言』卷5, 9ㄴ~10ㄱ(98책, 160쪽), "春秋者 聖人之用 禮義之大宗也"; 「春秋之義勉學子」, 『記言』卷51, 13ㄱ(98책, 351쪽), "春秋者 禮義之大宗也"; 「自序二」, 『記言』卷66, 7ㄱ(98책, 475쪽).

[130] 『史記』卷130, 太史公自序 第70, 3297~3298쪽(표점본 『史記』, 中華書局, 1982(2版)의 쪽수), "上大夫壺遂曰 昔孔子何爲而作春秋哉 太史公曰 余聞董生(董仲舒-인용자)曰……夫不通禮義之旨 至於君不君 臣不臣 父不父 子不子 夫君不君則犯 臣不臣則誅 父不父則無道 子不子則不孝 此四行者 天下之大過也 以天下之大過予之 則受而弗敢辭 故春秋者 禮義之大宗也".

[131] 『胡氏春秋傳』, 春秋傳綱領, 1ㄴ~2ㄱ(151책, 6~7쪽-영인본 『文淵閣 四庫全書』, 臺灣商務印書館, 1986의 책수와 쪽수), "漢董仲舒記夫子之言曰……其自言曰……故春秋 禮義之大宗也".

의 정치적·사회적·윤리적 규범을 의미하는 것으로 파악된다.[132] 그
것은 기존의 연구에서 이미 지적된 바와 같이 신분계급의 차등 관계를
뒷받침하는 것임과 동시에 지배계급의 도덕적 책임을 요구하는 양면
성을 띠고 있는 것이었다.[133] 왜냐하면 禮란 等位를 분별함과 동시에
그 위치에 합당한 역할을 요구하는 것이기 때문이다. "君君臣臣父父
子子"라는 공자의 正名論이 의미하는 바 역시 이와 같은 것이었다.[134]
허목이 각종 禮制의 시행에 매우 민감한 반응을 보이고, 禮訟의 전면
에 나서게 된 것도 이러한 그의 禮 인식에서 비롯된 것이었다.

허목은 『춘추』의 大義를 "尊君卑臣, 貴仁義 賤詐力, 嚴中國 攘夷
狄"[135]으로 요약하였다. 이것은 『춘추』의 의미를 '尊王攘夷'로 파악하
고 있는 주자학의 그것과 형태상으로는 동일한 것처럼 보인다. 그러나
허목이 保民의 논리를 내세워 北伐에 반대했던 것에서 알 수 있듯
이[136] 그의 춘추관은 北伐論·復讎論을 강조하는 주자학의 그것과는
달랐다. '尊周大義的 尊王論'[137]이라고 표현되는 바와 같이 그는 『춘
추』의 의미를 대내적인 정치의 尊王 문제, 즉 '尊君卑臣'의 문제에 집
중시키고 있었다. 이처럼 허목은 『춘추』를 정치의 중요 원리를 담고
있는 경전으로 이해하였고,[138] 그 핵심을 올바른 군신관계의 설정(=尊

---

132) 先秦儒學에서 '禮義'를 강조한 것은 荀子였다. 孟子의 '仁義'와 荀子의 '禮義'
    의 차별성에 대해서는 蔡仁厚(천병돈 옮김), 『맹자의 철학』, 예문서원, 2000,
    69~87쪽 ; 『순자의 철학』, 예문서원, 2000, 155~185쪽 참조.
133) 金駿錫, 「許穆의 禮樂論과 君主觀」, 『東方學志』 54·55·56, 1987, 262쪽.
134) 「進德禮政刑箚」, 『記言』 卷52, 1ㄴ~2ㄱ(98책, 352쪽), "君君臣臣父父子子之
    倫 非禮不叙" ; 「復推言德禮政刑再上箚」, 『記言』 卷52, 4ㄱ(98책, 353쪽),
    "禮貴正名" ; 「因辭職更申前事疏己亥四月」, 『記言』 卷64, 16ㄴ(98책, 452쪽),
    "而所謂君君臣臣父父子子之道 非禮不立".
135) 「春秋說」, 『記言』 卷5, 9ㄴ(98책, 160쪽).
136) 金駿錫, 「許穆의 反北伐論과 農民保護對策」, 『島巖柳豐淵博士回甲紀念論
    文集』, 1991, 716~722쪽 참조.
137) 金駿錫, 앞의 글, 1987, 265쪽.
138) 「春秋說」, 『記言』 卷5, 10ㄱ(98책, 160쪽), "長於治 春秋之敎也" ; 「春秋之義

君卑臣)으로 보았다. 『춘추』에서 가장 먼저 '大一統'을 말하여 仁義의
도를 밝힌 것 역시 '尊君卑臣'이란 『춘추』의 가르침과 일맥상통하는
것으로 파악했다.139)

   그렇다면 '尊君'='尊王'의 구체적인 실현 방법은 무엇인가? 天人合
一의 유기체적 자연관을 고수하는 한 君主의 권위는 天으로부터 끌어
올 수밖에 없었다. 그것이 天命이건, 天道이건, 또는 天理이건, 어쨌든
군주권의 정당성은 天에 의해 보장되어야 하는 것이었다. 허목 역시
군주를 '代天理物'하는 존재로 인식하고 있었다.140) 요컨대 인간사회
에 정연한 계층적 질서를 부여한 것은 바로 하늘이며, 이러한 하늘의
의도를 본받아 인간사회를 다스릴 책임을 부여받은 자가 바로 군주였
다. 그러나 허목이 보기에 군주와 하늘은 직접적으로 연결되지 않는다.
하늘과 직접적인 연결이 가능했던 것은 옛날의 聖王들이었다. 世道가
날로 타락해 가는 당시의 현실에서 하늘과의 직접적인 교통은 불가능
한 것이었다. 여기서 간접 교통의 수단으로 제기되는 것이 바로 禮였
다. 다시 말해 하늘과 인간 사이에 禮가 介在되어 있으며, 하늘은 이
禮 속에 내재화되어 있다고 보았다. "禮는 하늘에서 나와서 聖人에 의
해 완성한 것"141)이라는 허목의 언급은 바로 이 점을 지적한 것이다.
이러한 禮는 聖人들이 상하관계의 貴賤·尊卑의 차등에 따라 만든 것

勉學子」, 『記言』 卷51, 12ㄴ(98책, 350쪽), "御世正治 莫善於春秋"; 「自序
二」, 『記言』 卷66, 6ㄴ~7ㄱ(98책, 474~475쪽).

139) 「釋亂」, 『記言』 卷1, 3ㄴ(98책, 30쪽), "春秋 大一統 定民志 襃善糾惡"; 「春
秋之義勉學子」, 『記言』 卷51, 12ㄴ(98책, 350쪽) ; 「自序二」, 『記言』 卷66, 6
ㄴ(98책, 474쪽), "春秋之書 首言大一統 以明仁義之道 尊君卑臣 行王道 正
人紀 襃善糾邪 使亂臣賊子 禁其奸而不得肆 春秋之敎也".

140) 「進君德日新箴仍乞歸箚」, 『記言』 卷54, 6ㄱ(98책, 370쪽), "人君中心無爲 以
守至正 代天理物……"; 「春秋灾異跋」, 『記言』 卷62, 25ㄱ(98책, 436쪽), "人
君代天理物 使萬物得所 神人合應 在君德".

141) 「禮說一 禮統」, 『記言』 卷31, 19ㄱ~ㄴ(98책, 165쪽), "禮出於天而成於聖人
者也".

이므로 禮의 대원칙은 불변의 것으로 간주되었다.[142] 禮가 '天秩·天叙'로 인식되는 까닭이 바로 여기에 있었다.[143]

이러한 관점에서 허목은 '尊君嚴禮'라는 명제를 제시하게 되었다.[144] 尊王의 실현 방법으로 禮에 대한 정확한 인식과 예의의 엄격한 분별을 강조했던 것이다. 刑政을 말단으로 간주하는 儒家的 사고체계 속에서 지배층의 자숙과 절제를 강제할 수 있는 수단은 禮 이외의 다른 것일 수 없었다. 허목에게 禮란 大義·名器·等威·誅罰·勸賞의 기준이 되었다.[145] 요컨대 허목은 禮를 통해 하늘로부터 부여된 군주의 권위를 확인하고, '代天理物'하는 군주의 본 모습을 되찾고자 했던 것이다.

이상의 논의를 통해서 허목에게 왜 『춘추』가 중요한 의미를 갖는가를 분명히 확인할 수 있다. 『춘추』는 인간사회의 예적 질서가 어떠해야 하는가를 분명히 보여주는 경전이었던 것이다. 허목은 다음과 같이 말하고 있다.

　세상을 다스리고 정치를 바르게 하는 데는 『春秋』보다 좋은 것이 없으니, 『春秋』의 의리를 안 뒤에야 임금을 높이고 어버이를 사랑하는 도리(嚴君仁親之理)가 제대로 되고 天道·人事가 각각 順正에 말미암아서, 추위와 더위가 차례대로 오고 바람과 비가 제 때에 이르며, 妖孽이 일어나지 못하는 것이다.[146]

---

142) 「禮說一 禮統」, 『記言』 卷31, 19ㄴ(98책, 165쪽), "其天尊地卑 上下之位 聚類群居 五品之常 三代之所不變也".

143) 「禮說一 禮統」, 『記言』 卷31, 19ㄱ(98책, 165쪽), "天秩天叙之不可亂也如是" ; 「因辭職更申前事疏己亥四月」, 『記言』 卷64, 16ㄱ(98책, 452쪽), "禮者 天叙天秩之則".

144) 「以禮進戒箚」, 『記言』 別集, 卷4, 13ㄴ(98책, 534쪽), "春秋言治道 褒善糾惡 明王道之大法 莫如尊君嚴禮 君不自尊 由禮而尊".

145) 「以禮進戒箚」, 『記言』 別集, 卷4, 13ㄴ(98책, 534쪽), "大義出於禮 名器出於禮 等威出於禮 誅罰出於禮 勸賞出於禮".

146) 「春秋之義勉學子」, 『記言』 卷51, 12ㄴ(98책, 350쪽) ; 「自序二」, 『記言』 卷66,

여기에서 알 수 있듯이 재이(妖孽)는 『春秋』의 의리가 어지러워졌을 때, 다시 말해 인간사회의 禮的 질서인 尊君卑臣·嚴君仁親의 이치가 흐트러졌을 때 발생하게 되는 것이었다.147) 따라서 허목은 『춘추』에 많은 재이 현상이 기록되어 있는 것을 중요하게 여겼다. 왜냐하면 그 것은 성인이 후세에 교훈을 주기 위해 기록해 놓은 것이었기 때문이다.148)

이처럼 『춘추』란 인간 사회의 禮的 질서가 어떤 것이며, 그것이 문란해졌을 때 어떤 재이가 발생하는가 하는, 인사에 대한 하늘의 반응을 가장 상세하게 기록한 문헌이었다.149) 『춘추』가 '禮義之大宗'이 되는 까닭이 바로 여기에 있었다. 결국 공자는 西周 시대의 융성했던 禮樂문화의 원형을 『춘추』를 통해 보여줌과 동시에 그것이 문란해져 가고 있던 당시의 시대 상황을 재이를 통해 경고하였던 것이며, 허목은 이러한 공자의 저술 의도를 계승하여 그것을 재이론적으로 해석함으로써 조선후기 사회의 예적 질서를 회복시키고자 했던 것이다. 이것이 그가 「春秋灾異」를 작성한 목적이었다.

허목은 '畏天論'의 입장에서 『춘추』의 재이 관련 기사를 채록하였다. 『춘추』에서 모든 재이를 기록한 것은 하늘의 경계를 받드는 성인의 가르침 그 자체였기 때문이다. 즉 하늘이 재이를 내리는 것과 성인이 그 것을 기록하는 것은 올바른 정치와 그를 통한 人道의 구현이라는 목적에서 동일한 행위였다. 그것은 군주로 하여금 경계심을 가지고 天人感

6ㄴ~7ㄱ(98책, 474~475쪽).

147) 許穆은 이러한 예적 질서를 親親과 尊尊으로 표현하기도 했다. 「政說一 政術」, 『記言』 卷31, 33ㄱ~ㄴ(98책, 172쪽), "仁者 人也 親親爲大 義者 宜也 尊賢爲大 親親之殺 尊賢之等 禮所生也".

148) 「春秋說」, 『記言』 卷5, 10ㄱ(98책, 160쪽), "仁義之不修 人道不立 天道不成 地道不平 於是寒暑失其序 日月薄食 旱乾水溢 星孛星隕 地震山崩 此皆人 爲感之也 聖人悉書之 百代之敎也 君子懼焉".

149) 「言政弊因辭職疏戊戌」, 『記言』 卷64, 9ㄱ(98책, 449쪽), "稽之古昔 事應昭著 列於春秋 大可懼也".

應의 이치를 생각하게 함으로써, 궁극적으로는 治道에 도움을 주고자
함이었다.150) 때문에 허목은 '畏天'의 필요성을 거듭 강조하고 있었
다.151)

　허목에게 『춘추』란 '撥亂反正'의 경전으로,152) 그 가르침은 亂臣賊
子의 간악함을 방지하는 것이었다. 따라서 『춘추』에서는 신하된 자들
이 不忠不嚴하게 朋黨을 만들어 서로 결탁하고, 道와 法을 어기면서
사욕을 이루려는 행위와 같은 것들을 철저히 금했다. 이런 행위들이
결국 임금을 시해하고 나라를 망치는 원인이 되기 때문이었다.153) 이
러한 입장에서는 군주의 책무에 못지않게 신하의 책무가 강조된다. 허
목이 '尊君仁親'의 도리를 거듭 천명한 것은 그 일환이었다.154) 결국
허목은 하늘이 군주에게 내리는 경계인 재이를 통해 正名論의 원칙에
입각하여 정치의 주체인 군주의 위상을 확립하고자 하였던 것이다. 군
주는 하늘의 경고를 두렵게 여기고 그것을 정치적 반성의 계기로 삼아
군주라는 이름에 합당한 권위를 확보해야만 했다. 이렇게 될 때 군주
는 이전의 君主聖學論에서 제시한 도덕적 표준으로서의 모습뿐만 아
니라 정권을 행사하는 정치의 주체, 萬機를 총괄하는 존재155)로서의
모습을 띠게 된다. 바로 이러한 군주야말로 지배계층 일반의 절제와

---

150) 「春秋灾異序」, 『記言』 卷62, 1ㄱ~ㄴ(98책, 424쪽).
151) 「論戾氣箚」, 『記言』 卷53, 16ㄴ(98책, 366쪽), "自古聖哲之君 有克謹不僭 畏
　　天之威 反灾爲祥 以成中興之治";「春秋灾異序」, 『記言』 卷62, 1ㄱ(98책,
　　424쪽), "亦畏天戒也";「春秋灾異跋」, 『記言』 卷62, 25ㄴ(98책, 436쪽), "於
　　君德畏天敬民之道 不可謂無少補云".
152) 「政說一 政術」, 『記言』 卷31, 35ㄱ(98책, 173쪽), "春秋者 撥亂反正之書也".
153) 「春秋之義勉學子」, 『記言』 卷51, 12ㄴ(98책, 350쪽);「自序二」, 『記言』 卷66,
　　6ㄴ(98책, 474쪽).
154) 「希仲又以書責我我不答作上議以待下詢」, 『記言』 卷51, 7ㄱ(98책, 348쪽);
　　「自序二」, 『記言』 卷66, 21ㄴ~22ㄱ(98책, 482쪽), "臣爲君隱 子爲父隱 尊君
　　仁親 萬古通義也……臣而不爲君隱 子而不爲父隱 尊者不爲尊 親者不爲親
　　人之理亂矣".
155) 「進君德之戒箚」, 『記言』 卷51, 14ㄱ(98책, 351쪽), "摠攬權綱 重勢在上".

자숙을 강제하여 책임의식을 끌어낼 수 있는 존재였다.

허목의 災異論的 春秋觀의 본질은 이상과 같은 것이었다. 천도와 인도를 매개하는 '代天理物'의 책무를 띠고 있는 군주는『춘추』를 통해 춘추시대의 재이가 당시 禮的 질서의 문제와 관련되어 발생하였다는 사실을 깊이 인식하고, 하늘의 경고에 대해 항상 경외심을 갖고 임함으로써 그것을 개인의 수덕과 정치적 반성의 계기로 삼아야 한다는 것이었다. 허목의「春秋災異」는 이러한 사실을 군주에게 깊이 인식시키기 위해 작성된 것이었으며, 그 요체가 바로 '畏天論'이었다. 그런데 畏天의 대상이 되는 하늘이란 天理로서의 하늘보다는 天命을 하사하는 인격적인 존재로서의 하늘에 가깝다. 허목이 畏天을 주장하며 漢唐代의 人格天으로 복귀하는 모습을 보이는 이유는 무엇인가? 그것은 당시의 天觀이 지니고 있는 문제점을 파악하고 있었기 때문이었다.

종래의 人格天觀을 극복하면서 중세적 합리주의를 완성한 주자학의 理法天觀은, 그것이 형식화·보수화함에 따라 하늘에 대한 경외심을 상실케 되었다. 우리는 다음과 같은 金鍾秀(1728~1799)의 말에서 조선후기 이법천관의 문제점을 역설적으로 읽을 수 있다.

> 唐虞三代 동안 上下가 서로 훈계한 것은 하나는 天이고 하나는 帝였으니, 마치 어떤 사물이 위에 임하여 행위를 하는 것처럼 하였다. 孔子와 孟子에 이르러 비로소 이치로서 하늘을 말하였고, 程朱의 논의가 이것을 계승하여 더욱 정밀해졌다. 그러나 이것을 잘 보지 못하는 사람들은 간혹 天을 아득하여 알 수 없는 것으로 여기니, 두려워하는 마음이 해이해지지 않겠는가?[156]

김종수의 논의를 통해 당시의 '不善觀者'들이 天을 죽어있는 것으로 간주하는 모습을 확인할 수 있다. 이것은 이법천관이 시대적 생명력을

---

156)「事天第五」,『夢梧集』卷3, 經筵故事, 38ㄴ(245책, 524쪽).

잃어가면서 나타난 근본적인 문제였다. 이것을 극복할 수 있는 방법이 人格天으로의 복귀, 또는 근대적 합리주의로의 전환이라고 할 때, 허목은 전자의 방법을 택한 것이다. 근대적 합리주의로의 전환은 기존의 가치관을 轉變시키는 실로 획기적인 작업이 될 수밖에 없기 때문에, 중세적 가치관의 틀 내에서 이법천관의 문제를 극복하고자 할 때 취할 수 있는 방법은 전자의 그것이 될 수밖에 없었던 것이다.

2) 漢學의 수용과 事天論의 전개

尹鑴와 許穆의 人格天觀은 漢學을 수용한 결과로 파악된다. 윤휴는 畏天論・事天論의 주요 논거로서 漢代 董仲舒의 견해를 끌어왔다. 윤휴는 事親을 事天과 같은 맥락에서 사고하고 있었는데,157) 그것은 하늘이 理의 '所從出'이며, 人倫・性情의 道德이 모두 天理라는 것을 말하고자 함이었다.158) 그가 이러한 천의 개념을 설명할 때 인용하는 것이 바로 董仲舒의 "道의 근원은 하늘에서 나왔다"159)고 하는 명제였다.160)

『白湖全書』卷26에는 전통 천문학과 관련한 몇 편의 논문이 수록되어 있다. 「七政六符書」, 「帝舜在璇璣玉衡以齊七政」, 「黃帝太階六符」, 「周官星土九州十有二次」 등이 그것이다. 그런데 이 논문들은 일부의 按說을 제외하면 대부분 『史記』「天官書」를 비롯한 여러 책에 등장한

---

157) 『白湖全書』卷38, 讀書記, 孝經章句今古文考異, 1549쪽, "事天 猶事親也".
158) 『白湖全書』卷36, 中庸朱子章句補錄, 1480쪽, "天者 理之所從出也 人倫之道 性情之德 皆天理也";『白湖全書』卷39, 家語哀公問政, 1559쪽, "人倫之道 性情之德 皆天命也".
159) 『漢書』卷56, 董仲舒傳 第26, 2518~2519쪽(標點本『漢書』, 中華書局, 1962의 쪽수), "道之大原出於天".
160) 『白湖全書』卷36, 中庸朱子章句補錄, 1480쪽, "董子所謂 道之大原 出乎天也";『白湖全書』卷39, 家語哀公問政, 1559쪽, "董子所謂 道之大原 出乎天者 是也".

전통 천문학의 내용을 재편집한 것이었다. 그리고 그 내용은 인격적
주재자로서의 天을 중심으로 자연과 인간과의 상관관계를 서술한 점
성술인 것이었다. 이는 기존의 연구에서 이미 지적된 바와 같이 漢
代의 緯書 및 경전 주석서에 나타난 인격천관과 밀접한 관련을 맺고
있었다.161) 이러한 사실은 그가 璇璣玉衡(璿璣玉衡)을 천문의기=渾天
儀로 해석한 주자학의 경전해석에 의문을 제기하면서 전통적인 이해
방식에 따라 선기옥형을 北斗七星으로 파악하고 있었다는 사실에서도
확인할 수 있다.

　윤휴가 보기에 북두칠성은 陰의 자리에 거처하여 陽을 펴고, 元氣를
짐작하는 존재였다.162) 그것을 '璇璣'라고 부르는 이유는 북두칠성의
자루가 하늘을 한 바퀴 회전하면서 일년의 계절 변화를 나타내고, '玉
衡'이라 부르는 이유는 북두칠성의 색깔 변화를 보고 점성술에 따라
천하의 치란을 평정하기 때문이라고 하였다.163) 그것을 '政'이라고 일
컫는 것은 군주가 행하는 일이 위로 하늘에 응하기 때문이며, 그것을
七政이라 일컫는 것은 天文·地理·人道·四時(春·夏·秋·冬)가
정사가 되기 때문이었다.164) 전통적인 천인감응론에 입각한 해석이었
다. 천하를 다스리는 군주의 일체의 정치적 행위가 정사인데, 그것이
천인감응의 원리에 따라 하늘 위의 천체현상으로 반영되기 때문에, 북
두칠성으로 대표되는 천상의 변화를 통해 군주의 정치행위의 득실을
판단할 수 있다는 논리였다. 그렇게 보면 북두칠성은 "人君의 형상으
로서 명령을 내리는 주인"이 되는 것이었고,165) "七政의 기틀이며 陰

<hr />

161) 정호훈, 앞의 책, 2004, 258~259쪽.
162) 『白湖全書』卷26, 帝舜在璇璣玉衡以齊七政, 1085쪽, "斗居陰布陽 斟酌元氣
　　 故謂之北斗".
163) 『白湖全書』卷26, 帝舜在璇璣玉衡以齊七政, 1085쪽, "其曰璇璣 周旋以成四
　　 時也 其曰玉衡 視其色以平天下之治亂也".
164) 『白湖全書』卷26, 帝舜在璇璣玉衡以齊七政, 1085쪽, "謂之政者 王者行事
　　 上應於天也 謂之七政 天文地理人道四時 所以爲政也".
165) 『白湖全書』卷26, 帝舜在璇璣玉衡以齊七政, 1085쪽, "斗者 人君之象 號令

陽의 근본"이 되기도 하는 것이었다.[166]

　허목의 재이론에 이론적 기초를 제공한 것은 두말할 필요도 없이 漢代의 災異思想이었다. 허목은 漢代 유학자들의 역사적 역할을 인정하고 董仲舒 이래의 재이사상을 적극적으로 받아들임으로써 자기 나름의 재이론을 폭넓게 전개하였다. 그는 먼저 주희가 극히 부정적으로 보았던 漢儒들의 역사적 역할을 긍정적으로 평가하였다. 왜냐하면 漢儒들이 秦始皇의 焚書坑儒에 의해 없어진 經文을 복원시켰다고 보았기 때문이었다. "三代의 禮가 없어지지 않은 것은 실로 漢儒들의 덕택이다"라는 평가가 바로 그것이다.[167] 허목은 漢儒들 가운데서도 董仲舒를 특히 높게 평가하였다. 그것은 동중서가 先王의 道를 제대로 계승한 醇儒였기 때문이었다.[168]

　董仲舒[169]는 '一統說'을 주장함으로써 군주를 정점으로 하는 집권체

　之主也".

166) 『白湖全書』 卷26, 帝舜在璿璣玉衡以齊七政, 1086쪽, "斗者 七政之樞機 陰陽之本原也".

167) 「漢儒祀於學」, 『記言』 卷2, 15ㄴ(98책, 42쪽), "漢儒去古未遠 猶有舊聞於前人者 諸經註疏作而經義始著 至程朱氏 因以明之 三代之禮 得不沒於後世者 實漢儒有力焉".

168) 「談評」, 『記言』 卷1, 7ㄱ(98책, 32쪽), "漢時董仲舒 治春秋 其學最淳 自荀卿楊雄 至王通 皆稱述先王之道 而未淳者也".

169) 董仲舒의 사상에 대해서는 다음을 참조. 板野長八, 『中國古代における人間觀の展開』, 岩波書店, 1972, 第14章「董仲舒」; 佐川修, 『春秋學論考』, 東方書店, 1983, Ⅲ「董仲舒の春秋學」; 內山俊彦, 『中國古代思想史における自然認識』, 創文社, 1987, 第9章「董仲舒」; 宋榮培,「董仲舒의 歷史哲學」, 『哲學』 23, 1985(송영배, 『중국사회사상사』, 사회평론, 1998에 재수록); 황희경,「董仲舒철학의 과학적 성격과 이데올로기적 성격-災異說을 중심으로-」, 『현상과 인식』 제14권 1호 및 2호(통권 49호), 1990; 王永祥, 『董仲舒評傳』, 南京大學出版社, 1995; 周桂鈿, 『董仲舒評傳』, 廣西敎育出版社, 1995; 金谷治, 『中國古代の自然觀と人間觀』(金谷治中國思想論集 上卷), 平河出版社, 1997, 第1部 第8章「董仲舒の天人相關思想-自然觀の展開として-」; 黃朴民, 『天人合一-董仲舒與漢代儒學思潮』, 岳麓書社, 1999.

제의 확립과 유교의 國敎化를 추구하였다. 동중서에 따르면 현실의 君
主權은 天命에 의해 그 권위가 부여되었으며, 군주는 하늘의 뜻을 받
들어 교화의 대상인 백성을 통치하여, 그들로 하여금 자신의 본성을
완성하도록 지도하는 임무를 띠고 있었다. 그런데 미완의 품성을 지닌
백성을 다스리기 위해서는 타율적 규제를 속성으로 하는 禮가 필요하
게 된다. 이때의 禮란 말할 것도 없이 상하관계의 신분적 질서를 의미
하는 것이었다.[170]

　허목은 이러한 동중서의 논리를 대체로 수용하고 있었다. 그는 동중
서와 마찬가지로 군주의 권한을 인정하고, 군주를 정점으로 한 집권체
제의 확립을 옹호하였다. 또 禮의 중요성을 강조하였으며, 禮가 문란
해진 당대의 문제를 해결하기 위한 고육책으로서 法制의 사용을 염두
에 두기도 하였다.[171] 禮를 통해 조정의 기강을 확립할 것을 주장하면
서 '古人'의 말이라고 하여 동중서의 유명한 주장을 인용한 것[172]이나
동중서의 '禮義之大宗'論을 수용한 것도[173] 이러한 허목의 자세를 보
여주는 예이다. 요컨대 허목은 자신의 재이론에 대한 사상적 근거를
명시하지는 않았지만, 그 내용을 분석해 볼 때 漢代 유학자들의 논의
를 수용한 결과라고 할 수 있다. 이러한 사실은 그의 재이론이 전개되
는 과정을 추적해 봄으로써 확인할 수 있을 것이다.

　허목은 재이론과 관련하여 풍부한 자료를 남겨놓았다. 허목은 『記
言』의 서문에서 자신이 이 글 속에서 다루고 있는 내용을 몇 가지로
나누어 정리하고 있는데, 그 가운데 하나가 자연학 분야였다. '日月星

---

170) 金谷治 외(조성을 옮김), 『중국사상사』, 이론과실천, 1986, 127~129쪽 참조.
171) 「因辭職更申前事疏己亥四月」, 『記言』 卷64, 18ㄱ~ㄴ(98책, 453쪽), "禮法者
　　紀綱之本也 今者禮廢法亡 治道紊亂 可謂極矣……然當今傾頹委靡 廢乖之
　　極 非法不振".
172) 「因辭職更申前事疏己亥四月」, 『記言』 卷64, 17ㄴ(98책, 453쪽), "古人有言曰
　　正朝廷以正百官". 원문은 『漢書』 卷56, 董仲舒傳 第26, 2502~2503쪽.
173) 각주 129), 130) 참조.

辰의 運行', '風雨寒暑의 往來', '山川草木·鳥獸·五穀의 資養', '禮祀·
鬼神·妖祥·物怪의 災異' 등이 바로 그것이었다.174) 이를 통해서 우
리는 허목의 자연인식을 살펴볼 수 있다. 특히 '禮祀·鬼神·妖祥·物
怪의 災異'라고 하는 것은 재이론의 영역에 속하는 것이라 할 수 있으
며, 그것이 『기언』 속에서 구체적으로 표출된 것이 「妖祥」,175) 「春秋
灾異」176)와 각종 災異上疏였다.

이상의 자료에 나타난 허목의 재이론은 몇 가지 측면에 주목하여 살
펴볼 수 있다. 먼저 허목은 자신의 畏天論에 입각하여 古經 가운데 재
이론과 관련된 내용을 추출하여 정리하였다. 예컨대 『周禮』 '十煇之
法'의 정리가 대표적인 경우이다. 그에 따르면 『주례』에서 春官宗伯의
속관으로 '眡祲'을 두고, 그로 하여금 '십운지법'을 맡아서 妖祥을 관찰
하고 길흉을 판단하게 하였는데,177) 이것은 하늘의 경계를 삼가기 위
한 '畏天'의 일종이라고 하였다.178) 허목의 「周官十煇」은 『주례』의 시
침 항목과 漢代 鄭衆·鄭玄의 주석 및 『晉書』 「天文志」의 내용을 종
합적으로 정리한 것이었다.179)

허목은 '십운'에 추가로 '妖氣' 항목을 설정하였는데, 십운이 태양 주

174) 「記言序」, 『記言』 序, 2ㄱ(98책, 3쪽).
175) 「妖祥」, 『記言』 卷25, 1ㄱ~12ㄱ(98책, 124~129쪽).
176) 『記言』 卷62, 1ㄱ~26ㄱ(98책, 424~436쪽). 이 저작은 후대의 西人들에게 많
    은 비판을 받았다. 그것은 經傳 가운데서 초록한 것으로 별다른 의미가 없다
    는 이유에서였다. 金榦(1646~1732), 「隨錄」, 『厚齋集』 卷39, 36ㄴ(156책, 80
    쪽), "近觀漣相許穆文集 文字甚粗梗 旣非今文 又非古文 往往有段落文理不
    連處 而如別記春秋灾異及顔曾諸子語 只是各各類抄經傳中說而已 別無他
    辭 殊極無味……".
177) 『周禮注疏』 卷25, 4ㄱ, 眡祲(3책, 382쪽-영인본 『十三經注疏』, 藝文印書館,
    1993의 책수와 쪽수. 이하 같음), "眡祲掌十煇之法 以觀妖祥 辨吉凶"; 「周
    官十煇二」, 『記言』 卷62, 10ㄴ(98책, 428쪽).
178) 「春秋灾異序」, 『記言』 卷62, 1ㄱ(98책, 424쪽), "周典宗伯屬官 眡祲掌十煇之
    法 以觀妖祥 辨吉凶 亦畏天戒也".
179) 「周官十煇」, 『記言』 卷62, 10ㄴ~11ㄴ(98책, 428~429쪽).

위의 기운의 변화를 통해 길흉을 점치는 것이었다면, 요기는 그 이외의 각종 기운―慶雲·昌光·歸邪·牂雲·白虹·霧·虹蜺·雹·雷·霹靂·電·雪·風·雲·露·霜·霰 등―을 관찰하여 그 재이론적 의미를 판별하는 것이었다.[180] 허목이 이처럼 십운이나 요기를 중시했던 이유는 그것이 하늘이 군주에게 내리는 경고의 일종이라고 판단했기 때문이다. '氣祲'은 다른 재이와 마찬가지로 하늘이 군주를 사랑하여 군주를 勉勵하기 위한 것이거나, 아니면 사람의 怨氣가 쌓여 그 반응으로 생기는 禍亂의 징조였다. 어느 경우이든 그것은 하늘의 군주에 대한 경고·경계였으므로[181] 군주는 氣祲의 일종인 十煇·妖氣 등의 현상에 주목해야 했던 것이다.

　다음으로 허목은 재이 사상을 바탕으로 편찬된 중국 정사의 「五行志」 체제를 수용함으로써 재이론을 확대시키고 있었다. 『漢書』 이래로 중국의 정사에 편입된 「오행지」의 체제에 따라 각종 재이를 정리하는 방식은 비교적 이른 시기부터 우리나라에 정착되었다. 「오행지」의 핵심을 이루는 것은 물론 '天人感應' 사상이었다. 그에 따르면 각종 재이는 인간의 惡德과 惡行이 五行의 균형을 어지럽혀 자연의 질서를 혼란시킴으로써 발생하는 것이었다. 「오행전」의 사상적 근거는 『서경』의 洪範篇이었다. 「오행전」의 구성은 『서경』 홍범편의 내용이 '經'으로서 인용되어 있고, 그 뒤에 伏生의 『洪範五行傳』이 '傳'으로, 漢代 태학에서 행해진 서경학파의 논설이 '說'이라는 이름으로 부가되어 있으며, 그 다음에는 춘추시기 이래의 각종 재이에 대한 해석이 이어지고 있다. 결국 經-傳-說-占의 구성으로 되어 있는 셈인데, 점 부분에 채용된 해석은 董仲舒·劉向·劉歆의 해석을 비롯해 眭孟·夏侯勝·京房·谷永·李尋 등 漢代 학자들의 논설로 구성되었다. 동중서 등은

---

180) 「妖氣」, 『記言』 卷62, 11ㄴ~15ㄴ(98책, 429~431쪽).
181) 「復推言德禮政刑再上箚」, 『記言』 卷52, 3ㄴ(98책, 353쪽), "上天垂象 氣祲示警 日月告凶 天之將仁愛殿下 有所責勵而加勉者耶 抑安知或有人爲感之而禍亂潛萌 卒以成大咎者至此耶 其示警一也".

漢代에 일어난 여러 가지 재이 현상을『춘추』의 이념에 근거해서 일관
되게 해석하려고 한 입장을 고수하였다.182)

　이렇듯「오행지」를 구성하고 있는 언설의 대부분이 漢儒들의 이론
이었다는 점에 비추어 볼 때, 허목이「오행지」체제를 수용하였다는
것은 漢儒들의 재이설을 전면적으로 받아들였음을 뜻한다.「오행지」
에서는 재이를 야기시키는 인간 사회의 문제점을 五行과 五事라는 범
주를 중심으로 구분하였다. 그것은 洪範九疇의 내용을 바탕으로 한 분
류였다. 허목은 이러한 洪範九疇의 핵심을 皇極으로 파악하였다.183)
허목의 洪範說에 근거하여「오행지」의 구성을 보면, 그것은 皇極의 기
본이 되는 五行과 五事를 중심으로 각종 재이를 범주화시킨 것이었다.
따라서 그것은 군주를 정점으로 한 인간 사회의 예적 질서가 올바르게
운영되는가의 여부를 판별할 수 있는 중요한 준거가 된다. 허목이「妖
祥」에서 각종 재이를「오행지」의 체제에 따라 정리한 이유가 바로 이
것이었다.184)

　허목의 재이론에서 또 하나 주목되는 것은 '時令說'이다. 재이론의
기본적인 전제는 天人合一 사상이고, 이때 天과 人의 유기적 연관은
氣를 통해 이루어지는데, 氣는 陰陽五行의 형태로 유통된다. 이에 따
라 음양오행설은 재이론의 이론적 기초가 되었다. 漢代 유학은 이전
시기의 음양오행 사상을 유학의 체계 속에 도입하여 체계화시킴으로
써 자연인식의 기본틀을 형성하였다. 그것이 구체적으로 표출된 것이
「五行志」의 작성과 時令의 반포였다. 時令이란 말 그대로 사계절의

---

182) 이상의 내용은 吉川忠夫,「解說」,『漢書五行志』, 平凡社, 1986, 3~23쪽 참
　　조.
183)「洪範說」,『記言』卷31, 17ㄴ~18ㄱ(98책, 164쪽), "皇極者 王者之則 至極之
　　名也……皇極者 九疇之樞也".
184)「妖祥」,『記言』卷25, 1ㄱ~12ㄱ(98책, 124~129쪽). 이에 대한 상세한 분석은
　　구만옥,「朝鮮後期 尊君卑臣論의 災異觀－許穆(1595~1682)의 春秋觀과 災
　　異論을 중심으로－」,『韓國 實學의 새로운 摸索』, 景仁文化社, 2001의「부
　　록」참조.

변화에 적합한 인간의 행위=인사를 법령의 형태로 규정한 것이었다. 이처럼 時令을 12개월에 배당하여 체계화한 것이 戰國末에 편찬된 『呂氏春秋』의 「十二紀」(『禮記』, 「月令」)와 漢初『淮南子』의 「時則訓」, 그리고 『大戴禮』의 「夏小正」 등인데, 시령의 전형적인 모습은『여씨춘추』를 통해 확인할 수 있다.

『여씨춘추』의 정치론은 法天地=法自然의 개념을 중심으로 군주의 정치행위와 자연현상 사이에 인과관계를 설정하였다. 바로 여기에서 재이론이 출현할 수 있는 여지를 찾을 수 있는데,『여씨춘추』에 수록된 12紀의 시령설은 재이사상과 같은 맥락에서 설정된 것이었다.[185] 요컨대 시령설에서 추구하는 바는 음양의 조화를 통해 천도의 운행에 합치하는 것(=法天, 또는 천인합일)이었으며, 그 요체는 자연법칙을 인간사회의 정치도덕 법칙의 준거로 삼으려는 것이었다.

허목은 만년(1677년 : 肅宗 3)에 「經說」을 작성하면서 그 한 부분으로 「時令說」을 다루었다.[186] 그는 天地가 '無爲而化行'하는 흔적은 物에 있으며, 聖人이 천지의 운행을 본받아 '無貳而化成'하는 흔적은 事에 있다고 파악하였다. 따라서 성인의 일을 고찰하여 성인의 마음을 구하면, '盡物'할 수 있고 '事天'할 수 있다고 하였다.[187] 時令은 이처럼 고대의 聖王들이 천지의 운행을 관찰하고 거기에 인사를 조화시키

185)『呂氏春秋』의 政治論과 時令說에 대해서는 內山俊彦,『中國古代思想史における自然認識』, 創文社, 1987, 128~144쪽 ; 相原俊二, 「「呂氏春秋」の時令說(一)」,『史學雜誌』第76編 第12號, 1967 ; 「「呂氏春秋」の時令說(二)」,『史學雜誌』第77編 第1號, 1968을 참조.

186) 許穆은 일찍이 그의 나이 37세 때인 1631년(인조 9)에『月令考證』이라는 저술을 완성하였다[『眉叟先生年譜』卷1, 2ㄴ(99책, 345쪽)]. 이것은『十二月令考訂』을 뜻하는 것으로 보이는데[「十二月令考訂序」,『記言』卷4, 1ㄱ~ㄴ(98책, 45쪽)], 허목의 시령설이 젊은 시절부터 마련되고 있었음을 엿볼 수 있는 대목이다.

187)「時令說」,『記言』卷31, 41ㄱ~ㄴ(98책, 176쪽), "天地無爲而化行 聖人無貳而化成 故聖人能與天地參 天地之跡在物 聖人之跡在事 考其事而求其心 可以盡物 可以事天".

기 위해 만든 것이었으며, 시령의 준행은 성인을 본받는 것임과 동시
에 事天하는 행위였다. 요컨대 허목이 생각하는 天人合一의 경지, 또
는 事天論의 실체가 바로 이것이었다. 그가 『禮記』(月令)와 『大戴禮』
(夏小正)의 글을 중심으로 「시령설」을 작성한 의도가 또한 여기에 있
었다. 시령설의 요체는 陰陽을 조화시키는 것이었다. 계절의 변화에
따라 음양을 적절히 조절하면 재이가 일어나지 않고, 백성들도 재앙을
입지 않게 된다고 하였다.[188) 農事·軍事에서 法令의 집행, 度量衡의
통일에 이르기까지 일체의 人事가 계절의 변화에 따라 天地(陰陽)에
순응하면서 이루어져야 했던 것이다.

　이러한 시령의 집행은 정치 현장에서는 군신간의 의리를 확인하는
절차로 이어졌다. 군신 사이에는 '天地之義'가 있다는 것을 전제로, 郊
祀나 諸侯를 조회하는 일체의 행사가 같은 것으로 취급되었다.[189) 그
것은 곧 천지의 의리를 확인하는 절차임과 동시에 군신간의 의리를 확
인하는 절차에 다름 아니었다. 허목은 당시의 정치 현장에서 이와 같
은 시령의 시행을 '親耕'과 '親蠶'을 통해서 구현하려 하였다. 허목이
이 의식의 집행에 지대한 관심을 표명한 이유가 바로 여기에 있었
다.[190) 親耕儀는 그 절차 속에 아랫사람이 위를 받들고 윗사람이 아래
를 예로써 대하는 절차와 의식이 있기 때문에 중요한 것이었다. 그러
한 예법이 문란하지 않은 다음에야 예가 이루어졌다고 말할 수 있었

188) 「時令說」, 『記言』 卷31, 38ㄴ(98책, 174쪽), "以節陰陽之盛衰 四時灾孽不作
　　民無夭札之殃".
189) 「時令說」, 『記言』 卷31, 40ㄴ~41ㄱ(98책, 175~176쪽), "君臣之際 有天地之
　　義焉 郊祀朝諸侯 其義一也".
190) 「親耕議」, 『記言』 卷49, 8ㄴ~10ㄱ(98책, 338~339쪽) ; 「親蠶議」, 『記言』 卷
　　49, 10ㄱ~11ㄴ(98책, 339~340쪽) ; 「親耕箚」, 『記言』 卷54, 1ㄱ~2ㄱ(98책,
　　368쪽) ; 「進親耕頌箚子」, 『記言』 卷54, 2ㄱ~ㄴ(98책, 368쪽) ; 「親耕序」, 『記
　　言』 卷54, 2ㄴ~4ㄱ(98책, 368~369쪽) ; 「親耕頌并序」, 『記言』 卷54, 4ㄱ~ㄴ
　　(98책, 369쪽) ; 「上親耕成禮箚」, 『記言』 卷67, 5ㄴ~6ㄴ(98책, 488쪽) ; 「上親
　　蠶議」, 『記言』 卷67, 6ㄴ~9ㄴ(98책, 488~490쪽).

다.191) 예를 중시하고, 엄정한 등위의 구별을 중시했던 허목의 관점을 여기서도 살펴볼 수 있다. 결국 친경의와 친잠의를 통해 천지의 운행에 따라 인사를 순응시킨다는 시령설의 목적과 함께 그 의례를 통해 상하등위의 엄정한 예적 질서를 확인한다는 측면에서도 허목은 이러한 행사를 중요시하였던 것이다.

　허목의 재이론은 일련의 災異上疏를 통해서도 표출되었다. 그는 각종 재이 발생에 즈음하여 올린 상소문에서「五行志」와 漢儒의 논설을 빌려 재이의 원인을 규명하고, 그에 따른 대책을 다각도로 논의하였다. 따라서 우리는 이러한 재이상소를 통해 허목의 재이론이 지향하고 있는 정치적 목적을 분명하게 확인할 수 있다.

　허목은 재이가 발생하는 원인을 크게 세 가지로 정리하였다. 첫째, 군주의 否德으로 인해 재이가 일어나는 경우(德昏),192) 둘째, 현실 정치의 문란으로 인해 재이가 발생하는 경우(政亂), 셋째, 백성들의 원한이 쌓여 재이가 발생하는 경우였다(民怨・民散).193) 각각의 재이에 대한 해결 방안으로는 군주 개인의 수덕, 정치 일반에 대한 적극적인 반성과 개선(察於政令),194) 그리고 '保民'의 방책을 마련하는 것195) 등이 구체적으로 제시되었다. 이처럼 허목은 군주 수덕과 정치 쇄신, 그리고 보민의 문제를 통일적으로 파악하고 있었다.196) 특히 政亂・民散의 문

191)「上親耕成禮箚」,『記言』卷67, 6ㄱ(98책, 488쪽), "下之所以奉上 上之所以禮下 有節有儀 禮數不亂 然後可謂禮成".
192)「進君德箴箚子」,『記言』卷51, 8ㄴ(98책, 348쪽), "否德之積 來百殃".
193)「論執政箚」,『記言』卷51, 11ㄱ(98책, 350쪽), "生民困窮 飢饉加之 至父子不相保 天道示警 妖孽百出";「時弊箚」,『記言』卷53, 10ㄴ(98책, 363쪽), "積怨召災 積災召殃".
194)「因白虹貫日進箚」,『記言』卷53, 15ㄱ(98책, 366쪽), "伏乞聖明反身求過 察於政令 以爲得罪於天者何事".
195)「論政弊箚」,『記言』卷51, 3ㄱ(98책, 346쪽), "然臣以爲今日之務 保民爲急";「進君德之戒箚」,『記言』卷51, 13ㄴ(98책, 351쪽), "治莫善於保民";「論政弊疏」,『記言』卷53, 6ㄴ~7ㄱ(98책, 361~362쪽), "故先王之治 保民爲大";「進君德日新箴仍乞歸箚」,『記言』卷54, 6ㄴ(98책, 370쪽), "治莫善於保民".

제를 망국의 징조로 간주하였던[197] 허목은 재이론을 통해 조선후기 사
회모순에 대한 적극적인 대책을 마련하고자 하였던 것이다. 그가 생각
하는 군주권 강화가 곧 國家 公權의 강화였으며, 그것은 보민을 위한
것이었다는 사실을 여기서 다시금 확인할 수 있다. 바로 여기에 허목
재이론의 정치적 목적과 역사적 가치가 있는 것이다.

4. 17세기 후반 實學的 自然認識의 擡頭

1) 心學과 經世學의 결합

증조부 李睟光의 학문적 전통을 계승하면서 尹鑴, 許穆과 일정한
정치적·학문적 관계를 맺었던 인물이 李玄錫이었다.[198] 이현석이 이
수광 이래의 家學的 전통 위에서 허목 등 남인 학자들의 학문적 성과
를 수렴하고 있었음은 다음과 같은 몇 가지 단편적인 사실에서도 짐작
할 수 있다. 첫째, 그는 증조부 이수광의 '師心論'을 계승하고 있었다.
그는 유학자들이 스스로 몸과 마음의 과실을 검속하는 것을 중요한 방
법으로 여기고 있다고 전제하면서, 그렇기 때문에 자기의 마음을 엄한
스승으로 삼아야 한다는 학설이 출현하게 되었다고 보았다. 따라서 군

---

196) 「進德禮政刑箚」,『記言』卷52, 2ㄴ(98책, 352쪽), "德昏則政亂 政亂則民散
  德昏政亂民散 而國以治安者 未之有也".
197) 「論政弊箚」,『記言』卷51, 4ㄱ(98책, 346쪽), "政亂民散 亡國隨之".
198) 李玄錫과 尹鑴·許穆의 학문적 관계를 알 수 있는 단편적인 자료로는 「答李
  夏瑞 玄錫 甲寅」,『白湖全書』卷17, 737~738쪽 ; 「挽詞」,『白湖全書』附錄 1,
  1869쪽 ; 「易義窺斑序」,『游齋集』卷20, 28ㄴ~30ㄱ(156책, 572~573쪽) 등을
  참조. 李玄錫의 생애와 학문에 대해서는 李玄祚(1654~1710), 「從氏叅贊公行
  錄」,『景淵堂集』卷6, 5ㄴ~10ㄱ(168책, 503~505쪽) ; 尹淳(1680~1741), 「左
  叅贊游齋李公神道碑銘」,『白下集』卷7, 27ㄴ~33ㄱ(192책, 290~293쪽) ; 吳
  光運(1689~1745), 「資憲大夫議政府左叅贊兼知義禁府事五衛都摠府都摠管
  李公謚狀」,『藥山漫錄』卷20, 4ㄱ~13ㄱ(211책, 136~141쪽) 참조.

주가 德性을 함양하고자 할 때에도 마땅히 자기의 마음을 스승으로 삼고, 뜻을 세우는 것을 일삼아야 한다고 주장하였다.[199]

둘째, 邵雍의 經世論을 높이 평가하고 있었다. 이현석은 이른바 '經綸'이란 천하의 사무를 조치하고 안배하여 조리가 정연하고 기강이 정밀하게 만드는 것이라고 정의하였다. 그것은 마치 베틀로 날줄과 씨줄을 조직해서 옷감을 짜는 것과 같았다.[200] 이현석은 소옹이 천하를 두루 돌아다니며 仁情을 확실하게 파악했기 때문에 진정한 經世學을 이룩할 수 있었다고 보았다.[201] 현실에 근거하지 않은 이상적인 개혁론을 거부하는 이현석의 자세를 여기에서 엿볼 수 있다. 이현석은 소옹의 경륜 수단과 심술의 운용이 『皇極經世書』와 『觀物篇』에 모두 갖추어져 있다고 하였으며,[202] 소옹을 재주가 높고 순수하여 王道의 妙用을 얻었으며 그 바탕이 뛰어나고 학문도 정밀한 사람으로 높이 평가하였다.[203]

셋째, 이현석은 허목 이래의 재이론을 계승하여 재이를 해결하기 위한 방안으로 時令에 따를 것과 歲功을 본받을 것을 주장하였다.[204] 그

---

199) 「論君德時弊疏」, 『游齋集』 卷12, 2ㄴ~3ㄱ(156책, 462~463쪽), "是故所以自治者 唯當自撿心身之過而已 古人有十二時中自撿身心過失之語 儒者以爲要道 故亦有以己心爲嚴師之說 然則人君欲成德性者 惟當以己心爲師 立志爲事而已".

200) 「四子經綸集序」, 『游齋集』 卷15, 15ㄱ(156책, 514쪽), "經綸者何 縱機之縷曰經 引援之絲曰綸 言其措置天下之務 安排天下之事 條理整齊 紀綱精密 若組織而成匹帛也".

201) 「論君德時弊疏」, 『游齋集』 卷12, 5ㄱ(156책, 464쪽), "宋儒邵雍遍遊天下然後始得盡知仁情 爲經世之學".

202) 「四子經綸集序」, 『游齋集』 卷15, 16ㄴ(156책, 514쪽), "堯夫之經綸手段 運用心術 經世書觀物篇具載矣".

203) 「四子經綸集序」, 『游齋集』 卷15, 17ㄱ(156책, 515쪽), "堯夫才高而粹 得王道之妙用也……康節資豪而學又精".

204) 「請破朋黨疏丁丑」, 『游齋集』 卷13, 14ㄱ(156책, 484쪽), "王者體天行道之方此亦一端 順時令而法歲功者 是類之謂也".

것은 하늘을 본받고 道를 행하는 구체적인 방법이었다. 그가 여러 가지 정치적인 논란에도 불구하고 '親耕禮'의 시행을 거듭 강조했던 것은 이것이 바로 '勤民務本의 大禮'라고 생각하였기 때문이다.205) 이현석은 '친경례'를 당시의 급선무인 '務農'을 위한 불가결한 행사라고 여겼으며, 農政(農扈之政)의 문제를 해결해야만 天心을 위로하여 재이를 해결할 수 있다고 보았던 것이다.206)

이처럼 이현석의 학문 경향에서는 16세기 말 이래 일부 남인계 학자들이 공유했던 요소들이 발견된다. 이러한 단편적 경향성이 이현석 단계에서 구체적으로 어떻게 변화·발전했는가를 규명하는 것은 조선후기 사상사의 내적 발전과정을 탐색하는 기초적인 작업이 될 것이다. 여기에서는 우선 心學과 經世學, 觀物論의 상호 관계를 중심으로 그 일단을 살펴보고자 한다.

앞서 언급하였듯이 이현석은 증조부 이수광 이래의 心學을 계승하였다. 그는 師心論(事心論)을 통해 심학의 중요성을 강조하였고, 그것에 經世學을 결합시켰다. 심학이 경세학의 기초가 된다는 주장이었다. 그렇다면 심학은 어떻게 경세학과 결합될 수 있는가? 심학은 개별 주체의 도덕적 수양을 의미하는 것이고, 경세학은 天下를 經綸하는 학문, 즉 사회와 국가를 다스리는 학문분야였다. 물론 이러한 논리는 유교의 전통적인 '修己治人'의 관념에서 크게 벗어나는 것이 아니었다. 그러나 그 내부적인 논리구조는 적잖은 변화를 수반하고 있었다.

먼저 修己의 구체적인 방법에서 차이가 난다. 이수광 단계에서 볼 수 있었듯이 師心論은 주자학의 인식론인 格物致知論을 비판하였다. 도덕적 주체의 확립을 위해 외재 사물의 이치를 탐구할 필요가 없다는

205) 「請破朋黨疏丁丑」, 『游齋集』 卷13, 14ㄱ(156책, 484쪽), "臣之愚意妄謂此(親耕之禮를 말함-인용자 주)乃勤民務本之大禮 決不可不一行也".
206) 「請破朋黨疏丁丑」, 『游齋集』 卷13, 14ㄴ~15ㄱ(156책, 484~485쪽), "卽今爲政之第一急務 莫大於務農……而上下大小莫不悉心致力 講求農扈之政 然後庶可爲克享天心 拯濟生類之一助耳".

주장이었다. 이현석 역시 마음 공부를 위주로 한 수양론을 피력하였다. 그가 佛敎와 陽明學의 그 나름의 가치를 인정하였던 것도 이·부분에서였다. 비록 그 말단의 폐단은 있지만 '治心工夫'에서만큼은 정밀하고 효과적이라는 평가였다.[207]

다음으로 수기를 통해 확립해야 하는 마음의 내용에서 차이를 보이고 있었다. 일반적으로 수기를 통해 확립해야 하는 것은 삼강오륜으로 대표되는 도덕적 마음이었다. 그런데 이수광에게서 볼 수 있었듯이 조선후기 心學에서는 그 마음의 내용으로 公·民生·國家를 강조하는 논리가 등장하고 있었다. 이른바 '治者 책무의식'의 강조였는데, 이는 양란 이후 조선후기 사회 변동과 모순의 심화를 반영하는 것이었다.

이현석 역시 당시 조선의 현실을 위기로 인식하였다. 그는 孔子의 "양식을 풍족하게 하고, 군대를 풍족하게 하면, 백성들이 믿을 것이다"[208]라는 교훈에 근거하여 당시 조선의 현실을 진단하였다. 그가 보기에 국가의 저축은 거의 비어 있었고, 兩亂에서의 군사적 열세에서 볼 수 있었듯이 군대도 정비되어 있지 않았다. 뿐만 아니라 거듭된 黨爭과 換局으로 인해 정책의 일관성을 유지하지 못함으로써 백성들로부터 신뢰도 잃고 있었다. 먹을 것도 부족하고, 군대도 부족하며 민심의 기반도 잃고 있는 상태, 이것이 이현석이 파악했던 당시 조선의 현실이었다.[209]

이러한 모순은 구체적인 사회동요로 발현되고 있었다. "인심이 점차로 그릇되고 風敎는 쓸어 없애버린 듯하여, 윗사람은 업신여기고 아랫사람은 분수에 넘치며, 주인은 난폭하고 노비는 頑惡하여, 명분상의

---

207) 「答寄舍弟書」, 『游齋集』 卷14, 12ㄱ~13ㄱ(156책, 500~501쪽), "大抵僧家以絶外累祛物慾 爲治心之功 故其用力雖難 而門路則捷矣 然而不能運用於進修之地 轉入寂滅門中 此不足貴也 明有王陽明者 雖有涉禪之趣 而治心之功頗密……此亦治心之格言也".
208) 『論語』, 顏淵, 7章, "子貢問政 子曰 足食足兵 民信之矣".
209) 「辭大司憲疏丙子」, 『游齋集』 卷13, 7ㄴ~8ㄱ(156책, 481쪽).

다툼(爭訟)과 골육간의 싸움(訴評)이 없는 날이 없는"[210] 상태가 바로
그것이었다. 특히 사회의 지도층이라 할 수 있는 양반 사대부의 타락
상은 심각하였다. "公이 私를 이기지 못하고, 윗사람이 아랫사람을 해
치며, 부자가 가난한 사람을 삼키고, 강한 자가 약한 자를 업신여긴다.
私門에서 刑杖을 가하고, 몰래 사람을 해치며, 염치를 돌아보지 않고
선비의 기풍을 더럽히고 손상시킨다. 관직을 받고 부임하여서는 公을
빙자해 사사로움을 일으킨다. 그밖의 비리와 불법 수탈(橫侵)의 단서
에 이르러서는 빈번하게 있다."[211]

이와 같은 사회 모순을 극복하기 위해서는 무엇보다 먼저 公道를
회복해야만 했고, 중앙 정치의 당쟁을 극복하는 것이 일단 급선무였다.
이현석이 보기에 당시의 당쟁은 공·민생·국가와는 거리가 먼 것이
었기 때문이다. 이러한 이현석의 생각은 破朋黨論, 蕩平論으로 자연스
럽게 연결된다. 그는 일찍이 肅宗으로부터 당론을 좋아하지 않는(不喜
黨論) 인물이라는 평가를 받았으며,[212] 스스로도 평소의 간절하고 지
극한 소원이 '破朋黨' 세 글자에 있다고 말하곤 했다.[213] 그는 당쟁의
문제점을 다음과 같이 지적하였다.

---

210) 「民間通諭書爲安東時」, 『游齋集』 卷14, 16ㄱ~ㄴ(156책, 502쪽), "人心漸訛
風敎掃如 上凌下僭 主暴奴頑 名分上爭訟 骨肉間訴評 無日無之".

211) 「民間通諭書爲安東時」, 『游齋集』 卷14, 19ㄱ~ㄴ(156책, 504쪽), "公不勝私
以上殘下 以富吞貧 以强侮弱 私門刑杖 陰中害人 不顧廉恥 汚毁士風 受官
差任 憑公作私 及其他非理橫侵之端 比比有之".

212) 『肅宗實錄』 卷32上, 肅宗 24년 2월 3일(戊申), 7ㄱ(39책, 484쪽─영인본『朝
鮮王朝實錄』, 國史編纂委員會, 1970의 책수와 쪽수. 이하 같음), "玄錫疏辭
之不美 予非不知 而第此人平日 不喜黨論 固其長處……" ;『肅宗實錄』 卷
38下, 肅宗 29년 10월 20일(壬辰), 34ㄱ(40책, 51쪽), "玄錫 恬靜自守 上褒以
不喜黨論".

213) 「請破朋黨疏丁丑」, 『游齋集』 卷13, 12ㄴ(156책, 483쪽), "懇懇至願 惟在於破
朋黨三字" ;『肅宗實錄』 卷31, 肅宗 23년 12월 17일(癸亥), 66ㄴ(39책, 477
쪽).

아! 士大夫가 다투는 바는 문자를 의논하는 말단에 지나지 않고, 백
성의 근심과 나라의 계책은 강구하고 사색하는 가운데에 들어가지 않
아서, 홀로 至尊으로 하여금 社稷을 근심하시게 하니, 어찌 신하의
책임이 아니겠습니까?214)

당시의 당쟁이 국가와 민생을 위한 것이 아님을 통렬하게 지적한 것이
었다. 이현석은 '公'을 회복하는 것을 破朋黨의 첩경으로 인식하였다.
人情에는 公도 있고 私도 있으므로 마땅히 公으로써 私를 제거한 다
음에야 신하가 군주를 섬기는 도리에 합치될 수 있다는 것이 그의 지
론이었다. 是非의 다툼이나 사람에 대한 평가 역시 公에 입각해야만
했다. 그러나 당시의 당쟁이 사사로운 원한을 유발하여 원수처럼 미워
하게 되는 것은 모두가 '公을 가장한 사사로운 마음(外公內私之一念)'
에서 연유함이었다.215)

  그런데 이와 같은 당쟁은 사대부들 사이의 다툼이었으므로 그것을
조정할 수 있는 주체는 현실적으로 군주밖에 없었다.

  생각하건대, 우리 전하께서는 權綱을 모아 잡고 굳세게 홀로 운용
하며 명령이 엄준하여 黜陟을 마음대로 하고 伸縮이 손에 달려 있으
시니, 大公至正으로 표준을 세워[建其有極], 사사로운 것이 없고 치
우친 것이 없이 재능이 있는 자를 발탁하고, 계책이 있고 지키는 것
이 있어서 덕이 있는 자를 분별하여, 한결같이 위에서 분부하는 대로
따라서 시키는 일에 분주하고 감히 사사로이 서로 모함할 생각을 하

214) 「陳戒疏庚午」, 『游齋集』 卷13, 27ㄴ(156책, 475쪽), "嗚呼 士夫所爭 不越乎議
    論文字之末 而民憂國計 不入於講究思索之中 獨使至尊憂社稷 庸詎非臣子
    之責乎" ; 『肅宗實錄』 卷22, 肅宗 16년 2월 25일(丁亥), 11ㄴ(39책, 217쪽).
215) 「請破朋黨疏丁丑」, 『游齋集』 卷13, 12ㄱ(156책, 483쪽), "大抵人情有公有私
    要當以公滅私 然後方合於人臣事君之義 盖是非之爭公也 用人之評亦公也
    若不以私意叅厠於其間 則雖有過差 亦是公罪 有何私怨私恨之憾哉 而其互
    相爭忿 終成讐怨者 都出於外公內私之一念也".

지 못하게 하실 수 있다면, 어찌 時弊를 바로 잡는 좋은 계책이 되지
않겠습니까?216)

　바로 여기에서 心學과 經世學을 매개하는 논리로서 '建極論'이 등
장한다. '建極'이란 도덕적 주체의 확립, 그 이상의 의미가 아니었다.
이현석은 현실 개혁의 근본을 군주의 도덕적 수양이라고 보았다. 이는
주자학적 경세론으로서의 君主聖學과 다를 바 없었다. 군주성학의 핵
심은 '改過遷善'이었고217) 그것을 이룩하는 수단으로 신하들의 간언을
성실히 받아들이는 군주의 자세가 요구되었다.218) 그런데 이현석의 경
세론은 여기에서 머물지 않고 한 걸음 더 전진하고 있었다. 근본이 세
워진 다음에는 그것을 정치에 베풀어야 한다고 보았던 것이다. 그는
그 구체적인 세목으로 義理를 밝히고, 時務를 파악하고, 世情을 살피
며, 人才를 발탁하는 네 가지(明義理·識時務·察世情·得人才)를
제시하였다.219) 아울러 이를 달성하기 위한 중요한 수단으로 '博通書
史'·'延訪臣隣'을 거론하였다. '書史에 널리 통해야 한다는 것'은 의리
를 밝히기 위함이었다.220) 그러나 이현석은 그것만으로는 부족하다고

216) 「陳戒疏庚午」, 『游齋集』 卷13, 27ㄴ(156책, 475쪽), "惟我殿下總攬權綱 乾剛
　　獨運 雷厲風飛 黜陟從心 伸縮在手 苟能以大公至正 建其有極 無黨無偏 惟
　　才是拔 有猷有守 惟德是甄 俾其奔走服使 一從上旨 不敢爲私相傾軋之計
　　則豈不爲救時之長筭乎"; 『肅宗實錄』 卷22, 肅宗 16년 2월 25일(丁亥), 11ㄴ
　　(39책, 217쪽).
217) 「論君德時弊疏」, 『游齋集』 卷12, 4ㄱ(156책, 463쪽), "盖人非聖人 誰能無過
　　而作聖工夫 皆自改過遷善上做去 其道甚要 其進甚速 此自治之第一義也".
218) 「論君德時弊疏」, 『游齋集』 卷12, 4ㄴ(156책, 463쪽), "苟能自知其過 則必不
　　怒人之妄諫 自言其失 則必能容人之直言 改過不吝 從諫如流 帝王之能事畢
　　矣".
219) 「論君德時弊疏」, 『游齋集』 卷12, 4ㄴ(156책, 463쪽), "本旣立矣 其所以施於
　　政者 固足以正朝廷矣 若其事務措置 則又不過明義理·識時務·察世情·得
　　人才而已".
220) 「論君德時弊疏」, 『游齋集』 卷12, 4ㄴ(156책, 463쪽), "欲行此四事 而其要又
　　當博通書史 延訪臣隣而已 博通書史 則義理自明".

생각하였다. 古今의 時勢가 다르기 때문이었다.

> 다만 옛날과 지금은 時宜가 달라 일(事理)이 많이 부합하지 않는
> 다. 혹은 자취가 서로 비슷하지만 결코 오늘날 시행할 수 없는 것도
> 있고, 혹은 일이 서로 비슷하지만 때가 같지 않아서 억지로 그것을
> 시행한다면 반드시 실패하기도 한다. 그러므로 옛날부터 많은 사람들
> 이 山林에서 독서만 하면서 세상의 일은 물리쳐 두고 한결같이 古道
> 로써 자처(自居)하면서 三代를 만회할 수 있다고 생각하지만 마침내
> 크게 실패하고 마는 것은 그 잘못이 옛 것만 알고 지금을 모르는 데
> 있었기 때문이다.[221]

이현석은 '知古'보다 '知今'이 어렵다고 강조하였다. 옛일은 역사책
을 학습함으로써 알 수 있지만 오늘날의 사정은 오로지 경험을 통해서
파악할 수밖에 없기 때문이었다.[222] 이러한 그의 주장은 옛적의 제도
를 복구해야 한다고 주장하는 것은 쉽지만, 변화하는 사회현상을 파악
하고 거기에 맞는 경세론을 확립하는 것이 어렵고도 중요하다는 사실
을 강조하기 위한 의도였다.

그렇다면 깊은 궁궐 속에 거주하는 군주가 오늘날의 여러 사정을 파
악할 수 있는 방법은 무엇인가? 民生의 어려움, 政事의 득실, 人情의
향배 등등을 군주 스스로 파악하기에는 현실적으로 어려움이 많았다.
그래서 이현석이 제시하고 있는 방안이 '신하들을 불러들여 상의하는
것'이었다. 신하들의 말을 듣고, 그들과 고금의 문제를 토론하고 정사

---

221) 「論君德時弊疏」, 『游齋集』 卷12, 4ㄴ~5ㄱ(156책, 463~464쪽), "但古今異宜
事多不合 或跡相類而決不可施於今 或事相似而時不同 強而行之 必敗 故自
古股浩輩讀書山林 排置世務 一以古道自居 謂可以挽回三代而終於大敗者
患在於知古而不知今故也".

222) 「論君德時弊疏」, 『游齋集』 卷12, 5ㄱ(156책, 464쪽), "但知今實難於知古 古
事則只從史冊上得之 苟沉潛反復 自可通貫 而今則必身歷而目見之 然後可
知矣".

를 논의하면서 군주는 스스로의 이목을 넓히고 인정을 살핌으로써 시
무를 파악해야 한다고 보았다.223)

여기서 우리가 주목해야 할 부분은 신하들과 더불어 고금을 토론하
고 의리를 찾는 것을 '종이 위의 쓸데없는 말(紙上之空言)'로 치부하면
서, 실제 정치행위와 관련된 문제는 반드시 한치의 빈틈없이 처리해야
만 한다고 보는 이현석의 태도이다. 물론 이것이 군주와 신하간의 학
문적 토론이 무의미하다는 뜻은 아니었다. 그러한 토론과 탐구는 비록
잘못된다 하더라도 그 해가 크지 않은 반면에 政令과 관계된 일이 잘
못되면 그 해는 크게는 나라를 망치고 자신을 상하게 하며, 작게는 백
성을 병들게 하고 나라를 좀먹게 하기 때문이었다.224)

이현석은 당시 백성들을 괴롭히는 최대의 폐단으로 田政·軍政·還
上·各衙門을 꼽았다.225) 부세제도와 관제의 개혁을 염두에 둔 것이었
다. 이것이 개혁의 대상이라는 사실은 당시 조정에서도 이미 알고 있
었다. 그럼에도 불구하고 변통하지 못하는 이유는 무엇이었을까? 이현
석은 그 이유를 폐단을 불러온 근원을 살피지 않고, 먼 지방의 실정을
소통시키지 못하기 때문이라고 보았다.226) 폐단의 근원을 살펴야 한다
는 것은 개혁의 방법론과 관련된 문제였다. 이현석이 보기에 王安石을
비롯한 變法論者들이 실패한 것은 현실에 맞지 않는 古法에 근거해서

---

223) 「論君德時弊疏」, 『游齋集』 卷12, 5ㄱ~ㄴ(156책, 464쪽), "是以其道只在於延
　　訪臣隣而已 日與親接 觀其言語 或討論古今 以觀其學 或論議政事 或言及
　　閭里私談 如此等事 固欲廣耳目察人情 以知時務耳".
224) 「論君德時弊疏」, 『游齋集』 卷12, 5ㄴ(156책, 464쪽), "討論古今 探賾義理 雖
　　有以益吾心智 而其實不過爲紙上之空言 雖論斷不中 探賾不知 其害不大 而
　　至於政令間事 必鑿鑿中窾 皆得機會 如有差失 其害立至 大則亡國喪身 小
　　則病民蠹國 此所謂學今難於學古者也".
225) 「論君德時弊疏」, 『游齋集』 卷12, 5ㄴ~6ㄱ(156책, 464쪽), "今百弊俱棘 不可
　　盡擧 而求其弊最大民最病 萬口一談 皆以爲不可不變通者 亦不過四事 田政
　　一也 軍政二也 還上三也 各衙門四也".
226) 「論君德時弊疏」, 『游齋集』 卷12, 6ㄱ(156책, 464쪽), "患在不究致弊之原 不
　　通遐遠之情故也".

개혁을 시도했기 때문이었다. 개혁을 위해서는 폐단의 원인을 정확하게 파악하는 것이 전제되어야만 했다. 먼 지방의 실정을 소통시켜야한다는 것은 지역적인 편차를 고려해야 한다는 말이었다. 지방마다 풍토가 다르고 폐단도 차이가 있기 때문에 한 가지 방법으로 전체에 통용시킬 수는 없다고 보았던 것이다.[227]

그렇다면 개혁의 구체적인 방법과 절차는 어떠해야 하는가? 이현석은 그것을 다음과 같이 정리했다. 먼저 군주는 각각의 폐단을 들어 팔도의 지식인들에게 변통의 방법에 대해 자문을 구한다. 각도의 관찰사와 수령으로 하여금 지역 지식인들의 獻議를 수렴해서 올리게 하고, 그것을 備邊司의 堂上들로 하여금 大臣들과 상의하게 한 다음, 최종적으로 군주와 함께 절충하여 개혁의 規模를 만든다. 이렇게 법이 만들어지면 1년 동안 법에 폐단이 없도록 다듬어서 결연한 의지를 갖고시행해야 한다. 이현석은 개혁에 따른 반대 의견에 흔들리지 않고 오랫동안 개혁을 지속한다면 반드시 그 효과를 볼 수 있으리라 여겼다.[228] 무릇 變法이란 처음에는 마땅히 심사숙고해야 하며, 심사숙고한 다음에는 결행하기를 과단성 있게 해야 하며, 이미 결행한 다음에는 그것을 오랫동안 시행해야 하는 것이었다.[229] 이상과 같은 절차를 거쳐 하나의 폐단이 해결되고 나면 다시 똑같은 방식으로 다른 폐단을 제거하면 된다. 이렇게 하면 10년이 지나지 않아 묵은 폐단을 모두 제거하고 富國强兵, 安民致治에 도달할 수 있으리라 보았다.[230]

이상과 같은 개혁의 방법과 절차에서 이현석은 국가의 전반적인 현

---

227) 「論君德時弊疏」, 『游齋集』 卷12, 6ㄱ~ㄴ(156책, 464쪽), "矧乎八道之大 三百州之分 可以一一究其弊而能爲之法度 一中其弊瘼乎 此甚難者也……古法雖美 不可行者多 而且百里不同風 弊瘼各異 一綮法制 不能通行故也".

228) 「論君德時弊疏」, 『游齋集』 卷12, 6ㄴ~7ㄱ(156책, 464~465쪽).

229) 「論君德時弊疏」, 『游齋集』 卷12, 7ㄱ(156책, 465쪽), "盖變法者 始宜審思 旣思之後 決之宜果 旣決之後 行之欲久".

230) 「論君德時弊疏」, 『游齋集』 卷12, 7ㄱ~ㄴ(156책, 465쪽).

실을 파악하는 문제와 衆議를 모아(收議) 規模를 수립하는 문제를 중
요시했다.231) 개혁을 실현하기 위해서는 국가 전체의 사정에 통달해야
하는데 각 지방의 특수한 사정은 해당 지역민들이 가장 잘 알고 있다
고 판단했기 때문이었다.

끝으로 이현석은 인재를 얻는 방법에 대해서 그 요체가 '養民'에 있
다고 주장하였다. 군주가 백성을 사랑하는 뜻을 가지고 백성을 기르는
정치를 하면 인재는 저절로 모이게 될 것으로 보았다.232) 이러한 논의
가 원칙적인 것이라면 현실적으로는 당쟁의 와중에서 어떻게 인재를
불러모을 것인가 하는 문제가 중요했다.

이현석은 당시 인재 부족의 문제가 당쟁과 밀접한 관련이 있다고 보
았다. 우리나라의 신분제가 중국과 달라서 천인·양인의 구별이 있고,
중인·서얼에 대한 차별이 있기 때문에 실제로 조정에 등용될 수 있는
사족은 전체 인구의 1/3밖에 되지 않았다. 그런데 그 가운데서 다시 色
目이 나뉘어 일진일퇴하기 때문에 인재를 구하기 어렵게 되었다고 보
았다. 요컨대 인재의 부족은 黨比의 습속에서 연유하는 것이었다.233)
따라서 이 문제를 해결하는 방도는 군주의 인사 정책에서 찾을 수밖에
없었다. 당색을 불문하고 사람의 是非와 賢愚을 밝혀 至公無私하게
인사 초치를 취하고 調劑保合에 힘써야 하는 것이었다.234)

---

231) 「論君德時弊疏」, 『游齋集』 卷12, 7ㄴ~8ㄱ(156책, 465쪽), "苟不博採衆議 先
立規模 而行一事做一令 以爲革弊之地 則只益騷擾而終不可革矣 我國人上
書言事者多矣 而多不見用者無他 實由於不能通知一國事情 故有所掣肘而
不可行也……".

232) 「論君德時弊疏」, 『游齋集』 卷12, 9ㄱ(156책, 466쪽), "盖人君苟欲養民則賢士
自往也……今殿下果有至誠愛民之意 至誠愛民之政 則今世雖無人才 而其足
以了今世之事業者 將不外求而自至矣".

233) 「代人應旨疏庚申」, 『游齋集』 卷12, 13ㄴ~14ㄱ(156책, 468쪽), "我東之制 異
於中國 有賤人良民之別 有中人庶孽之限焉 登庸於朝者 只是士族 以是論之
國家之所取用者 不過三分之一 而於其一分之中 又有色目之分 此盛則彼衰
彼進則此退 用人之不廣 旣至於此 則雖欲得賢而共國 其可得乎 人才之不足
實由於黨比之習".

이러한 이현석의 태도는 經史를 통해 제왕의 학문을 완성할 수 있
다고 보는 기존의 관점과 배치되는 것이었다. 그는 "제왕의 학문은 경
륜이 중요하다"는 柳成龍(1542~1607)의 언급으로부터 이른바 '帝王經
綸의 학문'이 있음을 비로소 깨달았다고 고백하고, 그러나 그것은 경사
에 대한 학습을 통해 달성할 수 있는 문제라고 생각하였다고 한다.235)
그러나 그 후 "사대부들이 경세유용의 학문을 하지 않은지 오래되었
다"236)라는 주자의 언급을 보고 經史에 대한 탐구가 宋代만큼 번성하
였던 적이 없는데, 그렇다면 과연 경세유용의 학문이란 무엇인가 하는
의문이 들었다고 한다.237) 그것은 경사 이외에 '經世有用之學'이 존재
하는가 하는 의문이었다. 그 의문을 풀기 위해 그는 어릴 적에 영남지
방에서 전해들은 『經濟大成』이라는 책에 주목하게 되었다. 이 책은 임
진왜란 때 조선에 원병으로 파견되었던 장수 가운데 한 사람이 소장하
고 있던 것으로 9종의 책을 편집한 일종의 편서였다. 거기에 수록된
책을 보면 『皇極經世書』(邵雍), 『誠齋易傳』(楊萬里), 『大學衍義』(眞
德秀), 『大學衍義補』(丘濬), 『文獻通考』(馬端臨), 『荊川稗編』·『左
編』·『右編』(唐順之), 『救難玄機』(『黃石公素書』·『孫武子書』·『心
書』(諸葛亮)·『虎鈐經』(許洞)·『練兵實記』(戚繼光)의 합본) 등이었다.
이현석은 이와 같은 기존의 책들에 李石亨(1415~1477)의 『大學衍義
輯略』, 申翊聖(1588~1644)의 『皇極經世書東史補編』, 李彦迪(1491~
1553)의 『九經衍義』, 李滉(1501~1570)의 『聖學十圖』 등을 추가하여

234)「代人應旨疏庚申」,『游齋集』卷12, 14ㄱ~ㄴ(156책, 468쪽), "伏願殿下虛心
而處之 正己而率之 都忘南北東西之異 只明是非賢愚之分 舉措用捨 一以至
公而無私 要以保合同異 調劑携貳 提撕導迪 偕至於大公至正之域 則庶可以
得人才而代天工矣 正朝廷而祛偏黨矣".
235)「論誠齋易傳疏」,『游齋集』卷13, 30ㄴ~31ㄱ(156책, 493쪽).
236)「送張仲隆序」,『晦庵先生朱文公文集』卷75, 3623쪽(『朱子全書』, 上海古籍
出版社·安徽教育出版社, 2002의 쪽수), "士大夫狃於宴安無事 而不爲經世
有用之學者 幾年于玆矣".
237)「論誠齋易傳疏」,『游齋集』卷13, 31ㄱ~ㄴ(156책, 493쪽).

제왕의 '경세유용의 학문'을 위한 자료로 삼고자 하였다.[238]

이는 새로운 經世學 내지 君主聖學의 수립을 위한 실천적인 모색이었다. 이현석은 조선후기의 사회 변동과 현실 모순 속에서 그것을 타개하기 위한 經世의 문제에 특히 주목하였기 때문이다. 그는 역대 인물 가운데 諸葛亮·陸贄·邵雍·胡安國을 경륜가의 대표로 손꼽았다. 그들이 재능과 학문을 겸비했다고 보았기 때문이다. 따라서 경전을 근본으로 하고 이들을 우익으로 삼아 깊이 탐구한다면 三代의 경세 사업을 이룩할 수 있을 것으로 기대하였다.[239] 그가 『四子經綸集』을 편찬한 이유가 바로 여기에 있었다.[240]

2) 氣數·人事의 분리와 觀物論의 전개

師心論에 기초해서 인간의 주체적·능동적 역할을 강조했던 이현석의 태도는 객관세계와 주체를 분리해서 사고하는 인식론에 기초하고 있었다. 그는 氣數·時勢로 대표되는 객관세계와 人事·人力으로 대변되는 주체를 분리해서 사고하였다.

> 지독한 추위와 혹독한 더위는 하늘의 數(氣數)이고, 갖옷을 입고 갈옷을 입는 것은 곧 人事로써 하늘을 돌리는 것이다. 산이 높고 물이 깊은 것은 땅의 형세이고 말을 타고 배를 타는 것은 곧 人力으로써 땅을 옮기는 것이다. 무릇 時勢에 인하여 세상의 변화에 응하는 바는 (그) 道가 여기에 있다.[241]

---

238) 「論誠齋易傳疏」, 『游齋集』 卷13, 31ㄴ~34ㄱ(156책, 493~494쪽).

239) 「游齋六家」, 『游齋集』 卷22, 5ㄴ~6ㄱ(156책, 598쪽), "諸葛孔明·陸敬輿·邵堯夫·胡康侯有才有學 可謂經綸家集大成 故嘐嘐之志 常在於此四子 倘以經傳爲根柢 四子爲羽翼 深究而自勉 則庶幾乎三代上經世之業矣".

240) 「四子經綸集序」, 『游齋集』 卷15, 15ㄱ~17ㄱ(156책, 514~515쪽).

241) 「時勢氣數說」, 『游齋集』 卷19, 1ㄱ(156책, 547쪽), "祈(祁의 잘못-인용자 주)寒酷暑 天之數也 而衣裘衣葛 乃以人事而回天 山高水深 地之勢也 而乘

추위나 더위와 같은 '氣數의 消長'이나 산이나 물과 같은 '時勢의 險易'는 시대의 고금을 막론하고 항상적인 것이다. '因時順勢'하여 어지러움을 다스림으로 바꾸는 방도는 진실로 氣數의 消長과 時勢의 險易 가운데에 있는 것이다. 갖옷과 갈옷, 말과 배를 천지의 바깥에서 구할 수 없는 것과 같이 현실의 문제를 해결하는 방도 또한 현실 속에서 구해야만 한다는 논리였다.242)

이러한 관점에서 이현석은 발전적인 역사관을 제시하였다. 인류 역사의 발전과 인지의 발달에 따라 '經世之術' 역시 진보하고 있다는 것이다.243) 이는 전통적인 유교의 尙古主義와는 다른 것이었다. 그럼에도 불구하고 세상이 잘 다스려지지 못하는 이유는 무엇일까? 많은 유학자들은 그 이유를 三代의 刑教德禮를 회복하지 못하기 때문이라고 생각하였다. 그러나 이현석은 이러한 견해에 반대하면서 그 나름의 논리를 전개하였다.

이현석이 생각할 때 중요한 것은 삼대의 제도 그 자체가 아니었다. 그것을 어떻게 현실에 맞게 적용할 것인가가 보다 중요한 문제였다. 宜時·適用의 문제였던 것이다.244) 그리고 그 문제를 해결할 주체는 인간이었다.

아! 사람이 하는 일(人工)은 옛날보다 정교하지 않은 것이 없는데 經世의 일만 홀로 서투르고, 생활을 다스리는 데는 그 기술을 다하지 아니한 것이 없는데 나라를 다스리는 기술만 오히려 거칠다. 어찌 이

<hr>

馬乘舟 乃以人力而轉地 凡所以因時勢應世變者 道在是矣".
242) 「時勢氣數說」, 『游齋集』卷19, 1ㄱ(156책, 547쪽), "彼氣數消長 寒暑一也 時勢險易 山水均也 因時順勢 轉亂爲治之道 固在於消長險易之間 譬呂裘葛馬舟之不可求於天地之外也".
243) 「時勢氣數說」, 『游齋集』卷19, 2ㄱ(156책, 547쪽), "今之去三代也 又歷幾千百年 而變故之更也 又豈可數乎 是其經世之術 比唐虞三代 宜益備矣".
244) 「時勢氣數說」, 『游齋集』卷19, 2ㄱ(156책, 547쪽), "要之涼燠宜於時 便利適於用已耳".

른바 天數라는 것이 이것이겠는가(어찌 이것이 이른바 天數이겠는
가)?245)

개혁에서 인간의 인위적인 노력의 중요성을 강조하는 대목이라 하겠
다. 이현석이 주체의 도덕적 확립에 입각한 개혁, 다시 말해 心學과 經
世學의 결합을 줄기차게 강조한 이유를 여기에서 알 수 있다. 이처럼
이현석은 氣數・時勢와 人事・人力을 구분하고, 그 연장선상에서 인
간의 인위적인 노력을 강조하였다.

이현석은 증조부 이수광과 마찬가지로 心學에 지대한 관심을 표명
하였다. 그 요체는 '存心'이었는데 그 방법으로 이현석은 '禮義'를 강조
하였다. "以禮存心 以義存心"246)의 명제가 바로 그것이었다. 마음을
다스리는 공부란 수시로 자기 자신을 성찰하는 것(隨事省察)이었으며,
제일 먼저 힘써야 하는 것은 九容과 九思였다.247)

그는 주자 이후에 儒學을 배우고서도 禪學에 빠진 인물이 종종 있
었다고 지적하면서, 그 구체적인 예로 吳澄(1249~1333), 陳獻章(142
8~1500), 王守仁(1472~1528)을 거론하였다.248) 이현석은 이들이 禪
學에 빠지게 된 원인을 操存과 涵養이 부족한 상태에서 格物을 우선
시하였기 때문이라고 보았다.249) 그는 이에 대한 대책으로 『小學』 공
부를 강조하였다. 그가 판단하기에 『소학』의 가르침은 성인이 되는 밑

---

245) 「時勢氣數說」, 『游齋集』 卷19, 2ㄴ(156책, 547쪽), "人工莫不巧於古 而經世
　　 之工獨拙 治生莫不盡其術 而治國之術猶踈 豈所謂天數者是耶".
246) 「存心要法」, 『游齋集』 卷22, 2ㄱ(156책, 596쪽) ; 「觀省雜錄」, 『游齋集』 卷22,
　　 8ㄴ(156책, 599쪽).
247) 「答寄舍弟書」, 『游齋集』 卷14, 9ㄴ~10ㄱ(156책, 499쪽), "治心工夫 唯在隨
　　 事省察 初頭下手處 莫如九容九思" ; 「存心要法」, 『游齋集』 卷22, 2ㄱ(156책,
　　 596쪽) ; 「觀省雜錄」, 『游齋集』 卷22, 8ㄴ(156책, 599쪽).
248) 「論學者病痛」, 『游齋集』 卷21, 34ㄴ~35ㄱ(156책, 590~591쪽), "朱夫子以後
　　 學儒而流於禪者 比比有之 吳草廬・陳白沙・王陽明皆是也".
249) 「論學者病痛」, 『游齋集』 卷21, 35ㄱ(156책, 591쪽), "此其故何哉 曰操存之未
　　 固也 涵養之未熟也 而先馳此心於格物之學故也".

거름이었다.250) 따라서 8세부터 15세까지는 일체의 공부를 이에 바탕하여 조존과 함양을 완비한 이후에 格物致知를 통해 識見을 기르고 事理에 통달하도록 해야 한다고 주장하였다.251)

이처럼 이현석은 격물치지 자체의 효용성을 부정하지 않았다. 식견을 기르고 사리를 파악하기 위해 事事物物에 대한 탐구는 필수적인 것이었다. 다만 주체가 확립되지 않은 상태에서 행해지는 격물치지는 주체와 객관사물이 합치되지 못함으로써 참된 진리에 도달할 수 없다고 보았다.252) 『소학』과 조존·함양으로 대변되는 심학은 주체(德性)의 확립이라는 측면에서 선결과제였다. 그가 사람의 재능(才力)이나 知識 못지않게 德器를 강조하는 이유가 여기에 있었다.253)

이처럼 인간의 도덕적 주체를 확립하는 문제를 객관세계에 대한 탐구, 이른바 격물치지와 분리해서 생각했던 이현석에게 객관세계는 어떻게 이해되고 있었을까? 이현석은 氣數와 時勢라는 객관세계의 변화를 파악하는 방법으로 후천적인 경험을 중시하였다. 이미 살펴보았듯이 과거의 역사적 문제와 인류 사회의 추이는 경서와 사서를 통해서 충분히 파악할 수 있지만 현실의 문제는 그것만으로는 알기 어렵다고 여겼다. 후천적인 경험을 통해 고금의 이치가 다르다는 사실을 파악하는 것이 무엇보다 중요했다. 그래야만 시의적절한 개혁이 가능하기 때문이었다.

그런데 이와 같은 氣數와 時勢를 정확하게 파악하기 위해서는 인간

---

250) 「論學者病痛」, 『游齋集』 卷21, 35ㄱ(156책, 591쪽), "夫小學之敎 實作聖之基也".

251) 「論學者病痛」, 『游齋集』 卷21, 35ㄱ~ㄴ(156책, 591쪽).

252) 「論學者病痛」, 『游齋集』 卷21, 35ㄴ~36ㄱ(156책, 591쪽). "無此根柢而役役於此 雖其天資明秀 不無識見 而見逾多而心逾馳 識逾博而德日淺 所得不補所失 而卒於鹵莽 心與物判而爲二 而德性日消耗矣"

253) 「觀省雜錄」, 『游齋集』 卷22, 16ㄴ(156책, 603쪽). "劃割者才力也 明辨者知識也 寬弘者德器也 三者不可闕一"；「觀省雜錄」, 『游齋集』 卷22, 16ㄴ~17ㄱ(156책, 603~604쪽)；「觀省雜錄」, 『游齋集』 卷22, 20ㄴ(156책, 605쪽).

의 주관을 배제한 정확한 인식이 요구되었다. 후천적 경험이라는 것은 그 속성상 피상적 관찰에 머무르기 쉬웠고, 거기에 개인의 주관이 개입될 여지가 많았다. 따라서 인간의 개별적 주관을 배제하고 현실을 정확히 포착할 수 있는 객관적 인식 방법이 필요하였다. 그것이 이른바 '觀物論'이었다.

이현석이 심학을 강조하는 연장선상에서 邵雍의 말을 인용하여 물리 탐구의 무궁함을 말하고 있다는 사실은 의미심장하다. "物理의 학문은 간혹 통하지 않는 바가 있는데, 억지로 통하게 하려고 해서는 안 된다. 억지로 통하게 하면 아집(我)이 생기고, 아집이 생기면 이치를 잃어버려 술수에 빠지게 된다."[254] 이는 '以我觀物'을 배격하고, '以物觀物'을 주장하는 소옹 觀物論의 핵심적인 논리로서, 객관적인 자연 탐구를 지향할 수 있는 인식론적 근거가 될 수 있다는 점에서 주목되는 바이다.

인간의 주관, 선입견의 개입을 배제하고 고금의 이치가 다르다는 것을 객관적으로 파악하여 時宜를 알기 위해서는 '觀物'이 필요하였다. 자연계의 변화는 그 자체로서는 인간과는 무관한 것이었다. 인간은 자연계의 객관적인 상황을 파악하고, 거기에 적응할 수 있는 방도를 마련해야만 했다. 인간이 자연과 관계를 맺는 지점은 바로 여기였다. 자연물을 이용해 인간의 생존에 위협이 되는 자연의 문제를 극복하는 것, 이것이 바로 人事와 人力이었다. 인간은 인사와 인력을 적극적으로 개발해서 자연물을 民生日用에 도움이 될 수 있는 대상으로 전환시켜야 했다.

이를 위해서는 천지만물에 대한 다양한 공부, 즉 博學이 필수적이었다. 이현석의 학문은 그 분야가 방대하였다. 이는 그가 일찍부터 경세의 문제에 주목하였기 때문이기도 하다. 이현석은 대장부라면 마땅히

---

254) 「觀省雜錄」, 『游齋集』 卷22, 16ㄱ(156책, 603쪽), "物理之學 或有所不通 不可强通 强通則有我 有我則失理而入於術矣". 邵雍의 원문은 주 19) 참조.

'精思實踐'을 학문의 요체로, '經濟世務'를 사업의 요체로 삼아야 한다
고 주장하였다.255) 이른바 '記問之學'은 사업을 이룩하는데 부족하다
고 생각하였던 것이다.256)

　이현석은 자신이 추구하는 학문분야를 6家로 분류하였는데, 義理
家·經綸家·文章家·時務家·兵家·游藝家가 바로 그것이었다.257)
이 가운데 과학기술분야와 관련이 있는 것은 時務家·兵家·游藝家
였다. 時務家에는 律曆·地誌 등이, 兵家에는 병법과 관련된 내용이,
游藝家에는 天文·地理·卜筮·筭數 등이 포함되어 있기 때문이다.
그런데 이현석은 游藝家를 익히면서 術家에 빠지지 않기를 경계하였
다. 雜術이 너무 정밀하게 되면 術家가 되고, 그것은 世務에 도움이
되지 않기 때문에 대강을 파악하는데 주력해야 한다는 것이 이현석의
생각이었다.258) 이러한 관점에서 본다면 天文의 경우 星辰分野와 氣
候의 衰旺, 人事吉凶의 조짐과 日氣陰晴의 징험을 알면 되고, 地理의
경우 山川의 형세와 要害處, 原野의 넓이와 비옥도, 道路의 굴곡, 道
程의 원근과 險夷 등만 알면 되는 것이었다.259)

　이현석의 폭넓은 학문적 관심과 방향은 그가 『明史綱目』을 찬술하
고,260) 그에 이어 『經會錄』과 『東國文獻通考』의 저술을 계획하였다는

---

255) 「讀書雜錄」, 『游齋集』 卷22, 1ㄱ(156책, 596쪽), "大丈夫不可苟生於天地間
　　則其功業要當與天地埒 必也先立其志 知所用力 以精思實踐爲學 以經濟世
　　務爲業 唯此二件事外 更無所用其心".
256) 「觀省雜錄」, 『游齋集』 卷22, 17ㄴ(156책, 604쪽), "記問之學 未足爲事業".
257) 「游齋六家」, 『游齋集』 卷22, 3ㄱ~6ㄱ(156책, 597~598쪽).
258) 「游齋六家」, 『游齋集』 卷22, 5ㄴ(156책, 598쪽), "游藝法 則凡雜術太精細 則
　　已成術家 不能用於世務 要當識大綱而叅人事也".
259) 「游齋六家」, 『游齋集』 卷22, 5ㄴ(156책, 598쪽), "天文者 只察星辰分野 氣候
　　之衰旺 人事吉凶之徵 日氣陰晴之驗而已 地理者 只知山川之形勢要害 原野
　　之廣衍饒沃 道路之正奇間伏 程道之遠近險夷而已".
260) 『肅宗實錄』 卷55, 肅宗 40년 8월 29일(戊戌), 26ㄱ(40책, 539쪽) ; 『肅宗實錄』
　　卷55, 肅宗 40년 9월 5일(癸卯), 26ㄴ(40책, 539쪽) ; 『英祖實錄』 卷16, 英祖 4
　　년 3월 4일(甲寅), 1ㄱ(42책, 14쪽) ; 『英祖實錄』 卷54, 英祖 17년 9월 3일(乙

사실에서도 짐작할 수 있다.[261] 그는 사대부의 학문과 사업을 다음과
같이 정리하였다.

> 士君子는 평상시에 마땅히 天下로써 마음을 삼고 經綸으로써 사업
> 을 삼아야 한다. 항상 百姓들의 疾苦를 염려해야 하며, 國家의 利害
> 를 생각해야 한다. 앞선 이들이 남긴 글을 읽을 때에는 반드시 興亡
> 과 安危의 기틀, 因革과 得失의 단서, 政刑과 敎化의 근원에 대해 주
> 의하여 깊이 생각해야 한다.[262]

이러한 공부는 經史子集 전체에 대한 지속적인 학습을 통해 자연과
인사의 모든 문제를 포괄하는 매우 광범위한 것이었다.[263]
　물론 이상과 같은 이현석의 인식론적 태도가 곧바로 새로운 자연 이
해, 자연학적 담론의 창출로 이어지지는 않았다. 그러나 그는 객관세계
에 대한 탐구가 중요하다는 사실을 인식론적 차원에서 해명하였고, 天
文·地理·筭數 등을 포함한 자연학 분야를 자기가 추구해야 할 학문
의 한 부분으로서 분명히 인식하고 있었다. 그리고 그것은 당대 현실
의 문제를 해결하기 위한 학문·사상적 노력의 일환으로 추구되었다.

丑), 16ㄴ(43책, 30쪽) 등등 ;『星湖僿說』卷22, 經史門, 明史, 59ㄱ(Ⅷ, 105쪽
　－『국역 성호사설』, 민족문화추진회, 1977의 책수와 원문 쪽수), "近世李判書
　玄錫修明史綱目……".

261)「游齋六家」,『游齋集』卷22, 6ㄱ(156책, 598쪽), "皇明史雜亂無統 當倣紫陽
　筆 作綱目以續前史 明史畢後 撰經會錄 又畢後 繼作東國文獻通考 定爲二
　十年著述工夫可也".

262)「自勉」,『游齋集』卷22, 6ㄱ(156책, 598쪽), "士君子平居 當以天下爲心 經綸
　爲業 恒念百姓之疾苦 常思國家之利害 讀前書則必於興亡安危之機 因革得
　失之端 政刑敎化之源 經意而熟思之".

263)「觀省雜錄」,『游齋集』卷22, 20ㄴ(156책, 605쪽), "學者須於二十歲之前三十
　歲之後 常朝經暮史 晝子夜集 究天地未來之消長 衆帝王已往之因革 收聖賢
　淵微之旨趣 盡師友精一之議論 聚而爲才能 養而爲德器 悅而爲珍寶 發而爲
　事業……".

바로 이 점에서 이현석의 經世學과 觀物論은 近畿南人系 實學의 내재적 발전이라는 측면에서는 나름의 사상사적 의미를 갖는다고 할 수 있다.

5. 맺음말

16세기 말부터 내부적으로 동요하던 朝鮮王朝의 集權體制는 兩亂이라는 未曾有의 戰亂을 겪으면서 해체의 위기의 직면하였다. 17세기는 해체의 위기에 직면한 조선왕조의 국가체제를 '再造'하기 위한 노력이 다각도로 경주된 시기였다. 그 과정에서 조선왕조의 지배 이데올로기였던 朱子學에 대한 비판적 성찰이 시도되었다. 그것은 國家再造의 이론적 토대가 되는 사상·이념을 모색하는 과정이기도 하였다. 주자학에 대한 비판적 성찰은 세계관·인간관·사회관의 모든 측면에서 전면적으로 제기되었으며, 그 일환으로 自然認識과 관련하여 주자학의 理法天觀에 대한 재검토가 이루어졌다. 李睟光, 許穆, 尹鑴, 李玄錫 등을 중심으로 한 近畿南人 系列의 사상적 모색을 통해 그러한 양상을 구체적으로 살펴볼 수 있다.

16세기 말에서 17세기 초에 걸친 시기에 李睟光은 道德天을 自然天으로부터 분리시키는 사상적 작업을 시도하였다. 그것은 한편으로 주자학의 심화에 따른 心學化의 경향을 수렴하면서, 다른 한편으로 주자학의 내부적 모순, 예컨대 格物致知論을 중심으로 한 공부방법상의 지리번쇄함, 실천성의 부족 등을 극복하기 위한 사상적 모색에서 시도되었다. 그 결과 道理와 物理의 분리가 초보적인 형태로 이루어졌고, 그 연장선상에서 事心論과 觀物論을 道理의 체득과 物理의 탐구를 위한 기본적인 방법으로 제시함으로써 인식론상의 변화를 이룩할 수 있는 전기를 마련하였다.

이와 같은 이수광의 학문적 성과를 토대로 17세기 중반 이후 주자학의 이법천관에 대한 본격적인 비판이 제기되면서 그에 대한 대안으로 새로운 형태의 天觀이 추구되었다. 그러한 작업은 尹鑴와 許穆을 통해 이루어졌는데, 구체적으로 주자학의 理法天을 대신하여 先秦儒學·漢唐儒學의 人格天을 부활시키는 형태로 나타났다. 윤휴는 주자학에 의해 부정되었던 天의 人格的·主宰的 성격을 복원시켰다. 그것은 人格天에 대한 재인식이었다. 윤휴의 天人分二的 天觀은 天에 대한 敬畏心을 강조하고, 인간으로 하여금 天의 명령인 인간 사회의 禮的 질서를 준행토록 규제하는 기능을 하였다. 그것은 이수광 단계에서 보였던 心學的 天觀을 극단으로 추구한 결과였다.

한편 許穆은 이법천관의 문제를 해결하기 위한 방법으로 災異論的 사고를 강조함으로써 漢唐代의 人格天으로 회귀하고자 하였다. 그가 災異를 강조한 이유는 그것이 인간 사회의 禮的 질서가 문란해진 데 대한 하늘의 경고라고 여겼기 때문이었다. 허목은 禮를 天과 人을 매개하는 중요한 수단으로 간주하였고, 이러한 禮制의 회복을 통해 조선 후기의 사회모순을 해결할 수 있다고 판단하였던 것이다.

이들이 주자학의 이법천관을 비판·극복하는데 밑받침이 되었던 것은 漢學이었다. 이들은 先秦儒學 이래의 上帝·主宰天 관념을 계승한 漢代의 人格天觀을 받아들였고, 董仲舒 이래의 天人感應論의 사상적 역할을 긍정하면서 적극적으로 수용하였으며, 그 연장선상에서 畏天論·事天論을 전개하였다.

증조부 이수광 이래의 家學的 전통을 계승하면서 윤휴·허목과 일정한 정치적·학문적 관계를 맺었던 李玄錫은 '精思實踐'의 학문과 '經濟世務'의 사업을 추구하였다. 그것은 禮義를 통해 存心을 달성함으로써 인식 주체를 확립하고, 그렇게 확립된 주체를 바탕으로 窮理를 통해 식견을 기르고 事理를 파악하고자 하는 일이었다. 그런데 이러한 그의 학문은 기존의 經史 위주의 그것과는 내용과 범위를 달리한다는

점에서 일단 주목된다. 이현석은 經世의 차원에서 時務·兵家·游藝
의 학문에 주목하였고, 邵雍의 觀物論에 입각하여 비교적 객관적인 입
장에서 접근하고자 하였다.

이처럼 이현석은 객관세계에 대한 탐구가 중요하다는 사실을 인식
론적 차원에서 해명하였고, 天文·地理·籌數 등을 포함한 자연학 분
야를 자기가 추구해야 할 학문의 한 부분으로서 분명히 인식하고 있었
다. 그리고 그것은 당대 현실의 문제를 해결하기 위한 학문·사상적
노력의 일환으로 추구되었다. 바로 이 점에서 이현석의 經世學과 觀物
論은 近畿南人系 實學의 내재적 발전이라는 측면에서는 나름의 사상
사적 의미를 갖는다고 할 수 있다.

이상과 같은 근기남인계의 사상적 성과는 18세기 전반 李瀷 단계에
이르러 비판적으로 계승됨으로써 새로운 자연학적 담론들을 창출하게
된다. 이익은 선배들의 논의에서 드러난 한계와 성과를 종합하여 새로
운 자연인식의 틀을 마련하였다. 그는 天人分二的 사고를 계승하는 한
편, 災異論을 새롭게 해석함으로써 道理와 物理의 관계를 새롭게 정
리하였다. 이는 종전의 주자학적 物理 개념에 대한 변경을 뜻하는 것
이었다. 17세기 근기남인계 학자들의 학문적·사상적 노력은 이처럼
18세기에 개화하는 '實學的 自然認識'의 토양을 마련하는 내재적 과정
으로서 그 역사적 의미를 갖는다고 할 수 있다.

兩亂 이후 朱子學 이해의 分化와 異學觀
－朴世堂과 鄭齊斗의 朱子學에 대한 반성을 중심으로－

한 정 길*

1. 머리말

경국대전 체제를 정비함으로써 통치기반을 공고히 한 조선조의 집권체제는 16세기 말엽을 고비로 하여 여러 가지 제도적 모순과 문제점을 드러내기 시작하였고, 임진왜란과 병자호란의 양란을 겪으면서 국가 존립의 위기 상황까지 맞이하게 되었다. 이러한 상황에 직면하여 현실정치를 담당하고 있었던 당시의 위정자들은 국가적 위기를 수습할 수 있는 다양한 방안을 모색하는 과정에서 조선의 통치이념이었던 주자학에 대해서도 새롭게 반성하지 않을 수 없었다. 사회의 혼란과 국가의 위기에 대한 책임으로부터 주자학의 도학적 정치이념도 자유로울 수 없었기 때문이다. 그런데 당시의 주자학에 대한 성찰은 주자학적 이념의 현실적 효용성에 대한 진지한 반성이자, 현실을 구제할 수 있는 새로운 사상에 대한 조심스러운 탐색의 성격을 띠고 있었다. 본 연구는 양란 이후 조선의 지식인들이 주자학을 어떻게 이해하고 반성하고 있는지를 살펴봄으로써 그들이 어떤 사상적 토대 위에서 '국가

* 연세대학교 국학연구원 연구교수, 동양철학

재조'라는 시대적 과제를 해결하려고 했는지를 알아보고자 한다.

양란 이후 주자학의 현실대응 능력과 관련하여 제기된 주자학에 대한 이해와 반성은 크게 두 가지 성격을 띠고 나타난 것으로 정리할 수 있다. 하나는 조선조 집권체제의 이념적 토대인 주자학적 의리 명분을 공고히 함으로써 당시의 혼란한 현실을 바로잡고자 한 것이며, 다른 하나는 주자학의 현실대응 능력의 한계를 자각하고 새로운 사상적 기반을 마련하고자 한 것이 그것이다. 전자는 주자학을 절대화하려는 성격을 띤 반면에 후자는 주자학으로부터 이탈하는 경향을 보인다.

주자학의 절대화를 주장한 그룹은 老論계열의 정통주자학자들이다. 특히 그 가운데서도 노론의 영수인 宋時烈(1607~1689)은 주자를 성인시하고, 주자에 의해서 모든 이치가 분명하게 다 밝혀졌다[1]고 볼만큼 주자학을 절대적인 진리체계로 확신한다. 그리고 주자학의 도통을 새롭게 밝히는 것을 병자년과 정묘년 이후로 人心이 어두워지고 人道가 어긋남으로 인하여 맞이하게 된 국가적 위기상황을 극복할 수 있는 방안으로 제시한다.[2] 나아가서 그는 자신의 학문을 李珥(1536~1584)와 金長生(1548~1631)에 연결시킴으로써 도통의 계보를 정립하고,[3] 노론세력의 학문적 순정성을 확보하고자 한다.[4] 송시열의 주자학 절대화의 작업은 그 후 權尙夏(1641~1721)와 그의 문인들에 의해서 계승된다. 주자학 체계내의 이론적 모순을 해소하기 위한 그들의 노력은 '湖

---

1) 『宋子大全』 卷104, 「答金仲固」, 30가, "且惟自朱子以後 則無一理不明 無一言不釋 使如朱子者復起 更無所自立之言 只守朱子之說而已".
2) 『宋子大全』 卷5, 「丁酉封事」, 44나, "蓋大統不明 則人道乖亂 人道乖亂 則國隨以亡 我國自丙丁以後 人心漸晦 以僞爲眞 以僭爲正者 多矣".
3) 『宋子大全』 卷151, 「告沙溪先生墓文」, 39나~40가, "竊惟集群聖而大成者 孔子也 集群賢而大成者 朱子也 前後聖賢其揆雖一 然其博約二致 功力俱到 無一不合於堯舜禹以來大成之道 則未有若朱子之專者也 以故栗谷先生之學 專出於此 嘗曰幸生朱子之後 學問庶幾不差 惟我先生實承其統緒矣".
4) 장동우, 「주자학적 패러다임의 반성과 해체 과정으로서의 실학」, 『태동고전연구』 12, 1995, 156쪽.

洛論爭'과 주희의 저술에 대한 주석 작업의 형태로 나타나게 된다. 이 노론계열의 학자들은 주자학의 의리명분을 분명히 밝힘으로써 현실 문제에 대응하는 자신들의 정치적 견해의 이론적 근거를 마련한다. 華夷의 엄격한 구분에 근거한 청나라의 배척, 道[理]와 器[氣] 및 心과 性의 엄격한 구분에 기초한 異端배척, 사람과 짐승의 구분에 따른 사람의 도덕적 존엄성 확보 등은 주자학적 의리명분을 준거로 하여 이루어졌다. 말하자면 노론계열의 학자들은 주자학을 절대화하여 현실 문제를 처리할 수 있는 객관적 표준인 의리명분을 세움으로써 국가적 위기상황을 수습하고자 했던 것이다.

노론계열의 학자들과는 달리 주자학적 의리명분의 절대적 진리성과 현실적 효용성의 한계를 자각하고 새로운 현실대응 방안을 모색한 일련의 학자들이 있었다. 이들의 그룹을 어떻게 이해하고 묶을 것인가에 대해서는 아직 논의의 여지가 있다. 다만 조선의 학자들이 자신들의 정치적 견해를 학문적으로 뒷받침하고자 했었던 경향이 있었음을 미루어볼 때 정통주자학자들과는 다른 정치적 입장을 취했던 두 계열, 즉 남인과 소론계열의 학자들을 정통주자학에 대한 비판적 반성을 시도한 인물들로 상정해 볼 수 있다. 실제로도 남인과 소론계열의 학자들에게서 주자학을 상대화하려는 경향이 있었음을 확인할 수 있다.

許穆(1595~1682)·尹鑴(1617~1689)·柳馨遠(1622~1673) 등 남인계열의 학자들은 정통주자학자들과는 다른 현실 구제 방안을 제시한다. 그들은 주자학적 의리명분보다는 국가 운영의 제도 개혁을 국가 위기를 수습할 수 있는 방안으로 내세운다. 허목의 북벌반대론과 지주제 억제책, 유형원의 변법관과 국가제도개혁론,[5] 윤휴의 三代法制에 대한 탐구와 과거제 폐지론[6] 등은 모두 국가운영의 제도를 개혁함으

---

[5] 허목과 유형원의 제도개혁론에 관한 연구는 金駿錫, 『朝鮮後期 政治思想史 研究』, 지식산업사, 2003, 제2장 참조.

[6] 윤휴의 정치사상과 그 제도개혁론에 관한 연구는 정호훈, 『朝鮮後期 政治思想 研究』, 혜안, 2004, 제5장 참조.

로써 위기를 수습하고자 한 것이다. 그러나 이들의 제도 개혁에 대한
사상적 기반이 어느 정도 주자학에 대한 비판적 반성을 거치고 있는가
에 대해서는 그 모습이 그렇게 선명하지는 않다. 이것은 그들이 주자
학을 전면적으로 비판하지 않으면서도 국가를 재조할 수 있는 현실적
방안을 마련하고자 한 그들의 전략에 따른 것일 수도 있다.

소론계열 학자들의 현실구제 방안과 그 학문적 기반에 관한 연구는
노론이나 남인계열의 그것보다 상대적으로 덜 다루어졌다고 할 수 있
다. 이것은 다른 여러 가지 이유들도 있겠지만 무엇보다 소론계열 학
자들의 학문적 경향을 하나의 틀로 묶기가 어렵기 때문일 것이다. 그
런데 우리는 소론계열 학자들 가운데 주자학에만 얽매이지 않고 자유
로운 사색을 펼친 이들이 있음을 잘 알고 있다. 朴世堂(1629~1703),
朴世采(1631~1695), 鄭齊斗(1649~1736) 등이 그들이다. 그들은 당시
의 시대적 과제를 해결할 수 있는 방안을 구체적인 현실에 토대를 둔
실천 가능한 개혁안을 마련하는 데서 찾고자 한다. 거기에는 실질을
중시하고 그에 적합한 방안을 마련하기 위해서라면 어떤 사상도 활용
할 수 있다는 그들의 유연한 사고가 내재되어 있었다.

양란 이후 조선의 지식인들이 주자학을 어떻게 이해하고 반성하고
있는가를 살펴보기 위해서는 위에서 언급한 세 계열의 사상적 경향에
대한 전반적인 고찰이 있어야 할 것이다. 그러나 본 연구에서는 그 연
구범위를 소론계열의 대표주자인 朴世堂과 鄭齊斗로 한정하여 다루고
자 한다. 탐구대상을 이렇게 한정한 데에는 몇 가지 이유가 있다. 먼저
주자학의 절대화가 강조되는 당시의 현실에서, 이들이 주자학에 대한
철학적 반성을 매우 심도 있고 폭넓게 진행했다고 할 수 있기 때문이
다. 둘째, 구체적인 현실에 기반한 주체적인 실천을 강조하는 이들의
사상경향이 『속대전』의 편찬에 주도적인 역할을 한 소론계열의 정치
가들에게 직·간접적으로 영향을 주었다고 보았기 때문이다.[7] 그리고

---

7) 이에 대해서는 정호훈, 「18세기 전반 탕평정치의 추진과 『속대전』의 편찬」

그동안 우리 학계에서 소론계열의 사상가들이 노론계열이나 남인계열에 속한 사상가들보다 상대적으로 덜 다루어졌다는 점도 함께 고려되었다.

이 연구에서는 박세당과 정제두가 주자학적 세계관을 어떻게 반성하는지, 그리고 주자학 이외의 다른 학문에 대해서 어느 정도의 포용성을 보이는지에 초점을 맞출 것이다. 박세당과 정제두, 이 두 사상가의 학문적 경향은 많은 차이점을 지니고 있는 것이 사실이다. 그 때문에 지금까지 이 두 사람의 사상을 어떤 내재적 연관 속에서 고찰한 연구가 거의 없는 상태이다.[8] 그러나 정통주자학자들인 노론, 그리고 국가 전체의 제도 개혁을 구상한 남인계열과 비교할 때 박세당과 정제두를 포함한 소론계열이 공유하는 학문적 경향을 상정할 수 있다. 17세기 이후 조선 사상사를 전체적으로 조망하기 위해서는 소론계열의 사상에 대한 개별 연구만이 아니라 그들을 어떤 하나의 흐름 속에서 살펴보려는 노력이 있어야 할 것이다. 본 연구에서는 그 노력의 일환으로 주자학적 본체론에 대한 철학적 반성이라는 시각에서 그들 사상의 특성을 밝힘과 아울러 그 내재적 연관의 가능성을 타진해보고자 한다.

2. 朴世堂의 주자학 반성과 학문관

1) 박세당의 현실인식과 철학적 문제의식

西溪 朴世堂(1629~1703)은 양란 이후에 대내·외적으로 다양한 제도적 모순과 문제점들이 노정됨으로써 국가의 안정적 지배질서가 혼

(본서의 제4부 수록) 참조.

8) 17세기 비판적 경학이라는 주제 하에 윤휴와 박세당, 정제두의 경학사상을 개별적으로 다룬 연구로는 『조선후기 경학의 전개와 그 성격』(대동문화연구원, 1998)이 있다. 그러나 이들, 특히 소론계열에 속하는 박세당과 정제두의 사상적 연관성에 관해서는 아직 깊은 연구가 이루어지지 않은 상태이다.

들리는 위태로운 위기상황에 직면하여 문란해진 질서제도를 개혁함으로써 조선조의 집권체제를 새롭게 再造하려는 방안이 다양하게 모색되었던 시대를 살고 있다. 17세기 조선은 국가의 생명력을 지속시키기 위해서 그 어느 때보다도 변화하는 현실에 적극적으로 대응할 수 있는 현실타개책이 요구된 시대였다.

박세당도 당시를 국가의 위기상황으로 인식하고 대·내외적으로 직면한 현실의 제반 문제들을 타개할 수 있는 다양한 개혁방안들을 제시한다. 대내적인 현실문제들에 대한 그의 인식과 개혁 방안은 그가 현종에게 제출한 「應求言疏」에 잘 나타나 있다. 그는 당시 조정에서 제시하는 현실구제 방안이 실질과 실천의지가 결여된 虛文과 같은 '無實之擧'라고 비판하고, 실질에 힘쓸 것을 전제로 몇 가지 개혁안을 제출한다. 박세당이 제출한 개혁안은 크게 1) 왕 자신의 성실한 집정, 2) 대신들의 직무 충실, 3) 횡렴의 방지와 부역 및 조세의 균등화, 4) 병제의 일원화, 5) 궁중 財用의 낭비방지[9] 등으로 요약할 수 있다. 그의 현실개혁안에 나타난 특징은 그 관심 대상이 수신이나 도덕성의 회복보다는 주로 정치·경제·국방에 집중되고 있다는 점이다. 이러한 특징은 흔히 '修己'보다 '治人'에 힘쓰는 실학적 경향을 띤 것으로 성리학자들이 일반적으로 修己에 기초한 治人을 언급하는 것과는 구분된다.[10]

박세당의 대외인식과 그 대응방안도 그 어떤 명분보다는 실질에 근거하고 있다. 당시의 대외문제는 淸나라와의 관계를 어떻게 설정할 것인가에 있었다. 구체적으로 대두된 사안은 '청나라의 사신영접 문제', '연호사용 문제'였다. 연호사용 문제에 대한 그의 입장을 통해서 보면 실질을 중시하는 그의 태도를 알 수 있다. 의리와 명분을 중시하는 부

9) 『西溪全書』 卷5, 「應求言疏」, 16가, "誠願殿下聽政不倦 大臣當事盡職 恤民困則止其橫斂 平民怨則均其出役 一兵制以去其害 節財用以息其蠹 奮勸振作於委靡偸惰之餘 以答群生之望 以回上天之怒".
10) 박세당이 제시한 시무책의 내용 분석에 대해서는 윤사순, 「박세당의 실학사상에 관한 연구」, 『한국유학논구』, 215~228쪽 참조.

류에서는 明나라의 연호인 '崇禎'을 계속 사용할 것을 주장한 반면, 현
실에 대한 실질적 대응을 중시하는 박세당은 淸나라의 연호인 '康熙'
를 사용하자고 주장하였던 것이다. 연호는 예로부터 왕조가 바뀜에 따
라 변하여 왔으며, 지금은 중국의 왕조가 '明'에서 '淸'으로 바뀌었으니
연호도 당연히 '崇禎'에서 '康熙'로 바뀌어야 한다는 것이 그의 주장의
논리적 근거이다.

   이상의 사례를 통해서 알 수 있듯이 박세당은 당시 사회 혼란의 원
인을 현실에 부적합한 제도의 운영과 의리 명분에만 치우친 관념적 논
쟁에서 비롯된 것으로 파악하고 있다. 이것은 결국 '실질에 대한 명확
한 인식의 결여'와 '실천의지의 부족'을 사회혼란의 직접적인 원인으로
지적한 것이다. 이러한 진단에 따른 그의 현실구제 방안은 실질에 대
한 명확한 인식에 근거한 제도의 정비와 그것을 실천하고자 하는 강력
한 의지의 확립으로 나타난다. 그런데 그의 현실대응논리는 그의 철학
적 문제의식과 서로 밀접하게 얽혀 있다.

   그의 철학적 문제의식은 실질에 맞는 현실대응책을 세우고 그것을
지속적으로 실천할 수 있는 사상적 기반을 마련하는 것이었다. 그의
철학적 문제의식을 名實論을 가지고 말한다면 '實에 부합하는 名의 확
보'라고 할 수 있다. 이것은 명분보다는 실질을 중시하는 것으로서, '명
분은 늘 실질에 근거해서야 그 의미를 지닐 수 있다'[11]고 본 것이다.
이러한 입장은 명분에 근거하여 당시의 현실을 바로잡고자 한 당시 주
자학 도통론자들의 그것과는 전혀 다른 것이었다. 그는 의리 명분을
자신의 권력을 유지하기 위한 수단으로 이용하는 당시의 현실을 안타
까운 시선으로 바라보며, 그러한 현실을 구제할 수 있는 실질적인 사
상체계를 세우고자 한다. 이러한 작업은 주로 경전을 재해석하는 방법
을 통해서 이루어진다. 그럼 박세당의 경전해석을 기본 자료로 하여
그가 주자학적 사유체계를 어떻게 비판하고 있는지, 그리고 그 비판에

---

11) 『西溪全書』 卷7, 「答和叔書」, 3가, "盖言之所貴者 在當其實而已".

나타난 그의 사상적 특징은 무엇인지를 살펴보도록 하자.

2) 주자학의 본체론적 사유에 대한 부정

주자학에서는 우주본체인 理가 일체의 존재물만이 아니라 인간의 마음 가운데 내재한다는 본체론적 해명을 통하여 인간 주체가 자기 안에서 우주의 원리이자 자기의 본성을 실현할 수 있는 이론적 근거를 마련하며, 인간의 심성과 그 작용에 대한 해명을 통하여 마음이 천리를 지각할 수 있을 뿐만 아니라 감성적 욕구체인 몸을 주재할 수 있음을 밝힘으로써 '인간 자체 안에서 천리를 실현'할 수 있는 가능성을 열어 놓고 있으며, 마음이 理와 합일한 경계가 자기 본성의 실현만이 아니라 만물의 본성을 실현시키는 것임을 보여줌으로써 공부가 지향하는 막중한 임무와 숭고한 이념을 제시하고 있다. 우주론적 원리이자 도덕적 원리인 천리의 실현이 바로 인간을 인간답게 하는 본성실현이며, 인간 개개인이 자기의 본성을 실현하기만 하면 인간 사회 전체의 윤리질서가 확립될 뿐만 아니라 천지가 만물을 창생하는 과정에도 동참할 수 있다고 본 것이다. 이러한 주자학의 이론체계는 우주의 근본원리인 理一이 일체의 존재물 가운데 내재하고 있다는 본체론적 사유에 기초하고 있다. 그런데 박세당은 주자학의 본체론적 사유체계를 비판한다. 그 비판은 '理一의 보편실재성'에 대한 비판, '性卽理'와 '人物性同論'에 대한 비판 등으로 나타난다.

주자학에서 理는 사물의 생성과 변화의 근본원리로서 사물이 형성되기 이전에 존재할 뿐만 아니라, 개별 사물이 형성된 이후에도 일체의 존재물 가운데 보편적으로 실재하는 形而上者로 간주된다. 각각의 개별 사물들은 비록 형체가 달라 서로 구분되지만 그들이 본성으로 갖추고 있는 바의 理는 동일하며 형체에 국한되지 않는다. 그런데 박세당은 理를 일체 사물들 가운데 내재하는 하나의 형이상학적 원리로 간주하지 않는다. 이것은 道器論에 대한 그의 설명에 잘 나타나 있다. 그는 道와 器를 다음과 같이 설명한다.

> 주자는 性은 형이상자요 氣는 형이하자라고 말하였으나, 나는 그렇지 않은 점이 있다고 생각한다. 대저『주역』에서 말하는 형이상자를 道라고 하고, 형이하자를 器라고 한다는 것이 어찌 아직 형상이 부여되기 이전에 그 형상을 부여하는 理가 그윽한 위에 이미 갖추고 있으므로 '형이상자를 道라고 한다'고 하였으며, 이미 형상을 받아 아래에 있게 되면 또한 각각 그 형상에 따라서 그 理를 갖추어 才가 되므로 '형이하자를 器라고 한다'고 말한 것이 아니겠는가? 사람과 物의 성은 器로서 그 理를 갖추어 각각 才가 되는 것이므로, 『중용』에서는 '하늘이 명한 것을 성이라고 한다'고 하였고, 『맹자』는 '마음의 직능은 하늘이 나에게 준 것이다'고 하였으며 또 '측은·수오·공경·시비의 마음은 내가 본래 가지고 있는 것이고, 인의예지가 밖으로부터 나를 강제하는 것이 아니다'고 한 것이다. 이는 다 형상이 있고 理를 갖춘 것을 말한 것으로서 형이상자라고 할 수는 없을 것이다.12)

박세당은 道와 器를 '아직 형상이 부여되기 이전'과 '이미 형상이 부여된 이후'로 구분한다. 형이상자로서의 道는 사물에 형상을 부여하는 원리로서 사물이 형성되기 이전에 존재한다. 반면에 형이하자로서의 器는 형상을 부여받은 이후에 그 형상에 따라 지니게 된 理를 바탕[才]으로 삼은 것이다. 사물에 형상을 부여하는 理[형이상자로서의 道]는 사물의 형상에 제한을 받지 않는다. 그러나 형체를 부여받은 이후

---

12)『思辨錄』「孟子」, 24가~24나, "朱子謂性形而上者也 氣形而下者也 竊以爲有不然也 夫易所言 形而上者謂之道 形而下者謂之器者 豈非以未賦形之前 其賦形之理已具於冥冥之上 故曰形而上者謂之道 旣賦形而下 則又各隨其形而含其理 以爲之才 故曰形而下者謂之器乎 今人物之性 則乃器之含其理 以各爲之才者 故曰天命之謂性 又曰心之官則思 此天之所與我者 又曰惻隱 羞惡恭敬是非之心 我固有之 仁義禮智非由外鑠我也 皆有是形而含此理之謂 恐不可曰形而上者也".

에 그 사물 속에 내재되어 그것의 특성을 이루는 理는 사물의 형상에 제한을 받는다. 따라서 형상이 부여된 이후에 그 형상에 따라 지니게 된 理를 사물에 형상을 부여하는 원리인 형이상자라고 말할 수는 없다. 이처럼 박세당은 사물이 형성되기 이전에 존재하는 '형이상학적 理'와 사물이 형성된 이후에 존재하는 '개별 사물의 원리'를 엄격하게 구분한다. 이것은 곧 理一이 일체의 개별사물 속에 내재하고 있다고 보는 주자학의 본체론적 사유체계를 부정한 것이다. 말하자면 형이상자로서의 理가 일체 사물 가운데 그것의 본성으로 내재되어 있다고 보는 주자학적 견해를 道와 器의 구분을 제대로 이해하지 못한 것이라고 비판한 것이다. 박세당은 道와 器의 의미영역을 각각 사물이 형성되기 이전과 이후로 제한함으로써 형이상자로서의 道를 구체적인 사물의 세계 속에 끌어들여 논의하는 것을 배격하고자 한 것이다.

형이상학적 원리인 理一의 보편실재성을 부정하게 되면 중시되는 것은 구체적인 사물세계와 그것이 지니고 있는 법칙이다. 그래서 박세당의 존재론에서는 形而下者인 '器'와 '有物有則'의 원칙이 그 무엇보다 중시된다.

박세당에게서 形而下者로서의 器는 구체적인 사물의 세계로 이해된다. 그것은 주자학에서와 같은 일체 사물의 형체를 구성하는 재료의 의미를 지니지는 않는다. 주자학에서는 형이하의 器를 理氣의 氣로 풀이한다. 이때의 氣는 일체 사물을 구성하는 질료와 같은 의미를 지니는 것으로 그것 역시 하나의 형이상학적 본체 개념이다. 그러나 박세당에게서의 器는 개별사물의 의미를 지닐 뿐이다. 그것은 다만 형체를 지님으로 해서 우리의 감각적 지각 대상이 되는 구체적인 사물을 의미할 뿐, 일체의 존재물을 질료의 차원에서 하나로 묶어 줄 수 있는 형이상학적 본체의 개념은 아닌 것이다.

박세당은 또 구체적인 사물 가운데는 그것의 내재적인 특성인 법칙이 있다고 본다. 사물이 있으면, 반드시 그것의 법칙이 있다는 것이다.

그 법칙이 바로 탐구의 대상이 된다. 사람은 사물의 법칙을 탐구하고, 그에 알맞게 대응함으로써 사물을 바르게 실현시켜야 한다. 이 때문에 「대학」의 이른바 '格物致知'의 대상도 사물마다 지니고 있는 법칙을 탐구하고, 각 사물이 그 바름을 얻게 하는 것으로 풀이된다. 그런데 중요한 것은 이때의 법칙은 주자학에서 이해하는 것처럼 우주의 근원적 원리인 理一이 구체적인 사물 속에 내재되어 있는 것, 즉 分殊理는 아니라는 점이다. 주자학에서 말하는 分殊理는 理一이 전제되어 있다. 그러나 박세당이 말하는 '有物有則'의 '則'은 그 사물에 국한된 개별사물의 원리일 뿐, 理一이라는 형이상학적 존재가 전제되어 있지 않다.

한편 理一의 보편실재성에 대한 부정은 주자학의 핵심명제라고 할 수 있는 '性卽理', 즉 본성을 형이상학적 우주원리로 파악하는 것에 대한 비판의 의미를 담고 있다. '성즉리'의 명제가 가능하기 위해서는 우주의 형이상학적 원리가 인간 존재 가운데 내재되어 있어야 하는데, 박세당은 형이상학적 원리를 사물이 형성되기 이전의 영역으로 제한시키고 있기 때문이다. 그에게서 본성은 형체를 부여받은 뒤에 그 형상에 따라 주어져서 사물의 내재적 특성을 이루는 원리일 뿐이다. 그것은 결코 일체의 존재물에 관통하는 하나의 형이상학적 원리는 아닌 것이다.

박세당은 또 '類不同'의 관점에서 사람의 본성을 이해하여 人物性同論의 입장을 비판한다. 이것은 『중용』의 이른바 '天命之謂性'에 대한 풀이를 통해서 살펴볼 수 있다. 박세당은 주자의 理氣論에 토대를 둔 '천명지위성'에 대한 해석에 이의를 제기하고 그것을 새롭게 풀이한다.

성이란 心明이 받은 천리로서 태어나면서 갖추고 있는 것이다. 하늘에는 밝은 리가 있는데, 물이 그것을 마땅히 여겨서 법칙으로 삼는다. 이 리의 법칙(理則)이 사람에게 주어져서 그 마음의 밝음이 된다. 사람은 이미 천리를 받아 그 마음에서 밝으니, 이것으로 사물의 마땅함과 그렇지 못함을 고찰할 수 있다.13)

박세당은 '性'을 '心明이 받은 천리', '천리가 사람에게 부여되어 그
마음에서 밝은 것'[14]으로 규정한다. 천리는 하늘에 밝게 드러난 리(顯
理)로서, 사물의 내재적 특성을 이루어주는 법칙(理則)이 된다. 그리고
그 법칙이 사람에게 부여되어 심명이 된다.[15] 사람은 천리에 밝은 마
음을 본성으로 지님으로써 행위의 선악과 사물의 當否를 알 수 있
다.[16] 이러한 규정에 근거하면, 성의 실질 내용은 마음의 지각기능, 즉
心明이라고 할 수 있다. 그것은 뭇 존재물들에 공통적으로 내재해 있
는 하나의 형이상학적 원리, 즉 주자학에서 말하는 것과 같은 '性卽理'
는 아닌 것이다.[17] 주자학에서의 '성즉리'는 우주원리(理)가 인간만이
아니라 그 이외의 다른 존재물에도 보편적으로 내재되어 있음을 의미
한다. 그러나 박세당은 '천명지위성'의 '性'을 사람의 본성으로 제한해
서 말한다. "비록 물에도 성은 있으나 다만 그 성의 본질이 사람과 같
지 않기 때문에 오상의 덕을 일컬을 수 없다. 성을 사람과 물에 겸해서
말하는 것은『중용』의 뜻이 아니다."[18]는 것이다. 그는 사람만이 도덕
적 행위를 할 수 있는 내면적 근거인 오상의 덕을 지니고 있다고 보고
있는 것이다.

이상의 논의를 통해서 박세당은 형이상학적 원리로서의 理一이 일

13)『思辨錄』「中庸」, 2나, "性者 心明所受之天理與生俱者也 天有顯理 物宜之
而爲則 以此理則 授與於人 爲其心之明 人旣受天理 明於其心 是可以考察
事物之當否矣".
14)『思辨錄』「孟子」, 41나, "性 卽天理之賦於人而明乎其心者 故上知之人 行無
不備而能盡其心之德者 以能知其性故也 能知其性則是爲知天矣".
15)『思辨錄』「中庸」, 6나, "天理之本然 爲吾心之明 有行焉而循之 則是爲道".
16)『思辨錄』「中庸」, 4가, "特吾心自明於理 有以辨善惡之當否 又知人心皆同
彼之知吾所爲之善惡 亦猶吾之知彼爲之善惡 故外懼乎人 內察乎理 循而行
之而自有餘耳".
17)『思辨錄』「中庸」, 3가, "謂性爲理 今不同 何也 理明于心謂性 在天曰理 在
人曰性 名不可亂故也".
18)『思辨錄』「中庸」, 3가~3나, "雖物亦有性 但其爲性也 與人不類 無以稱乎五
常之德 兼言物 非中庸之指故也".

체의 존재물에 보편적으로 실재한다는 것과, 나아가서는 주자학의 제1 명제라고 할 수 있는 '性卽理'를 부정하고 있음을 알 수 있었다. 그는 추상적이고 형이상학적인 관념의 세계가 아니라, 경험적으로 지각 가능한 구체적인 사물세계를 중시하고 있으며, 사람에 대한 이해에 있어서도 세계를 밝게 이해하고 그에 대응할 수 있는 능력을 지니고 있다는 것을 중시하고 있다. 그는 理一에 대한 탐구와 내 안에 갖추어진 우주적인 본성을 실현하는 것이 아니라, 다른 존재물과 구분되는 사람마음의 밝은 능력을 통하여 사물의 이치를 탐구하고 그것을 구체적인 일상사에서 실현시켜주고자 하였던 것이다. 이것을 우리는 그의 학문관을 통하여 보다 구체적으로 확인할 수 있다.

3) '行己處物'의 학문관

주자학에서 학문의 대상은 마음과 理이며, 학문 방법은 存心養性과 居敬窮理이고, 그 궁극적 지향점은 理一에 대한 체득을 통하여 이루어지는 '마음과 理의 합일'이다. 그런데 理一의 보편실재성을 부정하는 박세당으로서는 그 학문의 의미·대상·방법·궁극적 지향점에 대해서도 새롭게 규정하지 않을 수 없었다.

⑴ 학문의 의미와 대상

박세당은 학문의 의미를 "사람이 스승에게서 글을 배워 질문하고 강구하여, 자기를 실천하고 사물을 처리하는 방법을 알고자 하는 것"[19]으로 규정한다. 行己와 處物의 방법에 대한 탐구가 바로 학문이라는 것이다.

박세당에게서 '行己'의 '行'은 구체적인 실행·실천을 의미하며, '己'는 행위와 실천의 주체를 의미한다. 그런데 행위 주체자는 천리에 밝

---

19)『思辨錄』「論語」, 1가, "人從師讀書質問講究 求知行己處物之方 是謂之學".

은 마음을 본성으로 지니고 있다. 따라서 '行己'란 천리에 밝은 마음의
본성을 실천하는 것이다. 이것이 바로 『중용』의 이른바 '率性之謂道'
이다. 이 '率性', 즉 道는 '행위가 그 본성을 따르는 것',[20] '행하되 내
마음에 환하게 밝은 천리의 본연을 따르는 것'[21]으로 풀이된다. 이는
위로 하늘에서 부여받아 마음에서 밝은 바의 천리에 따라서 아래로 구
체적인 일에 베푸는 것을 道로 규정한 것이다.[22] 이로써 보면 道는 사
람이 선천적으로 부여 받은 본래적인 그 무엇이 아니라, 사물에 응접
하는 일상사 가운데서 본성에 따르는 구체적인 실천을 통하여 확보되
는 것이다. 말하자면 道는 사람의 마음에 본래적으로 갖추어져 있는
것이 아니라, 구체적인 실천을 통해서 이루어지는 것이다.[23] 뿐만 아
니라 그 도는 객관적으로 실재하는 것도 아니다. 그것은 행위 주체와
의 관계 속에서 형성된다. 그래서 그는 "일에 도가 있는 것이 아니라,
사람이 일을 행하는 데 도가 있다"[24]고 말한다. 도가 주관적으로 내재
해 있거나 객관적으로 실재하는 것이 아니라, 행위 주체가 자신의 본
성을 실천하는 과정을 통해서야 성립된다는 것은 주체의 실천성을 강
조한 것이라고 할 수 있다.

 '處物'의 '處'는 처리하고 다스리는 것이며,[25] '物'은 사람이 일상생
활에서 접하는 사물 사건이다.[26] 그런데 物은 각각 자기의 법칙을 지

---

20) 『思辨錄』「中庸」, 4가, "道卽行之所循乎其性 性卽心之所明乎天理".
21) 『思辨錄』「中庸」, 6나, "天理之本然爲吾心之明 有行焉而循之 則是爲道".
22) 『思辨錄』「中庸」, 5가, "盖理根於天 道行於事 性之所明者理 而所發者道 上
   以稟於天 下以施於事 本末之分不可亂 而先後之位不可易也".
23) 『思辨錄』「中庸」, 3나, "人能知道 物不能知道也……且道是率夫性而得 非有
   生之初 與生俱者也".
24) 『思辨錄』「中庸」, 3나, "事非有道 人之行乎事者有道".
25) 『思辨錄』「大學」, 4가, "夫事者 所以理夫物也".
26) 박세당은 사람이 천지간에 살면서 함께 하는 것을 '物'로 이해한다(『思辨錄』
   「孟子」, 43가 참조). 그리고 또 『대학』의 이른바 '天下'·'國'·'家'·'身'·'心'
   ·'意'·'知'·'物' 등도 '物'의 개념에 포함시킨다(『思辨錄』「大學」, 2가, 참
   조).

니고 있다. 따라서 '處物'이란 사물의 마땅한 바의 법칙에 따라서 그것을 알맞게 처리하고 다스리는 것이다. 박세당은『대학』에서 말하는 '格物'을 '處物'로 이해한다. 그에 따르면 "'格'은 법칙이며, 바르게 함이다. 物이 있으면 반드시 법칙이 있으니, 물에 격이 있다는 것은 그 법칙을 구하여 바름을 얻고자 하는 것"27)이다. 주자학에서 격물은 구체적인 사물에서 理를 궁구하는 것이다. 이때의 리는 사물 속에 내재되어 있는 우주의 보편원리이다. 격물은 각 사물 속에 내재되어 있는 分殊理를 궁구하는 것이며, 이를 통하여 궁극적으로는 우주의 보편원리인 理一에 대한 체득으로까지 이어진다. 그러나 박세당은 격물을 사물의 법칙을 구하는 순수지적 탐구만이 아니라, 사물의 법칙을 구하여 물을 바르게 하는 실천의 과정까지 포함하는 것으로 이해한다. 그리고 이때 사물의 법칙이라는 것도 개별 사물의 내재적인 특성을 나타내는 것일 뿐, 주자학에서와 같은 형이상학적 원리가 아니다. 그는 격물의 대상을 온갖 사물에 내재된 추상적인 원리가 아니라 구체적인 한 가지 물과 한 가지 일에 제한시킨 것이다.28) 이처럼 박세당에게서 지적 탐구의 영역은 그 어떤 형이상학적 성분도 띠고 있지 않다. 그것은 다만 구체적이고 실질적인 사물세계의 영역으로 제한되어 있는 것이다. 그리고 사물의 법칙에 대한 탐구는 그 사물을 알맞게 처리하고자 하는 실천과 떨어져 있지 않다. '格物'을 '處物'의 의미로 풀이한 까닭은 사물을 알맞게 처리하고자 하는 그의 실천적 관심이 깊이 반영된 것이라고 하겠다.

그런데 박세당에게서 '行己'와 '處物'은 상호 밀접한 연관관계를 지

---

27) 『思辨錄』「大學」, 3나, "求以至曰致 格 則也 正也 有物必有則 物之有格 所以求其則而期得乎正也 盖言欲使吾之知 能至乎是事之所當 而處之無不盡 則其要唯在乎尋索是物之則而得其正也 不言欲致知先格物 而曰致知在格物者 格物所以致知 其事一故也".

28) 『思辨錄』「大學」, 11나, "據此則其所以爲格致之訓者 似指一物一事而言 恐非謂窮萬物之理而盡一心之知者也".

니고 있다. '行己' 과정 가운데는 '處物'이 포함되어 있으며, '처물'을 통해서 '행기'가 확보되고 있기 때문이다. 박세당은 "사람은 이미 천리를 받아 그 마음에서 밝으니, 이것으로 사물의 마땅함과 그렇지 못함을 고찰할 수 있다. 진실로 일을 처리하고 물에 수응하는 것이 반드시 이에 따라서 혹시라도 어김이 없으면, 그것을 사물에 시행함에 있어 통달하고 막힘이 없을 것이다. 비유하면 네거리의 큰길과 같을 것이기 때문에 도라고 한 것이다."[29]라고 말한다. 사람의 마음에는 사물의 법칙을 알아낼 수 있는 인식능력과 그 알아낸 바의 진실한 이치에 따라 물에 수응하고 일을 처리할 수 있는 실천능력이 있다.[30] 그리고 '行己', 즉 '率性'이란 '사물에 내재하는 이치를 알아내고, 그에 따라 사물을 처리하고 다스려서 막힘이 없는 것이다.' 본성을 따르는 '자기실천[行己]'이 '사물의 법칙을 알아내고 그것을 알맞게 처리하는 것(處物)'과 떨어져 있지 않은 것이다. 이처럼 박세당에게서 '자기실천'은 '處物'의 과정을 그 안에 포함하고 있다. 사물의 법칙을 알아 사물을 바르게 처리하는 일을 거치지 않고서는 자기의 본성을 실천하는 일이 확보되지 않는 것이다. 따라서 자기의 본성을 실천하기 위해서는 무엇보다 '사물의 법칙을 알아 그것을 알맞게 처리하는 일', 즉 格物이 요구된다.

(2) '格物'의 구체적인 방법과 '中庸'의 실천방법

박세당은 격물의 구체적인 방법, 즉 '물의 법칙을 찾아 그 바름을 얻는 방법'으로 '行遠必自邇'의 방법을 제시한다. 그것은 비근하고 알기 쉬운 것으로부터 시작하여 고원하고 정밀한 것으로 탐구해 들어가는

---

29) 『思辨錄』「中庸」, 2나, "人旣受天理 明於其心 是可以考察事物之當否矣. 苟處事應物 能必循乎此 無或違焉 則其行於事物也 有通達而無阻滯 譬若衢路 然故謂之道也".

30) 『思辨錄』「大學」, 15가, "物有則而心有知 以知求則 宜可以得其正 知及乎物則之正 則吾心了然 無所疑蔽 其於應是物而處其事 意之所施 自無不循乎眞實之理 此所謂誠也".

것이다. 이것을 그는 다음과 같이 설명한다.

　무릇 가까운 것은 미치기 쉽고, 얕은 것은 헤아리기 쉽고, 간략한
것은 얻기 쉽고, 거친 것은 인식하기 쉽다. 미치는 것을 근거로 점점
더 멀리가고, 멀리 가고 또 멀리가면 아주 먼 데까지 다 갈 수 있다.
헤아릴 수 있는 것을 근거로 조금 더 깊이 들어가고, 깊이 들어가고
또 깊이 들어가면 아주 깊은 데까지 이를 수 있다. 얻은 것을 말미암
아 점점 더 갖추고, 인식한 것을 말미암아 점점 더 정밀하게 하여, 정
밀할 것은 더욱 정밀하게 하고, 갖춘 것은 더욱 갖추게 하면 갖추고
정밀한 것을 지극하게 할 수 있다.……반드시 여러 장점을 널리 모으
고, 조그만 선도 버리지 않아야만 거칠고 간략한 것도 유실되지 않고,
얕고 가까운 것도 누락되지 아니하여, 깊고 심원하고 정밀하고 갖추
어진 체계가 비로소 완전하게 될 수 있다.31)

　박세당이 제시하는 격물의 방법은 쉽게 알 수 있는 것을 기점으로
해서 그것을 점점 축적하여 확대시켜 나가는 방식이다. 이러한 방법은
박세당에게서만 발견되는 특수한 것이라고 볼 수는 없다. 그것은 『논
어』의 이른바 '下學而上達', 『중용』의 이른바 '行遠必自邇, 登高必自
卑'32)의 방법으로 그 오랜 연원을 가지고 있기 때문이다. 그런데 이러
한 방법에서 중요한 것은 역시 '지식을 미루어 나가는 추론의 기점을
어떻게 마련할 것이며, 또 궁극적으로 어디까지 도달할 것인가'하는 점
이다.
　박세당은 자기가 분명히 느끼고 확인할 수 있는 지각 사실로부터 시

---

31) 『思辨錄』序, 1나, "夫邇者易及 淺者易測 略者易得 粗者易識 因其所及而稍
　　遠之 遠之又遠 可以極其遠矣 因其所測而稍深之 深之又深 可以極其深矣
　　因其所得而漸加備 因其所識而漸加精 使精者益精 備者益備 可以極其備 極
　　其精矣……博集衆長 不廢小善 然後粗略無所遺 淺邇無所漏 深遠精備之體
　　乃得以全".
32) 『中庸』15장, "君子之道 辟如行遠必自邇 辟如登高必自卑".

작한다. 그는 감각적 지각 사실로는 '나쁜 냄새를 싫어하고, 좋은 빛깔
을 좋아하는 것', 그리고 도덕적 지각 사실로는 '四端之心'을 예로 든
다. 이것은 자신의 몸과 마음이 직접적으로 지각할 수 있는 것으로서
자기에게 돌이키기만 하면 구할 수 있는 것이다. 그래서 그는 '격물은
자기 몸을 살피는 것만 한 것이 없으니 그 얻은 것이 더욱 절실하다'[33]
는 주자의 말을 적절한 것으로 평가한다.[34] 그는 또 일상적인 인륜 생
활을 비근하고 절실한 것으로 파악한다. 그리고 "대개 부자와 군신은
가까운 것이요, 초목과 조수는 아주 먼 것이며, 천지와 귀신은 지극히
높은 것이요, 어묵과 동정은 지극히 낮은 것이다. 父子·君臣·語默·
動靜은 지극히 낮고 지극히 가까워서 이것은 잠시라도 떠날 수 없는
것이지만 오히려 나의 앎이 그 이치의 마땅한 것을 다하지 못할까 걱
정하고 있는데, 저 천지·귀신·초목·조수의 지극히 높고 지극히 먼
것에 대해서까지 어찌 그 은미한 것을 탐구하고 그 심오한 것을 알 수
있겠는가."[35]라고 말한다. 따라서 천지·귀신·초목·조수의 그렇게
된 까닭을 알고자 하면 반드시 먼저 父子·君臣·語默·動靜의 이치
를 알아야 한다.[36] 여기에는 자연의 운행원리에 대한 이해가 있어야만
인륜생활 속에 마땅히 해야 할 바를 알 수 있다고 보는 주자의 견해에

---

33) 『思辨錄』「大學」, 13나, "格物莫若察之於身 其得之尤切……若此等者 可謂
   切矣".
34) 주자는 지극히 절실하고 가까운 것은 마음이고, 그 다음은 입·코·귀·눈·
   사지의 작용이 있고, 그 다음은 군신·부자·부부·장유·붕우의 오상이 있
   으며, 또 천지의 운행과 고금의 변천, 조수초목의 작용 등을 들고 있다. 그리
   고 궁극적으로는 이 모든 것들의 이치를 다 궁구하여 활연관통할 것을 요구
   한다(『思辨錄』「大學」, 12나~13가 참조).
35) 『思辨錄』「大學」, 16가, "夫夫子君臣至近也 草木鳥獸至遠也 天地鬼神至高
   也 語默動靜至卑也 夫子君臣語默動靜 至卑至近 斯須俄頃之所不能去 尙且
   患夫吾知之無以盡其理之當 其於天地鬼神草木鳥獸至高至遠者 又安能探其
   微而識其奧哉".
36) 『思辨錄』「大學」, 16나, "欲識天地鬼神草木鳥獸所以然之故 必先有以知夫
   夫子君臣動靜語默之理".

대한 비판이 잠재되어 있다. 박세당은 이치에 대한 탐구의 기점을 자연사물 속에 내재하는 형이상학적 원리에 두는 것이 아니라, 구체적인 인륜생활 속에 내재하는 법칙에 두는 것이다.

박세당은 격물치지의 기점에서 만이 아니라 궁극적으로 도달하고자 하는 지점에 대해서도 주자학과 분명한 견해의 차이를 보인다. 주희가 말하는 격물치지는 궁극적으로 理一에 대한 체득을 통하여 일체 '物'의 表裏·精粗와 '내 마음'의 全體大用이 환하게 밝아지는 데까지 이르고자 한다. 반면에 박세당은 理一에 대한 체득과 豁然貫通을 부정하고, 개별 사물의 이치를 탐구하여 그에 알맞게 사물을 처리할 것을 지향한다. 주희에게서는 道通이 인정되고 있는 반면에 박세당에게서는 도통의 세계가 인정되고 있지 않다. 그에게서 도는 오직 사람이 본성에 따라 사물의 법칙을 탐구하고 그에 맞게 처리함으로써 이루어지는 것이다. 그것이 바로 다름 아닌 '자기실천[行己]'이다. '處物'은 '行己'의 과정 가운데 포함되고 있는 것이다. 그런데 본성에 따라 사물의 법칙을 탐구하고 그에 알맞게 사물을 다스리고 처리하는 것이 한번으로 그쳐서는 안 된다. 그것은 늘 항상성을 유지할 수 있어야 한다. 그럼 어떻게 하면 사물처리에 마땅한 이치를 구하여 그것을 사물에 베푸는 자기실천의 항상성을 유지할 수 있는가?

박세당은 '行己'의 항상성을 유지하기 위해서는 뜻을 성실하게 하여 道를 떠나지 않아야 한다고 주장한다. 그에 따르면 사물처리에 마땅한 이치를 구하는 것(格物)은 바로 '中'을 택하는 것이며, 그 마땅함을 얻은 것(致知)은 한 가지 善을 얻은 것이다. 그리고 뜻을 성실하게 하는 것은 선을 받들어 마음속에 간직해 잃지 않는 것이다.[37] 이것은 바로 '도'를 떠나지 않는 것이다.

---

37) 『思辨錄』「大學」, 14나, "中庸言擇乎中庸 得一善 則拳拳服膺而不失之 夫擇乎中庸 非格物之謂乎 得一善 非知至之謂乎 拳拳腹膺而不失者 亦獨非意之誠歟 執此以辨大學之旨 不待多言而有可明者矣".

박세당은 '도를 떠나지 않음'을 '中庸'의 의미로 풀이한다. 그에게서 '中庸'은 '中을 恒持한다'는 뜻으로 풀이된다. 이는 경험적 실천을 통하여 체득한 '中'을 항상 유지하여 잠시 사이라도 잃는 일이 없고자 하는 것이다. 박세당은 『중용』에서 말하는 '戒愼恐懼'와 '愼獨', 『대학』의 '誠意'와 '正心' 등을 모두 도를 떠나지 않는 공부, 즉 '中庸'을 실천하는 공부로 이해한다.

『중용』에서는 "도는 잠시라도 떠날 수 없다. 떠날 수 있으면 도가 아니다. 이 때문에 군자는 그 보지 않는 바에도 경계하고 삼가며, 그 듣지 않는 바에도 두려워한다. 어두운 곳보다 더 잘 드러나는 것이 없고, 은미한 것보다 더 잘 나타나는 것이 없다. 그러므로 군자는 그 홀로를 삼가는 것이다."[38]고 말한다. 이 구절은 군자가 도를 떠나지 않기 위해서 해야 할 바의 공부를 언급한 것이 그 중심 내용을 이루고 있다. 박세당은 "도가 잠깐동안이라도 떠나지 않는 경지에 이르면 중용의 할 일은 마친 셈이다."[39]고 말한다. 말하자면 그는 도는 '中'이요, 떠날 수 없음을 '庸'으로 풀이하고 있는 것이다. 따라서 무엇보다 중요한 것은 어떻게 하면 도를 떠나지 않을 수 있는가의 문제이다. 이 공부로 제시된 것이 바로 '戒愼恐懼'와 '愼獨'이다. 그런데 여기에는 '其所不覩'와 '其所不聞' 및 '隱微'함은 무엇을 가리킨 것인가의 문제가 있다. 이것들을 무엇으로 이해하는가에 따라서 '戒愼恐懼'와 '愼獨'의 공부에 대한 풀이도 달라질 수 있기 때문이다.

주자는 '不覩不聞'을 '자기가 보지도 못하고 듣지도 못하는 것'[40]으로 이해한다. 그리고 '莫見乎隱, 莫顯乎微'에 대해서도 '의념의 가장 은밀한 곳과 미세한 곳보다 더 잘 드러나는 것은 없다'[41]고 풀이한다.

---

38) 『中庸』, "道也者 不可須臾離也 可離非道也 是故君子戒愼乎其所不睹 恐懼乎其所不聞 莫見乎隱 莫顯乎微 故君子愼其獨也".
39) 『思辨錄』 「中庸」, 7가, "道至於無須臾離 則中庸之能事畢矣".
40) 『中庸或問』, 13가, "其所不覩不聞者 己之所不覩不聞也".
41) 『中庸章句』, 朱子注, "言幽暗之中 細微之事 跡雖未形而幾則已動 人雖不知

'隱微'를 '남들은 알지 못하고 자기만 아는 그윽하고 미세한 의념'으로 이해한 것이다. 이 때문에 주자는 '戒愼恐懼'를 未發時의 存養공부로, '愼獨'을 已發時의 省察공부로 나누어 풀이하게 된다.

그러나 박세당은 不覩不聞을 '남들이 보지 못하고 듣지 못하는 곳'[42]으로 이해한다. 그리고 '戒愼'은 일을 당하여 스스로 마음을 놓지 못하는 것이요, '恐懼'는 일을 당하여 실수할까 걱정하는 것[43]으로 본다. 그런데 마음을 놓지 못하거나 걱정하는 것은 모두 사려하는 것이다. '계신공구'는 남들이 보지 못하고 듣지 못하는 곳에서도 도를 떠날까 늘 삼가고 두려워하는 것이다.

박세당은 또 未發時의 공부란 근본적으로 불가능하다고 본다. 사려가 일어나지 않아서 보고 듣는 것이 모두 어둡다면 공부가 미칠 수 있는 것이 아니다. 이때에는 모든 사려가 비어 있어서 불선뿐만 아니라 선도 존재하지 않는다. 선악의 생각이 싹트지 않았는데 어떻게 아직 싹트지 않은 단서를 다스릴 수 있겠는가? 그것을 다스리고자 하면 사려가 이미 싹트고, 일이 이미 나타나게 된다. 미발시의 공부에 대한 부정은 주자가 미발시의 공부로 간주했던 '存養'에 대한 새로운 해석을 요구하게 된다. 박세당은 '함양이란 몸을 닦고 자기를 바르게 하여 善道에 담그고 그 마음을 기르는 것'[44]으로 풀이한다. 그는 주자학에서 미발시에 도덕적 본성을 함양하는 공부를 一動一靜의 일상사 가운데서 선을 실천하여 도를 떠나지 않는 공부로 전환시킨 것이다.

박세당은 또 '隱微'를 '자기 홀로 있을 때(獨)'[45]로 풀이한다. '愼獨'은 자기 홀로 있을 때 불선을 하지 않고 성실히 선을 행하는 것으로서

而己獨知之 則是天下之事無有著見明顯而過於此者".
42) 『思辨錄』「中庸」, 4가, "凡人於衆所見聞 皆知爲善而閉惡".
43) 『思辨錄』「中庸」, 6가, "蓋戒愼云者 是當事而不敢自放 恐懼云者 是當事而憂其失墜".
44) 『思辨錄』「中庸」, 7가, "夫涵養者 修身正己 沈涵善道 以養其心之謂也".
45) 『思辨錄』「中庸」, 10나, "獨是隱微 隱微是獨".

『대학』의 '誠意'장과 그 뜻이 같다. 이것은 선을 행하는 일(事)에 삼가는 것으로 주자의 신독이 다만 생각이 싹트는 데에서 삼가는 것과 다소 구별된다. 주자에게서는 함양성찰을 하고, 그것을 다시 구체적인 일에서 실천하는 力行의 과정이 요구된다. 그러나 박세당에게서는 '愼獨'이 바로 善의 실천인 셈이다. 그리고 그것이 바로 성찰로써, 『서경』의 이른바 '精一', 『중용』의 이른바 '擇善固執', 주자의 이른바 '存天理遏人欲'이다. 이것들은 모두 '道'를 실천하는 공부이다. 그럼 박세당은 도의 실천을 통하여 도달하는 궁극의 경지를 어떻게 그리고 있을까?

(3) 학문의 궁극적 경지

行己處物의 학문을 통하여 도달하게 되는 궁극적 경지는 『중용』의 이른바 '致中和, 天地位焉, 萬物育焉'에 대한 풀이와 연관된다. 박세당은 치중화로 인하여 열리는 모습을 다음과 같이 설명한다.

> 대본이 이미 얻어지고, 달도가 행해지며, 이것을 그 지극한 데까지 미루게 되면, 천지가 역시 나로 말미암아 세워지고, 만물 역시 나로 말미암아 자라나게 된다. 대저 성인이 세상을 다스려서 중화의 덕을 지극하게 하여 그 공효와 교화가 미치는 바는 산천 귀신도 편안하지 않음이 없으며, 조수초목도 모두 잘 살게 되니, 그 밝게 나타나는 효험이 여기에 이르게 되는 것이다. 사람의 한 몸은 지극히 작지만, 그 형기의 화한 것을 극진하게 하면 천지의 화도 따라서 응하는 것이 이와 같다. 이는 다름 아니라, 희노애락이 발하기 전에 이를 살펴서 그 중을 얻고, 이미 발한 후에는 그것을 따라서 모두 화하지 않은 것이 없는 까닭이다.46)

---

46) 『思辨錄』 「中庸」, 16가, "大本旣得 達道以行 推此以極其致 則天地亦由我以位 萬物亦自我以育 夫聖人御世 能致中和之德 其功化所被 使山川鬼神亦莫不寧 鳥獸草木咸若 其明效顯驗 有至於是者矣 人之一身 至眇然也 而極其形氣之和 天地之和隨而應之者如此 此皆非他 能察之於未發之前 而得夫其中 循之於已發之後 而無不皆和故也".

박세당은 치중화를 성인 경계의 일이며, 그로 인하여 열리는 '천지위'와 '만물육'의 모습은 성인의 공효와 교화를 통하여 이루어지는 일로 설명한다. 사람은 道를 실천하는 행위의 주체이다. 그런데 성인은 삼강오륜 등의 가르침을 통하여 그 도의 실천 근거가 사람들이 자신의 본성을 따르는 데에 있음을 밝힘으로써 사람들로 하여금 도를 실천하게 한다. 그리고 이 도의 실천은 사물들의 내재적 법칙을 궁구하고 그것의 바름을 얻게 하는 것이다. 각 사람들이 자신의 삶의 세계에서 이 도를 실천하게 되면 산천귀신이나 조수초목이 자기의 바름을 얻어서 편안하고 잘 살게 되지 않음이 없다. 박세당의 이러한 풀이는 천지만물을 관통하는 형이상학적 원리인 理一이 전제되어 있지 않다. 그의 해석은 일상생활 속에서의 구체적인 경험에 뿌리를 내리고 있다. 말하자면 사물의 합당한 이치를 궁구하고 그 이치에 따라 사물에 베풀어주었을 때, 그 物이 자신의 생명력을 지니게 되는 실질적인 경험적 사실에 근거하고 있는 것이다.

그런데 이 경험은 마음의 소통보다는 실질적인 氣의 소통으로 표현되는 것이 보다 적합할 것이다. 그래서 박세당은 주자의 이른바 '내 마음이 바르면 천지의 마음도 바르게 된다'는 관념적인 해석을 거부한다. 그는 "하늘이 어떻게 사람이 그것을 어기거나 따른다고 자연의 항상됨을 변화시켜 바르게 되고 바르지 않게도 되겠는가?"[47]라고 주장한다. 사람이 하늘을 따르느냐 어기느냐, 즉 자연의 원리에 순응할 것인가 아니면 거스를 것인가가 타당하지, 자연이 사람의 마음이 바르냐 그르냐에 따라서 바르게도 되고 바르지 않게도 되는 것은 아니라고 보는 것이다. 그리고 천지의 기운의 거스름과 순조로움은 모두 인사의 득실로 말미암아 그 기가 음양에 감하는 데에 조화로움과 어그러짐이 있게 된다[48]고 말한다. 이러한 비판에는 '천지만물이 본래 나와 일체이다'는

---

47) 『思辨錄』「中庸」, 17나, "天又安有以人之逆之順之 而變其自然之常 或正或不正耶".

주자의 형이상학적 언명에 대한 불만이 잠재되어 있다. 이것은 『맹자』
의 이른바 '만물이 모두 나에게 갖추어져 있다'는 구절에 대한 해석에
서 잘 나타난다.

주자는 맹자의 이른바 '萬物皆備於我'는 '리의 본연을 말한 것으로
서, 크게는 군신부자로부터 작게는 사물의 미세한 데 이르기까지 그
당연지리가 본성 가운데 갖추어지지 않음이 없다'[49]고 풀이한다. 이에
대해 박세당은 만물을 萬物之理로 풀이해야 할 명확한 근거가 없다[50]
고 비판하고 새로운 해석을 제시한다.

> 사람의 한 몸이 천지간에 살면서 함께 하는 것이 물이 아님이 없다.
> 가까이로는 군신부자에서 멀리로는 이적금수와, 미세하기로는 곤충
> 초목에까지, 무릇 손발이 닿고 이목이 접하는 바와 더불되, 참으로 내
> 몸에 마땅하려면 반드시 모두 그 성품을 잃지 않아서 각각 그 처소를
> 얻게 하여야 하니, 이것이 바로 만물이 모두 내 몸에 갖추어져 있는
> 것으로서 실상 내가 그 책임을 맡은 것이다.[51]

이는 만물이 각기 자신의 마땅함을 얻게 되는 것이 모두 행위 주체
자인 나에게 달려 있다고 본 것이다. 여기에서 '나'라는 개인은 세계를
책임지는 주체로 등장하게 된다. 그리고 그 책무는 사물을 각각 알맞
게 처리하는 나의 실천을 통해서만 이행된다. 이렇게 해서 박세당은

---

48) 『思辨錄』「中庸」, 17나, "天地之氣 其逆者爲彗孛崩竭 其順者爲景星甘露 嘉
禾醴泉 皆由人事之得失 而其氣之感於陰陽者 有和有乖 使夫天地有位不位
萬物有育不育 而遂致其應之不同如此".

49) 『孟子集註』, 盡心上, "此言理之本然也 大則君臣父子 小則事物細微 其當然
之理 無一不具於性分之內也".

50) 『思辨錄』「孟子」, 43가, "此章所言萬物 其謂物理旣無明據".

51) 『思辨錄』「孟子」, 43가, "人之一身 處乎天地之間 所與者無非物也 近者君臣
父子 遠至夷狄禽獸 微則昆蟲草木 與凡手足之所觸 耳目之所接 苟當於吾身
必皆有以使無失其性而各得其所　是則萬物皆爲吾身之所備有而實任其責
矣".

각 개인을 만물의 화육을 책임지는 실천적 주체로 파악하게 된다. 이러한 체계에서는 실질에 근거하지 않은 추상적 논의나, 실천이 없는 사변적 담론은 모두 무의한 것으로 비판된다. 그리고 일상생활에 요구되는 것을 실천적으로 이행하는 학문을 실질적으로 의미가 있는 학문으로 이해하게 된다. 이러한 학문관은 훗날 실학이 형성될 수 있었던 선구적인 역할을 했다고 평가할 수 있을 것이다.

그는 이 실학적 관점에서 기존에 정통주자학자들에 의해 이단으로 간주되어 왔던 학문에 대해서도 광범위하고 심도 있는 연구를 진행하고 또 새로운 평가를 하게 된다.

4) 박세당의 異學觀

여기에서 異學이라 함은 유학, 그 가운데서도 정통주자학 이외의 다른 학문계통을 의미한다. 박세당 당시에 異學에 속할 수 있는 학문은 불교와 노장학, 그리고 양명학을 들 수 있다.

박세당의 異端에 관한 기본적인 인식은 비록 이단일지라도 그것을 공격함이 너무 심하면 도리어 해가 된다[52]고 보는 것이다. 이 때문에 이단에 대한 그의 배척은 그렇게 심하지 않다.

박세당은 불교를 이단으로 간주한다. 불교를 좋아하는 것은 악취를 추구하는 무리와 같다고 말할 정도로 불교에 대해 비판적이다.[53] 그러나 그는 불교를 이단으로 간주하면서도 그것을 깊이 연구하여 그와 다투고자 하는 태도는 보이지 않는다. 다만 유학의 바르고 큰 도리를 밝히는 것만으로도 불교를 연구하는 이들을 설복시킬 수 있다고 본 것이

---

52) 『思辨錄』「論語」, 6가, "雖異端 而若攻擊之太過 則或反爲害也".
53) 『西溪全書』卷7,「論韓歐排浮屠」, 24가, "異端之在天下 其亦猶夫臭也 而佛 其甚者也 其好之者 亦逐臭之類也 不足與爲究論也 明矣 孟子闢楊墨 亦不 過曰無父曰無君 固未嘗爲甚究之論以爭 夫精微毫忽而其正大自足以服彼 則又何事於深也 吾故曰 深之者 乃所以爲淺 而未能去夫惑者也".

다. 불교를 비판하기 위해서 그에 대한 연구를 깊이 하다보면 그것이 풍기는 이단의 악취에 물들 수 있다고 생각한 듯하다. 그러나 노장학에 대한 그의 태도는 불교를 대하는 것과는 다르다.

박세당은 우리나라에서 처음으로『노자』와『장자』의 全文을 주해한 바 있다.[54] 그는 노장학이 비록 성인의 큰 가르침과 어긋나기는 하지만 취할 만한 것이 전혀 없지는 않다[55]고 본다. 그 도는 비록 성인의 법에 합하지는 않지만 그 뜻은 역시 자신을 닦고 사람을 다스리고자 하는데 있었다[56]는 것이다. 그는『도덕경』81장의 가르침의 종지를 '실천을 하되 다투지 않는데 있다'[57]고 요약한다. '실천을 하되 다투지 않는 가르침'의 진리성을 노자를 통해 재확인한 것이다. 인의예지의 도덕성을 바탕으로 삼아 禮治로써 사회문제를 해결코자 하였던 당시 정치 상황에서 '斯文亂賊'이라 성토당하면서도 노장학을 연구하여 소개한 것은 그가 당시의 성리학적 세계관으로부터 벗어나고자 한 개방적인 의식을 지녔기 때문이라고 평가할 수 있을 것이다.

조선 사상계에서 양명학은 정통주자학자들에 의해 이단으로 간주된 바 있다. 이 때문에 양명학을 연구하더라도 드러내놓고 연구할 수는 없었다. 이러한 경향은 박세당에게 어느 정도 영향을 끼친 듯하다. 박세당이 양명학을 연구했다는 흔적을 찾아보기 쉽지 않기 때문이다. 다만 道를 구체적인 실천을 통하여 확보하고자 한 점이나, 미발공부를 부정하고 誠意 공부를 주장한 점, 그리고『대학』의 8조목에서 物과 事를 구분한 점, 心과 物의 밀접한 관계성을 중시한 것 등은 양명학과의 유사성을 보인다. 그러나 이러한 자신의 관점이 양명학과 어떤 관계에

---

54)『노자』81장을 주해한『新註道德經』과『장자』33편을 주해하고 토를 단『南華經注解删補』가 그것이다.
55)『西溪集』卷7,「答尹子仁書」, 1나, "如老莊之說 雖舛聖人大法 又不至都無可採".
56)『新註道德經』「序」, "其道雖不合聖人之法 其意亦欲修身治人".
57)『新註道德經』81章註, "八十一章之旨 都在爲而不爭 故結之以此".

있는가를 언급하지는 않고 있다. 이 때문에 그가 어느 정도나 깊이 있
게 양명학을 연구하였는지는 자세히 알 수 없다.

그럼 비교적 자유로운 사색을 하는 박세당이 왜 양명학을 깊이 있게
연구하지 않았을까? 우리는 그 이유를 그의 사상의 성격에서 발견할
수 있다. 양명학은 주자학과 다른 점이 있지만, 그것 역시 마음을 중시
하는 하나의 관념의 체계로 짜여져 있다. 말하자면 마음에 의하여 세
계를 통일시킨 것이다. 이러한 성격을 지닌 양명학은 철저히 경험적
체득에 기초한 도의 실현을 중시하는 박세당의 학문관과는 부합하지
않는 점이 있다. 내 마음이 바르면 천지의 마음도 바르게 된다는 주자
의 관점을 비판하는 박세당으로서는 마음을 형이상학적 존재로 파악
한 양명학에 동조하기는 어려웠을 것이다. 양명학을 깊이 연구하지 않
은 이유도 역시 이단으로 간주한 불교를 깊이 연구하지 않은 이유와
같은 맥락에서 이해할 수 있다.

그런데 박세당은 당시의 대표적인 양명학자로 일컬어지는 최명길의
학문을 긍정적으로 평가한다.

> 내가 보기에 공은 경전을 정밀히 연구하고, 법전의 가르침에 회통
> 하며, 위아래로 네 선생에게서 얻은 것이 깊다. 그러므로 그 사업에
> 드러난 것과 여러 논의에 나타난 것이 모두 이것에 근본을 두고 있
> 다.58)

지천의 학문에 대한 박세당의 이러한 긍정적 평가는 정통을 자처하
던 당시 주자학자들과는 전혀 다른 학문태도라고 하겠다. 그러나 이것
역시 경전에 대한 연구가 다만 추상적이고 관념적인 연구에 그치지 않
고, 구체적인 실제 사업과 실천적인 논의로 드러난 점을 높이 평가한

---

58) 『西溪全書』 卷11, 「領議政完城府院君崔公神道碑銘」, 41나, "世堂竊觀 公精
研經傳 會通典訓 上下四子所得者 深 故其見於事業 發諸論議 皆本於此".

것이라고 보아야 할 것이다. 이 글만으로는 최명길이 양명학자이기 때문에 그를 긍정적으로 평가했다고 보기는 어렵다.

3. 鄭齊斗의 주자학 반성과 心本體論

1) 정제두의 철학적 문제의식과 道統論의 재확립

⑴ 현실인식과 철학적 문제의식

정제두(1649~1736)의 철학적 문제의식은 당시 현실에 대한 비판의식에 뿌리를 내리고 있다. 현실에 대한 그의 비판적 인식은 당시의 사회정치관과 대중국관에 잘 나타난다.

조선시기 정치사에서 17세기는 당쟁의 세기라고 할 수 있을 정도로 정치항쟁의 굴절이 특히 심했다. 서인 주도의 인조반정과 함께 북인이 몰락했으며, 이른바 '예송'으로 소수파 남인이 집권을 했는가 하면 對南人 태세를 둘러싸고 서인이 노론·소론으로 나뉘어 대결과 불신의 골이 더욱 깊어졌던 것이다.59) 이런 상황에서 소론계열에 속하는 정제두는 비록 그 당색을 완전히 떨쳐버리지는 못했지만, 당쟁으로 인한 폐해를 깊이 인식하고, 당파를 넘어서서 의리를 구하고자 하였다.

그는 당시의 선비들이 선비의 본질인 염치와 의리의 도를 잃어버린 채,60) 시비를 돌보지 않고 편당을 지어 감정적으로 세력싸움을 하는 풍습이 점차 심해져서 도의가 무너져 가는 상황을 안타까운 시선으로 바라보고 있다.61) 그리고 세상이 공유하는 도리에 의거하지 않고 다만

---

59) 김준석, 앞의 책, 2003, 596쪽.
60) 『霞谷全集』 卷3, 「答李伯祥書」, 70쪽, "士之爲士者廉義 而今之爲士者 苟欲修廉義 則難以爲士矣".
61) 『霞谷全集』 卷1, 「上朴南溪書 甲子」, 13쪽, "蓋自有偏儻 此風因以成效 名臣鴻儒 間或不免於是 而至於今習之爲當然 波莽沙頹 深可慨懣 此其故何但時士之罪 亦必有分其責者矣".

자기와 같고 다른 것만을 따져서 공격하고 욕설하기를 일삼는 풍조는
성인으로부터 전해져 오는 의리가 마음속에서 터득되지 못한 때문이
라고 진단한다.[62] 당쟁으로 격화된 사람들 사이의 대결양상이 가지고
오는 폐해를 목도하면서 그 원인을 각 개개인들이 의리를 마음으로부
터 분리시킨 데서 찾고 있는 것이다. 이러한 진단에 뒤따르는 처방은
'마음과 의리의 일원체계'를 세우는 데 있었다. 그리고 정제두는 그 체
계를 기존의 성인의 학문에서 발견한다. 당쟁에서 기인하는 폐해는 성
학을 밝힘으로서 해결될 수 있다고 본 것이다. 뿐만 아니라 그는 聖學
을 탕평의 근본적인 방법으로도 제시한다.

'어떻게 하면 조정의 기상을 탕평함으로써 백성들이 마음 편안하게
생업에 종사토록 할 수 있을까?' 영조가 던진 이 물음은 눈앞에 닥친
커다란 근심을 민생의 고통으로 인식하는[63] 정제두로서도 깊이 고민
해 온 문제였다. 그는 영조의 물음에 다음과 같이 대답한다.

> 이미 조선조 삼백년 동안에 태평을 일으킨 법이 선을 다하고 미를
> 다한 것이었으니 오늘날에는 오직 이것을 그대로 들어서 행할 뿐입니
> 다. 세종대왕께서 예를 마련하시고 악을 만드시어 동방의 성인이 되
> 셨으니, 그 법제는 經世六典에 갖추어졌고, 예문은 五禮儀에 갖추어
> 졌으니 분명하게 행할 수 있습니다. 후세의 유자는 대개가 무슨 일을
> 해야 한다, 무슨 예를 행해야 한다고 말합니다. 그러나 국가는 마땅히
> 조종의 법을 행해야 하고, 조종의 예를 행해야 하겠습니다. 그런 다음
> 에야 집집마다 풍속이 다르고 사람마다 예가 다르다는 것을 면할 수
> 있을 것입니다. 만약 한 나라 안에서 집집마다 각기 다르면 대일통의
> 뜻이 아니오니 오늘에는 반드시 지엽을 버리고 모두 조종의 옛 것을

---

62) 『霞谷全集』卷2, 「再答鄭景由書」, 65쪽, "第惟道理者 天下之公 非一家私言
　　千古聖傳 方冊俱有 凡有未得於心 唯當理曉心諭 剖決昭釋 務歸乎義理之正
　　當 可也 今則不然 徒出於同異之攻 詬罵之事 此特後世黨習之下策 非所以
　　與議於論道也 若是於辨學末也".
63) 『霞谷全集』卷5, 筵奏, 戊申 3월 25일, 174쪽.

복구하여야 하며, 성학으로써 본령을 세우고 오로지 祖宗의 정치를
행하면 의거할 바 요령이 있게 되니 힘써 행하여 마지않으면 어찌 치
평을 이룰 수 없겠습니까? 다만 조종의 제도는 자주 변개되었으니,
만약 한꺼번에 복구한다면 조종이 전날에 이를 쓴 것인데 전하께서는
어찌 뒤에서 이를 쓰지 못하시겠습니까?[64]

이 글의 요점은 '나라를 평안하게 다스리기 위해서는 聖學으로 본령
을 세우고 오로지 祖宗의 정치를 행해야 한다'는 데에 있다. 성학은 천
덕과 왕도를 실현할 수 있는 '본원'을 탐구하는 학문이다. 그 '본원'은
마음 가운데 하나의 지극한 표준(極)을 세우는 것이다. 그 표준은 곧
'精一'의 中으로서 天下의 大中이며,[65] 일체의 사욕이 배제된 순수한
천리의 마음이다. 이 순수한 천리의 마음이 있어야만 구체적인 일에
임하여 한 가지 조목에 집착하지 않고 時宜에 맞게 변통하는 방법을
강구할 수 있다.[66] 그리고 時宜에 맞는 방안을 강구할 수 있어야 나라
를 제대로 다스릴 수 있다. 순수한 천리의 마음이 있어야만 時宜에 맞
는 방안을 강구할 수 있어서 나라를 평안하게 다스릴 수 있다고 보는
것이다. 이 때문에 정제두는 '순수한 천리의 마음'을 배양하는 학문인
성학을 본령으로 삼아야 한다고 주장하는 것이다.

정제두는 또 성학을 본령으로 하되, 정치를 시행하는 法制에 있어서
는 그 효용성이 이미 확인된 바 있는 조종의 법전인 『경국대전』을 따
르고, 그 예법은 『국조오례의』를 행할 것을 주장한다. 이러한 입장은
당시에 '경국대전체제'를 변화된 현실에 맞추어 새롭게 보완하려는 경
향이 있었던 것과 비교할 때 다소 특징적이다. 이것은 法制와 禮制보
다는 그것을 운영하는 정치 주체의 심성을 보다 중시하는 정제두의 관
점이 반영된 것으로 보인다. 그는 현실을 구제하는 근본적인 방법을

64) 『霞谷全集』 卷5, 筵奏, 戊申 5월 2일, 216~217쪽.
65) 『霞谷全集』 卷5, 筵奏, 戊申 4월 24일, 195쪽.
66) 『霞谷全集』 卷5, 筵奏, 戊申 5월 2일, 214~215쪽.

성학에서 찾고 있었던 것이다. 말하자면 성학에 관한 그의 평생의 학문적 탐구는 현실에 대한 깊은 우환의식과 밀접하게 연관되어 있었던 것이다.

마음 가운데 지극한 표준인 大中을 세우고, 그것을 구체적인 일이 지니는 특수한 내용을 고려하여 그에 알맞게 대응하려는 그의 현실대응 방법은 對淸 인식에서도 그대로 드러난다. 정제두는 당시에 청의 연호를 받아 陪臣으로 자처하면서 청의 사신을 영접하는 데는 跪拜의 예를 행하지 않으려는 태도를 서로 모순된 것으로 비판한다. 당시의 의리·명분론자들은 청의 연호 사용과 궤배의 예를 거절하는 논리를 구분하였다. 즉 청의 연호 사용은 군신간의 의리에 따르는 반면, 궤배의 예를 거절하는 것은 華夷의 분별에 근거한 것이다. 여기에는 청의 연호를 사용하는 것은 허식이고, 궤배의 예는 실질로 보고자 하는 태도가 내재되어 있다. 정제두는 이러한 견해를 이중적이고 비현실적인 것으로 비판한다. 마음에도 없이 연호를 사용하여 군신간의 의리를 지키고자 하거나, 비현실적인 화이관에 근거하여 궤배의 예를 거부하려고 하는 것은 모두 '마음과 의리를 분리'시킨 것이다. 의리·명분론자들이 주장하는 행위의 기준인 '군신간의 의리'와 '화이의 구분'은 행위 주체의 마음으로부터 발현되어 나온 것이 아니라, 행위 주체가 따라야 할 바의 도리로 객관화되어 있다. 그렇게 되면 행위 주체자의 마음은 외부에 객관적으로 설정된 도리에 종속되어 그 주체성을 상실함으로써 현실의 특수성을 고려하여 그에 적합한 방안을 탐구하는 능력을 상실하게 된다.

정제두에 따르면 연호 사용이나 궤배는 모두 현실적으로 힘이 부족하기 때문이다. 그것은 마음에서 우러나는 의리실현과는 무관하다. 현실적으로 힘이 부족하여 어쩔 수 없이 행해야 하는 것이라면 각기 그 분수에 맞춰서 그 마땅한 것을 행할 뿐이다.[67] 정제두의 이러한 처세

---

67) 『霞谷全集』 卷2, 「答閔彦暉書」, 38쪽, "苟其不然 力量有所不及 事勢不能兼

법은 묵수주자학자들의 그것과는 그 성격을 달리한다. 노론계열의 묵
수주자학자들은 의리명분을 일체 행위의 준거로 삼는다. 그들은 명분
에 입각하여 실질을 바로잡고자 한 것이다. 이러한 태도는 의리명분에
매여서 구체적인 일이 지니고 있는 그 실질 내용을 무시해버리는 경향
으로 나타났다. 말하자면 '실질'을 고려하지 않고, '명분'만을 가지고 다
투는 일이 많아지게 된 것이다. 연호와 궤배의 문제도 바로 실질을 도
외시한 채 명분만을 가지고 다툰 것이라고 할 수 있다. 정제두의 처세
법은 의리명분은 무엇보다 마음에서 비롯되어야 하며, 그 실행에서는
사세의 형편에 맞추어서 經道와 權道를 함께 사용해야 한다는 것이다.
그는 의리명분에만 매여서 經이 있는 줄만 알고, 權이 있는 줄을 모르
는 것을 마치 비파 기둥에 풀을 바르는 것과 같은 것이라고 비판한
다.[68] 그는 사세의 특수성을 고려하여 그에 알맞게 대응하는 사고의
유연성을 중시하고 있는 것이다. 이러한 태도는 공자의 '絶四'에 대한
그의 새로운 해석에서 단적으로 드러난다. 그는 공자가 '毋意'만을 말
하지 않고, '毋固'와 '毋必'을 함께 말한 것은 "아무리 정당한 것이라도
고집하고 기필하는 뜻이 있으면 이미 이것은 사사로운 것"[69]이기 때문
이라고 말한다. 이것은 당시 묵수주자학자들이 자기의 명분만 옳다고
주장하여 고집스럽게 그것을 지키려는 태도를 비판한 것으로 볼 수 있
다. 의리의 실현은 구체적인 사태의 실질 내용을 고려하는 주체의 마
음에서 자발적으로 우러나와야만 그 현실성과 생명성을 지닐 수 있다
고 본 것이다.

  실질을 떠나서 명분만을 가지고 다투는 당시의 사회정치상황이 마
음과 의리를 분리시킨 데서 비롯된다고 본 정제두는 '어떻게 마음과

全 則亦各隨其分而行其宜而已".
68) 『霞谷全集』 卷1, 「上朴南溪書 庚申」, 11쪽, "若知有經而莫知有權 則可不謂
   之膠柱乎".
69) 『霞谷全集』 卷7, 「上宋尤齋問目 丙辰」, 7쪽, "蓋雖正當者 如一有固必之意
   則已是私耳".

의리의 일원체계를 확립할 수 있을까'의 문제의식을 지니게 된다. 그런
데 '마음과 의리의 분리'는 마음 가운데 지극한 표준을 세우지 못하였
음을 의미한다. 지극한 표준이 세워져야만 의리가 그로부터 창출될 수
있기 때문이다. 따라서 마음과 의리의 일원체계의 확립문제는 '어떻게
일체 행위의 준거가 되는 내적 표준을 세울 수 있을까'의 문제로 환원
된다. 그리고 지극한 표준을 세울 수 있는 방법을 요순·공자·자사·
맹자·周敦頤와 程顥·王守仁을 통해서 내려오는 성인의 학문에서
발견하고, 그 道統의 계열을 새롭게 정립한다.

⑵ 道統論의 재확립

道統論이란 孔孟을 통해서 내려오는 가르침의 전수계통에 관한 학
설을 의미한다. 전통적으로 도통은 한 학문을 종통과 방계, 혹은 정통
과 이단으로 구분 짓는 근거로 사용되어 왔다. 그런데 그 도통의 내용
을 무엇으로 이해하는가에 따라서 도통의 계보가 달리 세워질 수 있
다. 따라서 한 학자의 도통론에는 그의 사상사적 기반이 무엇인지가
표현되어 있다.

일찍이 주자는 도통의 계보를 정리한 바 있다. 그는 상고시대에 聖
神이 하늘의 뜻을 이어 표준을 세움으로써 도통이 전해지는 유래가 있
게 되었는데, 經書에 나타나는 것으로는 堯임금이 舜임금에게 전수한
'진실로 그 中을 잡으라'는 것과, 순임금이 禹임금에게 전수한 '人心은
위태롭고 道心은 隱微하니, 精히 하고 한결같이 하여 진실로 그 中을
잡으라'는 것이다. 그 이후 이 도통은 成湯과 文王·武王 같은 人君들
과 皋陶·伊尹·傅說·周公·召公 같은 신하들에게 전해졌고, 그것
은 다시 孔子·顏子·曾子를 거쳐 子思와 孟子에게 이어졌다. 그리고
그 도통은 二程子에게 이어지고, 다시 주자 본인에게 전해진 것으로
기술한다.[70]

---

70) 『中庸章句』, 「序」 참조.

주자가 정리하고 있는 도통론의 특색은 우선 그 '道'가 '천도를 계승하여 그 극을 세움[繼天立極]'으로부터 연원하고 있다는 것이다. 이때의 '繼天立極'은 성인이 '천지의 도를 마름질하고, 천지의 마땅함을 도와서' 사람이 따라야 할 바의 도리를 세운다는 의미이다.71) 인간이 따라야 할 바의 행위원리를 천도에 근거하여 마련하고자 한 것이다. 그리고 도통의 내용은 '천리를 밝히고 인욕을 제거하는 것'으로 요약 정리된다.72)

주자 도통론에 보이는 또 하나의 특징은 人心과 道心의 성격과 기능 및 그 관계에 관한 것이다. 그는 인심과 도심은 그 발생근원과 지각대상이 서로 다르며, 또 方寸 가운데 함께 공존하기 때문에 늘 정밀히 살피고 한결같이 지켜야 한다고 주장한다. 즉 인심은 形氣의 사사로움에서 생겨난 것으로 聲色臭味 등의 감각적 대상을 지각할 수 있는 반면에, 도심은 性命의 바름에 근원한 것으로 도리를 지각할 수 있다. 하나는 감각적 지각 주체이고, 다른 하나는 도덕적 지각 주체로서 그 지각 대상이 서로 다른 것이다. 그리고 '정밀히 살핀다'는 것은 인심과 도심, 天理와 人欲, 是와 非, 善과 惡을 살펴서 섞이지 않게 하는 것이고, '한결같이 지킨다'는 것은 본심의 바름을 지켜서 떠나지 않는 것이다. 그런데 여기에서 주목할 만한 것은 주자는 정밀히 살피는 공부를 단순히 마음공부만으로 한정하지 않는다는 것이다. 그는『중용』의 '明善'과 『대학』의 '致知格物'을 惟精의 공부로 이해한다.73) 그런데 明善과 致

---

71)『朱子語類』卷4, "問 繼天立極 曰 天只生得許多人物 與你許多道理 然天卻自做不得 所以生得聖人爲之修道立敎 以敎化百姓 所謂裁成天地之道 輔相天地之宜是也 蓋天做不得底 卻須聖人爲他做也".

72)『朱子語類』卷12, "孔子所謂克己復禮『中庸』所謂致中和 尊德性 道問學 大學所謂明明德 書曰人心惟危 道心惟微 惟精惟一 允執厥中 聖賢千言萬語 只是敎人明天理 滅人欲 天理明 自不消講學".

73)『朱子語類』卷78, "聖人心法 無以易此 經中此意極多 所謂擇善而固執之 擇善 卽惟精也 固執 卽惟一也 又如博學之 審問之 謹思之 明辨之 皆惟精也 篤行 又是惟一也 又如明善 是惟精也 誠之 便是惟一也 大學致知格物 非惟

知格物은 마음만이 아니라 사사물물 가운데 내재되어 있는 이치를 탐
구하는 것이다. 그러므로 주자는 "'惟精惟一'은 마음만이 아니라 일에
나가서 말한 것이기도 하다"[74]고 말한다. 성인에 이르고자 하는 주자
의 공부론이 마음에서의 '存養'과 사물에서의 '窮理'공부가 함께 거론
되는 것이다. 이 때문에 "성인의 학문은 본심에 근거하여 이치를 궁구
하고, 이치를 따름으로써 사물에 응하는 것"[75]으로 규정된다.

　정제두는 「學辯」에서 성현이 서로 전한 도통의 맥락과 그 가르침을
보다 구체적으로 기술하고 있다. 그에 따르면 도통의 맥락과 그 도의
내용은 堯·舜·禹의 16자 心法, 契에게 명한 五倫의 가르침, 箕子로
부터 武王에게 전수된 皇極之道, 『시경』의 思無邪, 『주역』「文言傳」
의 '庸言庸行'과 '閑邪存誠' 및 '敬以直內'와 '義以方外', 공자가 顔子
에게 전한 '博文約禮'와 '克己復禮', 曾子에게 전한 一貫之道로서의
'忠恕', 『대학』의 明明德의 방법으로서의 '正心·誠意·致知·格物'과
'毋自欺', 『중용』의 位天地·育萬物의 도로서의 '未發之中'과 '天命之
性' 및 그 공부로서의 '戒愼恐懼', 맹자의 不忍人之心으로서의 四端에
의거한 '性善·仁義의 내재'·'萬物皆備於我'와 '反身而誠'·'良知良
能'·'集義'와 '浩然之氣'·'求放心'·'明善과 誠身'·'盡心·知性·知
天'과 '存心·養性·事天', 그리고 周濂溪의 '無極而太極'·'主靜'·'立
人極'·'無欲', 程明道의 '定性'·'性無內外'·'천지와 성인의 도에 內
外가 없음' 등이 바로 그것이다.[76] 이것들은 모두 마음에 관한 것으로
서 物과 理를 분리시키지 않고 안과 밖을 나누지 않으며, 근본을 먼저
하고 말단을 뒤에 하는 것이다. 말하자면 성학이 주장하는 뜻이 오직

精不可能 誠意 則惟一矣".
74) 『朱子語類』 卷78, "義剛問 惟精惟一 也是就心上說否 曰也便是就事說 不成
　　是心裏如此 臨事又別是箇道理 有這箇心 便有這箇事 因有這箇事後 方生這
　　箇心".
75) 『朱熹集』 卷67, 3541쪽, "大抵聖人之學 本心以窮理 而順理以應物".
76) 『霞谷全集』 卷8, 「學辯」, 275쪽 참조.

이 마음의 천리에 있는 것이다.[77]

　그런데 정제두의 도통론에서 특징적인 것은 心과 理를 분리시키지 않는 聖學의 心學的 전통에 근거하여 사물에서 이치를 구하고자 하는 주자의 格物論을 도통의 계열에서 제외시키고 있다는 점이다. 주자학에서처럼 사물에서 이치를 궁구하고 그것으로 마음을 규제하게 되면, 物과 理가 떨어지고, 안과 밖이 둘이 되며, 지엽을 먼저 하고 근본을 뒤로 하게 된다. 그리고 마침내는 한갓 物에 있는 理가 천지 사이에 있는 지극한 도리요, 성학의 宗主이며, 천지만물의 주인이 되어버리고 만다는 것이다.[78] 그리고 주자학에서는 理를 마음 밖에 설정함으로 말미암아 마음을 순수한 천리이게끔 하는 성학의 마음공부를 외부 사물에서 의리를 구하는 공부로 변형시켰다고 비판한다. 즉 도심을 말한 것에서는 도심을 가지고 사물의 의리에 부합시키고, 惟精을 가지고 의리를 구하는 공부가 된다고 하였으며, 천명의 性에서는 性을 가지고 사물의 의리로 삼고, 率性을 의리에 합치되는 공이 된다고 하였으며, 오륜에는 의리를 가지고 각각 오륜의 위에 있다고 하였으며, '明明德'과 '止於至善'에는 이 사물의 의리를 밝혀서 사물의 의리에 그치는 것이라고 하였으며, '明善'·'誠身'이라는 것에는 사물의 의리를 밝히는 것이라고 하였고, '盡心知性'이라는 것에는 사물의 의리를 아는 것이라 하였고, '無極而太極'은 사물의 의리를 가리키는 것이며, '性無內外'와 '物來順應'은 사물의 의리에 안과 밖이 없어서 사물의 의리에 순응하는 것이라고 하였다는 등의 비판이 그것이다.[79] 이것들은 모두 의리를 마음 밖의 사물에 설정하고 사물에서 그 의리를 구하고자 한 것에 대한 비판인 것이다. 그리고 주자학에 대한 이러한 비판에는 의리가 마

---

77) 『霞谷全集』 卷8, 「學辯」, 279쪽, "蓋夫旣知聖學之主意 惟在此心之天理 則雖分言支說 至於千百其條 其主意無非有爲於此一心焉而已".
78) 『霞谷全集』 卷8, 「學辯」, 278쪽, "求物理之學 旣於物字如是分離 故遂以一箇在物之理 爲天地間至極底道理 聖學之宗主 而爲天地萬物之主".
79) 『霞谷全集』 卷8, 「學辯」, 278~279쪽.

음 밖에 있지 않음을 주장하고, 오로지 순수한 마음의 천리를 보존하
고자 한 양명학을 도통의 정맥을 잇는 것으로 파악하는 정제두의 관점
이 내재되어 있다. 그가 '惟精은 惟一의 공부'·'明善은 誠身의 공
부'·'博文은 約禮의 공부'·'道問學은 尊德性의 공부'[80]로서 모두가
이 마음의 천리를 보존하고자 한 것이라고 말한 것[81]은 모두 양명학의
견해이다.[82] 이를 통해서 정제두는 주자학이 아니라 양명학이 성학의
도통을 제대로 이은 것으로 간주하고 있음을 알 수 있다.

그런데 주자학이 절대 진리로 간주되던 조선의 학문 풍토에서 그 절
대 진리성을 회의하고 반성하기란 쉬운 일이 아니었다. 거기에는 학문
에 대한 순수한 열정과 진리추구에 대한 강한 신념이 필요했다. 정제
두는 이 요구조건을 두루 갖추고 있었다. 그는 오직 성인의 뜻을 탐구
하는데 학문의 참된 의미가 있으며,[83] 또 양명학이 진정 옳다는 것을
확실히 알 수만 있다면 학문을 논하다가 죄를 입더라도 한스러울 것이
없다[84]는 뜻을 밝히고 있다. 이러한 학문적 열정과 진리추구에 대한
신념의 기반 위에서 그는 주자학을 반성하고 성인의 학문을 추구한다.

---

80) 『霞谷全集』 卷8, 「學辯」, 280쪽, "惟精者卽惟一之功……明善者卽誠身之道
……博文者卽約禮之功……道問學卽尊德性之功".
81) 『霞谷全集』 卷8, 「學辯」, 282쪽, "聖賢之訓 雖千言萬語 其所爲學則不過欲
存此心之天理也".
82) 『傳習錄』上, 「徐愛跋」, "如說格物是誠意的工夫 明善是誠身的工夫 窮理是
盡性的工夫 道問學是尊德性的工夫 博文是約禮的工夫 惟精是惟一的工夫".
83) 『霞谷全集』 卷1, 「答朴南溪書 丁卯」, 15쪽, "此眞死生路頭 不得其可措耶 庶
幾一與痛講 殫竭其說 剖析其蘊 則將必有一決矣 賤心所存 又有不敢不陳者
蓋齊斗所以眷眷王氏之說 倘出於求異而濟私 則決去斷置 非所難焉 但未敢
知吾人爲學 將以何爲耶 思欲求聖人之意而實得之而已 今旣莫卜於聖學之
的路果是何在 而枉了一生之懼 方切于中 則蓬茅未開之前 夫孰能決以舍諸".
84) 『霞谷全集』 卷1, 「答閔誠齋書」, 32쪽, "如使其道果能知其眞是也 則論學而
被罪 亦所不恨也".

2) 주자학적 본체론에 대한 반성

정제두도 당시의 일반학자들과 마찬가지로 어려서부터 주자학을 배웠고, 그 이해의 정도도 다른 사람의 가르침을 요구하지 않을 만큼 깊었다. 그는 주자학의 핵심 내용을 다음과 같이 간결하게 정리한다.

> 주자는 마음을 몸의 주재로 삼고, 본성을 리로 삼았는가 하면, 리가 일마다 물마다 있다고 주장하였다. 일마다 물마다 각각 당연한 법칙이 있으니, 모두 그 당연한 법칙을 다하기를 구하라는 것이었다. 이런 까닭에 마음은 그 誠敬을 다하고, 사물에서는 그 리를 궁구하는 까닭에 그 마음을 간직하여 만물의 리를 궁구하고 만 가지 일의 법칙에 응한다는 것이다. 그러므로 그 당연한 리를 궁구하는 것을 知라고 하고, 그 당연한 법칙을 지키는 것을 行이라고 하며, 또한 물에 있는 것이 理가 되고, 물에 대처하는 것이 義가 된다는 것이다(理는 物에 있고, 義는 마음에 있다).[85]

비록 간략하지만 이 글에는 주자학의 본체론·심성론·공부론·지행관이 압축적으로 요약되어 있다. 주자학의 주요명제인 '心은 身의 주재자', '性卽理', '사사물물에 理가 있다'는 것과, 또 주자 공부론의 기본 체계인 '存心과 窮理', 理의 객관 실재성에 토대한 '知와 行의 의미'와 '사물에 대처하는 방식'이 나타나 있다. 주자학의 핵심내용과 그 기본체계를 이처럼 요약하여 정리해 내기란 그렇게 쉽지 않다. 이를 통해서 우리는 주자학에 대한 정제두의 이해 정도를 어느 정도 가늠해 볼 수 있다.

그럼에도 정제두는 주자학을 절대 진리로 받아들이지는 않는다. 오

---

85) 『霞谷全集』 卷9, 「存言」下, 315쪽, "朱子以心爲身之主宰 性爲理 而謂理在事事物物上 事事物物各有當然之則 皆求盡其當然之則 是故心則盡其誠敬 事物則窮其理 故存其心 而窮萬物之理 以應萬事之則 故窮其當然之理爲知 遵其當然之則爲行 又在物爲理 處物爲義(理在物, 義在心)".

히려 그는 주자학의 본질을 의심어린 시선으로 바라본다. 그는 주자학
에 대한 회의와 반성을 통하여 그것이 聖學과는 일정 정도 거리가 있
음을 확인한다. 앞의 장에서 살펴본 것처럼 주자학에 대한 하곡의 표
면적인 불만은 그의 격물론, 즉 의리를 마음 밖의 사물에 설정하고 그
의리를 구하고자 한 데 있다. 그런데 주자의 격물해석은 사사물물에
리가 내재한다는 그의 본체론에 근거하고 있다. 따라서 주자학에 대한
정제두의 반성은 그 본체론에 대한 반성으로까지 거슬러 올라가지 않
을 수 없다. 여기에서는 정제두가 주자학의 본체론을 어떻게 반성하고
자신의 철학을 세워나가는지를 살펴보도록 하겠다.

(1) 理一의 객관실재성에 대한 비판

주자학에서는 자연의 존재와 그 생성변화만이 아니라 사람의 심성
과 그 작용, 나아가서는 사람의 행위원리까지도 理와 氣의 두 형이상
학적 본체개념을 통하여 설명한다. 만물의 생성과 변화를 일으키는 것
은 氣이고, 그 氣 변화의 내재적 원리와 근거가 바로 理이다. 주자는
이 양자를 각각 형이상의 道와 형이하의 器로 규정하고, 서로 범주의
충차를 달리하는 것으로 구분한다.

주자에게서 天理는 하늘과 땅을 비롯한 모든 존재자들의 존재근거
이고, 삼강이나 오륜을 베풀 수 있는 가치근거이며, 끊임없이 순환유행
하고 있는 근원적 실재이다. 천지간의 일체 현상은 모두 이 천리의 유
행으로 말미암은 것이며, 따라서 어디엔들 이 천리가 있지 않은 곳이
없다. 즉 천리는 만물·만사에 편재해 있는 보편자라는 것이다.[86] 천

---

86) 『朱熹集』 卷70, 「讀大紀」, 3656쪽, "宇宙之間 一理而已 天得之而爲天 地得
之而爲地 而凡生於天地之間者 又各得之以爲性 其張之爲三綱 其紀之爲五
常 蓋皆此理之流行 無所適而不在 若其消息盈虛 循環不已 則自未始有物之
前 以至其消物盡之後 終則復始 始復有終 又未嘗有頃刻之或停也 儒者於此
旣有以得於心之本然矣 則其內外精粗自不容有纖毫之間 而其所以修己治人
垂世立敎者 亦不容其有纖毫造作輕重之私焉 是以因其自然之理而成自然之

하의 사물들 속에 내재하고 있는 理는 각 사물들을 그것답게 하는 分
殊理이지만, 그 分殊理는 이미 우주의 보편적 원리인 理一에 근거하
고 있다. 일체의 존재물들을 理一이라는 하나의 형이상학적 범주로 묶
은 것이다. 그런데 이 理一은 사람의 마음을 떠나서도 존재할 수 있는
객관실재이다. 주자학은 사물세계와 인륜세계까지도 모두 理一이라는
하나의 객관실재에 근거하여 건립되는 통일적 세계를 구상하고 있는
것이다.

    주자학적 본체론에 대한 정제두의 비판은 무엇보다도 먼저 세계를
통일시키는 방식과 관련하여 이루어진다. 그는 주자학에서 사물세계와
인륜세계를 통일시키는 근원인 理를 사람의 마음과 무관하게 존재할
수 있는 것으로 파악하고 있음을 비판한다. 정제두는 주자학에서 주장
하는 바의 만물 가운데 보편적으로 실재하는 理는 그 사물의 條理·條
通으로서,[87] 비록 사물에 두루 내재한다고 할지라도 그것은 곧 物에
있는 빈 조리(虛條)요 빈 길(空道)에 불과할 뿐, 망망하고 탕탕하여 본
령의 종주가 될 수는 없다[88]고 말한다. 뿐만 아니라 그것은 生理도 없
고 實體도 없어서 죽은 물건과 같다.[89] 그런데도 사물에서 그 이치를
탐구하고자 하는 주자학은 이 생명성과 실체성이 없는 理를 하늘과 땅
사이의 지극한 도리이자, 성인되는 학문의 으뜸이며, 천지만물의 주인
으로 삼고자 하는[90] 잘못을 범하고 있다.

    功 則有以參天地贊化育 而幽明巨細 無一物之遺也".
87)『霞谷全集』卷8,「存言」上, 286쪽, "然若其氣道之條通而已者 則雖其無靈通
    而至粗頑者 亦皆有之 蓋有物則皆有之矣 但是爲其各物之條貫而已 非所以
    爲統體本領之宗主者也".
88)『霞谷全集』卷8,「存言」上, 286쪽, "朱子以其所有條通者謂之理 雖可以謂之
    該通於事物 然而是卽不過在物之虛條空道耳 茫蕩然無可以爲本領宗主者
    也".
89)『霞谷全集』卷8,「存言」上, 286쪽, "朱子則以氣道之條路者謂之理 氣道之條
    路者無生理無實體 與死物同其體焉".
90)『霞谷全集』卷8,「學辯」, 278쪽, "求物理之學 旣於物字如是分離 故遂以一

　정제두의 이러한 비판은 주자학에서 말하는 바의 사물 가운데 내재
된 理는 이미 그 생명성과 실체성을 상실하였기 때문에 일체의 존재물
들을 하나로 통일시킬 수 있는 근원적인 존재일 수는 없다고 판단한
것이다. 적어도 모든 존재자들의 근원적인 존재라면 그것은 생명성을
지닌 실체로서 활발한 자기 활동성을 지니고 일체의 존재물들에 두루
관통하여 흐를 수 있어야 한다. 그런데 사물에 내재하고 있는 理는 그
條理의 소통이 그 사물 내부로만 닫혀 있다. 비록 사물에 내재하는 理
가 우주의 보편원리, 즉 理一에 근거한 것일지라도 이미 사물에 내재
된 그 分殊理의 소통은 단지 그 사물에 국한된다. 말하자면 개의 본성
은 개의 본성일 뿐 소의 본성일 수는 없는 것이다.[91] 정제두의 이러한
관점은 주자학에서 말하는 理一과 分殊理를 서로 분리되는 것으로 이
해한 것이다. 사물에 내재하는 理는 다만 物理일 뿐 우주의 보편원리
와는 무관하다는 것이다. 적어도 우주의 보편원리는 사물에 내재된 뒤
에는 일체 사물들에 관통해서 흐르는 그 생명성은 상실하게 된다. 사
물의 관점에서 본다면 그 보편원리는 다만 자기와는 무관하게 허공에
떠 있는 존재일 뿐이다. 그래서 정제두는 주자학에서 理一에 의하여
세계를 통일시키고자 한 것을 '천지 사이에 한 개의 공중에 매달린 도
리를 가지고 천지만물의 법을 통괄하는 것'[92]이라고 비판한다. 이처럼
사물 가운데 내재되어 있는 分殊理가 이미 理一과는 무관하게 자기
안으로만 닫혀 있다면 그 分殊理, 즉 物理를 탐구하여 그것을 아무리

　　箇在物之理爲天地間至極底道理 聖學之宗主 而爲天地萬物之主".
91)『霞谷全集』卷9,「存言」中, 305쪽, "夫以理爲法式而別件者 雖是統體一原而
　　性無不在云 然旣曰各具一性 而如犬牛之性不同 則於此求之(於其各具而不
　　同者) 將奚用 亦何以能會歸於一原之地歟 其爲功不亦難乎(彼各具之理者
　　雖亦謂之物理 然是豈大本至善之謂哉 豈至善之爲仁義中正之德者哉) 惟是
　　此全體一性(一個仁理神明) 通天地萬物 原是一箇者 乃是理 其無不完全 流
　　行感應 貫通中節 溥博時中者 是也 故曰只是一明德".
92)『霞谷全集』卷8,「學辯」, 278쪽, "以天地間一箇懸空道理 該括天地萬物之則
　　而心者不過爲受攝之地 運行之資耳".

끌어 모은다고 하더라도 그 근원으로 돌아갈 수는 없다.

사람의 마음과는 무관하게 존재하는 理一의 객관실재성에 대한 정제두의 비판은 비록 주자의 理一分殊論에 대한 자기 나름의 이해에 근거한 것일지라도 그 비판의 의미는 결코 작지 않다. 그의 주자학 비판에는 세계의 통일과 그 의미는, 그것이 사물세계이든 인륜세계이든, 사람을 중심으로 하여 이루어져야 한다고 보는 유학의 전통적인 인문주의적 관점이 내재되어 있다. 그는 "사람을 벗어나 理를 말할 수 없고, 마음을 떠나서 대본을 말할 수 없다"[93])는 인문주의 관점에 서 있는 것이다. 만일 주자학에서와 같이 사람의 마음과 무관하게 객관적으로 실재할 수 있는 理를 천하의 大本으로 간주한다면 그동안 유학이 계발해 온 사람을 중심으로 하는 인문주의 전통을 훼손할 수 있는 가능성이 있다. 사람의 지위를 천지가 만물을 화육시키는 일에 함께 참여하는 존재로까지 높일 만큼 사람에게 막중한 책임을 부여하는 유학의 정신을 구현하기 위해서는 사람을 중심으로 한 형이상학 체계가 이루어져야 한다. 정제두가 성인의 학문을 '心學' 혹은 '性學'이라고 규정한 데에는 사람을 중심으로 하는 유학의 인문정신이 깊이 스며들어 있는 것이다.

理一의 객관실재성에 대한 정제두의 비판은 주자학에서 사람의 마음을 본체로 파악하지 못한 것에 대한 비판으로 이어진다. 그것은 구체적으로 心과 性, 心과 理를 분리시켰다는 비판으로 전개된다.

(2) '心'과 '性'·'心'과 '理'의 분리에 대한 비판

주자학에서 사람의 마음은 태어나면서부터 부여받은 바의 맑은 기운으로서 虛靈知覺한 기능을 지니는 반면에, 사람의 본성은 우주의 변화원리인 理가 마음 가운데 내재된 것으로 이해된다. 마음은 知·情·

---

93)『霞谷全集』卷8,「存言」上,「太極主靜中庸未發說」, 293쪽, "蓋不可外人而言理 離心而言大本".

意 등의 일체 의식현상의 총체이자 행위의 주체로서 주체성 관념인 반면에, 본성은 도덕적 행위를 가능하게 하는 내면적 근거로서 도덕적 본질을 표시하는 개념이다. 이처럼 주자학에서 心과 性은 서로 차원을 달리하는 범주로 파악된다.[94] 따라서 "心을 性이라고 말해서도 안 되고, 性을 곧 心이라고 말해서도 안 된다".[95]

그런데 정제두는 주자학에서 心과 性을 둘로 나누는 것을 비판한다. 그에게서 心과 性은 각각 '도덕주체'와 '도덕본체'로서 모두 하나의 도덕원리이다. 그런데 만약 心과 性을 분리시킨다면 心은 도덕본체의 성격을 상실하게 될 것이고, 性은 도덕주체의 성격을 상실하게 될 것이다.

心이 性과 분리되어 도덕본체의 성격을 상실하게 되면 심의 지각성과 주재성이 도덕성과 거리가 생기게 된다. 말하자면 심의 지각과 주재 작용 자체가 도덕성을 띠지 못하게 되는 것이다. 그렇게 되면 심이 지닌 지각성은 다만 이목구비 등의 감각적 지각대상이나 외적인 의리를 지각할 수 있을 뿐이다. 그리고 그 주재성이라는 것도 지각대상이 되는 의리를 알아서 그에 따라 실천하는 타율적인 방식으로 이루어질 수밖에 없다. 심이 스스로를 주재할 수 있는 도덕적 자율성을 띠지 못하게 되는 것이다. 이것은 곧 심의 지각과 그 주재작용이 도덕본체인 天理, 즉 性의 직접적인 자기 발현이 되지 못함을 의미한다.

한편 性이 心과 분리되어 도덕주체의 성격을 잃게 되면 도덕적 본성은 그 주재성과 神明한 明覺性을 띠지 못하게 된다.[96] 즉 도덕본성 자체가 자각성과 주재성을 띠지 못하게 되는 것이다. 그렇게 되면 성

---

94) 주자학에서 心은 의식현상의 총체를 표시하는 범주이고, 性은 도덕본질을 표시하는 범주로서, 동일 차원의 범주가 아니다. 陳來, 『朱熹哲學硏究』, 189쪽 참조.

95) 『朱子語類』 卷18, 「沈僩錄」, "然謂性便是心則不可 謂心便是性亦不可".

96) 『霞谷全集』 卷9, 「存言」中, 300쪽, "心理也 性亦理也 不可以心性岐貳矣······ 性者心之本體(道德) 心者性之主宰(神明) 皆理耳".

이 지닌 도덕성은 그 자체 능동성을 지니지 못하고 되고, 심에 의해 지각되고 실현되지 않는다면 그것은 행위 주체자에게 전혀 무의미한 것이 되어 버리고 만다. 본성은 늘 심에 의해 지각되고 실제의 행동으로 옮겨져야만 현실적 효용성을 지닐 수 있게 되는 것이다. 그것은 스스로를 환하게 드러내어 이 세계를 밝히는 빛과 같은 역할은 하지 못하는 것이다.

정제두는 주자학에서 심과 성을 분리시킨 것을 비판할 뿐만 아니라 또 '심과 리'를 분리시키는 것을 비판한다. 그는 주자학에서 심과 리를 분리시킨 원인을 두 가지로 언급한다. 하나는 리가 외부 사물에 있다고 보기 때문이요, 또 하나는 덕성 상에서 理體를 보지 못하고 또 그 理가 心體에 뿌리를 내리고 있음을 살피지 못하였기 때문이라는 것이다.[97] 그리고 이 두 측면에 입각하여 '心과 理의 분리'를 비판한다.

리를 외부 사물에 있다고 보는 것은 맹자가 일찍이 비판한 바 있는 告子의 '義外之說'이다. '義外之說'은 행위 원리가 행위 주체의 마음과는 무관하게 객관화되어 있다는 것이다. 이러한 체계에서 발생하는 가장 큰 문제는 행위 주체가 외적 규범에 의해 통제됨으로써, 현실의 특수성을 고려하여 그에 적합한 행위양식을 찾아내는 주체의 자율성과 능동성을 잃어버리게 된다는 점이다. 정제두는 이러한 현상이 가지고 오는 심각한 폐해를 당시 현실에서 직접적으로 경험하고 있었다. 현실 정치를 책임지고 있는 이들이 외부의 의리명분에 매여서 현실의 실질적인 문제를 해결하지 못하고 있었던 것이다. 이 때문에 '心과 理의 분리'라는 철학적인 문제는 적어도 당시의 그에게는 현실에 기반을 둔 살아 있는 생생한 문제였던 것이다.

정제두는 理를 외부 사물에 설정함으로써 '心과 理의 분리' 문제를 야기시킨 철학사적 배경을 검토한다. 그는 주자학에서 理가 사물에 있

---

97) 『霞谷全集』卷9, 「存言」下, 319쪽, "如卽物而窮其理 不見德性上理體 不考此理根於心體者 乃曰人之爲學 心與理而已 分心與理爲二 知與行爲兩".

다고 보는 것은 『詩經』의 '有物有則'의 가르침에서 연원한 것으로 이
해한다. 주자학에서는 이 명제에서의 '物'을 '心'과 대립하는 객관사물
로 이해하고 있다. 따라서 '유물유칙'은 '마음 밖의 객관사물에 그 법칙
이 있다'는 의미로 풀이된다. 그러나 정제두는 '유물유칙'에 대한 주자
의 해석은 '物'字에 대한 잘못된 이해에서 비롯된다고 비판한다. '物'을
'心'과 대립하는 객관사물로 이해하지 않는 것이다. 그는 '物'을 마음과
의 연관 속에서 고찰할 것을 제안하여, '내 마음의 명덕인 천리의 밝은
곳이 사물의 법칙이 된다'[98]고 풀이한다. 이것은 양명이 '마음이 물에
있는 것이 법칙이 된다'[99]고 말한 것과 동일한 내용이다.

또 한편 정제두는 심과 리의 분리 원인을 덕성상에서 理體를 보지
못한 데서 찾는다. 리를 외부 사물에 설정한 것은 덕성상에서 리체를
보지 못하였기 때문이라고 할 수 있다. 이것은 마치 告子가 義外之說
을 주장하게 된 까닭이 바로 마음의 본성이 義를 창출해내는 도덕본체
임을 자각하지 못한 때문인 것과 마찬가지이다. 따라서 心과 理의 분
리에 대한 정제두의 보다 근본적인 비판은 주자학에서 理體를 제대로
인식하지 못하였다는 데 맞추어진다. 그에 의하면 주자학에서 말하는
사물에 있는 바의 理는 사람 마음의 신명에 있지 않는 헛된 조리로써
인의예지 등의 도덕실천을 할 수 있는 大本 性體는 아니다.[100] 정제두

<hr>

98) 『霞谷全集』 卷8, 「學辯」, 278쪽, "所謂知者 卽是非之心 人皆有之者也 孩提
之童 無不知愛親敬長者也 有不善未嘗不知 而雖小人之無所不至 知其掩之
者也 是明德之得之乎天而不昧者也 是其天理之明處 爲事物之則者也".
99) 『傳習錄』, 321조목, "又問 心卽理之說 程子云在物爲理 如何謂心卽理 先生
曰 在物爲理 在字上當添一心字 此心在物則爲理 如此心在事父則爲孝 在事
君則爲忠之類".
100) 『霞谷全集』 卷8, 「存言」上, 286쪽, "朱子以其所有條通者謂之理 雖可以謂之
該通於事物 然而是卽不過在物之虛條空道耳 茫蕩然無可以爲本領宗主者也
夫聖人以氣主之明體者謂之理 其能仁義禮知者是也 朱子則以氣道之條路者
謂之理 氣道之條路者無生理無實體 與死物同其體焉 苟其理者不在於人心
神明 而只是虛條則彼枯木死灰之物 亦可以與人心神明 同其性道 而可以謂
之大本性體者歟 可以謂之人之性猶木之性 木之理猶心之理歟".

가 말하는 理體는 도덕규범을 창출해낼 수 있는 원천이다. 그리고 그
것은 도덕주체인 心體에 뿌리를 내리고 있다. 그런데도 주자학에서와
같이 심과 물을 주관과 객관으로 대립시키고, 객관 사물에서 이치를
궁구하고자 한다면 오히려 '理'자의 진정한 뜻을 잃어버리게 된다.101)
이처럼 주자학에 대한 정제두의 비판은 理體, 性體, 心體 등의 大本에
대한 體認의 토대 위에서 이루어지고 있다. 그럼 주자학 비판의 근거
가 되고 있는 그의 본체론의 특성은 무엇인가?

3) 心體에 근거한 새로운 본체론의 건립

(1) 天人一體의 이론 근거 : 天命·性體·心體·理體의 본질적 동일성

   형이상학의 가장 근본적인 물음은 일체의 존재와 변화를 통일적으
로 설명할 수 있는 근원적 존재는 무엇인가의 물음이라고 할 수 있다.
그리고 그 근원적 존재에 어떤 성격과 기능을 부여하는가에 따라서 철
학적 특성이 나뉘기도 한다. 그런데 유학사에서 송대의 유자들이 天道
와 性命이 서로 관통하는 형이상학 체계를 세우는 과정에서 그 근원적
존재에 도덕성을 부여하면서부터 유학의 형이상학은 도덕적 형이상학
의 성격을 강하게 띠게 된다. 정제두가 구상하는 형이상학 체계도 주
자학과 마찬가지로 하나의 도덕적 형이상학이라고 할 수 있다. 그러나
가장 근원적 존재에 대한 이해에 있어서는 적지 않은 차이점을 보인
다. 그럼 정제두의 철학에서 천지만물에 소통할 수 있고 온갖 이치를
창출해낼 수 있는 가장 근원적 존재는 무엇인가?
   주자학에서와 같이 理一의 객관실재성에 근거하여 세계를 통일적으
로 이해하려는 방식을 비판하는 정제두는 세계에 대한 새로운 이해방

---

101) 『霞谷全集』 卷13, 「大學說」, 429쪽, "人心有知 凡物有理 致吾知 在窮物理
   知字與理字對曰致知在窮理可也 心字與物字對曰衆物對吾心 致知在格物
   則遺却理字意(物格知至 雖二言而實一事)".

식을 제시한다. 그것은 사람의 마음을 우주의 본체로 파악하는 것이다. 대개 전통적으로 天은 일체의 존재물을 생성해내는 근본적인 실체이자, 그것들이 자리 잡고 있는 전체의 場으로 언급되어 왔다. 하곡철학에서도 하늘(天)은 一元의 전체요, 道의 큰 근원[102]으로 간주된다. 이 천은 전체이기에 그 밖에는 어떤 존재도 있을 수 없다. 山川·民物·鬼神·禮樂 등이 어느 하나 하늘이 아닌 것이 없는 것이다.[103] 그런데 이 정도는 대부분의 동양 철학자들이 공유하는 점이라고 할 수 있다. 하곡철학의 특징은 하늘과 사람의 마음을 본질적으로 동일한 것으로 보아서 天人을 일체로 파악한다는 점에 있다.

정제두는 하늘과 사람은 일체이면서 형체를 나눈 것으로 이해한다.[104] 그에 따르면 '사람은 오직 이 마음일 뿐이며, 마음은 곧 이 하늘이기에 이미 마음이라고 하면 곧 하늘이 거기에 들어 있으므로 하늘과 사람은 둘일 수 없다'[105]는 것이다. 이것은 사람의 마음을 우주본체의 지위로까지 끌어올린 것이다. 우주본체의 지위를 획득한 사람의 마음은 그 안에 일체의 존재물을 갖추게 된다.[106] 뿐만 아니라 무궁무진한 창생력을 지닌 생명의 근원인 천명이 바로 내 마음의 전체로 규정된다.[107] 사람의 마음이 바로 천지만물에 소통할 수 있고, 그것들을 하나로 묶을 수 있는 영명한 존재로서 감응의 주체이자 온갖 이치들을 창

---

102) 『霞谷全集』 卷12, 「中庸說」, 368쪽, "天者 一元之全體 道之大原也 命 賦之也 性者 人心所稟之天 人之主體也(天之實體)".
103) 『霞谷全集』 卷2, 「答朴大叔論天命圖書」, 56쪽, "然則凡山川民物鬼神禮樂 無一物而非天 亦一物而非心".
104) 『霞谷全集』 卷9, 「存言」中, 305쪽, "天人之一體 分形是也".
105) 『霞谷全集』 卷7, 「名兒說」, 265쪽, "心也性也天也 一也 人只是此心 心只是此天 既曰心 則天已擧矣 天與人寧有二乎".
106) 『霞谷全集』 卷7, 「雜著」, 266쪽, "此心之外無天下 此心之外無事物也 故其心克全其體 則治事物 治天下 以至於參贊化育而無意也".
107) 『霞谷全集』 卷2, 「答朴大叔論天命圖書」, 55쪽, "天命者 非他乃吾心之全體也"

출해내는 근본으로 이해되는 것이다.[108] 이것은 주자학에서 객관적 실
재로서의 理—이 지니고 있었던 우주와 도덕적 본체의 지위를 '사람의
마음'에 돌린 것이라고 평할 수 있다. 그럼 사람의 마음이 어떻게 하늘
과 동일한 지위를 얻을 수 있을까?

天人관계를 규정하는 대표적인 명제는『중용』首章의 이른바 '하늘
이 명한 것을 성이라고 한다'는 것이다. 그런데 이 명제는 주자학에서
와 같이 '하늘과 뭇 존재물' 사이의 관계를 규정한 것으로 이해될 수도
있고, 또 '하늘과 사람' 사이의 관계 규정으로도 읽힐 수 있다. 정제두
는 이 명제를 오직 하늘과 사람 사이의 관계를 규정한 것으로 이해한
다.[109] 性이란 바로 하늘[天]과 사람[人]을 관통하는 것으로 하늘의 별
명인 것이다.[110] 그것은 "사람의 마음이 부여받은 하늘로서 사람의 주
체이자, 天의 실체"[111]이다. 이 천인을 관통하는 본성에 대해서 그는
다음과 같이 말한다.

> 성이란 하늘이 내린 속 알갱이(降衷)로서 밝은 덕(明德)이며, 본래
> 지니고 있는 '좋은 것(良)'으로서, 이 생의 덕이 물의 법칙이 되는 것
> 이 있다. 그러므로 '밝은 덕'이라고 하고, '내린 충(降衷)'이라고 하며,
> '양지양능'이라고 하고, '병이(秉彝)'에 저절로 있는 中'이라고 하고,
> '천지의 중'이라고 이르는 것이다. 생생하는 하나의 理가 그윽하게 유
> 행하는 것은 性의 근원이며, 나에게 전부를 부여하여 끊임이 없이 유

---

108)『霞谷全集』卷9,「存言」中, 309쪽, "人心者 天地萬物之靈 而爲天地萬物之
   總會者也(人心之體在於天地萬物 天地萬物之用在於人心) 故合天地萬物之
   衆 總而開竅於人心 夫天地之明 發於日月 萬物之靈 發於其心 凡物莫不各
   有其開竅 卽心是也 而至於通天地萬物之衆而發竅 則惟統而在於人心 何者
   以人心者感應之主 萬理之體也 大哉心也".
109)『霞谷全集』卷7,「名兒說」, 265쪽, "子思曰天命之謂性 是人之性卽天也".
110)『霞谷全集』卷9,「存言」中, 306쪽, "性卽理也 理者 天之條串卽天之別名也
   人心之本體 是也".
111)『霞谷全集』卷12,「中庸說」, 368쪽, "天者 一元之全體 道之大原也 命 賦之
   也 性者 人心所稟之天 人之主體也(天之實體)".

행하는 것은 性의 命이다.112)

여기에서 정제두는 성의 내용, 성의 근원, 성의 활동을 설명하고 있
다. 먼저 性은 生生하는 하나의 理가 유행하여 사람에게 부여된 것으
로서 그것은 사람에게 내재해서도 끊임없는 자기 활동성을 지닌다. 생
생하는 一理는 우주의 생명본체이다. 그 '理'는 천지만물을 통하여 하
나의 근원으로서 완전하게 유행하고 감응하며 관통하고 중절하여 두
루 넓고 때에 적중하지 않음이 없다.113) 그리고 그 성의 실질내용은 밝
은 덕[明德]·물의 법칙이 되는 생의 덕·양지양능·상도를 지키는데
본래 있는 中·천지의 中 등으로 언급된다. 性은 자신을 환하게 드러
내는 밝은 덕성을 지니고 있으며, 그 덕성은 사물을 비추어냄으로써
사물이 각각 자신의 생명과 법칙을 얻게 된다. 이런 점에서 그것은 하
나의 생명의 덕인 것이다. 그리고 그것은 시비선악을 밝게 깨닫는 도
덕적 자각능력과 실천능력을 지닌다. 뿐만 아니라 그것은 인륜지도가
그 가운데 내재된 행위 준칙이며, 천지의 中으로서 천하의 大本이다.
性은 바로 天人을 관통하는 하나의 생명원리이자 생명본체이며, 도덕
적 자각과 실천의 도덕원리이자 도덕본체로 간주되고 있는 것이다.

정제두는 天人을 관통하는 性體가 사람의 마음에 내재되어 그것의
본체를 이루고 있는 것으로 이해한다. 그에 따르면 마음은 성을 담는
그릇으로서 '全體'이고, 성은 마음의 도로서 '本然'이다.114) 사람은 하

112) 『霞谷全集』 卷9, 「存言」 下, 310쪽, "性者 天降之衷 明德也 自有之良也 有是
生之德 爲物之則者也 故曰明德 故曰降衷 故曰良知良能 故曰秉彛自有之中
故曰天地之中 生生一理 於穆流行者 性之源也 賦予其全 同流無間者 性之
命也".
113) 『霞谷全集』 卷9, 「存言」 中, 305쪽, "惟是此全體一性(一箇仁理神明) 通天地
萬物 原是一箇者 乃是理 其無不完全 流行感應貫通中節溥博時中者是也 故
曰只是一明德".
114) 『霞谷全集』 卷9, 「存言」 下, 310쪽, "心者性之器(氣顯) 性者心之道(理微) 語
其全體則曰心 言其本然則曰性 言心性在焉 言性心本焉".

늘로부터 부여받은 性을 마음의 본연으로 삼고 있다는 것이다. 마음의
본래 모습이 다름 아닌 천인을 관통하는 性이라는 것이다. 이 때문에
하곡학에서는 '심은 곧 성이다'[115]라는 명제가 가능하게 되며, 사람의
마음을 하늘과 동일시하게 된 것이다.

그런데 이 '心卽是性'이라는 명제에는 중요한 함의가 내재되어 있다.
흔히 심과 성이라는 개념은 그 기능상에서 구분되어 사용된다. 心은
身을 주재하는 주체성 개념이며, 성은 도덕적 본질 혹은 본체를 지시
하는 개념이다. 따라서 '心卽是性'이라는 말에는 곧 몸을 주재하는 주
체를 도덕적 본체로 승격시켰다는 함의가 있다. 또 하나는 도덕적 본
체[性]가 바로 일반적으로 주체[心]의 기능으로 언급되는 주재성을 지
니게 되었다는 것이다. 전자는 心을 본성만이 아니라 우주본체인 天과
도 동일시하는 데서 확인할 수 있다.[116] 후자는 본성 자체가 밝게 빛나
고 영명하게 통하여 온갖 이치를 주재하는 기능을 지니고 있는 것으로
이해하는 데서 확인된다.[117] 이처럼 본성 자체가 명각성과 스스로를
주재하는 주재성을 지니고 있다고 본 것은 주자학과는 크게 구분되는
점이다. 주자학에서 明覺 혹은 지각 기능은 오로지 심의 기능이며, 본
성[理]은 오직 虛靈知覺 기능을 지닌 心의 지각대상일 뿐이기 때문이

---

115) 『霞谷全集』 卷9, 「存言」 中, 304쪽, "心卽是性".
116) 『霞谷全集』 卷7, 「名兒說」, 265쪽, "子思曰天命之謂性 是人之性卽天也 孟
子曰 盡其心者知其性 知其性則知天矣 存其心養其性事天也 是心也性也天
也 一也".
117) 『霞谷全集』 卷8, 「存言」 上, 「一點生理說」, 285쪽, "一團生氣之元 一點靈昭
之精 其一箇生理(卽精神生氣爲一身之生理)者 宅竅於方寸 團圓於中極 其
植根在腎 開華在面 而其充卽滿於一身 彌乎天地 其靈通不測 妙用不窮 可
以主宰萬理 眞所謂周流六虛 變動不居也 其爲體也 實有粹然本有之衷 莫不
各有所則 此卽爲其生身命根 所謂性也 只以其生理則曰生之謂性 所謂天地
之大德曰生 惟以其本有之衷 故曰性善 所謂天命之謂性 謂道者 其實一也
萬事萬理皆由此出焉";『霞谷全集』 卷8, 「存言」 上, 「道原」, 285쪽, "若其所
以得之者 以其心包淸淨而大本以昭也……包絡淸而撓蔽撤 則其眞源湙澈 理
體眞靜 斯昭昭之體 惟斯之理 所謂泰宇澄而神光發 天下之大本 於是乎立".

다. 마음을 본성과 동일시하는 정제두는 본성만이 아니라 마음도 理로
파악한다. '性卽理'만이 아니라 '心卽理'도 가능하다고 보는 것이다.

(2) 義理의 창출근원으로서의 마음

정제두는 "사람의 마음은 하늘로부터 부여받은 성이 그 본체가 된
것으로서, 이른바 천리이다",[118] '심은 理이고, 성도 역시 理이니, 심과
성을 둘로 나누어서는 안 된다',[119] '성현의 학문은 다름 아니라 이 마
음의 천리를 보존하고자 하는 것이다'[120]고 말한다. 사람의 마음이 바
로 천리이고, 그 천리를 실현하는 것이 성인의 학문이라는 것이다. 하
곡철학에서는 이 순수한 천리의 마음이 바로 道心이다.[121] 그리고 일
체의 도덕원리들이 모두 이 마음으로부터 나온다. 이것을 그는 다음과
같이 말한다.

진실로 능히 마음의 본모습을 다하여 부모를 사랑하고 형을 공경하
는 마음처럼 가려짐이 없게 한다면, 물의 본연에 있어서도 부모를 사
랑하고 형을 공경하는 이치처럼 밝게 드러나지 않음이 없습니다. 물
마다 그러하지 않음이 없으므로, 어른을 어른으로 대접함과 흰 것을
희다하는 것과 말을 말로 다루고 소를 소로 다루며 늙은이를 편하게
하고 젊은이를 품어주는 것이 다 각기 법칙이 있어 밝게 드러나 미혹

---

118) 『霞谷全集』卷8,「存言」上, 288쪽, "惟此之理 皆出於天而無不本然自有(是
明德至善也) 此天之所命於人 而人之爲性者也 人之有心 此其爲本體(莫不
各有其條理) 卽所謂天理也".
119) 『霞谷全集』卷9,「存言」中, 300쪽, "心理也 性亦理也 不可以心性岐貳矣".
120) 『霞谷全集』卷8,「學辯」, 279쪽, "蓋夫旣知聖學之主意 惟在此心之天理";
『霞谷全集』卷8,「學辯」, 282쪽, "聖賢之訓 雖千言萬語 其所爲學 則不過欲
存此心之天理也";『霞谷全集』卷9,「存言」中, 305쪽, "聖學卽惟盡夫吾之理
是已".
121) 『霞谷全集』卷9,「存言」下, 312쪽, "聖人之學 以道理爲主 故曰道心惟微 道
心者 爲人之心之本體者 所謂天理也".

되지 않으니, 이것이 마음의 이치입니다. 이것이 참 지극한 이치이며
물의 법칙입니다.[122]

　　내 마음이 사물을 환하게 비출 때라야 사물이 각기 자기의 본연을
얻게 된다. 그래서 참되고 지극한 의리와 천리의 바름을 소·말·개·
닭 등의 객관 사물에서 찾을 수는 없다. 사물에 따라 결정하고 때에 따
라 사물을 처리하는 것은 실로 오직 나의 한 마음에 있으니, 마음 밖에
서 달리 구할 수 있는 이치란 없다.[123] 이것은 마음이 뭇 이치를 갖추
고 있다고 말하는 것은 아니다. 내 마음이 바로 구체적인 상황에 적합
하게 응하여 그 사물의 이치를 창출해내는 근원이라는 것이다.

　　정제두는 또 사람의 마음은 일체의 존재물들에 소통하여 그것들을
하나로 통일시킬 수 있는 것으로 이해한다. 마음이 바로 감통성을 지
니고 있다고 보는 것이다. 이 때문에 천지만물은 모두 마음 가운데 있
게 된다. 마음 밖에 그 어떤 존재물도 없는 것이다. 그래서 그는 "사람
의 마음이란 천지만물의 영명함이요, 천지만물의 총회자이다",[124] "이
마음 밖에는 천하가 없고, 이 마음 밖에는 사물도 없다. 따라서 그 마
음이 그 본체를 온전히 한다면 사물을 다스리고 천하를 다스려서 만물
을 화육함을 돕기에 이르는 것을 뜻하지 않아도 되는 것이다"[125]라고

---

122) 『霞谷全集』卷1, 「答閔彦暉書」, 26쪽, "然則馬牛鷄犬之理 老少朋友之道 雖
　　各有其物 若其則之所著焉 則無非心之本然 是其則耳 苟能盡其心體 無不如
　　愛親敬兄之心之無蔽焉　則其於物之本然　卽無不如愛親敬兄之理之昭著矣
　　無物不然 故其長長也 白白也 馬馬也 牛牛也 老安也 少懷也 各有其則 昭乎
　　不迷 卽心之理也 此其眞至之理 爲物之則者也".

123) 『霞谷全集』卷1, 「與閔彦暉論辨言正術書」, 20쪽, "夫所謂眞至之義 天理之
　　正 果在乎馬牛鷄犬而可求者 故天地萬物 凡可與於人事者 其理元未嘗有一
　　切之定在物上 人可得以學之也 其逐件條制 隨時命物 實惟在於吾之一心 豈
　　有外於心而佗求之理哉".

124) 『霞谷全集』卷9, 「存言」中, 309쪽, "人心者 天地萬物之靈 而爲天地萬物之
　　總會者也(人心之體 在於天地萬物 天地萬物之用 在於人心) 故合天地萬物
　　之衆 總而開竅於人心".

말한다. '心外無理'나 '心外無物'은 모두 마음의 본체가 자신을 환하게
드러내는 밝은 덕성을 지니고 있기 때문에 가능하다. 이 밝은 덕성을
그는 또 良知로 규정한다.

⑶ 良知본체와 그 작용

정제두는 사람의 生理 가운데 본래적으로 밝게 깨닫는 능력이 있다
는 것으로부터 이른바 '양지'를 설명한다.126) 생생하는 하나의 리가 사
람에게 부여된 것이 본성이며, 그 본성은 스스로를 환하게 드러내는
밝은 덕성을 지닌다. 이 명덕은 사람의 마음이 부여받은 천명으로서
그 덕은 신명스럽고 영명하게 밝아 어둡지 않아서 온갖 이치가 거기에
서 나온다.127) 그런데 정제두는 이 생리의 본체인 본성이 자신을 환하
게 드러내는 밝은 덕성을 바로 양지로 규정한다. 『대학』에서 말하는
바의 '명덕'이 바로 맹자가 말하는 바의 '양지'라고 보는 것이다.128)

혼히 양명학을 비판적으로 바라보는 주자학자들은 '明德'과 '良知'를
동일시하지 않는다. '명덕'은 오상의 본성을 의미하는 반면에, 양지는
지각작용으로만 국한시켜서 이해한다. 말하자면 良知의 '知'를 명사가
아닌 동사, 즉 지각본체가 아닌 지각작용으로만 이해하는 것이다. 이것
은 양지를 본성, 즉 마음의 본체로 생각하지 않음을 의미한다. 그러나
정제두는 "良知의 良이란 곧 性이다.……분명히 이것은 그 性體를 말
한 것이다."129)고 주장한다. 양지가 바로 마음의 본체인 性體이자, 天

125) 『霞谷全集』卷7, 「雜著」, 266쪽, "此心之外無天下 此心之外無事物也 故其
心克全其體 則治事物 治天下 以至於參贊化育而無意也".
126) 『霞谷全集』卷1, 「與閔彦暉論辨言正術書」, 21쪽, "蓋人之生理 能有所明覺
自能周流通達而不昧者 乃能惻隱能羞惡能辭讓是非 無所不能者 是其固有
之德 而所謂良知者也 亦即所謂仁者也".
127) 『霞谷全集』卷13, 「大學說」, 426쪽, "明德者 人心天命 其德神明 靈昭不昧
而萬理出焉者也".
128) 『霞谷全集』卷1, 「答閔彦暉書」, 28쪽, "良知者 即大學之明德而即五常之知
也 性也".

理라고 보는 것이다. 이것은 양지를 시비선악을 분별하는 마음의 작용만이 아니라 그 작용을 일으키는 본체의 성격까지 지닌 것으로 파악한 것이다. 이것을 그는 「樂記」의 '物至知知'라는 구절을 예로 들어 설명한다. 즉 '物至知知'에서 앞의 '知'字는 體를 가리키는 것이고 뒤의 '知'자는 用을 가리키는 것으로서 '知' 한 글자가 명사와 동사, 즉 체와 용으로 모두 사용되고 있다는 것이다. 이것은 양지가 단순히 지각하는 작용만이 아니라 체와 용을 모두 갖춘 것으로 사용되고 있음을 밝힌 것이다. 그리고 양지의 밝은 본체와 그것의 지각작용은 마치 불이 환하게 빛나서 사물을 밝게 비추는 것과 같아서 그 본체의 밝음(體)과 환하게 비추는 지각작용(用)을 분별할 수 없다고 말한다.130) 이것은 바로 양지의 본체와 그 작용이 하나임을 말한 것이다.

그럼 양지를 단순히 선악과 시비를 분별하는 마음의 작용만이 아니라, 마음의 본체로 파악하였다는 것은 도대체 어떤 의미가 있는 것인가? 양지의 본체와 그 작용이 하나라는 것은 무슨 의미인가?

일단 자신의 밝은 덕성을 환하게 드러내는 양지의 감응 활동을 통하여 일체의 존재물들이 하나로 묶일 수 있게 되었다는 점이다. 진리의 소재인 '내 마음의 명덕', 즉 양지가 바로 모든 만물에 다 통할 수 있는 주인으로 이해되는 것이다.131) 양지를 통하여 心體의 밝은 덕성을 밝

---

129) 『霞谷全集』 卷1, 「答閔彦暉書」, 23쪽, "集註曰良者 本然之善也 程子又言良知良能出於天而不繫於人 下註又曰達之天下無不同者 然則其謂之良者 卽性耳 何謂只爲求端之設而非本領也歟 明是言其性體耳".

130) 『霞谷全集』 卷1, 「答閔誠齋書」, 33쪽, "樂記曰人生而靜 天之性也 感於物而動 性之欲也 物至知知 然後好惡形焉 其上知字是體(心之本體) 下知字是用(能其發於物 知此覺此者) 其有以指體而言曰良知 是心之本體 卽未發之中是也 其有以指用而言曰良知 是知善知惡是也 蓋孟子本文似在下知字 而陽明通上知下知字兼言之 故此今日所大駭者也 然其實卽一箇知 非有可分別者 則只言一良知足矣 如火上本明其體也 其光輝燭物其用也 而其明卽一耳 不可以火上與照上分別其明".

131) 『霞谷全集』 卷8, 「存言上」, 286쪽, "其所以統體而爲其條路之主者 卽其眞理之所在者 則卽吾心明德是耳".

힘으로써 안과 밖이 다 마음이요, 마음에 벗어난 것이 없음을 보여줄
수 있게 된 것이다.[132] 또 하나는 마음의 본체, 즉 心體·性體·天理
를 실현하는 공부가 용이해졌다는 점이다. 예전에는 본성을 실현하기
위해서는 주자학에서처럼 存養과 窮理 등의 공부가 필수적으로 요구
되었다. 그러나 이제는 내가 지금 여기서 확인할 수 있는 양지의 활동
이 바로 마음의 본체의 드러남이기 때문에, 그 양지의 작용만 왜곡됨
이 없이 이루어질 수 있게만 한다면 본성의 실현이 이루어지는 것이
다. 쉽게 말하면 양지의 실천이 바로 본성실현의 의미를 지니게 된 것
이다. 또 하나는 양지는 끊임없이 자기 활동을 하는 과정에서도 자기
본래의 밝은 모습을 항상 그대로 유지함으로써 언제나 자신의 활동을
주재할 수 있는 역량을 지닐 수 있게 되었다는 점이다. 말하자면 도덕
본체가 자기를 실현하는 과정에서 스스로를 주재할 수 있는 역량을 지
니게 된 것이다. 즉 마음에 나아가 양지라고 말함으로써 性情공부의
주재로 삼을 수 있게 된 것이다.[133] 이제 내 마음의 천리, 즉 본체의 실
현은 양지를 실현하는 마음 상의 공부만으로 충분하게 된 것이다. 이
양지의 실현은 자기의 본성실현일 뿐만 아니라 사물이 각각 자기의 마
땅함을 얻는 과정이기도 하다. 사물의 마땅함이 주체의 실천을 통해서
확보되는 것이다. 이처럼 하곡철학에서는 행위자의 주체성과 실천성이
무엇보다 강조되고 있는 것이다.

　이상의 논의를 통해서 보면 주자학과 하곡학의 차이는 근본적으로
는 마음과 우주의 본체를 어떻게 이해하는가에 달려 있다고 말할 수
있다. 주자학에서는 일체의 사물들과 사람의 마음 가운데 내재되어 있
는 천리를 본체로 파악하는 반면에, 하곡학에서는 내 마음의 明德을
본체로 파악한다. 하곡학에서는 진리의 소재인 '내 마음의 명덕'이 바

<hr>

132)『霞谷全集』卷1,「答閔彦暉書」, 25쪽, "蓋表良知一言 以明其心德之體 而又
　　以明其內外皆心 無外於心者 故到處皆以良知明之".
133)『霞谷全集』卷1,「答閔誠齋書」, 33쪽, "就心而言良知 以爲其性情工夫之主
　　宰耳".

로 모든 만물에 다 통할 수 있는 주인으로 이해되는 것이다.[134] 내 마음의 明德은 곧 하늘이 사람에게 명한 본성으로서 理이며, 그것이 자신을 환하게 드러내는 작용이 바로 良知이다. 이와 같이 내 마음의 명덕을 본체로 파악하는 정제두의 입장에서 볼 때 주자가 사사물물에서 리를 궁구하는 것은 본원을 탐구하는 학이 아니라, 가지를 먼저 하고 근본을 뒤로 하는 말단지학에 불과하다고 말할 수 있다. 정제두는 일체의 도덕가치와 생명력의 본원을 사람의 마음에서 찾았던 것이다. 본원지학을 탐구하는 그에게 의리를 외부에서 찾고 구하려는 당시의 대다수 주자학자들은 말단을 탐구하고, 그것을 가지고 다투는 모습으로 보였을 것이다. 정제두는 일체의 가치판단과 행위의 준거를 주체의 마음에 설정하는 새로운 본체론을 건립함으로써 理를 마음과 무관하게 객관화시킨 주자학을 반성하고, 또 파당을 지어 의리와 명분을 가지고 다투는 당시 정치계와 학계의 풍조를 극복하고자 한 것이다. 이와 같이 평범한 주자학자들과는 다른 사유의 틀을 지니고 있는 정제두에게 당시에 이단시 되었던 학문에 대한 태도도 남다른 모습으로 나타난다.

4) 정제두의 異學觀

정제두가 평생 추구하였던 학문은 성인의 학문이었다. 성인의 학문은 天德과 王道를 실현할 수 있는 본원을 탐구하는 학문이다. 그 본원은 천명의 성에서 나와서 사람 마음의 본연이 된 것이다. 그것은 사람 마음의 밝은 덕으로서, 일체 道義의 원천이자 표준인 천하의 大中이며, 천하의 온갖 일들의 大本이다. 성인의 심학은 오직 이것을 밝히는 것이다. 이 본원을 잃어버리게 되면 편벽된 무리, 즉 이단에 빠지게 된다.[135] 그에게서 異端인가 아닌가의 여부는 일체 道義의 근원처인 본

---

134) 『霞谷全集』 卷8, 「存言上」, 286쪽, "其所以統體而爲其條路之主者 卽其眞理之所在者 則卽吾心明德是耳".
135) 『霞谷全集』 卷9, 「存言」 下, 312쪽, "蓋其源起於着了一自私之念 以蔽其大公

원을 탐구하는가 아닌가의 문제에 달려 있었던 것이다.

　정제두는 불교를 이단으로 간주한다. 비록 불교에도 마음을 밝히는 방법이 있지만, 그것은 다만 마음의 밝고 밝은 靈覺體만 지킬 뿐 일체 도의의 근원인 天理의 온전한 본체를 끊어버렸다는 것이다.[136] 불교는 천리를 이미 마음에서부터 끊어버렸기 때문에 아무리 마음을 위주로 한다고 할지라도 사람들 사이의 윤리를 확보할 수 없게 된다.[137] 유학 자들의 불교비판은 대제로 불교의 가르침을 통해서는 인륜질서의 세 계를 세울 수 없다는 데 그 초점이 맞추어진다. 정제두의 불교비판도 그 측면을 겨냥하고 있다. 그런데 그는 불교가 윤리를 저버리게 된 까 닭을 주자학자들과는 달리 설명한다. 주자학에서는 불교를 '천리본체 를 깨닫지 못하여 心과 性을 일치시키고 마음을 체득해내려고 하였다' 고 비판한다. 그런데 정제두는 불교를 '마음의 밝고 밝은 영각체가 바 로 일체 도의의 근원인 천리임을 알지 못했다'고 비판한다. 사람의 마 음이 자신을 환하게 드러내는 明覺體일 뿐만 아니라, 일체의 도덕규범 들을 창출해낼 수 있는 하나의 도덕원리임을 알지 못했다는 것이다. 이것은 자신의 학문적 토대인 성인의 心學을 인륜질서를 밝히는 학문 으로 규정함으로써 불교의 심학과 구별하고 있는 것이다.

　정제두는 또 도가철학을 성인의 학문과는 거리가 있는 것으로 이해 한다. 도가는 비록 神을 기르는 공부가 있지만 天理의 크고 온전함을 잃어버렸기 때문에 氣를 淸虛하게 만들 수는 있지만 의리를 주재하는 주인일 수는 없다고 본다.[138] 불교에 대한 비판과 마찬가지로 도가에

　　之全體 虧其至中之本體 以失此理之本源故也 失此理之本源 故又反以虧蔽
　　大公至中之體 而終歸於偏僻之徒矣 今聖人之心學 有是道義而爲之主 則是
　　出於天命之性 而爲人心之衷者耳".

136) 『霞谷全集』卷9,「存言」下, 312쪽, "佛氏亦有明心之法 然徒守其明明昭昭之
　　靈覺不昧者 而遏絶其天理之全體 則是雖有其心體之空寂 而亡於性道之統
　　體".

137) 『霞谷全集』卷1,「答閔彦暉書」, 30쪽, "釋氏主心而棄倫理(此外理而廢之者
　　也 心亦非其心矣)".

대한 비판도 도의의 근원처인 마음의 천리를 얻지 못하였다는 데 주어
지고 있는 것이다.

반면에 정제두는 당시 주자학자들에 의해 이단으로 간주되었던 양
명학을 오히려 聖學의 정통을 이은 것으로 이해하고, 그것을 자기 학
문의 종주로 삼았다. 주자학을 유일한 절대적 진리체계로 믿었던 당시
학문풍토에서 주자학에 대해 비판적인 양명학을 聖學의 정통으로 이
해하고 주자학을 비판한 데에는 성인의 학문을 지향하는 그의 순수한
열정과 양명학에 대한 깊은 신념이 있었기에 가능했다. 이 때문에 그
는 그를 아끼는 동료들에게서 끊임없는 주의와 비난을 받았을 뿐만 아
니라, 세상에서 이단으로 지목되기도 하였다.139) 그는 비록 정치적인
행보에 있어서는 그렇게 진보적이었다고 할 수는 없다. 그러나 사상적
인 측면에서 유가의 인륜질서를 주자학과는 다른 새로운 심학적 본체
론의 토대위에 세우고자 한 것은 그 누구보다 혁신적이었다. 그는 당
시의 시대문제를 해결할 수 있는 근본적인 방법을 의리와 심성이 일치
된 새로운 학문을 밝힘으로써 가능하다고 믿었던 것이다. 그리고 그
길을 양명학에서 발견했다. 그의 평생의 과업은 양명학을 그 시대에도
의미 있는 철학체계로 만드는 일이었다. 거기에는 양명학의 장점을 되
살리고, 단점을 보완하는 작업이 필수적으로 요구되었다. 양명학의 정
신을 제대로 드러내고 단점을 극복하기 위하여 왕수인에게서 보이지
않거나 드물게 사용되는 개념적 도구들을 사용하고, 양명학에서 소홀
히 했던 경학을 심학적 관점에서 새롭게 풀이하는 작업들이 바로 그것
이었다. 정제두의 이러한 관심과 연구로 인하여 양명학은 조선에서 그
생명의 뿌리를 내리게 되었고, 강화학이라는 하나의 조선조 양명학파
가 형성될 수 있었던 것이다.

---

138)『霞谷全集』卷9,「存言」下, 312쪽, "老氏亦有養神之功 然徒事玄玄默默之恬
   澹虛無 而遺廢其天理之大全 則是雖有其氣之淸虛 而離乎義理之主帥 是毫
   釐之差 而其謬至於千里".
139)『景宗實錄』卷6, 景宗 2년 3월 12일, 丁酉.

4. 맺음말

양란 이후 주자학 이해의 분화 과정 가운데서 소론계의 대표적인 두 학자인 박세당과 정제두가 주자학을 어떻게 반성하고 있는가를 살펴보았다. 주자학에 대한 반성은 다양한 측면에서 제기될 수 있다. 그런데 우리는 주자학의 본체론에 대한 그들의 이해에 주목하였다. 주자학의 본체론에는 주희의 세계에 대한 이해가 내재되어 있으며, 그것에 대한 반성은 주자학의 전 체계에 대한 가장 근본적인 반성일 수 있다고 보았기 때문이다.

박세당과 정제두의 주자학 반성은 모두 당시 주자학 도통론자들의 현실대응 능력에 대한 그들의 인식과 관련이 있다. 당시의 국가적인 위기 상황에 대처하는 데 주자학자들이 제시하는 의리 명분론이 현실의 실질 내용과 거리가 있다고 본 것이다. 그들은 의리와 명분이 현실의 실질 내용에 근거해서 이루어져야 한다고 주장한다. 그들의 이러한 태도는 의리명분만으로 현실을 바로잡고자 한 노론계열의 정통주자학자들과는 구분된다. 그러나 그들이 제시하는 현실구제 방안은 차이가 있다. 박세당의 경우는 현실에 대한 명확한 인식에 기초한 제도의 정비와 실천의지의 확립을 그 방안으로 제시한다. 반면에 정제두는 의리의 본원인 심성을 회복하고 구체적인 사태의 실질 내용을 고려하여 그에 적합하게 대응할 것을 현실구제 방안으로 제시한다. 그런데 그들이 제시한 해법의 차이에는 주자학에 대한 그들의 상이한 이해와 관련이 있다. 주자학에 대한 반성 내용에 차이가 있는 것이다. 우리는 주자학의 본체론에 대한 그들의 반성 내용의 차이를 살펴보았다.

박세당은 理一의 보편실재성을 주장하는 주자학의 본체론적 사유체계를 부정한다. 그는 천리를 사물의 생성과 변화를 가능하게 하고, 일체 사물들 가운데 내재하는 하나의 형이상학적 원리로 간주하지 않는다. 그는 각 개물들을 하나로 통합하는 理一을 부정하고 오직 사물들

의 개별적 특성을 이루어주는 원리만을 인정한다. 그가 파악하는 세계
는 구체적인 사물의 세계이며, 그 사물들은 각각 그것대로의 법칙을
지니고 있다. 그의 철학에는 구체적인 사물들을 하나로 묶어 줄 수 있
는 추상적인 원리가 설정되어 있지 않은 것이다.

   박세당이 관심을 기울이는 구체적인 사물의 세계는 사람들이 살고
있는 인륜세계이다. 그는 인륜세계를 만들어낼 수 있는 五常의 덕은
다른 존재물과는 구분되는 사람만이 지닌 본성으로 이해한다. 그런데
이때의 본성은 주자학에서 말하는 것과 같은 '性卽理'는 아니다. 주자
학에서의 '性卽理'는 우주원리가 인간만이 아니라 다른 존재물에도 보
편적으로 내재되어 있음을 의미하기 때문이다. 그에게서 본성은 '心明
이 받은 天理'이다. 천리가 사람에게 부여되어 마음의 밝음이 된 것이
바로 사람의 본성이다. 사람은 그 마음의 밝음으로 인하여 사물의 善
惡과 當否를 고찰할 수 있다. 본성은 선악당부를 지각할 수 있는 마음
의 밝은 능력인 것이다. 이것은 사람이 세계를 밝게 이해하고 그에 대
응할 수 있는 능력을 선천적으로 지니고 있음을 의미한다. 이제 사람
이 해야 할 일은 이 밝은 능력을 발휘하는 것이다.

   박세당에게서 학문은 '자기실천[行己]'과 '사물처리[處物]'의 방법을
탐구하는 것으로 규정된다. '行己'는 자신이 본성적으로 부여받은 마음
의 밝은 능력을 실천하는 것이다. '處物'은 사물의 마땅한 법칙을 알아
서 그에 알맞게 대응하고 처리하는 것이다. 그런데 '行己'는 '處物'을
통하여 이루어진다. 그는 '처물'을 위하여 사물의 이치를 궁구하는 방
법으로 '行遠必自邇'의 방법을 원용한다. 그런데 본성에 따라 사물의
법칙을 탐구하고 그에 알맞게 사물을 다스리고 처리하는 것은 지속적
으로 유지되어야 한다. 그것은 바로『중용』에서 말하는 바의 '率性之
謂道'이다. 박세당은『중용』에서 말하는 '戒愼恐懼'와 '愼獨',『대학』의
'誠意'와 '正心' 등을 모두 본성에 따라 변함없이 자기를 실천하는 방
법, 즉 도를 실천하는 방법으로 제시한다. 특징적인 것은 그가 도를 미

리 주어진 어떤 것으로 이해하지 않고 사람이 본성에 따라 자신을 실천하는 과정에서 이루어진다고 본 점이다. 이것은 행위 주체자인 각 개개인들이 사물의 법칙을 탐구하고 그에 맞게 사물을 다스리고 처리하는 구체적인 실천을 통해서야 사람의 도가 이루어진다고 본 것이다. 이를 통해서 우리는 주체성과 실천성, 그리고 사물의 구체적인 실질을 강조하는 것이 그의 철학적 특성이라고 평가할 수 있을 것이다.

박세당이 구체적인 사물의 실질적인 법칙에 관심을 기울인 것과는 달리 정제두는 의리를 창출해낼 수 있는 새로운 본체론의 건립에 관심을 기울인다.

정제두는 당시의 선비들이 의리와 염치를 잃어버린 채 당쟁에 빠져 민생을 돌보지 않는 까닭을 심성과 의리를 이분시킨 데 그 원인이 있다고 본다. 그래서 그는 심과 리를 이분시킨 주자학을 비판하고, 심과 리가 분리되지 않는 일원체계를 세우고자 한다.

그는 주자학에서 심과 리를 분리시킨 원인을 두 가지로 언급한다. 하나는 리가 외부 사물에 있다고 보기 때문이고, 다른 하나는 덕성상에서 理體를 보지 못하고 그 리가 心體에 뿌리를 내리고 있음을 살피지 못한 때문이다. 그리고 이 두 측면에 입각하여 심과 리를 분리시킨 주자학을 비판한다. 먼저 그는 리가 외부 사물에 있다고 보게 된 그 사상사적 배경을 『시경』의 '有物有則'의 가르침에서 찾는다. 주희는 '物'을 '心'과 대립하는 객관사물로 이해함으로써 마음 밖에 理가 있다고 보게 되었다는 것이다. 정제두는 이 구절을 마음과의 연관 속에서 고찰할 것을 제안한다. 그는 또 주자학에서는 덕성상에서 리체를 보지 못하였음을 비판한다. 주자학에서 말하는 사물에 있는 바의 리는 大本性體가 될 수는 없다고 본다. 이것은 우주와 인생의 가장 근원적인 본체를 주자학에서는 제대로 이해하지 못했다고 비판한 것이다. 따라서 '심과 리의 이분'에 대한 보다 근본적인 비판은 주자학의 본체론에 대한 비판에 주어진다.

정제두는 주자학에서 理一이 일체 사물 가운데 객관적으로 내재하고 있다고 보는 것을 비판한다. 그는 주자학에서 말하는 바의 사물에 내재하는 리는 그 사물의 조리에 불과할 뿐 본령의 종주가 될 수는 없다고 말한다. 주자학에서 理一에 의하여 세계를 통일시키고자 한 것은 천지 사이에 하나의 허공에 매달린 도리를 가지고 천지만물의 법을 통괄한 것이다. 정제두의 이러한 비판에는 세계의 통일은 그것이 사물세계이든 인륜세계이든 사람을 중심으로 하여 이루어져야 한다고 보는 유학의 전통적인 인문주의의 관점이 내재해 있다. 그는 사람을 벗어나 리를 말할 수 없고, 마음을 떠나서 大本을 말할 수 없다는 인문주의의 관점에 서 있는 것이다.

그는 심과 리를 분리시키지 않는 이론체계를 왕수인을 통해서 내려오는 성인의 학문에서 발견한다. 그는 사람의 마음이 天의 實體를 본성으로 부여받았다고 본다. 性은 生生하는 하나의 理가 유행하여 사람에게 부여된 것으로서 사람의 마음에 그것의 本然으로 내재되어 있다. 심과 성과 천과 리는 그 실질 내용이 동일한 것이다. 정제두는 천리를 본성으로 부여받고 있는 사람의 마음을 일체의 의리를 창출해내는 근원으로 이해한다. 그리고 그 마음은 스스로를 밝게 드러내는 덕성을 지니고 있다. 그것이 바로 良知이다. 도덕적 지각능력을 지니고 있는 양지를 마음의 본체, 즉 명덕으로 규정한 것이다. 이것은 마음의 본체와 작용을 양지의 체용으로 일원화시킨 것으로서, 철학적으로 매우 중요한 의미가 있다. 먼저 양지의 활동은 바로 마음의 본체가 스스로를 드러낸 것이기 때문에 그 양지의 작용을 왜곡하지만 않는다면 본성의 실현이 이루어진다는 것이다. 또 하나는 양지는 쉼이 없이 활동하는 과정에서도 자기의 항상된 본래의 밝은 모습을 유지함으로써 언제나 자신의 활동을 스스로 주재할 수 있는 역량을 지니게 되었다는 점이다. 이제 사람이 해야 할 일은 양지가 밝게 느끼는 대로 행하면 된다. 그러면 사물이 그 마땅함을 얻게 된다. 사물의 마땅함이 주체의 실천

을 통해서 확보되는 것이다. 여기에서도 우리는 정제두가 사람의 주체
성과 실천성을 강조하고 있음을 알 수 있다.

박세당이 理—의 보편실재성을 주장하는 주자학의 본체론적 사유체
계를 부정하고, 구체적인 사물의 실질적인 법칙을 탐구하여 그에 알맞
게 대응하는 데 관심을 기울인 것과는 달리, 정제두는 의리를 창출해
낼 수 있는 새로운 본체론을 건립함으로써 의리와 심성이 분리됨으로
해서 발생한 현실문제에 대응하고자 하였다. 박세당이 본체론에 대한
관심이 적은데 반해서 정제두는 세계를 통일시킬 수 있는 새로운 본체
론을 세우고자 한 것이다.

그러나 이러한 차이가 있음에도 불구하고, 우리는 이들 사이에 적지
않은 공통점이 있음을 확인할 수 있었다. 첫째는 이들이 모두 사람의
주체성과 실천성을 그 무엇보다 중시하고 있다는 점이다. 주체의 실천
을 통해서야 사물이 그 마땅함을 얻을 수 있다고 본 것은 매우 특징적
이다. 둘째는 이들이 모두 '실질'을 중시하고 있다는 점이다. 어떤 의리
명분도 실질에 근거하여 이루어져야 한다고 보는 것이다. 이것은 실질
이 결여된 채 공리공담만을 일삼는 당시 위정자들의 행태와 학문경향
에 대한 반성에서 기인한 것일 수도 있다. 셋째는 이들이 모두 心과 物
의 관계를 매우 밀접한 것으로 파악하고 있다는 점이다. 박세당에서
사람의 마음은 사물의 법칙을 알아서 그것을 올바로 다스리고 처리할
수 있는 밝은 능력을 본성적으로 지닌 것으로 이해된다. 마음의 밝은
능력은 物의 법칙을 알아 그것을 올바로 처리하는 데서 발휘되며, 物
은 마음을 통해서 자신의 바름과 쓰임을 얻게 된다. 심과 물이 분리되
어서는 자기의 존재의미를 제대로 발견하기 어려운 것이다. 그러나 박
세당에게서는 '心'과 '物', '心'과 '則'의 관계가 아직은 안과 밖의 대립
적인 것으로 남아 있다. 그런데 정제두에 오면 '心'과 '物', '心'과 '理'의
관계가 서로 분리될 수 없는 하나로 묶이게 된다. 심체가 환하게 밝혀
짐으로써 物이 자기의 참된 모습을 드러내고, 온갖 이치가 나타나는

것이다. 이상에서와 같이 박세당과 정제두, 이 두 사람은 모두 주체성
과 실천성을 강조하고, 실질을 중시하며, 심과 물의 밀접한 관계성을
주장하는 공통적인 모습을 보이고 있다. 이것을 소론계열의 학문 경향
으로 규정할 수 있는지는 소론계열에 속한 다른 이들의 학문에 대한
개별 연구가 뒷받침되어야 할 것이다.

우리는 이 연구를 통해서 소론계열의 대표적인 두 학자인 박세당과
정제두의 학문을 내재적인 연관 속에서 조명해 볼 수 있는 하나의 가
능성을 발견할 수 있었다고 평가해도 좋을 것이다. 노론계열의 정통주
자학자들과 남인계열의 학자들의 사상에 관해서는 그동안 많은 연구
가 있어왔다. 그리고 그 축적된 연구 결과로 인하여 그들 사상의 특성
과 사상사적 지위가 대체로 밝혀졌다고 할 수 있다. 그러나 17세기 이
후 조선사상사의 한 축을 형성하고 있는 소론계열의 사상에 관해서는
그 개별 연구뿐만이 아니라, 그 사상의 흐름에 대해서는 아직까지 충
분히 밝혀지고 있지 않은 상태에 있다. 17세기 이후 조선사상사를 전
체적으로 파악하기 위해서는 소론계열의 학문에 대한 연구는 필수적
으로 거쳐야 하는 작업이라고 본다. 앞으로 이 방면에 보다 많은 연구
가 있기를 기대해 본다.

17세기 민족 문학의 자각과
주체적 문학관의 대두

김 영 봉*

1. 머리말

문학은 개인적인 사상과 감정의 표현이지만 그 개인의 사상과 감정은 작자가 처한 시대적 배경이나 사회적 조건 등에 크게 지배를 받는다. 문학의 각종 소재나 주제가 시대 상황에 따라 당대의 현실을 반영하는 경우가 많다는 것은 우리가 살고 있는 오늘날의 현대문학 작품에서도 흔히 볼 수 있는 현상이며, 고전문학이라고 해서 예외는 아니다. 따라서 과거의 우리 문학을 평가할 때 여러 가지 측면에서의 분석이 가능하겠지만, 시대의 흐름에 따라 중요한 사회 변동기에 작품은 어떤 흐름으로 거기에 대응하였는지를 살펴보는 것도 문학사를 조망하는 데 중요한 관점이 될 것이다.

조선시대에 있어서 壬辰倭亂(1592)과 丙子胡亂(1636)은 건국 이후 2백 년 동안 다져 온 조선사회의 거의 모든 분야에 있어서 일대 변혁을 몰고 온 중대 사건이다. 이는 역사학적으로도 조선시대를 전기와 후기로 양분하는 대표적인 기준이 되고 있지만, 문학적으로도 기존의 틀을 벗어나 여러 가지 다양한 면모를 드러나게 하는 중요한 요인이

* 연세대학교 국학연구원 연구교수, 한문학

되었다.

조선전기에는 思想 면에서 주자학적 질서가 확고하게 자리잡으면서 문학에서도 전통적인 '載道論'에 입각하여 '道主文從', 또는 '道本文末'을 강조하는 '文以載道'의 이론이 활발해지고, 정통 한문학의 규범적인 문학 활동이 전개되었다. 일찍이 한글이 창제되었지만 몇몇 문헌에서 시험적으로 사용되었을 뿐 본격적으로 활용되지는 못하였으므로 전기의 문학은 으레 한문학이 거의 전부를 차지한다고 해도 과언이 아니다. 이러한 한문학에서는 그 源流로서의 중국 문학이 하나의 典範이 되어서 문학 사상이라는 것은 온전히 중국적인 것을 표방할 수밖에 없었고, 그 대표적인 것이 바로 성리학적 사고를 바탕으로 한 '載道論'이었던 것이다.

표현면에서도 經典이나 歷史書, 諸子百家 등 기존의 전통적인 문헌에 근거가 있는 것만 용인되었으며, 우리나라 고유의 인명·지명·생활용어 등은 기피되었다. 중국적인 전통 한문학의 색채를 잘 살려낼수록 소위 '典雅'하다고 높이 평가를 받았으며, 우리 고유의 단어나 우리식의 표현이 들어있으면 '卑俗'이라는 낙인이 찍혔다. 이는 바로 전통적인 華夷觀에 입각한 것이다.

그러나 건국 후 일찍이 겪지 못했던 두 차례에 걸친 대규모의 전란이 국토를 유린하고 백성들을 도탄에 빠뜨리는 결과를 초래하자 기존의 질서에 대한 일대 회의와 반성이 일어나게 되었다. 이에 따라 사회 전반에 걸쳐 많은 변화가 일어나게 되었고, 문학에 있어서도 새로운 시대 변화에 대응하는 현상이 나타나게 되었다.

우선 민족과 민중에 대한 자각이 싹트고 자라나면서 한글로 된 국문 작품들도 문학의 중요한 영역으로 비중을 높여 나갔으며, 한문학에서도 차츰 우리 고유의 색채가 드러나게 되었다. 개별 작품에서는 전쟁체험과 사회 모순에 따른 역사의식과 현실 비판의 문학이 활성화되었으며, 문학 작품에 대한 인식에 있어서도 우리 고유 문학의 가치를 인정하고 이를 높이 평가하는 주장이 대두되어 민족 문학의 독자성을 옹호하기 시작하였다.

한시 작품을 통하여 倭亂의 참상이나 민족의 아픔을 절실하게 묘사하는가 하면 새롭게 문학의 한 장르로 자리잡게 된 국문 소설에서는 현실에서 당한 패전의 아픔을 작품 속에서 역전시켜 대리 만족과 함께 민족의식을 고취시켰다. 한편으로는 나라를 전쟁으로 내몰고 국토를 초토화시킨 위정자들에게 패전의 책임을 묻고 貪虐한 벼슬아치들을 규탄하였으며, 여성 주인공들이 등장하여 무능한 사대부 남성들을 질타하기도 하였다. 작품에서 표현하는 내면의 정서도 전래의 관념적인 것이 아니고 우리의 실생활 주변의 일상적인 제재들을 수용하기도 하고, 민중의 정서가 배어 있는 민요 성향의 한시가 대두되기도 하였다.

문학 담당층도 기존의 사대부 일변도에서 중인 계층으로 확대되었는데, 이에 따라 중인들의 문학 활동에 대한 이론적 근거로서 '天機論'이 새롭게 주목받기도 하였다. 천기론은 일부 논자들이 기존의 載道論과 완전히 상반되는 문학이론으로 규정하는 경우도 있다. 실제로 두 이론이 그렇게 상반되는 입장에 설 수 있는 성격은 아니지만, 천기론이 중인들의 문학 활동을 어느 정도 옹호해주는 측면이 있는 것은 분명하다.

이 글은 '조선시대 국가 경영의 이상과 현실'이라는 큰 주제 아래 문학·사학·철학의 학제간 연구의 일환으로 이루어진 것으로서, 문학사적인 관점에서 조선중기의 사회 변동에 따른 문학의 대응 양상을 살펴보기 위한 것이다. '經國大典 체제'로 규정할 수 있는 조선전기의 사회 구조가 壬丙 양란 이후 17세기를 거치면서 다양하게 변모해 가고 결국 英祖 시대에 이르러 『續大典』으로 대대적인 법전 정비를 할 수밖에 없을 정도로 많은 변혁을 일으킨 당시의 현실에 문학은 어떻게 대응하고 개별 작품으로 형상화하였는지를 조망해보기로 한다.1)

---

1) 근래에 주로 현대문학 연구자들 사이에서 '민족문학'을 서구 근대의 '국민문

2. 전쟁 체험의 충격과 문학적 대응

1) 壬丙 양란 이후 사회 체제의 변동

임진왜란은 국제적으로는 명나라와 일본에게도 심대한 정치·사회적 영향을 끼쳤지만 직접 전투가 벌어졌던 조선은 가장 커다란 타격을 입어서 국토가 황폐화되고 백성들이 유린되었다. 따라서 전쟁 후 사회 각 방면에서의 복구 작업이 朝野를 막론하고 가장 시급한 과제였다.

정치면에서 가장 중요한 변화는 備邊司의 기능 강화라고 할 수 있다. 비변사는 처음 생길 때는 戰時에만 설치되는 임시 관청이었고, 명종 9년에 정식 관청이 되어 독자적인 합의 기관으로 되었는데, 운용이 원활하지 못하여 행정 체계가 무너진다고 폐지론이 대두되기도 하였다. 이전까지는 최고 행정관서로서 議政府가 있고 의정부의 3정승이 관료의 정점에서 백관을 통솔하면서 국정을 총괄하였다. 그러나 임진왜란이 일어나 국가의 모든 행정이 전쟁 수행에 직결되자 비변사의 기구가 강화되고 권한도 크게 확대되어서 3정승이 그곳의 대표자로서 권한을 행사하였다. 전쟁 후에도 전후의 수습을 주도하면서 그 위상이 고정되어 과거의 최고 행정기관이던 議政府 대신 국내의 일반 행정까지 의논하여 결정하는 등 정치의 중추적인 기관이 되었으며 후기 법전인 『續大典』부터는 비변사에 대한 규정을 담고 있다.

제도상으로는 대동법의 실시, 免稅田 확대의 방지, 饑民을 위한 還穀·耗穀의 회수책 등이 등장하였다. 또 임진왜란을 계기로 활성화된 納粟策의 실시로 인해 종래의 신분상 제약이 어느 정도 느슨해져 갔

학'과 대비되는, 식민지 시기 우리의 특수한 현실에서 발생한 문학이라는 개념으로 확립해서 사용하는 경향이 있다. 그러나 이 글에서 사용하는 '민족 문학'은 그러한 좁은 범위의 개념이 아니고 우리 고유의 민족적 정서를 담은 문학이라는 폭넓은 개념으로 사용한 것이다. 이와 같은 관점은 林榮澤의 「한국한문학에 있어서의 현실주의의 문제 - 고전문학에서 현실주의의 발전과 민족문학적 성취」(『한국한문학연구』 제17집, 1994)라는 글에서도 확인할 수 있다.

다. 납속은 조선전기부터 있었던 제도이지만 공식적으로 제도화된 것
은 아니었다. 대상도 노비에게만 국한되었고, 그 액수도 후기에 비해
상당히 많은 액수여서 쉽게 엄두를 낼 수 있는 것이 아니었다. 그러던
것이 임진왜란 당시 군량미를 모으는 과정에서 제도화되었고, 전쟁이
끝나고 나서도 궁궐이나 성곽을 복구하는 데 많은 재정과 물량이 필요
해서 이를 확보하기 위해 계속 실시하였다.

납속책이 제도적으로 실시됨으로 인해서 서얼 계층이나 鄕吏들도
이제는 경제적 능력이 뒷받침되면 신분상승을 할 수 있게 되었으며,
천인의 경우라도 재력만 있으면 일단 贖良했다가 다시 양반으로 오를
수 있는 길이 열렸다. 이와 같은 신분제의 동요는 이 시기 문학사에서
사대부의 전유물이나 다름없었던 문학 담당층이 그 범위를 확대해 나
가는 것과 무관하지 않다.

병자호란은 임진왜란에 비하면 기간이 짧았기 때문에 외형적인 피
해는 비교적 크지 않았으나 정신적·문화적인 측면에서는 임진왜란에
못지 않았다. 특히 삼전도의 굴욕으로 상징되듯이 민족적 자존심에 심
대한 상처를 입어서 그 치욕을 씻기 위해서 온갖 노력을 다 하였다. 예
를 들어 청나라에 항복하면서 합의한 조건 중에 명나라의 연호를 버리
고 청나라의 연호를 쓰기로 하였는데 수개월동안 이를 제대로 지키지
않았다. 仁祖는 결국 청나라의 강력한 촉구로 인해 公私 문서에 청나
라 연호인 '崇德'을 사용할 것을 내외에 명했다. 그러나 개인 문서나
祭享의 祝詞에는 여전히 명의 연호인 '崇禎'을 사용함으로써 정신적으
로는 끝내 청나라에 굴복하지 않는다는 저항의식을 견지하였다.

이러한 적개심은 효종의 北伐策으로 구체화되었다. 북벌론은 현실
성이 없었다거나 당시 서인들이 정권을 유지하기 위한 방편으로 이용
되었다는 등의 비판도 있지만, 우리의 민족의 정신사에서 차지하는 긍
정적인 의미를 소홀히 해서는 안 될 것이다. 이러한 여러 가지 자주정
신은 우리 문학상에서 민족주의가 구체화되는 직·간접적인 계기가

되었다고 볼 수 있다.

2) 전쟁 기록 문학(實記)의 대두

수년간에 걸쳐 전 국토를 황폐화시킨 임진왜란은 농업을 主 생산 기반으로 하였던 당시 조선사회에 상상할 수 없는 고통과 시련을 가져다 주었다. 적군들에 의해 직접적으로 당하는 傷害는 말할 것도 없고, 전쟁의 결과로 유발되는 기근과 질병 등의 참상은 『芝峯類說』, 『於于野談』, 『燃藜室記述』, 『懲毖錄』 등 여러 문헌에 생생하게 묘사되어 있다.

이런 참상을 겪고 나서 관리들의 무능에 대한 분노와 기존 질서에 대한 회의가 강하게 일면서 문학적으로는 오히려 다양한 제재의 작품들이 생산되어 역설적으로 문학적 토양이 풍부하게 되었다. 전쟁 체험에 대한 문학적 대응은 조선사회 자체의 모순과 위정자들의 책임을 묻는 대내적인 의식과, 외적의 침략에 분개하고 민족의식을 고취시키는 대외적인 의식의 두 가지 방향성을 드러낸다.

과거의 識者들은 대부분 文筆 활동이 생활화되어 있었기 때문에 많은 사람들이 자신의 일생일대에 대 사건이 되는 전쟁의 경험을 놓치지 않고 여러 가지 기록으로 남겼다. 이는 日記나 雜錄 등의 형식을 띠고 있는데, 오늘날의 관점에서 수필 문학의 범주로 볼 수 있는 것들이다.[2] 柳成龍(1542~1607)의 『懲毖錄』이 대표적인데, 『詩經』 「小毖」편의 "미리 징계하여 후환을 조심한다(予其懲而毖後患)"는 구절에서 따온 책 제목의 의도처럼 사태의 진상을 비교적 철저하게 파헤쳐서, 통치체제가 무너져 내린 양상을 숨김없이 드러내 준다. 李魯(1544~1598)의

---

2) '實記'는 '사실의 기록'이라는 의미인데, 사실 자체는 문학이 될 수 없지만 이것이 객관적 사실의 기록에 머물지 않고 쓰는 사람의 자세에 따라 문학성이 개재될 때 문학의 범주에 든다. 金用淑, 「왕조사회의 實記文學」, 『한국문학연구입문』, 지식산업사, 1982.

『龍蛇日記』는 임진란이 일어나기 2년 전에 황윤길과 함께 일본에 사신을 다녀와서 일본의 동향을 잘못 보고한 金誠一이 왜란을 당해서는 경상도 방면의 싸움을 독려하다가 진주성에서 병사한 활약상을 기록한 것이다. 특히 임진년 4월 왜란이 일어난 뒤부터 약 15개월간의 전쟁 상황이 매우 자세하고 사실적으로 기록되어 있어 사료로서의 가치가 높을 뿐만 아니라 일기문학으로도 백미의 작품으로 평가할 만하다. 李舜臣(1545~1598)의 『亂中日記』는 말 그대로 일기의 형식을 갖추고 있는데, 국가를 위해 노심초사하는 한 武將의 衷情을 엿볼 수 있다. 李廷馣(1541~1600)의 『西征日錄』은 선조를 따라 피난하면서 황해도로 들어갈 때까지의 경로와 그간의 전투 상황, 延安에 머무르면서 海西 지방의 의병을 모집하던 일 등을 기록한 것으로, 당시의 전황과 황해도 일대의 의병 활동 등에 대해 상세한 정보를 알려주는 자료이다.

그밖에 趙靖(1555~1636)이 남긴 일련의 임진란 기록,[3] 유성룡의 아들 柳袗(1582~1635)이 국문으로 기록한 『임진록』, 趙慶男(1570~1641)의 『난중잡록』, 安邦俊(1573~1654)의 『은봉야사별록』, 성명 미상의 丹室居士가 쓴 『임진록』 등 많은 實記, 野史류들이 등장하였는데, 이는 나중에 설화와 결합되어 소설 『임진록』이 탄생하게 되는 중요한 요인이 되었다.

장기간에 걸친 임진왜란은 그래도 외형상 왜군을 격퇴시킨 승리로 끝났지만 불과 두 달 정도밖에 안 되었던 병자호란은 그동안 오랑캐로 얕잡아 보던 청나라에 굴욕적인 항복을 한 것이어서 정신적인 충격은 임진왜란에 못지 않았다. 특히 남한산성에 피난해서 고초를 겪은 사람들의 소회가 남달랐는데, 그들에 의해서 병자호란의 참상이 기록으로 남겨졌다. 羅萬甲(1592~1642)의 『丙子錄』은 병자호란의 생생한 역사

---

3) 통칭 『壬亂日記』라고 하는데 「壬亂日記」 上・下 2책, 「南行錄」, 「辰巳錄」, 「日記—附雜錄」, 「西行日記」, 「聞見錄」 등으로 구성이 복잡하다. 「壬亂日記」는 「南行錄」과 중첩된 것도 있고 「辰巳錄」과 중첩된 것도 있다.

기록이다. 산성에서 청나라 군대에 포위 당한 채 47일 동안 고립무원
의 상태에서 외롭게 보낸 동안의 비통했던 상황과 이민족 오랑캐에게
무릎을 꿇어 항복할 수밖에 없었던 치욕스런 장면 등을 사실성 있게
서술하였다. 石之珩(1610~?)의 『南漢解圍錄』이나 南璞(1592~1671)
의 『丙子日記』는 하급 관원이나 말직에 있던 사람의 입장에서 본 기
록이어서 위정자들의 무능에 대한 비판적 시각이 배어 있다. 군사들이
적을 만나면 용맹하게 싸우지만 조정 관원들을 보면 주저앉고 싶다고
한 것이나, 조정에서 난리가 끝나면 10년 동안 부역과 세금을 면제해
주겠다고 말해도 위급한 상황에서 임시방편으로 하는 말이라고 하면
서 아무도 믿지 않는 내용 등이 그것이다. 魚漢明의 『江都日記』는 강
화도 피난의 체험을 담은 기록이다.

　또 성명 미상의 궁녀가 쓴 『산성일기』와 南以雄의 부인 南平曺氏가
쓴 『병자일기』는 여성 작가에 의해 쓰인 한글 기록이라는 점에서 주목
된다. 『산성일기』는 병자호란이 일어나게 된 배경에서부터 전쟁의 진
행 상황, 적군에 대한 필사적인 항전, 치욕적인 항복, 전쟁 후의 뒤처리
까지 역사적 사실을 자세하게 기록하고 있다. 이 일기는 역사적 사실
의 이면을 생생하게 보여줄 뿐만 아니라, 간결하면서도 사실적인 묘사
로 인해 기록 문학으로서의 가치를 지닌 작품으로 평가되고 있다. 남
평조씨의 『병자일기』는 비교적 최근에 발견된 기록인데, 남평조씨는
병자호란 당시 충청도 지역으로 피난하면서 겪은 여러 가지 고초와 전
쟁통의 비참한 모습을 곡진하게 그리고 있다. 이는 작자와 시기가 분
명하게 밝혀진 여류 기록문학이라는 점에서 문학사적 의의가 높다.

　3) 문학 작품을 통한 전쟁 체험의 형상화

　<한시>

　우리 문학사 전반을 통하여 가장 많은 양의 작품을 남기고 있고 그

만큼 비중이 큰 분야는 한시이다. 과거의 문인들은 어려서부터 부단히 시를 배우고 익혔기 때문에 시를 짓는 것이 생활화된 결과이다. 선인들은 크고 작은 일상사를 비롯해서 마음속의 희노애락을 수시로 시로 표현하였다. 현전하는 대부분의 문집들에서 한시가 차지하는 분량이 거의 태반을 차지하는 것만 보아도 한시의 비중을 짐작할 수 있다. 그런 만큼 나라가 뒤흔들릴 정도로 참혹한 전쟁을 겪은 문인들이 그 실상을 시로 표현한 것은 헤아릴 수 없이 많이 남아 있다.

먼저 임진왜란과 관련해서 宣祖의 다음과 같은 시가 당시의 당쟁 상황을 풍자하는 내용을 담고 있어 널리 알려졌다.

國破蒼皇日,　나라가 파망하여 다급한 날에,
誰能郭李忠.　그 누가 郭子儀·李光弼[4] 같은 충성을 바치리요.
去邠存大計,　邠[5] 땅을 떠나도 큰 계획은 간직하였으니,
恢復仗諸公.　나라 회복하는 일을 여러 公들에게 의지하겠노라.
慟哭關山月,　관문 산의 달빛에 통곡을 하고,
傷心鴨水風.　압록강 바람에 상심을 하네.
朝臣今日後,　조정의 신하들아 오늘 이후로도,
尙可更西東.[6]　다시금 西人·東人 싸우는 게 옳겠는가.

잘 알려진 대로 임진왜란이 일어나기 전에 黃允吉과 金誠一이 조선 통신사의 正使와 副使가 되어 일본의 실정을 알아보기 위해 사신으로 다녀왔다. 일본에서 도요토미 히데요시(豊臣秀吉)를 접견하고 이듬해

---

4) 郭子儀·李光弼 : 唐 나라의 충신들. 安祿山·史思明의 난을 평정하였다.
5) 邠 : 周 나라의 시조인 公劉가 도읍을 정한 곳. 주 文王의 할아버지인 古公亶父가 처음에 邠 땅에 살았으나 오랑캐가 쳐들어오자 차마 백성들을 전쟁에 동원하여 죽일 수 없다고 하여 빈을 떠나 岐山의 아래로 옮겨갔으며, 기산에서 周 나라의 터전을 닦았다.
6) 이 시는 문헌에 따라 몇 군데 글자에 다소 차이가 난다. 여기서는 陽川 許氏 家藏 筆帖에 들어 있는 許筬의 친필본을 따랐다.

귀국하여 西人인 황윤길은 장차 일본이 반드시 침략해 올 것이므로 이에 대비하여야 할 것이라고 복명하였다. 이때 동인인 김성일은 당색이 다른 황윤길의 의견에 동조할 수 없어 도요토미 히데요시의 인물됨을 평가절하하면서 결코 침략할 만한 위인이 못된다고 하였다. 조정은 東人 세력이 강성하였으므로 서인인 황윤길의 의견은 묵살되었다. 김성일은 일본 침략의 가능성을 장담하는 황윤길의 말을 따를 경우 백성들이 혼란을 일으키고 민심의 동요를 불러 일으킬까봐 이를 완화시키려는 의도였다고 스스로를 변호하였다. 그러나 그가 황윤길처럼 올바로 정세 분석을 하였다면 일본의 침략 의도를 알아차렸을 터인데, 그렇다면 아무리 백성들이 전쟁 대비에 혼란과 동요를 일으킨다고 해도 전쟁으로 국토가 초토화된 결과에 비할 바는 아니다. 김성일의 자기 변호는 설득력이 떨어지며 결국 반대당의 주장에 동조하기 싫었기 때문이었다는 혐의를 피하기가 어렵다. 위의 시에서 드러난 대로 선조는 분명히 東西의 당쟁이 상당부분 임진왜란에 책임이 있다고 보았고, 이를 피난지인 의주에서 절규하듯이 시로 토해내었던 것이다.

선조의 시는 군주의 입장에서 자신의 심정과 신하들에 대한 질책성 당부를 드러내었는데, 전문 문인들이라고 할 수 있는 문신들은 전쟁 체험을 다양하게 묘사하였다.

「閑山島夜吟」李舜臣(1545~1598)
水國秋光暮   한산도에 가을빛이 저물어가니,
驚寒雁陣高   추위에 놀란 기러기 떼 높이 나네.
憂心輾轉夜   근심스런 마음에 뒤척이는 이 밤에,
殘月照弓刀   새벽달만 활과 칼을 비추어주네.

『난중일기』로 전쟁의 실상을 낱낱이 기록한 이순신 장군은 무장이면서도 문신 못지 않게 학문에 능해서 전쟁 중에 나라를 걱정하는 자신의 심정을 이처럼 시로 풀어내었다. 우국충정이 이지적으로 잘 드러난 작품인데 이는 유사한 주제인 "한산섬 달 밝은 밤에 戌樓에 혼자 앉아, 큰 칼 옆에 차고 깊은 시름 하는 차에, 어디서 一聲胡笳는 남의 애를 끊나니."라고 하는 시조로도 남아 있다. 이 시에서 '憂心'을 '憂國心'이 아니고 노모와 처자 등 가족 생각이라고 주장하면서 장군의 인간적인 면모를 부각시키려는 해석이 있으나 이는 올바른 해석이 아니다. 이 시에서 쓰인 '弓刀'가 '憂國'을 상징적으로 보여주는 시어이다.

전쟁의 참상을 고발한 한시를 몇 작품 들어본다.

「賊退後入京」 權韠(1569~1612)

故園荊棘沒黃埃	옛 정원은 가시덤불 자란 채 먼지에 묻혔는데,
歸客空携一影來	돌아온 나그네는 그림자만 하나 데리고 왔네.
千里山河流戰血	천리 산하에 전란의 피가 흐르고,
百年城闕有荒臺.	백년 성궐은 황량한 누대만 남았네.
南天畵角何時盡	남쪽 하늘 뿔나팔 소리 언제나 끝날 것이며,
西塞鳴鑾幾日回	서쪽 변방의 임금 수레는 어느 날에나 돌아오랴.
獨向松郊尋舊路	홀로 소나무 선 교외로 나가 옛길을 찾으니,
斷雲喬木有餘哀.	조각 구름 높은 나무에 슬픔이 서려 있네.

제목 그대로 왜적이 물러간 뒤에 서울로 돌아와서 황폐화된 광경을 보고 지은 시이다. 폐허가 된 당시의 상황을 서술한 뒤에 하루빨리 전쟁이 끝나기를 바라는 마음을 담았다. 이는 작자 자신의 시각에서 바라본 識者로서의 고뇌를 표현한 것인데, 다음과 같은 허균의 작품은 늙은 아낙네를 시적 주체로 등장시켜 백성들이 겪은 고통을 직설적으로 드러낸다.

「老客婦怨」 許筠(1569~1618)

頃者倭奴陷洛陽	지난번에 왜놈들이 서울을 함락할 때
提携一子隨姑郞	한 아들을 데리고, 시어머니와 지아비를 따라,

重跰百舍竄窮谷　거듭 굳은살 박히며 먼 길 떠나 궁벽한 골짜기로
　　　　　　　　　달아나
夜出求食晝潛伏　밤에 나와 밥을 빌고 낮에는 엎드려 있었다오.
姑老得病郞負行　시어머니는 병들어 지아비가 업고 걸으며
蹠穿峥山不遑息　높은 산 접어들자 쉴 겨를도 없었다오.
是時天雨夜深黑　그 때 하늘에 비가 오고 밤은 깊고 어두웠고,
坑滑足酸顚不測　웅덩이 미끄럽고 발은 시큰거려 넘어지는 줄도
　　　　　　　　　모르는데,
揮刀二賊從何來　칼 휘두르며 도적 두 놈이 어디선가 나타나
闖暗躡蹤如相猜　시기하듯 어둠을 타서 뒤를 밟아 쫓아와서,
怒刀劈脰脰四裂　노한 칼로 목을 치니 목이 온통 떨어져서,
子母幷命流寃血　모자가 함께 죽으며 원한의 피를 흘렸다오.

　原詩는 장편 古詩인데, 시어머니와 남편은 왜적의 손에 살해당하고 살아남은 주인공이 주막에서 허드렛일로 연명하며 살다가 작자를 만나 하소연하는 내용이다. 하소연이 너무 많아 보통의 시로는 다 담아낼 수 없어 장편 고시의 형식을 취했다. 李安訥(1571~1637)의 다음 시는 전쟁으로 인한 인명 피해가 얼마나 심했는지를 고발한다.

「東萊四月十五日」李安訥
投身積屍底　몸을 던져 시체로 쌓일 적에,
千百遺一二　천 명, 백 명 중 한 두 명만 살아남았다네.
所以逢是日　이런 까닭에 이날을 맞이하면
設奠哭其死　祭需를 올리고 죽음을 곡한다네.
父或哭其子　아비가 아들을 곡하는 집도 있고,
子或哭其父　아들이 아비를 곡하는 집도 있네.

　작자가 임진왜란이 끝난 다음 동래부사로 부임했더니 4월 15일에 집집마다 처량한 울음 소리가 들렸다. 그 까닭을 물으니 늙은 아전이

"왜적이 동래에 쳐들어 왔을 때 官民이 함께 막으려다가 장렬하게 전사했다"는 사연을 들려주기에 이를 시로 형상화한 것이다.

<소설류>

고금을 막론하고 어느 시대나 전쟁은 문학의 중요한 소재가 된다. 임병 양란도 정형화된 한시로는 다 표현해 낼 수 없는 다양하고 깊은 생각들이 창작 산문을 통하여 표출되었다. 우선 일련의 夢遊錄 작품들이 나와서 현실에 대한 반성과 비판을 촉구하였다. 몽유록은 말 그대로 꿈속에서 일어난 일인 양 가탁하여 현실에서 말하기 어려운 내용을 효과적으로 전달하는 허구적인 문학이다.

尹繼善(1577~1604)의 『達川夢遊錄』은 전쟁 중에 원통하게 죽은 수많은 將卒들을 안타깝게 여겨 그들을 위로하고 진혼제를 지내는 내용이다. 패전의 책임을 신립과 원균에게 묻고 이순신을 위시한 여러 충절 장수의 공적을 평가하는 것이 기본관점이다. 『皮生夢遊錄』은 작자와 창작 시기가 밝혀지지 않았는데 임진왜란 이후에도 계속되는 참혹한 상황을 배경으로 탐학한 벼슬아치들을 규탄한 작품이다. 『江都夢遊錄』은 병자호란을 배경으로 하는 작품인데, 강화도에 피난 갔다가 정절을 지키기 위해 자결한 여자 열네 명이 등장해 각기 현실에 대한 날카로운 비판을 한마디씩 내던진다. 특히 남편이라는 자들이 나라의 막중한 책임을 맡았으면서도 무능하기만 한 탓에 오랑캐의 침략을 불러들이고, 자신들을 지켜주지 못해 자결할 수밖에 없었다고 원망과 한탄을 퍼붓는 것은 기존의 사회 질서에서는 생각하기 어려운 것이다.

일방적으로 유린당한 전쟁의 아픈 기억과 분노는 본격 소설을 통하여 상황을 변형시켜 정신적인 대리만족을 추구하기도 하였다. 소설 『임진록』은 앞에서 살펴본 몇몇 기록 문학을 토대로 하여 소설로 재구성된 것이다. 이는 많은 이본들이 있어서 내용이 일정하지 않은데 전체적으로 보아서 이순신과 같은 민족적 영웅을 부각시키고 對倭 감정을 자극하여 민족의식을 고양시키고 있다. 『임진록』은 민중이 의식한 임진란의 내적 반성과 외적 분노가 표리를 이루며 성장한 민중의 문학이라고 할 수 있다.

병자호란을 배경으로 한 작품으로 대표적인 것은 『박씨전』과 『임경업전』을 들 수 있다. 『박씨전』은 패전의 울분과 삼전도에서 항복한 굴욕을 가공의 작품을 통하여 대신 해소하는 내용이다. 특히 작품 속에서 적장 龍骨大를 손아귀에 데리고 놀면서 청군을 항복시키는 주인공으로 가냘픈 여성을 내세움으로서 그 효과를 극대화하고 있다. 『임경업전』은 병자호란의 국치는 우리 민족의 힘이 부족한 때문이 아니라는 의식과, 조정에 간신이 있어서 임경업과 같은 인물이 제대로 활약하지 못했다는 집권층에 대한 비판의식을 아울러 반영하고 있다. 胡國에 대한 강한 적개심과, 나라의 위기를 당하여 개인의 사리사욕만을 일삼던 간신에 대한 분노를 소설로 승화시킨 작품이다.

3. 國文 문학의 가치 발견과 주체적 문학관

1) 국문 문학의 활성화

15세기 중반에 이루어진 한글 창제는 우리 문학사에 있어 가장 큰 기념비적인 사건이라고 할 수 있지만, 바로 한글에 의한 문학 활동이 활성화된 것은 아니다. 수백 년 동안 지속되어 온 전통적인 한문 문학이 여전히 학문과 문학의 주류를 차지하였으며, 그 절대적인 위치는 확고부동하였다. 그간 「龍飛御天歌」나 「月印千江之曲」 등으로 한글의 문학적 기능에 대한 가능성을 시험하여서 충분히 국문 문학이 발달할 수 있었지만 사대부들이 인식하는 전통적인 '文學'의 가치관에서 아직 한글의 입지조건은 열악하기만 하였다.

조선전기에 존재했던 국문 문학으로는 樂章, 景幾體歌, 時調, 歌辭

등을 들 수 있는데7) 그나마 악장과 경기체가는 계속 이어지지 못하고 소멸되었으며 가사와 시조만이 명맥을 이어가서 중기 이후의 발전기를 기다린다. 무엇보다도 후대의 국문 문학에서 가장 큰 비중을 차지하는 한글 소설이 前期에는 선보이지 못하였다.

그러던 것이 양란 이후에는 자못 양상이 달라지기 시작하였다. 물론 전통의 한문 문학은 여전히 그 위상이 변화되지 않고 문학의 주류 자리를 차지하고 있었다. 그러나 한편에서는 국문 문학이 한문학과의 상호 관계 속에서, 또는 독자적으로 그 영역을 확대해가며 전 시대와는 비교가 되지 않을 정도의 큰 비중으로 문학사의 한 축을 담당하게 되었다. 그 배경에는 앞서 언급한 양란 이후의 여러 가지 사회적인 조건들이 작용했음을 간과할 수 없다.

먼저 기존에 존재했던 양식인 시조와 가사가 이 시기에 들어와서 크게 신장되었다. 한문을 숭상했던 당시의 식자층은 국문 문학에 대해 貶視하는 경향이 있었으나 시조는 원래부터 사대부 문학으로 발전한 것이어서 이에 대한 거부감은 없었다. 그래서 대표적인 성리학자인 退溪 李滉이나 栗谷 李珥도 「陶山十二曲」,「高山九曲歌」와 같은 작품을 남겨서 시조 문학에 동참하였으며, 전문 문인이라고 할 수 있는 鄭澈과 같은 사람의 활동은 17세기에 들어서 시조 문학이 더욱 활발하게 꽃피울 기반을 마련하였다. 특히 李滉의 「陶山十二曲跋」은 「도산십이곡」을 짓게 된 동기를 밝힌 글이면서 동시에 사대부가 시조를 짓는 중요한 이유를 설명해 준다.

앞의 「陶山十二曲」은 陶山 老人이 지은 것이다. 노인이 이것을 지은 것은 어째서인가. 우리 동방의 가곡은 대체로 음란하여 족히 언급할 만한 가치가 없다. '한림별곡'과 같은 종류는 문인의 입에서 나왔

---

7) 한글이 창제되고서 '두시언해'를 비롯하여 각종 불경이나 유가 경전 등의 언해 사업이 활발히 진행되어 그 기능이 다양하게 활용되었으나 이는 본격적인 文學으로 보기는 어려워 여기서는 논외로 한다.

지만 뽐내고 방탕한데다 무례와 농지거리를 겸하여서 더욱이 군자로
서 숭상할 바 못 된다. 오직 근세에 李鼈이 지은 '六歌'란 것이 있어
서 세상에 많이들 전한다. 오히려 저것(육가)이 이것(한림별곡)보다
나을 듯하나, 역시 그것도 세상을 얕잡아보고 공손하지 못한 마음이
있고 溫柔敦厚의 실상이 적은 것이 애석하다.
　　노인이 평소에 음률을 잘 모르기는 하나, 오히려 세속적인 음악을
듣는 것은 싫어할 줄 알았으므로, 한가하게 살면서 병을 다스리는 여
가에 性情에 느끼는 모든 것들을 항상 시로써 표현하였다. 그러나 오
늘날의 시는 옛날의 시와 달라서, 읊을 수는 있지만 노래 부를 수는
없다. 만약 노래 부르려면 반드시 우리말로 지어야 한다. 대개 세속의
음절이 그러하지 않을 수 없기 때문이다.……또한 아이들로 하여금
스스로 노래 부르고 스스로 춤추게 한다면, 거의 비속함을 씻고 感發
하고 융통하게 되나니, 노래 부르는 이와 듣는 이가 서로 보탬이 되
지 않을 수 없는 것이다.8)

　　이황은 전통 사대부이고 수천 수의 한시를 남겼을 만큼 한시의 가치
를 더 높이 평가하는 것은 사실이다. 그러나 그는 한시는 노래로 불리
어질 수 없다는 점을 인식하고, 노래로 불리어질 수 있는 시조가 한시
보다 중요한 것일 수 있다고 하였다. 곧, 시조를 통해 노래 부르고 춤
을 추기도 하면, 감정을 유발하여 서로 통하게 하는 효과가 더 크며,
노래 부르는 사람과 이를 듣는 사람이 서로 유익하게 되는 관계가 이
루어진다고 본 것이다. 이는 훗날 김만중 등에 의해 제기되는 국문 문

8) 李滉,「陶山十二曲跋」,『退溪全書』卷43, "右陶山十二曲者, 陶山老人之所作
也. 老人之作此, 何爲也哉. 吾東方歌曲, 大抵多淫哇不足言. 如翰林別曲之
類, 出於文人之口, 而矜豪放蕩, 兼以褻慢戲狎, 尤非君子所宜尙. 惟近世有李
鼈六歌者, 世所盛傳. 猶爲彼善於此, 亦惜乎其有玩世不恭之意, 而少溫柔敦
厚之實也. 老人素不解音律, 而猶知厭聞世俗之樂, 閒居養疾之餘, 凡有感於
情性者, 每發於詩. 然今之詩異於古之詩, 可詠而不可歌也. 如欲歌之, 必綴以
俚俗之語. 蓋國俗音節, 所不得不然也.……亦令兒輩自歌而自舞蹈之, 庶幾可
以蕩滌鄙吝, 感發融通, 而歌者與聽者, 不能無交有益焉".

학의 우수성에 대한 인식에는 미치지 못하지만 적극적으로 국문 시가
의 가치를 언급했다는 데에서 그 의의가 적지 않다.

이 시기의 대표적인 시조 작가들은 金應鼎(1527~1620), 朴仁老
(1561~1642), 張經世(1547~1615), 金得研(1555~1637), 李恒福(155
6~1618), 辛啓榮(1557~1669), 金尙容(1561~1637), 李德一(1561~
1622), 申欽(1566~1628), 金尙憲(1570~1652), 南九萬(1629~1711) 등
을 들 수 있다. 이들 중 박인로는 「五倫歌」, 장경세는 「江湖戀君歌」,
신계영은 「戀君歌」·「田園四時歌」·「歎老歌」 등으로 유명하다. 특히
이덕일의 「憂國歌」9)와 김상헌의 「가노라 삼각산아」는 당시 사회 현실
을 반영한 작품으로 주목을 받는다.

이 시기의 시조 문학은 「漁父四時詞」나 「山中新曲」 같은 작품으로
유명한 尹善道(1587~1671)에 의해서 절정에 이르게 된다. 그의 일련
의 작품들은 자연시인으로서의 풍모를 뚜렷하게 할 뿐 아니라 시조 문
학의 가치를 한껏 발휘하였다. 시조 문학은 이후 평민 작가들이 그 주
역을 맡게 되면서 金聖器·金裕器·金天澤·金壽長·朴孝寬·安玟
英 등이 나타났는데, 이들은 작자인 동시에 唱曲家이기도 하였다. 이
렇듯 서민계층으로 흘러 들어간 시조는 辭說時調라는 새로운 형태의
시조를 낳았는가 하면, 지난날의 시조를 수집·정리하는 歌集 편찬이
평민 歌客들 사이에서 성행하였다. 즉, 김천택의 『靑丘永言』을 비롯하
여 김수장의 『海東歌謠』, 박효관·안민영이 함께 엮은 『歌曲源流』가
3대 시조집으로 유명하며, 그 밖에도 『古今歌曲』, 『南薰太平歌』, 『東
歌選』 등 많은 시조집이 출현하였다.

가사 문학에서는 조금 앞선 시기의 松江 鄭澈 같은 대가에 이어 이
시기에는 그와 쌍벽을 이룰 만한 박인로(1561~1642)가 나타났다. 그

_____

9) 「黨爭嗟嘆歌」 또는 「黨爭傷心歌」라고도 한다. 저자의 문집인 『漆室遺稿』에
실려 전하며 임진왜란을 겪은 뒤 광해군의 폭정과 당파 싸움을 피하여 향리
에 묻혀 살면서 당시의 세태와 당쟁을 개탄하여 읊은 풍자시이다.

의 대표적인 작품으로는 임진왜란 때 읊은 「太平詞」와 「船上嘆」을 비롯하여 「陋巷詞」,「莎堤曲」,「獨樂堂」,「嶺南歌」,「蘆溪歌」등 7편의 가사가 전해진다. 그러나 박인로 같은 특출한 경우를 제외하고는 한때 가사 문학이 시조에 밀려 그 기세를 떨치지 못하였다. 그리하여 영조 이전까지는 李元翼·李睟光·任有後 등이 가사의 명맥을 잇고 있는 정도였다. 그러나 숙종 이후 소설의 융성과 더불어 가사는 다시 번성하여 장편가사가 널리 창작되기 시작하였다.10)

중기 이후 국문 문학을 대표하는 것은 단연 소설이라고 할 수 있다. 세조 때 金時習의 한문 소설인 『金鰲新話』가 나타난 이후 발전 단계로 접어든 조선의 소설은 광해군 때 한글 소설인 許筠의 『洪吉童傳』을 출현시켰다.11) 흔히 최초의 한글 소설로 일컬어지는 이 작품은 嫡庶 차별의 부당성을 비판하고 사회 개혁을 시사한 사회소설로서 당시의 시대 배경에서는 매우 획기적인 주제를 다룬 것이었다.

허균에 이어 국문 소설을 보다 높은 수준으로 이끈 작가는 숙종 때의 金萬重이었다. 그가 南海에 유배되었을 때 어머니를 위하여 지었다는 『九雲夢』과12) 장희빈에게 빠져 인현왕후를 폐위시킨 숙종 임금을 참회시키기 위하여 집필했다는 『謝氏南征記』는13) 김만중의 소설에서

---

10) 가사 문학은 이후로 후기에 들어 다시 융성을 가져오는데 주요 작가와 작품들을 들면, 영조 때 金仁謙『日東壯遊歌』, 정조 때 安肇煥『萬言詞』, 헌종 때 漢山居士의『漢陽歌』, 철종 때 金鎭衡의『北遷歌』, 고종 때 洪淳學의『燕行歌』등이 모두 1,000여 句에서 4,000句에 달하는 장편가사였다. 그 밖에도 유명 무명의 작가들이 창작한 수많은 가사작품이 쏟아져 나왔다. 또한 嶺南의 부녀자 사이에서 주로 유행한 內房歌辭가 많이 전해진다.

11) 허균이 과연 한글로『홍길동전』을 지었는지, 또 일부 기록에 허균이『홍길동전』을 지었다고 하였는데 19세기 이후에 기록된 것만 남아 있는 지금의 작품과 얼마나 편차가 있는지 등의 문제가 학계의 논란거리로 대두되어 있다. 그러나 아직까지는 현재 전하는 작품을 허균의 작으로 보는 것이 통설이므로 이 글에서는 일단 이를 따르기로 한다.

12) 李圭景,『五洲衍文長箋散稿』,「小說辨證」, "閭巷間流行者, 只有九雲夢, 西浦金萬重所撰, 稍有意義. 世傳西浦竄荒時, 爲大夫人銷愁, 一夜製之".

쌍벽을 이루는 작품이다. 그 밖에『彰善感義錄』은 김만중의 작품과 비슷한 시대에 쓰인 回章小說로서 빼어난 작품이다.14) 그후 영·정조 시대로 접어들면서 전성기를 맞이한 조선의 소설문학은 實學의 발흥 및 중국소설의 유입과 함께 대단한 흥성을 보게 되었다. 오늘날 전해지는 수백 종의 유명 무명 작가에 의한 고대 소설들은 거의가 이 무렵의 소산이다.

2) 국문 문학에 대한 새로운 가치 평가

중기까지의 문학이라는 것은 한문 표기를 토대로 하는 한문학이 거의 전부라고 하여도 과언이 아니었기 때문에 중국 문학과의 차별성을 찾기가 어려운 것이었다. 특히 한시에서는 杜甫를 위시한 당나라 시인들과 산문에서는 韓愈·柳宗元 등 唐宋八大家들이 본받고 학습해야 할 확고한 하나의 목표였다. 이런 상황에서 시조·가사 등 극히 제한적인 분야를 제외하고는 한글로 문학 활동을 한다는 것을 상상하기 어려웠고, 일상에서 한글을 사용한다는 것 자체가 식자들에게는 용납하기 어려운 것이었다. 이는 당시 조선의 지식인들에게 華夷觀이 너무나 당연한 세계관으로 자리잡고 있었던 것과 무관하지 않다.

그러나 양대 전란을 겪고 기존의 세계관에 커다란 변화를 가져오면서 문학에서도 차츰 한글로 작품 활동을 하는 획기적인 현상이 나타나고 이에 따라 국문 문학에 대한 가치도 새롭게 인식하게 되었다. 국문 문학에 대해서 공식적으로 논평을 한 것은 李睟光(1563~1628)이 가장 앞섰다. 그는『芝峯類說』「文章部」의「歌詞」조항에서 중국의 역대 樂府·詞와 그 작가들에 대해 논한 다음 말미에 우리나라 歌詞에 대

---

13) 李圭景, 위의 글, "南征記者, 北軒爲肅宗仁顯王后閔氏巽位, 欲悟聖心而製者云".
14)『창선감의록』의 작자에 대해서는 이설이 많은데 대체로 숙종 때 문인인 趙聖期(1638~1689)로 보는 경향이 있다.

한 언급을 하였다.

> 우리나라의 歌詞는 方言을 섞어서 지었기 때문에 중국의 樂府와
> 나란히 견줄 수 없다. 근세의 송순·정철의 작품이 가장 좋으나, 사람
> 입에 널리 오르내리는 일에 그침에 불과하니 애석하다. 긴 노래로는
> 감군은·한림별곡·어부사가 가장 오래되었고, 근세에는 퇴계가·남
> 명가, 송순의 면앙정가, 백광홍의 관서별곡, 정철의 관동별곡·사미인
> 곡·속미인곡·장진주사 등이 널리 세상에 유행된다. 그 밖에는 수월
> 정가·역대가·관산별곡·고별리곡·남정가 등 종류가 매우 많다.
> 나에게도 또한 조천곡 전·후의 두 곡이 있으나 또한 유희일 뿐이
> 다.15)

비록 "方言을 섞어서 지었기 때문에 중국의 작품에 비해서 견줄 수
없다"고 전제를 하였으나 宋純·鄭澈의 작품이 매우 좋은데도 사람들
의 입에만 오르내리는데 그치니 애석하다고 하였다. 이어서 오래 전부
터 전해온 感君恩·翰林別曲·漁父詞 등을 소개하고 退溪歌·南冥
歌, 송순의 俛仰亭歌, 白光弘의 關西別曲, 정철의 關東別曲·思美人
曲·續美人曲·將進酒辭 등이 당시에 세상에 널리 유행하였음을 밝
혔다. 그밖에 몇 작품을 더 들고서 자신도 前·後의 朝天曲을 지었다
고 하였는데,16) 자신이 가사를 지은 것은 다만 장난삼아 한 것일 뿐이
라고 하였으니 이는 일종의 謙辭일 수도 있지만 아직은 국문 문학에
대해서 약간의 폄하 의식이 내재해 있다는 증거이다.

---

15) 李睟光, 『芝峯類說』, 「文章部·歌詞」, "我國歌詞雜以方言, 故不能與中朝樂
府比幷. 如近世宋純·鄭澈所作最善, 而不過膾炙口頭而止, 惜哉. 長歌則感
君恩·翰林別曲·漁父詞最久, 而近世退溪歌·南冥歌, 宋純俛仰亭歌, 白光
弘關西別曲, 鄭澈關東別曲·思美人曲·續美人曲·將進酒辭, 盛行於世. 他
如水月亭歌·歷代歌·關山別曲·古別離曲·南征歌之類甚多. 余亦有朝天
前後二曲, 亦戲耳".

16) 이수광의 조천곡은 지금 그 가사가 전하지 않는데 그의 작품 또한 申欽이
『象村集』에서 고결하고 유려한 가곡이라고 격찬하였다.

  이수광의 평가는 중국 작품을 소개한 끝에 간단하게 언급한 것이었으나 허균은 좀더 적극적으로 국문 문학의 가치와 의의를 옹호하였다. 그는 정철의 가사를 '俗謳'라고 하고 그 중에서 思美人曲과 將進酒는 '맑고 장엄한 기풍을 갖추어서 가히 들을 만하다'고 하였다. 또 "다른 주장을 펴는 사람들은 이런 것이 사악하다고 해서 배격하지만, 文彩와 풍류를 부정할 수 없다"고 평가하였다.[17] 정철의 가사를 지칭해 비록 '俗謳'라고 하였지만 여기서 '俗'자를 쓴 것은 당시의 용어를 그대로 빌려온 것으로 보이며, 의도적인 가치 평가를 담고 있는 것은 아닌 듯하다. 그래서 정철의 가사가 국문을 채택하였기 때문에 성격상 '雅'가 아닌 '俗'에 속하기는 하지만 가치의 등급을 따질 때 '正'이 아닌 '邪'라고는 할 수 없다고 하면서, 그 증거로 한시의 경우와 대등한 기풍을 지녔다는 점을 들었다. 정통 한문학의 정수인 한시에 국문 시가를 대등한 반열로 비교한 것은 기존 사대부 문인들의 세계관에서 볼 때 대단한 변화라고 하지 않을 수 없다.

  국문 문학에 대한 가치평가는 잘 알려진 대로 金萬重(1637~1692)에 이르러서 절정에 도달한다. 그는 그동안 금과옥조로 추종의 대상이 되었던 중국식 한문 문학의 모방이 허위라고까지 단정하고서 주체적인 우리 문학이 진정한 가치가 있다고 역설하였다.

  松江의 關東別曲과 前後思美人歌는 우리나라의 離騷인데, 그것을 文字(漢文)로는 쓸 수가 없기 때문에 오직 樂人들이 입에서 입으로 전하고 혹은 국문으로써 전해질 따름이다. 7언시로 관동별곡을 번역한 사람이 있었지만 아름답게 될 수가 없었다. 혹은 澤堂이 少時에 지은 작품이라고 하지만 옳지 않다.……
  사람의 마음이 입으로 표현된 것이 말이요, 말에 가락이 있는 것이 詩歌文賦이다. 사방의 말이 비록 같지는 않더라도 진실로 말을 잘 하

---

17) 許筠, 『惺所覆瓿藁』卷25, 「惺叟詩話」, "鄭松江善作俗謳, 其思美人曲及勸酒辭, 俱清莊可聽, 異論者, 斥之爲邪, 而文采風流, 亦不可掩".

는 사람이 있어서 각각 그 말에 따라서 가락을 맞춘다면 모두 천지를
감동시키고 귀신을 통할 수 있는 것으로, 유독 중국만 그런 것은 아
니다.

  지금 우리나라의 시문은 우리말은 버리고 다른 나라의 말을 배우므
로 설령 십분 비슷하다고 하더라도 이는 다만 앵무새 같은 사람의 말
일 뿐이다. 일반 백성들이 사는 마을에서 나무하는 아이나 물 긷는
아낙네들이 웅얼거리면서 서로 화답하는 노래는 비록 수준이 낮다고
하지만, 만약 진실과 거짓을 따진다면 참으로 學士·大夫들의 이른
바 詩賦라고 하는 것들과 같은 반열에서 논할 수가 없다.

  하물며 이 세 別曲은 天機가 스스로 발함이 있고, 夷俗의 비리함도
없으니 자고로 우리나라의 참된 문장은 이 세 편뿐이다. 그러나 세
편을 가지고 논한다면, 후미인곡이 가장 높고 관동별곡과 전미인곡은
그래도 한자어를 빌려서 수식을 했다.[18]

  김만중은 문학에 있어서 眞情性을 무엇보다도 중요시하였다. 따라
서 같은 국문 작품이라고 하더라도 상투적인 한문식 표현은 문학의 진
정성을 해친다고 보았다. 그래서 세 별곡 중에서도 속미인곡을 가장
높이 평가한 것이다. 이처럼 오히려 전통의 한문 문학보다 국문 문학
이 더 높은 가치를 지닌 측면이 있음을 강조한 것은 우리 문학사상에
있어 일대 혁신적인 문학관의 변화이다. 김만중은 이러한 평가 기준으
로 정철의 관동별곡과 사미인곡·속미인곡에 대해 우리나라의 '離騷'

---

18) 金萬重,『西浦漫筆』, "松江關東別曲, 前後美人歌, 乃我東之離騷, 而以其不
   可以文字寫之, 故惟樂人輩, 口相授受, 或傳以國書而已. 人有以七言詩翻關
   東曲而不能佳. 或謂澤堂少時作, 非也.……人心之發於口者爲言, 言之有節奏
   者, 爲歌詩文賦. 四方之言雖不同, 苟有能言者, 各因其言而節奏之, 則皆足以
   動天地通鬼神, 不獨中華也. 今我國之詩文, 捨其言而學他國之言, 設令十分
   相似, 只是鸚鵡之人語. 而閭巷間樵童汲婦咿啞而相和者, 雖曰鄙俚, 若論眞
   贋, 則固不可與學士大夫所謂詩賦者, 同日而論. 況此三別者, 有天機之自發,
   而無夷俗之鄙俚, 自古左海眞文章, 只此三篇. 然又就三篇而論之, 則後美人
   尤高, 關東·前美人, 猶借文字語, 以飾其色耳".

라고 극찬한 것이다. 정철의 작품을 '離騷'에 비유한 것은 離騷가 작자인 굴원의 진정이 간절하게 들어있으며, 주제에 있어서도 忠君愛國의 측면이 일치하기 때문이다.

김만중의 평가보다는 덜 알려져 있지만 洪萬宗(1643~1725) 역시 『旬五志』에서 송강의 가사에 대해 높은 평가를 내리고 있다.

> 사미인곡도 역시 송강이 지은 것이다. 이것은 『詩經』에 있는 미인이라는 두 글자를 본떠서 시대를 걱정하고 임금을 사모하는 뜻을 부쳤으니, 이것은 옛날 초나라에 있었던 '백설곡'과 같다고 할 것이다. 속미인곡은 역시 송강이 지은 것으로, 앞의 노래에서 다하지 못한 말을 다시 펴서 꾸밈이 더욱 공교하고 뜻이 더욱 간절하여 제갈공명의 '출사표'와 맞먹을 만하다.[19]

이러한 일련의 국문 문학에 대한 가치 평가는 전기에는 상상할 수도 없었던 현상이며, 중기 이후 다양한 사회 변화에 따라 문학에서도 민족 의식이 싹트고 고유 문학에 대한 자각이 성장하였기에 가능한 일이었다.

3) 정통 한문학에서의 주체성 인식

앞에서 살핀 김만중 등의 국문 문학에 대한 가치 평가가 이루어진 것과는 약간의 차원을 달리해서, 전통 한문학 내에서도 기존의 중국적 문학관 일변도에서 벗어나 우리 정서를 담아내는 것이 중요하다는 자각이 일어났다. 이 두 가지 사항은 일견 주체적 문학관이라는 측면에서는 동일해 보일지 모르지만, 前者가 중국 문학에 대한 국문 문학의

---

19) 홍만종, 『순오지』, "思美人曲, 亦松江所製. 祖述詩經美人二字, 而寓憂時戀君之意, 亦郢中之白雪. 續美人曲, 亦松江所製, 復申前詞未盡之語, 益工而益切, 可與孔明出師表伯仲間也".

가치 발견이라면 後者는 전통 한문학 내에서의 주체성 찾기라는 측면
에서 분명한 변별성을 가진다. 그리고 전자가 주로 17세기에 부각된
반면 후자는 시기적으로 조금 뒤늦게 17세기 후반에서 18세기에 걸쳐
나타난다.

   기존의 한문학에서는 그 원류로서의 중국 문학의 영향이 절대적이
어서 거의 모든 글쓰기에 있어서 經典이라든가 정통 역사서 등 소위
典故가 있는 표현을 잘 구사하여야 典雅하다는 평가를 받았으며, 우리
의 사상 감정보다는 중국적인 정서를 잘 모방하여야 훌륭한 작품으로
인정되었다. 반면에 典故가 없는 표현이나 우리 고유의 표현법이 들어
가면 卑俗하다는 낙인이 찍히기 십상이었다. 그러나 시대가 바뀜에 따
라 이러한 사고방식에도 변화가 일어나서 한문학 내에서도 민족주의
적인 경향이 나타나기 시작하였다. 이의 일환으로 우리 고유어의 한문
借字 표기라든가, 민요적 정서를 한시에 반영하는 현상이 두드러지게
나타난다.

   이와 관련하여 우선 주목되는 인물로는 崔成大를 들 수 있다. 최성
대는 특히 악부와 민요시에서 우리 고유의 민족 정서를 두드러지게 잘
표현하였다. 그는 순수 시인이어서 그 자신의 이러한 문학적 경향에
대해 이론으로 남겨놓지는 않았다. 대신 그와 가장 친한 사이였고 그
를 가장 잘 안다고 할 수 있는 申維翰의 평을 통해서 그의 문학 세계
를 가늠해 볼 수 있다.

   드문 것이로다, 드문 것이로다. 그대가 옛 곡조를 짓는데 하나도 「
鐃歌」, 「鼙舞」, 「子夜歌」, 「烏棲曲」과 같은 중국 고악부의 표제를 답
습하지 않았다. 읊은 바의 산과 시내, 도시와 시골, 백성과 물산, 민요
와 풍속은 또 진나라 서울이나 한나라 궁전, 연나라·조나라의 미인,
초나라·월나라의 유명한 물건들을 답습하지 않았다. 오직 浙津 들판
의 황량한 흙바람, 동쪽 나라의 와자지껄한 상말, 벌레와 새같은 기록
물, 여항 남녀 등을 망라하여 시 작품에 모아 놓았으니, 이는 단군·

기자 이래 처음 보는, 혼돈에 구멍을 뚫은 솜씨이다.……중국에서 멀리 떨어진 나라의 들녘, 그곳의 정자와 누대, 들판과 무덤, 그리고 영웅호걸의 발자취, 도 머리를 쪽진 여인네와 상투 튼 남정네들, 골목과 거리에서 부르는 민요가 모두 하늘에서 떨어지는 꽃비, 이슬향기인데 이러한 진실한 현상을 선택하여 노닌 때문이 아니겠는가. 저 중국 것을 빌려서 지은 시는 꿈 같고 요술 같아서 하루 아침에 사라져 없어지리라는 사실을 나는 잘 알고 있다.[20]

　악부시는 원래 일정한 유형의 정해진 제목이 있어서 같은 제목으로 따라 짓는 것이 일반적인 관례이다. 흔히 '樂府題'라고 줄여 부르는 악부의 표제가 그것이다.[21] 악부시도 원래는 민요적 성향이 강한 것인데, 따라서 樂府題도 당연히 중국 고유의 정서가 반영된 것이다. 그러나 최성대는 그러한 전통의 관례를 버리고 우리의 강산, 우리의 백성들에서 소재를 취했다는 것이다.

　최성대는 특히 우리 민요의 정서를 반영하는 작품을 많이 남겼는데, 이는 그의 여성 취향적인 성격과도 무관하지 않다.[22] 민요는 인간의

20) 申維翰,「杜機詩選序」, "希有希有. 子爲古調, 一不沿鐃歌·鼜舞·子夜·烏棲等題, 所賦咏山川·都鄙·民物·謠俗, 又不襲秦京·漢殿·燕趙佳人·楚越名品. 獨網羅析津之墟荒霾嶇壤侏리諺蟲鳥, 史甲黔乙黎, 以供薔蕘, 已是檀箕以來闢混沌手段……海外天荒之埜, 亭臺墟墓覇跡侯塵, 鬟女魋竪, 塗歌巷俚, 莫非天生花雨露香, 其斯爲采眞之游乎. 彼夫假中國而爲詩者, 如夢如幻, 吾知其一朝澌滅矣".
21) 吳兢이 편찬한 『樂府古題要解』라는 책은 바로 이러한 악부의 제목에 대해 해설을 해 놓은 책이다.
22) 최성대는 스스로 자신이 전생에 여자였다고 생각하였다. 그가 김제에 살 때에 전생에 자신이 광주리를 끼고 나물을 캐던 모습을 분명하게 기억했다는 이야기가 전한다. 또 친구인 신유한을 만나서는 자신은 전생에 부인이었고 신유한은 남편이었음을 느꼈다는 일화도 유명하다. 成涉, 『筆苑散語』, "杜機崔士集以爲女子後身, 而居金堤田家時, 提筐採蘋, 歷歷記得云"; 申緯,「二詩塚幷序」, 『申緯全集』, "舊聞杜機與申靑泉維翰爲前生伉儷, 靑泉是夫, 杜機是妻. 酸蔣歌卽有感於斯而作也".

감정이 가장 소박하고 진실되게 드러나는 노래이다. 이러한 민요의 본
질을 이해하고 이를 정통 한시의 양식으로 變奏해 낸 최성대는 김만중
이 말한 것처럼 여항의 나무하는 아이와 물긷는 여인들의 흥얼거리는
노래에서 표현되는 정의 세계를 그 역시 긍정하고 있다는 것을 말해준
다.23)

　李鈺은 최성대보다도 더 적극적으로 한문학에서 우리 고유의 가치
를 구현하고자 노력한 시인이다. 그는 「俚諺」이라는 제목 아래 「雅
調」, 「艶調」, 「宕調」, 「俳調」라는 소제목으로 일련의 작품들을 창작했
는데, 이는 주로 당시 여성들의 생활상을 세밀한 관찰력으로 묘사한 5
언 절구 형식의 한시이다. 이에 대한 이론적 근거로서 「一難」, 「二難」,
「三難」이라고 하는 長文의 글을 서문격으로 덧붙였는데 여기서 자신
의 작품 배경을 자세하게 설명하고 있다. 그 주요한 내용을 살펴보면
다음과 같다.

　　어떤 사람이 「이언」 중에 쓰인 옷이며 음식이며 그릇이며 약간의
　이름 있는 물건과 이름 없는 물건들을 대부분 본래의 명칭을 쓰지 않
　고 망령되이 자기의 뜻대로 우리 나라 명칭에 부합시켜서 문자로 쓴
　것을 가지고 참람하다거나 궤변이라거나 어리석은 촌뜨기라고 하였
　다.……내가 말하기를, "그렇다면 청컨대 사물의 이름으로 말을 해보
　겠는데, 사물의 이름이 매우 많으니 눈앞에 보이는 사물의 이름으로
　써 말을 해보겠습니다. 저 풀로 짜서 깔고 앉는 것을 옛 사람과 중국
　사람들은 '席'이라고 일컫지만 나와 그대는 '면단'이라고 말하며, 저
　나무 틀을 짜서 기름 등잔을 安置하는 것을 옛 사람과 중국 사람들은
　'燈檠'이라 일컫지만 나와 그대는 '광명'이라고 말합니다. 또한 저 털
　을 묶어 뾰족하게 만든 것을 저들은 '筆'이라고 하지만 우리는 '붓'이
　라고 말하며, 저 닥나무를 찧어서 희게 만든 것을 저들은 '紙'라고 하
　지만 우리들은 '종이'라고 말합니다. 저들은 저들이 이름 붙인 것으로

이름을 부르고 우리는 우리가 이름 붙인 것으로 이름을 부르는 것입니다. 나는 저들이 이름 붙인 것이 과연 그 이름인지 우리가 이름 붙인 것이 과연 그 이름인지 알지 못하겠습니다. 저들이 '席'이라고 하고 '燈檠'이라고 하는 것이 이미 盤古氏가 즉위한 초년에 勅命을 받은 사신이 이름을 부여한 것이 아니니 또한 그 이름이 아니고, 우리가 '붓'이라고 하고 '종이'라고 하는 것도 또한 닥나무와 털을 가장 가까운 혈육인 우리 부모가 손쉽게 이름 붙인 것이 아니니 이도 또한 그 이름이 아니어서, 그것들이 참다운 이름이 아니라고 하는 점에 있어서는 서로 마찬가지인 것입니다. 어차피 서로 마찬가지라면 저들은 마땅히 저들이 이름 붙인 것으로써 이름을 부르고 우리는 마땅히 우리가 이름 붙인 것으로써 이름을 불러야 할 것이니, 우리가 어찌 꼭 우리가 이름 붙인 것을 버리고 저들이 이름 붙인 것을 따르겠습니까?……한탄스러운 것은 동방의 제왕이신 朱蒙이 일찍이 우리를 위하여 별도로 글을 만들지 않았고 檀君과 箕子 또한 일찍이 글로써 일찍부터 말을 가르치지 않아서, 수많은 말이 있는 우리 고유의 음이 간혹 문자로서 이름을 지칭하지 못하는 바가 있는 것이니, 만약 그 이름을 붙일 수 있는 것이라면 내가 무엇이 두려워 이것을 하지 않겠습니까? 이런 점이 내가 반드시 우리 고유의 이름을 쓴 이유입니다. 그러니 내가 어찌 어리석은 시골뜨기이며 내가 어찌 궤변을 늘어놓은 것이며 내가 어찌 참람된 것이겠습니까.24)

---

24) 위의 글, 「三難」, "或以俚諺中所用服食器皿凡干有名之物無名之物, 多不用本來之名稱, 而妄以己意, 傅合鄕名, 用之文字也, 以爲僭焉, 以爲詭焉, 以爲鄕闇焉.……曰, "請以物之名言, 物之名甚多, 請以目前之物之名而言之. 彼草織而藉者, 古之人中國之人則曰席, 我與子則曰面單, 彼架木而安油盞者, 古之人中國之人則曰燈檠, 我與子則曰光明, 彼束毛而尖者, 彼則曰筆, 我則曰賦詩, 彼搗楮而白者, 彼則曰紙, 我則曰照意, 彼以彼之所名者名之, 我以我之所名者名之. 吾未知彼之所名者, 果其名耶, 我之所名者, 果其名耶. 彼之曰席曰燈檠者, 旣非盤古氏卽位初年, 欽差賜名者, 則亦非其名也, 我之曰賦詩曰照意者, 又非楮與毛, 嫡親爺孃之所唾手命名者, 則亦非其名也, 其爲其非名也, 則均矣, 均矣則彼當以彼之所名者名之, 我當以我之所名者名之, 我何必棄我之所名者, 而從彼之所名者乎.……所可歎者, 蒼帝朱皇, 旣不曾爲我而別造書焉, 檀仙箕王, 亦未嘗以書而早敎語焉, 則刺刺鄕音, 或有文字之所未名

이 글은 우리 고유어의 가치를 인식하고 실제로 문학작품에서 활용한 자신의 입장을 스스로 변호하는 내용이다. 이렇게 우리 고유 언어의 중요성을 강조한 그는 「俚諺」의 여러 작품을 통하여 구체적으로 모범을 보이고 있다. 예를 들면 '아가씨'를 '阿哥氏'로, '사나이'를 '似羅海'로, '이응(한글 자음)'을 '異凝'으로, '무자식이 상팔자'라는 속담을 '無子反喜事'로 표현하는 식이다. 이는 바로 이옥이 생존했던 당대 현실을 그와 상응된 분위기로 생생하게 되살려내는 동시에 「俚諺」의 작품체계 내에서 서로 상승작용을 하며 우리의 정체성과 민족 정서를 확인케 하고 느끼게 만드는 시적 특질로서 작용하고 있다.

그밖에 朴趾源이나 丁若鏞이 우리의 주체적 문학관을 강조한 일은 잘 알려진 일이다. 朴趾源은 「嬰處稿序」에서 남의 것을 흉내내지 않고 우리 것을 있는 그대로 표현하는 것이 참된 문장임을 역설하였고, 정약용도 잘 알려진 이른바 '조선시 선언'을 통해 과거의 중국 시 추종 일변도였던 문학 정신을 반성하고 우리 고유의 정신을 시에 담을 것을 천명하였다.[25]

4. 문학 담당층의 확대와 天機論의 재해석

1) 委巷 문학의 융성

전기까지는 주로 양반 관료들이나 사대부 식자층이 문학의 주요 담당자들이었다. 洪裕孫 같은 일부 중인 출신 문인이 전혀 없는 것은 아니었으나 극히 몇몇에 국한되어 하나의 층위를 이루었다고 말하기는

者, 而如其可以名者, 則吾何畏而不以是哉. 此吾之所以必以鄕名者也. 吾豈鄕闇也哉, 吾豈詭也哉, 吾豈僭也哉".
25) 정약용의 '조선시 선언'은 그의 「老人一快事」라는 시에서 "我是朝鮮人, 甘作朝鮮詩"라고 한 말을 가리킨다.

어렵다. 그러나 중기 이후로는 중인계층이 활발하게 문학 활동에 참여
하여 중요한 문학 담당층으로 대두하였다. 여기에 예전부터 있어왔던
天機論이 새롭게 해석되면서 그들의 문학 활동에 대한 이론적 뒷받침
이 되었다.

委巷文學은 사대부 문학에 상대적인 개념으로 등장한 것이며 주로
17~19세기의 문학사에서 형성된 것으로 본다.[26) 위항문학이 발달하게
된 배경에는 조선후기에 평민계층의 역량이 신장되고 경제력이 높아
진 사회적 조건이 자리하고 있다. 17~18세기 서울의 여항 시정은 매
우 활기를 띠었다. 그럴 수 있었던 주요 원인은 대동법의 실시 이후 상
품화폐경제의 발달 및 상공업의 발전이 가져온 서울의 도시적인 성장
에서 찾아야할 것이다. 서울의 도시적 발전은 시정 주변에서 움직이는
인간들의 행동과 의식을 활발하게 만들었던 것은 물론, 여항인들에게
생활의 여유를 누리고 취미를 발전시킬 기회를 주었다. 이것이 이 시
대 여항의 문화를 발전시킨 계기가 되었다. 또 이들에게 교육의 기회
가 주어진 것도 위항문인들의 등장에 큰 영향을 끼쳤다. 기술직 중인
을 비롯하여 아전이나 향리의 자제들도 사무를 보기 위하여 한정된 범
위의 한문을 배웠으며 업무상 양반들과 어울릴 기회가 많았다. 따라서
사대부들에게 생활화된 한시 정도는 배워두면 여러 가지로 유용하였
다. 최기남 같은 이는 이미 현종, 숙종 연간에 여항의 인재를 길러내었
으며 시대가 더 지나서는 제법 규모를 갖춘 서당에서 본격적인 수업이
이루어졌다.

위항문인들은 18세기 이후로 더욱 많은 사람들이 나와서 활발한 활
동을 하게 되는데, 우선 17세기에서 18세기 전반에 걸쳐 주로 활동한
저명한 인물들만 살펴보아도 유희경(1545~1636), 최기남(1585~166

---

26) 임형택, 「閭巷文學과 庶民文學」, 『한국의 한문학』 1권, 민음사, 1991, 237쪽.
위항문학은 平民文學, 閭巷文學 등으로 불리기도 하는데 근래에는 위항문학
이라는 용어로 정착되어가는 것으로 보인다.

9)27), 최대립, 이득원(1639~1682), 홍세태(1653~1725), 고시언(1671~
1734), 정래교(1681~1757) 등이 있다. 이들은 주로 詩社를 결성하여
동인 활동을 하였는데 활발한 문학 활동의 결과로 위항인들만의 시를
모은 시집을 간행하였다.

위항시인들의 시를 모아서 시집으로 간행하는 일은 홍세태가 『海東
遺珠』(1712)를 편찬한 것에서 비롯된다. 그 전에 위항시인들의 최초의
공동 시집으로 『六家雜詠』(1668)이 있었는데, 醫譯官과 서리가 대부
분인 崔奇男, 南應琛, 鄭禮男, 金孝一, 崔大立, 鄭栴壽 등 여섯 사람의
시를 모은 시집이었다. 이 시집은 여섯 사람의 동인지로서의 성격을
지닌 것이었고 위항시인들의 시를 광범위학 망라한 것은 『해동유주』
가 최초라고 할 수 있다. 책 제목에서 알 수 있듯이 위항인들의 시가
인멸되어 전하는 바가 극히 드문 것을 안타깝게 여기고 이를 수집하여
그들만의 시집을 편찬하겠다는 목표의식을 가지고 편찬한 것이다.

홍세태는 이 시기 위항문학사에서 가장 중요한 비중을 차지하는 인
물인데, 시문에 뛰어나서 김석주, 김창협 등 당대의 손꼽히는 사대부
문인들에게 인정을 받아 그들과 교유하면서 명성이 더욱 알려지게 되
었다. 『해동유주』도 김창협의 후원이 많이 작용하였다. 당시 서울의 백
련봉에서 필운대에 이르는 북부 지역에 임준원을 비롯한 중인계층이
모여 살면서 자주 시회를 열어 唱酬하였는데, 특히 임준원을 중심으로
홍세태, 유찬홍, 최대립, 최승태, 김충렬 등이 참여한 '낙사시회'가 유명
하였다. 홍세태는 한편으로 백련봉 아래에 '柳下亭'을 짓고 스스로 시
회를 열어 많은 위항시인들이 모여 문학 활동을 하였는데, 낙사시회와
유하정을 중심으로 한 위항시인들의 작품 활동의 결과가 『해동유주』
에 모이게 된 것이다.

---

27) 조동일의 『한국문학통사』 3권에서는 최기남을 위항문학의 연원이 시작된다
고 하였으나 그 이전인 16세기에도 徐起(1523~1591), 白大鵬(?~1592) 등 이
름난 위항 문인들이 있었다.

『해동유주』에 의해 위항시인들의 존재가 비로소 부각되자 25년 후
에 다시 위항시인들의 시를 더욱 광범위하게 수집하여 본격적인 시집
으로 편찬한 것이 『昭代風謠』이다. 『소대풍요』의 편찬자는 고시언, 채
팽윤, 이달봉 등인데 특히 고시언이 주로 수집한 것을 토대로 그가 타
계한 뒤에 몇몇 사람이 더 보완하여 출간한 것으로 알려지고 있다. 이
러한 경험은 그 뒤로 60년마다 주기적으로 시집을 편찬하는 전통으로
이어져서 조선 말기까지 『風謠續選』, 『風謠三選』의 간행을 보게 된다.

2) 天機論의 새로운 적용

이처럼 중인이나 하층민이 문학 담당층으로 대두되자 그에 대응해
서 이들의 존재에 대한 이론적인 뒷받침이 이루어지게 되었다. 위항문
인의 존재에 가장 힘이 되는 것이 바로 天機論이다. 천기론은 원래 위
항문인들과 직접적인 상관성이 있는 용어는 아니다. 천기라는 말은 잘
알려진대로 『莊子』에 그 유래가 있다.[28] 또 장자가 말한 천기는 문학
적인 용어도 아니었으며 '욕망을 벗어난 자연 상태의 천진한 심성' 정
도의 뜻으로 쓰였다. 그 후로 沈約이나 陸機와 같은 문인들이 문학 비
평에 적용함으로써 문학적인 뉘앙스를 가지게 되었다. 중국 문인들에
의해서 부여된 천기의 의미는 '창작의 과정에서 훌륭한 작품을 창작할
수 있는 작가의 정신적 자질이며 물욕에 매이지 않은 작가의 순수한
창조적 상상력'이라는 의미에 가깝게 사용되었다.

조선의 문인들도 많은 사람들이 천기를 말하였다. 성현은 천기와 동
일한 용어로 '天道'를 사용하였고 김종직은 천기를 人性의 眞이라는
의미로 사용하였다. 허균이나 이수광은 이를 '인간의 심성이 神逸響亮
하여 자유롭게 造化의 공을 운행하는 것, 즉 천성의 자유로움'이라는

---

28) 『장자』, 「대종사」, "其嗜欲深者, 其天機淺" ; 「추수」, "今予動吾天機, 而不知
其所以然".

의미로 파악하였다. 그밖에도 신흠, 장유, 김창협, 김득신 등 여러 사람
들이 이에 관해 언급하였지만 거의가 대동소이한 의미로 파악하고 있
다. 종합하면 우리나라 문사들은 천기를 굳이 문학적인 측면과 결부시
키지는 않았으며 문인들이 심성 수양에 관련하여 人性의 典範인 天眞
의 개념으로 사용하였다.

그러나 홍세태는 이 천기라는 용어를 빌려서 위항시인들의 존재에
대한 이론적 근거로 끌어왔다. 그는 「해동유주서」에서 眞詩란 용어를
사용하면서 『해동유주』에 실린 위항시인들의 시야말로 진시라고 말했
다.

> 우리나라의 문헌이 성함은 중화에 비길 만하다. 사대부들이 위에서
> 노래하고 평민들이 아래에서 고무되어서 시가를 지어 스스로 울리니,
> 비록 그 배운 것이 넓지 않고 그 힘입은 바가 멀지 않아도 하늘로부
> 터 얻은 것이므로 저절로 뛰어나며, 맑고 맑은 풍격과 격조는 唐風에
> 가깝다. 경치를 묘사한 것이 맑고 원만함은 마치 봄날의 새인가. 정서
> 를 풀어내는 것이 슬프고 간절한 것은 가을날의 풀벌레인가. 그 느껴
> 서 울리는 것이 천기 중에서 자연히 흘러나온 바 아님이 없거늘 이야
> 말로 眞詩이다. 만약 공자로 하여금 읽게 해도 그 지은이가 미천하다
> 고 그 시를 버리지는 않을 것이다.[29]

천기를 담고 있는 위항시인들의 시야말로 참다운 시이며, 따라서 공
자가 본다면 『시경』 3백 편과 같게 여기리라는 것이다. 이와 같은 천기
론은 나이가 제자 뻘이면서도 홍세태가 '젊은 벗'이라고 대접해 주면서
절친하게 지냈던 정래교가 그대로 홍세태에게 적용시킨다. 정래교는

---

29) 홍세태, 「해동유주서」, "吾東文獻之盛, 比埒中華, 皆自薦紳大夫一倡于上, 而
草茅衣褐之士, 鼓舞於下, 作爲歌詩以自鳴, 雖其爲學不博, 取資不遠, 而其所
得於天者, 故自超絶, 瀏瀏乎風調近唐, 若夫寫景之淸圓者, 其春鳥乎, 而抒情
之悲切者, 其秋蟲乎. 惟其所以爲感而鳴之者, 無非天機中自然流出, 則此所
謂眞詩也. 若使夫子而見者, 其不以人微而廢之也".

홍세태의 墓誌銘에서 그의 시를 평하여 "천기가 유출되었다"고 하였으며, 임원준의 시에 대해서도 "천기를 얻었다"고 하였다. 정래교 역시 사후에 같은 평가를 받는다. 정래교가 약관 시절부터 교유했던 사대부 시인인 李天輔는 천기를 더욱 강조하여 정래교의 문집인 『浣巖集』의 서문에서 다음과 같이 말한다.

> 무릇 시란 천기이다. 천기가 사람에게 깃들일 때 그 사람의 지위를 가리는 법이 없으니, 外物에 대한 욕심에 담박한 사람은 능히 천기를 얻을 수 있다. 위항의 선비는 오직 곤궁하고 신분이 천하여 세상의 이른바 공명과 영리가 그의 밖을 흔들거나 내면을 어지럽히지 않으므로 그 천연의 상태를 온전히 하기가 쉽고, 업으로 삼는 것을 즐기면서 전념할 수 있으니, 그 형세가 그렇게 만든 것이다.30)

이천보는 아예 '시란 바로 천기'라고 단정 짓고 있다. 그리고 이 천기가 보전되어 있는 시를 쓸 수 있는 사람은 위항시인들이라고 언명하였다. 왜냐하면 신분이 천하여 영달을 바랄 수 없기 때문에 처음부터 영리를 체념하여 그로 인해 마음을 더럽히는 바가 없기 때문이라는 것이다. 천기란 외물에 이끌려 욕심을 내고 그에 빠져버리면 얻을 수 없는 것이기 때문이다. 이천보는 같은 글에서 이러한 천기를 얻은 시를 쓴 위항시인이 바로 홍세태이고 이를 계승한 것이 정래교라고 하였다. 그리하여 또 정래교의 시에 대해서 "천기를 얻은 것이 많다(得之天機者多)", "시와 문이 한가지로 天機로부터 나왔다(詩與文, 一出於天機而已)"고 하였다.

여기에 이르면 天機가 마치 위항 시인들의 전유물인 것처럼 인식될 정도이다. 이후로는 위항 문학을 언급하는 자리에 으레 천기가 따라

---

30) 李天輔,「浣巖稿序」, "夫詩者天機也. 天機之寓於人, 未嘗擇其地, 而澹於物累者能得之. 委巷之士, 惟其窮而賤焉, 故世所謂功名榮利, 無所撓其外而汨其中, 易乎全其天, 而於所業嗜而且專, 其勢然也".

붙게 되었으며 위항시인들 자신만이 아니라 사대부 문인들도 어느 정
도 용인하는 분위기가 되었다. 다음은 사대부 시인인 吳光運이 쓴『소
대풍요』의 서문이다.

> 오직 우리나라 여항인들은 나라의 제도에 의해 벼슬길이 제한되었
> 으므로 科擧가 그 마음을 얽매지 않았고, 번화한 서울에서 살기 때문
> 에 세상을 벗어나 외로이 단절되는 병폐가 없다. 한가하게 노닐면서
> 詩社를 맺고 문화를 노래하였으니, 大家들은 능히 옛날의 훌륭한 작
> 자를 뒤따라서 성대하게 일가를 이룬 이가 여럿이며, 小家들도 능히
> 아름다워 하나의 곡조를 이룬다. 요컨대 천성을 보전하고 천기를 발
> 하여 탄식하고 영탄하는 것을 스스로도 금하지 못한 것이니, 실로 周
> 나라 詩經의 遺風이다.[31]

이렇게 위항문인을 옹호하는 논리로 발전하게 된 천기론은 60년 후
에 다시 편찬되는 위항시집인『풍요속선』에서도 어김없이 이어진다.
  위항문인들은 문학적으로는 신분의 제약을 뛰어넘어 사대부들에게
인정도 받고 그들과 교유도 할 수 있었지만 지적인 의식이 성장할수록
오히려 그들과의 신분 차이에서 오는 일종의 정신적 콤플렉스를 근원
적으로 떨치기는 어려웠다. 그들의 문학은 한편으로는 사대부 문학을
닮고자 하는 노력의 일환이었다. 이 시기에 사대부 문학에서는 오히려
개성을 추구하고 우리 고유의 가치를 발견하기 위해서 노력하는 흐름
이 있었지만, 위항문인들은 기존의 전통 사대부 문학을 닮기 위해서
애쓴 것이 시사활동이고 시집의 편찬이었다. 천기론을 자신들의 문학
활동의 이론적 기반으로 끌어온 것은 어쩌면 그러한 콤플렉스를 극복

---

31) 오광운, 「소대풍요서」, "惟我國閭井之人, 限於國制, 科擧無所累其心, 生於京
  華, 又無方外孤絶之病. 得以遊閒, 詩社歌詠文化, 大者能追步古作者, 蔚然爲
  家數, 小者亦能嫋娜成腔調. 要之乎全其天性, 發之天機, 咨嗟咏歎, 不能自已
  者, 實岐鎬江漢之遺也".

하기 위한 하나의 방편이었을 수도 있다.

5. 맺음말

이 글에서는 조선이 양란 이후 급격한 사회 변동을 겪으면서 국가
再造의 차원에서 체제를 정비해가고 새로운 질서를 잡아가는 과정에
서 문학은 어떻게 대응하고 변화했는지를 살펴보았다.

이 시기에 국가적으로는 『經國大典』으로 상징되던 기존 질서가 급
격히 변화함에 따라 현실에 맞게 법전을 재편하여 『續大典』의 편찬을
보게 되었다. 이 과정에서 여러 가지 제도의 변천과 사상의 변화가 뒤
따랐다. 문학에서도 그에 상응하여 前期와는 다른 다양한 현상들이 나
타났다.

전쟁 직후에는 기존 질서에 대한 회의와 위정자들의 무능·위선에
대한 비판이 강하게 대두되었다. 거기에다 외세의 침략에 대한 자각으
로 민족 정신이 강화되고 그러한 자각이 문학에 다양하게 반영되었다.

창제 이후 이렇다할 역할을 하지 못하던 한글이 본격적으로 문학의
도구로서 기능을 하게 되어 비약적인 국문 문학의 발전을 보게 되었으
며 문학에 대한 가치 평가에 있어서도 과거에 정통 한문학만을 우러러
보던 편향에서 벗어나 우리 고유의 가치를 재발견하는 의식의 변화를
가져왔다. 이러한 민족 문학에 대한 자각은 이후 실학 시대를 열어주
는 징검다리 역할을 한다.

前期까지만 해도 공고했던 신분제가 납속책 등으로 인하여 느슨해
지자 신분질서에 변화가 일어났으며, 산업 구조의 변화에 따라 경제적
으로 여유가 생긴 중인계층을 중심으로 문학 활동의 참여가 활발해져
서 위항문인층의 형성을 가져왔고, 그들로 인하여 우리 문학의 자산이
더욱 풍부해졌다.

중인들의 활발한 문학 활동에 따라 그들의 존재 의의를 찾는 방안으로 기존의 天機에 대한 해석이 새롭게 적용되었다는 것도 이 시기 문학에 있어서 하나의 특성이다. 원래 천기는 문학에만 적용되는 개념이 아니었으나 어느덧 문학적 용어로 굳어지고 더욱 위항문인들이 수준 높은 문학 활동을 할 수 있다는 이론적 근거로서 자리하게 되었다.

제 3 부
變法理念의 전개와 새로운 국가구상

『磻溪隨錄』의 국가구상과 小農經濟論

오 영 교*

1. 머리말

17세기 조선왕조는 대내외적으로 커다란 위기에 직면하였다. 16세기 말의 조선사회를 강타한 임진왜란과 1623년에 군사력을 동원하여 국왕을 바꾼 인조반정은 17세기 이후의 정치세력과 국가운영의 방향에 결정적인 영향을 끼쳤다. 곧이어 일어난 두 차례의 호란, 거기에 더한 기상이변과 대기근 등의 자연재해는 당시 사회에 지극히 어려운 과제를 부과하고 있었다. 특히 전란으로 인한 폐해가 극심했는데, 왜란이 조선의 물적 토대를 비롯한 하부구조를 여지없이 파괴했다면 호란은 '雪恥'로 상징되는 패전의 쓰라림과 자존심의 손상 등 정신적인 상처를 안겨 주었다.

이처럼 17세기 조선사회는 16세기의 역사적 과제들을 이어 받은 데다가 일본과 청의 침략을 겪으면서 어려운 지경에 빠져 있었다. 조선 전기를 통하여 구축되었던 봉건체제, '經國大典적 체제'는 兩亂을 통하여 심각한 수준의 타격을 입게 된다. 이러한 상황을 타개하기 위해 당색을 불문하고 당시 政論家·儒者·官人 등 지배층은 조선의 국가체제 복구라는 당위의 명제 하에 國家再造·국가기획의 논리를 구상

* 연세대학교 역사문화학과 교수, 국사학

하였다. 이들은 각자의 정치적·사상적 처지에 따라 각기 다른 방향에
서 다양한 타개책을 제시하였다. 그것은 16세기 조선사회의 사상적·
정치적 전통을 계승하는 한편, 그것이 안고 있었던 여러 모순들을 적
극적으로 해소하고자 하는 것이었다. 이와 같은 논의 가운데 일부는
현실적인 시행가능성을 전제로 재차 조정된 후 17세기이래 각종 국가
정책으로 채택·시행되었다.

17세기 조선사회에서『磻溪隨錄』의 출현은 정치사상사적으로 특별
한 의미를 갖는다.『磻溪隨錄』은 조선사회를 변혁, 개조하자는 17세기
사상계 일각의 논의와 구상을 집약한 정치서였다. 저자 柳馨遠(1622~
1673 : 광해군14~현종14)은『磻溪隨錄』을 통해 당대의 조선현실을 예
리하게 비판하면서, 문제의 현실을 개혁할 수 있는 제도를 구상하였다.
여기에는 '經國大典 체제'를 벗어난 새로운 성격의 田制·學制·身分
制·兵制·官制가 입안되었다. 그것은 周禮를 근간으로 한 三代사회
의 법제로부터 그 모범을 구하고 중국·조선의 역사적 추이 속에서 그
현실 타당성을 검토한 작업이었다. 무엇보다『磻溪隨錄』의 특징은 분
야별 제도 개혁의 나열에 그치지 않고 이 모두를 실행하게 하여 이상
국가 건설이라는 목표가 달성되게 하는 국가재건 계획·기획이라는
점이다. 최근의 일련의 연구에서는『磻溪隨錄』의 개혁론이 양란 이후
종합적이고 체계적인 국가체제의 정비안이자 17세기 후반기 이후 조
선사회를 이끌어 나가는데 적합한 방안이었음이 강조되고 있다.[1]

---

1)『磻溪隨錄』을 종합적 국가기획·구상으로 보는 연구는 다음을 들 수 있다.
　千寬宇,「磻溪 柳馨遠 研究」上·下,『歷史學報』2·3, 1952·1953 ; 鄭求福,
　「磻溪 柳馨遠의 社會·經濟思想」,『歷史學報』45, 1970 ; 金容燮,「朝鮮後期
　土地改革論과 儒者」,『延世論叢』21, 1985 ; 金武鎭,「磻溪 柳馨遠의 郡縣制
　論」,『韓國史研究』49, 1985 ; 李存熙,「磻溪 柳馨遠의 官職論考 - 外官職을
　중심으로」,『邊太燮博士華甲紀念 史學論叢』, 1985 ; 李佑成,「初期實學과
　性理學과의 관계 - 磻溪 柳馨遠의 경우」,『東方學志』58, 1988 ; 金駿錫,「조
　선후기 정치사상사연구 - 국가재조론의 대두와 전개 -』, 지식산업사, 2003 ;
　吳永敎,「磻溪 柳馨遠의 地方制度 改革論 研究」,『國史館論叢』57, 1994 ;

본 연구는『磻溪隨錄』이 담아내는 새로운 국가구상의 특질이 무엇
인지를 살펴보기 위한 것이다. 이를 위해 먼저 그 같은 국가기획이 나
오게 된 시대상황과 그의 학문이 딛고 서 있는 학문전통에 대한 인식
을 살펴보고 국가구상에서 표출되는 바 이상적 열망이 17세기 조선 농
민들의 사회적 불만을 어떤 방식으로 수렴하며 그 방안으로 제기된 소
농 중심의 균등한 경제체제·소농경제론의 내용과 의미가 무엇인지,
그리고 민과 토지라는 인적·물적 자원의 지역 공간 배치에 관련된 鄕
政論에 대해 살펴보고자 한다.

2. 국가구상론의 형성 배경

17세기 조선이 해결해야 했던 역사적 과제는 그 시기에 들어와 처음
제기되었던 문제들이 아니라 이미 16세기 조선사회가 안고 있던 정
치·경제·사회적 문제들이 다시 등장했던 측면이 강하다. 사회경제적
으로 16세기에 이미 과전·직전법의 쇠퇴, 상인층의 성장과 지방장시
의 발달, 관청수공업의 발달, 군역의 布納化와 양역화, 공물의 방납 성
행 등이 나타나 사회운영에 심각한 변동의 조짐이 보였다. 특히 16세
기 들어 竝作半收를 중심으로 한 지주전호제가 확산되며 토지 겸병이
성행하였다. 이전 농업문제·토지문제는 한층 복잡한 국면으로 접어
들었고 이것은 사회문제·정치문제로 심화되어 갔다. 이 같은 16세기
의 사회경제적 변동은 그것이 발전적으로 수렴되어 제도화되기 이전
에 격심한 전란을 맞이함으로써 여러 문제점들을 노출하게 되었다. 이

白承哲,「磻溪 柳馨遠의 商業觀과 商業政策論」,『韓國文化』22, 1998 ; 김태
영,『실학의 국가개혁론』,서울대학교 출판부, 1998 ; 김선경,「반계 유형원의
이상국가 기획론」,『韓國史學報』9, 2000 ; 정호훈,「『磻溪隨錄』의 理念과 法
制 認識」,『韓國實學의 새로운 摸索』, 경인문화사, 2001 ; 정성철,「류형원의
철학 및 사회정치사상」,『실학파의 철학사상과 사회정치적 견해』, 1974

제 앞 시기에서 이어져 내려온 사회경제적 문제점들을 해결하고 민생
의 안정과 國富를 늘리기 위한 새로운 대책이 제시되어야만 했던 것이
17세기의 상황이었다.[2] 이처럼 '經國大典적 체제'로 표징되는 조선전
기적 질서가 변화하고 새로운 사회경제체제가 모색되는 시점에서 당
시기 政論家·儒者들은 정치·경제·사회·문화 등 전 측면에서 야기
되는 조선사회의 내적인 변화상을 염두에 두고 그들의 개혁론·정론
을 전개하고 있다. 이들은 현실에 대한 비교적 분명한 인식 위에서 사
회의 제반 모순과 폐단을 극복하고자 하는 정치론을 끊임없이 마련하
고 또한 이를 실현하고자 했다.

1) 17세기 농업문제와 향촌사회 현실

조선사회는 1592년부터 7년 간 전개된 壬辰倭亂·丁酉再亂의 과정
에서 三南을 중심으로 전국토가 戰場化되는 상황을 겪었다. 그 후 女
眞에 대한 조선의 통제력이 약화되면서 藩胡들이 점차 이탈하였고 결
국 丁卯(1627년)·丙子(1636년)胡亂을 맞이하게 되었다. 조선은 잇따
라 일어난 두 차례의 전쟁으로 인해 거의 반세기 동안 혼란 속에 빠지
게 되었다.

전쟁과정에서 거듭된 패배로 각종 폐해가 발생하였고 이는 일차적
으로 생산자 농민들에게 전가되었다. 당시의 향촌사회는 '井邑荒墟 烟
火斷絶 千里蕭然 灌莽極天'[3]이라하고, 李恒福이 '民不居定 滿野荒
蕪'[4]라고 한 가운데 경작농지의 황폐화는 물론 농민들의 流離·死亡
으로 인구는 더욱 감소되었다. 이와 같이 사회의 재생산기반이 되는
농업생산력 및 경작지의 감소, 농가경제의 파탄은 조선왕조의 붕괴위

2) 한국역사연구회 17세기 정치사연구반,『조선중기 정치와 정책 인조~현종 시
   기』, 아카넷, 2003, 10쪽
3)『宣祖實錄』卷72, 宣祖 29년 2월 丙辰, 22-650.
4)『增補文獻備考』卷141, 田賦考1, 中, 629쪽, 李恒福의 量田提言.

기로 귀결되었다.

전쟁 이전에도 농업생산에는 이미 모순구조가 심각하였지만, 전란은 이를 더욱 심화시켰다. 농지는 황폐되고 시기경전은 감소하였으며, 노동력의 부족은 심각하였다. 특히 농업노동력의 급격한 감소는 전란 중에 장정들이 군과 요역에 징발되고, 전란지역의 민은 질병과 기아, 전란의 화로 사망했기 때문이다.5) 농민들의 流離 또한 심각한 문제였다. 都體察使 李元翼의 啓에 의하면 "流民들은 이미 본업을 잃고 뿔뿔이 흩어져 산골짜기로 들어온 처지인데, 守令이 비록 쇄환하려 하나 上司 衙門의 令이라도 시행되지 않는다"고 하며 "流民들 몫의 역이 본읍의 남은 백성에게 부과되므로 민원이 더욱 심해진다"라고 지적하였다.6)

아울러 경작지의 황폐화는 농업 생산체계를 크게 붕괴시켰다. 壬亂 직전 전국의 總結數는 151만 5,500여 結이었으나7) 전쟁 직후 경작지는 30여 만 결에 불과했던 것으로 나타난다.8) 경작지의 황폐화는 '軍國之需'의 주요 징수 대상지인 全羅道·慶尙道에서 보다 극명히 드러난다. 난후 1611년(광해군 3) 호조판서 黃愼에 의하면 전국의 전결수 170만결 중 수세가 가능한 전결수가 54만 2천여 결로, 전쟁 직후에 비해 20만결이 늘어났지만 역시 평시에 비해 3분의 1에 불과한 것이었

---

5) 김호, 「16세기말 17세기초 역병발생의 추이와 대책」, 『한국학보』 71, 1993 ; 이태진, 『한국사』 30, Ⅳ의 3. 인구의 감소, 1998.

6) 『宣祖實錄』 卷81, 宣祖 29年 10月 5 戊辰. 이 같은 사실은 정묘호란 이후인 仁祖 4년 윤 6월 '난을 치른 후 백성의 수가 평시의 6분의 1이나 7분의 1에도 미치지 못하여' 民戶감소로 인한 軍政운영이 어렵다는 지적에서도 나타난다 (『仁祖實錄』 卷13, 仁祖 4年 閏 6月 丁未 34-113).

7) 『增補文獻備考』 卷141, 田賦考 1, 經界1(620쪽) ; 『磻溪隨錄』 田制 攷說 下 (125~126쪽). 이 시기 農地의 감소실태와 향촌사정에 대해서는 金容燮, 「宣祖朝 '雇工歌'의 農政史的 意義」, 『學術院論文集』, 2002, 2장 「壬亂후 '雇工歌'작성시의 농업사정」 참조.

8) 『宣祖修正實錄』 卷142, 宣祖 34年 8月 丙寅, 25-682, "亂後 八道田結 僅三十餘萬結 則不及平時全羅道矣 其何以爲國乎". 이는 토지결수 자체보다 時起結數의 감소로 여길 수 있다.

다. 이 중 全羅道의 경우는 기존 경작면적인 44만 결 가운데 11만 결만 경작되고 있었고 壬亂時 최대 격전지였던 慶尙道 지역은 종전 43만 결의 토지가 7만 結로 감소되는 실정이었다.9)

북부지역의 황해·평안·함경의 3도는 전란의 피해가 비교적 적어서 회복이 빨라 감축된 결수가 많지 않았으나 남부지역의 경상·전라·충청의 3도와 중부지역의 강원·경기의 2도는 전란의 피해가 커서 농지의 황폐화가 심하였다. 당시 삼남지역은 전국 농지의 약 3분의 2가 위치하고, 국가재정의 중심이 되는 수전농업이 발달하고 있던 점에서 전란으로 인한 폐해의 심각성을 엿볼 수 있다. 이 시기 경작지의 감소, 생산력체계의 붕괴는 역으로 戰後에 엄청난 규모로 전개된 陳田開發事業에서 가늠해 볼 수 있다.10) 田制가 무너지고 난 후 국가수입이 감축하면서 국가재정에도 여유가 없었다. 당시 李睟光은 국가의 비축 양식이 萬石도 못되어 각종 관아의 일년분 소요량조차 확보하지 못한 사정을 지적하고 있다.11)

이제 조선왕조가 위기 상황에서 탈출하여 국가를 새로운 차원으로 변혁하고 재조하기 위해서는, 무엇보다 먼저 파괴된 농업생산을 재건하지 않으면 안되었다. 재건의 목표는 삼남지방을 중심으로 황폐화된 농지와 陳田으로 묵혀 있는 농지를 시급히 개발하고 또 新田도 개발

---

9) 『增補文獻備考』卷148, 田賦考8 租稅1, 中, 光海君 3年(1611) ; 『秋浦集』卷 2, 啓, 地部獻言啓 六條別單 改量田條. 이는 戰後의 황폐화된 실정을 반영한 時起結數의 추정으로 보인다.

10) 仁祖년간 戶曹의 啓에 따르면 을해년 양전 이후 삼남지방의 전결수가 51만 4,976결이며(『仁祖實錄』卷39, 仁祖 17年 12月 壬辰), 삼남지역의 경우 양전 이후 10만 결이나 늘어났음이 보고되었다(『仁祖實錄』卷40, 仁祖 18年 9月 24日 壬寅).

11) 『芝峰類說』卷3, 君道部 制度, "軍資監平時有三十萬石 故癸巳倭賊退去後 尙餘四五萬石 以助軍餉 以賑饑民 今倉穀不滿萬石 脫有緩急 何以濟之 夫 國無六年之蓄 古人猶以爲急 況無一年之食乎 是故 均田節用 乃生財之大道 也".

함으로서 종전의 원장부 結總을 만회하고, 아울러 수세지 즉 시기 결총을 늘려나가는 정책을 적극 추진하지 않으면 안되었다. 뿐만 아니라 당시에는 전란 외에 장기간에 걸친 자연재해로 인하여 수시로 큰 피해를 입고 있었으므로,[12] 농업개발정책과 함께 量田사업이 진행되지 않으면 안되었다.[13]

또한 전쟁을 겪은 후 향촌사회의 조직 자체가 무너지는 사태도 벌어지고 있었다. 咸安의 경우[14] 기존 大村이었던 山翼里가 전쟁의 와중에서 소멸되어 버린 상황이 나타나며, 晉州 琴山里와 代村里가 壬亂 직후에 琴山으로 통합되는 사실도 보인다.[15] 崔晛은 '經兵亂之後 或有數百里無烟火者 或有數十戶爲一縣者 爲守令者徒持空器 無爲成形'이라 하여 향촌사회의 붕괴 상황에서 守令의 파견만으로는 통치가 이루어질 수 없음을 지적하고 있다.[16] 이제 16세기 이래 자연촌의 성

12) 이태진, 『한국사』 30, 「IV의 1. 장기적인 재해와 전란의 피해」, 국사편찬위원회, 1998.
13) 시기결의 확보는 곧 조세원의 확보였다. 따라서 조선왕조는 시기결을 되도록 많이 확보하려 노력했지만, 담세자 토지소유자들의 입장에서는 세액이 과다해지는 점에서 그 확대를 환영할 리가 없었다. 이 문제는 조선후기 사회현실, 부세제도의 모순구조 속에서 조선왕조가 원하는 대로 그 결총이 무한정 확대될 수 없었다. 그것은 결국 과세당국과 납세자, 특히 정부와 재지 양반지주층 또는 土豪奸民으로 불려지는 유력자 층과의 갈등 대립의 문제였다. 이들은 시기결의 책정문제를 중심으로 상호 대립을 보이고 있었다. 이는 임란 후 조선왕조에 의해 추진되던 전후 농업재건 사업이 쉽지 않았음을 보여주는 것이다.
14) 『咸州誌』吳澐 謹書 于漢城之寓舍 ; 『朝鮮時代 私撰邑誌』 23, 慶尙道 8, 한국인문과학원, 400쪽, "吾鄕雖僻在海隅 百年樂土 民物盛居 姑以吾山翼一里言之 當時戶口見錄者 八百五十有餘 而今無一人還土者 一隅如此 四境可知".
15) 『晉陽誌』 卷1, 各里條(『朝鮮時代 私撰邑誌』 22).
16) 『訒齋集』 卷2, 陳時務九條疏. 西涯 柳成龍은 전쟁 직후 향촌사회의 실태에 대해 "今日亂離之余 各於民居稱闊 或數里而一家"라고 설정하였다(柳成龍, 『軍門謄錄』 丙申 宣祖 29年(1596) 正月 3日).

장에 따른 촌락구조의 변동은 전쟁을 통해 더욱 촉진되었으며, 전후 향촌편제에 대한 정비의 필요성 또한 대두되었던 것이다. 조선왕조의 기반인 郡縣制·守令制의 일대 위기였다.

아울러 전란 이후 사회적 모순은 양반 신분과 상·천민의 갈등으로 극대화되었다. 李夢鶴의 난(1596년)과 李适의 난(1624년)에는 천민층이 다수 가담하고, 殺人契·殺主契의 조직이 성행했으며 소극적인 저항의 형태로 노비들의 도망이 극심하였다.[17] 중세신분제의 심각한 동요현상이었다. 이러한 상황은 胡亂 후 더욱 심화되었다. 즉 小中華의 夷에 대한 굴복이라는 정신적 충격이 더하여지고 遼東지역 개간을 위한 노동력과 牛의 공출 요구 등 朝貢에 대한 압력이 가해졌다. 이 과정에서 사회모순은 수습이 안 되는 상태였다. 따라서 당시 조선사회는 국가 전체제의 복원을 위하여 적극적인 노력이 강구되어야만 했다.[18]

유형원이 살았던 시기는 明·淸교체기의 국제질서와 대내적 사회변동으로 인한 혼란이 야기되고 사회 전부면에서 걸쳐 전면적인 위기의식이 표출되던 때였다.『磻溪隨錄』에는 이 같은 상황에 대한 그의 현실인식과 개혁의 방향을 담게 되는 것이다.

---

17) 鄭奭鍾,『朝鮮後期社會變動研究』, 일조각, 1983.
18) 이에 조선왕조는 生産力 復元을 비롯한 여러 사회정책·재정정책을 추진하여 당면한 위기를 벗어나고자 하였다. 특히 생산체계 및 農業勞動力의 시급한 회복과 복귀를 위해 다각도의 구체적인 대응책을 강구하였다. 戶口와 田結의 확보란 民의 생존조건의 회복과 국가재정체계의 확립이라는 民利·國計의 목표를 동시에 이루어낼 수 있는 전제조건이기 때문이다. 따라서 이 시기 사회·경제·재정정책은 17세기 전기간을 통해 집중적으로 제기되는 가운데 조선왕조는 당시 국가적 현안과 향촌사정 그리고 政權擔當層의 입장 등을 감안하여 국가정책으로 수렴·확정하였다. 이러한 정책들은 生産·租稅收取·統治의 기반인 향촌사회의 제도적 정비가 수반되어야만 정책도 효율적으로 운영될 수 있는 것이다. 이에 따라 조선왕조는 향촌의 기저적인 변화에 대응하고 國家再造를 위한 法制의 완성으로서 지방제도의 정비에 적극 나서고 있었다(拙稿,「17世紀 朝鮮王朝의 鄕村支配政策의 推移」,『梅芝論叢』13, 연세대학교 매지학술연구소, 1996).

2) 『磻溪隨錄』의 이념적 기초

조선의 儒者·官人들은 유학의 학문론을 학습하여 높은 수준의 교양을 획득하고 최고의 정치론을 익혀 治者·지식인으로서의 자질을 지니고 있었다. 그들은 현실에 대한 명확한 인식 위에서 사회의 제반 폐단과 모순을 극복할 수 있는 이상적 정치론을 끊임없이 마련하고 이를 또한 실현하고자 했다. 이들의 주된 관심은 향촌사회를 비롯한 전체 국가경영을 염두에 두고 이상국가의 성립을 기도하는 것이었다. 더구나 앞서 살펴본 것처럼 17세기는 대내외적인 변동에 대응하는 문제가 긴박하게 제기되었던 때였다. 조선전기 '경국대전 체제'의 여러 사회법제는 제대로 작동하지 않게 된 마당에 이를 대체할 새로운 법제가 만들어지지 못하고 있는 상황이었다. 구체적인 개혁이 모색되어야 할 시점이었다. 유형원은 자신이 살고 있는 시대의 역사적 모순을 제대로 파악하고 그에 대한 개혁안을 제시한 학자 가운데 한 사람이었다.

유형원은 1622년(광해군 14) 외삼촌 李元鎭의 집에서 태어났다. 그의 본관은 文化, 우의정 寬의 후예로서 조부 成民은 副護軍(贈兵曹參判), 부친 欽은 說書를 지냈다. 모친 여주 이씨는 右參贊(贈領議政) 志完의 女息이며, 伯舅 이원진은 參議를 지냈고, 星湖 李瀷의 從叔이 된다. 처 풍산 심씨는 우의정 守慶의 증손녀이다.[19] 유형원이 2살 때 아버지 유흠은 '유몽인 옥사'에 연루되어 옥사했다. 그후 외삼촌 이원진과 고모부 김세렴에게 학문을 배웠다. 유형원이 『磻溪隨錄』을 쓰기 시작한 시기는 31세(1652년, 효종 3)때이다. 그는 이듬해 그의 王父가 胡亂때 피난지로서 연고가 있는 扶安縣 愚磻洞으로 이사했다. 그는 그곳에서 생활하면서 18년 간에 걸쳐 『磻溪隨錄』을 저술하여 1670년(현종 11)에 완성하였다. 그리고 3년 후 52세(1673, 현종 14)를 일기로 세상을 떠났다.[20] 『磻溪隨錄』에는 토지, 조세, 교육, 관직, 군사 등의 사

---

19) 『萬姓大同譜』上, 여주이씨, 119~120쪽.
20) 「磻溪先生年譜」崇禎 10년 丁丑, 孝宗 4년 癸巳條(『磻溪隨錄』, 경인문화사

실이, 續篇에서 의례, 풍속, 노비 등에 대해 정리하고 있다. 그는 33세 때 進士試에 等第한 뒤 9번 京師에 출입했으나 다시는 應擧한 일이 없으며, 閔維重의 천거 등 몇 차례의 仕宦 기회를 거절한 것으로 보인다.

유형원의 사상은 특별한 師承關係가 없었다고 보는 것이 일반적이나,[21] 그의 色目이 일단 과거의 北人에 연결되는 南人계통이었으므로 학풍 역시 서울 중심의 남인 실학자라고 할 수 있겠다. 그런데 그를 추천한 사람은 서인의 실력자였으며[22] 그가 政制論에서 많이 인용한 先儒의 견해 역시 남인계가 아니라 서인으로 분류되는 李珥와 趙憲의 것이었다. 그렇지만 유형원의 사상의 핵심을 이루는 公田論의 기본구상은 남인계 韓百謙의 견해에서 시사 받은 것이 많다. 理氣論에서도 韓百謙과 가까웠다.[23] 당시 그는 부안으로의 퇴거를 통해 중앙의 정

영인본 所收, 566~569쪽) ; 정구복, 「생애와 학술사상」, 『반계 유형원의 생애와 사상 - 1999년도 역사학술세미나 - 』, 한국정신문화연구원, 1999 참조.

21) 유형원이 "吾少時 不得賢師 枉費工夫 年來讀書 漸知其味"라고 자신의 학문을 '獨學自成'한 것임을 말했고, 자제들에게 "비록 명문의 師에게서 受業傳道하지 못해도 道가 내 몸에 있고 聖賢 經傳이 갖추어져 있으니 진실로 스스로 구하면 그 이치를 깨닫지 못할 것이 없음"을 말했다고 한다[「磻溪先生(馨遠)行狀」, 『磻溪隨錄』 590쪽].

22) 「磻溪先生年譜」, 『磻溪隨錄』 顯宗 6년 기사 참조.

23) 근년에 와서 역사학계의 한국 실학 연구는 主理論 및 이황 계열의 학맥과의 관련성을 보다 높은 가능성으로 보고 있는 듯하다. 바로 이 점은 실학의 형성 과정과 관련하여 언급되어야 할 부분이다. 기호남인인 유형원이 서경덕·이황의 학문을 흡수하고 특히 서경덕 계열의 학자인 한백겸의 영향을 받았다는 것은 주지의 사실이다. 그런데 한백겸은 '四端七情論'에서 율곡의 氣發理乘一途說을 맹공하고 퇴계의 理發氣發說을 적극 지지하였다. 유형원의 性理說은 한백겸의 논리와 너무나 상통하는 점이 많음을 알 수 있다. 조선후기 실학 발생 형성기에 성리학과의 관계를 보여주는 것이다. 그러나 유형원이 37세때 친구인 鄭東稷에게 보낸 편지에서 주자에 대한 불만은 물론 靜庵과 花潭에게까지 의문이 생긴다고 지적하고 있다(이우성, 앞의 글, 결론부분 ; 柳發草錄, 安鼎福修輯, 李家源校寫, 『磻溪年譜』, 연세대학교 인문과학연구소, 1977, 37세조).

계·학계로부터 인연을 스스로 단절한다. 이에 따라 모든 官人·儒者
들이 결코 자유로울 수 없었던 학연·당색에도 구애되지 않았던 것으
로 보인다. 그의 학문은 "前人의 語言을 死守하지 않았다"는 평가를
받았다.[24] 이는 적어도 특정한 先儒·師門의 敎說을 墨守·追從하지
않았다는 것이며 自家說의 新創에 의미를 부여하는 자세인 것이다. 이
러한 학문태도는 師承·道統을 절대시하고 異說·新論을 異端邪說로
단죄하기를 주저하지 않는 그 무렵 정통주자학의 학문자세와 비교된
다.[25] 이처럼 유형원은 지방에 머무르며 사회·정치적 환경을 변화시
켜 아무런 정치적 이해관계가 없이 사회개혁안을 정리할 수 있었다.
그는 당시 사회상을 정확히 파악하고, 현실적으로 가장 시급한 문제들
의 개혁을 구상하였는데 무엇보다 그 스케일이 방대하였다. 당연히 당
시의 관인들이 기득권을 지키기 위해 시행하고자 했던 소극적 개혁론
과는 달랐다.

　『磻溪隨錄』에 나타난 유형원의 구상은 사회·정치의 전반에 걸친
法制의 改革에 있었다. 그의 改革論이 조선왕조 集權體制의 基本構
造를 문제삼고 있는 이상 그 기초에는 확고한 변혁·변법 이념이 전제
되지 않을 수 없었다. 우선 『經國大典』의 체제를 전면 수정하는 입장
이다. 즉 그의 變法論은 17세기 중엽 조선왕조 집권체제의 法制·規式
에 대한 비판의식을 반영하는 것이었다. 그는 당시의 모순현상을 법제
의 붕괴와 혼란에서 기인하는 것으로 보고 『經國大典』의 비현실성을
지적하면서 이를 법제의 기본이념이, 王道·公田制 이념의 결여로 인
하여 일관성이 떨어지는 것에서 찾고 있다. 그는 "法의 大體에만 의존
해서 條緒와 節目이 그 適宜함을 잃어버린 것"이거나,[26] "일에는 先
後緩急이 있어 두루 다 실행할 수도 없고 또 한 가지 일에도 端緒條目

---

24) 『磻溪隨錄』 附錄, 傳 2쪽.
25) 김준석, 앞의 책, 2003, 96쪽.
26) 『磻溪隨錄』 卷26, 書隨錄後, 27쪽.

이 수없이 많기 때문에 이럴수록 條例를 마련하지 않으면 그 일의 득실을 따져서 밝혀 볼 수 없는 것"이라 하였다.[27] 그런데 유형원은 改革事目의 형태로서 制度·規式을 작성해야 할 논리근거로서 體用論, 혹은 道器論을 수용하였다. 이는 本으로서의 道의 중요성을 강조하고 있지만, 그것은 器의 완성, 즉 制度·規式의 완벽한 실현을 위해서는 道가 전제로 되어야하기 때문일 뿐, 理·道 자체를 物·事보다 더 근원적인 것으로 인정하기 때문은 아니었다.[28] 다음으로 變法思想의 기저에는 '天理人慾說'의 논리가 깔려 있다. 이는 朱子學에서 강조하는 修養·修道의 개념이 아니라 法制·規範의 모순·폐단을 비판하고 그것을 근거논리로서 天理·人慾說을 원용한 것이다. 法制의 정신에서 보면 三代의 법과 후세의 법은 천리와 인욕의 차이가 있는 것이었다.

　　三代의 법은 모두 天理를 따르고 인도에 순응하여 만든 제도로서 그 요점은 사람들로 하여금 반드시 각자 살아갈 바를 얻게 하여 태평성대를 이룩하는 데 있었다. 그러나 후세의 법제는 한결같이 人慾에 이끌려 구구한 편리를 위해 만든 것으로서 인류로 하여금 부패타락에 빠지게 하고 천지가 막히게 하였으니 옛 법제와는 진정 상반되었다.[29]

　法制를 天理人慾說에 결부시키는 유형원의 관점에서 보면 古法·古制, 가령 井田制, '以田爲本'하는 貢賦, 貢擧制는 天理에서 나온 법제이고, 私田制(地主制), '以人爲本'의 貢役制, 科擧制는 인욕에서 비롯된 제도, 즉 非法·弊法이었다. 그러므로 그러한 비법·폐법에 因習하여 改法을 거부하는 것은 인욕으로 볼 수 있게 된다.[30]

27)『磻溪隨錄』卷26, 書隨錄後, 26쪽.
28)『磻溪隨錄』序, 1쪽 ; 김준석, 앞의 책, 2003, 106~107쪽.
29)『磻溪隨錄』卷26, 書隨錄後, 27쪽.

　구체적으로 유형원은 고법제를 탐구하고 이를 바탕으로 현실세계에 구현할 이상국가를 기획하고 있다. 그가 탐구하고자 한 이상적인 사회·국가는 "중국 하·은·주 삼대에서 구현된 국가와 왕정"이었다.[31] 이 점 여느 유교 정론가와 다를 바가 없었다. 그런데 유형원은 구체적으로 封建制－井田論－鄕遂制 가운데 크게 비중을 두는 항목을 적출하고 현실 속에서 실현할 방안을 제기하고 있다. 그리고 삼대 고법제의 이상과 현실을 감안한 이상국가가 가까운 시일 바로 조선의 땅에 실현되기를 희망하였다. 원리에 대한 탐구로부터 그 원리를 실현하는 구체적 세칙과 절목에 관한 탐구에 자신의 사상적 작업을 매진한 것은 인간의 역사 속에 실현해야 할 초역사적 이념에 대한 확신 때문이었다. 그가 희망하고 기획하려는 이상국가·사회는 "上下 貴賤의 사회 구성원들이 그 직분을 얻어서" 인심은 안정되고 풍속은 넉넉한 사회이다. 그는 이를 "四民이 각기 제자리를 얻은" 사회라고도 표현하였다.[32] 이때 국가는 "민을 기르는 일(養民)"과 "선비를 기르는 일(養士)"을 통해서 士民이 각기 제자리를 얻도록 해야 하는 것이었다.

　그런데 三代제도가 天理를 따른 것이고 그 이념은 古今을 통해서 관철되지만 제도는 시대적 현실을 반영할 수밖에 없다. 따라서 17세기 조선의 현실 속에서 이상사회를 실현시키고자 했던 유형원은 "(옛날 삼대의) 典章 制度를 끝까지 탐구하여 그 본 뜻을 얻어서, 이를 (오늘날의) 일에 미루어 조목 하나하나까지 빠짐없이 마땅하게 마련하고", "옛 뜻을 탐구하고 오늘날의 사정을 참작하여, 절목까지 상세하게 갖

---

30) 김준석, 앞의 책, 2003, 108쪽.
31) 『磻溪隨錄』 卷1, 田制上, 1쪽, "옛날의 정전법은 지극한 것이었다. 경계를 한 번 바로잡으면 만사가 모두 제대로 거행되어, 민은 항구한 생업을 갖게 되고, 군병을 수괄하는 폐단이 없어지고, 귀천 상하는 각기 그 직분을 얻지 못함이 없다. 그러므로 인심은 안정되고 풍속은 넉넉해진다. 옛날 수백 천년동안 나라를 튼튼히 유지하고 禮樂이 떨쳐 일어났던 것은 이 같은 근본 바탕이 있었기 때문이다".
32) 『磻溪隨錄』 卷8, 田制後錄攷說下, 2쪽.

추고자"[33] 하였다. "단지 옛 것을 모방한 것이 아니라 민의 힘을 헤아리고 산업을 계산하고, 자리를 참작하고, 인사를 참작하고, 고금을 참작하여 정했음"을 밝히고 있다.[34] 유형원의 개혁안은 三代의 典章 그대로의 복원이 아닌 본뜻을 살리되 그것을 현실에 맞게 변형하여 제도 절목으로 다시 고안하는 작업을 추가했던 것이다. 가령 토지제도에서 정전제의 이상성에도 불구하고 몇 가지 현실적인 이유로 그것을 그대로 실현할 수 없다고 보고 정전제의 실질을 구현하기 위한 公田制를 새롭게 고안해 내었다.

그는 논거를 위해 六經을 포함해서 유교 정치사상 전반에 걸친 주요 개념들을 채용하고, 역사연구, 祖宗朝의 법제를 연구하였다. 또한 그는 여러 지방을 실제 방문하였는데 그것을 통하여 土地 · 營農, 그리고 農民事情 등 생소한 사안에 대해 정리하고, 언제나 田園이나 農家로 나가서 궁금한 사실을 직접 확인하였을 것으로 추측된다. 아울러 유형원은 자신의 구상을 수치적으로 따져보는 도상실험을 했다. 그는 토지, 재정, 관직, 군사 등과 관련한 통계를 확보하여, 자신의 구상에 따라 구성원과 토지의 배치, 조세수취와 재정규모의 상당관계, 군사수효 등을 나열하고 배치하여 구상의 실현 가능성, 구상 상호간의 정합성 등을 논증했다.[35]

유형원은 자신의 개혁안 달성을 위해 강력한 君主權의 확립과 행사를 내세우고 있다.[36] 그렇지만 그는 국왕이 지닌 天理와 公心에서 개혁의 실현의지가 나올 수 있다 하더라도 그 실현을 담보하는 것은 결국 제도와 법이라고 여겼던 것을 보인다. 제도 · 기획의 공공성, 타당성을 강조하였던 것이다.[37]

---

33) 『磻溪隨錄』 卷26, 續篇下, 書隨錄後, 27~28쪽.
34) 『磻溪隨錄』 卷1, 田制上 5쪽, "非以苟倣於古也 度之民力 計之産業 參之地理 參之人事 又參之古今 無以易此 唯如是 故以此爲定".
35) 김선경, 앞의 글, 2000, 203쪽.
36) 『磻溪隨錄』 卷2, 田制下, 田制雜議附, 18쪽 ; 『磻溪隨錄』 續篇下, 奴隸, 8쪽.

3. 국가구상론의 구조와 지향

1) 公田論의 구상과 소농경제론

(1) 조선왕조의 소농 보호론과 16·17세기 농업문제

조선왕조는 국가건설 이후 일련의 개혁정책을 통해 소유권과 수조권에 입각하여 복잡하게 전개되었던 농민·토지에 대한 경제적 지배를 점진적으로 소유권에 입각한 단일의 경제제도로 전변시키고 있었다. 이 같은 변동을 거치는 가운데 조선왕조는 한층 강화된 집권적 봉건국가를 재건하여 갔다.[38] 그것은 토지생산력 발달에 따른 소유권적 토지지배 방식의 확대라는 역사적 추세를 반영하면서 새롭게 추진된 과정이기도 했다. 이 시기 사회적 생산력의 기본은 연작농업의 보편적 실현이라는 농업생산력을 바탕으로 하고 있었다. 또한 앞선 시기보다 국가직속 양인층의 소농경영이 확충되었다. 이 단계에서 양인 자영농을 중심으로 하는 중세적 소농경영이 우리나라 역사상 전형적으로 정립되고, 거기에 상응하는 신분직역제, 計田法的 수취제 등을 바탕으로 한 국가체제와 사회질서를 구현하기에 이르렀다.

소농경제는 중세 儒者들이 이상적인 사회의 건설에서 지주제 발달로 인한 토지불균과 그로 인한 농민층 몰락을 막는 체제개혁 논리로 검토되고 제시되었다. 소농경영의 재생산은 중세국가운영에 있어 기반을 이루는 公經濟 영역이다.[39] 따라서 소농민에 대한 보호는 권농정책

---

37) 정호훈, 『朝鮮後期 政治思想硏究 - 17세기 北人系 南人을 중심으로 - 』, 혜안, 2004, 232쪽.

38) 김용섭, 『한국중세농업사연구』, 지식산업사, 2000, 297~298쪽.

39) 소농경제에 대한 이해는 지주제 연구 과정에서 지주제의 발전과 변동을 규명하는 방법의 하나로 제시되기 시작했다. 동양 중세에 있어서 국가의 역할과 그 성격을 추적하기 위한 연구는 지주제 연구의 한계를 극복하고 국가의 전제적 성격과 그에 따른 농민의 존재형태를 보다 명확히 추적하기 위한 방법론으로 제시된 것이다. 소농민경영에 있어 국가가 미치는 영향력은 지대하다.

을 통해 지속적으로 배려되고 있었다. 중세국가(조선왕조)의 소농보호
방안은 지주의 횡포를 견제하는 한편 소농경영을 보장하는 방안을 마
련하는 데 있었다. 지주제를 혁파하는 논의가 나오기는 하지만 여전히
지주제는 중세국가의 주요 생산관계로 존속하고 있었고, 소농민을 보
호하기 위한 권농정책만이 유일한 대안으로 나타나게 된다.

  그런데 농업기술의 개량이나 농업생산력 향상, 농지개간은 지주·대
농, 자영소농, 전호농민, 빈농 등 당시 농촌사회 여러 계층의 존재를 전
제로 하고 또 이들의 생산활동에 의거하여 진행되고 있었다. 따라서
그 과정은 사회분화를 수반하고 있었다. 조선전기 대대적인 농업정책
의 전개과정에서 그것을 보다 효과적으로 이용하고 수행할 수 있었던
것은 부유한 농민층이나 부강한 양반지배층 및 국가 자신이었다. 국가
가 심혈을 기울인 농지개간의 중심이 되었던 것은 富民과 국가였고 주
로 지주제적인 기반 위에서 추진된 것임을 부정할 수 없다. 조선왕조
가 대대적인 民利·國計를 내세워 자영농 보호, 소농경제 중심의 농업
정책을 전개하였지만 조세원 확충을 위한 개간정책, 조세감면, 농업기
술 개발 등의 정책이 모두 地主·大農에게 유리한 결과를 야기하였고,
이를 막기 위한 力農論 또한 집약적 농법(精農論)의 강조로 인해 역시
地主·大農에게 유리한 것이었다.[40] 力農·精農論은 실제 농업생산

        소농경제란 중세국가의 운영원리로서의 '農者天下之大本'을 실현하기 위한
    경제운영 방식이었기 때문이다. 소농경제는 지주제를 중심으로 한 사경제에
    대해 공경제의 영역이다. 지주제에 대한 분석을 통하여 중세국가의 계급적
    성격을 추적할 수 있다면, 소농경제에 대한 연구야말로 중세국가의 공적 성격
    을 이해할 수 있는 근거가 된다. 따라서 소농경제에 대한 이해는 중세사회
    의 두 축인 지주제와 소농경제를 전제로 한 것일 때 그 성격을 명확히 파악
    할 수 있다(최윤오, 「조선후기 사회경제사 연구와 근대 - 지주제와 소농경제
    를 중심으로」, 『역사와 현실』 45, 2002).
  40) 이경식, 『조선전기 토지제도사연구』Ⅱ, 지식산업사, 1998, 540~542쪽. 力農論
    은 이념상으로는 신분계급의 상하질서와 지주와 전호, 대농과 소농의 상하관
    계 및 그 토지의 소유·경영규모의 대소관계가 일치하는 현실을 전제로 하고
    동시에 이를 바탕으로 한 사회안정을 도모하고 있었던 것이며, 이 범위 내에

의 담당자인 자영소농이나 전호농민의 사회경제 분화가 커지고 몰락
이 심해지면 동요하게 되어 있었다. 그러면서도 토지개혁은 기대하기
힘든 가운데 역농 자체는 더욱더 강조될 수밖에 없었다. 세종 3년 限
田法과 五家作統法이 제시된 것은 조선왕조의 소농·자영농 보호정
책의 지향에 적지 않은 문제가 있음을 보여준 것이다.

결국 조선전기에 전개된 제반 농업정책은 소농민의 보호 육성을 통
한 국가의 집권력 확보, 체제 확립을 위한 정책이었으나 계급적으로
대농·지주에게 유리한 결과를 야기했다. 더욱이 16세기로 접어들면서
과전·직전체제가 붕괴되어 토지매매에 가해졌던 제약이 풀리게 되고,
이로 인해서 토지겸병이 성행하게 되었다. 이 시기 토지겸병의 폐해를
극복하기 위한 限田論·토지개혁론이 재차 그리고 강하게 제기되고
있었다. 중소지주와 거대지주 사이의 대립도 점증되어 갔고, 부농과 빈
농의 알력, 지주와 전호의 갈등도 증대되어 갔다. 조선의 토지·농업문
제는 서서히 새로운 국면 곧 사회경제상의 체제 문제로 전화하여 가고
있었던 것이다. 당 시기 한사람의 지주가 집적하는 농지는 수백 결에
달하였고, 한 고을의 농지는 대지주 5·6명에 의해서 집적될 것으로
예상되기도 하였다.[41] 이 과정에서 명종조에 이르러 '임꺽정란'을 비롯
한 민란이 집중적으로 발생하는 등 사회상황이 어려워진다.[42] 이는 임
란 직전의 조선왕조의 농업체제가 안고 있는 모순 구조를 보여주고 있
다.

서 소경영 농민의 생산 주체성에 입각하여 多耕多耘과 의류작물 재배의 병
행 등 농업근로를 최대로 강조하는 精農을 내용으로 하고 있었던 것이다. 이
力農이 추구하는 것은 소경영 농민의 노동집약과 盡力으로 농업생산이 증대
하는 위에서 수립되고 또 이를 촉발하고 있었다. 精農論의 농경법은 현실적
으로 일반 소농민들에게는 부담스러웠고 地主·大農層에 적절하였다.

41) 『中宗實錄』卷33, 中宗13년 5월 乙丑, 15-445, "一邑之內 一人有田百餘結
若過五六年 則一邑之田 必聚於五六人家 是豈可也".

42) 한희숙, 「16세기 임꺽정난의 성격」, 『한국사연구』89, 1995 ; 고승제, 「16세기
천민반란의 사회경제적 배경」, 『학술원논문집』19, 1980.

이에 대해 조선왕조는 無田농민에게 산업을 주고 소농경제를 안정
시키고자 하는 농업정책을 정부 내에서 공개적으로 논의하고, 그 방안
의 일부를 정책에 반영시키고 있었다. 중종조의 관료들은 대지주층의
토지소유 토지겸병 상황을 문제삼고 사회적 불평균의 모순을 타개하
기 위해 균전적 토지개혁론의 시행을 검토하였다.[43] 그러나 당시 균전
론의 제기에 대해 이해 당사자인 양반지주층의 반대가 많았고 국왕 중
종도 '均田果是美事 而勢難行'이라던지 '均田之事 其勢今不可行'[44]이
라고 하여 여론의 대세를 이유로 찬성하지 않았다. 이때 겨우 채택될
수 있었던 것은 토지소유의 상한을 50결로 한정한다는 限田制였다.[45]
이는 戶籍定式上의 大戶의 전결소유 하한이나 中戶의 전결소유 상한
과 같은 것이었고, 따라서 이러한 느슨한 규정으로서는 대지주층의 토
지겸병을 제약하고 無田之民에게 일정하게 산업을 주어 사회적 불균
형을 해소시킨다는 취지를 살리기 어려웠다. 그나마 이 50결 상한제
역시 규정대로 시행되지 못했다.[46]

이로 보건대 임란 직전까지 대지주층의 토지를 몰수 또는 제한하여
무전지민에게 분급하고, 이를 통해 자영소농층을 안정적으로 유지하고
자 하는 것은 혁신적인 대책이 아니면 불가능했던 것이다.

한편 양란 후 어느 계층을 농업재건의 기초로 삼을 것인가 하는 문
제는 거듭 제기되었다. 이는 당시 정치운영과 관련하여 집권체제의 상
징인 국왕권과 봉건의 상징인 양반지주층간의 갈등 대립을 수반하는
것이기도 했다. 그런데 당시 국왕 宣祖는 집권체제의 정비를 위해 자

---

43) 『中宗實錄』 卷21, 中宗 10년 2월 癸卯, 15-59 ; 卷36, 中宗 14년 7월 癸巳,
    15-550.
44) 『中宗實錄』 卷33, 中宗 13년 5월 乙丑, 15-445.
45) 『中宗實錄』 卷33, 中宗 13년 5월 丙寅, 15-446.
46) 無田之民에게 '逃亡絶戶人田'이나 '未耕田'을 경작케 함으로써 점진적으로
    산업을 갖게 하려 했다는 점에서, 다소나마 의미가 있는 것이라 하겠다(『中
    宗實錄』 卷33, 中宗 13년 5월 丙寅, 15-446).

영소농층을 기반으로 삼으려 하는 노력을 시도하였다. 宣祖년간 민간 사이에서 불리어진 「雇工歌」는 임란 직후 복잡한 당시의 농업사정을 반영하고 있는 것이었다. '雇工歌'와 '答歌(答雇工歌謠)'의 내용이 임란 후 농업재건이라는 목표를 둘러싸고 상호 대립되고 있음을 알 수 있다. 전자는 宣祖 御製 혹은 武人 許墺의 작품으로 알려졌는데 고전 유학의 입장에서 자영농민층 중심의 농업토지론을 근거로 하는 것으로 평가된다. 후자인 '답가'는 政丞인 梧里 李元翼의 작품으로 알려졌는데, 朱子의 지주층 중심의 농업 토지론을 근거로 한 것으로 평가되고 있다.47) 특히 전자는 임란 전에 대토지소유가 발달하는 가운데 한전제조차 철저하게 시행할 수 없었던 조건 하에서, 그리고 임란 후 전란으로 인하여 파괴된 농업생산을 재건하지 않으면 안되었던 국가적 위기 상황 하에서, 이를 기회로 삼아 종래의 조선농업이 안고 있던 모순구조(無田농민이 10분의 3이나 되는 농업체제)를 다소나마 개혁하려는 정치·경제적 의미를 내포했다. 물론 현실적으로 지주제 유지론의 주장이 강하게 먹힐 수밖에 없는 구도였다. 그러나 차후에라도 전개될 개혁의 목표와 지향점은 이를 통해 제시된 셈이다. 당시 「雇工歌」의 전승, 1608년(선조 41) 한백겸의 '箕田說' 발표 등이 향촌사회 내에 많은 영향을 끼쳤을 것이고, 그 결과 지식인이나 농민층 사이에서 주자학의 농업 토지론을 부정하고 孔孟學(원시유학)의 토지론을 이상으로 여기는 분위기가 시대사조로서 확산되었을 것이다. 그리고 농업상의 모순구조가 더욱 심화되고, 孔孟學과 주자학의 본질이 학자들 사이에서 학문적으로 비교 연구되는 것과도 관련하여 『磻溪隨錄』에서 볼 수 있는 바와 같은 체제변혁·국가재조론을 위한 농업개혁 토지개혁 사상이 자연스럽게 그리고 적극적으로 전개될 수 있었던 것이다.48)

47) 김용섭, 「宣祖朝 「雇工歌」의 農政史的 意義」, 『학술원논문집』, 2002.
48) 김용섭, 위의 글.

⑵ 유형원의 공전론

17세기 政論家・儒者들 사이에서는 당 시기 최대 현안인 토지문제・농업문제를 둘러싸고 다음과 같은 의견이 대립되고 있었다. 먼저 朱子學的 農業論에서는 身分制와 아울러 地主制를 긍정하고 이를 보수・유지할 것을 목표로 하였다. 朱子 자체가 토지문제의 해결을 위해 井田的인 이념을 지닌 均田制를 시행할 것을 언급하면서도, 그러한 토지제도가 현실적으로는 실현될 수 없다고 하였다. 결국 토지문제를 해결하기 위한 朱子의 주장은 지주와 전호가 각자의 봉건적인 본분을 지키는 가운데 협조하는 것과 현 체제 내에서 제도운영을 잘 하면, 사회질서가 안정되리라는 것이었다. 朱子道統主義者들은 儒者-官人-地主의 입장에서 井田論・箕田論으로 집약되는 토지제도 개혁론에 반대하였다. 사실 箕子 井田을 긍정하는 점에서는 당시의 정전론자・토지제도 개혁론자와 일치하였지만 그 실현 가능성에 대해서는 부정적인 입장을 취하고 있었던 것이다. 그들은 토지제도의 개혁보다 더 우위에 두어야 할 사안이 綱常倫理에 의한 사회기강의 정상화라고 생각하였다.[49] 즉 농민층의 최저재생산을 보증하는 선에서 賦稅制度를 개선하고 대신 綱常질서의 확립을 최대한 도모하여 사회불안・민심의 동요를 규제해가려는 것이었다.

반면 朱子學的 農業論에 반대하는 학자들은 봉건적인 신분제의 폐지와 아울러 地主佃戶制를 중심으로 토지제도를 전면적으로 개혁할 것을 주장하였다. 특히 양란 후 국가재조의 문제와도 관련하여, 반주자학적 토지론의 주장과 시행방안을 본격적으로 제시하였다. 주자가 시행하기 어렵다고 여긴 地主制・大土地所有制를 개혁함으로써 小農經濟를 안정시키려는 견해였으며, 그러한 안정된 바탕 위에 조선왕조를 탄탄하게 재조하려는 견해였다. 그런데 이것은 이 시기의 국가가 현실적으로 지주층의 입장에서 지주제를 기반으로 추진하려 한 농업정책

49) 김준석, 앞의 책, 2003, 301쪽.

과는 입장을 달리한 것으로 체제 부정적인 개혁론이 되기도 하였다.
이 시기 이러한 견해는 '井田論'·'均田論'·'限田論'·'滅租論' 등으로
다양하게 전개되었다.[50]

　　유형원은 토지문제를 모든 제도에 우선하는 중요 사안으로 꼽고 있
었다.

　　　토지는 천하의 근본이므로 근본이 바로 서면 모든 제도가 온당하게
　　　되며, 근본이 문란하면 온갖 제도가 따라서 마땅함을 잃게 되는 것이
　　　니, 실로 정치의 본질을 깊이 이해하는 자가 아니면 天理와 人事의
　　　이해득실이 여기에 귀결됨을 알지 못하는 것이다.[51]

　　그는 17세기 중엽 조선의 최대 사회·정치 현안인 토지문제에 대해
公田論을 시행하여 '重民勤國 均賦薄斂'하는 방법으로 해결하려 하였
다. 유형원의 공전론(정전제 복구론)은 井井方方의 토지구획과 900
畝·9家라는 정전의 외형에 구애받지 않고 지형지세의 실정에 맞추어
구획하되 본래 이념에 충실한 토지 분급 방식을 고안해내는 일이었다.
또한 공전론의 특징은 土地와 人丁의 一致를 통해서 民의 恒産을 보
장하는 가운데서도 국가의 수취는 적절히 달성한다는데 있었다. 그리
고 이때 토지와 인정의 결합방식은 '以靜制動', 즉 '以田爲本'의 원리
였다.[52]

---

50) 김용섭, 「조선후기 농업문제와 실학」, 『東方學志』 17, 1976 ; 「조선후기 토지
　　개혁론의 추이」, 『東方學志』 62, 1989.
51) 『磻溪隨錄』 卷1, 田制上, 分田定稅節目.
52) 주나라 철법 단계에서는 하나라의 공법과 은나라의 조법이 결합된 형태로 정
　　전제를 시행하였고, 하은주 모두 1/10세를 이상적인 세율로 삼고 있었다. 箕
　　田과 철법 정전제는 '以地爲本'으로서 전제문란의 제현상을 일거에 혁파할
　　수 있으며, 나아가 '以人爲本'하는 균전제의 제반 모순을 일거에 타개할 수
　　있는 것으로 주목되었던 것이다(『磻溪隨錄』 卷25, 續篇上 序 ; 최윤오, 「반계
　　유형원의 정전법과 공전제」, 『역사와 현실』 42, 2001, 152~153쪽).

이와 같은 이념과 원칙 위에서 마련된 토지구획과 受田의 방법을 주로 '分田定稅節目'을 중심으로 정리해보면 다음과 같다. 첫째, 전국의 토지는 實績 기준의 頃畝法에 의거해 구획하되 이것이 불가능한 지형지세에서는 開方法을 써서 '折補以成頃'하며 짜투리 땅은 餘田(수십 畝 혹은 1, 2 畝)이라 하여 이를 다시 모아 작경하도록 했다. 4頃=1田(=1町)을 한 단위로 하여 4人 농부가 1頃(=1田)씩 경작하고 4頃 4人 가운데서 1人이 丁兵, 나머지 3人은 保로서 米 12斗나 綿布 2疋을 내어 軍役에 충당한다. 이때 公私外居奴도 당연히 受田하되 다만 2頃 가운데서 1人이 束伍軍에 출역하고 1人은 丁兵과 마찬가지로 그 保가 되게 한다. 壯丁 4인을 공동책임으로 兵農一致制를 운영하는 방안으로서 토지와 인민을 동시에 관리하여 田制와 役制의 문제를 해결하는 형태이다.[53] 상위 신분층을 우대하면서도 良賤을 막론하고 농민에 대해 동일한 受田原則을 마련한 점에서는, 그 군역의 차등한 규정에도 불구하고 생산노동력의 균질성을 인정하고 있는 것으로 보인다. 農本主義·小農경제 확립의 人的기반 구축을 의도한 것으로도 볼 수 있겠다.

둘째, 農地를 구획하여 田野頃으로 하는 것과 마찬가지로 경무법을 써서 閭里頃·站店頃·城邑頃을 설정하도록 하였다.[54]

셋째, 士(양반)는 관직에 나가지 않아도 入學만 하면(增廣生이나 外舍生·內舍生) 2頃이나 4頃의 토지를 받을 수 있고 군역의 의무는 면제하도록 했다. 官人이 되면 資品에 따라 6頃에서 12頃의 토지를 받으며(退官后에도 계속 耕食함) 또 1佃1人의 출병이 면제되고 仕臣 중에는 별도 所定의 祿을 받도록 했다. 특히 王室의 (大)君·公(翁)主 등에게는 모두 12頃의 기본 지급 이외에 별도로 賜稅를 최고 500斛地에서 최저 100斛地에 이르기까지 차등 있게 지급하도록 하였다. 胥吏·

53) 윤용출, 「유형원의 役制 개혁론」, 『한국문화연구』 6, 1993, 397~398쪽.
54) 이에 관해서는 본고 3장 2)에서 상론.

僕隷에게는 京衙의 경우 오직 祿만 지급하고 外方에서는 祿과 田을 반반으로(田50畝限) 入役 후 지급하고 軍役은 모두 면제하였다. 工·商人에게는 50畝를 급전하고 保布(軍役)도 半額만 부과하여 工·商의 專業만으로는 불완전한 생계를 藉賴하도록 하였다.

유형원이 구상한 土地分給 방식은 民에 대하여 그 身分과 資級에 따라 차등적으로 토지를 분급하고, 이렇게 분급된 토지를 바탕으로 田稅를 수취하여 국가를 운영하려 하였다. 특히 受田原則에서 양반층을 우대하는 규정을 마련하였고 동시에 儒業을 장려하여 그들에게 생산노동을 요구하지 않았던 것이다. 본래 정전제와 봉건제가 결합되어 이루어진 사회체제는 토지, 祿과 爵을 매개로 사회·정치적 관계가 이루어지는 사회이다. 그러나 당시 봉건제도를 실시할 수 없었던 조선사회에서, 儒者로서 관직에서 물러난 이후의 생활까지 고려의 대상으로 삼고있는 것을 볼 수 있다. 이러한 토지분급 방식의 특성은 양반층의 기득권을 어느 정도 인정해 주면서도, 토지의 授受管理 기능에 의거하여 양반층의 사회경제적 기득권을 제한하게 되어 상대적으로 小農 중심의 농업생산력 발전을 도모할 수 있다는 것이다. 또한 양반층 외에 사회 각 직종에 종사하는 자들의 형편을 자세히 헤아려 모두가 受田할 수 있도록 배려하고 항산을 지닐 수 있게 한 것은 이들과 연계하여 유통경제·상공업의 육성을 전망할 수 있는 구상이라 여길 수 있다.

유형원의 공전론은 지주제, 소농경제와 국가의 관련성을 체계적으로 검토한 개혁론이었다. 국가와 지주, 소농 三者의 이상적인 관계를 설정함으로써 국가를 부강하게 만들고 농민에게는 恒産을 제공한다는 방안이다. 그가 공전론을 주장한 것은 토지소유의 不均과 過大化 즉 私田化되어 가는 지주전호제의 모순을 목격하고 그것을 비판하는 데서 비롯되었다. 토지의 사유와 지대의 수입을 통한 경제적 이익의 확대가 보장되는 한 토지의 매매, 농민의 유리와 戶口·軍丁의 감소, 신분의 貴賤과 分數의 혼란 등 사회경제적인 부조리·무질서로 이어진

다는 것이었다. 이러한 비판은 양란 후 더욱 가중된 사회경제적인 모
순과 이로 인한 집권체제의 위기를 정확하게 인식한 것이라 할 수 있
다. 개인과 국가사회의 존재·목표를 실현하는 방법은 당연히 토지의
私有에서보다도 公有에 의한 관리·지급방식에 있다고 여긴 것이다.
공전론은 토지와 인간의 효율적·합리적 결합방식이므로 각 개인의
성취기회를 균평히 조정하는 일이기도 하지만 동시에 '分數'로 표현되
는 각 개인·계층의 사회적 지위와 所任을 정상적으로 수행하도록 보
장하기 위한 방안으로도 생각되는 것이었다.[55] 이러한 公田論의 개념
은 그 연원을 井田制에서 찾을 수 있다. 井田制는 恒産의 보장이라는
이른바 仁政論·王道政治論의 핵심이었다. 따라서 儒者라면 누구나
井田制의 이념과 實在를 인정하는 것이었다. 이에 유형원은 井田制의
이념에서 그 토지개혁의 이념을 가져오고 있었다. 그러나 井田制的 토
지분급 방식에 연연하지 않고 지형지세의 실정에 맞추어 그 분급방식
을 고안하였고, 이를 통하여 民의 恒産을 보장하고 국가의 收取를 원
활히 하고자 했다.

유형원이 제시하는 公田論의 현실적인 의의는 일단 사적 소유권에
입각한 대토지소유와 지주제 경영방식을 부정하고 소농경제 중심의
농업체제를 지향하는 데 있었다. 농민의 이익과 요구를 반영하여 농민
의 부담을 줄이고 사회 생산력의 향상을 도모하는 것으로서 진보적인
의미를 지닌다고 할 수 있다. 그러나 그가 주장한 토지개혁론은 앞서
서술한 것처럼 공유한 토지를 재분배할 때 일반 농민과 관리, 양반에
게 주는 양이 각각 달랐으며 토지를 이용하는 성격도 달랐다. 즉 현상
의 토지제도의 문제점을 파악했지만 관리 및 양반의 특권을 근본적으
로 부정하지는 못하였다. 이는 토지의 사유제가 근강하게 존재하는 현
실에서 결코 자유롭지 못했음을 보여준다.

---

55) 김준석, 「柳馨遠의 公田制理念과 流通經濟育成論」, 『人文科學』 74, 1996,
230~236쪽.

2) 鄕政論-閭里頃·鄕里制·鄕官制

향촌사회는 원기적인 사회단위와 조직을 바탕으로 동일한 생활문화를 형성·공유한 곳이며, 역사주체로서 성장하여 가는 민이 그 주체로서 역량을 실현할 수 있는 일차적 정치영역이 되는 곳이었다. 무엇보다 지역 내 행정적인 제도 차원에서 이루어지는 일상적 정치과정은 물론이고 여기에 포괄되지 않는 광범한 사회적 욕구의 결집 또는 조직화와 그들간의 대립, 타협, 배제 등의 넓은 의미의 정치과정이 행해지고 있었다.

특히 17세기에 들어 공적 사회제도(郡縣制·面里制·五家統制)의 운영과 지배실체, 특히 '중앙정부 차원에서 마련된 향촌지배정책이 향촌 현장에서 구체적으로 어떻게 시행되는지'의 문제, 그리고 在地士族의 존재와 私的 社會組織으로서 鄕會, 鄕約·洞契의 운영실태의 문제에 대한 儒者·政論家들의 정치·사회적인 정견이 집중적으로 제기되었다. 이는 王道政治가 口頭善만이 아닌 구체적으로 실천되어야 하는 명제라 할 때 그 실현의 場은 향촌사회였고 향촌문제의 해결이야말로 政事의 要諦라는 인식에서 비롯되었다.

본 항에서는 유형원이 국가 전체계에 걸친 개혁방략을 제시한 가운데 특히 지방제도의 정비, 鄕政論의 운영논리는 어떻게 설명되는지에 대해 중점적으로 살피고자 한다. 지방은 국가의 하부단위인 군현과 자치적 성격을 지닌 향촌사회(鄕黨)가 중첩되는 공간이었다. 鄕黨은 봉건제 하에서 실질적으로 養民, 敎化, 政令, 형벌 등을 담당한 지방조직인데 조선적 현실(군현제) 하에서 향촌사회가 담당한 역할이 군현제와 어떻게 조화될 것인가 역시 중요한 사안이었다. 앞서 살펴본 것처럼 유형원의 개혁안은 土地制度의 근본적인 개혁, 小農經營의 확립을 바탕으로 財政體系·國防·學校制·貢擧制(官僚制) 등의 정비가 핵심 사안이다. 따라서 그의 對鄕村政策, 鄕政論은 이상의 정치제도 개혁론과 구조적으로 연결되어 있었다. 유형원의 향정론은 향촌공간 구조에

대한 개혁론으로서 閭里頃 · 鄕里制, 재지세력에 대한 대책으로서 鄕
約制 · 鄕官制 개혁론이 있다.

(1) 鄕政論의 理念과 郡縣制에 대한 理解

유형원은 『磻溪隨錄』의 田制 敎選之制와 「補遺」의 郡縣制條를 통
해 일정 공간을 법제적으로 조직하고 생산의 담당자인 기층민을 편제
시킨 향촌제도의 개혁안을 제기하였다. 그는 통치의 객체와 대상이 되
는 생산자 농민과 향촌사회에 대한 법제적 정비가 중요하며, 향촌제도
의 정비는 조선왕조의 민에 대한 전반적인 지배체제(民의 生養, 敎化,
法令 및 風俗을 다스림)의 완성과 밀접히 관련된다고 하였다.[56]

유형원은 古制 · 先王之道 · 聖王之制는 모두 天理를 구현하는 것이
지만 時勢의 轉變으로 인해 古制를 그대로 적용할 수 없음을 인정하
였다.[57] 그러나 앞서 서술한 것처럼 道理와 天理는 고금동서의 구분
없이 공통되므로 古道만은 따를 수 있다고 했다.[58] 그는 先王의 古制
인 周代 封建制의 이념을 도입하고 이에 입각하여 실질적인 향촌내
조직체계와 諸職任을 임명하고자 했다. 그는 封建 즉 '設官分土'야말
로 天下를 經理하는 '大綱大器'라 규정하고 백성으로 하여금 恒産을
누리고 '各得其所'하게 하는 古法制上의 표상이 封建制라고 규정하고
있다.[59]

유형원은 鄕村의 政制를 기본적으로 復心이 되는 京師에 대응하여
四方을 藩屛으로 설정하고 諸候가 天子의 藩屛을 다스리듯, 朝鮮의
경우 監司가 藩屛을 감당하도록 했다. 藩屛을 강고하게 하는 것이 곧

---

56) 『磻溪隨錄』 卷3, 田制後錄 上, 52쪽.
57) 『磻溪隨錄』 卷26, 續篇 下 奴隷條, 507쪽, "後世事異封建 任官制祿 縱不能
一如古制 亦必久任而後 治效可責".
58) 『磻溪隨錄』 卷26, 續篇 下 奴隷條, 507쪽, "夫趨利避害 萬古天下之同情 豈
有今異於古 東方異於中國之理哉".
59) 『磻溪隨錄』 卷17, 職官攷說 上, 17쪽.

국가를 반석의 기세 위에 올려놓는 것이라 하여 周代 封建制의 '군건
한 藩屛이 외침을 막고 宗室을 보호할 수 있다'라는 논리를 적극적으
로 추종하고 있다.[60]

유형원은 굳건한 藩屛의 완성을 위해 첫째 행정구역의 정비로서 郡
縣의 倂省을 도모하였다. 그는 地小邑多 현상으로 인한 小邑이 난립
하여 政事를 행하고 부역을 부과함에 어려움이 많고 편리하지 못함을
지적하였다. 결국 쇠잔한 縣은 합치고 줄여야 한다고 하여 이를 위해
『經國大典』상의 330여 개의 군현수를 3분의 1 정도로 감축하려 했다.
군현통합의 기준은 山川의 形勢와 田野·人民의 수와 守備상의 關防
城池, 交通상의 道路, 軍事상의 要害 등의 요소를 참작하되 土地의 開
墾 여부를 논하지 아니하고 大府都護府(4萬頃), 府(3萬頃), 郡(2萬頃),
縣(1萬頃)의 규모를 설정하고자 했다.[61]

둘째는 藩屛의 諸侯에 해당하는 監司가 오랫동안 임직을 수행하여
제반 鄕村事의 緩急을 休養시켜야 한다는 점이다. 이의 연장으로 守
令에 의한 향촌사회 主宰權의 정립도 강조하고 있다. 그리고 監司·守
令의 久任論을 통해 정치에 있어서 人心 즉 민의 신뢰를 얻는 것이 완
벽한 제도 시행보다 우선한다는 점을 강조하였다.[62] 이와 관련하여 守
令의 경우 임기 9년, 觀察使·都事의 경우 6년을 임기로 정하도록 했

60) 이는 李珥의 '서울은 곧 腹心이요 四方은 곧 울타리니 울타리가 完固한 뒤에
야 腹心이 믿는 바가 있어 편안한 것인데 지금 四方 고을은 쇠잔하여 해어지
지않음이 없고'(『磻溪隨錄』卷13「任官之制」263쪽)라는 논리를 계승한 것
이다. 그 밖에 李珥가 통치기구의 재편을 위해 비대화된 통치기구를 축소하
고자 하는 '冗官革罷論', 對民支配의 일선을 담당하는 지방관을 보다 중시하
자는 '外任重視論', 책임행정의 구현을 위해 관직의 재임기간을 충분히 해야
한다는 '官職久任論'을 주장했는데 그 이념을 柳馨遠이 계승한 것으로 볼 수
있다(李先敏,「李珥의 更張論」,『韓國史論』18, 1988, 266~267쪽).
61)『磻溪隨錄』卷15, 職官之制 上 外官職, 313쪽 ;『磻溪隨錄』「補遺」卷1, 郡
縣制, 7~10쪽.
62)『磻溪隨錄』卷13, 任官之制, 263쪽.

다.63)

또한 守令을 거치지 않는 자는 堂上官(正3品)職에 陞遷하지 못하도
록 규정하였다.64) 柳馨遠은 外職 기피 풍조를 비판하였고 향촌사회의
농민에 대한 진정한 장악이야말로 守令制의 요체임을 강조하였다.65)
그리고 守令의 통치 기능을 강화하기 위해 監務官, 營將 등을 폐지하
여 그 권한을 守令에게 이관시키고자 했다.

(2) 閭里頃의 設定과 鄕里制 改革論

유형원의 향정론이 지닌 커다란 특징은 전통적인 수령제와 군현대
책에 머무르지 않고 하부구조인 鄕里와 생산자 民을 위요한 각종 제도
와 직임을 설정, 정비하고자 한 점이다. 유형원이 구상하는 지방제도는
단순한 戶口數에 따른 인위적인 등급의 결정에 머무르지 않고 생산수
단인 토지의 지급과 이를 담당할 생산주체로서의 家戶를 일정 수 배치
하는 방안이었다.

그의 향촌제도 조직안은 2가지 계열로 제시되었다. 집단 취락지로서
閭里頃의 설정과 기존 面里制의 정비를 전제로 한 鄕里制의 시행을
들 수 있다. 전자는 「田制」上篇에서, 후자는 「田制後錄」上篇 및 「補
遺」郡縣制條에서 각각 언급되었다.

가. 閭里頃의 設定과 運營

유형원은 「田制」上篇을 통해 그의 핵심적인 개혁안인 토지분급제
의 전면적인 실시를 주장하였다. 이와 관련하여 생산을 도모할 집단거
주지의 설정, 즉 閭里頃을 설정하려 했다. 閭里頃은 20家 단위로 1頃
을 定置한 것으로 생산단위를 최하 公的 社會制度에 결부시키고자 했

---

63)『磻溪隨錄』卷13, 仕官之制, 261쪽.
64)『磻溪隨錄』卷13, 任官之制, 261쪽.
65) 上同, 269쪽, "輕郡守縣令 是輕民也 民輕則 天下國家輕矣".

던 것이다. 柳馨遠은 거주지로서 閭里頃, 城邑頃 및 大路沿邊의 站店頃을 두어 경작지인 田野頃과 구분하였다.

인구가 감소하면 頃의 수를 줄이고 절반이 넘으면 그 頃을 감하여 田野頃으로 전환되도록 했다. 즉 1頃이 10家에 차지 못하면 半頃을 감하고 半頃이 5家에 차지 못하면 모두 감하도록 했다. 또한 人戶가 철거하여 비게 되는 경우 혹은 사람이 적은 곳은 田野頃으로 전환시키고 한 사람의 受田地로 만들도록 조치하게 했다.66)

그런데 閭里頃의 시행은 대대적인 田制改革과 맞물려 있었다. 즉 지급해야 할 토지와 受田人의 지역 조정을 목표로 인구가 많은 狹鄕에서 토지가 넓고 사람이 드문 寬鄕으로 옮기도록 유도하고 있다. 이와 같은 인구분산은 토지 지급시 일어날 수 있는 문제를 사전에 해결하려는 것이며 이를 통해 향촌의 균형적 편제가 가능함을 보여주는 것이다. 이상의 원리가 閭里頃에도 반영되어 徙民策을 단행하고자 했다.67)

이와 같이 柳馨遠의 閭里頃은 토지분급을 전제로 20家내의 隣保關係와 相互扶助의 원칙을 관철시키고자 한 집단취락지의 설정 방안이었다. 즉 閭里頃은 강력한 토지개혁과 궤를 같이하며 封建制 井田論의 遺意에 부합한 것이었다. 그러나 이 방안은 柳馨遠 스스로 지적하듯 당시의 사세로 보아 실현 가능성이 적었고 그의 개혁안의 최종적인 지향점을 제시한 것이었다.68)

나. 鄕里制 改革論

---

66) 『磻溪隨錄』 卷1, 田制 上, 19쪽.
67) 『磻溪隨錄』 卷1, 田制 上, 19쪽.
68) 柳馨遠 스스로도 현실을 전제로 그 시행을 강권하지 않았다. 우선 "토지가 이미 개인의 사유가 되어 민이 흩어져 살게 됨을 事勢로써 파악된다"라고 하였고 특히 田籍式의 작성에서 기존 토지제도를 인정한 위에 "만일 閭里頃이 있다면"이라는 표현으로 후퇴하고 있다(『磻溪隨錄』 卷1, 田制 上, 23~24쪽).

柳馨遠의 鄕里制 개혁안은 조직과 이념의 측면에서 周代 封建制 및 역대 중국·조선의 행정촌을 따르고 있다. 그러나 실제 시행되는 地形의 便宜와 人口의 稠密을 참작하고 있다. 우선 先王의 제도를 따른다는 점에서 戶數에 의한 통치조직의 정비의 측면이 크게 강조되었다.69) 이에 따라 各邑에 5家 1統의 五家統制를 근간으로 하고 10統 정도의 戶口를 里로 규정하였다. 柳馨遠은 鄕里制의 예하 조직이자 戶數에 따른 조직단위인 五家統制를 통해 실질적으로 민을 管束하려 했으며 여기에 朱子의 「社倉事目」에서 나타나는 隣保機能을 접목시키려 했다.70) 이때 10統을 채우고 남은 家戶는 기계적으로 連村에 分屬하는 것을 반대하고 5戶가 찰 때까지 기다리도록 하였다. 里의 家戶 배치도 이에 따르도록 했는데 대체로 10里를 鄕(外坊)·坊(서울)으로 명명하고 최하부의 행정단위로 삼도록 하였다.71)

---

69) 조선시기 面里制-五家作統制의 조직원리와 관련있는 周代의 지방제도는 六鄕六遂制였다. 「周禮」地官의 기재에 따르면 중앙에는 500里의 王城(國中)이 있고 그 주위 100里의 지역이 郊이고 6鄕이 위치한다. 그 밖의 주위 100里의 지역은 旬이고 여기에 6遂가 위치한다. 1鄕은 12500家로 이루어져 있으며 家數를 기본으로 比(5家)·閭(5比)·族(4閭)·黨(5族)·州(5黨)·鄕(5州)의 지역단위로 구분되고 있다. 旬에 두어졌던 6遂의 遂는 隣(5家)·里(5隣)·酇(4里)·圖(5酇)·縣(5鄙)·遂(5현)의 지역단위로 구성되어 있다. 鄕과 遂는 소재지가 王城에 가까운 곳인가 또는 그밖에 있는가의 차이가 있었고, 鄕이 군사기능을 주목적으로 한 조직이었던 데 비해, 遂는 본래 농업지역이었던 곳에 군사적인 능력을 부가시킨 형태를 지녔다(「周禮」卷10, 地官 大司徒 ; 卷11 地官 小司徒 ; 卷15 地官 遂人 ; 『磻溪隨錄』卷7, 田制後錄 攷說 上, 鄕黨條, 128쪽). 先王이 六鄕六遂의 법을 제정한 것은 첫째 百姓의 維持와 綱目을 삼고자, 둘째 그 隣比로 하여금 서로 보호하게 한 것임을 강조하였다. 아울러 백성의 수는 모든 政事의 출발점으로 정치에서 이의 확보를 위해 노력하는 것은 반드시 필요한 사안이라 했다(『磻溪隨錄』卷7, 田制後錄 攷說 上 鄕黨條, 131쪽).

70) 柳馨遠은 朱子의 「社倉事目」가운데 保(19인)·社首·隊長직임의 존재와 운영상황이 수록된 保簿를 향관에게 보고하는 체계 및 그 민호들이 서로 약속하고 공로와 범죄를 서로 보증하는 사실을 주목하고 있다(『磻溪隨錄』卷3, 田制後錄 上 鄕里, 52쪽).

그는 鄕里條에서 500家 700頃 규모의 鄕(坊)을 생산과 통치단위로써 규정하며 이를 재차 50統 10里의 행정체계로 편제하려 했다.[72]

한편 鄕里制에는 다음과 같은 직임이 설정되어 있었다. 柳馨遠이 통치의 근간으로 삼은 행정단위인 鄕에는 鄕正(坊正)-里正-統長이 각 통치단위의 직임자로 임명되었다. 鄕正의 자격은 鄕內 內外舍免番生으로서 '淸平正直者' 혹은 '有蔭有親之類'이며 守令이 향촌내 衆議를 택하여 觀察使에 보고하고 帖을 수여함으로써 임용하도록 했다. 이들의 祿俸은 常祿이 원칙이었으며, 「祿制」에 따르면 7천명의 鄕正을 상정하여 每員에 10斛씩 7천개所 7만斛이 책정되어 있었다.[73] 鄕正은 公事 및 各里에 대한 檢擧를 시행하고 農事와 養蠶 등 농사에 관계된 일체를 주관하였다. 특히 토지분급제의 운영과 관련하여 첫째 거짓 土地 授受者의 처벌,[74] 둘째 陳田의 보고,[75] 셋째 流離民의 통제업무가 있었다.[76]

또한 伺侯 6人을 人的 자원으로 지원하여 公的인 일이 생길 때마다 윤번으로 使令에 임하도록 하되 邑內의 面은 4人의 伺侯를 배치하도록 했다. 각 鄕에는 鄕의 左右를 나누어 勸農의 任으로서 良民 가운데 선출되는 穡夫 2人을 두어 稅納에 관한 傳諭·期限·督納의 일을 맡게 하고 그 保布를 면제하도록 했다.[77]

또한 유형원은 17세기 당시 鄕正을 賤任視하는 풍조가 전개되어 士類들이 필사적으로 謀避하는 사실을 심각한 문제로 지적하였다. 이에

---

71) 柳馨遠은 鄕의 명칭이 面·里·村으로 불리는데 黃海·平安道는 坊, 咸慶道는 社라 하며 漢城府는 국초부터 坊이라 명명했음을 밝히고 그 적절한 명칭은 상호 의논하도록 하였다(『磻溪隨錄』「補遺」, 郡縣制條, 536쪽).

72) 『磻溪隨錄』卷3, 田制後錄 上, 52쪽.

73) 『磻溪隨錄』卷19, 祿制 373쪽, 380쪽.

74) 『磻溪隨錄』卷1, 田制 上, 23쪽.

75) 上同, 25쪽.

76) 『磻溪隨錄』卷3, 田制後錄 上, 52쪽.

77) 『磻溪隨錄』卷3, 田制後錄 上, 12쪽.

대해 유형원은 鄕正의 연원을 周代 500家의 長인 上士와 漢代 鄕三老
-亭長의 사례를 들어 그 직임이 중요함을 강조하였다. 이와 더불어 구
체적인 해결책으로서 우선 士秩의 위치를 인정하고 士를 대우하여 昇
貢·祿俸의 특전과 伺侯를 붙여주어 鄕內 士族들의 적극적인 참여를
유도하고자 했다.[78]

　　한편 鄕正의 예하 직임인 統長·里長은 良民 가운데 長成한 나이
에 謹愼正直한 者를 선택하고 保布를 면제해 주고자 했다.[79]

(3) 在地勢力에 對한 對策－鄕約制와 鄕官制 改革論

　　유형원은 公的 制度로서 鄕里制-五家統制를 설정하여 政令(務)을
관장하고 별도의 敎化업무를 위해 私的 社會組織인 鄕約機構를 주목
하고 있다.[80] 국가의 목적 하에 편제된 鄕里制·五家統制에 비해 향
촌민의 내적 자율의식을 이끌어내는 데 있어 전통적인 鄕約기구의 활
용이 절실하였던 것이다. 유형원은 『春秋』公羊傳 何休의 說을 인용
하여[81] 古法에서 里內의 高德者를 선발하여 父老라 하고 그 辨護剛
健者를 里正이라 하여 民을 다스리는 데 分任者가 있었음을 예로 들
고, "옛법에도 역시 일을 나누어 맡은 자가 있었는데 하물며 敎化를
펴는 것은 곧 人心을 바로 잡는 근본이요 모든 政令이 이것으로 말미
암아 이루어진다"고 하여 政令과 별도로 敎化를 위한 업무수행기구의
필요성을 주장하였다.[82] 유형원은 郡縣단위 鄕約기구의 직임으로 都
約正·副約正을 두고 鄕마다 約正을 두어 卿·大夫·士같은 재지세
력의 임용을 규정했고, 副約正은 鄕官(鄕所)의 겸직으로 규정하였다.
그러나 가능하다면 鄕約기구의 約正·里正업무를 鄕里制의 鄕正·里

---

78)『磻溪隨錄』卷3, 田制後錄 上, 537쪽.
79)『磻溪隨錄』卷3, 田制後錄 上, 52쪽.
80) 拙稿, 앞의 글, 1994 참조.
81)『春秋』公羊傳 卷16, 宣公.
82)『磻溪隨錄』卷9, 敎選之制 上 鄕約事目, 168~169쪽.

正에게 부과시킬 것을 주장하여 전체적으로 국가공권력에 의해 재지
세력과 향촌 제 기구를 장악하려는 의도를 보여주었다.

　유형원은 鄕里制와 鄕約기구를 지방통치의 兩輪으로 구상하면서
조선전기 이래 지방기구였던 鄕官(鄕所)의 존재를 주목하였다. 그는
우선 "만일 옛법을 設行하고자 하면 守令이 반드시 먼저 鄕官을 잘 가
리고 또 鄕約으로 더불어 서로 表裏가 된 연후에야 잘 될 수 있다."라
고 하여 鄕官 직임의 중요성을 강조하고 鄕約을 통치의 보조기구로서
활용할 것을 주장하였다.[83] 유형원의 견해에 따르면 鄕官(座首·鄕
所)은 封建制의 遺意를 지니며 鄕遂制의 직임인 公侯(族師·黨正)에
비유되는 존재이나 事勢가 달라져 郡縣制下에서 守令이 主治之官이
됨에 따라 상대적으로 통치의 분담 직임으로 전변되었다는 것이다. 그
러나 治郡·治民에 있어서 어질고 덕망 높은 士大夫가 임용되어 守令
과 共治하지 않으면 올바른 敎化와 政事는 이루어질 수 없다고 주장
했다.[84]

　유형원은 구체적으로 鄕官(鄕所)의 선출 기능과 그 개선방안에 대
해 언급하였다. 즉 各邑 鄕官은 公廉하고 學識이 있는 자 가운데 다수
의 추천을 받은 1人을 座首로, 그 다음은 別監으로 임명하되 守令이
監司에게 薦報하고 監司가 差牒을 제수하도록 했다. 鄕所의 定員에서
座首는 1人이나 別監의 경우 大府와 都護府 4人, 府 3人, 郡 2人, 縣
1人을 원칙으로 하였다. 또한 柳馨遠은 守令과 더불어 大小 官事를
총찰하며 輔佐하는 직임이었던 鄕所가[85] 17세기에 이르러 座首의 직
임에 염치없는 무리들이 취임하고 守令이 그들을 吏隷와 동일하게 취
급하여 驅使하기 때문에 많은 문제가 야기된다고 진단하였다.

　유형원은 이와 같은 문제를 해결하기 위해 첫째, 座首에게 官品을

83) 『磻溪隨錄』 卷3, 田制後錄 上 鄕里, 52쪽.
84) 『磻溪隨錄』 卷9, 敎選之制 上 鄕約事目, 170쪽.
85) 『磻溪隨錄』 「補遺」 郡縣制條.

부여하도록 했다. 그는 國制에서 조선초기 土官을 鄕官과 유사한 직임으로 상정하였다.[86] 아울러 기존 座首체계는 官名을 삼을 수 없다고 하여 座首는 從9品의 典正으로 하고 別監은 典檢으로 정하여 임명하게 했다. 그러나 만약 원래 品階가 있는 자는 그대로 따르도록 하되 選士・營學生 및 內舍生免番者는 典正의 品階를 받을 수 있게 하여 前衡官 7品 이하라도 역시 제수할 수 있게 했다.[87]

둘째, 유형원은 적절한 인물의 擇任이 중요함을 강조하였다. 座首의 자격은 前職 7品官 以下者, 選士, 營學生 및 內舍生免番者로 하되 本邑에 적절한 인물이 없으면 隣界邑의 인물까지 가능하다고 했다. 이러한 隣邑者를 許通하는 것은 널리 인재를 얻는 방법일 뿐 아니라 座首 임명대상자 스스로 그 직임을 천대하지 않을 것이며 아울러 豪强의 폐단도 사라져 有益無弊가 된다는 것이다. 다음으로 守令이 邑內 公論에 따라 추대받은 자를 재차 상세히 살펴 추천장을 監司에게 보내고 監司가 替罷與否를 결정하여 牒授하도록 했다.

셋째, 유형원은 鄕官의 임기보장과 우대조건의 확립을 반드시 전제되어야 할 사항으로 제기하였다. 座首는 常祿이 있었다. 즉 座首에 대해 4孟朔에 4石 5斗를, 別監의 경우 3石을 각각 집에 지급하도록 했다. 鄕所가 근무하는 때의 支供하는 쌀은 별도로 그 廳에 지출되었다.[88]

또한 鄕廳所定 吏隷外 추가로 伺候 6人을 붙여주도록 했다. 伺候는 邑內 民으로 充定되는데 윤번에 따라 매 2人씩 待令케 했다. 또한 漢代 亭長・三老가 해마다 爵級을 부여받고 조선의 土官도 30朔마다 昇

---

86) 吉田光男,「十五世期朝鮮の土官制」,『朝鮮史研究會論文集』18, 1981, 18~
　　27쪽 ; 李載龒,「朝鮮後期의 土官에 對하여」,『震檀學報』29・30, 1966.
87)『磻溪隨錄』卷1, 田制 上, 18쪽. 典正의 名은 明代 宮正司내 '宮闕의 糾察
　　戒令 謫罰之事'을 맡은 正7品의 官職에서 나타난다(『明史』卷74, 志 第50 職
　　官3, 1821쪽).
88)『磻溪隨錄』卷19, 祿制 鄕所廳, 372쪽.

級하는 규정을 들어[89] 鄕官 역시 임기가 차면 昇級시키는 규정을 적용시키고자 하였다. 座首의 仕滿은 6周年이며 이후 陞遷하도록 했는데 別監은 임기가 없으며 座首에 오른 이후에야 비로소 임기를 계산하도록 했다. 座首의 경우 수령이 仕滿을 감사에게 보고하면 감사가 考講하고 재차 移文하여 吏曹에서 考講케 했다. 才能을 가늠해서 正7品 이하 從8品 이상 內外官에 除授하되 만약 특이한 재능을 지닌 자는 곧바로 5・6品官으로 올리도록 했다.

유형원은 鄕官을 外官과 京官을 순연시키는 직임으로 확정하여 조선왕조의 官僚機構・品階體系에 편제시키고자 했다. 이를 통해 향촌통치에 있어서 鄕官의 위치를 공고히 함과 동시에 貢擧에 의한 人才 선발의 중요성을 강조하였던 것이다.

앞서 살펴본 鄕里制와 鄕正이 국가적 목적 하에 위로부터 강제된 제도정비 및 직임자였다고 볼 때 민과의 결합이나 향촌장악력에서는 한계가 노출된다. 따라서 柳馨遠은 기존 鄕所(鄕官)제도를 활성화하고 중앙관직으로 薦選시키는 조건을 통해 재지세력을 적극 참여시키고 전통적인 鄕約機構・鄕會를 적극 장려하여 향촌통치질서와 내적 윤리의식을 함양하고자 하였다. 그러나 柳馨遠은 이러한 재지기구의 자율성이란 궁극적으로는 공적 통치권내에 포섭되는 것이어야 함을 주장하였다. 즉 그는 재지기구를 집권체제의 정비, 鄕里制의 확립을 위한 보조수단으로 활용하려는 입장을 표방한 것이다.

이상 유형원은 17세기 정치・사회 상황에 대한 인식을 바탕으로 전체제적인 개혁론과 함께 적극적으로 鄕政論을 개진하였다. 그의 鄕政論은 周代 封建制의 이념을 전제로 한 王室-藩屛의 확립과 郡縣 幷省論을 담고 있으며 구체적인 향촌조직으로서 鄕里制를 강조하였다. 鄕里制에 따르면 五家作統制를 근간으로 하되 10統을 里로, 다시 10里를 鄕, 坊으로 명명하여 최하부의 행정단위로 삼도록 하였다. 여기

---

89) 『世宗實錄』 卷84, 世宗 21年 3月 癸酉, 4-198.

에 생산주체로서의 家戶를 일정수 배치하고자 했다. 따라서 유형원은 500家 700頃 규모의 鄕(坊)을 적절한 생산·행정 단위로 규정하였다. 鄕의 직임으로 鄕正(坊正)－里正－統長을 계열화하여 특히 士類의 鄕正 任命을 강조하고 常祿, 伺侯를 덧붙여서 실질적인 권한을 담보해 주고자 하였다. 또한 재지사족의 향촌운영의 참여를 유도하기 위한 보조기구로서 鄕約의 조직·직임과 洞契의 기능을 적극 활용시키고 鄕官(鄕所)과 같은 기존 재지기구를 보다 활성화시키는 데 목표를 두었다.

4. 맺음말－국가구상론의 역사적 의의

17세기는 중세지배질서가 전면적으로 동요·해체되어 '經國大典的 體制'로 표징되는 조선전기적 질서가 변화하고 새로운 사회경제체제가 모색되고 있었다. 이러한 상황 아래 당 시기 政論家·儒者들은 정치·경제·사회 등 전 측면에서 야기되는 조선사회의 내적인 변화상을 염두에 두고 그들의 개혁론·정론을 전개하고 있었다. 이들은 현실에 대한 분명한 인식 위에서 사회의 제반 폐단과 모순을 극복할 수 있는 이상적 정치론을 끊임없이 마련하고 이를 실현하고자 했다.

磻溪 柳馨遠은 "三代의 王道정치는 典章제도를 통해서 구현되었는데, 이러한 삼대 전장제도의 이념과 내용을 회복한다면 오늘날에도 三代之治는 되살려 낼 수 있다"고 보았다. 또한 삼대사회는 '養民' '養士'를 통해 '四民이 저마다 제자리를 얻은 사회'인 점에 있다고 전제하고, 현실의 조선사회에서 이를 구체적으로 재현하고자 염원했다. 유형원은 목표의 실현을 위해 17세기 조선사회에 대한 비판적 인식을 전제로 각종 유교 경전연구, 중국과 조선의 역사연구, 祖宗朝 선학들의 논거를 세밀하게 정리하였다. 이와 같은 작업을 통해 전장·제도·절목을 포

함하여 종합적이고 체계적인 국가구상론을 펼치게 되었다. 유형원이 원리에 대한 탐구로부터 그 원리를 실현하는 구체적 세칙과 절목에 관한 탐구에 매진한 것은 인간의 역사 속에 실현해야 할 초역사적 이념에 대한 확신 때문이었던 것으로 보인다. 그것은 성리학의 원리에 대한 추적에만 치중하고 그 시행방법에 대한 탐구를 소홀히 하는 기존 주자학자들과는 궤를 달리하는 모습이었다.

유형원은 『磻溪隧錄』을 통해 정치제도의 개혁과 '耕者有田'의 원칙을 제도적으로 담아내려 했다. 이를 위해 公田制의 農政이념을 전개하였으며 토지제도에 의한 '均産均賦'의 원칙을 제도적으로 보증하기 위한 법제로서 閭里頃과 鄕里制를 결합시키고자 했다. 즉 『磻溪隧錄』에서는 국가의 기본적인 틀을 小農經濟 體制에서 구하였다. 농민이 토지를 균등하게 점유한다는 公田制를 기축으로 하는 체제였다. 그것은 지주전호제적 질서를 전면적으로 해체하고, 小農 중심의 균등 경제체제를 지향하는 구상이 담긴 것이었다. 소농경제는 중세 儒者들이 이상적인 사회로 제시하듯 지주제 발달로 인한 토지불균과 그로 인한 농민층 몰락을 막는 체제개혁 논리로 검토되었다. 이때의 방법은 토지재분배를 통해 농민으로 하여금 恒産을 갖도록 하자는 혁명적인 논리로부터 부세불균을 해소하기 위해 수취제도 운영상의 모순을 해결함으로써 현실적으로 가능한 재분배 방식을 강구하는 형태까지 다양하게 제시되었지만 역사적으로 시행된 것은 대개 후자의 방법이었다. 그런데 『磻溪隧錄』은 적극적으로 전자의 방법론을 강조하고 소농경제체제에 입각하여 구축된 국가개혁론을 표방하였다.

유형원은 조선사회를 전면적으로 변혁하는 데 있어 정치적 핵심체는 군주임을 주장하였다. 군권강화론은 현실의 사회경제 구조를 변혁할 수 있는 힘은 국왕이 가진 專制權으로부터 도출됨을 합리화하는 논리였다. 한편으로 국가의 법제가 天理의 절대도덕을 구체적으로 실현한다는 논리를 통해 이 시기 국가의 전면적 개혁의 정당성을 주장할 수 있었다.

그의 신분제론은 토지제도를 바탕으로 과거제와 관료제를 연계하여 제시된 것이었다. 첫째, 공전제 하의 受田대상에 民과 함께 士類를 포함시켰다. 특히 士類들에 대해 일반민보다 더 많은 토지를 받도록 배려하고, 학문과 도덕을 닦는 일에 전념할 수 있도록 學生이라는 직역을 부여하여 군역을 지지 않도록 조처했다. 동시에 그는 일반민 가운데도 학생이 될 수 있도록 하여 士類를 개인의 성취에 따라 들어갈 수 있는 개방적인 범주가 되도록 했다. 둘째, 貢擧制 하에서 民들에게 교육기회를 제공함으로써 지배층으로의 문호를 열어 놓았다. 그는 신분차등을 당연히 유지되어야 할 질서로 보았다. 그러나 그것은 혈통이나 문벌에 의하여 규정되는 세습적인 身分差等制가 아니라 학교에서 닦여진 학식에 의해서 결정되는 비세습적 지위, 즉 능력과 직분이 일치가 되는 인간 관계이어야 함을 주장한 것이었다.[90] 셋째, 奴婢계층에 대하여 즉각적인 해방을 요구하지 않았지만, 奴婢의 수를 줄여 良民으로의 편제를 도모하였다는 점이다. 이는 奴婢의 단계적인 해방으로 良民의 수를 증대하여 국가의 재정운영에 도움을 주고자 한 것이다. 또한 奴婢制를 대치할 방법으로 雇工制를 제시한 것은 16·17세기 당시 '고공노동의 활성화'라는 경제상황을 정확하게 파악하고 있었음을 보여준다.

유형원의 국가구상론은 그가 살았던 시기에 곧바로 시행에 옮겨진 것은 아니었다. 다만 이후 실학자·정론가들에게 중요한 영향을 끼쳤다. 그의 국가구상론은 명분과 고제의 옛 형태에 의존하면서도 법제·제도의 탐구를 통해 현재의 문제를 해결하고 역사적인 대전환을 도모한 것으로, 차후 실학자들이 자기 사회의 문제를 포착하고 대안을 제시하는 데 방법론의 측면에서 커다란 영향을 미쳤다.[91] 즉 그들에게

---

90) 김준석, 「柳馨遠의 政治·國防體制 改革論」, 『東方學志』 77·78·79합집, 1993.

사회와 정치에 대한 새로운 개입방식, 국가운영과 경세학의 새로운 방법론, 새로운 사유의 세계의 가능성을 열어 주었다. 이상사회의 전형을 삼대의 왕정에 두고 그것을 법과 제도를 통해서 달성하려고 하는 시도는 새로운 학문 방법론, 새로운 정치론의 출현을 의미하는 것이기도 했다.92)

자기가 살았던 시대의 현실적 문제점을 탐구하고 그 해결책을 제시하며 역사적 전환기를 이끌어 가려는 지식인은 적지 않았다. 17세기 유형원은 선학들의 영향을 받아들이면서도 한편으로 이들과는 다르게, 사회문제의 전 영역을 체계적으로 문제삼고 있다. 그는 구체적이며 실제적 대안 제시를 통해 기존 제도, '경국대전적 체제'를 비판하고 있다. 그의 개혁안은 17세기의 조선사회의 위기를 극복하기 위한 절박함에 기인한 것이었기에 매우 현실적이고 완결성이 높은 것이었다. 『磻溪隨錄』의 새로운 국가구상은 그 구성이념상, 운영원리상 17세기 주류 사상의 범위를 훨씬 뛰어넘고 있었다. 다만 유형원의 개혁사상에 나타난 한계는 그만의 것이라기보다는 시대적 한계라 보는 것이 타당할 것이다.

---

91) 『磻溪隨錄』 卷26, 書隨錄後, 28쪽, "嗚呼 徒法 不能以自行 徒善 不足以爲政 苟有有志者 誠思以驗焉 則亦必有以知此矣".
92) 이에 대해 김태영은 "그것은 현실인식의 역사적 각성을 통하여 역사적으로 적체되어 온 구조적 비리와 인습의 국가체제는 근원적으로 개혁한다는 변혁의 논리를 제시한 것이었다. 古經의 원칙은 그 변혁의 논리를 객관적으로 정당화하는 기준으로 원용한 것이었다. 그것은 중세해체기를 맞은 조선후기 사회에서, 우리나라 학술사상 처음으로 그리고 자생적으로 제기한 국가체제 변혁론으로서 새로운 학풍의 탄생에 값하는 역사적 의의를 지니는 것으로 이해된다"고 평가하고 있다(김태영, 앞의 책, 1998, 233쪽).

17세기 국가주도의 商業論과 商業政策

백 승 철*

1. 머리말

17세기 조선사회는 임진왜란으로 야기된 왕조체제의 전면적인 危機 상황에 직면하여, 政府官僚 및 知識人들은 나름대로 위기 극복을 위한 代案을 모색하는 데 골몰하고 있었다. 그들은 당시 정치, 경제, 사회 전 분야에서 전개되고 있는 현실상황을 자신의 學問的, 政治·思想的 입장에서 소화하여 이후 조선사회가 지향할 방향을 摸索하고 이론화하여 國家再造方略의 하나로 정책에 반영하려 하였다.[1] 국가 역시 이러한 관료, 지식인들의 국가재조방략을 수렴하는 한편 이를 정책에 반영하여 사회경제적 변화를 추동해 나가려고 시도하고 있었다. 18세기 중엽에 편찬된 『續大典』은 17세기의 관료, 지식인들이 제시한 다양한 국가재조방략이 英祖의 蕩平政策에 의해 절충, 조화되어 정리된 결과물이라 할 수 있다. 이 시기 상업문제와 관련된 관료, 지식인들의 논의나 국가의 상업정책 또한 마찬가지였다.

---

* 연세대학교 국학연구단 교수, 국사학

1) 이 시기 國家再造論의 개념과 사상적 의미에 대해서는 金容燮, 『朝鮮後期農學史研究』, 일조각, 1988, 111~113쪽 ; 金駿錫, 『朝鮮後期 政治思想史 研究』, 知識産業社, 2003 ; 吳泳敎, 『朝鮮後期 鄕村支配政策 研究』, 혜안, 2001 참조.

17세기 조선의 商業界는 임란의 피해 극복을 위한 국가적 노력이
진행되는 과정에서 중요한 전환점을 맞이하고 있었다. 조선전기 이래
봉건경제체제 유지를 위한 통치이념의 하나로 강조되어 왔던 務本抑
末論에 입각한 국가의 商業統制 정책이 점차 有名無實化하는 가운데
상업현실이 크게 변화하고 있었다. 전국적으로 場市가 확대·발전하
여 활발한 교역이 이루어지게 되었고,2) 都城에서도 다양한 私商層이
성장하고 있었다.3) 뿐만 아니라 유통경제의 발전에 따라 대동법 시행
등과 같이 국가의 租稅收取 및 財政運營에서도 변화가 일어나고 있었
다. 그 결과 조선전기 이래의 務本抑末論은 위축되어 갔고, 기존의 市
廛體制를 통한 商業의 統制 또한 불가능해지고 있었다. 따라서 정부,
지배층으로서도 이에 대응한 새로운 상업정책을 마련하지 않을 수 없
었고, 또 이를 뒷받침할 새로운 商業論의 定立의 필요성이 점차 요구
되고 있었다.

본고에서는 이러한 점에 유의하면서 兩亂 이후의 국가적 위기상황
을 극복하기 위한 제 방안으로 대두된 官僚, 儒者들의 새로운 상업론,
상업정책을 살펴보고자 한다. 이를 위해 본고에서는 우선 양란 이후
상업분야에서 나타난 제반 변화와 그에 따른 문제점 및 부세수취 기반
의 붕괴에 따른 국가재정 운영의 위기를 극복하기 위한 방안이 달라지
는 점에 주목하였다. 다음으로 이 과정에서 대두된 관료 유자들의 새
로운 상업론이 兩亂으로 인한 국가체제의 위기 극복과 관련하여 어떻
게 전개되었는가를 살펴본다. 마지막으로 이 시기 정부가 시행한 상업
정책을 『續大典』 규정과 관련하여 분석하여, 당시에 전개된 다양한 상

---

2) 場市에서의 商品流通에 대해서는 李景植, 「16世紀 場市의 成立과 그 基盤」,
  『韓國史研究』 57, 1987 ; 韓相權, 「18세기말~19세기초의 市場發達에 대한
  基礎硏究 - 慶尙道地方을 중심으로 - 」, 『韓國史論』 7, 1981 ; 홍희유, 「18~
  19세기의 장시 등에 있어서의 상품유통의 발전」, 『역사과학』 5, 1962 참조.
3) 私商層의 활동에 대해서는 姜萬吉, 『朝鮮後期 商業資本의 發達』, 高麗大學
  校出版部, 1973 ; 吳 星, 『朝鮮後期 商業硏究』, 一潮閣, 1989 참조.

업론이 국가의 정책으로 수렴되고 집행되는 과정을 밝히고자 한다. 이러한 작업은 17세기 官僚・儒者들의 상업발전에 대한 對應方略과 指向点이 국가재조방략과 어떻게 연계되어 있으며, 집권적 봉건국가제체하에서 국가의 경제정책이 상업분야에 미치는 영향력을 이해하는 데 도움을 줄 것으로 생각한다.

2. 壬亂 以後 商業現實과 그 變化

임진왜란은 다른 부문에서와 마찬가지로 상업분야에 대해서도 기존 체제의 붕괴와 새로운 체제로의 변화를 가져왔다. 전쟁으로 인한 都城 人口의 감소 및 國家의 조세수취 감소는 이를 기반으로 형성된 서울의 交易網을 파탄지경에 몰아넣고 있었다. 이러한 파탄 양상은 우선 市廛體制의 파괴로 나타나고 있다. 임란 중 전쟁을 피해 지방으로 피난하였던 市廛商人을 비롯한 京商人들은 대부분 지방에 흩어져 상업 활동을 하면서 都城이 수복된 이후에도 다시 돌아오지 않고 있었다.[4] 다음으로 상품의 유입이 원활하게 이루어지지 못하고 있다는 점이다. 이는 京中으로 반입되는 상품의 窓口 역할을 담당하던 三江 또한 제 구실을 하지 못하기 때문이었다. 戰亂과 계속된 관리들의 수탈로 인해 三江民들이 모두 흩어져 남아 있는 주민들이 백에 한둘에 지나지 않는 상황이었기 때문에 외방의 商船이 물품을 싣고 와도 하역하여 都城으로 운반할 길이 막히고 있었던 것이다.[5] 따라서 三江으로 모여들던 外方商船의 왕래가 자연히 끊어지게 되었고, 지방 상품의 도성 유입이 끊어지게 된 것이었다. 이에 따라 都城의 商品交易은 극도로 위축되고

---

4)『白沙先生文集』卷8, 陳時務書一啓, "士大夫之散處外方者 一聞聖教 必不待驅迫 而自當還京 庶民之中 富商大賈 爲之頭首 而因亂散處 隨時占利 以圖富足 而不思舊居者 亦多有之".

5)『宣祖實錄』卷67, 宣祖 28년 9월 甲申, 22책 556.

있었다.

> 平市署 提調 柳永吉이 아뢰기를……또 都城이 殘罷하여 市場의
> 가게가 모두 비었고, 전날 가게를 경영하던 商人들이 죽거나 流移하
> 여 남은 자가 백에 한두 명입니다. 비록 市場에 나간다고 해도 鐘樓
> 한 곳에 모두 모여 있고, 파는 것도 술이나 떡, 魚菜 등이 고작이어서
> 간신히 連命하기 때문에 都城을 떠나는 자가 속출하고 있습니다.[6]

이러한 상황 하에서 16세기 이래 都城을 중심으로 형성되었던 商品
交易網도 그 기능을 상실하고 있었다. 가장 중요한 日用品인 穀物의
유통마저도 제대로 이루어지지 않고 있었다.

> 備邊司가 아뢰기를 解氷以後 國穀 以外는 私卜(地主가 私稅, 地
> 代로 징수한 곡물 : 필자)이 일체 들어오지 않아 閭閭집에서는 곡물
> 이 귀하기가 金과 같습니다. 굶주리는 자가 많은 것은 이로 말미암은
> 것입니다.[7]

國穀 이외의 私卜이 일체 들어오지 못하는 현상은 곧 임란 전까지
발전하고 있던 都城을 중심으로 한 상품교역망이 전면적으로 붕괴되
었음을 의미하는 것이었다. 首都로서의 都市體制 維持와 都城住民의
生活安定을 위해서 商品交易網을 재건하는 문제가 절실히 요구되는
상황인 것이다.

이에 정부는 市廛體制의 복구를 위해 각 지방 수령으로 하여금 외
방에 흩어져 있는 京商들을 일일이 적발하여 都城으로 돌아오도록 조
치를 취하였다.[8] 그리고 平市署로 하여금 市籍을 정리하여 市役을 균

6) 『宣祖實錄』 卷44, 宣祖 26년 11월 癸丑, 22책 118.
7) 『宣祖實錄』 卷51, 宣祖 27년 5월 丙戌, 22책 266.
8) 『宣祖實錄』 卷12, 宣祖 33년 9월 丙寅, 24책 129.

등하게 부여하도록 하였다.9) 이와 아울러 정부는 새로운 물종을 취급
하는 상인들에게도 별도로 一廛을 설립하거나 혹은 기존의 市廛組織
에 편입하는 것을 허용하였다. 1607년(宣祖 40) 司憲府 啓에 의하면,
木花·綿子 등을 취급하는 商人들이 出市할 때 離合이 불편하다는 呈
狀에 따라, 이들이 舊市廛에 出市하는 것을 허락하였다고 한다.10) 여
기서 舊市廛에 出市하는 것을 허용한다는 말은 木花나 綿子를 판매하
는 商人들이 公廊에 입주하여 새로 一廛을 형성하도록 허용하는 조치
였다. 그러나 이러한 조치에도 불구하여 도성의 市廛體制는 쉽게 복구
되지 못하였다. 정부의 貿易負擔은 갈수록 견디기 어려워 졌으며,11)
마침내 稍實한 市廛마저도 파산하는 지경에 이르고 있었다.12) 후술
하는 바와 같이 수취기반의 파탄으로 인하여 국가재정 운영의 많은 부
분을 市廛에 의지하고 있던 정부로서 시전의 파탄은 심각한 문제가 아
닐 수 없었다. 따라서 시전체제를 안정시키기 위한 새로운 정책의 필
요성이 절실해지고 있었다.

　전쟁의 휴유증으로 위축되고 있던 서울의 市廛商業과는 달리 농민
적 상품유통기구로 성장하고 있던 場市는 전쟁이 끝난 후에도 지속적
으로 발전하고 있었다. 1600년(宣祖 33) 비변사에서는,

　　京畿道에 場市를 함부로 개설하지 못하게 한 것은 경기민이 각각
　　土産物을 가지고 都城에 와서 바꾸게 하여 京中과 京畿가 서로 의지
　　할 수 있도록 한 것입니다. 근래 경기도에 장시가 개설되고 그 수가
　　갈수록 많아져 物貨가 流通하는 길이 더욱 막혀 (京中으로 物貨가)
　　도달하지 않습니다. 京畿監司에 명을 내려 開城을 제외한 京畿道의

---

　9)『增補文獻備考』卷163, 市糴考 1, 중책 915, "宣祖三十三年 領議政 李恒福
　　箚曰……奸民之亂市 而不係市籍者 如令平市署 束定市役 則庶市民均役 而
　　市肆完定".
　10)『宣祖實錄』卷213, 宣祖 40년 윤 6월 甲申, 25책 349.
　11)『宣祖實錄』卷146, 宣祖 35년 2월 戊寅, 24책 346.
　12)『光海君日記』卷106, 光海君 8년 丙寅, 32책 515.

場市를 모두 금하도록 하는 것이 宜當할 것 같습니다.[13]

라고 하여, 京畿道에 많은 수의 場市가 개설되고 있는 상황을 거론하고 있다. 경기도는 물화가 활발하게 都城에 流入되도록 하기 위해 정부가 場市開設을 엄격히 금지하였던 지역이다.[14] 그러나 임란 직후 경기도의 상황은 都城으로의 物貨流通이 장애가 될 정도로 場市가 발달하고 있는 것이다. 국가에 의해 場市設立이 규제되고 있던 京畿道가 이러한 상황이니 다른 지역에서의 사정은 가히 짐작할 수 있을 것이다. 시간이 지날수록 장시의 擴大 추세는 더욱 진전되는 모습을 보여주고 있다. 17세기 초 장시는 한 군현에 적어도 3, 4處가 개설되어 인접한 몇 개의 군현을 하나의 유통권으로 하여 "一朔三十日內 無不見市之日"이라고 할 정도로 증가하고 있었다.[15] 이에 따라 場市를 돌아다니며 상업활동에 종사하여 생계를 維持하는 소상인층이 늘어나고 있었던 것이다. 壬亂期 충청도 지방에서 나타난 5日場 체제는 17세기 前半에 전국적으로 확산되어 가는 추세를 보여주고 있었다.[16] 이러한 상황하에서 장시는 점차 農村사회의 中心 交易機構로서의 地位는 점점 더 確固해지고 있었다.

지방에서의 상업발달은 장시 외에도 포구상업의 발달로 나타나고 있었다. 17세기 전반까지 魚鹽의 생산기능과 군사상의 방어기능이 중시되었던 외방포구는 17세기 후반 이후 해상교통의 발달과 유통경제의 진전에 따라 점차 상품유통의 거점으로 전화되었다. 그 결과 포구

---

13) 『宣祖實錄』 卷127, 宣祖 33년 9월 丙寅, 24책 129.
14) 『備邊司謄錄』 128, 英祖 31년 정월 16일, 12책 593.
15) 『宣祖實錄』 卷212, 宣祖 40년 6월 乙卯, 25책 345.
16) 1618년 이수광이 편찬한 『昇平誌』 場市條에 의하면, 順天의 府內場은 매월 5, 10, 15, 20, 25, 30일 등 6차례 개시되고 있었다. 그리고 부내장외에도 매월 5, 15, 25일 등 3회 출시하는 廣川場과 잠시 설치되었다가 폐쇄된 石堡場이 병존하고 있었다. 이 점에서 볼 때, 당시 순천지역은 10일장체제에서 5일장체제로 넘어가는 단계에 있던 것으로 파악된다.

는 장시와 함께 대표적인 유통시장으로 성장하였고, 특히 포구상업의
발달은 이웃 포구 간에 商權을 둘러싼 대립을 야기할 정도까지 진전되
었다.17) 임란 직후 상품유통경제의 상황은 이처럼 市廛體制 등 國家
의 통제 하에 있던 交易體系의 파탄을 초래한 반면, 場市나 浦口商業
과 같이 정부의 통제 밖에서 형성되었던 交易機構의 성장이 진행되어
以前과는 다른 流通體制가 형성되고 있는 실정이었다.

한편 전쟁으로 인한 국가수취 기반의 파탄은 기존의 國家財政 運營
方式에도 변화를 초래하고 있었다. 壬亂 직후, 貢納物 收取가 어려워
지면서, 필요한 물품을 市場에서 구입하여 조달하는 경향이 일반화되
기 시작하였다. 壬亂이 진행되는 동안 정부는 당장 필요한 國家需用品
을 민간에 別卜定하거나 市上에서 무역하여 조달하였다.18) 전쟁이 끝
난 후에도 이러한 방식의 財政運營은 계속되었다. 田結의 감소를 고려
하여 정부는 각 郡縣에 分定된 貢物을 계속 蠲減하게 되었고, 필요한
물건은 정부가 직접 京中의 市民이나 지방의 村民에게 貿易하여 조달
하였다.19) 賦稅收取를 통해 필요한 물품을 직접 現物로 확보하던 종
래의 재정운영 원칙이 후퇴하고, 國家需用品의 市場購入이라는 방식
으로 점차 전환되고 있는 것이다.

전쟁이 끝난 후 都城의 市廛體制가 어느 정도 회복되면서 국가가
필요한 물품을 市廛에 의존하는 경향은 더욱 확대되어 갔다.20) 특히
國喪이나 使臣接待에 필요한 不時의 需用에 대해서는 전적으로 市民
에 의지하였다. 부담을 견디다 못한 市廛이 파산하는 경우도 생겨났
고,21) 급기야는 貿易을 원망한 시민이 궁궐의 담장에 投石하는 사건이
발생하기도 하였다.22) 일부 官僚들이 不給價 貿易의 폐단을 지적하여

17) 고동환, 「18, 19세기 외방포구의 상품유통발달」, 『한국사론』 13, 1985.
18) 『宣祖實錄』卷67, 宣祖 28년 9월 癸巳, 22책 565-566.
19) 『宣祖實錄』卷80, 宣祖 29년 9월 丁酉, 23책 74.
20) 『宣祖實錄』卷145, 宣祖 35년 2월 丁丑, 24책 345.
21) 『宣祖實錄』卷159, 宣祖 36년 2월 辛卯, 24책 446.

市廛에서의 무역을 일체 금지할 것을 청하기도 하였지만 "市民의 물건을 一切 사용하지 말자고 말하는 것은 뜻은 좋으나 방해되는 바가 있어 행하지 못할 것 같다. 행하지 못할 것 같으면 처음에 명령을 내리지 않는 것이 나을 것이다"라는[23] 國王의 답변에서 보듯이 당시 정부의 財政狀態로서는 어쩔 수 없는 일이었다.

光海君대에 이르러 시장을 통한 國家需用品의 조달량은 더욱 많아졌다. 貢物생산처의 殘廢를 이유로 대부분의 貢物을 줄이거나 없앰으로써 국가의 현물재정운영의 폭이 더욱 좁아졌고, 잦은 使臣接待와 본격적으로 시작된 戰後 復舊事業에 필요한 물자조달이 많아졌기 때문이다. 使臣接待에 필요한 각종 毛皮類나 人蔘, 銀 등의 물품조달은 물론, 사신들이 發賣하는 각종 물품에 대한 購買와[24] 왕궁·왕릉 및 각 관청건물의 營繕에 필요한 재목과 石物 등도 대부분 시민의 부담이 되었다.[25] 정부의 貿易負擔을 견디지 못해 稍實한 市廛마저도 파산하는 지경에 이르게 되었고,[26] 시민들이 무리를 지어 각 衙門에 의한 抑買를 근절해 줄 것을 호소하는 상황이 거듭되곤 하였다.[27] 정부는 불필요한 낭비를 줄이는 한편 給價를 철저히 할 것을 매번 강조하였지만, 별다른 재정수입이 없는 실정이었으므로 어쩔 수 없이 같은 상황이 거듭되었다. 그만큼 국가의 재정운영이 市廛을 통한 物品購買에 의존하고 있음을 반영하는 것이라 할 수 있다. 이러한 현상은 부세수취 기반의 붕괴로 국가의 現物 장악력이 약화된 상황에서 어쩔 수 없이 전개된 것이기도 하지만, 현물중심 재정운영 원칙이 붕괴되면서 국가

22) 『宣祖實錄』 卷159, 宣祖 36년 2월 辛酉, 24책 446.
23) 『宣祖實錄』 卷159, 宣祖 36년 2월 辛卯, 24책 446.
24) 『光海君日記』 卷106, 光海君 8년 8월 壬戌, 32책 512 ; 『光海君日記』 卷176, 光海君 14년 4월 辛卯, 33책 442.
25) 『光海君日記』 卷50, 光海君 4년 2월 庚辰, 32책 13 ; 『光海君日記』 卷157, 光海君 12년 10월 丁巳, 33책 346.
26) 『光海君日記』 卷106, 光海君 8년 丙寅, 32책 515.
27) 『光海君日記』 卷157, 光海君 12년 10월 辛酉, 33책 348.

의 재정운영에서 상업에 의존하는 경향이 점차 커지고 있는 현상에 기
인한 것이었다.

壬亂의 결과 초래된 수취기반의 破綻과 그에 따른 국가 需用品의
시장구입으로의 전환은 현물 중심의 재정운영 원칙 하에 운영되던 조
선전기의 재정운영 방식과는 전혀 다른 것이었다. 그리고 市廛體制의
위축 및 場市, 포구상업의 발달은 조선전기적 상품유통경제의 전적인
변화를 의미하는 것이었다. 전쟁의 결과 지금까지 조선왕조체제를 지
탱해 온 경제적 기반이 동요하는 위기상황에 직면하고 있는 것이다.
이러한 위기 상황에 직면하여 정부관료 및 지식인들은 나름대로 위기
극복을 위한 代案의 모색에 골몰하고 있었다. 그 대안은 무엇보다도
民의 생존조건 회복과 국가재정의 확보 즉 國計·安民의 목표를 동시
에 달성할 수 있는 방안이어야만 했다. 이들은 그 대안을 16세기 이래
발전하고 있던 상품유통경제의 발전에서 찾고 있었다.

3. 새로운 商業觀의 擡頭와 그 分化

성리학을 지배이념으로 삼았던 조선초기 조선왕조는 맹자의 重義輕
利사상을 수용하여 理財의 추구를 경계한 반면, 務農과 節用을 경제
운영의 원칙으로 삼았다. 무본억말론에 입각한 억말정책이 그것이다.
이러한 경제사상에 입각하여 조선왕조는 상업을 억제하고, 사치를 금
지하며, 國用을 절감하는 정책을 펼쳤던 것이다.

17세기 전반 대부분의 정부관료 및 유교 지식인들은 위기 극복을 위
한 사회경제적 해결책을 전통적인 농업생산의 再建에서 찾고 있었다.
이에 비하여 農本政策을 지속하면서도 국가가 적극적으로 山澤을 개
발하여 이익을 흡수하고 상품유통경제를 활성함으로서 위기를 극복해
야 한다는 새로운 대안을 제시하는 인사들도 등장하고 있었다. '務本

補末論'이 그것이다.

'務本補末論'은 상업이 농민의 경리를 보완할 뿐만 아니라 國富를 증진시키는 요소가 될 수 있다는 관점에서 상업의 효용성을 적극적으로 긍정하는 상업관이었다. 17세기 전반의 무본보말론자들은 소금, 산삼, 은광개발 등과 같은 山川의 이익을 개발하는 방안을 구체화하고, 운송수단인 선박과 수레의 개선과 제조이용, 새로운 금속화폐의 주조와 유통을 제기하였다. 이들은 전란으로 파괴된 농업생산기반을 회복하기 위해 농업을 기본으로 하면서도 농업외의 다양한 산업을 육성함으로써 농민경제의 안정을 확보하고 국가의 재정위기도 극복할 수 있다고 보았던 것이다. 아울러 상업에 대한 정부의 장악력을 높여 상업이윤을 정부에 집중하여 피폐된 국가를 再造할 자원으로 삼고자 하였다.28)

17세기 후반 官僚·儒者들의 商業觀·商業政策論은 國家再造方略과 연결되면서 크게 두 계통으로 나뉘어 지고 있었다. 첫째는 '務本補末論'을 繼承하여 상업발전과 아울러 국가가 상품유통경제를 積極的으로 管理, 統制하여 그 利益을 還收하려는 近畿 南人의 '利權在上論'과, 둘째는 경제 현실을 바탕으로 '務本補末'의 필요성을 인정하여 商業발달의 필요성은 肯定하지만, 朱子學的 義利觀을 固守하여 君主·國家의 상업문제에 대한 干與를 최소화하려고 하는 西人=老論계열의 '財富民散論'으로 對立되고 있었다.29)

近畿南人의 상업관은 상업현실에 대한 군주의 적극적인 간여와 四民分業의 철저한 확립을 통한 專業的 商人의 육성으로 나타나고 있었다. 이들은 당시 주자학자들처럼 三代社會를 단순히 도덕적으로 지향해야 할 이념적 표상이라거나 현실 사회와는 거리가 먼 理想社會로만 인식하지는 않았다. 尹鑴의 경우 그는 실제로 三代社會의 法制를 원

---

28) 白承哲, 『朝鮮後期 商業史硏究 - 商業論, 商業政策』, 혜안, 2000, 제2장 참조.
29) 白承哲, 위의 책, 제3장 참조.

용하여 현실을 운영해야만 한다는 三代社會 法制의 실행논리를 견지
하고 있었다.[30] 그리하여 그는 三代의 古制를 典範으로 한 大更張의
실시를 통해 당시 조선사회가 직면한 정치·사회경제적 위기를 극복
해야 한다는 論旨를 피력하고 있었다.[31] 그는 三代 이후의 사회경제적
난맥상의 원인이 徹田의 폐지 및 '四民各居制' 즉 四民 分業의 폐지로
인해 世業이 지켜지지 못하게 됨으로써 초래된 것으로 파악하였다.[32]
따라서 富國强兵의 기반은 士農工商이 '各居其居 各專其事也'[33]할
때, 즉 철저한 四民分業이 이루어질 때 가능한 것이었다. 이러한 논리
는 일견 종래의 四民으로 특징지어지는 사회적 분업체제의 유지를 목
표로 한 것으로서 양반사대부 계층을 중심으로 하는 신분계급적 질서
의 공고화에 기여할 것이 예상되는 일이었다. 그러나 동시에 四民이
종사하는 모든 世業은 각각의 중요성을 지니게 되고 상공인의 존재 역
시 士나 農民과 마찬가지로 필연 필수의 의미를 지니게 된다. 그가 '市
廛의 백성들은 국가의 根本'[34]이라 주장하면서

　　國朝 이래 각각 分地가 있어 그 업을 世傳해 왔는데 이는 실로 京
　兆의 根本이고 財用이 나오는 곳으로 국가가 마땅히 優恤하여 보존
　해야 마땅한 것입니다. 만약 군병의 牟利로 인하여 시민으로 하여금
　離散하게 한즉 국가의 근심이 작은 것이 아닙니다.[35]

라고 하여 군병들의 亂廛을 혁파하고 시전상인들의 이익을 보장할 것
을 주장했던 것은 이러한 때문이었다.

---

30) 鄭豪薰, 「尹鑴의 經學思想과 國家權力 强化論」, 『韓國史研究』 89, 1995, 109
　　～114쪽 참조.
31) 鄭豪薰, 「白湖 尹鑴의 現實認識과 政治社會改革論」, 『學林』 16, 1994.
32) 『白湖全書』 卷30, 雜著 公孤職掌圖說 下.
33) 『白湖全書』 卷27, 雜著 公孤職掌圖說 下, "司空之以二事 佐王富邦國".
34) 『肅宗實錄』 卷4, 肅宗 원년 윤 5월 丁酉, 38책 282.
35) 『備邊司謄錄』 31, 肅宗 원년 윤 5월 15일, 3책 171.

한편 尹鑴는 富國强兵을 위한 內修를 실현하는 주체로서 君主를
설정하고, 군주 또는 국가의 적극적인 事功을 인정하는 논리를 전개하
고 있었다. 즉 그는 맹자가 군주의 利心의 발로라 하여 末務로 平價切
下하였던 移粟政策도 흉년에는 부득불 시행해야 할 '權時之策'이라고
주장하였다. 그리고 移粟을 하는 편리한 방안으로 수레의 이용을 권장
하면서 수레를 사용하면 東界나 北路에서도 곡물의 貿遷이 편리해질
것으로 기대하였다.36) 尹鑴가 이렇게 국가의 기민구제를 위한 방안으
로 移粟策의 시행이 필요하다는 점을 주장하는 사고의 기반에는 安民
을 위한 군주권의 절대화와 이에 기반을 둔 國家·君主의 事功을 긍
정하는 논리와 결코 무관하지 않은 것이었다. 그가 折受 批判論을 제
시하는 처음에 '山林川澤은 王者의 泉府'37)라고 주장한 것은 '利權在
上論'에 입각하여 公的인 존재로서의 군주가 그 이익을 독점하여 富國
强兵을 이룩해야 한다는 입장을 표현한 것이라 하겠다.

이러한 남인층의 '利權在上論'은 柳馨遠의 貨權在上論에서 보다 분
명하게 나타나고 있다. 그는 貨幣의 주조와 유통에 관한 모든 권한과
책임은 군주의 몫이 되어야 한다는 점을 누누히 강조하고 있다. 즉

> 銅錢이란 모양이 있는 그릇은 아니지만 富貴를 바꿀 수 있다. 富貴
> 란 人主가 장악하는 權柄이다. 백성으로 하여금 그렇게(鑄錢 : 필자
> 주) 한다면 이는 人主와 더불어 함께 權柄을 쥐게 되는 것이니 권장
> 할 만하지 못하다.38)

---

36)『白湖全書』卷10, 疏箚 辭職兼陳所懷疏(丁巳) 五疏(9월 12일) 貼黃, "至於
移粟一事 古人以爲末務 然當此大無之歲 又不得不權時之策 其地邊江海者
固可船運 其陸地險阻 長程費日 有難以運致者 臣謂當用獨輪車之制 是制也
不勞牛馬之力 用人推挽之 可以致千里歷高深焉 我國東界北路 粟不外泄 倉
儲稍給 而今歲稍登 若用此制而懋遷之 則東界之粟 可以踰嶺 北路之粟 可
以出關 而足以粒民之飢矣 此亦趨時便事之用 而豈不亦仍爲國家備不虞之
具乎".
37)『白湖全書』卷14, 乙卯 윤 5월 12일 上殿奏事.

라고 하여 富貴를 바꿀 수 있는 수단이 되는 중요한 利權인 貨幣의 주
조 유통권을 君主의 操柄이라고 강조한 점이 그것이다. 그런데 柳馨遠
이 주장하는 貨權在上論은 조선전기 이래 지배층들이 銅錢이나 楮貨
와 같은 貨幣를 유통시키면서 주장했던 수탈적인 貨權在上論과는 차
원을 달리하는 것이었다.[39] 오히려 貨權在上論은 철저하게 公共의 利
益을 실현하기 위한 것, 農民의 이익을 실현하기 위한 수단으로 필요
한 것이었다. 즉

　　대저 上天이 군주를 세워 生民의 주인으로 삼는 것은 대개 天下의
　　利를 管掌하도록 하기 위함이지 천하의 利益을 獨占하도록 한 것은
　　아니다.[40]

　　여기에서 하늘이 君主에게 이권을 장악하도록 한다는 의미를 유형
원은 군주에게 輕重을 조절하는 권한을 부여하여 천하의 백성을 편하
게 하라는 것, 다시 말해 개인으로서의 군주의 私益에 바치도록 하는
것은 아니라고 인식했다.

　　하늘이 萬物을 낳아 사람을 기름에 人君에게 利權을 부여한 것은
　　그 輕重을 헤아려 天下人을 이롭게 하고자 하는 것이며 일인의 사사
　　로운 奉養을 위한 것은 아니다. 군주가 능히 그 輕重을 헤아리지 못
　　한다면 物貨가 치우치고 폐기되는 지경에 이를 것이다.[41]

---

38) 『磻溪隨錄』卷8, 田制後錄攷說 下.
39) 李鍾英,「朝鮮初 貨幣制의 變遷」,『人文科學』7(연세대), 1962 ; 李鍾英,「李
　　朝人의 貨幣觀」,『史學雜誌』5(연세대), 1964 참조.
40) 『磻溪隨錄』卷8, 田制後錄攷說 下.
41) 『磻溪隨錄』卷8, 田制後錄攷說 下, "天生物以養人 付利權于人君 俾權其輕
　　重 以便利天下之人 非用之以爲一人之私奉也 君不能權其輕重 致物貨之偏
　　廢固".

즉 그에게 있어서 君主는 臣民의 위에 존재하여 각각의 利害關係를 調節하여 天下之民에게 공통의 利益이 되게 하는 公的인 存在로서 상정되고 있는 것이다. 이러한 민생의 안정과 부국을 위한 利權在上論과 君主論은 임진왜란 직후 近畿南人들의 핵심적인 상업정책론이었다.

유형원은 이러한 '利權在上論'을 상업분야에 적용하여 상업발달을 위한 제 방안과 이를 국부, 민생안정에 필요한 구조로 재편하기 위한 다양한 방안을 제시하였다. 새로운 流通機構인 常設鋪子의 설치, 貢納制 운영과 관련하여 중앙 및 지방관청에 貿備主人(一種의 貢人)을 두도록 주장한 것이라든가, 화폐의 鑄造·流通權을 君主로 대표되는 國家가 장악하도록 하는 일종의 管理通貨制를 제시하고 있다. 이러한 그의 방안은 流通機構, 商人, 流通手段(貨幣) 등에 대한 전면적인 개혁을 통해 국가의 管理體制를 강화함으로써 이권재상을 실현하고, 이를 통해 각종 中間收奪을 배제하여 商業을 발전시키는 가운데, 그 利益을 國家와 民에게 돌리려는 것이었다.

西人=老論系 官僚·儒學者들 역시 이 시기 활발히 이루어지고 있는 상품화폐경제의 발달을 적극 긍정하고, 이와 관련하여 그들의 資生을 확보하는 일에도 능동적으로 대처하고 있었다. 그리고 상업발달 및 그와 관련하여 발생하는 제반 문제의 해결책도 國家政策에 충분히 반영·수렴되어야 할 것으로 보았다. 그러나 이들은 현실의 제반 경제질서를 긍정하고 이를 그대로 유지하려는 입장에 서 있었기 때문에 적극적인 商業振興論이나 商業體制 改革論과 같은 것은 제시하지 않고 있었다. 다만 王室·宮房과 같은 특권층이 상업적 기반을 확대함으로써 兩班地主層 일반의 상업적 利益이 침해당하는 것을 막는 동시에, 국가가 현실의 상품유통경제에 개입하는 것을 최소화하여 兩班地主層이 현실의 상업 질서 속에서 누리고 있는 利益을 그대로 유지하려는 입장을 견지하고 있었다.

西人=老論계열의 유학자들은 근기남인들의 '利權在上論'에 대응하여 전통적인 유교의 經濟思想인 民富論을 내세우고 있었다. 이들이 주장하는 民富論의 개념은 李惟泰의 다음과 같은 말에서 잘 정리되어 나타나고 있다.

> 대개 聖人이 정치를 세움에 있어 財貨를 천하게 여기고 德을 貴하게 여기며, 利益을 멀리하고 廉恥를 숭상하여 天子는 有無를 묻지 않고, 諸侯는 多少를 말하지 않습니다. 무릇 모으고 거두는 데 힘써 재물을 후하게 하여 항아리 속에 쌓아두는 것은 匹夫의 富이고, 이를 흩어서 兆庶의 마음을 거두는 것은 人君의 富입니다.[42]

즉 진정한 富國의 실현은 財貨를 모으고 거두어 군주가 재화를 창고에 쌓아두는 것으로 달성되는 것이 아니라, 이를 흩어서 養民, 安民을 이루고 民心을 얻는 것으로 이룩될 수 있다는 것이다. 이는 현실의 경제체제를 전면적으로 개혁하든가, 혹은 생산력의 향상을 통해 民富를 실현하기보다는 현실의 경제체제를 유지하면서 생산된 財富에 대한 君主의 독점을 막고 이를 백성들에게 분배함으로써 民富를 실현하는 방법인 것이다. 이른바 '財富民散'의 논리였다.[43] 따라서 西人=老論들의 民富實現策은 君主, 國家에 의한 재부의 독점을 막는 방안과 관련하여 집중적으로 나타나고 있었다.

"一國의 재물은 그 수가 이미 정해져 있어 公家에 있지 않으면 私家에 있는 것"[44]이라 함은 군주·국가에 의한 재부의 독점을 저지 또

---

42) 『草廬先生全集』 卷3, 疏 己亥封事(庚子 5월 承命封進), "以足食言之 則有子曰 百姓足君孰與不足 百姓不足君孰與足 皆聖人之立政也 賤貨而貴德 遠利而尙廉 天子不問有無 諸侯不言多少 夫務鳩斂 而厚帑 櫝之積者 匹夫之富也 務發散而收兆庶之心者 人君之富也".

43) '財富民散'은 朱子學 學問論을 경전적으로 보증하는 四書 중의 핵심경전인 『大學章句』의 「治國·平天下」의 핵심방법이었다(『大學章句』 10장 참고).

44) 『宋子大全』 卷13, 疏箚 論安興倉及貢物事仍乞遞箚(己酉 2월), "夫一國之財

는 비판하고자 할 때 항시 내세우는 논리였다. 私家 곧 왕실에 의해 재
부가 독점될 경우, 공가인 국가의 재정 궁핍과 그리고 그 公民인 농민
의 수탈로 이어져 民富의 축적이 불가능하게 된다는 것이 이들의 주장
이었다. 그 중에서도 內需司를 중심으로 하는 왕실 궁방의 토지확대와
각종 이권획득 행위가 財富民散을 가로막는 가장 큰 원인으로 지목되
었다. 兪棨는 內需司를 지목하면서

　　內需司를 설치한 것은 그 由來가 비록 오래되었으나 그 재산은 私
　財이고 그 사람은 私人이다. 어찌 당당한 萬乘의 君主가 사사로운
　재물을 貯藏하고 私人을 使役시켜 匹夫가 私利를 도모하는 것 같이
　한 후 富裕하다 칭할 수 있는 것이겠는가.45)

라고 하여 堂堂한 萬乘之君인 국왕이 匹夫와 같이 內需司에 私的인
富를 축적한 후에야 富裕하다고 할 수 있느냐고 반문하고 있다. 宋時
烈 또한 내수사를 가리켜 "당연히 公家에 있어야 할 國家財政이 私家
에 있다"46)라고 하여 內需司의 재부 축적을 비판하고 있었다. 이러한
비판이 의도하는 바는 宋時烈이 "여러 宮家의 減剋이 금방 國用을 넉
넉하게 하고 民力을 펴지게 하는 實效로 나타날 것으로 기대해서가
아니라 군주의 正心, 修身의 결과가 실행될 곳은 家人, 즉 王家의 齊
家보다 먼저할 곳이 없기 때문"47)이라는 지적에서 보는 바와 같이 윤
리규범을 강조함으로서 이에 의한 君主權 制約의 의도를 반영하는 것
이라 할 수 있다. 즉 왕실과 宮家의 財富所有, 즉 사적 경제기반의 확

　　只有此數 不在於公家則在私門 不在私門則在公家 此不易之理也".
45) 兪棨, 『市南集』卷17, 雜著 江居問答, "內需之設 其來雖久 而其財則私財也
　其人則私人也 安有堂堂萬乘之君 而必藏私財役私人 有同匹夫之營私者 然
　後方稱其富也哉".
46) 『宋子大全』卷13, 「論安興倉及貢物事仍乞遞箚」.
47) 『宋子大全』卷12, 請懋聖學立大志箚(戊申 11월), "臣非以爲諸宮家所減剋者
　足以裕國用而紓民力 只以爲人君正心修身之實之所施 莫先於家人也".

대가 國王의 專制權을 강화하는 권력기반으로 작용할 소지가 많았기 때문에, 이를 집중적으로 거론함으로써 국왕의 권력행사를 제한하려고 했던 것이라 할 수 있다.

西人=老論들은 또한 당시 國王과 일부 관료들에 의해 추진되고 있던 富國强兵政策 또한 국가에 의한 聚斂의 확대로 한정된 財富를 국가가 독점하게 됨으로써 民富蓄積을 가로막는 장애요인으로 파악하고 있었다. 西人=老論들은 '所謂諸侯之富 藏於百姓者'[48]라든가 또는 '百姓足君孰與不足 百姓不足君孰與足'[49]라고 하여 百姓의 富는 곧 君主의 富이며 君主의 富는 百姓의 富라고 주장하면서 국가의 취렴은 결코 富國의 방안이 되지 못함을 강조하였다. 그리고 이들은 聚斂의 확대를 통한 부국강병은 "蓋民心之怨苦 由於賦役之煩"[50]이라고 하는 주장에서 나타나듯이, 국가를 富强하게 하기보다는 민생의 안정을 해치게 되어 국가체제를 불안하게 하는 요인이라고 주장하였다. 이러한 西人=老論의 인식은 송준길의 다음과 같은 말에서 잘 드러난다.

十數年來 晉臣들 사이에 國邊, 民邊이라는 설이 유행하고 있습니다. 대개 백성을 불쌍히 여기고 사랑하는 자를 민편이라 하고, 가렴주구하여 (국가의 수용을)준비해내는 재능이 있는 자를 국편이라고 합니다. 신은 일찍이 이를 亡國의 말이라고 하였습니다. 民은 곧 國家요 國家는 곧 民이니, 나누어 둘이 되는 것이 이 무슨 이치입니까. 옛날에는 이 말이 있지 않았습니다. 전하께서는 아시지 않으면 안됩니다.[51]

---

48) 宋浚吉, 『同春堂先生文集』 卷1, 疏箚 應旨兼辭執義疏.

49) 『草廬先生全集』 卷3, 疏 己亥封事(庚子 5월 承命封進).

50) 『宋子大全』 卷5, 丁酉封事(8월 16일).

51) 宋浚吉, 『同春堂先生文集』 卷5, 疏箚 應求言 別論仍乞解職疏, "十數年來 搢紳之間 有國邊民邊之說行焉 蓋以惻怛愛民者爲民邊 掊克幹辦者爲國邊 臣嘗以此爲亡國之言 民卽國 國卽民 分而二之 寧有是理 古未嘗有此語 惟殿下不可不知此也".

라고 하여 국가의 부국강병책으로 인해 가렴주구가 횡행하여 하나이
어야 할 國家와 民사이가 二分되어 대립관계가 증폭되고 있음을 경고
하고 있다. 財富民散論에서 보듯이 국가의 부와 백성의 부는 구분되지
않는 하나인데, 취렴을 강화하여 國富를 축적하려는 시도가 국가와 민
의 분열을 가져왔다는 것이다. 兪棨 또한 당시 국왕과 일부 대신들에
의해 추진되고 있던 聚斂 위주의 부국강병책은 일시적인 효과가 있을
지라도 곧 覆敗하게 될 것이라고 경고하면서, 損上益下하는 王道政治
를 통해 財富民散을 실현하는 것만이 진정한 부국강병을 이룰 수 있
는 정책임을 강조하고 있었다.[52] 이처럼 서인=노론 계열의 '財富民散
論'은 王室·宮家의 財富에 대한 獨占이나, 또는 國家의 聚斂强化로
나타나는 적극적인 경제개입을 반대하는 논리였다.

　이와 같이 두 계통으로 형성된 상업론은 정권의 향방에 따라, 그리
고 현실 상품유통경제의 발전양상에 따라 상업정책으로 반영되었다.
그러나 어느 한쪽의 논리가 일방적으로 채택·시행되는 것은 아니었
다. 政權의 향방에 따라 强度의 차이는 있지만, 兩者의 논리가 聚合·
折衷되는 가운데 商業政策으로 나타나는 것이다.

4. 商業政策의 展開와 그 性格

1) 市廛體制의 擴大와 特權商人 育成

　17세기 국가의 상업정책이 지향하는 바는 市廛體制의 재편 확대와
관련된 정책이 전개되는 과정에서 잘 드러나고 있다. 조선전기 국가의

---

52) 兪棨, 『市南集』 卷17, 江居問答, "自古專事富强而爲法者 雖或暫致富强 而
未有不旋見覆敗者 王者之道則不然 損上益下 務足百姓 而國未嘗不富焉 布
其仁恩 固結衆心 而國未嘗不强焉 捨此而別求富强之道 則非愚之所敢知
也".

상업통제수단의 하나였던 시전체제는 임진왜란으로 한 때 파탄지경에
이르렀었다. 그러나 壬亂 이후 서울의 상품유통체제 복구를 위한 정부
의 제반 조치가 진행되고, 이후 收取基盤의 안정에 따른 中央上納物
이 증가되면서 서울의 상품유통경제는 점차 회복되고 있었다. 특히 大
同法 실시 등 租稅收取 制度의 변화에 따라 정부의 재정운영 방식이
시장을 매개로 한 需要品의 購入이라는 형태로 변화하면서 서울의 상
품유통경제는 복구의 차원을 넘어 급속도로 발전해 가고 있었다. 이에
따라 서울에는 많은 상인들이 모여들게 되었고, 市廛에 소속되지 않은
채 상업활동에 종사하는 非市廛系 상인들의 수가 증가하고 있었다.

非市廛系 상인들의 활동은 특히 경기 대동법 실시 이후 활발한 모
습을 보이고 있다. 1617년(光海君 9) 漢城府의 보고에 의하면, 鐘樓 근
처에 백여 인에 달하는 상인들이 市案에 등록하지 않은 채 상업활동을
하고 있다고 하였다. 이들은 가게를 설치하고 貂皮 錦緞 綿紬와 같은
고급 物種에서부터 木綿에 이르기까지 다양한 상품을 매매하면서도
시안에 등록되지 않아 전혀 市役을 지지 않았다. 이에 漢城府는 여러
차례 적발하여 처벌하였지만 이들의 상업활동은 그치지 않았다고 한
다.53) 人員이나 취급하고 있는 상품을 볼 때, 그 규모가 市廛人들과
비교하여 결코 적은 것이 아니었음을 알 수 있다. 아마도 이들은 서울
의 상업체제가 복구된 이후 활동을 재개한 富商大賈들이었던 것으로
보인다. 務本補末論에 입각하여 상업발전을 국가의 경제기반으로 삼
기 위해서는 이러한 상인들을 정부의 통제 하에 재편하는 방안이 꼭
필요한 상황이었다. 정부는 이들을 市案에 등록시키거나 혹은 기존 市
廛의 分設을 허락하거나 新廛 개설을 폭넓게 許容하여 시전체제에 편
입시키는 정책을 시행하였다.

非市廛系 商人을 市廛體制에 편입시키는 정책은 훈련도감 군병의
亂廛活動에 대한 처리 과정에서 찾아볼 수 있다. 군병들의 상업활동은

---

53) 『光海君日記』 卷114, 光海君 9년 4월 丁酉, 32책 581.

훈련도감이 설치된 초기부터 허용되었다.[54] 17세기 후반 서울에서의
상품유통경제가 발전하면서 이들 중에는 가게를 설치하여 본격적으로
상업활동에 종사하는 자도 나타나고 있었다.[55] 이처럼 군병들의 난전
규모가 커지면서 상품판매에 獨占權을 행사하던 시민들의 이익을 침
해하는 사례가 빈번하게 나타나고 있었다. 肅宗 3년 정부는 事目을 정
하여 군병들의 상업활동의 범위를 규정함으로써 시민과의 충돌을 막
으려고 시도하였다.[56] 그러나 군병들의 난전행위는 계속되었고, 肅宗
3년 6월 시민들은 撤市를 단행하면서 군병들의 난전을 전면 금지해 줄
것을 정부에 호소하였다. 이 문제를 놓고 정부 내에서는 대신들 사이
에 다양한 논의가 전개되었다.[57] 그 결과 상업활동을 하는 군병들을
모두 市案에 들도록 하여 시민과 마찬가지로 일체의 國役을 부담하도
록 하는 것으로 결정되었다.[58] 이러한 조치를 통하여 훈련도감 군병들
은 市案에 등록하거나 혹은 기존의 市廛에 편입됨으로써 훈련도감 군
병의 亂廛문제는 일단락되었다.

다음으로 國家는 非市廛系 商人들에 대하여 기존 市廛의 分設을
허락하거나 新廛 開設을 폭넓게 허용하는 정책을 시행하였다. 이 시기
서울인구의 팽창에 따라 都城 外廓地域의 인구가 증가하면서, 이들을
대상으로 상업활동을 하는 亂廛商人들의 활동도 활발해지고 있었다.
이 시기 활동하는 亂廛商人에는 소생산자, 소상인들로부터 양반층의
상업경영을 대행하는 勢家奴子 및 京江商人 등 다양한 주체들이 참여
하고 있었다.[59]

---

54) 『增補文獻備考』 卷163, 市糴考 1, 中卷 914, "宣祖朝 命訓局軍兵 京居爲市
業者 全減市役".
55) 『備邊司謄錄』 33, 肅宗 3년 6월 24일, 3책 301.
56) 『備邊司謄錄』 33, 肅宗 3년 6월 24일, 3책 301.
57) 『備邊司謄錄』 33, 肅宗 3년 6월 24일, 3책 301.
58) 『備邊司謄錄』 33, 肅宗 3년 8월 24일, 3책 311.
59) 劉元東, 『韓國近代經濟史研究』, 一志社, 1977, 214~248쪽 참조.

17세기 후반 이후 亂廛商人들의 상업활동이 활발해지자 정부는 이들을 시전체제에 포섭함으로써 서울 상업계에 대한 장악력을 강화하는 정책을 시도하였다. 17세기 말 정부는 그 동안 고수해 오던 '一物一廛'의 원칙을 폐지하여 새로운 시전의 설립을 허용함으로써 市廛體制의 확대를 꾀하였다. 이에 따라 기존의 시전 중 米穀이나 魚鹽과 같이 도성민의 일용품과 관련된 시전이 도성 밖이나 京江邊과 같은 신흥 상업지구에 창설되었다.[60] 17세기 初에는 耳掩廛, 典獄隅廛, 上隅廛 등과 같은 새로운 市廛이 설치되었다.[61] 1660년경에는 西江米廛[62]이, 1680년경에는 麻浦米廛과 門外米廛이, 1671년에는 서소문 밖에 外魚物廛이 창설되었다.[63] 鷄兒廛, 南草廛, 涼臺廛, 門外偶廛, 門外床廛도 이 시기에 창설되었다.[64] 成均館 典僕에 의해 설치된 屠肆(懸房)도 17세기 후반에 설치된 것으로 보인다.[65] 유통되는 상품의 물량이 급증하면서 기존의 시전이 분화되어 여러 개의 시전으로 나뉘어졌고, 새로운 물종을 취급하거나 시전이 계속 생겨나고 있었던 것이다.[66]

非市廛系 상인들의 亂廛활동이 보다 활발해지고 그 규모가 커지면서 정부는 市廛에 대한 관리와 보호조치를 체계적으로 정비하고 있었다. 이러한 시도는 우선 市案의 작성방식의 변화에서 잘 나타난다. 17세기말까지 平市署 市案에는 각 시전이 독점권을 가진 상품명을 일일이 기록하지 않고 있었다. 이는 시전이 가진 禁亂廛權에 대한 관리가 허술하였음을 의미하는 것이라 할 수 있다. 각 시전이 취급하는 상품명이 자세히 기록되기 시작한 것은 1706년부터였다.[67] 이는 이 시기

---

60) 고동환, 앞의 책, 1998, 제3장 참조.
61) 『光海君日記』卷106, 光海君 8년 丙寅, 32책 515.
62) 『備邊司謄錄』184, 正祖 20년 11월 30일, 18책 549.
63) 『市民謄錄』乾 乙未(1705) 9월 초1일.
64) 『備邊司謄錄』184, 正祖 20년 11월 30일, 18책 549.
65) 『備邊司謄錄』55, 肅宗 30년 11월 28일, 5책 402.
66) 姜萬吉, 앞의 책, 1973, 168~175쪽.
67) 『備邊司謄錄』172, 정조 12년 정월 16일, 43쪽.

시전에서 판매하는 상품의 종류가 대폭 늘어났음을 반영하는 것임과 동시에 非市廛系 상인들의 난전활동뿐만 아니라 시전상인 사이에 판매 물종을 둘러싼 각종 혼란과 분쟁을 방지하여 각 시전의 獨占權인 금난전권을 보다 확실하게 보호하고자 하는 조치라 할 수 있다. 아울러 난전상인과 연결된 權力에 대한 처벌도 강화하였다.[68] 이러한 상황 하에서 난전상인들이 보다 안전하게 상업활동을 영위하기 위해서는 그들의 상업활동의 합법성을 인정받을 필요가 있었다. 난전상인들에게 있어 가장 안전하고 확실한 방법은 貢人이나 市廛商人으로 전화하는 것이었다. 그 결과 18세기 전반기에는 소소한 물종에도 대부분 시전이 창설되었다. 그 동안 영세소상인들이 자유롭게 판매했던 소소한 물종도 平市署 市案에 등재됨으로써 市廛化되었던 것이다. 17세기 전반 30여 개에 불과했던 시전이 18세기 말에 이르면 120여 개로 늘어난 것은 이러한 이유 때문이었다.

정부가 이처럼 市廛體制를 확대하고 난전에 대한 단속을 강화하여 특권상인층을 육성하는 목적은 상품유통경제에 대한 국가의 통제권 강화라는 측면이 존재하고 있었다. 禁亂廛權에 입각한 시전의 취급상품에 대한 독점권이 행사되면서 서울에서의 모든 상품유통은 市廛商人을 정점으로 한 유통기구를 통해 거래되게 되었다. 즉 서울에서 생산된 상품의 경우 생산자는 반드시 해당 상품에 대한 독점권을 가진 市廛에만 판매할 수 있었다. 이러한 점은 상업활동이 허용되었던 군병들의 경우에도 자신들이 제작한 工役物이나 혹은 다른 사람으로부터 사들인 물건을 반드시 그 상품에 대한 專賣權을 가진 시전에만 판매하도록 규정되었던 점에서 잘 알 수 있다.[69] 따라서 서울에서 활동하는 모든 상인들은 시전상인들에게 종속되게 되었고, 국가는 이들을 국가

---

68) 『各廛記事』 天卷癸酉(1753) 7월, "上司軍門及勢家 或因亂廛而捉來市民 則該大將該堂上從重論罪 扈衛廳別將所任軍官 及宮家句管中官與士大夫家將 各別嚴繩".
69) 『備邊司謄錄』 33, 肅宗 3년 6월 24일, 3책 301.

의 관리체제 속에 편입함으로써 서울의 상품유통체제를 통제 장악할
수 있었던 것이다. 요컨대 市廛에 禁亂廛權을 부여하고 또 市廛體制
의 확대를 통해 전체 상인층을 하나의 流通機構로 편입하는 정책은
상업발달을 容認하는 가운데 이를 통제함으로써 그 이익을 국가가 환
수하려는 데 근본 목적이 있다고 할 수 있다. 『續大典』에 새로 규정된
'勢家 奴子들의 난전행위나 禁吏, 廛人들에 대한 침해행위가 적발될
경우 家長을 처벌하도록 한 규정'은 정부의 시전확대와 이를 통한 서
울상업에 대한 장악의지를 보여주는 것이라 할 수 있다.70)

　이러한 정부의 의지는 大同法의 실시에 따라 등장한 공인층의 육성
정책에서도 잘 드러난다. 조세수취제도의 개혁이란 점에서 볼 때, 大同
法은 농민의 납부물과 관청수취물을 일치시켜 방납의 폐단을 혁파하
여 농민부담을 완화함과 동시에 국가재정 수입을 증대하기 위해 실시
한 방안이었다. 그러나 대동법 시행의 목적이 여기에 한정된 것은 아
니었다. 당시 관료들은 貢物의 상납과정이 방납유통기구를 통해 우회
하는 과정에서 발생하는 商業利潤의 양을 정확히 인식하고 있었다.
1610년(光海君 2) 黃愼은 방납과정에서 방납인들이 차지하는 이익을
1년에 최소한 47, 48만여 석이 된다고 계산하였다.71) 1633년(仁祖 11)
李敬輿 또한 1년에 매 1결당 貢物, 進上과 色吏의 人情, 三營에 납부
하는 使客支供米와 官廳의 雜役을 모두 統計하여 米 50두에 이르는
것으로 계산하고 있다. 그리고 이 액수는 10萬의 군사를 양성할 수 있

---

70) 『續大典』 刑典 禁制條, "不係廛案而亂廛者 (京兆主管 凡亂廛 使市人捉告
　　推治 亂廛之物折價 不及贖錢則除贖杖八十. 諸宮家所屬 亂廛尤甚者現告
　　法司嚴治 物件沒官 ○士夫家奴僕 亂廛現捉而毆打禁吏拘留廛人 徵還贖錢
　　者摘發 家長依律定罪 ○諸軍門軍兵 手業物件 勿以亂廛施行) 並禁斷".

71) 黃愼, 『秋浦集』 卷2, 地部獻言啓(庚戌 8월), "臣每聞民間之言 一年貢物防納
　　人情之價 多者每結米三四十斗 少者每結數十斗 而以今宣惠廳詳定之價計
　　之 則通八道貢物之價 不過米七八萬石而已 目今八道田數 尙有五十五六萬
　　結 若今每結收米六斗 則爲米二十二萬餘石 以貿一年貢物 足以倍數措備 而
　　且有贏餘 可以爲不時別例之數".

는 것인데 모두 防納하는 京各司 下吏와 市井의 富商大賈 손에 들어
간다고 지적하고 있다.[72] 이러한 계산은 과장된 감이 없지 않으나 어
찌 되었던 간에 엄청난 액수의 상업이윤이 防納과정에서 발생하고 있
음을 알 수 있다.

대동법은 貢物의 유통과정에서 폭리를 취하는 방납인을 배제하여
중간에서 유출되는 유통이윤을 國家와 民에게 돌릴 수 있는 방안으로
시행된 정책이었다. 대동법의 정착에 결정적인 공헌을 한 金堉은 이
제도를,

> 이 법(大同法 : 필자 註)의 설립으로 外方에서 出米, 上納할 때 한
> 때의 수고로움이 있다 하더라도 1년 내내 편안할 수 있고, 京中의 상
> 인은 값을 받아 미리 준비하므로 乘時適用하여 이익이 그 가운데 있
> 으니, 農商之民이 각기 그 業을 얻고 實이 여기에 있게 되었습니
> 다.[73]

라고 하여 農民과 商人이 각각 그 生業을 얻을 수 있는 제도라고 평가
하고 있다. 즉 농민은 미, 포를 납부하여 한번의 수고로 일년 내내 편
안하게 되고, 京中의 商人(貢人)은 값을 받아 미리 준비하기 때문에
이익을 얻을 수 있게 된다는 것이다. 그와 동시에 그는 대동법을 실시
하면 충청도 한 도만으로도 약 3만 石의 米가 남을 것으로 계산하고
있다.[74] 이렇게 국가에 이익이 남게 되는 이유는, 대동법 시행으로 농

---

72) 朴知誠, 『潛冶集』 卷2, 疏 萬言疏 癸酉(1633, 仁祖 11), "(李)敬興曰 每年每
一結貢物進上 色吏人情價及三營納使客支供 官中雜役 通計出米五十斗 又
曰 砲殺手爲四千名 而每一結收米二斗 以養四千兵云 若出米五十斗 則可以
養兵十萬 養兵十萬之資 歸於京各司下吏及市井富商大賈防納者之手 此類
致有公候之富 而國無養兵之資 不亦可惜乎".
73) 金堉, 『潛谷遺稿』 卷6, 請順湖南民情 速爲變通箚(戊戌 7月 10일), "此法之
設 外方出米而上納 一時雖勞 終歲安閑 京中受價而豫備 乘時適用 利在其
中 農商之民 各得其業 實在於此".

민이 貢納物의 대가로 내는 米·布의 유통경로가 農民-國家-司主人(貢人)으로 변하고, 국가의 수용에 필요한 현물의 유통은 生産者-私主人(貢人)-國家가 되어 貢物 流通構造가 국가를 중심으로 변화하기 때문이었다. 이 때문에 논자들은 大同法에 대해서 貢物貿納者를 防納人에서 宣惠廳으로 바꾸는 제도[75]라든가, 또는 防納人들이 世傳하던 이익을 宣惠廳이 차지하는 제도라고 평가하기도 하였다.[76] 이러한 평가에서도 보듯이, 대동법은 防納流通機構를 국가를 중심으로 재편하여 貢物流通을 국가가 장악하는 상업정책적인 측면을 지니고 있었다.

大同法의 실시에 따라 창출된 貢人은 정부에 의한 상품유통의 장악이란 측면에서 중요한 의미를 지닌 존재였다. 공인들은 대동법 시행과 더불어 혁파되는 防納 流通機構를 대신하여 새로운 貢物 流通機構를 창설하여 국가의 제반 수요를 차질없이 공급할 수 있도록 창출된 상인이었다. 따라서 국가는 수요 물품을 원활하게 공급하기 위해 이들에게 각종 특혜를 부여하고 있었다. 貢人들에게는 貢物의 購買를 위한 貢價의 지불방식에서 특혜가 주어지고 있었다. 元貢物의 경우 闕內나 각 관청이 1년 중에 필요한 貢物價를 미리 책정하여 공인들에게 先給되었다.[77] 그리고 貢價의 지불은 통상적으로 4·5배가 넘었으며,[78] 많은 경우 10배에 달하기도 하였다.[79] 따라서 공인들은 자기 자본이 없더라

---

74) 金堉, 『潛谷遺稿』卷7, 論左相不欲爲大同事啓.
75) 『光海君日記』卷36, 光海君 2년 12월 丙申, 31책 594.
76) 吳允謙, 『秋灘集』卷3.「庚午年作米議」, "當初沿海貢物作米 該曹本爲取利而設 一匹之木 折米十斗 勿論豊凶 一樣收捧 我國元是貢重 而作米之數如此 則民之苦重難堪 勢所必至 且各司下人 傳來世業之利 盡爲該曹所占 此類亦甚稱冤 是作米一擧 盡失京外人心".
77) 『承政院日記』680, 英祖 5년 3월 4일, 37책 500, "大同設立之後 宣惠廳計一年中闕內百司之費 先給其價於貢物主人 使之進排".
78) 『備邊司謄錄』76, 英祖 즉위년 11월 1일, 7책 599.
79) 『備邊司謄錄』98, 英祖 11년 12월 11일, 10책 132.

도 貢物貿納業에 참여할 수 있었다.

정부가 이렇게 공인들에게 厚價를 지불하는 이유는 국가가 필요로
하는 물화를 제때 공급하도록 하기 위한 것임은 물론 이들을 통해 상
품유통경제를 장악, 관리하기 위한 것이었다. 이들이 購買하여 관청에
납부하는 물품은 農業, 漁業, 畜産業 및 手工業을 통해 생산되는 모든
생산물과 각종 수공업제품과 각 지방의 土産物들이 망라되어 있다. 이
러한 물품은 공인들이 각 지방 場市나 혹은 生産者에게서 직접 구매
하거나 혹은 鄕商들에 의해 서울로 판매되는 물화를 구매하여 납부하
는 상품이었다. 生産者들은 이전처럼 無償으로 수취당하는 것이 아니
라 貢人이라는 항상적인 購買者를 얻게 된 것이다. 따라서 공인들의
購買활동이 집중적으로 이루어지는 서울은 "모든 물건이 모여드는 곳
이어서 제 값만 주면 물건들이 다리가 없이도 다 몰려온다"[80]고 할 정
도로 모든 상품유통의 중심으로 발전할 수 있었다. 공인들의 활동을
통하여 서울은 전국적인 商品流通體制의 中心으로 발전하고 있었으
며, 정부는 이를 통하여 集權的 國家體制를 유지하기 위한 또 하나의
物的基盤을 얻고 있는 것이다.

2) 私商活動에 대한 대책과 『續大典』 규정

朝鮮前期 民間人들의 상업활동에 대한 국가의 정책은 행상에 대한
路引稅, 月稅[81] 등 무거운 세금부과와 철저한 行狀發給 및 그 관리규
정[82]에서 볼 수 있듯이 철저하게 억제하는 것이었다. 『經國大典』 戶
典 雜稅條의 商稅에 대한 규정은 이를 반영한 것이었다. 그러나 17세
기 이후 상품유통경제가 발전하여 상업인구가 격증하고, 지배층의 상

---

80) 『顯宗實錄』 卷8, 顯宗 5년 3월 丙子, 36책 404.
81) 『經國大典』 卷2, 戶典 雜稅.
82) 『經國大典』 戶典 雜設, "行商者 京中漢城府 外部觀察使 都巡問使 印信行
狀成給".

업에 대한 인식이 務本補末論으로 변화하면서 민간인들의 상업활동에
대한 규제는 점차 폐지된 것으로 보인다. 『續大典』에서는 상세규정이
삭제되어 있으며, 『大典通編』에서도 『經國大典』에 규정되어 있던 商
稅에 대한 규정을 기록하기는 하였지만, 이어 '已上竝今廢'[83]라고 하
여 모든 규정이 폐지되었다고 기록하고 있다. 行狀制는 磻溪가,

> 지금 兩界의 監營과 東萊 等處에서는 그곳을 출입하는 京外行商
> 에게 그 文引의 有無를 묻지 않고 例에 따라 納布하도록 하고 있
> 다.[84]

라고 하여 당시 蔘禁이 엄하여 상인들의 출입이 통제되고 있던 兩界
와 東萊에서도 文引의 有無를 묻지 않고 收稅만 한다고 지적한 점을
보면, 17세기 중엽에 이미 유명무실화하고 있음을 알 수 있다. 行商에
대한 국가정책의 변화는 다음과 같은 자료에서도 잘 나타난다.

> 憲府가 아뢰기를……洛東江 좌우의 10邑은 바다와 매우 멀어 人民
> 이 資生하는 바는 오직 商鹽에 달려 있습니다. 그런데 統營이 매번
> 春秋에 貿販하는 鹽船을 發送하고 私商을 막아 鹽價가 매우 높아져
> 백성들이 그 고통을 감당하지 못합니다.……청컨대 統制使를 推考하
> 고 일체 嚴禁하도록 해야 합니다.[85]

鹽을 판매하는 私商을 막고 貿販을 하던 통제사를 추고해야 한다는
것이다. 뿐만 아니라, 서울에서는 흉년이 든 해에도 國穀을 발매하면
私商들이 판매하는 미곡이 서울로 들어오지 않게되어 곡물이 부족한

---

83) 『大典通編』 卷2, 戶典 雜稅.
84) 『磻溪隨錄』 卷1, 田制 上, 雜稅, "今兩界監營 東萊等處 京外行商之出其地
　　者 其文引有無則莫之問 例令納布".
85) 『仁祖實錄』 卷50, 仁祖 27년 정월 乙卯, 35책 342-343.

사태가 발생할 것을 걱정하여 米穀發賣를 중단하기도 하였다.[86] 나아가 『續大典』상에 私商들의 자유로운 영업활동을 방해하는 행위에 대하여 엄격한 처벌규정을 기록하고 있다.[87] 그리고 板商과 蔘商에 관한 收稅規定만 특별히 수록된 점을 보면 다른 상품을 취급하는 行商에 대한 收稅制는 폐지되었던 것으로 보인다.[88] 이는 정부가 조선전기 이래의 行商人口 억제정책 즉 抑商政策을 폐기하고 민간인들의 자유로운 상업활동을 허용하는 방향으로 정책을 변화시키고 있음을 보여주는 것이라 하겠다.

그런데 『續大典』에는 『經國大典』의 行商에 대한 규정이 모두 없어진 대신 蔘商과 板商에 대한 철저한 통제규정이 수록되어 있다.[89] 여느 行商과는 달리 蔘商이나 板商이 통제의 대상이 된 것은 이들이 취급하는 상품의 특수성 때문인 것으로 보인다. 목재는 그 용도가 棺材를 비롯하여 각종 兵船, 戰船, 漕運船 등의 선박을 제작하거나 공공건축에 대한 수요가 많은 상품이었다. 그런데 목재는 이러한 용도에 사용되기까지는 오랜 기간 동안 배양이 필요한 물품이었다. 따라서 조선전기 이래 국가는 法典에 松木의 培養과 禁松에 대한 규정을 수록하여 이를 엄격히 시행하도록 하고 있었다.[90] 이러한 禁松, 培養政策은 선박이나 건축에 필요한 목재를 축적함으로써 후일에 대비한다는 의미를 지닌 조치였다.

17세기 이후 상품유통경제의 발달에 따라 운송수단이 되는 선박의 수요가 급격히 증가하고 있었다. 이 시기는 稅穀運送에서 관선 漕運制가 점차 축소되는 가운데 京江船을 중심으로 한 私船에 의한 賃運上

86) 『顯宗實錄』卷4, 顯宗 2년 1월 癸酉, 36책 290.
87) 『續大典』卷之五, 刑典, 雜令 贖木條, "外方商賈所馱載 邀路抑執而買賣者 杖一百徒三年".
88) 『續大典』卷2, 戶典 雜稅.
89) 『續大典』卷2, 戶典 雜稅.
90) 『經國大典』卷6, 工典 裁植.

納이 확대되고 있었다.[91] 그리고 경강유역의 상업기지화, 포구상업의 발달[92]에서 보이듯이 선박을 이용한 船運業, 船商들의 활동이 급증하는 시기였다. 이에 따라 船舶 수요가 증가하여 造船이 활발하게 전개되었다.[93] 이에 따라 심각한 船材不足 현상이 나타나게 되었고, 국가의 船材 배양처인 封山의 목재가 상인들에 의해 斫伐되어 매매되는 일이 빈번하게 나타나고 있었다.[94]

이에 정부는 선재 생산지의 관리에 주력하여 1691년(肅宗 17) 장산곶, 변산 등 중요한 선재 산지에 대해서는 '松禁節目'을 제정하여 금송정책을 강화하였다.[95] 전국적으로 600여 곳을 封山 또는 宜松山이라 하여 斫伐을 금지하고 있었다.[96] 그러나 이와 같은 관리 규정에도 불구하고, 禁山의 선재가 목재상인들에 의해 계속 유출되었다.[97] 따라서 국가가 필요로 하는 선재를 확보하기 위해서는 금송정책과 아울러 목재상인의 활동을 철저하게 통제할 필요가 있었던 것이다. 『續大典』에 규정된 板商에 대한 규제는 이러한 사정 하에서 나온 것이었다.

『續大典』의 규정에 의하면 판상들이 禁松地域에서 목재를 작벌하기 위해서는 호조나 歸厚署의 첩문이 꼭 필요하였다. 궁가나 각아문에 소속된 板商일지라도 戶曹와 歸厚署의 첩문을 받아야 목재 생산지에 들어갈 수 있었다. 이는 목재를 조달하는 貢人들에게도 해당되는 규정으로, 벌목을 위해서는 반드시 첩문이 필수적인 요소였음을 알 수 있다. 私商으로 첩문이 없는 자는 절대 禁松지역에 들어가 목재를 작벌할 수 없었으며, 만약 적발되면 모든 물건은 屬公하도록 하였다.[98] 그

---

91) 崔完基, 『朝鮮後期 船運業史研究』, 一潮閣, 1989.
92) 高東煥, 앞의 글, 1993 참조.
93) 『備邊司謄錄』卷25, 顯宗 6년 2월 29일, 2책 84.
94) 『備邊司謄錄』卷47, 肅宗 19년 3월 25일, 4책 512.
95) 『備邊司謄錄』卷45, 肅宗 17년 8월 24일, 4책 411-412.
96) 『萬機要覽』財用篇 5, 各道封山.
97) 『備邊司謄錄』卷47, 肅宗 19년 5월 19일, 4책 520-521.
98) 이러한 規定이 私商들의 木材 賣買를 모두 금지한 것은 아니었다. 私商들은

리고 판상들이 취급하는 목재가 京江에 들어오면 棺材는 歸厚署에서, 修粧板, 松板 등 棺材에 적합하지 않은 것은 호조에서 각각 1/10稅를 받았다. 정부가 이렇게 板商에 대한 수세를 규정하여 활동을 통제하는 이유는 국가에 꼭 필요한 戰船, 兵船 등의 軍船을 건조할 수 있는 선재의 확보를 위한 것으로, 私商層의 활동을 억제하는 상업정책의 일환으로 실시된 것은 아니었다.

한편 人蔘은 약재로서의 효능과 희귀성으로 인해 가장 귀중하게 취급되는 상품이었다. 人蔘은 商人들에게 "百藥의 우두머리이며 그 값이 銀貨와 같고, 아주 가벼워 쉽게 휴대할 수 있는 寶物"[99]로 여겨질 정도로 利益이 많고 취급이 간편한 상품이었다.[100] 국가에서도 人蔘을 金, 銀, 虎皮 등과 함께 禁輸品으로 지정하여 國外로 搬出하는 것을 막고 있었다. 따라서 다른 상인들에 대한 규제가 대부분 철폐된 17세기에도 蔘商의 國內活動에는 여러 가지 제약이 따르고 있었다.

『續大典』규정에 의하면 상인이 인삼매매에 종사하기 위해서는 제일 먼저 호조에서 黃帖을 발급받아야 했다. 그리고 黃帖을 발급할 때는 每 장당 銅錢 3냥이 부과되었다.[101] 또한 황첩은 다른 상인에게 양도할 수 없고, 그 사용기한도 발급 후 5개월로 제한되어 그 기간 내에 다시 호조에 반납하도록 되어 있었다. 황첩의 所持는 모든 인삼 상인

'私養山主'에게서 개인 소유의 목재를 구입하여 판매할 수 있었다(姜萬吉, 「造船業과 造船術의 發展」,『朝鮮時代 商工業史 研究』, 한길사, 1984, 201쪽 참조).

99) 兪棨,『市南集』卷14, 雜著 「參毒」(辛卯), "蔘 百藥之長也 其價視銀貨 而甚輕易賷 若之何不珍也".

100) 蔘商의 營業활동 및 資本蓄積에 대해서는 다음과 같은 研究에 자세히 밝혀져 있다. 姜萬吉, 「開城商人과 人蔘栽培」,『朝鮮後期 商業資本의 發達』, 고려대학교 출판부, 1973 ; 吳星, 「朝鮮後期 蔘商에 대한 一考察 - 私商의 擡頭와 관련하여 - 」,『韓國學報』17, 1979 ; 車守正, 「朝鮮後期 人蔘貿易의 展開過程」,『北岳史論』1, 1989.

101)『續大典』卷2, 戶典 雜稅, "蔘商下去江界時 本曹給黃帖 收稅. 每張收稅錢三兩 松都請得黃帖 收稅亦同 無帖文入往者 以潛商律論 元卜駄屬公".

들에게 해당되는 것으로, 蔘貢人이라 하더라도 예외가 없었다.102) 이
帖文은 戶曹에서 직접 발급하거나 혹은 戶曹가 만들어서 松都나 關西
감영에 보내기도 하였다. 황첩을 받은 지방관청이 이를 상인에게 분급
하였을 때는 반드시 그 내용을 기록하여 호조에 보고하도록 규정되어
있었다. 黃帖은 일종의 인삼구매업에 종사할 수 있다는 허가증으로 蔘
商이 갖추어야 할 필수적인 요건이라 할 수 있다.

蔘商에 대한 국가의 관리, 통제는 여기서 끝나는 것은 아니었다. 상
인들은 황첩을 발급받은 후에도 인삼의 구매에서 판매에 이르는 전 과
정에서 관청의 철저한 통제를 받아야 했다. 우선 상인들이 인삼을 구
입하기 위해 산지에 入去하려면 해당 지역 監營과 要路에 설치된 鎭
官에 호조 관문을 제출하여 허락을 받아야 했다. 그리고 다시 蔘産地
의 鎭官에서 公文의 有無를 확인한 후 인삼의 매매가 허락되었
다.103) 이때 蔘商들은 監營 등 入去를 허가하는 관청에 1/10세를 선납
해야 했다.104) 만일 황첩이 없이 입거한 자가 있을 때는 潛商律로 처
벌을 받았으며, 황첩이 없는 상인에게 私買를 허락한 관리도 禁錮에
처해지고, 상인이 싣고 온 모든 화물은 屬公되었다.105)

蔘商들이 산지에서 인삼을 購買하는 과정에서도 국가에 의한 관리
가 계속되었다. 산지에 도착한 삼상이 帖文을 관에 제출하면, 관청에
서 일일이 사실을 대조하여 그 姓名과 賣買事實을 기록하였다. 매매사
실에는 삼상에게 인삼을 판 주민의 인적사항과 매매된 인삼의 수량과
가격 등이 모두 기록되었다.106) 그리고 이렇게 기록된 사실은 모두 成

102) 『增補文獻備考』 卷132, 刑考 6, 肅宗 14年, 「江界禁蔘節目」.
103) 『增補文獻備考』 132, 刑考 6, 肅宗 14년, 江界禁蔘節目, "蔘商下去時 必受
    出地部黃帖 而關西監營及熙川 雲山 神光鎭等 嶺底要路 必考驗地部公文後
    始爲許入 産蔘地方邑鎭官 點閱其公文有無 始許賣買".
104) 『備邊司謄錄』 卷124, 英祖 28년 6월 1일, 12책 282 ; 『備邊司謄錄』 卷124, 英
    祖 28년 7월 22일, 12책 295-296.
105) 『續大典』 卷2, 戶典, 雜稅, "無帖文入往者 以潛商律論 元卜駄屬公" ; 『備邊
    司謄錄』 卷124, 英祖 28년 6월 10일, 12책 284.

冊하여 한 건은 戶曹에 보고하고, 한 건은 本府에 두어 거래를 憑驗하
도록 하였다.107) 삼상 1인이 구매할 수 있는 인삼의 양은 정해진 수량
이 있었으며, 만일 그 이상으로 구매했다가 적발될 경우에는 加數 부
분은 屬公되었다.108)

  인삼의 판매과정에 대해서도 국가의 관리와 통제는 계속되었다. 産
地에서 인삼구매를 끝낸 삼상은 일단 都城으로 돌아와 戶曹에 黃帖을
반납하고, 구매해 온 인삼의 수량을 각각 書納하여 産地 官吏가 보고
한 數量과 대조하는 절차를 거쳐야 했다. 이 절차가 끝난 다음에야 비
로소 판매가 허용되었다. 都城에서 판매할 경우, 15兩까지는 자유로운
매매가 허락되었지만 1斤 이상은 반드시 賣買者의 姓名을 호조에 보
고해야 했다. 만일 蔘商이 인삼 구매가 끝난 후 戶曹의 확인 절차를
거치지 않는 자는 곧 바로 潛商律로 처벌되었다.109) 만일 蔘商이 도성
을 거치지 않고 외방을 왕래하며 판매하던가, 혹은 京人이 인삼을 무
역하여 왜관에서 몰래 판매하려는 자는 서울에서 동래부에 이르는 모
든 길에서 發告하도록 하여 절반을 屬公하고, 절반은 告發한 자에게
급여하도록 하였다.110)

---

106) 『增補文獻備考』 卷132, 刑考 6, 肅宗 14년, 『江界禁蔘節目』, "蔘商入去江界
    後 納帖于官 自官一一昭驗成冊 置簿其姓名……某鎭某防良中某民 與蔘商
    交賣人蔘幾錢幾兩幾斤 各捧成冊 統合數計".

107) 『增補文獻備考』 卷132, 刑考 6, 肅宗 14년, 『江界禁蔘節目』, "江界府採蔘之
    規……苗, 丹, 黃三把時 所採之數 一一知數 今此黃帖及蔘商姓名賣買數爻
    成冊……成冊一件報地部 一件留本府 以爲去來憑驗之地".

108) 『新補受敎輯錄』 刑典 禁制, 肅宗 34年, 「禁蔘節目」, "自江界狄蹂嶺以下 至
    昌城緩項嶺之間 內外各邑各鎭 嚴加調察 取考帖文 搜檢其蔘 如有加數 則
    勿論加數 並爲屬公".

109) 『增補文獻備考』 卷132, 刑考 6, 肅宗 14년, 「江界禁蔘節目」, "並皆持蔘上京
    納帖戶曹 所貿人蔘斤數各各書納 以爲與江界成冊憑驗之地 蔘商以人蔘交
    易於京人 十五兩以下勿論 一斤以上 令賣買者 成標着名納曹 以爲日後憑
    驗之地 蔘商不爲持蔘上京納本曹者 各別譏捕 直以潛商律論斷".

110) 『增補文獻備考』 卷132, 刑考 6, 肅宗 14年, 「江界禁蔘節目」, "蔘貨出入之地

이처럼 국가는 蔘商들의 활동을 전면적으로 관리, 통제하여 인삼의 유통을 장악하는 정책을 시도하였다. 이는 인삼과 같이 이익이 많은 상품을 사상들이 독점하는 것을 막아 국가의 이익이 되도록 하려는 의도에서 비롯된 것으로 이를 취급하는 私商들의 활동에 대한 국가 관리 정책의 일환이었던 것이다.111) 이상과 같이 『續大典』 규정상에 나타난 국가의 대 사상정책은 이들의 상업활동이 갖는 경제적 효과를 긍정하고 이들이 자유롭게 활동할 수 있도록 규제를 완화하는 방향으로 전개되고 있었다. 다만 국가 운영과 관련하여 그 중요성이 높거나 혹은 얻을 수 있는 이익이 많은 상품의 경우 이를 취급하는 사상들에 대한 관리 규정을 두어 이들을 국가의 통제 하에 두고 있었다.

5. 맺음말

이상에서 17세기 상업론과 상업정책을 검토하였다. 壬亂의 결과 초래된 收取基盤의 破綻과 그에 따른 국가 需用品의 시장구입으로의 전환은 現物中心의 財政運營原則하에 운영되던 조선전기의 재정운영 방식과는 전혀 다른 것이었다. 市廛體制의 위축 및 場市, 포구상업의 발달 또한 억상정책하의 조선전기적 상품유통경제와는 다른 새로운 변화양상을 의미하는 것이었다. 전쟁의 결과 지금까지 조선왕조체제를 지탱해 온 경제적 기반이 붕괴되고 새로운 변화양상이 나타나게 된 것이다.

이러한 변화에 직면하여 政府官僚 및 知識人들이 국가 경제정책의 새로운 대안으로 제시한 방안은 16세기 이래 발전하고 있던 상품유통

部專管……或有奸商 驗潛持蔘苞 不由京中 直就外路往來 或京人貿蔘 符同蔘商 潛送倭館分利者 自京城至于萊府 大小中路及沿邊地方 竝許人發告于官 奪其蔘貨 一半屬公 一半給與告者".
111)『備邊司謄錄』59, 肅宗 34년 3월 28일, 5책 777.

경제를 활용하는 것이었다. 이들이 주장하는 '務本補末論'은 임란으로
야기된 체제위기의 극복과 변화하는 경제현상을 수용하기 위한 새로
운 상업론이었다. 務本補末論者들은 전란으로 파괴된 농업생산기반을
회복하기 위해 농업을 기본으로 하면서도 농업외의 다양한 산업을 육
성함으로써 농민경제의 안정을 확보하고 국가의 재정위기도 극복할
수 있다고 보았던 것이다. 아울러 상업에 대한 정부의 장악력을 높여
상업이윤을 정부에 집중함으로써 피폐한 국가를 再造할 자원으로 삼
고자 하였다. 그런데 이러한 務本補末論이 모든 관료, 유자들에게 동
일한 것은 아니었다. 각각의 학문적, 정치 경제적 입장에 따라 상업에
대한 통제방식, 이윤의 장악과 배분의 주체문제 등을 둘러싼 다양한
논의가 전개되었다.

17세기 후반 官僚·儒者들의 商業論은 國家再造 方略과 연결되면
서 크게 두 계통으로 나뉘어 지고 있었다. 첫째는 務本補末論을 계승
하여 상업발전과 아울러 국가가 상품유통경제를 積極的으로 管理, 統
制하여 그 利益을 還收하려는 近畿南人의 '利權在上論'과, 둘째는 경
제 현실을 바탕으로 務本補末論을 인정하고 상업 발달의 필요성은 肯
定하지만, 朱子學的 義利觀을 固守하여 君主·國家의 상업문제에 대
한 干與를 최소화하려고 하는 西人=老論계열의 '財富民散論'으로 對
立되고 있었다. 이와 같이 두 계통으로 형성된 상업론은 정권의 향방
에 따라, 그리고 현실 상품유통경제의 발전양상에 따라 상업정책으로
반영되었다.

17세기 정부의 상업정책은 서울의 경우 상업분야의 확대를 허용하
면서 이에 대한 정부의 통제, 장악력을 유지하는 방향으로 전개되었다.
이 시기 도성에서는 변화된 상업환경에 대응하여 非市廛系 상인, 즉
亂廛상인들의 상업활동이 활발해지고 있었다. 상업발달에 따라 流通
商品의 종류가 이전과는 비교할 수 없을 만큼 다양해지는 상황에서 기
존 市廛에 대한 掌握만으로 서울의 全體 流通體制를 장악할 수 없었

다. 이에 정부는 시전체제를 확대하여 이들을 시전상인으로 전환시켜 장악력을 강화하는 정책을 시행하였던 것이다. 아울러 시전상인들에게 禁亂廛權, 즉 특정상품에 대한 독점권을 부여하였고, 난전상인 및 이들과 연결된 권력에 대한 처벌도 강화하여 이들을 보호 육성하려 하였다. 또한 대동법 실시과정에서 창설된 새로운 特權商人으로서 貢人層을 육성하는 政策도 시행하였다. 이들에게는 貢價가 선급되었고, 市價보다 훨씬 높은 액수가 지불되었다. 이러한 정부정책에 따라 난전상인들은 자신들의 상업활동을 보다 안전하게 영위하기 위한 방안으로 貢人이나 市廛商人으로 전화하여 시전체제에 흡수되어 갔다. 18세기 전반의 활발한 貢契創設이나 새로운 시전의 개설은 그 결과였다. 요컨대 정부의 시전체제의 확대정책은 상업발달을 용인하는 가운데 새로 성장하는 私商들을 지속적으로 市廛體制 속에 끌어들여 관리함으로써 발전하는 상품유통경제에 대한 국가의 통제력을 계속 유지하기 위한 정책이었다.

17세기 이후 상품유통경제가 발전하여 상업인구가 격증하면서 지방상업에 대한 정부의 정책도 변화하고 있었다. 『經國大典』에 규정되었던 行狀制가 폐지되고, 사상의 상업활동을 침해하는 행위에 대한 처벌규정이 『續大典』상에 신설되고 있다. 다만 일부 특수한 상품을 취급하는 상인 즉 중요한 상품인 木材나 人蔘을 취급하는 私商들만이 국가의 철저한 통제 하에 관리 대상이 되어 『續大典』에 법률로 규정되고 있었다. 이러한 法典規定의 변화는 국가의 대 私商政策이 지방사상들에 대한 규제를 완화하여 상업활동의 자유를 보다 폭넓게 허용하는 방향으로 전환하고 있음을 의미하는 것이라 할 수 있다. 상업에 대한 국가장악력의 강화와 상업활동에 대한 국가의 불간섭이라는 두 계통의 商業論이 聚合, 折衷되는 가운데 政策으로 실현되고 『續大典』의 법률규정으로 반영된 것이었다.

17세기 신분제 개혁론의 대두와 그 의미

원 재 린*

1. 머리말

17세기에 들어서 조선정부는 戰後 복구사업과 北伐사업에 필요한
재원을 확보하기 위해 흐트러진 國役체계를 재정비하는 데 많은 노력
을 기울였다. 특히 軍役은 田稅와 大同法 등과 함께 收布로 전환되면
서 국방상의 이유보다 국가재정의 補塡策으로서의 역할과 의미가 더
욱 강조되었다.[1] 이에 중앙과 지방의 각 관청에서는 군역이 면제되는
층을 줄이고 자원을 계속 색출하여 수포대상층을 넓히려는 정책을 추
진하였다. 이 같은 상황 속에서 군역의 良役化는 신분제 변화를 추동
하는 주요 원인이 되었다. 당시 양반층은 신분적 특권을 내세워 出布
를 거부하였으며, 군역은 양인농민의 부담으로 전가되었다. 이로부터
비롯된 혼란과 폐단은 民生을 위협하는 가장 큰 문제로 대두되었으며,
과중한 양역 부담으로 초래된 농민경제 파탄은 부역자원의 고갈과 신
분제를 동요시키는 계기로 작용하였다.[2] 이 같은 상황에 직면하여 정

---

* 연세대학교 국학연구원 연구교수, 국사학

1) 車文燮,『朝鮮時代 軍事關係 硏究』, 단국대 출판부, 1996, 379쪽.
2) 金容燮,「朝鮮後期 軍役制의 動搖와 軍役田」,『東方學志』32, 1982 ; 金鎭鳳
　　외,「朝鮮時代 軍役資源의 變動에 관한 연구」,『湖西文化硏究』3, 1983 ; 鄭
　　演植,「17·18세기 良役均一化政策의 推移」,『韓國史論』13, 1985 ; 金鍾洙,

부는 국역체제의 원활한 운영을 목표로 각종 사회신분 정책을 시행하여 봉건적 지배질서를 안정시키려 했다. 그 과정에서 다양한 견해들이 제시되었는데 그것은 대체로 기왕의 신분질서를 유지하면서 賦稅釐正을 통해 양반사대부의 이익을 補塡하는 입장과 중세적 신분체계에 내재된 구조적 모순을 직시하고, 국가 주도의 개혁을 통해 새로운 사회 운영방식을 모색하려는 입장으로 구분해 볼 수 있다.

본고에서는 이 같은 대응방식에 주목하면서 17세기 신분제 개혁론의 대두와 그 의미를 파악하기 위해서 다음의 주제를 살펴보기로 한다. 우선 주목되는 내용은 良丁搜括을 위해 취해졌던 각종 사회신분 정책이다. 당시 국가재정 확보책은 단순히 수취체계만의 문제가 아니라 차등적 신분질서와 지주전호제의 모순이라는 차원에서 논의해야 할 일이었다. 특히 양역이 중세 신분제와 밀접한 관계를 맺고 있으며, 국역의 중핵을 이루고 있었다는 점에서 양정수괄을 위해 취해진 일련의 사회 정책을 통해 당시 신분제 변화양상을 파악할 수 있을 것이다. 대표적으로 宣祖 후반 이래 光海君을 거쳐 肅宗대에 이르도록 지속적으로 추진되었던 納粟免賤과 號牌法이 주목된다.3) 이 두 정책은 정부의 주도하에 국가재정 운영상의 필요에 따라 양역부담 인구 증대와 농민층의 遊離逃散을 억제하는 가운데 擔稅者 누락 방지를 목표로 시행

「17세기 軍役制의 推移와 改革論」, 『韓國史論』 22, 1987 ; 鄭演植, 「朝鮮後期 賦稅制度 研究現況과 課題」, 『韓國中世社會解體期의 諸問題』, 한울, 1987 ; 金鍾洙, 「17세기 軍役制의 推移와 改革論」, 『韓國史論』 22, 1990 ; 백승철, 「17·18세기 軍役制의 變動과 運營」, 『李載龒博士 還曆紀念韓國史學論叢』, 한울, 1990 ; 尹用出, 「壬辰倭亂 時期 軍役制의 動搖와 改編」, 『釜山史學』 13, 1991 ; 鄭演植, 『조선후기 役摠의 운영과 良役 變通』, 서울대 박사학위논문, 1993 ; 이홍두, 『朝鮮時代 身分變動 硏究』, 혜안, 1999 ; 송양섭, 「조선후기 군역제 연구현황과 과제」, 『조선후기사 연구의 현황과 과제』, 창작과비평사, 2000 참조.

3) 文守弘, 「朝鮮後期 身分制 動搖의 一考察 - 納粟策·空名帖 발급을 중심으로」, 『論文集』 1, 동국대(경주), 1982 ; 徐漢敎, 「17·18세기 納粟策의 實施와 그 成果」, 『歷史敎育論集』 15, 경북대, 1990 참조.

되었던 대표적인 방책이었다. 해당 정책이 제기되는 배경과 논의과정
을 살펴보면서 당시 신분제 변동양상과 이에 대한 官人儒者들의 입장
을 정리해 보겠다.

　다음으로 양역 변통의 일환으로 제기되었던 戶布制를 통해 당시 양
반관료층의 신분인식을 검토하고자 한다. 호포제는 군역제가 收布에
의한 募兵制로 전환되면서 발생하는 사회적 폐단을 극복하기 위해 중
앙정부 차원에서 모색된 변통방안이었다. 숙종대 다양한 사상전통을
지닌 논자들에 의해 이 문제가 집중 논의되었다. 당시 양역변통론의
핵심은 어떻게 하면 신분제 변동의 時勢를 고려하면서도 양반사족의
사회경제적 이해관계를 효과적으로 관철시켜 나아갈 수 있는지 였다.
호포가 士族收布까지도 고려한 제도라는 점에서 그 논의 과정에서 관
인유자들의 신분인식과 經世지향을 살펴볼 수 있을 것이다.[4]

　마지막으로 柳馨遠(1622~1673)을 위시한 진보적인 사상가들에 의
해 제기되었던 '성취형' 신분제의 구체적인 실천방안과 그 목표를 정리
해 보겠다.[5] 사회 구성원간의 갈등을 지양하면서도 현실에서의 계급적
固着性을 극복하고 경제적 불평등을 타개하기 위해 제시되었던 각종
경세론을 신분제와 관련하여 살펴봄으로써 그것이 갖는 역사적 성격
을 再考해 보겠다.

[4] 車文燮, 「壬亂 이후의 良役과 軍役法의 成立」, 『史學硏究』 10·11, 1961 ; 鄭
　萬祚, 「朝鮮後期의 良役變通論에 대한 검토」, 『同德女大論叢』 7, 1977 ; 鄭
　萬祚, 「均役法의 選武軍官」, 『韓國史硏究』 18, 1977 ; 金容燮, 「朝鮮後期 軍
　役制釐正의 推移와 戶布法」, 『省谷論叢』 13, 1982 ; 池斗煥, 「朝鮮後期 戶布
　制 論議」, 『韓國史論』 18, 1988 ; 鄭萬祚, 「肅宗朝 良役變通論의 展開와 良
　役對策」, 『國史館論叢』 17, 1990 참조.
[5] 金駿錫, 『朝鮮後期 政治思想史 硏究 - 國家再造論의 擡頭와 展開』, 지식산
　업사, 2003 참조.

2. 신분제 동요양상과 사회신분 정책

1) 軍役의 良役化와 신분제 변동

17세기 신분제 변동으로 야기된 국역체제의 변화 중 가장 두드러진 것은 군역의 양역화였다. 임진왜란 직후 정부는 5軍營을 설치하고 전문적인 직업군을 모집하였다. 5군영의 설립은 조선전기 군역제의 전면적인 폐지를 의미하는 것은 아니었다. 비록 5衛制가 무너졌다 하더라도 5위에 속했던 軍額은 계속 존속하였다. 다만 訓練都監軍에서부터 시작된 募兵制가 점차 보편화되어감에 따라 국민에 대한 병역의 의무가 실제의 군역에 복무하는 대신에 연간 2필의 군포를 납부하는 것으로 대체되었다. 즉 兵農一致에 기반한 良民皆兵制로서 운영되었던 군역제가 收布에 의한 給料兵制로 전환되면서 노동력의 직접 징발을 통한 개별 농민에 대한 人身的 지배방식에서 현물수취를 통한 지배로 바뀌게 되었던 것이다. 이에 양반층은 신분적 특권을 내세워 出布를 거부함으로써 양역체계에서 벗어나 특권 신분으로서의 사회적 기득권을 확보해 나아갔다.6) 따라서 군역은 일반 양민층이 부담하는 양역으로 인식되었다.7) 양반사대부의 군역 면제는 고스란히 常民層에게 전가되었고, 이러한 현상은 양역의 수포화가 진전되면서 더욱 심화되었다. 대다수의 농민들은 전란으로 빚어진 극심한 경제난 속에서 모든 양역을

---

6) 조선초기에 있어서 양반층은 왕실의 藩屛으로서 어떤 형태로든지 역을 지지 않으면 안 되었다. 각종 官職에 종사하는 것도 이러한 관점에서 직역으로 간주되었고, 직역이 없는 자는 군역을 지도록 되어 있었다. 그리고 양반층의 이러한 번병적 기능에 대해서는 그 반대급부로서 科田이 분급되고 있었다. 즉 양반층은 과전분급에 대한 대가로서 각종 역을 지고 있는 것이다. 따라서 과전분급이 중단되는 상황하에서 양반층은 군역복무에서 점차 자연스럽게 면제되어 군역부담은 常民에 한하는 것으로 정착하게 되었다(金容燮, 『韓國 近代 農業史 硏究』上, 一潮閣, 1984, 209쪽).

7) 金盛祐, 「조선후기 '閑遊者'層의 형성과 그 의의」, 『史叢』 40·41집, 1992, 7쪽.

충당해야 하는 이중고를 겪게 되었다. 따라서 농민들은 갖가지 방법을 동원하여 군역으로부터 벗어나려 애썼다.[8]

이 시기 일반적인 피역 방법은 신분변동을 통해 양역에서 이탈하는 것이다. 양민들은 피역을 위해 校生·軍官을 假託할 뿐 아니라 호적에 양반신분을 표시하는 幼學을 冒稱하거나 또는 양반후예로 冒錄하여 閑遊하였다. 또한 納粟을 통해 免役帖 또는 각종 納粟帖을 구입하여 軍役과 雜役에서 벗어나고자 했다.[9] 당시 군역 면제를 위해 재산을 처분하는 일이 비일비재하였다.[10] 본래 납속정책은 농민의 피역을 막기 위해 鄕會·士族·庶孼 등에게만 허용되었다. 그러나 국가와 농민이 적극적으로 새로운 농업기술의 도입과 경작지 확보에 힘을 기울이고 생산력이 발달된 결과 경제적 부력에 의한 일반 민들의 신분 상승이 가능해졌다.[11] 당시 정부는 전란시 호적의 상실과 인구감소로 인해 봉건적 신분제가 불안정해진 사실을 인정하면서도 재정 확보를 위해 납속에 의한 합법적인 신분상승의 길을 적극 추진하였다. 대표적인 사례로 納粟免講을 들 수 있다.

납속면강은 면강첩을 구득한 校生의 試講을 면제하는 것으로 교생이 양민일 경우 사실상 군역이 면제되었다. 본래 儒生의 考講은 배움을 권하고 인재를 육성하려는 취지에서 시행되었다. 하지만 본래 의도와 달리 피역의 수단으로 강구되면서 글자도 모르는 자가 단지 免役을 위해 불법적으로 校籍에 소속되는 사례가 빈번히 나타났던 것이다.[12] 즉 일자무식한 자라도 田宅을 팔아 면강첩을 구득하면 사실상 군역에

8) 주 2) 참조.
9) 徐漢敎, 앞의 글, 1990, 123~124쪽.
10) 『宣祖實錄』卷133, 宣祖 34년 정월 丙辰, 24책 186쪽, "納粟者 則欲免軍役 盡賣家財以納……".
11) 金容燮, 『朝鮮後期農業史硏究(Ⅱ)』, 一潮閣, 1971, 411~412쪽.
12) 『肅宗實錄』卷15, 肅宗 10년 7월 丁卯, 38집 693쪽, "壽恒又曰 儒生考講 出於勸學成才之意 法令解弛 不識一字者 只爲免役 冒屬校籍……".

서 벗어날 수 있었다.13) 이것이 전국적인 현상이 된 지는 오래되었다.
군역을 피할 의도에서 경향 각지에서 한가롭게 노닐던 무리들이 서울
에 운집하여 學籍에 소속되려고 도모하였으며, 그 결과 명부에 등록된
자가 증가하였다.14) 사태가 이 지경에 이르자 額外校生의 증가에 대처
하기 위해서 고강을 통해 落講하면 곧바로 군역에 충정하거나 收布해
야 한다는 건의가 잇달았다.15) 그래도 여전히 고강은 양역을 확보하는
양정수괄책으로 활용되었다.16)

다음으로 歇役으로 冒屬하는 방법을 들 수 있다. 헐역모속은 양역의
무자가 苦重한 역을 피하고 상대적으로 부담이 가벼운 역을 지기 위해
서 각급 관아의 私募屬으로 투속하는 것이었다. 이 같은 방법은 전기
이래로 꾸준히 나타나고 있었다. 船軍과 侍衛, 鎭牌와 같은 고역에서
벗어나기 위해서 富强한 자가 뇌물을 주고 헐역으로 옮기는 사례가 자
주 일어났다.17) 군역의 양역화가 확대되었던 조선후기에 이르러 투속
은 더욱 빈번해졌고, 이로 인한 폐단이 속출하였다. 産業을 가진 양민
의 잦은 투속으로 良丁이 부족하게 되었으며,18) 해당 지역 수령들은

13) 徐漢敎, 「朝鮮 仁祖·孝宗代 納粟制度와 그 기능」, 『歷史敎育論集』18, 경
    북대, 1993, 100쪽.
14) 『光海君日記』卷35, 光海君 2년 11월 庚戌, 31책 576쪽.
15) 『光海君日記』卷128, 光海君 10년 5월 丁未, 33책 91쪽 ; 『仁祖實錄』卷7, 仁
    祖 2년 10월 辛丑, 33책 649쪽 ; 『仁祖實錄』卷13, 仁祖 4년 6월 乙卯, 34책
    116쪽 ; 『肅宗實錄』卷6, 肅宗 3년 2월 甲寅, 38책 347쪽.
16) 朴連鎬, 「仁祖~肅宗年間의 軍役과 校生考講」, 『精神文化硏究』28, 1986 참
    조.
17) 『世宗實錄』卷40, 世宗 10년 윤4월 己丑, 3책 128쪽, "……若船軍之慣船上·
    侍衛·鎭牌之能射御者 苟無其故 皆仍本役 今也不然 改籍之際 守令不自親
    執 委諸胥吏 雖元定船軍·侍衛·鎭牌 若富强行賄 則移于歇役 故非惟貧賤
    無告之徒 代受其苦".
18) 헐역으로의 모속을 위해 뇌물을 바치고 청탁을 도모하는 자가 끊이지 않았다
    (『肅宗實錄』卷28, 肅宗 21년 5월 丁丑, 39책 378쪽, "……擧國之民 皆屬軍
    案 雜色名目 難以毛擧 而貪多務得 皆無定數 故避苦趨歇 納賂圖囑者 不知
    其紀……"). 실제 京衙門에 투속되어 헐역에 종사하고 있는 부류가 1만여 명

중앙으로부터 할당된 군액을 충정하기 위해 兒弱까지 동원하는 불법적인 수탈을 자행했던 것이다.[19)

마지막 피역 수단은 농촌을 떠나 遊離하는 방법이었다. 流移民은 17세기 전반에 걸쳐 증가되었고, 이 같은 상황은 목민관들에 의해 지속적으로 중앙에 進達되었다. 광해군대 尙州牧使 康復誠은 南道의 백성들이 자신의 군역은 물론 도망친 족속의 것까지 부담하게 되면서 엄청난 고통을 받고 있다고 보고하였다.[20) 유리도산에 효과적으로 대처하지 못하게 된 결과 10戶가 살고 있는 촌락에 군으로 정하여진 자는 겨우 1~2명에 지나지 않게 되었다. 남아 있는 백성들은 생존을 위해 사족·品官·유생·忠義·工匠·商賈·內奴·寺奴 등과 書吏·生徒·鷹師·諸員·樂生의 명목으로 군역에서 벗어나려 했다.[21) 양정의 부족은 족징·인징을 초래하였고, 끝내 유리도산으로 이어졌다. 한 집에서 부자 형제의 나이가 아직 丁이 아닌데도 군역에 充定되고, 이로 인해 가산을 탕진하여 가족을 이끌고 다른 지방으로 떠돌다가 마침내 죽음에 이르게 되었다.[22) 심지어 西北지방의 內奴婢도 산골로 들어가

에 이른다는 구체적인 통계 수치가 나와 있기도 했다(『肅宗實錄』卷33, 肅宗 25년 윤7월 辛亥, 38책 600쪽, "領議政柳尙運日 京衙門投屬歇役之類 盡數 搜出 合爲一萬餘名").

19) 鄭演植, 앞의 글, 1985, 123쪽. 문제가 심각해지자 병조판서 南九萬(1629~1711)은 경아문과 외방영문, 주현에서 헐역에 투속한 무리들을 찾아내고, 이들에게 모자라는 세액을 일률적으로 부담지워 국고에 충당하자는 의견을 제시하였다(『肅宗實錄』卷13, 8년 9월 戊申, 38책 600쪽).

20)『光海君日記』卷82, 光海君 6년 9월 乙丑, 32책 343쪽, "復誠 進日 南道軍政 日漸解弛 比他路爲甚 不爲軍籍 今已四十餘年 乙未年畧爲抄出 以備緩急之 用 丁酉之亂 散亡殆盡 或赴於舟師 或往於各營 爲軍者不堪其苦 陸續逃亡 一族替番 一族逃則切隣代立 彼一族·切隣 軍士也 自身之役 旣難堪支 而 又爲隣族之役 其苦如何……".

21)『仁祖實錄』卷33, 仁祖 14년 8월 辛卯, 34책 643쪽, "……軍役之苦 最於四民 視如坑穽 抵死謀避 故十家之村 定軍者纔一二 而其餘則盡歸於雜頉 曰士族 也·品官也·儒生也·忠義也·工匠也·商賈也·內奴也·寺奴也 其他如 書吏·生徒·鷹師·諸員·樂生之屬 不可勝記……".

유민이 되고, 閑良이라고 칭하는 상황이 발생하였다.[23] 양인은 물론 천류에 이르기까지 피역을 목적으로 유리하였던 것이다. 이는 신분제 동요가 과중한 군역에서 연유하고 있음을 잘 보여주는 사례였다.

양역의 폐단은 재정보충을 위해 납세액이 군현 단위마다 총액으로 배정, 징수되는 軍額制·軍摠制로 운영되면서 더욱 심화되었다. 숙종대 平安兵使 李世華(1630~1701)는 당시 關西지역에서 한 집에 군병의 多少를 막론하고 布를 거둠으로써 생계를 유지할 수 없는 상황을 지적하였다. 즉 한 尺의 布도 내지 못하는 상황에서 가구당 포는 1인당 2필씩 부과됨으로 인해 더 이상 생계를 유지하지 못하고 가산을 팔고 각자 흩어지게 되었다. 그리고 마침내 侵徵의 근심은 이웃과 족속, 심지어 다른 족속에게 미치게 되었다.[24] 무리한 군정충원은 농민경제 파탄과 유리도산을 야기하였고, 이로 인한 족징·인징의 폐단은 유민을 양산하는 악순환을 낳았다.[25] 이에 정부는 良丁의 안정적 확보를 하면서도 신분질서를 안정화시킬 수 있는 방안을 모색하였고, 그 결과 양정수괄을 위한 다양한 사회신분 정책이 입안·시행되었다.

2) 良丁收括을 위한 사회신분 정책

22) 『孝宗實錄』卷9, 孝宗 3년 10월 辛酉, 35책 581쪽, "……一家之內 父子兄弟 年雖末丁 而皆充軍役 傾財破産 相率而之他 身塡溝壑 名在尺籍 徵布之役 及於隣族 其在逃者 年過老除而不得除 身已見故而不言死……".

23) 『顯宗改修實錄』卷22, 顯宗 11년 5월 戊辰, 38책 22쪽.

24) 『肅宗實錄』卷13, 肅宗 8년 정월 庚午, 38책 579쪽, "平安兵使李世華上疏日 民之最所難支者 無過於軍兵·奴婢之役 軍兵則一家之內 勿論人口多少 逐名徵布 奴婢則迨男女而有貢 察其生計 無尺布出處 而二口同居者 納四疋 三口同居者 納六疋 若至五六口 則徵斂過十疋 男耕不能食 女織不能衣 終至於盡賣家産 各自離散 則侵徵之患 及於隣族 又及於族之族·隣之隣 而鞭扑隨之".

25) 『肅宗實錄』卷2, 肅宗 元年 正月 壬午, 38책 239쪽, "……近來流民入山峽者 在處皆然 今若盡爲搜出 以爲國用 可以充殭裸白骨之徵布矣".

17세기 양정수괄의 주요 대상은 노비계층이었다. 정부는 납속책을 통해 公私賤을 從良시켜 군액을 보충하여 군정을 확보하고자 했다.[26] 더욱이 後金의 군사위협이 증대되면서 內奴를 束伍軍에 편제하고 그 대가로 천인을 종량하는 정책이 취해졌다.[27] 사실 노비제는 당시 양반 사족들에게 명분의 大防으로 인식되어졌다. 양천간 엄격한 구분은 역사적 사실을 통해서 입증되었다. 즉 箕子朝鮮이래로 奴僕과 주인의 分界가 매우 엄격하였으며, 고려조의 훈계에서도 사천을 贖良시켜 주면 사직이 위태로워지게 될 것으로 규정하였다. 따라서 한 명의 무사를 얻기 위해 사천의 분계를 범하는 것은 잘못된 정책이었다. 분계가 붕괴되어 義理와 三綱이 없어지게 되면, 삼강이 흐트러져 나라를 다스릴 수 없기 때문이었다.[28] 강상명분의 강화를 통해 차등적 신분질서를 유지하자는 여론에도 불구하고 당면한 국가재정 확보라는 현실적 과제 때문에 납속 면천은 꾸준히 시행되었다. 그 결과 면천된 사람의 수효가 얼마인지 모른다고 할 정도로 급증하였다.[29]

---

26) 平木實,「17世紀에 있어서의 奴婢從良」,『韓國史硏究』3, 1969 참조. 일단 양인이 되면 이들의 신분은 법적으로 보장되었다. 인조대 綾原君 李俌가 丁永信이라는 사람을 笞杖을 가해 살해한 사건이 발생하였다. 정영신은 본래 義安大君의 종이었으나 면천하여 양인이 된 자였다. 사헌부는 비록 정영신이 宮奴였으나 이미 면천된 점을 들어 법에 따라 엄격히 처결할 것을 주청하였다(『仁祖實錄』卷8, 仁祖 3년 3월 庚午, 33책 691쪽).
27) 이홍두, 앞의 책, 1999, 201쪽.
28)『光海君日記』卷148, 光海君 11년 정월 庚寅, 33책 292쪽.
29)『光海君日記』卷149, 光海君 12년 2월 庚五, 33책 298쪽. 그러나 납속을 통한 재정확보의 노력은 뜻하지 않은 문제에 직면하였다. 납속의 시행으로 면천자가 증가하면서 이들이 모두 군역에 충정되지 않는 상황이 발생하였다(『宣祖實錄』卷111, 宣祖 32년 4월 庚午, 23책 602쪽). 정부는 납속을 통해 면천하려는 자를 자발적으로 군역에 복무하려는 자로 간주하고, 법전에 의거하여 步兵으로 충정하며, 價布를 시기에 맞추어 상납케 하였다. 그리고 戶曹에서는 그 숫자를 파악하여 군량에 보충해 나아갔다(『宣祖實錄』卷106, 31년 11월 丁亥, 23책 530쪽). 그런데 시행과정에서 兵曹의 관원들이 보충대를 差役하지 않고 사사로이 사용하는 사례가 발생하였고, 이로 인해 보충대에서 복

납속면천과 함께 양인 수를 늘리는 방안으로 從母法 시행이 거론되었다.[30] 종모법은 고정화된 신분세습제 아래서 양역의 부담에서 제외되어 있던 노비신분층을 양인신분으로 상승시켜 궁극적으로 양역인구의 증가를 도모할 수 있는 유일한 대안이었다.[31] 따라서 많은 반대에도 불구하고 17세기 이래로 꾸준히 제기되었다. 趙翼(1579~1655)은 군역 문제의 원인이 양인 감소에 있다고 보고, 양인 확보를 위해 從父法에서 종모법으로 바꿀 것을 제안하였다.[32] 崔錫鼎(1646~1715) 역시 時弊 10조목을 進達하면서 세 번째로 身役문제를 거론하였다. 수십 년이래 軍門이 증설되어 兵額이 늘어나면서 생긴 문제를 타개할 방안은 병액의 혁파와 사천의 감축이었다. 이에 '娶良所生從母役'만이 壯丁 뽑는 길을 넓힐 수 있는 방안이라고 보고 그 시행을 촉구하였다.[33]

한편 정부는 양정수괄 정책을 통해 확보된 양인층을 효율적으로 관리하고 지배할 수 있는 대안 마련에 고심하였다. 대표적으로 號牌法을 들 수 있다. 선조대 兩界지역에서 선보인 호패법은[34] 광해군대 들어 豪富로 대변되는 양반들의 면역이 일반화되고, 勢家로의 투탁과 군역 편중에 따른 유민의 증가가 전국적으로 확대되면서 다시 한번 부각되었다.[35] 備邊司에서는 호패법 시행으로 호적에 등재하지도 않은 채 떠

무하는 법이 점차 문란해지고 말았다. 그 결과 새로 양인이 된 자들이 '無役閑遊'하게 되었던 것이다. 일단의 대책으로 포 10필을 내면 보충대에 거관치 않아도 양인신분을 매득하는 방안이 제시되지만(『光海君日記』 卷149, 光海君 12년 2월 庚午, 33책 298쪽 ;『仁祖實錄』 卷46, 仁祖 23년 9월 癸酉, 35책 240쪽) 여전히 근본적인 대책은 아니었다.

30) 『顯宗實錄』 卷16, 顯宗 10년 정월 甲辰, 36책 607쪽.
31) 오영교,『朝鮮後期 鄕村支配政策 硏究』, 혜안, 2001, 37쪽 참조.
32) 『浦渚集』 卷13, 「變通軍政擬上箚」(『韓國文集叢刊』 85권 : 이하 총간), 234쪽.
33) 『肅宗實錄』 卷31, 肅宗 23년 정월 丁卯, 39책 447쪽.
34) 『宣祖實錄』 卷190, 宣祖 38년 8월 壬戌, 25책 113쪽.
35) 『光海君日記』 卷37, 光海君 3년 1월 辛亥, 31책 598쪽 ;『光海君日記』 卷59, 光海君 4년 정월 己亥, 32책 1쪽 ;『光海君日記』 卷59, 光海君 4년 11월 癸

돌아다니던 무리들이 숨을 곳이 없게 되자 자원해서 군역에 충당되어
그 수가 늘어났다고 보고했다. 각 고을에서는 몇 년을 두고 보충하지
못했던 虛位와 闕戶를 호패법 시행으로 쉽게 검속할 수 있게 되었다.
이 같은 성과를 고려할 때 비록 폐단이 발생할지라도 그 시행을 서둘
러야 한다고 했다.36) 鄭岦(1554~1640)은 법 시행을 싫어하는 자들은
군역을 갖고 있지 않는 자들이라고 단정하면서 사소한 문제에 구애될
필요가 없다고 보았다.37)

　하지만 실제 호패법 시행에 따른 부작용은 다양한 형태로 발생하였
다. 자주 보고되는 사례로 양민들이 行賂를 통해 권세가에게 투탁하는
현상이었다. 양민들이 文卷을 싸고 뇌물을 싣고 가서 연줄이 닿는 자
에게 의탁하여 노비가 되기를 원했던 것이다. 심지어 叛奴들도 권세가
에 투탁하여 군역을 회피하기도 했다.38) 정부는 이를 막기 위한 방안
으로 투탁을 받아주는 자를 엄격히 문책하고자 했다. 호패사목에
"동·서반 正職人의 경우 양민을 받아들여 숨겨주거나 양민을 힘으로
눌러 천민으로 삼거나 남의 노비를 자기의 노비로 삼는 자는 영원히
서용하지 않는다"고 규정하였다. 그러자 조정 일각에서는 처벌이 미약
하다는 의견과 함께 보다 강력한 제재가 필요하다는 주장이 나왔다.
律文이 가벼우면 사람들이 법을 무서워하지 않게 되고, 이로 인해 범
법자들이 늘어나면 끝내 금할 수가 없기 때문이었다. 따라서 인구를
도둑질한 자에 대한 처벌로 관직진출의 제한은 너무 가볍다는 것이다.
보다 강화된 방안으로 동·서반으로서 투탁에 응하여 양민을 천민으
로 삼거나 남의 노비를 자기 노비로 삼은 경우에 장률에 따라 錄案하
자는 의견이 제시되었다.39) 심지어 品階를 고려하지 않고 모든 양반사

　卯, 32책 1쪽.
36) 『光海君日記』 卷34, 光海君 2년 10월 戊寅, 31책 569쪽.
37) 『光海君日記』 卷35, 光海君 2년 11월 己未, 31책 579쪽.
38) 『光海君日記』 卷36, 光海君 2년 12월 丙申, 31책 593쪽.
39) 『光海君日記』 卷45, 光海君 3년 9월 辛酉, 31책 651쪽.

족들에게까지 적용 범위를 확대하자는 주장도 개진되었다.[40]

또 하나 호패법 시행에 따른 부작용으로 귀천과 명분을 무시하는 풍토의 발생이었다. 호패법 시행으로 몰락한 권문세가의 후손이나 가난한 士族이 閑丁에 소속됨으로써 雜類와 다름없는 대우를 받는 현상이 일어났다. 그런데 이를 귀천이 무시되고 명분이 쇠퇴한 일로 받아들였다.[41] 정부로서도 사족을 軍保로 降定하는 것을 제일 어려운 일로 인식하였다. 본래 사대부의 자손들도 군보에 定屬되었다. 그러나 법이 오래되어 폐지되고 이름도 이미 천하게 되면서 常民들이 사족이 강등되어 군보가 되는 것을 보고서 이들을 업신여기게 되었던 것이다. 군보로의 강정은 사족들의 원망과 고통을 초래하였다.[42]

이상의 부작용을 최소화하는데 도움이 되는 법제로 五家統法이 주목되었다. 즉 호패법의 보조수단으로서 오가통제를 통해 勢家에 투탁한 良丁과 立作人의 경우 統首와 統內人을 시켜 규찰·적발하게 하고 有籍者면 充軍하되 이를 위반한 통은 연좌율로 다스리게 조치하고 있었다.[43] 李植(1584~1647)은 호패법에서의 구속력은 오로지 統法에 있다고 하면서 통법을 엄히 시행하여 통 내에 혹시라도 客戶를 허용한 자가 있으면 적발해서 다스려야 한다고 했다. 동시에 수령의 책무를 강조하였다. 호패법 시행시 공무를 빙자해서 사사로운 짓을 한 수령이 많음을 지적하면서 수령을 가리는 법을 엄히 실시한다면 호패법의 시행에 큰 도움이 될 것임을 밝혔다.[44]

---

40) 『光海君日記』 卷49, 光海君 4년 정월 己亥, 32책 1쪽. 투탁을 받아주는 자에 대한 엄격한 법 집행과 함께 부역을 피하여 賤籍에 투속한 양민에 대해서도 일정한 조치가 내려졌다. 즉 자수하여 本役으로 돌아갈 것을 종용하였으니, 실제 原州와 平山 등지에서 부정하게 私賤으로 투속한 자들을 면죄해 주기도 하였다(『光海君日記』 卷55, 光海君 4년 7월 辛丑, 32책 85쪽 ; 『仁祖實錄』 卷14, 仁祖 4년 12월 己酉, 34책 152쪽).

41) 『光海君日記』 卷36, 光海君 2년 12월 丙申, 31책 593쪽.

42) 『仁祖實錄』 卷14, 仁祖 4년 8월 癸卯, 34책 129쪽.

43) 오영교, 앞의 책, 2001, 263쪽.

하지만 국가주도의 향정책에 반대했던 논자들은 양반사족이 운영
주체인 鄕村敎化기관을 활용할 것을 주장하였다. 일찍이 張顯光(155
4~1637)은 민생이 어려운 때 세금 징수를 목적으로 호패·양전을 시
행하면 폐단만 가중된다고 보고 민생 안정을 위해 생각한 구체적인 방
안으로 향약의 시행을 주장하였다.45) 호패법·양전은 향약을 통해 민
으로 하여금 도덕과 윤리를 알게 한 뒤에야 생각해 볼 수 있는 것이
다.46) 李惟泰(1607~1684) 역시 효율적인 호패법 시행을 모색하는 과
정에서 鄕約을 활용하자는 의견을 내놓았다. 朱子가 呂氏鄕約을 增減
하여 민수를 파악한 사실을 들어 이것을 다시 회복한다면 호패법을 시
행할 필요가 없다고 보았다.47)

이에 반해 元斗杓(1593~1664)는 향약의 시행으로 누락되는 일은
없을 것이지만 국가 기강이 해이해져 법이 시행되지 않을 것이라고 반
대의사를 분명히 피력하였다.48) 향약이 재지사족의 이해관계를 반영하
는 향촌규약이라는 점에서 민수 파악을 통한 공적 지배질서를 확립하
는 데에는 한계가 있다는 판단이 작용한 것으로 보인다. 원두표는 풍
년이 들 때까지 기다렸다가 먼저 호패법을 시행하여 나라에 놀고 먹는
백성이 없도록 한 뒤에야 변통할 수 있다고 보았다.49)

崔鳴吉(1586~1647)은 국용확보의 차원에서 호패법 시행은 물론 朝
士와 생원·진사 외에는 재상의 자제에게도 布를 거둬야 한다고 주장
하였다.50) 이것을 백성을 고르게 하는 법제로 인식하였다.51) 이로 인

44) 『仁祖實錄』卷14, 仁祖 4년 11월 辛卯, 34책 150쪽.
45) 『仁祖實錄』卷13, 仁祖 4년 6월 癸酉, 34책 104쪽.
46) 『旅軒集』續集 卷4,「饋位官說」(총간 60권), 343쪽 ;『旅軒集』續集 卷8,「丙
子趨朝錄」(총간 60권), 418쪽.
47) 『顯宗改修實錄』卷2, 顯宗 즉위년 12월 辛卯, 37책 132쪽.
48) 『顯宗實錄』卷3, 顯宗 원년 6월 丁未, 36책 264쪽.
49) 『顯宗實錄』卷5, 顯宗 3년 4월 庚午, 36책 329쪽.
50) 『仁祖實錄』卷6, 仁祖 2년 5월 壬午, 33책 621쪽.
51) 『仁祖實錄』卷6, 仁祖 2년 7월 丙子, 33책 633쪽.

해 발생할 수 있는 사족의 반발에 대해서는 祖宗朝 신역에 합당한 조
치임을 부각시켜 무마하려 했다.[52] 즉 구법에 따르면 사대부의 자제
및 서얼로서 壯丁이 된 남자는 출신의 귀천을 막론하고 각기 衛에 소
속되었으며, 그 때문에 백성의 뜻이 안정되고 民役이 균등하게 되었다
는 것이다.[53]

호패법 적용 순서를 士族과 良民, 私賤의 순으로 정했던[54] 李貴
(1557~1633)는 정책의 실효성을 거두기 위해서 군주의 강력한 법 집
행 의지를 강조하였다. 人君이 존중받은 이유가 '執法'에 있음을 밝히
면서 한번 그 법이 무너지고 나면 기강이 모두 무너지게 되고, 그렇게
되면 나라가 나라답지 못하게 될 것이라고 경고하였다.[55] 동일한 주장
이 許積(1610~1680)에게서도 제기되었다.[56] 호패법 시행을 통한 민수
파악이 국정운영의 선결과제임을 강조하면서 양반에게도 호포를 부과
해야 한다는 의견에 동감을 표시하였다. 그리고 異見이 많은 호패법을
시행하려면 오직 군주가 마음에 단안을 내려 쓸데없는 의논에 흔들리
지 말아야 함을 부연하였다.[57] 법 시행에 따른 사족의 반발을 강력한
왕권을 통해 제어하려는 의도를 갖고 있었던 것이다.[58]

이상의 사회신분 정책을 추진해 나아가는 과정에서 주목되는 점은
양정수괄을 위해 국가적 입장이 강조되고 일원적 지배체제 확립을 통
해 양반사족의 특권을 제한하려는 시도가 있었다는 사실이다. 이 점은

---

52) 『孝宗實錄』 卷13, 孝宗 5년 11월 壬寅, 35책 691쪽.
53) 『孝宗實錄』 卷21, 孝宗 10년 2월 壬申, 36책 174쪽.
54) 『仁祖實錄』 卷6, 仁祖 2년 7월 庚辰, 33책 633쪽.
55) 『仁祖實錄』 卷14, 仁祖 4년 10월 壬寅, 34책 144쪽.
56) 『顯宗改修實錄』 卷12, 顯宗 5년 11월 庚戌, 37책 418쪽.
57) 『顯宗實錄』 卷22, 顯宗 15년 7월 乙丑, 37책 69쪽.
58) 鄭仁弘(1535~1623)은 호패법을 통해 국가주도의 철저한 대민파악과 이를 방
해하는 豪强의 성장을 견제하려 했다. 帝王은 민의 好惡에 따라 법을 세우지
않는다는 원칙을 강조하면서 호패법 시행을 강력히 주장하였다(『光海君日
記』 卷57, 光海君 4년 9월 庚申, 32책 111쪽).

호포제 논의과정에서 다시 한번 확인할 수 있다.

3. 신분인식의 변화와 개혁론의 전개

1) 戶布制 논의와 신분인식의 변화

호포제는 양역으로 부과되던 군포·군역세의 폐단이 확대되고 농민층의 군역부담이 한계점에 도달하는 상황을 타개하기 위한 등장했던 새로운 수취방법이었다. 호포는 均賦·均役을 목표로 儒布·游布와 함께 양반의 군역 부담을 전제로 하는 것인 만큼, 양반층에게는 경제적 이해관계뿐만 아니라 양반과 평민의 신분 차등을 상징하는 현실적 지표가 없어지게 되는 일이었다.[59] 그것은 均平 실현을 위한 전국민적 부세 부담 원칙으로 장차 구래 봉건적 신분제를 무너뜨리는 사회경제 원리가 될 수 있었다. 자연히 政派간 호포제 시행을 둘러싼 찬반 양론이 활발히 개진되었고, 갖가지 유사한 방안에 대한 논의가 이루어졌다.

현종대 西人·老論系 내부에서 身役의 과중에 따른 백성의 고통에 대한 여론 수렴과 이에 대한 정책 마련이 강구되었다. 대표적인 논자로 宋時烈(1607~1689)과 宋浚吉(1606~1672), 이유태를 들 수 있다.[60] 송시열은 현실에서 주자명분론의 효용성을 누구보다도 굳게 확신하고 있는 執權儒者였다.[61] 그는 신역문제를 강상윤리의 관점에서 접근하였다. 과중한 신역을 蠲減해 주고, 負逋를 여러 해 한 자는 탕감하여

---

59) 金駿錫, 앞의 책, 2003, 82쪽.

60) 『顯宗實錄』卷10, 顯宗 6년 5월 丙申, 36책 465쪽.

61) 송시열은 宮家의 田土 占有로 民弊가 되는 일을 논의하면서도 '爲國之道 在於正名分'임을 분명히 하였다(『肅宗實錄』卷5, 肅宗 2년 2월 庚辰, 38책 323쪽). 李袤(1621~1703)는 名分을 정한 뒤에 마음이 통쾌한 자로서 송시열과 같이 심한 자가 없다고 평가하였다(『顯宗改修實錄』卷20, 顯宗 10년 정월 乙卯, 37책 646쪽).

주는 일을 公心 혹은 天理를 실현하는 일로 간주하였다. 반면 일의 성
패에 얽매여 법을 잘못 적용하는 것을 私意 혹은 人慾으로 규정하였
다. 신역은 그 처리결과에 따라 천리와 인욕이 결정되는 도덕적 문제
였던 것이다.[62] 천리의 실현을 위해 송시열은 관련 부세 전액을 임시
로 감할 것을 주장하였다. 대신 부족분은 여러 各司와 各衙門에 비축
된 것을 사용하고, 군주이하 백관들이 근검절약할 것을 권면하였다. 아
울러 君上의 德意를 느끼게 內帑의 재물을 풀어 백성들을 구제할 것
을 건의하였다. 이것이 바로 인륜을 밝히고 국가의 위용을 보여주는
일이었다.[63]

少論 역시 문제의 심각성을 공감하고 있었다. 朴世堂(1629~1703)은
황해도의 경우 과거에 비해 軍額이 3배나 증가했다는 書啓를 올렸
다.[64] 公私賤과 良民이 부역에 시달리고 있는 반면 사족은 80~90%가
公家之役을 담당하지 않는 상황을 지적하면서 均役의 의미를 강조하
였다.[65] 한 나라의 백성으로 양반만 국역에서 제외되는 것은 부당하다
고 여겼다.[66] 양역 문제 해결을 통해 달성해야 할 목표로 '均其役'을
강조하였던 것이다. 그는 폐단의 원인이 봉건적인 신분제도에 있음을
인식하면서 '膠固已極 實難猝變'한 상황을 개탄하였다.[67] 이후 소론
정론자들에게 균역은 개혁론을 입안하는 데 있어서 반드시 달성해야
할 목표이자 적용해야 할 주요 원칙이었다. 鄭齊斗(1649~1736)는 양

62) 『肅宗實錄』 卷14, 肅宗 9년 정월 丙寅, 38책 623쪽.
63) 『顯宗改修實錄』 卷25, 顯宗 12년 11월 丁丑, 38책 87쪽. 송시열은 사족출포
    에 따른 신분의식의 약화에 대처해서는 예의 강상윤리를 기초로 하는 家禮 ·
    鄕約 · 旌表 등 여러 제도 장치를 통해서 이를 보강해 갈 수 있다고 보았다
    (金駿錫, 앞의 책, 2003, 87쪽).
64) 『顯宗改修實錄』 卷12, 顯宗 5년 12월 己未, 37책 418쪽.
65) 『西溪集』 卷5, 「疏箚」 '應求言疏'(총간134권), 91쪽.
66) 鄭演植, 앞의 글, 1993, 117쪽.
67) 金容欽, 「朝鮮後期 老 · 少論 分黨의 思想基盤 - 朴世堂의 『思辨錄』是非를
    중심으로」, 『學林』 17, 1996, 125쪽.

반으로부터 常人·賤人에 이르기까지 직역의 유무를 떠나서 모두 編伍에 편성되어야 한다고 보았다. 이를 통해 양민을 확보하고 군역 문제를 해결하고자 했다.[68] 그래서 내놓은 방안이 有戶者에게 호포를 거두되, 戶等에 따라 차등적으로 納布케 하는 것이었다. 즉 납포 대상은 三公 이하에 한정하며, 病者·五窮民·他奴戶의 경우 납부를 면제시켜 주는 것이었다.[69]

北人系 南人은 균역을 安民을 실현시킬 經術로 파악하였다. 尹鑴(1617~1680)는 逃故와 兒弱의 부역을 면제한 다음 호포를 인구수대로 계산하는 방법을 제안하였다.[70] 그는 호포제 목표를 小民의 안정에 둠으로써 법 시행에 반대하는 양반사족의 반발을 무마하였다. 호포제는 반대론자들이 내세웠던 천명의 거취와는 아무 상관이 없는 안민을 실현시킬 時務일 뿐이었다.[71] 오히려 그는 양반사족을 일반 백성들에 비해 도덕성이 뒤떨어진 존재로 인식하였으며, 그래서 공권력의 규제를 통해 일정한 역 부담을 져야 하는 통치대상으로 상정하였다. 이러한 인식을 바탕으로 양반 자제의 군역 충정을 주장하였다.[72]

양역문제의 심각성을 고려할 때 호포제는 실효성이 기대되는 유력한 대안 중 하나였다. 하지만 본격적인 논의가 전개되면서 반대와 유사한 방안들이 제시되었다. 대표적인 반대 사유는 양반사족의 반발이었다. 侵徵隣族의 폐단을 해소할 방안으로 포를 감면시켜 줄 것을 稟議했던[73] 허적은 호포제 시행으로 白骨·黃口의 원망은 해소될지 모르지만 양반사족의 거센 반발로 아직 안정된 권력기반을 마련하지 못

---

68) 丁斗榮, 「18세기 君民一體思想의 構造와 性格」, 『朝鮮時代史學報』 5, 1998.

69) 朴京安, 「霞谷 鄭齊斗의 經世論」, 『學林』 10, 1988, 76쪽.

70) 『肅宗實錄』 卷6, 肅宗 3년 12월 癸丑, 38책 375쪽.

71) 『肅宗實錄』 卷6, 肅宗 3년 12월 辛酉, 38책 376쪽.

72) 鄭豪薰, 「白湖 尹鑴의 現實認識과 君權強化論」, 『學林』 14, 1994, 179쪽 참조.

73) 『顯宗改修實錄』 卷23, 顯宗 11년 8월 己酉, 38책 32쪽. 동시에 허적은 신역문제에 대한 군주의 결단과 변통을 촉구하기도 했다.

398 제3부 **變法理念**의 전개와 새로운 국가구상

한 국왕의 처지가 위태로워질 것을 우려하였다. 그는 거듭 時王의 나
이 어림과 先王의 말년을 대비하여 호포제 시행에 반대하였다.74) 李頤
命(1658~1722)은 호포제 시행의 전제조건으로 호구관리와 공정한 포
배정의 어려움을 지적하였다. 철저한 호구관리 없이 호마다 포를 거두
게 되면 간사한 백성이 두세 호를 합하여 한 호로 만들 것이고, 이렇게
되면 호와 함께 포도 줄어드는 문제가 발생하기 때문이었다. 또한 공
정한 포 배정을 위해 호를 口에 기준하여 3등급으로 나누는 것 자체가
어려운 일이며, 貧富에 따라 차등을 두는 일도 쉽지 않다고 보았다. 실
례로 士族만 하더라도 品官과 閑散, 軍官과 校生 등 다양한 차등이 존
재하는 상황에서 무엇을 기준으로 등급을 나누어 호포를 차등 분급할
것인가에 대한 현실적 고민도 고려하지 않을 수 없기 때문에 그 시행
자체가 어렵다는 의견을 내세웠다.75)

이때 거론된 差等과 等位의식은 이전부터 호포제 반대 논리로 활용
된 것이었다. 閔鎭厚(1659~1720)와 李寅燁(1656~1710)은 양역의 폐
단을 구할 계책으로 호포제를 높이 평가하면서도 당시 인심과 기강의
붕괴를 들어 반대하였다. 대안으로 軍門를 혁파하거나 각 군문의 軍額
을 줄이고, 外方의 營에 屬官·軍官·校生의 수효를 정할 것을 제시
하였다.76) 명분의리론의 차원에서 양반의 특권을 강조하면서 사족 수
포에 반대하는 의견은 李端夏(1625~1689)에게서 잘 나타나고 있다.
그는 기본적으로 물상의 차별을 인정하고 이를 통한 계급간 준별을 강
조하였다. 모든 사물 속에 하늘로부터 품수 받은 貴賤의 차별성이 내
재해 있듯이 人事에서도 각각의 分限을 지키는 것이 무엇보다 중요했
다.77) 차별을 불변의 자연 이치로 간주할 때 士子에 대한 호포 부담은

---

74) 『肅宗實錄』 卷6, 肅宗 3년 12월 癸丑, 38책 375쪽.
75) 『肅宗實錄』 卷50, 肅宗 37년 8월 甲戌, 40책 408쪽.
76) 『肅宗實錄』 卷38, 肅宗 29년 정월 丙辰, 40책 1쪽.
77) 金駿錫, 「畏齋 李端夏의 時局觀과 社倉論」, 『論文集』 16, 한남대, 1986, 375
쪽.

용납할 수 없었다.78)

하지만 호포제의 타당성은 실무자에 의해서 인정받고 있었다. 宋光淵(1638~1695)은 당시 조선의 인구 중 공·사천의 비율이 양민보다 많은 사실을 들어 군포 부담이 양민에게 과중될 것을 우려하였다. 따라서 변통보다는 헛된 액수를 줄여서 백성들의 부담을 경감시키는 일이 시급하다고 보았다.79) 이에 대해 병조참판 李師命(1647~1689)은 關西의 호구를 관찰해 본 결과 17만 내에 공천과 사천이 겨우 3만여 호에 지나지 않으며, 이러한 인구비율은 다른 곳에 비교할 때 큰 차이가 없는 것이었다. 따라서 나머지 70여 만의 호로서 50만 필을 부담하는 것은 큰 문제가 아니라는 소신을 피력하였다.80) 또한 그는 士族出布로 인해 명분이 붕괴될 것이라는 우려를 기우로 간주하였다. 人丁은 신분을 반영하지만 家戶는 田結과 마찬가지로 전혀 무관하며 전결에서의 出租가 하등 명분에 저촉되지 않듯이 가호에서의 출포 또한 군자野人의 명분을 문란케 하는 것이 아니기 때문이었다.81)

실무자의 입을 통해 호포제 시행의 타당성이 개진되자 찬성하는 의견들이 이어졌다.82) 이때 명분만을 앞세우는 태도를 비판하는 주장도 나왔다. 평안병사 이세화는 모든 백성이 임금의 赤子임을 강조하면서, 양민만이 혹독한 고초를 받는 문제점과 사족들의 허위의식을 비판하였다. 즉 사족들이 독서에 전념하지만 장성해서는 실행할 바가 없고, 활을 쏘지만 급할 때는 의지할 바가 못된다는 것이다. 이처럼 한가롭게 지내면서도 포와 미는 부담하지 않고, 軍國의 수요와 비용을 오직

78) 『肅宗實錄』卷11, 肅宗 7년 4월 丙戌, 38책 523쪽. 韓元震(1682~1751)은 사족에게 부여된 신역으로 '入孝出悌 讀書講義'함으로써 풍속을 교화하는 역할을 들었다(『南唐集』Ⅱ, 「拾遺」卷2, '良役變通議 辛丑', 총간 202권, 361쪽).
79) 『肅宗實錄』卷12, 肅宗 7년 12월 己丑, 38책 569쪽.
80) 『肅宗實錄』卷12, 肅宗 7년 12월 甲午, 38책 571쪽.
81) 鄭萬祚, 앞의 글, 1990, 141쪽.
82) 『肅宗實錄』卷12, 肅宗 7년 12월 甲午, 38책 571쪽:

下戶의 백성에게만 강요했다는 것이다.[83]

이후 호포제를 둘러싼 논의 과정에서 반대론자들은 명분의리론을 앞세워 자신들의 주장을 관철시켜 나갔다. 심지어 국왕조차 이 같은 공세에서 벗어날 수 없었다. 1703년 숙종은 대신과 비국 신하들을 인견하는 자리에서 赤子論을 내세워 변통할 수 있으면 크게 更張해야 한다며 호포제 시행 의지를 표명하였다.[84] 그러자 배석했던 신료들은 예의 인심과 기강의 해이함을 들어 반대하였다. 특히 閔鎭厚(1659~1720)과 이인엽은 호포와 口錢의 타당성을 인정하면서도 당시 인심이 흩어지고 나라의 기강이 허물어진 점을 부각하면서 이런 상황에서 큰 일을 벌리면 소요가 일어날 것이라고 경고하였다.[85] 국왕의 실행의지마저도 꺾을 만큼 명분의리론은 양반사족의 이해관계를 대변하는 이념으로 효과적으로 활용되었다.

2) '성취형' 신분제와 '均平'의식

대체로 호포제 찬성론자들은 사족수포로 인한 차별적 신분의식 약화를 우려하면서도 부세의 불균등성을 교정함으로써 국가재정의 안정적 운영을 도모할 수 있다는 점에서 법 시행에 강한 의지를 보였다. 그 중 일부 논자에게서 균부균세의 실현뿐만 아니라 불평등한 사회경제구조를 타개하려는 움직임이 모색되었다. 그리고 이는 신분적 특권을 폐지하는 방향으로 전개되었다.

정제두는 양반의 특권을 폐지하는 방안으로 科擧制 혁파를 제시하였다. 과거제 폐지를 통해 특권신분을 재생산하는 통로를 원천적으로 봉쇄하고자 했다.[86] 대신 京外의 國學과 鄕塾을 통한 인재선발 방식

---

83) 『肅宗實錄』 卷12, 肅宗 8년 정월 庚午, 38책 579쪽.
84) 『肅宗實錄』 卷38, 肅宗 29년 정월 丙辰, 40책 1쪽.
85) 위의 책.
86) 丁斗榮, 앞의 글, 1998 참조.

을 내놓았다. 국학과 향숙에서 각자 보유한 재능을 파악하여 가르치고,
이들 중 유능한 자는 해당 지방관의 천거를 받아 調用된다. 이렇게 해
서 선발된 인재는 오랫동안 재임하되 관직을 世爵으로 인식하지 않게
하였다.[87] 이렇게 되면 양반은 더 이상 세속되는 특권계급이 아니며,
관직 진출 여부에 따른 직분일 뿐이었다.[88] 윤휴도 과거제 개혁을 통
해 고정된 신분제의 모순을 바로잡고자 했다. 과거가 소수 가문에 의
해 장악되면서 世務에 능한 인물이 등용 못하는 상황이 발생하게 된
사실을 지적하면서 그 타개책으로 귀천을 불문하고 인재조용의 폭을
下級官僚나 初野에 묻힌 인물, 군졸이나 비천한 신분으로까지 확대해
야 한다고 주장하였다.[89]

　이상의 견해에서 주목되는 점은 신분을 태생적으로 부여받은 지위
가 아닌, 개인의 능력을 통해 획득하는 것으로 인식했다는 사실이다.
본인의 능력에 따라 사회적 지위를 성취할 수 있다는 논리는 기왕의
주자학 철학체계에서는 수용하기 어려운 사회운영 원리였다. 일찍이
유형원은 주자학에서 강조하는 차등적 신분인식과 다른 견해를 피력
하였다. 그는 분을 규정하는 요소로 상하·귀천·존비 등의 生來的인
것보다 인품·자질의 높고 낮음이나 賢愚에 주목하였다.[90] 이 같은 견
지에서 세습신분으로서 사대부=사족을 배격하고 획득신분으로서 사족
의 의미를 부각시켰다. 신분이 세습 문벌 여부에 따라 좌우되는 상황

87) 『霞谷集』卷22, 「箚錄」(총간160권), 556쪽.
88) 鄭在薰, 「霞谷 鄭齊斗의 陽明學 受容과 經世思想」, 『韓國史論』29, 1993,
　　174쪽.
89) 鄭豪薰, 앞의 글, 1994, 175~179쪽 ; 『白湖全書』(上) 卷8, 「疏箚 : 密疏」, 342
　　쪽, "……無問貴賤 隨才調用 俾各效其能以熙庶績".
90) 『磻溪隨錄』卷10, 「敎選之制」(下) '貢擧事目', "夫所謂名分者 本出於貴賤之
　　有等 貴賤本出於賢愚之有分耳 今欲莫卜其人之善惡貴賤 專差先世之職秩
　　華楚 而曰嚴名分 於義何所當乎 而況鄕黨學校 乃序長幼敦風化之所 尤不可
　　以門閥爲序也 曰然則貴者之世 若無才德 則卽爲凡庶乎 曰古語不云乎 公卿
　　之子爲庶人 貴賤之不以世".

에서 벗어나 行義道德에 의해 결정된다면 이는 능력과 직분의 일치가
실현되는 것이며, 인품과 능력을 바탕으로 하는 새로운 사회관계의 실
현을 기대할 수 있기 때문이었다. 특히 교육과 관리선발 과정에서 士
農의 지위를 동등하게 인정한 점은 커다란 변화였다. 그것이 혈통·문
지를 내세운 세습적 신분 차등제가 아니라 개인의 능력을 본위로 한
새로운 신분관계의 지향이라는 점에서 더욱 큰 의미를 지니는 것이었
다.[91]

　이같이 능력에 따라 획득된 직분에서 각자 재능을 발휘할 때 사회의
효율성은 제고될 수 있었다. 정제두는 四民의 業을 分定하여 명시해
놓고 있었다.[92] 사와 민의 직업을 才藝·技術·工匠·官吏·衛士·
皂隷·商賈·雜業·空士 등으로 나누고 그에 따른 업무를 분정하였
다. 그는 사민이 모두 자기의 생업에 종사해야 한다고 보았다. 특히 '閑
遊浪議'하는 자나 '坐食之人'을 없애야 한다고 했다. 사족이라 할 지라
도 일정한 업이 없고 노비가 없으면 농민이 되어야 했다.[93] 사민을 종
사하는 업에 따라 구분하고, 맡은바 직위에서 자신의 역할을 착실히
수행할 때 원활한 사회운영이 가능하였던 것이다. 이렇게 되기까지 무
엇보다 중요한 것은 경제적 불평등을 해소하고 생업에 종사할 수 있는
물적토대를 마련해주는 일이었다.

　신분제는 토지소유문제와 밀접한 관계를 맺고 있었다. 자립할 경제
기반이 없는 일반농민들에게 능력에 따른 신분 성취는 기대하기 어려
웠다. 이를 위해서 반드시 恒産을 목표로 하는 公田論과 그 시행을 통

---

91) 金駿錫, 앞의 책, 2003, 193~194쪽.
92) 鄭在薰, 앞의 글, 1993, 171~172쪽.
93) 『霞谷全集(上)』卷22, 箚錄, 388쪽, '定四民業'. 정제두는 사대부를 민에 포함
　　시켜 治者가 아닌 被治者, 곧 통치의 대상으로 보았다. 즉 사대부는 주자학
　　에서처럼 정치의 전면에 나서는 존재가 아니라 어디까지 군주에 종속되어 그
　　를 보좌하는 '관료'의 존재인 것이며, 민의 일부이기도 한 것이었다(丁斗榮,
　　앞의 글, 1998, 160쪽).

한 경제적 평등이 확보될 필요가 있었다.[94] '성취형' 신분제와 토지소
유문제의 상관성을 설명한 학자는 유형원이었다. 그는 토지세습제의
폐지를 주장하면서 각각의 직분을 다하는 사회를 만들기 위해 吏胥僕
隷, 工商人 등에게도 토지를 지급해주고자 했다.[95] 井田制의 시행을
전제로 철저한 사회적 분업체제가 확립될 때 사민이 '各得其所'할 수
있기 때문이었다.[96] 이 같은 점에 주목하여 호포제 논의를 살펴보면
찬성론자라 할지라도 토지문제에 대한 해결방식에 따라 신분인식과
경세지향의 차이가 드러날 것이다.[97]

　호포제 시행을 주장했던 송시열은 부세제도의 釐正을 통해 대토지
소유자를 일정 견제하고 중소지주와 농민층을 보호하려는 정책을 구
상하였다. 반면 井田論·箕田論으로 집약되고 있는 이 시기 토지제도
개혁론에 대해 분명히 반대의사를 피력하였다. 즉 정전제의 실현성을
부정하고 전면적인 토지개혁을 포기하는 대신 차선책으로 부세제도의
이정을 주장했던 것이다. 이를 통해서 문란해진 대민수취 질서를 재정
비하고, 국가가 재정을 보정함으로써 농민의 부담을 일정 정도 경감시
킬 수 있을 것으로 기대하였다. 그리고 강상윤리를 강화하고 사회통제

94) 金駿錫, 앞의 책, 2003, 119쪽 참조.
95) 『磻溪隨錄』 卷2, 「田制」下 '田制雜議附'.
96) 白承哲, 『朝鮮後期 商業史 硏究』, 혜안, 2000, 134~135쪽. 유형원은 당시 役
　　制의 모순을 근본적으로 해결할 방안을 모색하였다. 그는 고르게 경지를 나
　　누어주고, 경지에 따라 병역 의무를 지게 하는 公田制 방안을 제시하였다. 공
　　전제는 17세기 역제 운영의 모순을 극복하는 방도로서 제기된 셈이다(尹用
　　出, 「柳馨遠의 役制 改革論」, 『韓國文化硏究』 6, 1993, 332쪽).
97) 봉건적인 신분제 사회 내에서 양반도 평민과 똑같이 군역의 부담을 져야 한
　　다는 호포제는 언뜻 보면 진보적인 것으로 생각하기 쉽다. 그러나 호포제는
　　당시 군역제의 폐단으로 인한 농민들의 저항 속에서 군역제를 개선하고자 강
　　구된 병농분리의 경제적 기반으로 나타난 것이다. 양반 지배계층들은 군역제
　　개혁의 두 가지 길 중에서 토지개혁을 요구하는 병농일치를 피하기 위해 양
　　반층에게도 수포한다는 약간의 양보를 하지 않을 수 없었고, 이것이 호포제
　　인 것이다(金鍾洙, 앞의 글, 1990, 183쪽).

장치를 확대함으로써 민생·민산의 불안정에서 야기될 수 있는 사회
불안·체제동요를 도덕과 법제의 양면에서 억제하는 대책을 마련하였
다. 부세제도 개선을 통해 농민층의 최저재생산을 보증하고, 대신 綱常
질서의 확립을 도모하여 민심 동요를 막겠다는 의도였다. 그것은 항산
과 항업을 보장하는 養民策이기보다는 사회기강 유지를 우선하는 制
民으로 귀결되었다.[98]

　한편 토지개혁을 전면적으로 내세우지 않았지만 국가에서 추진할
수 있는 실현가능한 개혁을 통해 민의 경제적 재생산을 보장하려는 시
도도 있었다. 윤휴는 향촌사회와 민에 대한 齊一的 지배의 실현과 부
세제도 이정을 통한 항산 보장을 골자로 하였다. 그는 養民을 위해 오
가통법과 紙牌法 시행을 통한 小農民의 항산·항업을 유지할 수 있게
했다. 또한 ‘便民之政’의 실현을 위해 民數를 정확히 파악하며 이에 기
초하여 良丁을 확보함으로써 부세불균등의 사회모순을 해소하고 平賦
均役을 실현하고자 했다. 호포법은 평부균역을 실현할 구체적 방안이
었다. 호포법을 실시하여 ‘均民役而足國用’을 달성하고, 나아가 ‘務農
講武’함으로써 內修=外攘의 물적기초를 마련하고자 했다. 이러한 국
가 중심적 사고를 전제로 그는 특권적 지위 신분을 공권력 체계 속에
서 일정하게 제한하려 했다. 즉 양반 사대부층의 특권과 향촌사회에서
의 민에 대한 지배력을 국가 공권력으로 제어하여 그 사회경제적 실력
을 일부 제한하는 한편, 민의 경제적·사회적 지위를 보장함으로써 부
국강병을 이룰 수 있다는 것이었다. 이 시기 대다수의 官人·政論家들
이 오가통제와 호패법을 민수 파악과 闕額 충정의 제도로만 이해하고
있었는데 비해 윤휴의 발상은 소농민의 육성에 기본 목표가 설정되었
다.[99] 실무관료로서 위치를 고려할 때 균평의 이념이 내재된 법제 시
행을 통해 기존의 경제사회구조를 改變하려는 의지를 엿볼 수 있다.

98) 金駿錫, 앞의 책, 2003, 301~306·325쪽.
99) 鄭豪薰, 앞의 글, 1994, 176·181~188쪽.

또 한편에서는 현실성을 고려하되 여전히 토지개혁을 통해 민의 경제적 불평등을 시정하고, 신분차별을 철폐하려는 노력이 견지되었다. 정제두는 '民安得不飢 國安得不貧'을 이루기 위해 限田論을 주장하였다. 그는 토지제도의 이상을 箕子田制에서 찾고 있었다. 그러나 정전제의 이상을 현실에 그대로 적용하기에는 토지수용 문제 등과 같은 장애요소들이 적지 않았다. 따라서 한전제 시행을 통해 점진적으로 지주제를 해소해 나아가면서 궁극적으로 균전제를 실현하려 했다.[100] 그가 제안했던 한전의 방법은 다음과 같다. 1戶당 3結로 토지소유 규모를 제한하고 매 토지마다 帖牌를 만들어 관리하고 통제하였다. 즉 호당 3결로 제한하여 더 이상 토지를 소유하지 못하게 하면서 3결이 넘는 여분의 땅은 官에서 구입하는 등 적극적으로 개입하는 것이었다. 그렇게 100년 정도 시행된다면 균전은 자연스럽게 실현될 것으로 기대하였다. 이러한 가운데 '消兩班', '消奴婢', '無貴賤嫡庶之分'하는 신분차별 없는 사회가 실현될 수 있기를 기대하였다.[101]

이상에서와 같이 '성취형' 신분제는 불평등한 사회구조를 초래했던 경제문제, 토지소유관계에 대한 근본적인 개혁을 전제로 하였다. 또한 그 속에 내재된 '균평'의식은 기왕의 명분의리로 포장된 차등적 신분의식에서 벗어나 새로운 사회운영원리로 주목되었다.

4. 맺음말

17세기 조선정부는 양란 이후 흐트러진 국역체계를 재정비하는 데 많은 노력을 기울였다. 그러나 경제구조의 변동과 신분질서의 동요는

100) 朴京安, 앞의 글, 1988, 72쪽.
101) 崔潤晤, 『朝鮮後期 土地所有權의 發達과 地主制』, 연세대학교 박사학위논문, 2001, 265쪽.

원활한 재정운영에 적지 않은 부담으로 작용하였다. 특히 봉건적 신분제 기초 위에 확립되었던 군역제는 사회변동의 영향을 직접 받게 되었고, 군역의 수포화가 진척되면서 국가재정의 보전책으로서의 역할과 의미가 더욱 강화되었다. 이 같은 상황 속에서 양반층은 신분적 특권을 내세워 출포를 거부하였고, 대부분의 부담이 양인농민에게 전가되었다.

군역의 양역화에 따른 신분변동 양상은 다음과 같다. 당시 양인농민들은 피역과 모칭·모록을 일삼았으며, 유리도산하기에 이르렀다. 이는 곧 조세원이자 부역자원의 감소를 의미하였다. 정부에서는 양정의 절대 수를 확충하는 데 노력을 기울였으며, 양정수괄에 필요한 다양한 사회신분 정책을 입안하고 시행하였다. 대표적으로 公私賤의 신분상승을 통해 양역인구를 증대시키는 것이었다. 이렇게 해서 확보된 양역층을 효과적으로 관리하기 위해 호패법과 오가통법이 시행되기에 이르렀다. 이 같은 사회신분 정책을 추진해 나아가는 과정에서 주목되는 점은 양정수괄을 위해 국가적 입장이 강조되고 일원적 지배체제 확립을 통해 양반사족의 특권을 제한하려는 시도가 있었다는 사실이다. 이 점은 호포제 논의과정에서 다시 한번 확인할 수 있다.

호포는 양반의 군역 부담을 전제로 하는 것인 만큼 신분 차등을 상징하는 현실적 지표를 없애는 결과를 초래할 수 있었다. 자연히 동일한 정파 내부에서조차 그 시행을 둘러싼 찬반논의가 활발히 전개되었다. 그런데 호포제 찬성론자 가운데에는 균부균세의 실현뿐만 아니라 불평등한 사회경제구조를 타개하려는 움직임이 모색되었다. 유형원이 제기한 '성취형' 신분제는 능력에 따라 자신의 직분을 획득하고, 각자 재능을 발휘하여 사회운영의 효율성을 제고하는 것이었다. 또한 각각의 직분을 다하는 사회를 만들기 위해 이서복예, 공상인 등에게도 토지를 지급할 것을 주장하였다. 신분제는 토지소유문제와 밀접한 관계를 맺고 있었다. 자립할 경제기반이 없는 일반농민들에게 능력에 따른 신분 성취는 기대하기 어려웠다. 이 점에 주목하여 호포제 논의를 살펴보면 찬성론자라 할지라도 토지문제에 대한 해결방식에 따라 신분인식과 경세지향의 차이가 있었다.

송시열은 호포제의 시행 등 부세제도의 이정을 통해 문란해진 대민 수취 질서를 재정비하여 국가의 재정보전을 실현하고 농민부담을 경감하고자 했다. 그것은 항산과 항업을 보장하는 양민책이기보다는 사회기강 유지를 우선하는 제민으로 귀결되었다. 반면 윤휴는 토지개혁을 전면적으로 내세우지 않았지만 오가통법·지패법의 시행을 통해 소농민의 항산·항업을 보장하며, 전 신분계층을 국가의 공권력 체계 속에 포섭하고자 했다. 한편 정제두는 한전제를 실시하여 지주전호제를 타파하고, 이러한 가운데 신분차별 없는 사회가 실현되기를 기대하였다. '성취형' 신분제와 그 속에 내재된 균평의식은 명분의리론에 입각한 차등적 신분관을 극복하고 중세적 국가운영방식의 변화를 초래할 단초로 작용하였다.

조선후기 정치체제론의 전개
-봉건제·군현제론을 중심으로-*

김 선 경**

1. 머리말

　조선후기 정치사상은 현재 가장 활발한 연구 분야의 하나이다. 최근의 연구는 예전의 개인의 철학사상, 특정 사회문제에 대한 개혁론 중심의 연구에서 벗어나서 당파·학파의 계보를 밝혀내고 이들의 학문 경향, 정치이념, 정치 운영론을 깊이 있게 추적하고 있다. 하지만 여전히 철학사상과 특정 사회 현안에 관한 논의를 매개하는 다양한 중간단계 사유틀의 발굴이 아쉬운 상황이다. 아울러 현대인이 쉽게 그 함의를 이해하고 자신의 정치적 사유 속에 통합시킬 수 있는 개념을 도입하여 조선시대의 풍부한 정치사상을 포착하려는 노력이 요구된다. 이 글에서는 그러한 문제의식 아래 조선후기에 전개되었던 封建制·郡縣制論을 정치체제론이라는 측면에서 포착하고자 한다.
　'봉건제론·군현제론'은 전근대 동아시아의 대표적인 정치체제론이었다. 조선전기 이미 중국사의 봉건제·군현제론의 논점들이 수용되어

　* 이 논문은 2002년도 한국학술진흥재단의 지원에 의하여 연구되었음(KRF-2002-003-A00015).
　** 연세대학교 국학연구원 연구교수, 국사학

논의되었다. 봉건제와 군현제론이 단순한 학문적 관심, 지나가는 언급 이상의 구체성을 가지게 된 것은 조선후기의 당면 문제들과 관련되어 논의되면서였다. 조선후기 유가 경전에 대한 이해가 심화되면서 중국 고대의 예법은 儒者 공통의 사유 기반이 되었다. 봉건제가 중국 삼대 理想社會의 법제라는 관점에서 권위가 부여되어 언급되기도 하였고, 군현제인 조선사회에 맞지 않는 봉건제적 현실을 문제로 지적하기 위해서 언급되었던 경우도 보인다. 조선후기 일부 사상가들은 자기 사회를 '봉건제론·군현제론'이라는 논의틀을 통해서 이론화하여 인식하였다. 17세기 중반 柳馨遠이 『磻溪隨錄』에서 전개하고 있는 논의를 보면, 이미 중국에서 전개되었던 봉건제·군현제론의 논쟁점들이 하나의 지식으로 수렴되었으며, 봉건제와 군현제가 상호 대비되는 정치체제론으로 참조되면서 체제를 구성하는 부문 제도의 수준에서까지 비교의 접점을 발견하였다.

조선후기사에서 봉건제·군현제론을 본격적으로 제기한 사람은 박광용이다.[1] 이후 이 주제가 크게 부각되지 못하여, 이를 전론한 연구가 이어지지 않았다. 조선후기 개별 경세론자 연구에서 부분적으로 언급된 정도이다. 연구의 진전을 위해서는 무엇보다도 조선후기 군현제·봉건제에 관한 논의를 충분히 발굴하여, 이들 논의를 통해서 조선후기 정치체제론으로서 '봉건제·군현제론'이 정치사상의 어떤 측면을 사유하였는가가 추구되어야 한다. 과연 '봉건제·군현제론'은 조선후기 정치사상의 전개에 유의미한 역할을 하였는가? 조선후기 봉건제·군현제론은 어떤 특색을 지녔는가가 추구되어야 한다.

본 연구는 조선후기 봉건제·군현제론을 충분히 발굴한 가운데 이루어지지 못했다. 이 점은 기존의 연구를 소개하는 것으로 대체하고, 17·18세기에 가장 체계적인 개혁구상을 내놓았던 두 사람, 柳馨遠과

---

1) 박광용, 「18~19세기 조선사회의 봉건제와 군현제 논의」, 『한국문화』 22, 1998.

柳壽垣을 집중 조명하는 방식을 택하였다. 유형원과 유수원은 조선후기의 현실을 비판하거나 자신이 추구하는 사회를 설계하는 데 봉건제·군현제론을 활용하였다. 이와 같은 방식 자체가 일종의 봉건제·군현제론의 전개 형태라고 생각된다. 두 사람에게 봉건제·군현제론은 어떠한 정치적 사유의 가능성을 열어주었는가? 두 사람이 전개한 봉건제·군현제론은 어떤 특색을 지닌 것이었는가?

이 글의 전개는 2절에서는 기존의 연구사를 검토하고 3절에서는 유형원과 유수원의 개혁구상 속에서 봉건제·군현제론이 어떻게 작용하고 또 어떻게 전개되었는지를 살펴보고자 한다.

2. 연구사 검토

조선후기 봉건제·군현제론의 전개를 살펴보기 위해서는 우선 조선후기 논자들이 수용한 중국의 봉건제·군현제론을 살펴볼 필요가 있다. 봉건제·군현제론은 중국의 학술 전통 속에서 형성된 정치체제론이었다. 중국 秦나라가 '廢封建 立郡縣'한 이후 봉건제·군현제론은 중국 정치사상의 중요한 논제였다. 중국사의 봉건제·군현제론에 대해서는 민두기의 선구적인 연구가 있다. 민두기의 연구에 따르면 중국사에서 전개된 봉건제·군현제론의 주요한 쟁점은 다음과 같다.[2]

중국에서의 봉건제·군현제론의 가장 중요한 쟁점은 '公天下'와 '私

---

2) 민두기의 봉건제·군현제론에 관한 연구는 다음 두 편의 연구가 있다. 민두기, 「중국의 전통적 정치상」, 『진단학보』 29·30, 1966 ; 민두기, 「청대 봉건론의 근대적 변모 - 청대 지방자치론으로의 경사를 중심으로 - 」, 『아세아연구』 10-1, 1967. 이 글에서 주로 참조한 것은 전자이다. 이하에서는 각주를 생략하였다. 민두기는 후자의 논문에서 청말 중국지식인들이 지방자치론적인 사유를 봉건제·군현제 논의라는 자신들의 전통적 정치사상과 결부하여 전개하였음을 해명하였다.

天下' 문제였다. 초기에는 公을 "황제가 천하를 獨制하지 않고 복수인이 共治한다는 의미"로 파악하여, 봉건제를 공천하로 보는 견해가 대세였다. 당대 이후에는 公이란 '백성을 위한 것'이란 뜻으로 전화되면서 善政을 위한 '擧賢'에 유리한 군현제가 公天下라는 논리가 등장하였다. 이 논리는 민의 입장에서 정치의 좋고 나쁨을 판단한다는 것을 내세우고 있지만 사실상 당대 이후 높아진 사대부 계층의 정치적 위상을 반영한 논의였다. 군현제 하에서는 士庶 중에서 賢能한 자를 고를 수 있고, 治者가 된 사대부가 不肖할 때는 언제든지 갈아 치울 수 있으므로 군현제가 擧賢에 유리하다는 논리였다. 백성에 대한 선정이 기준으로 등장하면서는 봉건제 지지자도 봉건제에서는 제후가 백성을 책임지고 다스리므로 오히려 善政에 유리하다는 의미에서 봉건제가 공천하라는 논리를 제기하였다.

　두 번째 쟁점은 고금의 시세 변화 인식을 놓고 형성되었다. '復古論' '尙古論' '是今論'이 그것이다. 復古論은 聖王의 제도인 封建으로 되돌아가야 한다는 입장이었다. 尙古論은 三代가 지금보다 나은 時代라는 것을 믿지만 그것은 성인이 있음으로 해서 가능하였던 것이고, 聖人이 없는 상태 하에서는 三代의 治도 생각할 수 없다는 입장이었다. 또 唐虞와 三代(夏殷周)를 나누어 보고 당우에 비해 삼대의 封建은 私天下라는 논의를 제기하기도 하였다. 是今論은 現今에 적극적인 의의를 부여하는 입장이다. 이 논의는 다시 둘로 나뉘어졌는데, 하나는 봉건은 성왕의 所産이 아니라고 보고, 封建을 원리적으로나마 긍정할 수 없다는 견해이고, 다른 하나는 封建을 聖王의 소산이라고 보면서도 그것은 그때에만 타당한 것이요 지금엔 타당하지 않다는 견해이다.

　세 번째 쟁점은 人治 위주인가 法治 위주인가였다. 善政을 위해서는 治者의 능력이나 도덕적 탁월성이 더 중요한가, 아니면 治者의 賢不肖를 막론하고 어느 수준의 안정을 유지할 수 있는 제도를 마련하는 것이 더 중요한가가 논쟁의 초점이었다.

중국의 이러한 논쟁점들은 조선전기에 이미 일정하게 수용되었다. 조선후기 봉건제·군현제론의 전개를 이해하기 위해서는 조선후기 논자들이 수용하였을 중국사의 논의에 대한 좀더 심도 깊은 연구가 요청된다. 중국사에서 봉건제·군현제론을 매개로 정치주체·정치목표, 古今 時勢, 인치·법치 등을 논의하는 정치 일반론으로 나아갔다는 점은 조선후기 정치사상을 탐색하는 데 있어서도 주시해야 할 사항이다.

조선후기사에서 봉건제·군현제론을 본격적으로 착목한 연구는 박광용의 「18~19세기 조선사회의 봉건제와 군현제 논의」[3]였다. 이 논문은 조선후기 봉건제·군현제론을 본격적으로 다루었으며, 조선후기 京華閥閱의 대두라는 구체적 사회문제와 관련하여 봉건제·군현제 논의를 해석하였다는 점에서 의미가 깊다. 박광용은 18, 19세기 봉건제·군현제 논의의 추이를 당파별로 점검하였다. 그의 결론을 요약하면 다음과 같다.

그는 당파에 따라 봉건제와 군현제에 관한 입장이 갈린다고 보았다. 당시는 집권주류인 노론계가 京華閥閱을 형성하였던 상황인데, 경화벌열은 봉건제하의 정치적 지위를 세습하는 '世卿'·'世臣'에 비유되는 존재이므로, 벌열가문에 대한 입장에 따라 '世卿'·'世臣'을 긍정하는 봉건제 지지론, '世卿'·'世臣'을 비판하는 군현제 지지론으로 나타났다고 파악하였다. 결론적으로 "경화벌열 집단인 노론 유학자들은 새로운 연구가 거의 없이 대체로 주자의 원론적인 봉건제론을 지지하였고", 이와는 대비적으로 "직업 관료인 소론이나, 주류가 鄕村士族으로 밀려난 남인 유학자들은 주자의 봉건제론 및 주자가례의 허점을 학문

---

3) 박광용은 18~19세기의 정치론으로서 漢, 宋 등 중국 특정시대 '國家規模'를 모델로 하는 '漢宋折衷論', '西漢國家規模論', '南宋規模論' 등에 주목한 바 있다. 그리고 「18세기 조선사회의 명말청초 사상 이해」(『가톨릭대학교성심교정논문집』 1, 1995)에서 18세기 조선 정치가·학자들의 논의와 고염무·황종희의 봉건제·군현제론과의 연관성을 살펴보면서 국가규모론을 봉건제·군현제라는 체제와 결부하여 구체화하고 있다.

적으로 비판하거나, 世卿을 없애는 진정한 사대부 체제에 도달하기 위해서 군현제를 연구하거나, 世卿과 신진사대부(儒臣)를 동시에 택할 수 있는 봉건제와 군현제가 절충된 漢의 郡國制 곧 '雜建'을 지지했다"[4]고 파악하였다.

세경에 비판적인 사람들이 군현제나 '잡건'을 지지했다는 것은, 중국사에서 당대 이후 사대부가 주요한 사회세력으로 등장하면서, 봉건제의 世卿·世臣보다는 군현제의 관리 임용 출척이 擧賢에 더 부합한다는 군현제 지지론과 상통한다. 중국의 공천하·사천하론의 한 형태인 擧賢論의 조선적 전개형태였다고 볼 수 있을 것이다.

박광용은 세경 문제를 중심으로 조선후기 봉건제·군현제론의 함의를 파악했다. 그는 세경을 비판한 사람들은 진정한 사대부 체제, '학문과 도덕적 실력을 우선하는 賢人적 관료체제'를 지향했다고 파악하였다. 그가 말하는 진정한 사대부 체제, '학문과 도덕적 실력을 우선하는 賢人적 관료체제'의 내용이 무엇인지는 불분명하다. 하지만 이 시기에는 이미 世卿을 경화벌열로만이 아니라 양반 일반으로 비유하면서 세경 비판을 통해 양반 신분을 비판하는 논의가 제출되었다는 점은 지적되어야 할 것이다. 17, 18세기 유형원이나 유수원은 士大夫的 士를 부정하고 四民的 士論을 전개하였다.[5]

박광용은 조선후기 봉건제·군현제론을 풍부하게 소개하였으면서도, 논의의 해석에 있어서는 世卿이라는 제한된 잣대를 적용하였다는 점이 아쉽게 느껴진다. 그의 연구는 조선후기 정치적 사유의 전개에서 봉건제·군현제론이 어떤 역할을 하였는지 차근히 살펴보아야 한다는 문제제기 역할을 충분히 하였다고 평가할 수 있을 것이다. 이후 봉건제·군현제론을 전론한 논문은 아니지만 개인의 사상을 다루는 논문에서 봉건제·군현제론이 이들 개인의 사상에서 어떻게 전개되었는지

---

4) 박광용, 앞의 글, 1998, 229~230쪽.
5) 이에 대해서는 본 논문의 3절에서 다룸.

를 부분적으로 언급한 연구들이 나왔다.

봉건제·군현제론은 진나라의 '폐봉건 입군현'으로부터 시작된 만큼, 이 논의는 지방제도와 직접 관련되었다. 조선후기 봉건제·군현제론의 전개에서도 鄕黨論, 수령론 등은 중요한 주제였다. 이에 착목한 연구가 오영교의 연구이다. 오영교는 임란 이후 피폐한 '향촌사회'를 재건하기 위한 정론가들의 개혁론 가운데서 윤휴, 유형원의 구상이 주대 봉건제의 鄕黨制에 기반한 것이었다는 점에 주목하였다.6) 그는 윤휴의 구상의 일부가 숙종 초년에 五家統制 등을 통해 법제에 반영되었음을 밝혔다. 윤휴는 오가통제를 통해서 소농민 상호의 相補와, 周의 '鄕政 用人'과 같은 사대부의 면리 운영 참여를 도모하였다고 한다. 이 논문은 조선후기 사람들의 봉건제, 군현제에 대한 이해가 현실 정치의 정책논의, 법제정에도 반영되었던 사실을 알려주며, 군현제와 봉건제는 이념의 측면에서나 현실의 측면에서나 조선사회를 설명하는 데에 고려해야 할 범주임을 보여준다.

봉건제와 군현제론을 정치체제론으로 규정하고, 개인의 정치사상에서 정치체제론이라는 인식 지평을 문제 삼은 것이 김선경의 논문이다.7) 김선경은 유형원이 이상 국가를 기획하면서 '봉건제와 군현제'라는 정치체제론을 어떻게 참조했는지 살펴보았다. 김선경은 유형원이 봉건제·정전제를 이상적인 제도로 생각하면서도 현재 조선의 정치체제가 군현제임을 감안하여 자신의 이상을 어떻게 현재의 정치체제 속에서 실현할 것인가를 고민하였다고 보았다. 그러나 김선경은 유형원의 봉건제·군현제에 관한 사유를 사회구성원의 범주 구성, 토지제도, 지방제도 구상 등 한정된 부문에서만 살피고, 정치주체, 법치·인치, 시세의 고금 문제 등 봉건제·군현제론의 주요한 쟁점에 대해서 충분

---

6) 오영교, 「朝鮮後期 五家統制의 構造와 展開」, 『東方學志』 73, 1991 ; 오영교, 「磻溪 柳馨遠의 地方制度 改革論」, 『國史館論叢』 57, 1994.
7) 김선경, 「반계 유형원의 이상국가 기획론」, 『韓國史學報』 9, 2000.

한 관심을 기울이지 않았다.

최근 안병직은 다산 정약용의『經世遺表』를 봉건제·군현제와 관련
하여 해석한 연구를 내놓았다.8) 그는『經世遺表』의 왕정개혁 체계는
정전법이라기보다는 '體國經野'로 보아야 한다고 주장하였다. 그의 설
명에 따르면 '體國經野'는『周禮』의 기본 법제인데, 體國은 도성의 건
설, 經野는 전지의 구획을 의미한다고 한다. 정약용의 상공업에 대한
관심이 경야만이 아니라 체국에까지 인식을 확대하도록 하였다고 보
고 있다. 그러나 안병직은 다산 스스로도 '체국경야'를『주례』의 기본
법제로서 명확하게 이해하지는 못하였다고 한다. 상공업 진흥을 통해
부국강병을 도모하려는 다산의 의도가 체국 즉 도성건설에 대한 관심
으로 나타났지만, '體國經野'와 논리적 정합관계에 있는 봉건제를 적극
적으로 수용하지 못하고 군현제를 채택함으로써『경세유표』의 서술체
계는 혼란되고, 다산의 구상은 논리정합성을 잃었다고 말한다. 나아가
서 다산이 봉건제와 군현제의 본질을 제대로 이해하지 못하고 있었던
것이 아닌가라는 의문을 제기하였다. 그렇게 판단하는 까닭을 다음과
같이 설명하였다.

> 『주례』에서는 도성은 封地에만 두고 있는데, 領地라야만 그곳에 주
> 권이 존재하고 부세 등의 잉여가치가 체류됨으로써 정치적 및 상업적
> 성격을 가지는 도시가 성립할 수 있기 때문이었을 것이다. 그러니까
> 군현제 하에서는 제대로 된 지방도시가 성립할 수 없었던 것이다.9)

즉 체국경야는 도시와 농촌 두 부분으로 국토를 구획하여 구성하는
것인데, 군현제는 도시가 國都 이외에는 성립할 수 없는 체제이기 때
문에, 체국경야와는 맞지 않는 체제라는 설명이다. 안병직은 다산이 봉

8) 안병직, 「다산과 體國經野」, 『茶山學』 4, 2003.
9) 안병직, 위의 글, 92쪽.

건제와 영지의 중심으로서의 도시가 상호 연결되어 있다는 사실을 보지 못하여 자신의 구상을 정합적으로 체계화하지 못한 것으로 보았다. 다산 자신이 봉건제라는 체제와 도시와 상업의 발전을 연결하여 사유하지 않았다고 한다면, 봉건제·군현제론의 전개라는 관점에서는 다산이 실제적으로 봉건제와 군현제를 언급한 맥락이 무엇이었는지를 천착함으로써 그의 봉건제·군현제론의 함의를 해명할 필요가 있다.

다산 정약용에 대해서 봉건제·군현제론이라는 관점에서는 아니지만 정치권력의 구성 과정, 권력의 근원과 소재에 관한 다산의 원론적 글에 주목한 연구들이 일찍이 나왔다.[10] '湯論' '原牧' '原政'과 같은 원론적인 글에서 정약용은 백성을 통치하는 통치자와 법이 어디로부터 유래하였는가라는 질문을 던지고, 그것이 아래로부터 백성의 추대와 백성의 여망에 의해서 만들어졌다고 설명하였다. 이 같은 설명에서 채용되고 있는 체제 모델이 바로 봉건제였다. 다산이 정치권력의 근원에 대해서 사유할 수 있었던 데는 정치체제론으로서의 '봉건제·군현제론'에 빚지고 있었다고 생각된다.

3. 조선후기 봉건제·군현제론의 전개
−유형원과 유수원을 중심으로−

중국사에서 전개된 봉건제·군현제론의 논점들은 일찍이 조선의 논의에서도 나타났다. 그 가운데 몇 가지를 소개해 보자.

金正國(1485~1541)은 封建 井田은 삼대 선왕의 제도이지만, 시속이 변하였으므로 삼대의 제도를 그대로 쓸 수는 없고 선왕의 뜻에 부합하는 정치를 하면 된다고 하면서 주자의 논의를 그대로 소개하였

10) 문철영, 「다산 정약용의 『周禮』 수용과 그 성격」, 『史學誌』 19, 단국사학회, 1985 ; 조성을, 「정약용의 정치사상」, 『우송조동걸선생 정년기념논총』, 1997.

다.11) 羅世纘(1498~1551)은 "봉건은 선왕의 '公天下'의 법이고, 井田
은 선왕 '守天下'의 법"으로 "성인의 제도는 후세에 시행되지 못하더라
도 '성인 입법의 뜻'은 실행할 수 있다"12)고 하였다. 나세찬의 '성인 입
법의 뜻'은 김정국이 선왕의 뜻을 막연하게 언급한 것과는 달리, 법제
에 상당한 관심을 표명한 발언이라고 볼 수 있다. 申欽(1566~1638)은
진이 봉건제를 폐한 후 수령이 자주 바뀌어 민정을 주밀하게 파악하지
못하고, 토지가 사유로 되어 왕자는 養民의 도구를 잃었다고 평하였
다.13) 그는 봉건제와 군현제의 차이를 지방통치제도, 토지제도의 차원
에서 자세히 언급하였다. 이들은 이미 중국의 공천하·사천하론, 시세
론, 인치·법치론 등을 숙지하였던 것이다.

　17세기 반계 유형원은 『반계수록』에서 馬端臨을 여러 차례 인용하
였다. 그는 馬端臨이 지은 『文獻通考』의 「封建考」를 숙지하고, 거기

---

11) 金正國, 『思齋集』 卷3, 政貴時宜論, "朱子曰 封建井田 乃先王公天下之制
　　不敢爲非 在後世强做得 則別有弊病 斯言盡之矣".
12) 羅世纘, 『松齋先生遺稿』 卷2, 策習俗之變本於人心, "夫封建者 先王公天下
　　之法 井田者 先王守天下之法也 封建立而國有藩屛之任 井田設而民無不授
　　之田 是法本於聖人至公至仁之心 故能盡聖人是心 然後能行聖人是法 而秦
　　之始皇 懷一身無窮之私欲 而惡先王良法之害己 至於廢井田而開阡陌 毁封
　　建以爲郡縣 是何不仁之甚耶".
13) 申欽, 『象村稿』 卷47, 外稿, 彙言六, "古者天子之地千里 公侯百里 伯七十里
　　子男五十里 王圻之內復有公侯采邑 子孫世守焉 蓋帝王以天下爲天下之天
　　下 不以天下自私自利 使居爵位者莫不有土焉 莫不有民焉 與天下共之也 故
　　壤土衍瘠 民戶登耗 如其家籍家丁 不煩考核 而姦僞無所容 於是而天下之田
　　悉仰屬於官 而不得相買賣也 天下之民 悉仰給於上 而不得相遷徙也 食其力
　　而有恒業 有恒業而輸其稅 無甚富之民 亦無甚貧之民 故無爭奪之患 無兼幷
　　之暴 至秦而聖人之法一掃盡之 始以守內爲己私利 獨運於上 而封建廢矣 封
　　建旣廢則釐民者在於守宰 守宰之任 歲更月易 去來如傳舍 民之情僞 政之瑕
　　類 有未周究 而授田之制旣革 則田遂爲編氓之私有 田遂爲編氓之私有而役
　　財廣占之風興 民有偏富偏貧者矣 民有偏富偏貧而後怨咨起矣 秦能以天下
　　奉一人 而至於田制則擧天下之所有 棄而與民 而王者養民之具 不在上而在
　　下矣 民爲之主而國家不得操其柄 任其典斥而不敢止 沿襲之久 不唯猝革之
　　爲難 如欲革之則反歸於奪民 國與民俱病 王莽之事是已".

에 소개되어 있는 봉건제·군현제론의 다양한 논점을 인식하고 있었음이 분명하다. 다른 논자들도 柳宗元(당대, 군현제 지지론자), 胡宏(송대, 봉건제 지지론자)을 자주 언급하고 있는 것으로 보아, 17세기에는 『문헌통고』의 봉건고 수준의 인식은 일반화되었다고 생각된다.

18세기에는 명말 청초의 顧炎武, 黃宗羲의 논의도 알려졌을 것으로 생각된다. 박광용은 17세기 이익의 집안에 의해 명말 청초의 경세학이 수용되었으며, 그 가운데 고염무, 황종희의 봉건제·군현제론도 포함되었을 것으로 보았다.[14] 정약용은 자신의 저술에서 황종희, 고염무를 언급하였고, 고염무의 군현론을 적극 긍정하였다. 황종희와 고염무는 명의 멸망을 겪으면서 황제 전제를 비판하고 그 비판의 이론적 도구로 봉건제·군현제론을 활용하였던 인물이다.[15]

이 글에서는 17~18세기의 봉건제·군현제론의 전개를 유형원, 유수원을 통해서 살펴보고자 한다. 유형원은 17세기의 인물이며, 유수원은 18세기의 인물이다. 두 사람은 자기 사회에 대한 예리한 비판을 토대로 체계적인 개혁구상을 담은 책을 저술했다는 점에서 공통점을 지녔다. 두 사람은 체계적인 개혁구상을 하였던 만큼 누구보다도 봉건제·군현제라는 체제에 대한 심도 깊은 인식을 보여주었다.

두 사람이 자신의 구상에서 봉건제·군현제론을 활용하는 방식에는 커다란 차이가 나타났다. 군현제 현실을 인정하면서도 봉건제적 요소를 적극적으로 도입하려 했던 유형원과 군현제라는 현실체제의 체제 정합성을 추구했던 유수원의 입장 차이가 구체적 개혁방안에서는 어떻게 드러날까? 과연 봉건제·군현제론에서의 두 사람의 입장 차이가 두 사람의 개혁구상의 방향성의 차이와 연관될까? 이들이 자신의 사회를 설명하고 개혁을 지향하는 데 봉건제·군현제론은 어떻게 작용하는 것일까?

---

14) 박광용, 앞의 글, 1998, 22~24쪽 참조.
15) 민두기, 앞의 글, 1967, 54~56쪽 참조.

　유수원과 유형원의 개혁방안을 봉건제·군현제론과의 상관성을 중심으로 다음 6가지, ① 문제의식과 봉건제·군현제에 관한 입장, ② 4민론, ③ 토지론, ④ 조세·재정론, ⑤ 수령론과 향당론, ⑥ 국왕론 측면에서 비교·검토하고자 한다.

　1) 문제의식과 봉건제·군현제에 관한 입장

　유형원과 유수원은 각각『磻溪隨錄』,『迂書』라는 저술을 남긴 이외에 다른 글을 찾아보기 어렵다. 따라서 두 사람의 사상은 두 저술을 집중적으로 분석함으로써 해명하는 길을 찾을 수밖에 없다.

　磻溪 柳馨遠(1622~1673)은 1652년(효종 3, 31세)에 『반계수록』을 쓰기 시작하였다. 그리고 이듬해 부안 우반동으로 이사했다. 그는 이곳에서 생활하면서 18년간에 걸쳐『반계수록』을 저술하여 1670년(현종 11, 49세)에 완성했다. 그리고 3년 후인 1673년(현종 14) 52세를 일기로 세상을 떴다. 聾菴 柳壽垣(1694~1755)은 25세 때에 벼슬길을 나서 주로 수령직을 전전하다가 40세 전후에『우서』를 저술하였다. 1741년(영조 17) ‘官制序陞圖說’을 왕에게 바쳐 홍문관 관원 回薦法을 폐지하는 데 영향을 주었다. 그는 1755년(영조 31, 62세) 나주 괘서사건에 연루되어 사형 당했다.16)

　각각 17세기 중반, 18세기 중반에 쓰인 두 책은 개혁구상의 내용에서는 다른 점이 많다. 그러나 두 사람의 개혁구상의 태도는 동일하였다. 두 사람 다 자신의 비전과 그 비전을 실현하기 위한 방법론을 제시하고, 그 가운데서 자신의 역할과 자기 저술의 의미가 무엇인지를 고민하였다. 두 사람은 자신들이 추구하는 사회에 대한 비전을 명백히 제시하였다. 유형원이 추구하는 이상사회는 그가 삼대 정전법의 이상성을 언급한 대목에서 드러난다.

---

　16) 한영국,「『우서』해제」,『국역 우서』1, 1967 참조.

옛날의 井田法은 지극한 것이었다. 경계가 한번 바로 잡히면 萬事
가 모두 제대로 거행되어, 민은 항구한 생업을 갖게 되고 兵은 搜括
하는 폐단이 없어지고, 貴賤上下는 각기 그 職을 얻지 못함이 없다.
이로써 人心은 안정되고 風俗은 넉넉해진다. 옛날 수백 천년 동안 나
라를 튼튼히 유지하고 禮樂이 떨쳐 일어났던 것은 이 같은 근본 바탕
이 있었기 때문이다.[17]

한마디로 표현하면 '貴賤上下의 사회구성원이 그 직분을 얻어서' 인
심은 안정되고 풍속은 넉넉한 사회라고 할 수 있을 것이다. 유형원은
이러한 사회에 도달하기 위해 국가는 養民, 養士하는 정책을 써야 하
며, 제도적으로 公田制, 貢擧制를 반드시 실행해야 할 것으로 보았
다.[18] 이에 비해서 유수원은 '富國安民'을 자신이 추구하는 목표로 제
시하였다.

이같이 한 다음에야 비로소 백성을 부유하게 하고 나라를 넉넉하게
할 수 있기 때문이다.……士·農·工·商에는 각기 그 법이 있다. 그
런데 오늘날에는 그 법이 없어서 백성이 직업을 잃고 있고, 직업을
잃기 때문에 백성이 가난하게 되며, 백성이 가난한 까닭에 나라가 허
약하게 되는 것이다. 이제 법을 세우고 제도를 마련하는 것은 곧 四
民을 本業으로 이끌어가려는 것인데, 이것이 어찌 이익만을 취하려는
뜻이겠는가.[19]

유수원은 부국안민을 위해서 국가는 生財, 理財의 정책을 써야 하
며, 生財 理財하기 위해서는 국가는 四民이 자신의 직업에 전념할 수

---

17) 『磻溪隨錄』 卷1, 田制 上, 1쪽.
18) 김선경, 「유형원의 이상국가 기획론 - 재정부문을 중심으로 - 」, 『韓國史硏究』
    125, 2004, 180~185쪽.
19) 『迂書』 卷8, 論魚鹽征稅, "士農工商 各有其法 今無其法 故民失其職 失職故
    民貧 民貧故國虛 立法定制 乃所以歐四民於本業也".

있도록 법제를 정비하여야 한다고 보았던 것이다.

두 사람 모두 법제를 통해서 사회변화를 도모할 수 있다고 보았다. 유형원이 상대적으로 법을 만들고 작동시키는 국가를 전면에 내세웠다면, 유수원은 법의 안내, 유도를 통해 사회를 실제로 이끌고 가는 四民에 강조점을 두었다. 유수원에게서는 국가 법제의 위상이 四民이란 사회구성원이 제대로 활동할 수 있도록 뒷받침하는 법으로 설정되어 있다는 점에서 새로운 사고를 읽어낼 수 있다.20) 그런 만큼 유수원은 기본 법제는 물론이고 운영에 관한 법제(등록, 허가, 관리, 감독에 관한 법제)를 치밀하게 구상하였다.

두 사람은 자신의 저술이 지닌 의미에 대해서 입장을 표명하였다. 두 사람 다 자신의 저술의 의미를 개혁 법제를 구상하고 제안하는 데 두었다. 유형원은 자신의 역할을 전장 제도의 절목까지를 구체화하는 기획자, 제안자, 설득자로 매김 하였다. 그는 조심스러우면서도 자신의 구상에 대한 강한 확신을 표명하고, 언젠가는 실행되기를 기대하면서 자신의 구상이 받아들여질 수 있도록 그 실현 가능성을 치밀하게 제시하는 노력을 기울였다.21) 반면에 유수원은 세상의 평가가 어떻든 자신의 포부를 펼쳐 보인다는 점에 더 뜻을 두었다.22)

두 사람 다 부문 제도를 구상하는 데 만족하지 않고 하나의 국가상을 설정하고 개혁안을 구상하였기 때문에 체제에 관한 입장이 없을 수 없었다. 두 사람이 의거한 체제론은 당연히 봉건제·군현제론이다. 봉건제·군현제론은 현실을 설명하는 이론틀이면서 동시에 현실과는 다른 체제를 사유 내에 끌어들임으로써 현실의 체제를 상대화하고 개혁의 방향을 얻는 이론틀이기도 하였다.

20)『迂書』卷2, 論學校選補之制, "士農工商 非國家所可分付勸沮者也 唯在自己之心 爲與不爲而已 有何聽從與否之可論乎 但勿論農工商之子 有才學而得科 無所枳碍 則稍知人事之流 有何厭賤農商之理乎".
21)『磻溪隨錄』卷26, 續篇下, '書隨錄後'.
22)『迂書』卷1, 記論選本意.

유수원의 체제에 대한 생각은 주로 조선의 현실에 대한 인식과 관련하여서 제기되었다. 유수원은 조선은 봉건제가 아닌데, 특정한 부문에서만 봉건적인 요소가 있어서는 안 된다고 보았다. 조선은 군현제이지만 봉건제적 요소가 있다는 인식은 일찍부터 존재하였는데, 양반 藩屛論이나 수령 諸侯論이 그것이다.[23] 유수원은 특히 경화벌열이나 양반 문벌을 世卿과 비교하면서 조선사회에 맞지 않는 존재로 강력하게 비판하였다. 유수원은 현실의 봉건적 요소를 비판적으로 보고 척결할 대상으로 규정함으로써, 조선의 현실과 관련하여서는 적극적인 군현제론자의 면모를 보였다.

반면에 유형원은 조선국가가 군현제 국가라는 점을 인식하면서 봉건제의 이상적 측면을 어떻게 도입할 것인가를 고민하였다. 특히 그가 판단하기에 삼대왕정의 기본 법제인 정전제는 봉건제 하에서만 제대로 기능할 수 있는 법제였다. 그는 정전제의 뜻을 군현제인 조선에 되살리기 위해서, 그리고 봉건제와 맞물려 실현되었던 측면을 보완하기 위해서 고심하였다.

봉건제·군현제론은 중국에서나 조선에서나 순수한 체제론으로서보다는 성왕의 정치를 어떻게 실현할 것인가라는 문제와 관련되어 제기되었다. 특히 봉건제가 성왕의 정치를 실현하는 데 필수적인가를 놓고 논쟁이 벌어졌던 것이다. 이 점과 관련하여 유형원은 봉건제가 성왕의 다른 제도인 정전제, 공거제, 향당제 등과 매우 유기적인 관계에 있다고 보았기 때문에 체제를 달리할 경우 이들 제도를 어떻게 변형할 것이며, 봉건제의 장점을 어떻게 도입할 것인가를 고민했던 것이다.

유수원 역시 봉건제, 정전제, 사회구성원의 편제의 상관성을 명백히 인식하였다. 그는 조선국가가 군현제 국가인 만큼 봉건제의 특정한 제도를 실현할 수 있다고 보지 않았고, 오히려 제거해야 할 대상으로 파

23) 이경식, 「조선전기 양반 封建論과 土地所有」, 『東方學志』 94, 1996 ; 『明宗實錄』 卷11, 明宗 6년 7월 己亥.

악하였다. 그는 군현제 하에서는 이미 토지에 관한 권한이 아래에 있기 때문에 국가는 토지분급제를 실시할 수 없는 것으로 보고,[24] 그러한 한계 내에서 四民을 四民답게 하는 제도를 구상하였다. 그는 순수한 형태의 군현제를 추구함으로써 중앙정부에 의한 철저한 지방 지배, 일원적 국가통치를 강조하는 형태로 나아갔다. 그리고 이를 유지하기 위해서는 많은 비용과 번다한 사무가 필요하다는 것을 인정하고, 그에 맞는 국가 규모를 갖추어야 한다고 보았다. 당연히 그러한 국가 규모를 뒷받침하는 조세수취, 재정제도도 요청되었다.

유형원이 공전제·공거제·향당제를 제출하였던 데 비하여, 유수원은 토지소유를 그대로 인정하는 가운데, 관직제의 개선책·과거제·里甲制를 제출하였다. 유형원, 유수원 두 사람 모두 봉건제·군현제가 토지제도, 관직제도, 지방제도, 신분제도가 상호 유기적 결합되어 있는 정치체제라는 점을 충분히 인식하였으며, 이 점을 감안하여 자신들의 개혁구상의 체제적 지향, 체제 정합성을 구상하였던 것이다.

2) 四民論

유형원과 유수원은 사회구성원의 범주를 재편하였다. 그들의 개혁성이 가장 잘 드러나는 측면이다. 유형원과 유수원이 제안하고 있는 사회범주는 바로 士農工商의 四民이었다. 士를 4민 가운데 士로 호출하는 것과 양반 사대부로 부르는 것이 이념적으로 다르다는 점은 다음과 같은 『택리지』 四民總論의 언급에서도 살펴볼 수 있다.[25] 이중환은 "옛날 唐虞 시절에는 사대부란 것이 따로 없고 모든 민"이어서, 벼슬을 하면 士로서 직책을 갖는 것이고, 벼슬에서 물러나면 또 농공상이 되었다 말한다. 그러던 것이 삼대 때부터 변하기 시작하여 "진나라가

---

24) 『迂書』卷6, 每歲編審則例, "三代之民 無甚富甚貧者 以其有井田之制也 後世則貧富在於百姓 國家無如之何矣".

25) 李重煥, 『擇里志』, 「四民總論」.

봉건 제후를 멸망시킨 뒤로부터 천자 한 사람 외에는 조정에 벼슬하는 자와 벼슬하지 아니하고 초야에 있는 자라도 그 사람이 진실로 士의 도리에 종사하면 모두 사대부라 호칭하게 되어 사대부가 더욱 많아졌다. 그러나 이것이 상고 때 제도는 아니다"라고 말한다. 이중환은 四民으로서의 士와 사대부로서의 士를 이념적으로 구별하여 본 것이다.

유형원과 유수원 역시 4민을 성왕의 民으로 호명하였다.[26] 유형원이 바라는 사회는 '4민이 각기 제 자리를 얻은 사회(四民各得其所)'이고, 유수원이 그리는 富國安民의 사회는 '4민이 자기 업에 전념(四民務其業)'함으로써 달성되는 사회인데, 거기에 도달하기 위해 두 사람이 제시한 방법론은 서로 달랐다. 당연히 두 사람의 4민론의 내용은 달라졌다. 두 사람의 정치체제에 대한 지향의 차이가 작용한 것이다.

유형원은 四民[27]이 각기 제 자리를 얻도록 하기 위해서는 학교제와 토지분급제를 갖추면 된다고 보았다.[28] 학교제를 통해서는 養士하고 토지분급제를 통해서는 養民함으로써 자신이 바라는 '4민이 각기 제 자리를 얻은 사회'에 도달할 수 있다고 본 것이다. 유형원이 구상한 士는 기존의 양반 사족이 아니었다. 유형원은 토지제도와 노비제도를 개혁하여 양반 신분의 존립근거를 무너뜨리고 대신에 士를 양성하고자 하였다. 그는 봉건제에서 잘 갖추어졌던 養士제도는 어느 시대나 없을 수 없는 것으로 보고 군현제의 조선에서 이를 구현하고자 하였다. 그는 士를 신분이라기보다는 4민 가운데 하나인 職으로 설정하고자 하였다. 따라서 이들은 기본적으로 직책을 갖도록 구상되었다. 士는 각급

26) 『磻溪隨錄』卷8, 田制後錄攷說下, 錢貨, "按聖人旣爲之井天下之田 以奠民生 於其都市廛肆 分地定制 尤爲詳盡如此 此所以四民各得其所";『迂書』卷2, 論救門閥之弊, "雖以三代聖王 所以治天下者 言之 不過曰四民務其業 六官述其職而已".
27) 유형원의 4민론에 대해서는 김선경, 앞의 글, 2000, 2004년 글을 참고하여 기술하였음.
28) 『磻溪隨錄』卷25, 續篇上, 制造, "四民得所 勸戒有法 田制旣行 而學校有法 則自然四民得所矣".

학교의 학생, 이들로부터 추천된 '升朝의 選士', 군현의 직책을 맡은 鄕
官·鄕正, 기타 士列者로 구성되었다. 물론 유형원은 士를 治者의 부
류로 보고 그들이 학문과 통치를 담당하는 존재라는 점에서 농공상의
民과는 달리 특별한 대접을 하여 육성하여야 할 존재로 보았다. 그러
나 기존의 양반과는 달리 士는 기본적으로 혈통이 아니라 본인의 '賢
能' 여부에 의해 양성, 선발되는 존재이고, 국가가 명확히 그 숫자를 한
정하여 양성하는 존재로 규정되었다. 봉건제 하에서는 士가 향당에서
교육되어, 향당에서 그 도덕과 능력을 검증받은 인재를 중앙에 추천하
는데 비해, 군현제 하에서는 향당이 인재를 교육하고 추천하는 자율적
인 권한을 갖지 못한다는 점이 문제가 되었다. 따라서 유형원은 士의
교육과 추천은 학교제, 공거제를 통해 지방관이 주도권을 행사하는 가
운데 향당과 협력하여 수행하도록 구상하였다.

　유형원의 4민론의 특징 중의 하나는 노비를 혁파하여 민의 범주에
통합시켰다는 점이다. 유형원은 양반 신분을 해체시키는 한편, 사회의
가장 밑바닥에 위치하여 재물로 취급되었던 노비혁파를 구상하였다.
이제까지의 노비 혁파론자들이 대부분 국가 良役 부족의 차원에서 논
의했다면, 유형원은 노비를 그 자체로 문제삼으면서 노비가 동류의 인
간임을 천명하였다.29)

　한편 유수원은 사회구성원을 4민으로 호명하는 4민론을 더욱 강도
높게 제기하였다. 유수원은 '사농공상은 다 같은 4민이다(士農工商 均
是四民)'30)라고 규정하고, 사농공상을 다 같은 4민으로 만들 때, '4민이
자기 업에 전념(四民務其業)'31)하게 되고, 그렇게 되면 生財, 理財가

---

29) 『磻溪隨錄』 卷21, 兵制, 諸色軍士, "(奴婢)同是天民".
30) 『迂書』 卷2, 論門閥之弊, "噫士農工商 均是四民 若使四民之子 一樣行世 則
　　無高無下 無彼無此 魚相忘於江湖 人相忘於道術 決無如許爭端矣 今乃不
　　然".
31) 『迂書』 卷2, 論救門閥之弊, "雖以三代聖王 所以治天下者 言之 不過曰四民
　　務其業 六官述其職而已".

이루어져 富國安民에 도달할 것이라고 보았다.

그런데 4민의 전업화는 바로 士를 四民의 士로 만드는 일로 시작되었다. 4민의 士는 현실의 문벌 양반, 양반사대부와는 다른 존재였다. 유수원은 문벌을 봉건제의 世祿, 世臣과 관련지으면서 강력히 비판하였다.[32] 유수원이 말하는 문벌은 경화벌열과 같은 특정 가문만을 지칭하는 것이 아니고 양반 일반을 가리키는 표현이었다.

유수원은 '문벌'이란 제도와 관행, 사회적 관계(차마 거절하지 못하는 인정)가 얽혀서 형성된 것으로 보고, 제도를 바꾸어서 사람들의 관행, 생각, 관계를 바꿀 수 있다고 보았다. 문벌을 없애기 위해서는 士를 실질적인 職으로 만들어 숫자를 제한하고, 士의 관직 진출로를 엄격하게 관리하며, 士職을 버리고 농공상이 되었다가도 다음 대에는 얼마든지 士가 될 수 있도록 보장하는 제도를 통해서 가능하다고 보았다. 출사로를 이렇게 제한하면 士직에 들지 못한 자들은 농공상으로 전환을 모색할 것이고, 농공상의 자식이 학생이 되는데 아무런 자격 제한을 두지 않기 때문에 농공상으로 전환하는 데 아무런 주저함이 없을 것이라는 것이다.

유수원의 士를 실질적인 職으로 만드는 방안은 학교제도로부터 출발하였다. 학교의 학생이 곧 생원이고 이들이 곧 士이다. 이들은 학교에서 교육받고 과거를 통해 관직으로 진출한다. 그는 과거제를 인재선발의 기본제도로 보았다. 다만 과거를 어떻게 운영할 것인가가 문제인데 학교제도와 과거제도를 결합하여 학교에서 육성된 인재를 과거를 통해 선발할 것을 제안하였다. 그는 학생의 육성, 관리 선발을 향당과 연관시키지 않고 국가 주도 하의 학교제와 과거제를 통해서 수행하고자 한 점에서 수미일관한 군현제론자의 면모를 보였다.

그는 士가 士로서 제 자리를 잡으면 나라에는 유식자가 없어지고 농공상도 각각 제 자리를 잡을 것이라고 보았다. 그가 4민 가운데서 가

---

32) 『迂書』卷2, 論門閥之弊.

장 그 활동을 기대한 계층은 商이었다. 상업이 발전하면 유무상통할 뿐 아니라 사회적인 부를 적극적으로 창출할 수 있다고 보았다. 상을 천시하지 않으면 대자본의 형성이 가능하고, 이들 부상의 주도로 상업이 발전해야 민부·국부 진작, 문화발전의 연쇄효과를 가져올 것으로 생각하였다.[33]

　유형원이 법제 자체에 강조점을 두었다면, 상대적으로 유수원은 법제를 강조하면서도 법제의 안내 아래 4민이 4민답게 활동하는 데서 사회변화의 힘을 발견하고 있다. 그는 법제는 민으로 하여금 억지로 무엇을 하게 하는 것이 아니라 민의 사고·관습의 전환을 도모하는 것이며, 결국 변화를 달성하는 주체는 4민 즉 민간 부문이라고 보았다.

　유수원의 4민론에서 노비는 어떻게 되었는가? 이는 초기 연구에서 논란된 바인데 한영국은 유수원이 노비제 혁파를 구상한 것으로 보았고, 한영우는 노비제를 그대로 두는 방안을 구상했다고 보았다.[34] 유수원이 호적에 노비를 기록하고 노비에게 丁錢을 물리고 있는 점, 노비제가 중국에서도 계속 존재하였다고 본 점 등으로 미루어 보아, 그가 노비제 혁파를 구상하지는 않았다고 판단하는 것이 옳을 듯하다. 노비혁파를 구상한 유형원이 '노비도 天民이다'라고 천명하였던 데 비하여 유수원은 '良民이 天民이다'[35]라고 하였다.

3) 토지론

　유형원과 유수원 두 사람의 토지론의 핵심은 유형원이 국가 주도의 토지분급이 가능한 것으로 본 데 비하여 유수원은 이를 상정하고 있지 않다는 점이다. 이러한 차이는 그들의 정전제, 봉건제 이해와 밀접한

---

33) 『迂書』卷1, 總論四民 ; 『迂書』卷8, 論商販事理額稅規制.
34) 한영우, 「유수원의 신분 개혁사상」, 『韓國史硏究』8, 1972 ; 한영국, 「聾菴 유수원의 정치·경제사상」, 『大邱史學』10, 1976.
35) 『迂書』卷9, 論士庶名分, "良人自是天民也".

관련성을 지녔다.

조선시대 토지론에서 정전론은 매우 중요한 위치를 차지하고, 이미 많은 연구에서 검토되었다. 하지만 봉건제와 연계하여 검토한 연구는 보이지 않는다. 조선시대 많은 논자들이 '정전제도는 봉건제의 작은 절목이다'[36]라고 하여 정전제를 봉건제와 연계된 제도로 파악하였기 때문에, 정전제에 관한 입장은 봉건제에 대한 입장과 연계된 경우가 많아서 이에 대한 검토가 요청된다.

유형원은 정전제와 봉건제의 상관관계를 강하게 인식하였다. 유형원은 중세사회에서 토지의 수수관계를 중심으로 맺어지는 사회관계가 곧바로 정치체제로 연결된다는 점을 분명히 인식하였다. 하지만 유형원은 토지제도에 대한 역사적 고찰을 통해 군현제 하에서도 토지분급이 이루어졌다고 파악하였다. 다만 井田制는 封建制라는 정체체제 속에서 실현되어야 그 이상성이 살아나는 토지제도이기 때문에 군현제 하에서는 이 점을 고려하여 분급제도를 마련하면 시행 가능할 것으로 판단한 것이다. 그리하여 구상한 것이 公田制였다.[37]

군현제 아래서 공전제를 시행하면서 '各得其所'를 달성하기 위해서는 어떻게 하여야 할까? 유형원은 봉건제와 달리 군현제에서는 대부와 사 계층이 食稅者의 지위를 보장받지 못하므로, 이들에게 일반 농민보다 토지를 더 주는 방안, 즉 토지를 받는 자의 신분과 처지에 따라 토지 규모에 차등을 두는 限田制를 겸용하는 방안을 택하였다.[38]

유형원이 봉건제적 요소를 도입하고자 하면서도 이와 비교되는 군현제를 직접 언명하고 있지 않은데 반하여, 유수원은 봉건제와 군현제를 비교하면서 자신의 개혁구상이 현실의 군현제를 바탕으로 하고 있

36) 姜再恒, 『立齋遺稿』 卷16, 政務私議一, 井田三, "列爵分土 封建之大者也 井田 封建之小者也 井田 古先王所以固國保民之道也".
37) 유형원의 토지론은 김선경, 앞의 글, 2000·2004를 참고하여 기술하였음.
38) 『磻溪隨錄』 卷1, 田制上, 8쪽, "今兼取限田法 儒士以上 定田有加 而免其出兵".

다는 사실을 분명히 하였다. 유수원은 토지제도 개혁을 주장하지 않았는데, 이 역시 그의 봉건제와 군현제의 토지제도에 관한 나름의 이해의 소산이었다.

世祿은 실로 先王의 제도인데 그 근원은 封建에서 나왔고, 봉건은 井田에 관련된 것이다. 그래서 先王은 祿을 헤아려 전지를 분급하고, 식구를 보아 식량을 계산하여 그 品節과 차등이 조리 있고 동일하지 않았다. 諸侯는 卿의 녹의 10배였고 卿의 녹은 大夫의 4배였으며, 大夫는 上士의 배였고, 士의 녹은 상등의 농부에 준하여 겨우 代耕할 정도의 것이었다. 이것은 모두 선왕이 다스리던 시대와 성현이 제도를 마련한 뒤에 天子가 제후를 세우고 제후가 대부를 임명하여 대대로 그 녹을 누리게 하며 그 직책을 잃지 않게 한 것이었다. 그러나 그 升擧와 與奪의 법이 있어서, 천자는 제후들을 멸할 정권을 가졌고, 제후는 대부들의 녹을 빼앗을 수 있는 제도를 지녔다.……그러나 후세에는 그렇지 않았다. 阡陌의 제도가 井田과는 반대였고 郡縣의 법이 封建과는 다르니 세록만 어찌 홀로 시행될 수 있었겠는가.[39]

이 부분은 유수원이 벌열 가문에서 중요한 벼슬을 대를 이어 차지하고 관록을 얻어먹는 것을 비판하는 대목이다. 그는 봉건제가 정전제도와 상관되는 제도이며, 土地와 爵의 봉함을 받은 제후들이 대를 이어 다스리는 정치체제가 봉건제임을 명확히 인식하였다. 대신에 제후나 세경 등은 봉건제 하에서 祿爵을 대대로 누리지만 천자가 이를 빼앗을 권한을 갖고 있다고 보았다. 이에 비해서 군현제의 토지제도는 阡陌

39) 『迂書』卷2, 論門閥之弊, "世祿 固先王之制也 而其源出於封建 封建寓於井田 先王量祿以分田 視口以計食 品節差等 井然不同 諸侯十於卿祿 卿祿四於大夫 大夫倍於上士 士祿視上農夫 僅以代耕而已 此皆先王之世 聖賢之後 天子建諸侯 諸侯命大夫 使之世有其祿 毋失其職者也 然有升擧與奪之法 天子有夷國之政 諸侯有收祿之制……後世則不然 阡陌之制 反於井田 郡縣之法 異於封建 則世祿 亦安能獨行耶".

제도(토지사유제)로서 토지와 祿爵의 상관관계가 깨어졌고, 동시에 阡陌 제도 하에서 국가는 이미 토지를 주고 빼앗을 권한을 상실하였다고 보았다.[40] 따라서 그는 국가는 민의 빈부에 직접 개입할 수 없고 다만 빈부에 따른 조세정책을 펴는 도리 밖에 없다고 보았다.

17, 18세기에는 농경지 이외의 대지에서도 토지 문제가 발생하였다. 궁방·아문의 山林川澤 절수는 16세기 후반부터 문제가 되어 17~18세기 주요한 정치 현안이 되었다. 16세기 중반 과전법이 정지되면서 토지 지배를 확보하기 위한 지배층의 토지 입안 절수는 큰 사회문제가 되었다. 특히 궁방이나 아문은 산림천택을 절수하여 조세를 수취할 수 있었기 때문에, 인민과의 소유권 분쟁, 호조의 조세수취 잠식이라는 문제를 야기하였다. 이로 말미암아 이들에 의해 대지에 대한 소유권과 조세권이 중첩되고 그를 이용하는 인민까지도 지배하는 현상이 초래되었다. 김선경은 『조선후기 산림천택 사점에 관한 연구』[41]에서 이러한 현상을 일종의 봉건화 현상으로 파악하고 당시 인들도 역시 비슷한 상황인식을 하고 있었다고 지적하였다.

당시 주요한 절수 주체는 왕실인 궁방, 그리고 왕실·외척 등과의 관련성이 높은 이른바 '上司'나 군문이었다. 조정에서 왕실의 절수에 대해서 신하들은 "봉건 때도 산림천택을 封略하지는 않았다"고 절수를 분봉에 비유하면서 공박하였다. 이 공박에는 "하물며 군현제인 조선에서야"라는 뒷말이 생략되었다. 군현제인 조선의 현실에서 봉건 때도 않던 산림천택을 봉략하는 일은 당치않다는 논리인 것이다.[42]

---

40) 『迂書』卷6, 每歲編審則例, "三代之民 無甚富甚貧者 以其有井田之制也 後世則貧富在於百姓 國家無如之何矣".

41) 김선경, 『조선후기 산림천택 사점에 관한 연구』, 경희대학교 박사학위논문, 1999.

42) 조선왕조는 초기부터 '山林川澤 與民共之'를 이념으로 내세웠다. 이 이념의 기원은 봉건제하에서도 '명산대택은 제후에게 떼어주지 않고' 민이 자유롭게 이용하도록 하고 국가는 이에 대해서 조세를 받았던 제도로 거슬러 올라간다.(『禮記正義』卷11, 王制 第5, 339쪽, 정현 주, "名山大澤不以封者, 與民同

유형원과 유수원 모두 궁방의 산림천택의 절수를 강하게 비판하였다. 유형원은 '山林川澤 與衆共之'라는 성왕의 이념에 입각하여 그리고 조세 수탈의 관점에서 주로 문제를 제기하였다.[43] 유수원은 궁방의 '山林川澤의 절수'를 봉건제와 결부시키면서 '그 폐해가 봉건보다도 더욱 심해졌다'고 비판하였는데, 그는 이를 주로 재정적인 관점에서 군현제의 국가규모에 맞는 재정 조달을 저해하는 중대한 사안의 하나로 취급하였다.[44]

4) 조세 재정론

조세 재정론은 유형원과 유수원의 구상에 유사한 점이 많다. 두 사람은 기본적으로 민에 대한 수탈을 방지하고, 재정을 호조가 일원적으로 관리하여 효율적으로 배분하고 집행 감독하는 조세 재정체계를 구상하였다.

유형원이 자신의 이상 국가 기획에서 토지제도 못지않게 심혈을 기울인 부분이 조세 재정 제도였다.[45] 유형원의 조세 재정론은 공전제에 의한 토지 분급이 전제된 위에서 전개되었다. 그는 우선 조제·재정체계를 혁신하고자 하였다. 첫째 量入爲出의 원칙을 세워서, 전체 세입과 세출의 균형이 맞도록 각 부문에 재정을 적절하게 배분하며, 나아

財, 不得障管, 亦賦稅之而已" ; 박례경, 『『예기』의 체제와 예론 연구』, 연세대학교 철학과 박사학위논문, 2004, 203쪽 재인용). 박례경은 예기 왕제의 이 조목을 예가 종법 현실의 구현에 그치지 않고, 탈종법적 가치를 지향하는 것, 곧 대동의 가치를 지향하는 사례로 들었다.
43) 『磻溪隨錄』 卷1, 田制上, 分田定稅節目, "山林柴草之場 與衆共之 海澤魚鹽之地 給民爲業 毋得有占斷".
44) 『迂書』 卷1, 論本朝政弊, "莫知民數之登耗 江海山野藪澤之屬 割裂分屬於各宮 其害甚於封建 鹽盆漁箭鐵冶等物 凡百工匠之屬 劃給各司 使之自爲料販 以充用度 而苟簡可駭 不成國體".
45) 유형원의 조세재정론은 김선경, 앞의 글, 2004를 참고하여 기술하였음.

가서는 인민의 조세부담 능력을 고려하여 국가의 관직이나 기구 등의
제반 규모 자체를 산정하고자 하였다. 둘째는 경상조세·경상비용 체
계를 수립하고자 하였다. 그는 조선의 조세수취상의 모든 문제는 경상
조세와 경상비용 체계를 벗어난 부분이 너무 많다는 점에 있다고 보
고, 吏隸를 포함한 국가의 공무 담임자 모두에게 적절한 녹봉을 줄 것,
지방재정을 비롯한 모든 재정 수요를 경상비용체계에 넣어 호조가 관
리할 것, 인민에 경상 조세 이외의 일체 추가 부담을 지우지 않을 것을
주장하였다. 셋째는 각 관서별 예산 배정·집행·회계체계 수립이었
다. 중앙의 물품 조달과 관련된 관서들을 정리하고 대신에 각 관서에
예산을 배정하고 책임 집행토록 하는 것이다. 지방의 각 기관도 마찬
가지였다.

　유형원은 조세의 구성을 간명하게 구상하였다. 조세 항목은 단 두
가지였다. 분급한 토지에 대한 토지세와 공상어염세(잡세)이다. '생산
과 유통이 있는 곳에 조세를'이라는 개념이었다. 그는 토지 분급에 따
른 군역부담은 기본적으로 조세체계에 넣지 않았다. 이는 재정이 아니
라 순수하게 군사와 관련된 부담이라고 파악하였던 것이다. 유형원은
자신의 국가규모 기획과 관련하여 세밀한 재정기획을 수행하였다. 이
기획에서 눈에 띄는 점은 그가 제한된 형태이나마 토지세를 특정 인물
이나 기관에 귀속시키는 제도를 유지하였다는 점이다. 궁방이나 아문
이 토지 절수하는 것을 강력히 규탄하였던 그였지만, 왕자·공주와 같
은 왕실에 賜稅地를 배정하였다는 사실은 賜稅制를 봉건제 하의 食稅
制의 여제로 생각하였던 발상이 존재하였기 때문이라고 생각된다.46)

　유수원은 4민을 4민답게 하여 生財를 풍부하게 하고 이를 바탕으로
국가는 理財를 한다는 것이 그의 개혁의 핵심이었던 만큼, 조세 재정
론에 심혈을 기울였다. 그의 조세 재정론은 유형원의 구상과 비슷한
점이 많다. 특히 경상조세·경상비용체계를 수립하고, 각 관서별 예산

---

46) 『磻溪隨錄』 卷1, 田制上, 分田定稅節目, "此賜稅 蓋古裂土之遺意".

배정체계를 세워 예산을 책임지고 집행한다는 원칙은 동일하다. 유수원 역시 생산과 유통에 조세를 부과하고자 한 것은 유형원과 마찬가지였지만, 그는 유형원과 달리 토지분급, 노비혁파를 구상하지 않았기 때문에, 빈부 차이를 전제로 하여 빈부를 반영한 조세제도를 구상하였다. 토지와 노비를 많이 소유한 부호가 이로부터 얻는 소득에 아무런 조세를 내지 않는 것은 부당하다는 것이다. 일종의 재산세의 개념을 도입한 것이다. 戶稅가 그것인데 토지와 노비의 소유자에게 均徭米, 均徭錢을 부담시키는 것이었다. 그리고 그는 양반이 폐지된 만큼 예전에 양반을 고려하여 도입할 수 없었던 인정세(丁錢)를 도입할 수 있다고 보았다. 丁錢은 양민이거나 노비이거나 성인 남정은 마찬가지로 부담하는데, 솔거노비는 주인이 부담하여야 한다고 보았다. 그리고 그는 상세를 중시하여 상세 수취에 관한 자세한 구상을 밝혔다.[47] 그는 국가재정이 원활하게 운영되는 데 있어서도 상업의 발달, 화폐의 역할을 적극적으로 언급하였다.

  그는 자신이 商稅 수취를 강조하는 것을 군현제의 국가규모 · 재정규모와 결부지어 다음과 같이 설명하였다.

  '주례'에서 보는 商市에 대한 세금의 징수는 그 법이 지극히 세밀하여 錙銖의 물건도 세금을 거두지 않는 것이 없었으니, 대저 그것이 옳지 않았다면 어찌 周公이 그렇게 하였겠는가. 속된 무리들이 성현의 가르침과 經書의 뜻을 깊이 생각하고 탐구하여 보지도 않고서 명목만을 얼핏 끌어다가 남의 말을 막는 수단으로 삼으니, 그 또한 가소롭기만 하다. 또 그대는 權稅의 源流와 曲折을 알기나 하는가. 三代에는 井田과 封建의 시대여서 天子는 圻內의 땅에서 스스로 收租하여 쓰고 諸侯는 采地를 가지고 俸祿을 주었다. 그리하여 兵車와 기계는 采地의 井田에서 조달되었으므로, 천하의 비용은 매우 적었

---

47) 유수원의 상업론, 상세 수취에 대해서는 강만길, 「조선후기 상업의 문제점 - 『우서』의 상업정책 분석 -」, 『韓國史硏究』 6, 1971 참조.

다. 租를 가지고 옷 입고 稅를 가지고 밥 먹더라도 나라를 경영하는
데 넉넉했던 것이다. 그런데 후세에는 천하를 자기의 집으로 만들어
郡縣制를 실시하였으니, 井田의 제도는 폐지되고, 양성하는 병사가
많아졌으며, 천하의 吏가 모두 천자로부터 녹을 받게 되었다. 그리하
여 그 비용이 옛날의 몇 배가 될 뿐이 아니었다. 비록 천하의 穀粟을
다하고 천하의 布帛을 다한다 해도 이를 감당하기에는 부족하였기
때문에, 후세에는 商稅와 征榷을 가지고 그 비용에 이바지하였는데,
한 해에 수입되는 바가 租賦보다 배가 넘었지만, 상인이 병들지 않고
농민이 부담을 덜었으니, 그것은 천하를 이롭게 하는 바가 넓었던 까
닭이다.

우리나라는 중국에 비하여 크기가 다르기는 하지만, 吏祿과 兵制에
모두 중국의 제도를 채용하였다. 그러나 田賦 이외에는 다른 재화가
없기 때문에 百官과 宗廟를 받드는 데도 오히려 부족하여 군수에까
지 손댈 여유가 없었다. 그래서 부득이 軍保에게 징포하였는데, 이는
실로 고금에 없는 법이어서 그 폐해가 이미 대단히 위태로운 지경에
이르고 있다. 이제 하늘과 땅이 사람을 養育하는 물자를 좇아 山澤에
서 절로 나는 이익을 취하고 또 여러 갈래로 私占한 재화를 모두 빼
앗아 良民들의 뼈에 사무치는 원한을 풀고자 하는 것이니, 이는 바로
仁人 군자라면 의당 기쁘게 받아들이면서 마음 속 깊이 찬동하는 바
일 것이다. 그런데도 도리어 명분을 좋아하는 습속에 얽매여 이익만
을 따른다고 指目하여 협박하니, 어찌 그렇게도 不仁한가.[48]

유수원은 국가 재정이 궁핍한 이유를 商市에 대해 세금을 부과하지
못하고, 山澤에서 나는 이익을 국가가 취하지 못하기 때문이라고 보았
다. 그런데 이를 개혁하려고 하면 성현의 가르침을 끌어들여서 가로막
곤 하는데, 성현의 말씀은 삼대의 정전과 봉건제의 시대의 이야기로서
오늘날의 정치체제에서는 달리 보아야 한다는 것이다. 봉건제는 각 제
후가 재정을 각기 운영하므로 재정규모가 작았지만 군현제는 그렇지

---

48) 『迂書』 卷8, 論魚鹽征稅.

않은데, 시세에 맞지 않는 조세제도를 고집하여 국가재정을 크게 궁핍하게 만들고 있다는 것이다. 그리하여 제대로 조세를 걷지 못하는 까닭에, 良人 軍保와 같은 제도를 만들어 커다란 폐단을 일으키고 있다고 지적한다. 그는 토지분급이 없는 군현제 하에서는 군사 양성에 있어서도 국가가 재정 부담을 하여야 한다고 보았다.

　　우리 왕조 초기의 군제는 대개 고려의 府兵制를 답습하였다. 그런데 고려의 제도는 唐나라의 부병 제도에서 나왔기 때문에 科田을 주었으니, 이는 삼국을 통일한 초기에 온 나라의 토지를 모두 회수하여 대략 口分田·永業田제도에 의해 公卿·士民에게 科田을 주었으므로 군사들도 과전을 받을 수 있었다. 그러나 우리 왕조에 들어와서는 줄 토지가 없었기 때문에 양민으로 保를 정하여 주고, 돌아가며 番을 세우는 방법은 부병과 똑같이 하였다. 그러므로 고려의 제도를 답습한 것이라고 한다.
　　문 : 과전을 주는 것과 보를 주는 것에 있어 어느 편이 좋다고 생각하는가.
　　답 : 양편이 다 좋은 방법은 아니다. 토지제도가 井田이 아니면 과전을 줄 수 없고, 井田은 봉건제도가 아니면 따를 수 없는 것이다. 까닭에 당나라와 고려의 토지제도는 얼마가지 못하여 붕괴되었는데, 토지제도가 붕괴되면 군사제도도 따라서 붕괴되므로 당나라에서는 長征制로 되었고 고려에서는 家兵制로 되어 병제가 드디어 문란하게 되니, 다시는 논의할 여지가 없어졌다. 토지를 과전으로 주는 데에도 주고 받는 사이에 무한한 폐단이 나왔는데, 더군다나 백성을 軍保로 정하여 쌀과 베를 징수 공급하게 하였으니, 회피하려는 자가 없을 수 있겠는가. 오늘날 良役의 폐단은 한마디로 保를 정하여 주는 제도의 소치이다.
　　삼대 때에는 農兵制를 썼고 후세에는 養兵制를 썼다. 양병제가 농병제보다 불리하다는 것을 누가 모르겠는가마는 井田制나 封建制인 국가가 아니고서는 형편상 재정을 필요로 하는 양병제를 쓸 수밖에 없다. 국가로서 군사가 없을 수도 없지만 재정이 없으면 양병을 할 방법이 없다. 그러므로 역대 국가들이 다 양병의 재정을 따로 두었으나 유독 우리나라는 조달할 곳이 없으니, 正兵에게 保를 정하여 주는 것도 부득이한 데서 나온 발상일 것이다. 부득이해서 세운 법이라면 말폐가 생기는 것은 형편상 당연한 것인 만큼 보를 정하여 주는 제도를 고치지 않는다면 폐단을 없앨 도리가 없을 것이다.[49]

그는 군사제도로서 부병제도를 비판하고 있다. 토지를 주지 않으면서 부병제를 채택하는 것은 폐단만을 일으킨다는 것이다. 조선은 줄 토지가 없으므로 보인을 주는 제도를 택하고 있는데, 줄 토지가 없으면 국가재정으로 군사를 기르는 養兵制를 실시해야지, 부병제의 찌꺼기로서 보인을 주는 제도는 각종 폐단을 일으킨다고 지적하였다. 그는 부병(농병)제, 정전제, 봉건제의 상관관계를 명확히 지적하고 이에 근거하여 현재의 군사제도와 농민의 군역부담 문제에 대한 정책 대안을 제시하였다. 봉건제가 아닌 국가로서는 양병의 비용을 국가 재정에서 담당할 수밖에 없다고 본 것이다.

국가재정 문제에 관한 그의 관심은 유형원에 필적할 만한 것이었다. 그는 봉건제가 아닌 군현제 국가에서 국가 사무가 번다하고 국가재정이 많이 든다는 점을 인정하였다. 그리고 재정운영상의 호조 관할을 더욱 강조하였다. 그는 지방재정에 대한 호조의 통할권을 유형원보다도 더 엄밀히 구체적으로 추구하였다. 지방의 세출에 대한 정식을 마련하고 별례에 대해서는 철저하게 허가, 감독하여야 한다는 것이다.

지금 사람들이 '토산물을 태수가 어찌 받아먹지 못하며, 친구에게 선사하지 못해서야 되겠는가'라고 번번이 말하지만, 그가 分封받은 사람이 아닐진대 사서 먹는 것이 옳다. 어찌 무단히 받아먹겠는가.[50]

---

49) 『迂書』 卷9, 論軍制.
50) 『迂書』 卷7, 論外方派支公費.

유수원은 지방관이 지방의 각종 토산물을 수취하여 자신이 받아먹고 선사하는 현실을 봉건제, 군현제라는 체제에 비추어 비판하고 있다. 조선이 봉건제를 택하고 있지 않은 이상 지방관은 결코 제후가 아닌 만큼 그는 당연히 녹봉을 받아서 자신을 위한 비용을 지출하고, 인민에게서는 물품을 직접 수취하여서는 안 된다는 것이다. 그는 이와 같은 논의를 지방 재정 일반에 좀 더 폭넓게 적용시켰다. 그는 특히 지방의 군사기관에서 재정을 직접 운용하는 폐단을 이야기하고, 이들 군사기관을 비롯한 지방관청에서 재정을 私用하는 것이 國體와 관계되는 일임을 말하였다.[51]

유수원은 재정론에서는 유형원과 놀랄 정도로 유사점을 보였다. 하지만 동시에 그는 조선이 군현제라는 사실을 강조하면서 유형원과 다른 특색 있는 조세 재정 구상을 보여주었다.

5) 수령론·향당론

봉건제·군현제론은 전체 국가 체제를 논하는 것이지만, 동시에 지방제도에 관한 특화된 논의로 받아들여졌다. 지방제도론으로서 봉건제·군현제론은 지방의 영역과 인민을 어떤 편제 속에서 다스릴 것인가? 어떻게 하면 지방인민이 좀더 善政을 받을 수 있는가의 관점에서 전개되었다. 이 논의에서는 정치의 대상으로서지만, 인민이 정치적 논의의 중심의 하나로 등장하였다.

유형원은 지방관의 부정부패와 인민에 대한 수탈을 막기 위해 봉건제적 요소를 도입할 것을 주장하였다. 이는 지방관의 임기와 고적에 관한 구상에서 구체화되었다. 그는 임기는 봉건제와 같이 종신토록 하

---

51) 『迂書』卷7, 論派支營門公費, "我朝外方將臣 幸無屯兵之事 故雖不至於尾大之境 而財物則自擅 故營門用度日侈 百姓生理日窘 蓋州邑倣襲營門者也 營門用度先侈 則州邑從而亦侈矣 必須括盡八道營鎭州縣私用之財 無復銖厘 然後民可蘇 兵可精 餉可裕 國體尊嚴正大 更無苟且之嘆矣".

는 것이 좋지만 군현제 하에서는 그렇게 하지 못하므로 적어도 수령은
9년, 감사는 6년을 임기로 하자고 하였다.[52] 지방관을 久任시키고 그
실적을 보아서 고적을 해야만 책임을 지고 백성을 선치한다고 본 것이
다. 군현제 아래서의 잦은 지방관의 교체, 특히 조선처럼 지방관이 과
객에 불과할 때는 아무런 책임감도 느끼지 못하고 백성을 재물을 거두
는 밭으로 알 뿐이라는 것이다. 그는 또 지방관이 지역방어에 책임을
지는 군사적 역할도 담당하여야 할 것으로 보았다. 지방관이 지방민과
병졸을 거느리고 지역방어에 책임을 져야 군사 활동도 효과적으로 이
루어진다고 보았다. 지방관에게 봉건제의 제후와 같은 책임을 부여할
때 제대로 지방을 다스릴 것이라는 생각에서 나온 발상이었다. 그리고
유형원은 지방의 士에게 鄕官, 鄕正의 직임을 주어 군현 통치에 일익
을 담당하도록 구상하였다.[53]

　지방관의 久任은 유수원도 주장하였다. 그는 기본적으로 관리는 임
기대로 근무시키고, 임기를 마친 다음에 고적에 따라 차례대로 승진시
키는 序陞제를 주장하였다(3년만에 고적, 9년에 출척).[54] 그래야만 업
무의 실효를 거둘 뿐 아니라 관직의 길이 정돈되어 벌열만이 높은 자
리를 차지하는 폐단이 없을 것으로 본 것이다. 유수원은 군현제 아래
서는 감영이나 군현이 많은 일을 처리하므로 지방 관리를 증설할 것을
이야기하였다. 더 많은 관원을 배치하여 지방을 통치하자는 것이다. 유
수원은 군현의 鄕所를 지방의 세족·양반들의 이권을 챙기는 곳, 지방
토호의 소굴이라 보고, 향소의 향임을 폐지하고, 그 자리를 향리로서
대신할 것을 주장하였다.[55] 유형원이 향관과 향정을 통해서 지방통치

---

52) 『磻溪隨錄』 卷13, 任官之制, 仕滿遷轉.
53) 오영교, 앞의 글, 1994 참조.
54) 『迂書』 卷4, 論考績事宜吏. 박광용은 유수원이 영조에게 바친 官制序陞制를
　　군현제론에 입각한 명·청관료제 운영방식으로 평가하였다(박광용, 앞의 글,
　　1998, 231쪽).
55) 『迂書』 卷7, 論吏員役滿陞擬之制.

를 원활하게 하고자 하였던 데 비해, 유수원은 이들을 지방통치에서 배제하고 오히려 향리로 하여금 그 자리를 대신하게 하고자 하였다. 그는 서리·향리의 탐학을 문제 삼는 발언에 대해 급료도 제대로 지불하지 않고 그렇게 말해서는 안 된다, 정직 관리들 역시 더하면 더했지 덜하지 않는다고 향리를 옹호하였다. 군현제 국가 아래서는 많은 사무, 문서작업이 필요하므로, 이 업무를 담당하는 서리 등의 역할이 크다고 보고 이들에게도 관리들의 서승제와 같은 진급체제를 둘 것을 제안하였다.

향당론의 측면에서 유형원과 유수원은 기본적인 입장 차이가 존재하였다. 유형원은 향당제야말로 성왕의 정치를 되살리는 데 있어서 없어서는 안될 제도로 보았다. 토지와 인민이 결합하여 마을이 이루어지고 이 마을을 기반으로 향약, 사창 등을 실시하여 향당에서 인민의 교화, 상보를 책임지게 하자는 구상이었다. 향당은 생산, 교화, 상보 등의 사회적 활동이 이루어지는 곳이고 이 영역에서는 향당의 자율성이 보장되어야 한다는 것이 유형원의 향당론의 핵심이었다. 그는 鄕父老, 鄕士 주도의 향당운영을 구상하였다. 이는 일찍이 퇴계 향약에서 고을의 지배층이 자신들을 향당제의 향대부로 생각하는 발상과 일치한다. 지방사회에서 士에게 지방의 정치, 교화를 담당하는 治人으로서의 위상을 부여하는 것이 유형원의 향당론의 한 형태였다. 물론 이 士는 세습 신분의 사대부, 양반과 동일하지는 않았다.

유수원은 군현제하의 향촌의 행정과 향당 운영이 봉건제와는 다름을 전제하였다.56) 그는 향당을 編鄕 編里의 鄕里로 해소하였다. 그는 중국 명나라의 里甲制와 같이, 110가를 1里로 편성하고 里내의 부유한 십호를 甲首로 정해 1갑수 아래 10호가 배치되는 里甲制를 구상하였

---

56) 『迂書』卷6, 論戶口格式, "古者行封建 故上自天子 下至諸侯 各有分地 兼以井田之制 各有州閭鄕大夫之屬 此所以三歲一比 亦無煩擾之患也 後世則封建變爲守令 井田變爲阡陌 吏事之殷百倍於古 三歲一籍 豈堪其煩擾乎 十年一籍 雖似稀闊 每歲有編審之制 此所以簡易明核也".

다.57) 里長은 갑수가 돌아가면서 맡는다. 6리가 1향을 구성한다. 里甲
제로 편성된 향리는 갑수를 중심으로 운영되므로 유형원과 같이 지방
의 士의 역할은 설정되지 않는다. 里甲制의 鄕里를 통해서도 국가 행
정력이 관철됨은 물론이고, 향당제가 수행한 공동체적 기능이 수행 가
능하다고 보았다. 그는 향리에서의 향약 실시를 염두에 두지 않았다.58)

6) 국왕론

봉건제・군현제론은 공천하, 사천하론을 통해서 왕권을 중심으로 한
권력론을 제기하여 왔다. 그러나 조선에서는 왕권을 상대화하는 권력
론을 제기하기에는 왕조 교체의 경험이 적었으며, 왕권의 신성성 자체
를 의문시하기 어려운 정치 환경이 존재하였다. 유형원이나 유수원은
국가와 국가 법제에 커다란 역할을 부여하였음에도 불구하고 왕권 자
체에 대해서는 그다지 많은 언급이 없다.

유형원은 성왕의 왕정을 이상적인 정치로 상정하고 있었으므로, 그
가 국왕을 언급하건 안하건 국왕은 그의 이상국가 실현의 키워드를 지
닌 인물일 수밖에 없었다. 그가 설정한 국왕의 역할은 바로 법제를 도
입하는 인물로서였다. 지배층의 현실적인 이해관계를 넘어서서 公的
인 입장에서 이상적인 법제를 도입할 수 있는 존재가 바로 국왕으로
설정되었다. 그런 점에서 국왕은 성왕의 제도만이 아니라 성왕의 마음
을 갖도록 도덕적 수양을 해야 하는 존재였다. 그러기에 국왕은 여전
히 '代天理人'하는, 하늘로부터 그 권위를 부여받는 존재로 설정되었
다.59) 그럼에도 불구하고 『반계수록』에서 국왕은 일종의 제도왕으로

---

57) 『迂書』卷6, 論戶口格式.
58) 『迂書』卷10, 論變通規制利害, "反不及於俗下宰相之練達政務者 小有猷爲
    則又必動引三代 不切時宜 惟以小學薦賢良科鄕約等事爲先務 上不足以得
    先王經邦制治之遺意".
59) 『磻溪隨錄』卷26, 續篇下, 奴隷, "若夫人君則代天理人 國是吾國 民是吾民

나타나며, 국왕에 대한 환상이 보이지 않는다는 점이 흥미롭다.

유형원과 마찬가지로 유수원 역시 국왕에 대한 적극적인 언급이 없다. 그 역시 합리적인 법제에 의해서 국가가 통치될 수 있다고 보았기 때문에 국왕을 자주 불러올 필요는 없었던 것이다. 그러나 그가 말하는 법제는 운영을 규정하는 법제가 많다. 즉 그가 강조한 관제서승제, 고적을 통한 출척 등은 역시 그것을 관리하는 사람이 문제가 된다. 궁극적으로는 관리 시스템만이 아니라 그 시스템을 보증하는 국왕의 적극적인 역할을 상정하고 있다고 보아야 할 것이다. 그러나 그가 국왕의 위상을, 유형원의 代天理人하는 존재, 법제의 도입자와 같이 적극적으로 설정하고 있지 않다는 점은 흥미롭다.

권력론의 관점에서 국왕론을 적극적으로 펼쳤던 이는 다산 정약용이었다. 정치권력의 원천은 두 가지로 사유될 수 있는데, 하나는 천명이고 하나는 인민이다. 다산은 인민을 권력의 원천으로 보는 사유를 봉건제와 연관하여 전개하였다.

박광용의 지적처럼, 정약용은 『경세유표』와 달리 정치에 관한 원론적인 논설에서는 봉건제에 대한 긍정적인 입장을 피력하고 있다. 湯論, 原牧 등 원론적인 글에서 다산은 백성을 통치할 통치자와 법이 어디로부터 유래하였는가 라는 질문을 던지고, 그것이 아래로부터 백성의 추대와 백성의 여망에 의해서 만들어졌다고 설명하였다. 이 같은 설명에서 채용되고 있는 체제모델이 바로 봉건제였다. 봉건제·군현제론이라는 정치체제론적 사유가 정치권력의 구성 과정, 권력의 근원과 소재에 관한 질문을 던지는 데로 나아갔다는 점을 보여준다. 조성을은 다산 정약용이 봉건제적 체제모델을 통해서 '下而上'의 권력관계, 곧 인민주권론을 전개한 것으로 파악하였다.[60] 정약용은 아래로부터 위로 한 단

豈可更於其間 別作奴婢 以害吾民乎 因此侵及隣族 流毒衆庶 是自病其國也".

60) 조성을, 앞의 글, 1997 참고 바람.

계씩 추대하여 감에 따라 치자의 등급이 만들어지는 것으로 보았다. 한 단계 한 단계마다 아래로부터 권력을 받았기 때문에 각 단계의 권력은 위의 관할을 받으면서도 어느 정도의 독자적 통치권을 갖는다. 그와 같은 정치체제는 동양 정치사상의 사유 속에서는 봉건제를 제외하고는 발상하기 어렵다.

그런데 국왕이 백성으로부터 권력을 받은 자라는 발상은『경세유표』에는 보이지 않는다. 정약용은『경세유표』에서 강력한 왕토주의자, 왕권주의자의 면모를 보였다. 그는 왕토와 왕권의 상관관계를 통해 토지제도와 권력의 상응관계를 인식하였던 인물이다. 국왕은 무엇을 매개로 지배층을 묶어서 자신의 신하로 삼을 수 있는가. 백성을 잘 살게 하는 정치권력의 원천은 무엇인가? 그것은 결국 관리의 考績을 통한 출척권과 토지에 대한 지배력이라고 파악하였던 것이다. 이와 같은 그의 정치적 사유 속에서 봉건제적인 발상을 발견하게 된다. 봉건제에서야말로 국왕이 제후도 폐할 수 있는 권한을 가지고 있었으며, 정전제에 의해 토지에 대한 지배력을 확보하고 있었다. 그의 정전제론이 강력한 왕토론에 기반을 두고 이를 통해서 養民 · 均賦를 달성하고자 하였다는 점은, 군현제 하에 정전이 폐지되어 천맥제로 변화하면서 잃어버린 국왕의 養民의 도구를 회복하고자 한 것으로 볼 수 있을 것이다. 정약용의 정치 사유에 봉건제 · 군현제론이 깊이 영향을 미쳤다고 판단된다.

4. 맺음말

이 글의 문제의식은 조선후기에 자신의 사회를 바라보는 정치체제론이 존재하였는가? 만일 존재하였다면 그것이 조선시대인에게 어떠한 정치적 사유를 가능하게 하였는가? 그와 같은 當代人의 정치체제론이 오늘날 우리가 조선시대 정치체제를 이해하는 데 어떤 시사를 줄 것인가를 따져보는 것이었다.

그런 문제의식 속에서 봉건제·군현제론에 착목하였다. 봉건제·군현제론은 중국의 학술사상에서 형성된 이론으로 조선전기에 이미 수용되어 일정하게 논의되었다. 조선후기에는 논자들이 조선사회의 구체적 현실과 연관지으면서 논의를 전개하였다.

본고는 중국사의 봉건제·군현제론의 전개와 이를 수용하면서 전개된 조선후기의 다양한 봉건제·군현제론을 검토하면서 논지를 전개하여야 했으나, 이에 대해서는 기존의 연구를 소개하는 정도에 그쳤다. 대신 이 글에서는 17, 18세기 대표적인 경세론자인 유형원과 유수원을 통해서, 봉건제·군현제론이 두 사람의 정치적 사유에 어떤 영향을 미쳤는가, 역으로 두 사람은 어떤 특징적인 봉건제·군현제론을 전개하였는가를 살펴봄으로써 앞에서 제기한 문제를 추구하였다.

두 사람은 다산 정약용과 함께 가장 체계적인 개혁구상을 내놓은 인물이었다. 두 사람 모두에게 당우·삼대는 주요한 정치적 상상력의 근원이었으며, 동시에 자신들의 개혁구상을 정당화하는 근거이기도 했다. 그러한 당우 삼대사회의 정치체제가 봉건제였다는 인식은 그들의 개혁구상에도 커다란 영향을 미쳤다.

유형원은 자신의 이상사회의 꿈을 정전제로부터 풀어나갔다. 그의 이상은 그 출발로부터 삼대사회와 결부되어 전개되었던 것이다. 반면에 유수원은 조선사회의 부정적 측면을 지적하면서 이의 극복 방안으로서 자신의 비전을 제시하였다. 따라서 그의 비전은 삼대와 곧바로 연결되지 않았다. 하지만 그 역시 자신의 구상의 타당성을 설득하는 데서 성왕의 정치를 불러왔다. 그는 자신의 구상에서 선택적으로 삼대를 끌어왔던 것이다.

유형원의 이상은 '四民이 각기 제자리를 얻는 사회'였다. 그런 사회를 실현하기 위해 국가는 적극적으로 養士, 養民의 정책을 써야 하는

데, 이는 공전제, 공거제, 향당제 등의 법제를 통해서 수행될 수 있다고
보았다. 유수원은 자신의 비전을 富國安民에 두고 富國安民하기 위해
서는 '四民이 전업'하도록 만들어야 한다고 보았다. 이는 학교제, 과거
제, 관제서승제, 상업제 등의 법제를 통해서 실현 가능하다고 보았다.

이들은 법제를 통해서 사회를 변화시킬 수 있다고 보았으므로, 자신
들의 역할을 사회를 변화시킬 수 있는 조리·이치의 추구, 법제의 제
안으로 설정하고, 각각 『반계수록』과 『우서』를 저술하였다. 그들은 자
신의 법제의 모델, 참조를 삼대 성왕의 제도에 두고 있었던 만큼 고금
의 시세 차이, 중국과의 풍속의 차이에 관한 질문에 답하지 않을 수 없
었다. 유형원은 성왕의 제도의 본지를 되살릴 수 있는 법제를 현실에
맞게 변용하여 제시하는 작업으로 답하였으며, 유수원은 조선의 제도
의 밑바탕이 성왕의 법제였기 때문에 그 겉이 아니라 근원적 이해를
도모하는 것이 현실과 괴리되는 것이 아니라고 답변을 하였다.

이들이 시세론을 깊이 있게 전개하고 있지는 않았지만 군현제의 현
실성을 받아들이고 있다는 점, 중국과 조선의 역사를 천착하면서 자신
의 구상을 제안하고 있다는 점은 그들이 시세의 변화라는 측면에 대해
예민하게 반응하고 있었다는 점을 말해준다.

그러면 그들이 자신들의 비전을 제시하고, 그 비전을 실현하기 위해
주안점을 두어야 할 정책과 제도를 제시하는 데 봉건제·군현제론은
어떻게 작용하였는가?

유형원은 자신이 이상적으로 생각하는 삼대 사회가 봉건제를 정치
체제로 하였으며, 그 사회를 이상적으로 만든 정전제, 공거제, 향당제
역시 봉건제라는 체제와 정합 관계에 있다고 판단하였다. 그리고 그는
조선이 군현제라는 사실 역시 분명하게 인식하고 있었다. 그랬기 때문
에 그의 개혁구상은 정전제, 공거제, 향당제와 같은 성왕의 왕정의 기
틀이 되었던 제도를 조선의 현실체제인 군현제 하에서 그 본뜻을 살리
는 제도로 변개하는 방향으로 수행되었다. 그의 구상에서 봉건제는 이

상사회와 관련되는 긍정적 의미를 지니고 참조되면서 결과적으로 그의 구상에는 봉건제적 요소가 가미되게 되었다.

유수원 역시 삼대를 이상적인 사회로 생각하였다. 그 역시 삼대가 봉건제인 반면에 조선은 군현제라는 사실을 명백히 인식하였다. 유수원이 봉건제를 언급하는 대목은, 어떤 현상이나 제도를 군현제인 조선 사회현실과는 어울리지 않는다고 설명하는 부분에서였다. 그가 비판적으로 보는 제도·현실을 옹호하기 위해 삼대를 끌어오는 질문에 대해서, 그는 가차 없이 그 같은 제도나 현실은 봉건제인 삼대에는 그러하였으나 군현제인 조선과는 맞지 않는다는 점을 밝혔다. 유수원에게서 봉건제는 긍정적인 측면에서 참조되지 못하고, 조선의 국가 규모나 제도는 봉건제의 경우와는 다르다, 달라야 한다는 관점에서 참조됨으로써, 유수원의 개혁구상은 봉건제와는 반대 방향 즉 군현제를 최대한 추구하는 방향에서 이루어졌다.

유형원과 유수원 두 사람은 사회구성원의 편제, 상호 관계에서 조선 후기 사회문제의 핵심을 발견하였다. 유형원은 '四民各得其所'를 내세웠고, 유수원은 '四民務其業'을 구호로 내세웠다. 유형원은 '四民各得其所'의 사회를 추구하기 위해 토지제도로부터 접근하였고, 유수원은 '四民務其業'을 달성하기 위해 양반사대부를 士라는 4민 가운데 하나의 職으로 만드는 작업으로부터 출발하였다.

두 사람 모두 4민을 4민답게 하는 것이 무엇인가라는 질문을 던지고 그 답을 찾아가는 과정에서, 사회 구성원의 범주를 결정하는 생산수단의 소유형태, 지배층의 재생산 구조, 권력체계의 상호관계를 인식하고 이를 체제론으로 통합하였다. 이 같은 체제론적 인식은 자신이 이상으로 삼는 삼대를 봉건체제로 규정하면서 삼대 사회의 봉건적인 요소는 오히려 군현제인 현실체제와 맞지 않는다고 보았던 유수원에게서 더욱 명료하게 나타났다. 유수원은 국가 규모, 조세재정 체계에 있어서도 봉건제 국가와 군현제 국가의 규모를 대비적으로 인식하면서 자신의 개혁구상을 전개하였다.

이와 같은 군현제 사회에서 봉건제적 요소를 도입할 수 있을 것인가 없을 것인가에 관한 인식의 차이는 개혁의 방법론에서도 일정한 차이를 불러왔다. 유형원은 정전제 그대로는 아니지만 공전제의 형태로 토지배분에 국가가 개입할 수 있다고 보았다. 그의 구상에서는 토지의 분배, 자원의 분배에 국가가 직접 개입하고, 4민은 토지나 자원을 분배받기 위해서는 국가의 배치를 따르지 않을 수 없다. 반면에 유수원은 군현제 하에서는 봉건제와는 달리 국가가 직접적으로 토지를 주고 빼앗는 권한을 갖고 있지 않다고 보았다. 그는 군현제 하에서 가능한 정책 수단을 찾았다. 그래서 국가는 빈부문제를 조세의 측면에서 밖에 반영할 수 없다고 보았으며, 4민의 전업화 역시 강제하는 법제가 아니라 유도하는 법제를 통해서 달성한다는 관점이었다.

두 사람은 봉건제·군현제 논의를 통해 사회에 대한 이해를 깊이하고, 자신들의 구상의 실현 가능성을 모색하였던 것이다. 두 사람은 봉건제로부터 군현제로 어떻게 변화하였는가, 군현제로부터 봉건제로 변화하려면 어떻게 해야 할 것인가라는 체제전환 자체를 사유하고 있지는 않았다. 이는 두 사람이 봉건제·군현제론의 공천하 사천하 논의를 전면적으로 전개하고 있지 않은 점과도 관련되었다. 중국사에서도 당대 이후 공천하 사천하 논의가 백성에 대한 善治, 擧賢論으로 전환되었다는 사실을 민두기의 연구를 통해서 살펴보았는데, 두 사람 역시 '賢能'자를 어떻게 선발할 것인가를 논의할 뿐 '천하를 홀로 다스리는가', '공치하는가'의 차원에서 국왕권을 논하고 있지는 못했다. 유형원은 '代天理人'하는 존재로서의 국왕론을 되풀이하고 있고 유수원도 통치의 대권 정도로 언급할 뿐, 적극적인 국왕론을 전개하지 않았다. 권력의 근원, 권력의 형성과정에 대한 사유는 '왕권의 기원론'의 형태로 정약용에 와서 급진적으로 전개되었다. 다산은 아래로부터 권력이 구성되면서 마지막에 국왕에게 권력이 위임되는 구조를 제시하였다. 이

때 그가 상정한 체제는 봉건제였다. 봉건제라는 정치체제 모델을 통해서 그는 또 다른 형태의 권력구조를 상상해 보았던 것이다. 그러나 그는『경세유표』에서 강력한 국왕권을 사유하였다. 아마도 이는 국왕이 토지·녹·작을 주었다 빼앗을 수 있는 봉건제의 왕권 이념과 연관이 있다고 파악해도 좋을 것이다.

유형원과 유수원의 개혁구상을 통해서 이들에게 봉건제·군현제론은 현실을 설명하는 틀로서, 그리고 현실을 변화시켜가는 데 일정한 준거점으로 작용하였다는 점을 알 수 있었다. 이들이 전개한 '봉건제·군현제론'은 정치권력의 성격에 대한 논의라는 측면에서는 왕권의 제약을 넘어서 사유하지 못한 것은 분명한 것 같다. 그러나 그들은 봉건제와 군현제론을 통해 사회구성원의 배치, 토지의 배분, 조세·재정규모 문제를 깊이 있게 사유하였다. 역으로 이는 사회구성원의 배치, 토지의 배분, 조세·재정규모 문제를 깊이 있게 탐구한 특색 있는 봉건제·군현제론을 전개한 것으로도 평가할 수 있을 것이다. 이는 구체적인 조선현실에 대해 고민한 결과가 가져온 이론적 성취로 볼 수 있을 것이다. 이들은 '봉건제·군현제'론을 조선사회 현실을 분석하고, 앞으로의 발전방향을 모색하는 이론적 도구로 활용하였으며, 이들의 '봉건제·군현제'론 자체도 조선적인 특색을 지니고 전개되었다고 평가할 수 있을 것이다.

조선후기 '봉건제·군현제론'의 전개는 당시 사람들이 조선후기 사회를 인식하기 위한 이론적인 노력이었다. 조선후기 당시인의 자기 사회 인식을 위한 노력은, 현재의 우리에게도 조선의 정치체제를 비교사적 관점에서 바라보고 이론화하는 데 중요한 시사점을 줄 수 있을 것으로 기대한다. 조선후기 '봉건제·군현제론'은 한국 중세의 정치체제를 동아시아사의 지평에서 이해하는 데, 그리고 서양 중세사회와의 비교의 준거점을 확보하는 데 있어 유용할 것으로 생각한다. 이에 관한 깊이 있는 연구를 기대해 본다.

제 4 부
『續大典』『大典通編』의 편찬과 國典體制의 정비

18세기 전반 蕩平政治의 추진과
『續大典』의 편찬

정 호 훈*

1. 머리말

1757년(英祖 22)의 『續大典』 편찬은 『經國大典』 이후 이루어진 사회변동을 법전 상으로 수렴하는 의미를 담고 있었다. 그것은 현실의 변화에 따라 이미 사문화된 『경국대전』의 여러 규정들을 정리하고 또 『경국대전』 이후 새로이 시행된 법률을 정비하여 새로운 법전집으로 묶는 일이었다. 『경국대전』 편찬 이후 형성된 200여 년의 사회변화를 법전상으로 총 정리한 결과물이 『속대전』인 것이다. 그런 점에서 『속대전』 편찬이 갖는 의미는 일차적으로 『경국대전』의 법제적 수정이라는 측면에서 파악할 수 있을 것이다.

이와 더불어 『속대전』은 英祖代 蕩平政治의 소산으로, 그 정치적 이상을 어느 정도 반영하고 있었다. 영조는 1728년의 戊申變亂을 수습한 후 본격적으로 탕평책을 추진했다. 왕권을 강화·안정시키고 신료들 내부의 치열한 파쟁을 잠재워야만, 정국의 안정과 경제의 순조로운 성장, 사회 제 세력간의 갈등과 대립의 완화가 가능하다는 판단 위에 서였다. 영조의 탕평책은, 그런 점에서 一黨 專制를 주장하는 세력들

* 연세대학교 국학연구원 연구교수, 국사학

과는 첨예한 대립을 보였다.

영조의 탕평정치는 구체적으로는 왕권의 안정적 운영과 신료에 대한 왕권의 압도적 우위를 지향하는 것이었는데, 영조는 이러한 정치적 목표가 실현되기 위해서는 國法, 國禮를 修明하고 遵行하는 일이 일차적인 과제가 되어야 할 것으로 보았다. 군주권에 기초해서 만들어지는 國法과 國禮를 재정비하는 일은 결국 군주권의 위상을 다시 다듬고 확인하는 문제였다. 『속대전』은 그러한 의도 하에서 만들어졌다.

『續大典』편찬은 이와 같이, 『경국대전』이후의 변화된 현실을 법조문으로 재정비하는 의미를 가짐과 함께 신료들 내부의 치열한 政爭－黨爭의 분열상을 극복하고자 하는 조선정부의 노력을 정치적으로 표상하는 일이었다. 그것은, 특히 17세기 이래의 국가질서의 재건・再造를 위하여 조선의 관인 유자들이 벌였던 치열한 논쟁과 갈등의 결과로서 새롭게 정비된 법을 『속대전』이 총정리한다는 의미이기도 하고 또한 그러한 갈등의 정치적 표현인 정쟁을 국왕이 制御, 안정시킨다는 의미이기도 했다.[1] 『속대전』은 결국, 17세기 정치사・사상사의 문제를 해결하고자 하는 노력을 집약하는 결과물이었다.

그간 이루어진 『속대전』에 대한 연구는 그다지 많지 않다.[2] 이 법전이 가지고 있는 의의에 비하면 의외로 소략한 편이라 하겠다. 『속대

1) 壬辰倭亂・丙子胡亂을 전후하여 조선사회는 일대 자기 정비과정에 들어갔다. 나라가 멸망 직전에 빠졌던 상황에서 조선정부에서는 법제 정비를 통하여 국가질서의 再造를 도모했다. 대동법의 시행, 중앙정부의 지방 지배 확대, 정부주도적 상품화폐경제의 확대, 군제 정비 등등의 사업들이 17세기 내내 이루어졌으며, 이것이 어느 정도 마무리된 18세기 초반에는 사회・체제가 안정되었다. 이러한 과정은 정치사상사상의 격렬한 대립과 항쟁을 거치면서 이루어졌다. 여기에 대해서는 金駿錫, 『朝鮮後期 政治思想史 硏究』, 지식산업사, 2003 참조.
2) 『續大典』의 편찬 과정 혹은 이 법전의 구체적인 내용과 성격에 관한 연구로는 다음 몇 작업을 들 수 있다. 洪順敏, 「조선후기 法典 編纂의 推移와 政治運營의 변동」, 『韓國文化』 21, 1998 ; 조윤선, 『조선후기 소송연구』, 國學資料院, 2002.

전』의 성립에서부터 그 구체적인 체제의 분석에 이르기까지, 천착하여 해명해야 할 내용은 대단히 많다. 본 연구에서는 『속대전』의 편찬이 갖는 의미를 일단은 정치사·사상사적 맥락에서 주목하고 그 성격을 구명하고자 한다. 다음 몇 가지 점을 중점적으로 살핀다.

첫째, 『續大典』성립이 이루어지기까지의 법전 정비, 체제 정비를 둘러싸고 벌어지는 논의과정을 살핌으로써 이 법전의 형성이 실제로는 17세기의 정치사·사상사의 흐름 위에서 이루어지고 있음을 확인한다. 둘째, 이와 연관하여 18세기 전반 탕평책의 흐름을 정리하는 가운데, 영조 곧 국왕의 탕평책과 탕평론이 어떤 성격을 가지고 있는가를 살핀다. 17세기 말~18세기 전반기 정치사적인 과제가 영조의 탕평론에 의해 어느 정도 수렴되며, 그것이 法典의 再整備 형식으로 수렴되는 양상을 확인하고자 한다. 결국은 이를 통하여 탕평정치와 새로운 법전 편찬이 갖는 상관관계를 정리할 수 있을 것이다. 셋째, 18세기 정치사와 사상사의 전개과정에서 法典의 편찬으로 대표되는 '國法' 重視論이 갖는 의미를 구명할 것이다. 영조와 탕평파에 의한 국법 중시는 주자학의 의리 절대 우위의 정치론을 넘어서는 중요한 징표이자 방법이었다. 이 점을 살핌으로써 이 시기 주자학적 사유를 탈각해나가는 방향의 주된 내용이 무엇인지 파악할 수 있을 것이다.

요컨대, 이 작업이 성공적으로 이루어진다면 조선후기 정치사·사상사에 대한 연구, 법제사에 대한 연구가 한 단계 더 진전할 것으로 예상된다. 이번 연구에서는 『속대전』의 조항과 규정이 갖는 하나하나의 의미에 대해서는 충분히 천착하지 못했다. 앞으로 계속 정리하여 보완하고자 한다.

2. 黨爭 극복 구상과 蕩平政治의 추진

1) 黨爭 克服 論議와 여러 계통의 法 體制 構想

17세기 조선사회를 규정하는 정치적 요소는 당쟁이었다. 당쟁은 한 편으로는 사회 여러 세력이 지닌 에너지를 파괴하고 붕괴시키는 점에서 부정적인 면모를 지니고 있었지만, 달리는 다종다양한 이해를 가진 제 정치세력들이 자신들의 정치적 理想과 見解를 활발히 개진하고 현실의 변화를 끌어내려는 과정에서 이 당쟁이 발전하고 있었음으로 사회변화와 성장에 결정적인 요소로 작용하고 있었다.3) 이 같은 당쟁의 전개는 集權的인 政治體制와 직접적인 연관을 갖는 것으로, 조선사회가 가진 집권성이 보다 발달하고 성숙해지는 단계에서 이루어지는 역사성을 지니고 있었다. 양반사대부의 양적인 성장과 팽창, 예비관료로 성장할 수 있는 계층의 경제적 학문적 이념적 능력의 확대, 정치 참여층의 확대 등과 같은 사실을 이 시기 치열한 당쟁을 통하여 확인할 수 있다.4)

당쟁의 격화는 필연적으로 탕평의 문제를 제기했다. 당쟁은 蕩平과 동전의 양면을 이루는 문제였다. 유교 정치론에서 당쟁이 없는 상태, 당쟁을 지양한 정치를 두고 탕평으로 이상시하고 있었으므로, 당쟁이 있으면 반드시 탕평이 문제되기 마련이었다.5) 그러기에, 당쟁이 시작

---

3) 17세기의 政爭·黨爭을 이해하는 다양한 시각에 대해서는 다음 논구를 참고할 수 있다. 李泰鎭,「朝鮮時代의 政治的 葛藤과 그 解決」,『朝鮮時代 政治史의 再照明』, 범조사, 1985 ; 金容德,「朋黨政治論 批判-朝鮮時代 黨爭의 性格-」,『精神文化研究』여름, 1986 ; 吳洙彰,「朝鮮後期 政治運營 研究의 現況과 課題」,『韓國中世社會 解體期의 諸問題(上)』, 한울, 1987.

4) 16세기 중·후반에 나타났던 士林層의 성장과 그 활발한 정치적 진출을 달리 표현한다면 이같이 정리할 수 있을 것이다.

5) 이는『書經』의「洪範」편에서 다음과 같이 제시되어 있다. "五皇極 皇建其有極……凡厥庶民 無有淫朋 人無有比德 惟皇作極 汝用咎 無偏無陂 遵王之義 無有作好 遵王之道 無有作惡 遵王之路 無偏無黨 王道蕩蕩 無黨無偏 王

됨과 동시에 탕평·蕩平策이 논의되었다. 당쟁 초기부터 탕평론이 대두한 것은 지극히 자연스런 일이었다. 탕평의 개념, 탕평의 방도, 탕평의 이념적 근거 등등 탕평과 관련한 풍부한 논의가 당쟁이 전개되는 과정에서 축적되었다. 탕평론·탕평책과 관련한 논의를 두고 모든 당파가 참여하였으며 뜻 있는 儒者라면 대부분 탕평에 대한 대책을 제시하였다.[6] 당쟁의 역사는 곧 탕평의 역사이기도 했다.

17세기 당쟁이 격화되며 형성된 당쟁극복론─탕평론은 크게 두 계통, 두 차원의 성격을 지니고 있었던 것으로 정리할 수 있다. 黨派의 존재를 긍정하는 가운데 당쟁의 격화를 막고자 하는 방안이 그 하나였다면, 당파의 존재 자체를 부정하여 당쟁을 원천적으로 인정하지 않는 방안도 제시되었다. 양자는 당쟁을 대하는 태도, 문제를 풀어 가는 방식과 관련해서는 큰 차이를 보였지만, 어느 경우든, 붕당의 존재를 긍정하는 黨爭肯定論─朋黨政治論과는 對極에 서 있었다. 이 시기 붕당론은 歐陽修와 朱熹의 붕당론[7]을 근거로 성립하였던 바, 老論들은 이를 君子─小人黨論으로 체계화하고 一黨 專制의 주된 논거로 삼고 있었다.[8] 현실의 여러 당파는 군자당과 소인당으로 나눌 수 있으며, 군자당이 소인당을 배제하고 독존적으로 정치를 운영해야 한다는 것이 이들이 취하는 근본 태도였다. 이와 연관하여, '是·非의 明辨'은 정치적 정당성을 확보하는 주요한 근거였다.

17세기 당쟁이 격화되는 과정에서, 당파의 존재를 부정하며 정치운영의 방도를 모색한 논의는 대체로 北人系 南人에게서 나오고 있었

───────────────

  道平平 無反無側 王道正直 會其有極 歸其有極……天子作民父母 以爲天下王".

6) 이 같은 사정은 鄭萬祚, 「朝鮮時代 朋黨論의 展開와 그 性格」, 『朝鮮後期 黨爭의 綜合的 檢討』, 한국정신문화연구원, 1992에 자세하다.

7) 朱熹의 朋黨論은 『朱子大全』 卷28, 與留丞相書 4月 24日·7月 10日·10月 4日·10月 12日에서 충분히 살필 수 있다.

8) 鄭萬祚, 「16世紀 士林系 官僚의 朋黨論─歐·朱 朋黨論과의 比較를 통하여 본」, 『韓國學論叢』 12, 1990.

다.9) 柳馨遠은 그 대표적인 논자였다. 유형원은 붕당의 존재 자체를 대단히 부정적으로 파악하고 있었다.10) 그가 보기에 붕당의 귀결은 綱常 倫理의 붕괴로 이어졌다. 이 같은 생각에서 그는 정치제도를 개편하고 그 운영방식을 전혀 새롭게 해야 한다고 보았다.

이와 연관하여 유형원이 주목했던 것은 효율적이며 공정하게 운영되는 관료체제의 구성이었다. 국가를 정상적으로 운영하는 과정에서 골간이 되는 것은 관료제도이므로, 그 제도가 효율적으로 움직일 수 있게 하는 방안을 적극적으로 모색해야 한다는 것이었다.11) 이 과정에서 유형원은 公的인 法 體制를 벗어나 私的 특권을 가진 요소는 일체 척결하고자 하였다. 그리하여 중앙과 지방의 행정체계를 정비, 행정력의 중심을 강하게 구축하고, 필요 없는 官署와 인원을 없애거나 줄이는 한편으로 반드시 필요한 관부를 새로이 만들며, 관료들이 전문적인 실무능력을 기르는 데 도움이 되는 제반 규정들을 마련하였다. 『반계수록』의 국가 구성, 관료체계가 이전보다 훨씬 더 진전했음을 우리는 여기서 확인할 수 있는데, 유형원은 이 같은 관료제 운영이 철저하게 無黨派的으로 이루어져야 한다고 보았다. 당파·당쟁의 부정이었다.12)

유형원의 관료제에 기반한 정치운영 구상은, 정치는 天理의 이상을 담고 있는 제도·법제를 마련하고 이를 운영하는 데서 정상적으로 이루어진다는 생각과 맞닿아 있었다. 유형원은 先王이 제시한 바 이상정

---

9) 北人系 南人에 대해서는 정호훈, 『朝鮮後期 政治思想研究』, 혜안, 2004 참고.

10) 『磻溪隨錄』卷16, 職官之制 下 13가, "是以淸淡盛 而學術事功 日以交喪 此 晉唐以來 莫大之弊 而世道興衰之大機軸也 爲人君者 不可不致謹於設官之際 而凡別立文詞之司 衍餘逸豫之官 一切盡罷 以復古制也 文詞淸談之害 非止無實用而已 論談一變 而爲朋黨阿私 朋黨旣盛 則終至喪綱倫 此事勢之 必至者也".

11) 유형원의 관료제 개혁론을 중심으로 구성된 정치개혁론에 대해서는 金駿錫, 「柳馨遠의 政治·國防體制 改革論」, 『東方學志』77·78·79합집, 1993 참조.

12) 註 11)의 논리와 같은 맥락에서 이야기할 수 있다.

치, 왕도정치의 실현은 治者 일반의 도덕성에 기초하여 이루어지는 정
치를 여하히 구현할 것인가 하는 여부에 달려 있다는 주자학의 관점을
떠나,[13] 제도 그 자체에 天理의 이상을 담아야 한다고 보고, 이를 법제
상으로 마련하고자 하였다.[14]『반계수록』은 이러한 이념과 구도 하에
저술한 法典 構想[15]으로, 여기에는 公田制 시행을 비롯, 중앙집권제의
강화, 과거제 혁파와 貢擧制 시행, 노비제 폐지, 士農工商의 四民 制
度의 재정비, 상업과 수공업의 국가적 관리제의 강화 등 국가체제 전
반에 걸친 개혁안이 정리되어 있다. 이들 법제는 전체적으로『경국대
전』체제를 부정하는 성격을 지니고 있었다.[16]

유형원의 정치론은 붕당정치, 당쟁을 부정한 위에서 구축된 것이었
다. 그런 점에서 그의 정치론은 그가 구체적으로 '탕평'을 문제삼고 탕
평을 어떻게 펼쳐가야 할 것인지를 정리했던 것은 아니지만, 당쟁의

---

13) 유형원은 治國·治世가 제대로 이루어지는 사회는, 성리학에서 일반적으로
   주장하듯 위정 주체의 도덕성 확립을 근거로 해서 이루어지는 것이 아니라
   객관적인 法制 혹은 規範에 좌우되므로 그 조건을 法制적으로 완비할 수 있
   어야 한다고 생각하였다. 유형원이, 天理를 갖춘 制度 속에 살면 인간은 惡
   을 멀리하고 善을 행하게 되며, 그 반대의 경우 곧 人欲으로 채워진 제도 속
   에 살면 자연 惡을 행하게 된다고 파악함이 그런 경우였다(『磻溪隨錄』卷25,
   續篇 上 29나).

14) 이를테면 다음과 같은 대목은『磻溪隨錄』의 이 같은 이념을 잘 보여준다 하
   겠다.『磻溪隨錄』卷2, 田制 下, 17나~18가, "大凡天下萬事 只是兩端 天理
   人欲而已 近自一心之微 遠至於天下之事 皆一規也 人苟存天理 則人欲自退
   聽 而吉無不利 何嘗見存天理而病身者乎";『磻溪年譜』, 答鄭伯虞(東益)問
   隨錄書, "三代之法 皆以天理而爲之制 後世之法 皆以人欲以爲之制 行人欲
   之制 而欲國家之治者 天下豈有是理哉".

15)『磻溪隨錄』의 국가구상에 대해서는, 金駿錫, 앞의 책, 2003 ; 정호훈, 앞의 책,
   2004 참조.

16) 구체적인 내용에 대해서는 다음의 글 참고. 金駿錫, 위의 책 ; 金駿錫,「柳馨
   遠의 變法論과 實理論」,『東方學志』75, 1992 ; 金駿錫,「柳馨遠의 政治·國
   防體制 改革論」,『東方學志』77·78·79합집, 1993 ; 白承哲,「磻溪 柳馨遠의
   商業觀과 商業政策論」,『韓國文化』22, 1998.

극복이라는 측면에서 살핀다면 '蕩平政治'의 이상을 담고 있었다. 유형원은 17세기 조선사회가 안고 있는 문제를 풀어가기 위해서는 전면적인 變法이 필요하다는 생각 위에서 그 대책을 강구하였던 바, 당파의 존재에 기초한 정치도 개혁의 주된 대상으로서 인식하고 있었던 것이다.[17]

유형원의 방법과는 다르게, 당파·붕당의 존재를 긍정하는 가운데, 당파간의 갈등과 알력을 조정하는 방식으로 탕평을 이루고자 했던 방안은 17세기 중·후반 少論系 儒者들에 의해 본격적으로 논의되었다. 그 핵심에 서 있었던 인물이 朴世采였다.

換局으로 표현된 바, 숙종대 남인과 노론의 알력이 극단으로 치달으며 정국이 경색되는 상황에서 박세채는 '調劑保合'의 원칙을 제시하며 탕평의 정치를 펼칠 것을 촉구하였다. 당색을 따지지 말고 능력에 따라 인재를 등용하면 당파간의 갈등이 종식될 것이라는 생각이었다. '是非의 明確한 分辨'을 우선시하는 것이 아니라, '惟才是用'의 원칙에 기초하여 정국을 운영해야 한다는 것이었다.[18] 박세채의 탕평론은 갑술환국 이후 숙종에 의해 수용되었으며 그 결과로 1694년(숙종 20) 박세채가 제진한 탕평 교서가 반포되기에 이르렀다.[19] 인조 이후의 정국을

---

17) 朋黨에 대한 유형원의 부정적 의식은 앞선 시기, 붕당의 존재를 철저하게 부정했던 許筠이나 柳夢寅 등 北人들의 사유를 발전시킨 것으로 볼 수 있겠다. 이들은 붕당의 존재 그 자체를 해악시하는 정치론을 지니고 있었다. 여기에 대해서는 정호훈, 앞의 책, 2004, 제2장 참조.

18) 朴世采는 朱子의 朋黨論이 조선의 현실에는 맞지 않는다는 관점을 견지하며 여러 차례에 걸쳐 蕩平論을 제기하였다. 숙종 20년(1694) 甲戌換局 이후 박세채는 이를 더욱 분명하게 표명하였다(『南溪集』 續集 卷3, 進別單啓箚四本 箚 六月 四日). 이때 그는 '主邪正'과 '主皇極'을 대비시키면서 '主邪正'하게 되면 그 勢가 장차 '塞一黨而黜陟之'하게 되지만 '主皇極'하게 되면 黜陟은 한 사람에 그치고 그 黨은 모두 더불어 寅協의 경지로 나아갈 수 있다고 보았다. 이것은 곧, 是非論을 붕당에 적용하지 말고 사람에게 적용하자는 것으로서 이는 모든 당파에 다 군자와 소인이 포함되어 있기 때문이라는 것이다.

19) 『南溪集』 續集 卷2, 敎書 頒示中外戒勿朋黨敎書 甲戌 七月八日 ;『肅宗實

본받는 調劑論을 활용하여 '一進一退' 정국을 탕평 정국으로 전환시키겠다는 내용이었다. 1695년(숙종 21) 박세채가 사망한 이후에는 소론의 중심인물이었던 南九萬과 崔錫鼎이 이를 이어받아 남인을 서인과 함께 등용하는 탕평을 실시하려고 노력하였다.[20]

박세채의 탕평론은 李珥의 조제보합론으로부터 연원하는 것이거니와, 그 스스로의 오랜 이론적 탐색 위에서 나온 것이었다. 이를테면, 「洪範」의 원리를 탐색하며 만든 『範學全篇』은 그의 탕평 정치론의 근본원리를 담고 있는 책이었다.[21] 박세채의 생각은 현실의 근본 질서를 인정하는 위에서, 여러 당파의 인재를 고르게 수용하는 방식으로 당쟁의 문제를 풀자는 것이었다. 그런 점에서 그의 태도는 온건하였으며 또한 절충적이기도 했다. 그러나 '是非明辯', '天理人欲의 峻別'에 기초하여 일당 전제의 정치가 이루어져야 할 것을 주장했던 노론계의 정국 운영론에 비하면 큰 변화가 있었다. 박세채의 생각은 정치운영의 중심 역할은 현실의 군주에게 귀착되어야 한다는 것이었다. 그의 정치론은 극단적인 道德政治論·公論政治論의 추구를 부정함과 동시에 군주의 정치적 권위를 보다 提高하는 측면에서 구성된 것이었다.

박세채의 조제보합적 탕평론은 자연, 현실의 법제를 주목하는 것으로 귀결되었다. 정치의 원칙을 是是非非와 연관된 公論에서 구하지 않는다 할 때, 현실적으로 제시되는 대안은 법제이기 마련이었다. '法自君出'이라는 바, 국가의 법은 곧 君主權의 한 표상이었다. 박세채의 蕩平論은 '朋黨論'을 넘어 그 범위와 논리를 크게 확장하고 있었다.

錄』卷27, 20年 7月 丙戌(탐구당, 1979, 이하 같음).

20) 朴光用, 『조선후기 탕평연구』, 서울대학교 박사학위논문, 1994 ; 鄭景姬, 「肅宗代 蕩平論과 '蕩平'의 시도」, 『韓國史論』30, 1993 ; 鄭景姬, 「숙종후반기 탕평정국의 변화」, 『韓國學報』70, 1995 참조.

21) 이 책을 활용하여 朴世采의 蕩平理念 분석한다면 그를 비롯하여 少論系 蕩平論者들의 정치적 사유의 구조를 보다 풍부하게 해명할 수 있을 것이다. 이는 후고에서 다루고자 한다.

'續大典' 편찬 주장도 이와 같은 맥락에서 제시되었다. 박세채는 李珥가 주장했듯, 經濟司를 설치하고 『경국대전』 이후 200여 년의 시간이 흐르는 과정에서 생긴 여러 변화를 법제적으로 정리, 이를 '속대전'으로 편찬하자고 하였다.[22] 그는 이를 두고 "述祖典"이라 불렀다. 앞선 시기 『경국대전』의 재정비, 受敎 條例와 같은 法令集을 정비하자하여 많은 논의들이 이루어지고 있었지만, 『경국대전』에 버금가는 규모의 법전을 편찬해야 한다고 한 것은 박세채가 처음이었다.

박세채의 『속대전』 편찬론은 공론정치론에 기초한 정국 운영을 넘어서고자 하는 노력과 동일한 맥락에서 제시된 것이었는데, 이러한 생각을 단순히 그만 갖는 것은 아니었다. 같은 시기에 활동했던 少論系 思惟의 핵심에 이 같은 사유가 성장하고 있었다. 尹宣擧의 경우, 삼대 선왕의 정치를 이루기 위해서는 '法祖宗'의 정치가 필요하다고 생각하였다.[23] 그것은 곧, 조선의 근본 법제의 정신을 살피고 그 법제를 실행하자고 함이었는데, 구체적으로 『五禮儀』『經國大典』에 담긴 정치의 원칙을 재확인하고 이를 길잡이 삼아 정치를 하게 되면, 삼대의 至治에 이를 수 있다는 생각이었다. 崔錫鼎에게서도 이 점은 확인된다. 최석정이 오랫동안 관직 생활을 하며 무엇보다 역점을 두었던 것이 『경국대전』의 정비와 그것을 활용한 정치의 운용이었다. 그의 사후, 실록에서 그가 『경국대전』의 정비에 큰 힘을 기울였다고 특기할 정도로,[24]

---

22) 『南溪集』卷12, 陳時務萬言疏 ;『肅宗實錄補闕正誤』卷19, 14年 6月 乙卯, "今當大爲經理 今旣釐革弊政 以述祖典 則所當定著爲一書 名曰續大典 以垂永世 使後率章之君 克憲之臣 有所持循 以至國治於上 民安於下 久而不壞 方爲大正矣".

23) 『魯西遺稿』卷5, 與兪武仲 30나~31가, "只以今日之事言之 不能大變革 則難望其有爲 而大變革之道 亦不必他求 只因成憲舊章 以革末俗之弊 亦足了一時之功矣 如五禮儀經國大典 不可歇看 主乎二者 而就加沿革 則可矣 牛栗之變通 不過如是矣 欲法三代 當法祖宗 亦一論也".

24) 『肅宗實錄補闕正誤』卷56, 肅宗 41年 11月 癸卯, "十登台司 以破黨論 收人才爲心 以修明大典爲事".

그는 이 문제에 많은 관심을 쏟고 있었다.[25] 삼대 정치에 이르기 위해서는 반드시 '法祖宗' '法祖典'해야 함을 요컨대 이들 소론계 관인들은 學問 來歷으로 계승하고 있었다.

이와 같이 17세기 당쟁이 치열하게 격화되는 상황에서 조선의 관인·유자들은 당쟁을 종식시키는 방법을 집중적으로 모색하였다. 이때 제시되는 당쟁극복론은 黨爭革罷論의 차원으로 끝나는 것이 아니라 조선사회의 질적인 성장에 대한 전망과 연결되어 있었다. 이들 두 계통의 정치적 구상이 새로운 法典 構想과 결합되어 있었음은 그 뚜렷한 증좌였다. 유형원의 논의가 전면적 變法論과 연관하여 제시된 것이라면, 박세채의 논의는 점진적이면서도 개량적인 현실변통론 위에서 나오고 있었다.

현실가능성의 측면에서 살피자면, 유형원의 구상과 당쟁부정론은 당대로서는 그 실현 가능성이 매우 희박했다. 남인들에 의해 그 생각은 높이 평가받았지만, 그 실현이 쉬운 것은 아니었다. 반면 박세채의 정치론은 보다 현실적이어서, 군주에게나 탕평을 생각하는 신료들에게나 그것이 수용될 수 있는 여지가 매우 컸다. 실제 영조대에 이르러, 그의 영향을 받은 趙文命, 趙顯命, 宋寅明 등은 그의 탕평론에 기초하여 탕평정국을 이끌어 가고자 하였다.[26]

2) 戊申變亂과 蕩平政治의 추진

탕평책, 탕평정치가 정치 쟁점으로 떠오르고 본격적으로 추진되기 시작한 시기는 숙종 말부터였으며, 그것이 본 궤도에 오른 것은 1728년(英祖 4)의 戊申變亂 직후였다. 사회 전 구조에 彌滿한 모순·갈등

---

25) 崔錫鼎의 이러한 생각은 그의 祖父 崔明吉에게서도 확인된다. 최명길은『經國大典』을 정비하여 국가 경영에 활용할 것을 적극 주장하였는데, 이는 17세기 전반에는 보기 드문 모습이었다(『仁祖實錄』卷8, 仁祖 3年 3月 壬戌).

26) 이 점에 대해서는 제3장 2절에서 살핀다.

요소로 말미암아 체제 위기, 국가 위기가 가속화되어 종래의 정국 운
영방식으로는 더 이상 국가를 유지 경영할 수 없는 상황이 형성된 시
점이었다. 국왕을 비롯한 官人·儒者들은 그 처한 처지에 따라 독자적
인 탕평이념·탕평방식을 강구했으며, 탕평은 이제 국가 경영의 핵심
적인 문제로 부각되었다.[27]

1728년의 무신변란은 17세기 이래 형성된 모순이 총체적으로 표출
된 大破局이었다.[28] 영조의 治世 자체를 부인한다는 측면에서, 또한
조선의 정치적 기축을 이루던 양반들이 良民 賤民들과 손잡고 武力을
동원, 국가 전복을 꾀했다는 점에서, 이 정변이 가진 정치사적인 문제
는 심각했다. 한마디로 무신정변은 조선정부의 國基를 부정하는 사건
이었다. 이 같은 무신변란이 발발한 데는 많은 요인이 작용했겠지만,
대체로 다음과 같은 점들을 주목할 수 있겠다.

우선은 당쟁 과정에서 형성된 양반사대부층 내부의 軋轢과 갈등, 반
목이다. 16세기 말 동서 분당으로 비롯된 양반층의 분화와 대립은 17
세기 들어 보다 격화되어, 남인 북인 노론 소론 등 각이한 성격의 정치
세력을 형성한 가운데 反正, 禮訟, 處分, 換局과 같은 치열한 정쟁으로
발현되고 있었다.

권력투쟁·당쟁으로부터 패배한 양반층은 정치적으로 탄압 받고 소

---

27) 이 시기 蕩平論의 性格과 構造에 대한 개략적인 이해는 鄭萬祚,「英祖代 初
   半의 蕩平策과 蕩平派의 活動 - 蕩平基盤의 成立에 이르기까지」,『震檀學
   報』56, 1983 ; 崔完基,「英祖 蕩平策의 贊反論 檢討」,『震檀學報』56, 1983
   ; 鄭萬祚,「英祖代 中半의 政局과 蕩平策의 再定立 - 少論蕩平에서 老論蕩
   平으로의 전환」,『歷史學報』111, 1986 ; 鄭豪薰,「18세기 政治變亂과 蕩平策
   의 전개」,『韓國 古代·中世의 支配體制와 農民』, 지식산업사, 1997 ; 朴光
   用,『朝鮮後期 蕩平硏究』, 서울대학교 박사학위논문, 1994에서 확인할 수 있
   다.
28) 무신변란에 대해서는, 李鍾範,「1728년 戊申亂의 성격」,『朝鮮時代 政治史의
   再照明』, 범조사, 1985 ; 정석종,「영조 무신란의 진행과 그 성격」,『조선후기
   의 정치와 사상』, 한길사, 1994 참조.

외되었으며 그 속에서 엄청난 정치적 불만을 키워 나갔다. 조선사회 운영의 공동 책임자로부터 적극적으로 배제되어야 할 처지로 전락한 이들 세력들은 그들이 누리던 정치·사회적 지위와 특권을 점차 상실해 나갔다. 鄕村에서 일부 在地的 基盤을 유지하는 외에 중앙 정계와의 인연은 절연되었다. 오랜 시간이 흐르며 이들이 反政府의 의식과 이념을 확대하는 것은 자연스러운 일이었다. 특히 숙종·경종대의 정국은 邪·正, 忠·逆의 논리와 얽히며 진행됨으로써 당쟁의 부정적 파괴력이 어느 때보다 더 강하게 드러나고 있었다. 국왕 영조도 이러한 당쟁의 와중에 얽혀 들어 정치적으로 자유롭지 못한 상태였다. 특히 '辛壬獄事'와 경종의 죽음에 영조가 연루되었다는 혐의는 영조 본인으로서도 큰 부담이었는데, 그 혐의는 또한 노·소 갈등을 심화시키는 불씨이기도 했다.[29]

한편, 외견상 당쟁으로 표출되어 나타난 바, 兩亂 이후의 국가운영은 良·賤 小民들의 재생산을 충분히 보장하지 못했다. 그것은 지주·양반사대부의 사회적 경제적 이해가 관철되는 국가체제의 유지 보수로 집약되고 귀결되었으며, 여기에서 小農民, 無田農들은 생존 자체를 크게 위협받고 있었다. 良役과 같은 국가에 대한 조세부담과 관련하여, 또한 토지소유의 소유와 경영과 관련하여 이들이 처했던 환경은 더 열악해졌다.

그러나 이러한 상황에 조선정부는 효과적으로 대응하지 못하고 있었다. 양역의 모순은 그 전형적인 경우였다. 지주제가 점점 확산되는 상황에서 소작농으로 전락해 간 양인 농민들은 양역 체제가 가진 문제로 인하여 2중 3중의 역부담을 강요당하는 실정이었다. 17세기 중엽부터 양역의 변통을 두고 여러 방안을 논의했음에도 불구하고 정부로서는 실질적인 대책을 마련하지 못하고 있었다. 戶布法, 儒布法, 丁布法

---

29) 여기에 대해서는 李熙煥, 『朝鮮後期 黨爭研究』, 國學資料院, 1995 ; 李迎春, 『朝鮮後期 王位繼承 研究』, 集文堂, 1999 참조.

등 이 시기 무성하게 논의된 여러 방책은 양란을 전후한 시기에 양역
이 제기하는 문제가 얼마나 심각했던지를 여실히 보여주는 일이었
다.30)

이 시기 농민들은 많은 경우 遊離, 逃亡하는 절망적인 모습을 보이
기도 했지만 한편으로는 殿牌作變하여 그 불만을 드러내거나 혹은 盜
賊, 明火賊으로 일탈하기도 했는데, 이것은 결국 조선정부가 국가로서
의 역할을 제대로 해내지 못한 데서 연유하는 일이었다. "점점 국가는
국가, 民은 民일 뿐 아득하여 서로 간섭하지 않게 되는 상황에 이르게
되니, 백성이 어찌 실망하여 난리를 생각하지 않을 것인가?"31)라는 대
로 국가와 인민은 상호 이반하고 있었다.

말하자면 18세기 초반의 조선사회에는 사회 전 구성원의 정치적 경
제적 이해, 불만과 욕구를 제대로 해소하지 못함으로써 정치적 사회적
불만이 축적되어 있었으며, 1728년의 정치변란은 그것이 과격하게 분
출된 사건이었던 것이다.

정부의 강경 진압과 변란세력의 결집 실패, 작전의 실패 등으로 인
하여 이 사건은 결국 한 달도 채 못 되어 진압 당했지만, 이를 계기로
정부와 反政府－反王朝 세력 사이의 전선이 구체적으로 드러났다. 사
태를 수습하고 정치적 안정을 이루는 일은 한시도 늦출 수 없는 시급
한 일이었다. 그러한 파국적 상황의 형성이 100여 년 긴 시기의 당쟁의
역사 속에서 이루어진 것이었기에, 그것이 가진 문제를 풀어 가는 것
은 당쟁이 釀成했던 제반 문제를 해소한다는 의미이기도 했다.

蕩平은 이러한 상황에서 본격적으로 논의되고 실행되었다. 이미 숙

---

30) 鄭萬祚, 「朝鮮後期의 良役變通論議에 對한 檢討－均役法 成立의 背景－」,
『同大論叢』 7, 1977 ; 金俊亨, 「18세기 里定法의 展開－村落의 기능 강화와
관련하여」, 『震檀學報』 58, 1984 ; 鄭萬祚, 「肅宗朝 良役變通論의 展開와 良
役對策」, 『國史館論叢』 17, 1990.
31) 『景宗實錄』 卷3, 景宗 元年 4月 庚申, "漸至於國自國民自民 漠然不相干涉
民安得不失望而思亂乎".

종 말년부터 탕평이 구체적으로 구상된 바 있었고 영조 즉위 직후에도 탕평책이 추진되었지만32) 그 진행은 지지부진했다. 무신변란은 탕평책을 더 이상 미룰 수 없게끔 인식하게 하는 계기였다. 영조는 무신정변을 무력 진압한 이후, 탕평의 정치를 본격적으로 추진하고자 하였다.

탕평을 위한 영조의 노력을 뒷받침한 세력은 蕩平派 官僚들이었다. 그 가운데서도 중심을 이루는 것은 少論系 蕩平官僚들이었다. 趙顯命, 宋寅明, 趙文命, 朴文秀 등을 그 주요 인물로 꼽을 수 있다.33) 이들은 崔錫鼎, 尹宣擧, 朴世采 등 17세기 소론 학맥에서 키워왔던 탕평의 정치론을 충실히 계승, 이 이념으로 무장하고 있었다. 이들은 조선이 안고 있는 문제를 풀기 위해서는 탕평의 방식으로 정국을 운영하는 것이 최선임을 자각하고 있었다. 영조를 받치는 주요한 인맥이 이들이었다. 반면, 노론에서의 탕평 참가는 극히 제한적이어 元景夏 등 극히 일부만 탕평 국면에 참여하였다.34) 南人으로는 吳光運이 중요한 역할을 수행했다. 그는 1729년, '老少保合'만으로서의 탕평은 거짓 탕평이며 남인까지 포괄하는 탕평이 이루어져야 한다고 주장하였다.35) 1741년에는 '大蕩平論'을 주장하였다.36)

영조와 탕평파는 정치적 현안을 둘러싸고 일어나는 갈등을 잠재움과 동시에 당쟁을 극복할 이념과 방안을 꾸준히 모색하였다. 변란 후

32) 여기에 대해서는 정만조, 앞의 글, 1983 ; 정경희, 앞의 글, 1995 참조.
33) 英祖 前半期 이들의 활동과 역할에 대해서는 鄭萬祚, 앞의 글, 1983 ; 朴光用, 앞의 글, 1994 참조.
34) 『英祖實錄』 卷19, 英祖 4年 9月 辛未, "今致中 雖稱四大臣之怨 揣上意與時論上意與時論 以金龍澤李天紀爲逆 龍澤輩爲國家出萬死 效力於宗社大計 忠則有之 何名曰逆 老論中一隊蕩黨 如元景夏諸人 祖述是論 强分忠逆於辛壬死事之臣 流害五十年".
35) 『英祖實錄』 卷21, 英祖 5年 3月 甲寅, "嶺南按覈御史吳光運 疏薦嶺儒 李栽等二十二人 請調用 且言 今日之言蕩平者 假飾名目 以欺殿下 國是之質諸鬼神而無疑 建諸天地而不悖者 搖搖如風中之旄".
36) 『桐巢漫錄』 卷3, "今上辛酉秋 吳光運疏進大蕩平論".

탕평파의 첫 번째 노력은 '老少 保合'의 調用策으로 구체화되었다. 그
핵심으로 설정된 과제가 노-소론간의 '辛壬義理'37)를 조정, 해소하는
문제였다. 그리하여 雙擧互對, 兩治兩解의 방식을 활용하여 노소론을
중심으로 당론의 갈등을 무마하고, 인사상의 勢 均衡을 이루려는 정책
이 강조되었다. 또 하나의 당, 蕩平黨을 형성한다는 비판을 받기도 하
고 또 그 과정에서 노론의 정치적 명분론이 인정되기도 했지만, 이 일
은 국왕의 강력한 의지 속에 이루어짐으로서 급박한 당쟁을 잠재우는
효과는 있었다. 그리고 그러한 노력은 영조 17년의『辛酉大訓』의 작성
과 頒布로 일단락 되었다.38)

　이와 함께 영조와 탕평파가 정력적으로 추진한 사업은 당쟁을 추동
하는 제도적인 기반을 없애고자 한 일이었다. 여기에는 吏曹銓郎 自代
法(吏郎通淸權)을 폐지하는 문제와 翰林會薦法을 혁파하는 문제가 관
건이 되었다. 이들 두 법은, 영조가 당쟁을 혁파하고자 한다면 손질해
야 하는 법이라고 했던 대로, 당쟁의 문제를 풀려고 한다면 반드시 해
체시켜야 하는, 당쟁 해소를 위한 관건의 하나였다. 영조는 17년 柳壽
垣, 趙顯命 등의 건의를 받아들여 이들을 혁파하는 조치를 내렸다.39)
당쟁이 인맥을 통하여, 그리고 언론을 통하여 이루어졌으므로, 인적인
자산을 배출하는 통로와 言路를 특정 당파가 장악 독점하지 못하도록
하는 일은 무엇보다 중요했다.

　탕평책을 구성하는 또 다른 주요한 측면은 양민, 천민의 사회경제적

37) 정확하게 표현하면, 辛丑 壬寅年의 정치적 사건에 대한 노론과 소론의 정치
　적 견해 혹은 입장이 될 것인데, 여기서는 한정적으로 '申壬義理'라고 쓴다.
　통상적인 '의리' 개념에서 보면, '신임의리'라는 것은 적절하지 않은 표현이다.
38)『英祖實錄』卷54, 英祖 17年 9月 辛卯, "大訓義理 明白嚴正 其所以燒去誣
　案之意 足有辭於後世";『英祖實錄』卷54, 英祖 17年 10月 壬辰. "以作大訓
　燒誣案 告于太廟 仍御崇政殿頒敎 告廟文頒敎文皆御製也".
39)『英祖實錄』卷53, 英祖 17年 2月 癸卯. 이때 이루어진 정치적 두 관행의 혁
　파에 대해서는 박광용, 앞의 글, 1994, 130~140쪽에 자세히 정리되어 있어 참
　고할 수 있다.

재생산을 정책적으로 보증하고자 하는 일이었다. 諸 身分・階級 間의 갈등을 무마하고, 그들이 가진 정치적 불만을 해소해야만 실제 사회 안정이 이루어질 수 있었기에, 이와 연관된 정책은 무엇보다 시급했고 중요했다. 영조 정부가 주력했던 것은 良役變通 대책이었다. 그 일은 대체로 양인의 수를 늘려 양역 부담자의 수를 확충하고 동시에 그들의 역 부담을 줄이려는 방향에서 모색되었다. 양역에 대한 대책은 영조 18년경부터 주요한 의제로 다루어지고 있었다. 이때의 주된 논점은 鄭翬良 박문수 두 사람의 의견에서 확인할 수 있는데, 정휘량은 양역의 부담을 줄이기 위해서는 2필을 1필로 減할 것을 강력히 주장하였다. 반면 박문수는 2필을 1필로 감할 경우, 鱗族을 침해할 소지가 크므로 減匹에는 신중해야 한다는 태도를 보였다.[40] 감필 문제가 주요하게 다루어지고 있었던 것이다. 『續大典』에는 수록되지 못하지만, 영조 28년에 이루어진 均役法은 이러한 노력이 구체화된 결과였다.[41]

이와 같이, 사회 경제적인 제도와 장치를 마련하는 한편으로 영조 정부는 빈발하는 民人의 저항을 탄압하기 위한 대책을 다각도로 강구했다. 영조정부에서 특히 주력했던 것은 처벌 규정의 강화였다. 이 시기 일어났던 민의 저항은, 무신정변에서 보듯 무장봉기의 방식을 취하기도 하였거니와, 作黨하여 明火賊이 되거나 强盜로 삶을 영위하는 경우가 비일비재하였다. 그 저항의 양상이 다양해지고 또 그 저항의 몸짓도 매우 빈번해지는 것이 이 시기 사정이었다.[42] 정부에서는 이들 반란세력에 대하여 보다 엄격한, 가차 없는 처벌규정을 마련하며 대처하고 있었다.[43]

---

40) 『英祖實錄』卷56, 英祖 18年 10月 癸卯.
41) 영조는 良役 變通 조치를 내리면서, 大同의 政事를 펼치려고 했으나 여러 장애 때문에 減疋에 그치고 말았음을 아쉬워하였다(『英祖實錄』卷71, 英祖 26年 7月 癸卯).
42) 여기에 대해서는 한상권, 「18세기 前半 明火賊 활동과 정부의 대응책」, 『韓國文化』13, 1992를 참조할 수 있다.

이 같은 여러 노력은 어느 정도 가시적인 효과를 드러내었다. 1741
년(영조 17) 이후로 영조의 정치적 부담도 많이 완화되었고 정국 안정
과 사회 질서의 정비도 어느 정도 이루어지고 있었다. 영조는 『辛酉大
訓』을 통하여 자신에게 지워졌던 정치적 부담을 일단은 해소하였다.
탕평은, 이제 17세기 이래 조선사회가 안고 있었던 정치적 위기와 갈
등, 사회 안정과 국가질서의 재건을 위한 제반의 노력을 어느 정도 성
공적으로 수행하고 있었다. 탕평책이 의도한 소기의 목적은 달성되는
셈이었다.

그러나 영조와 탕평파의 탕평을 위한 작업은 이러한 제반의 정치
적·사회경제적 대책을 세우는 선에서 머무는 것이 아니었다. 영조와
탕평파가 궁극적으로 추구했던 것은 당쟁의 종식이었다. 이를 위해서
이들은 여러 제도적 장치를 마련하고 있었거니와, 보다 핵심적으로는
黨論을 통한 정치운영을 근원적으로 차단하고자 했다. 그것은 곧 당론
에 기초한 정치, 公論에 기초한 정치론을 부정하며 그를 대체할 수 있
는 이념과 방법을 마련하고자 하는 것이었다. 이를테면 무신정변에 대
해 영조는 "근원과 유래를 논한다면 禮說과 斯文으로부터 해독이 흘
려와 지난해의 逆亂이 있게 된 것이다"44)라고 진단하였는데, 이것은
탕평의 과제가 당론을 종식시키는데서 가능하다는 인식이기도 했다.
여기서 예설과 사문의 해독이란, 현종대의 禮訟,45) 그리고 숙종대 兪
棨와 尹拯이 『家禮源流』를 두고 벌였던 갈등46)을 이야기하는 것으로,

---

43) 이 점은 『續大典』에서 가장 강조한 부분이 「刑典」인데서 확인할 수 있다. 여
기에 대해서는 조윤선, 앞의 책, 2002 ; 沈載祐, 「18세기 獄訟의 성격과 刑政
運營의 변화」, 『韓國史論』 34, 1995 참조.
44) 『英祖實錄』 卷24, 英祖 5年 10月 辛酉.
45) 17세기 禮訟에 대한 연구는 근래 들어 가장 활발하게 이루어지는 영역의 하
나이며, 그 성과도 적지 아니 축적되었다. 이 시기 禮訟의 연구 동향에 대해
서는 이봉규, 「禮訟의 철학적 분석에 대한 재검토」, 『大東文化研究』 31, 1996
참조.
46) 李銀順, 『朝鮮後期 黨爭史 研究』, 일조각, 1994.

남인과 노론, 소론과 노론 갈등의 핵심에 이들 사건이 자리 잡고 있었다. 영조는 당대 정국에서 문제의 소지가 어디 있는지, 충분히 파악하고 있었던 셈이다.

3. 英祖의 君權 强化策과 『續大典』의 편찬

1) 君權 强化의 論理와 '法治'的 政治運營

탕평의 근본 과제는 정치적, 사회경제적 갈등과 불만을 완화, 해소함으로써 조선 사회의 질서를 안정화시키는 일이었다. 이에 무엇보다도 필요한 것은 그러한 제 갈등과 불만을 해소할 수 있는 政治力을 확보하는 일이었다. 여러 세력의 정치력이 상호 충돌하고 갈등하면서 생기는 것이 政爭이었으므로, 그러한 정쟁을 잠재우기 위해서는 그 같은 갈등을 조정할 수 있는 강한 정치력이 요구되었던 것이다. 영조의 탕평정치는 그러한 정치력을 공고히 할 수 있는 근거를 강한 君權으로부터 찾고 있었다. 國王의 권한을 실질적으로 강화하고, 이를 구심점으로 하여 조선사회에 내재하는 諸 利害와 權利의 충돌 현상을 조정, 절충하여 문제를 해소해 나간다는 방침이었다.

이러한 지향과 연관하여 무엇보다 문제가 되는 것이 군주의 정치적 위상과 존재 의의를 뚜렷하게 확립하는 일이었다. 이 시기 군주권은 흔히 '君弱臣强'[47]으로 표현될 정도로 신권의 제약 속에 놓여 있는 경우가 많았다. 이 같은 상황이 유지되는 데는 여러 배경과 조건이 작용했지만, 정치이념의 측면에서 살핀다면 주자학의 정치론도 큰 비중을

---

47) 『肅宗實錄』 卷3, 肅宗 元年 3月 丙寅 ;『英祖實錄』 卷85, 英祖 31年 9月 癸巳, "黨習日熾 庚子以後 不知君父 各樹其黨 互相傾軋 其流之弊 甚至於辛壬 門戶各忘 殺戮相尋 釀成戊申……噫 朝鮮之黨 非忠逆君子小人 卽老少南北之黨也 雖君子各爲黨 小人各爲黨 孔聖 豈不云乎……其或君弱臣强 將至孔聖所云無所不至".

차지하고 있었다. 주자학적 정치론은 신료에 의한 군주 牽制와 統御를
가능하게 하는 논리를 확보해둠으로써, 신료 중심의 정치를 가능하게
하는 바탕이 되었다.[48] 군주는 天理·人欲으로 집약되는 바의 도덕 가
치를 스스로 실현할 때에야, 비로소 정상적인 정치를 할 수 있다는 논
리가 그러한 것이었는데, 군주는 천리·인욕의 도덕론에 의하여 자신
의 행동과 지향을 牽引 당하는 한편으로 또 제한 당하였다. 조선의 양
반 사대부들은 이러한 주자학을 최대한 활용, 조선사회를 운영하는데
필요한 이념과 방법을 확보하였으며, 당쟁이 격화되면서는 서인-노론
계를 중심으로 그러한 노력이 한층 강화되었다.[49]

그런 점에서, 군주의 정치적 지위와 존재 의의를 뚜렷하게 확립하는
일은 주자학의 정치론을 벗어나는 점과 연관되어 있었으며, 이를 위해
서는 어떤 경우로든 독자적인 정치론을 세우는 일이 필요했다. 영조의
治世 年間, 이 작업은 꾸준히 이루어졌던 것으로 보인다. 그러나 주자
학의 정치사상이 방대하고도 精緻한 논리체계를 세우고 있었기에, 주
자학의 논리를 벗어난 독자적인 정치사상을 구체화한다는 것은 쉬운
일이 아니었다. 실제, 영조의 독자적인 정치론 구축 작업이 그러한 차
원에까지 이르렀는지는 판단하기 쉽지 않다. 그러나 몇 가지 점에서
주목할 만한 변화가 이루어지고 있었다.

영조는 재위기간 동안, 자신의 政治論을 담은 많은 글을 지어 반포
하였다. 『常訓』, 『續常訓』, 『訓書』, 『自省編』, 『警世問答』, 『警世編』,
『小學指南』, 『八旬裕崑錄』, 『孝悌勸諭文』 등은 그 대표적인 글들이

---

48) 여기에 대해서는 金駿錫, 「朝鮮後期 黨爭과 王權論의 推移」, 『朝鮮後期 黨
爭의 綜合的 檢討』, 한국정신문화연구원, 1992 참조.

49) 西人-老論系의 朱子學 絶對主義化 작업과 그것이 가진 정치적 의미에 대
해서는 다음 글을 참고 할 수 있다. 金駿錫, 「朝鮮後期 畿湖士林의 朱子認識
-朱子文集·語錄 硏究의 전개과정-」, 『百濟硏究』 18, 1987 ; 金駿錫, 「17
세기 畿湖朱子學의 동향-宋時烈의 '道統' 계승운동-」, 『孫寶基博士停年紀
念 韓國史學論叢』, 지식산업사, 1998.

다. 영조는 이들 글에서, 군주가 지켜야할 규범, 군주가 갖추어야 할 덕목에 대해 집중적으로 정리하였다.[50] 여기에는 영조의 젊은 시절에 나온 글도 있고, 나이가 들며 만든 것도 있었다. 그래서 처음에 나왔던 이야기가 뒷 시기에 만들어진 글에서 다시 강조되기도 했고, 혹은 새로운 내용으로 보완되기도 했다.

여러 글 가운데서도 핵심이 되는 것은 『常訓』이었다. 이 글은 1745년(英祖 21), 영조가 최초로 자신의 이름을 걸고 반포한 것으로, 뒤이어 나오는 여러 御製書의 내용을 규정하는 요소를 지니고 있었다. 시기적으로 보면, 이 글이 나올 때는 『辛酉大訓』 반포 후 영조를 옥죄던 정치적 상황이 많이 개선되어 있었고, 『속대전』 편찬 작업이 마무리되고 있었다. 말하자면, 정치적 안정이 어느 정도 이루어진 시점에서 나온 것이 『상훈』이었다. 『상훈』을 통해서 영조 정치론의 핵심을 파악할 수 있을 것이다.

『상훈』은 영조가 세자에 내린 垂範이었는데, 군주가 배우고 실천해야 할 사항이 무엇인지를 주요한 내용으로 제시하고 있다.[51] 敬天・法祖・愛民・敦親・調劑・崇儉・勵精・勤學 등 모두 8항목이 거론되었다. 敬天・法祖 두 조항은 군주가 군주로서의 위상을 갖게되는 근원인 天과 祖宗, 愛民은 통치의 대상인 백성, 그리고 敦親은 국왕의 혈연으로서의 왕족을 다루고 있다. 調劑는 당쟁의 조절과 탕평의 유지에 관한 항목으로, '任賢使能'의 원칙에 근거하여 신료들을 등용하자는 내용을 갖추고 있다. 崇儉은 군주의 검소한 생활, 勵精은 군주의 성실한 정치활동, 勤學은 군주의 부지런한 학문활동에 대한 내용을 다루었다.

---

50) 그가 남긴 글의 일부를 편집하여 한국정신문화연구원에서 『英祖・莊祖文集』(1997), 『英祖文集補遺』(2000)로 편찬한 바 있다. 영조의 정치사상을 본격적으로 정리, 검토할 때 영조대 탕평정치의 성격을 보다 풍부하게 이해할 수 있을 것이다.

51) 영조는 책자를 완성하고 이를 동궁에게 강론하여 그 내용을 익히도록 하였다(『英祖實錄』 卷61, 英祖 21年 6月 乙卯).

짧고 단순한 내용이지만, 국왕의 정치적 근원, 국왕이 힘을 구할 친족, 그리고 국왕의 힘을 발휘할 신료들의 정국 운영방식, 그리고 국왕의 정치적 학문적 능력을 배양함에 필요한 방법 등 국왕이 군주로서 활동하는데 요구되는 여러 일들을 집약적으로 표현하고 있는 셈이다. 여기서 주목하게 되는 것은, 군주가 군주로서의 지위와 권능을 확보하고 유지하는 일에 관한 조항, 곧 敬天과 法祖이다.

'敬天'은 하늘을 경외하는 일이었다. 군주는 그 귀함이 億兆의 위에 자리잡고, 그 부유함은 八域의 모든 것을 다 가질 정도이지만, 天을 경외하지 않으면 안된다는 것이었다. 역사에서 살피면, '敬天'을 제대로 함과 못함은 군주의 현명함과 庸劣함, 정치의 治·亂을 좌우하는 일이었다.[52]

여기서 天은 달리 특별한 형이상학적인 개념으로 제시되지는 않았다. 天은 高高한, 절대적인 위력을 가진 존재였다. 이러한 天·敬天 이해는 주자학에서 天을 理로서 파악하고, 그 맥락 위에서 '敬天'을 강조하는 것과는 대비되었다. 그 같은 '敬天'은 흔히들, 신료의 상소를 통하여 군주가 준행 해야 할 사안의 하나로 제시되었는데, 理를 통한 天人合一이 그 주된 지향이었다.[53] 그것은 군주가 심성에 내재한 천명을 확인하고 그를 통하여 천과 만나는 방법이었다. 그 귀결점은 주자학의 군주성학론에서 주장하는 바와 크게 다를 게 없었다. 그런 점에서, 『상훈』의 '敬天'과 주자학적인 '敬天'은 형태상 유사하지만, 그 내용, 방법에서는 성격이 많이 달랐다고 할 수 있겠다.

이와 더불어 영조가 강조한 것은 '法祖' 곧 조종을 法받는 일이었다. 영조는 習俗이 날로 무너지고 인심이 하락하는 현재 상황에서 新法을

---

52) 『常訓』敬天, 3나, "噫爲人君者貴在億兆之上 富有八域之庶 而其所敬畏者 有高高蒼穹 歷代賢君知此義 庸君不知此義 國之治亂 惟由乎此".

53) 『仁祖實錄』卷25, 仁祖 9年 10月 癸卯, "其一曰敬天 人君處崇高之 位居得 肆之地 所畏者天而已 天者 理也 一念之萌 不合於理 則是違天也 一事之行 不循乎理 則是慢天也 古之帝王 小心翼翼 對越上帝者 良以此也".

경장하고 弊害를 구제하려면 祖宗의 心法을 祖述하고 조종의 政敎를
행하는 것이 반드시 필요하다고 파악했다.54) 이때 조종의 심법, 조종
의 정교는 큰 범위에서는 '尊王'·'愛民'으로 파악되는데, 國朝의 여러
書冊에 세세하게 실린 "盛德 美政"은 그 구체적인 내용으로 이해되었
다. 말하자면, '尊王'과 '愛民'의 정신이 '法祖'의 핵심을 이루며, 이것이
구체화되어 여러 政法으로 시행된다는 의미였다. 그러니까, '법조'에서
근간이 되는 것은 '尊王'과 '愛民', 두 가지 점이었다.

'愛民'은 8항목 가운데 하나였으므로 더 말할 것은 없지만, 여기서
주목하게 되는 것이 '尊王'이다. '존왕'은 현실의 지배질서를 중시한다
는 관념으로,55) 중국 사상의 정수인 중화문화를 존숭한다는 '尊周'와
대비되었다. 그러니까, 『常訓』에서는 '존주'라는 관념 대신에, '존왕'을
선택했던 것인데, 그것은 중국 정신, 중국문화를 절대적으로 높이는 사
유보다는 현실 조선의 정치질서와 그 계통을 중시하고자 하는 면모였
다.

'尊王'과 '尊周'의 차이는 단순한, 글자 한자의 차이에 머무르는 것은
아니었다. 여기에는 심각한 정치사상적인 대항관계가 내포되어 있었
다. '존주'와 '존왕'이 가지는 의미 자체가 그러했다. '존주'는 곧, 실재하

---

54) 『常訓』 法祖, 5나~6가, "于今 習俗之日渝 人心之日下 豈法不美也 是綱日
頹也 今何可更張新法而救弊哉 其要置在於述祖宗之心法 行祖宗之政敎而
已 而其本專在乎誠事天以敬 法祖以誠 甚事不倣 齊居靜思 昔年體先尊王之
誠 愛民之德 以法祖書敬天之下 嗚呼 尊王愛民之擧其大 而盛德美政 昭載
寶鑑 奉玩自家瞭然 欽體欽體".

55) '尊王' 논리의 사상적 이념적 배경에 대해서는 보다 깊은 논구가 있어야 하겠
으나, 일단은 邵雍의 象數學과 歷史觀이 배경으로 작용하고 있었다고 할 수
있겠다. 소옹은 역사를 皇–覇, 道化–力率의 4단계로 구분하여 살피면서도
그 내용과 방법은 '聖人의 道'라고 모두 긍정하였다(『觀物內篇』). 여기서 군
주는 道化에서 力率의 범위 내에 항존하므로, 그 성격이 어떠하든 지위가 절
대 긍정된다. 영조는 이러한 역사관을 활용, 洪繼熹에게 『經世指掌』을, 徐命
膺에게는 『皇極一元圖』를 작성하도록 하여, 자신이 三代로부터 至尊의 지위
를 직접 전승한 君主라는 생각을 천명했다.

지 않은 나라이지만, 중화의 明나라를 事大하는 것이 조선이 지켜야
할 의리·명분이라는 논리를 지니고 있었던 尊周論과 맥락을 같이 하
는 바, 이는 17세기 이래 주자학 진영, 특히 송시열의 노론계가 끊임없
이 그 내용을 계발하고 확산시킨 논리였으며, 세도정치론의 주요 이론
바탕이기도 했다.56) '尊周'는 중국과 조선의 국제관계를 天理論의 차
원에서 정리한 정치론과 연관된 것이었다. 반면에 '尊王'은 현재의 정
치적 지배질서를 긍정한다는 의미였다.

 '尊周'의 개념을 부정하고 '尊王'의 논리를 내세운다 함은 현실의 君
主와 그 계통을 중시한다는 것이었다. 천리의 절대 이념과는 달리, 현
실의 形勢 혹은 力關係를 중시하는 발상의 발로가 존왕의 개념이었던
것이다.57) 그런 점에서 『상훈』에서 존주 개념을 대신하여 존왕 개념을
중시한 것은 곧 군주의 정치행위는 객관규범·관념으로서의 道·天理
에 규정받아야 하며, 道의 체현자인 군주는 끊임없이 신료의 견제·계
도를 받아야 한다는 논리를 벗어나고자 하는 일이었다.58) 여기서는 이
제 정치의 원칙은 현실 지배질서의 정점에 위치한 국왕으로부터 직접
모색될 터였다.

 원래, 『상훈』에서는 '法祖'의 주요한 내용으로 존주가 제시되었다.
그러나 이를 인쇄하는 과정에서 尊周가 尊王으로 바뀌었다. 이를 바꾸
는데 큰 역할을 했던 인물이 승지 趙明履로 알려졌지만, 어쨌든 『상

---

56) 朝鮮後期 尊周論의 구조와 그 내용에 대해서는 정옥자, 『조선후기 조선중화
  사상 연구』, 일지사, 1999 참조.
57) '尊周'를 대신하여 '尊王의' 용어를 사용한데에는 淸과의 관계를 고려한 측면
  도 있다(『英祖實錄』 卷62, 英祖 21年 8月 甲辰). 그러나, '존주' '존왕'이 내포
  하는 정치이념적인 성격이 조선의 정치현실에서 구체화되는 측면에 주목하
  여 살핀다면, '존왕'과 '존주'의 문제는 단순히 청과 조선의 관계를 고려한 修
  辭의 차원에 머무르지 않음을 확인할 수 있다.
58) 세도정치론의 구조와 성격에 대해서는 김준석, 「17세기 正統朱子學派의 政
  治社會思想－宋時烈의 世道政治論과 賦稅制度 釐正策－」, 『東方學志』 67,
  1990 참조.

훈』이 만들어져 印刊되는 과정에서, 적지 않은 변화가 있었고 이 때문에 큰 파문이 일었다.59) 사정이 이러했으므로, 『상훈』에 대한 유자들의 반응이 우호적일 리는 없었다. 이 글이 발표되면서 四學 儒生들이 이를 격렬히 반대하는 상소를 올렸고 급기야는 老論山林인 贊善 朴弼周가 반대상소를 올리기까지 했다.60) '王'字를 '周'字로 바꾸어 '尊王'이라고 한 것은 애석하다는 상소였다.61)

이와 같이 '敬天'과 '法祖'의 두 항목을 근간으로 구성된 『상훈』은 영조의 정치 운영이 어떠한 내용을 가지고, 어떤 방향으로 나아가야 할 것인지를 온 사회에 闡明하는 주요한 근거였다. 여기서 다룬 여러 내용은 국왕이나 신료 일반에게 일반적으로 적용할 수 있는 것도 아니었고, 또 신료들이 군주에게 그 실현을 강요할 수 있는 내용도 아니었다. 오로지 군주에게만 적용하고 또 군주만이 실천할 수 있는 특별한 내용이었다. 이를테면, '경천'의 경우, 신료들에 의해 끊임없이 강조되고 있었지만, 그 의미는 사뭇 달랐다.

18세기 조선에서 이와 같이 '敬天'과 '法祖'를 강조하는 의미는 일단은 주자학적인 정치론을 상대화하며 군주의 독자적인 정치론을 세운다는 점에서 찾을 수 있다. 말하자면 주자학적인 君主聖學論이 군주학문론으로 확립되고, 또 군주가 그 실천을 강하게 요구받는 상황에서, '敬天'과 '法祖'를 강조하는 것은 주자학의 압박, 주자학에서 제시하는

---

59) 『英祖實錄』 卷62, 英祖 21年 8月 甲辰.

60) 『英祖實錄』 卷62, 英祖 21年 8月 甲辰, "贊善朴弼周上疏 略曰 今玆『常訓』印本 與初有異 以王易周 夫尊周尊王 意義異同固不多爭 而周字固好 改之可惜 顧今六合昏濛 凡百辭令 固當愼密 而此等一箇字 亦必切功然隨而減去之 則吾君 匪風下泉之思 爲其所掩不得宜著 惟聖明遵用初本焉 批曰 一字意固是也 板本在於史庫 豈可泯於日後乎".

61) 『常訓』의 판본은 두 종류가 있다. 애초 朴弼周의 공격을 받았던 시기에 나온 판본에는 尊王으로 표기되어 있다. 그러나, 언제 바뀌었는지 모르겠지만, 뒤에 尊王을 尊周로 바꾼 판본도 존재한다. 아마, 정치적 변화가 일어나는 과정에서 尊王이 尊周로 바뀐 것으로 여겨진다.

바의 천리론의 구속에서 벗어나고자 하는 의미를 지니었다. 그것은 곧 군주의 정치행위는 객관규범·관념으로서의 道·天理에 규정받아야 하며, 道의 체현자인 군주는 끊임없이 신료의 견제·계도를 받아야 한다는 논리를 벗어나고자 하는 일이었다.[62) 여기서는 이제 정치의 원칙은 현실 지배질서의 정점에 위치한 국왕으로부터 직접 모색될 터였다. 영조는 '法祖'가 갖는 의미를 두고, "堯舜을 본받는 일은 祖宗을 본받는 것으로부터 시작"한다고 하며 이를 크게 강조하였다.

  이와 같이, 『상훈』에서 제시되는 바, 군주 정치의 대강은 '敬天'과 '法祖' 두 항목에 있었다. 이러한 이해는, 존주의 개념을 대신해서 존왕을 사용한 데서 확인할 수 있듯, 군주 정치가 天理 理와 같은 관념상의 절대적 이념에 규정되어 이루어지는 것이 아니라, 군주를 정점으로 하는 현실의 지배질서에 기초해서 이루어져야 함을 강조하는 일이었다. 그것은 다른 면에서 본다면 군주 중심의 질서를 강조하는 사고, 形勢 혹은 形勢의 變化를 중시하는 사고, 절대의 도덕 명분율에 기초해서 정치를 규정한다기보다는, 현실에 구축된 질서를 중시하는 사고였다. 그러기에 이러한 생각은 주자학의 군주성학론에서 제시하는 바의 정치론과는 성격을 많이 달리하였다. 비록, 단단한 이론적 근거 위에서 이러한 논리들이 체계화된 것은 아니었지만, 그 의미가 적은 것이 아니었다. 영조와 탕평파 관료들은 탕평정치를 끌고 가는데 필요한 근본 정치이념을 이와 같이 마련하고 있었던 것이다.

  『상훈』을 통하여 군주의 현실적 지위를 강조하고, 정치가 형세의 변화 속에서 이루어져야 함을 강조하는 영조의 군주상은 주자학적 군주상과는 여러 모로 성격을 달리하였다. 영조는 군주를 君師로서 규정했다. 李縡·李德壽를 청하여 書筵에 출입하기를 영남의 유생들이 청하자, 영조가 "내가 곧 君師의 지위에 있으니 필요 없다"[63)고 하기도 하

---

62) 김준석, 앞의 글, 1990 참조.
63) 『英祖實錄』 卷58, 英祖 19年 9月 甲申.

고, 太學에서 釋彩禮를 행한 후, 君師의 지위에 있으면서 200여 년 동
안 시행되지 않던 禮를 거행했다고 하고는 "先師가 여기에 있으니 힘
써 공부하라"고 하여, 자신이 君師임을 천명했다.[64] 정치적 首長과 世
道 · 敎化의 主人이라는 의미에서였다.[65]

이러한 군사로서의 위치규정은, 군주를 의리의 창조자이며 주도자로
적극 규정함으로서 山林을 중심으로 이루어지는 黨論의 형성, 곧 自作
義理의 형성을 부정하고 군주가 제시하는 의리가 표준적 규범임을 주
장할 수 있는 전제이기도 했다.[66] 禮說과 斯文의 싸움 때문에 당론이
생겼고, 이로 인하여 景宗 元年과 戊申年의 일이 일어났다고 영조는
파악하고 있었는데, 군주 스스로가 士夫 · 學人의 스승으로서 정치의
기본원리 · 의리를 창출하고 제시하면 그 같은 일은 종식된다고 보았
던 것이다. 이는 말하자면 탕평의 기틀을 사문의 일과는 상관없이 구
하는 일이었다.[67] 사문의 일은 조정에서 논의할 필요가 없으며, 사문
에 지은 죄는 倫紀, 곧 국가의 통치규범에 관한 죄보다 크지 않다[68]는
것이 영조의 일관된 입장이었다.

영조의 새로운 정치이념은 요컨대 주자학에 크게 구애받지 않는, 군
주 중심 정치론을 지향하고 있었다. 그것은 곧 현실을 지배하고 있던
사대부의 정치론 혹은 그와 연관되는 주자학의 정치론을 어느 정도 벗

---

64) 『英祖實錄』卷52, 英祖 16年 8月 丁未.
65) 君師의 어원은 『荀子』에서 확인할 수 있다(『荀子』「禮論」, "禮有三本 天地
   者 生之本也 先祖者 類之本也 君師者 治之本也").
66) 『英祖實錄』卷30, 英祖 7年 12月 戊申, "宣祖朝敦尙儒術 山林之士彙征 而
   好名之弊 猶不如今時 今則自作義理 乃反牿亡義理 始於朝論爭勝 而終至於
   戊申逆變也".
67) "(君上은) 요즈음의 변란은 붕당에서 연유되고 붕당의 원인은 斯文에서 일어
   났다고 여기어 斯文을 弁髦처럼 보고 士論을 鳥喙처럼 여긴다"는 사관의 평
   은 영조의 탕평책의 핵심을 정확히 포착한 지적이다(『英祖實錄』卷35, 英祖
   9年 9月 庚寅).
68) 『英祖實錄』卷42, 英祖 12年 11月 壬辰.

어난다는 의미이기도 했다. 그것은 달리, 公論政治論에 근거한 정치 운영의 굴레를 탈피하고자 하는 것이기도 했다. 정치는 군주가 자신의 人欲을 억제하고 天理를 실현할 때에야 이상적으로 이루어질 수 있는 기초가 형성되는 바, 군주 정치가 사대부의 공론에 근거할 때 이것은 현실화된다는 것이 공론정치론의 핵심적 내용이었다. 사대부의 公論 이야말로 사사로운 人欲을 떠나 天理의 공변된 이치와 公正함을 담고 있기 때문이라는 것이었다. 이러한 공론정치론은 주자학이 그 가진 정치적 의미를 확대하는 과정에서 크게 확산되었으며, 당쟁을 추진하는 주된 논리가 되었다. 조선의 양반사대부들은 이러한 논리를 통하여 君權을 견제하며 자신들의 논리를 펼쳤으며 나아가 상대 당파의 정론을 비판하는 논리로도 활용하였다. 我黨의 논리가 公·是라면 他黨의 주장과 논리는 私·非라 함이었다. 상대 당파와 정파의 학문적 견해와 주장 역시, 그와 같은 견지에서 비판되고 부정되게 마련이었다.

영조가 무신변란을 두고 앞서 말한 대로, "이 사건은 그 근원과 유래를 살피면 사문과 예설의 대립에서 나왔다"고 한 것 역시, 이러한 공론정치론이 갖는 현실적인 기능에 대한 정확한 판단이었다. 탕평을 효율적으로 추진한다고 할 때, 공론정치론을 어떤 방식으로 부정하고 약화시킬 것인가 하는 점은 그 중핵을 이루는 문제였다.

이 같은 맥락에서, 영조는 정치 운영의 구체적인 방법으로, '法治'的 方式을 강화하고자 하였다. 法이란 군주로 대표되는 국가가 규정한 객관적이며 외재적인 강제규범으로, 그 자체 군주의 권위와 권능을 대변하고 있었다. 집권국가로서 출발한 조선사회는 체제를 유지하는 주요한 수단으로서 『經國大典』과 같은 통일법전을 편찬, 운용하고 있었거니와, 그 법전의 존재는 그 자체로 강한 군주권의 표상이었다.[69] 고려에 비해, 통일법전을 운용하는 조선의 국왕은 상대적으로 그 권한이

---

69) 여기에 대해서는 정호훈, 「朝鮮前期 法典의 정비와 經國大典의 成立」, 『朝鮮의 建國과 經國大典體制의 形成』, 혜안, 2004 참조.

강대해졌던 것이다. 그러나 실제, 국왕이 가진 그 권한은 신료들에 의해 통제되고 제한되는 한에서의 권한이었다. 신료들에 의해 통제되는 방식, 그리고 그 통제된 권력이 실현되는 양상은 시기적으로 달리 나타났지만, 어쨌든 조선의 군주권은 신료들에 의해 통제되고 제한되는 측면도 동시에 지니고 있었다.

영조가 法治的 方法을 적극 활용해서 정국을 운영했던 사실은 일단 刑名, 賞罰을 적극적으로 활용하는 데서 확인할 수 있다. 예컨대 탕평의 정치에 대해, "지금 형명의 각박한 학문과 功利의 속이며 흉포한 방법이 日月로 성해져서 監司의 考課와 繡衣(암행어사)의 廉問과 조정의 賞罰을 일체 법률로서 종합하여 밝힘을 중하게 여긴다."[70]라는 비판은 영조의 정치운영이 엄혹한 법의 집행을 통하여 이루어지고 있었던 측면이 있었음을 잘 보여준다 하겠다. 탕평의 정국운영을 「洪範」의 '三德'의 정치를 행하는 것으로도 이해하는 데서도 이 점을 확인할 수 있다. 탕평정치의 주요 이론가 元景夏의 발언은 이를 잘 보여준다. 그는 탕평은 '삼덕'에 기초하여 이루어져야 한다고 영조에게 진언하고 있었다.[71] 삼덕은 홍범의 第6疇로서 '作威作福作食'으로 규정되었는데,[72] 治國에서 法과 刑術이 그 기본 전제가 되어야 함을 내용으로 하고 있었다. 그러나 이러한 三德에 기초하는 정국운영은, 시독관 趙命敎의 표현대로 '尊君抑臣'의 정치형태에 가까운 것이었다.[73] 영조가 이러한 정치 자체를 찬양하거나 드러내놓고 추구하는 것은 아니었지만,[74] 전체적인 정국 운영의 흐름은 그렇게 가고 있었다.

---

70) 『英祖實錄』 卷49, 英祖 15年 3月 丁巳.
71) 『英祖實錄』 卷53, 英祖 17年 3月 癸未.
72) 『書經』 「洪範」, "三德一曰正直 二曰剛克 三曰柔克……惟辟作福惟辟作威 惟辟玉食 臣無有作福作威玉食 臣之有作福作威玉食 其害于而家 凶于而國 人用側頗僻 民用僭忒".
73) 『英祖實錄』 卷19, 英祖 4年 8月 己亥.
74) 위의 글.

법전의 편찬과 정비는 '法治'의 방식을 강화하고 구체화하는 또 다른 방식이었다. 국왕으로부터 法權의 근원을 구하는 국가 법전은 그 자체 국왕의 권위를 보증하는 수단이었고 이것이 준거가 된다면 주자학적 公論政治論－黨論에 기초한 정국운영으로부터 벗어나는 일은 어느 정도는 쉽게 이루어질 터였다. 영조의 『속대전』 편찬은 법치의 방식을 강화하는 가운데 국정운영의 방법을 모색하고자 했던 노력의 구체적인 귀결이었다. 그것은 『경국대전』을 재정비하여 미비한 점들을 보완하고 또 치국의 주요한 근거로서 활용하게 함으로써, 이 법의 위상을 보다 실질적인 치국의 중심으로 만들어가고자 하는 것이었다. 『경국대전』의 위상이 제대로 정립되면, 결국은 국법의 대표자로서의 국왕의 위상이 강화되게 될 것이며, 정치운영의 원칙과 기준이 법제를 보다 강조하게 되는 까닭으로 공론정치론의 문제를 헤쳐 나가게 될 터였다.

2) 『續大典』의 편찬과 그 성격

영조의 탕평책에서 강조된 것은 '法治'의 이념과 방법을 강화하고자 하는 것이었다. 이에 당연히 주목되는 것이, 조선의 國法을 어떻게 정리할 것인가 하는 점이었다. 이미 『경국대전』이 존재하던 상황에서, 법전의 새로운 정비는 표면적으로 『경국대전』이 가진 의미를 재천명하는 일이었으며, 『경국대전』 반포 후, 번잡하게 축적되어 있는 受敎와 條例를 일목요연하게 정리하는 일이었다. 그렇게 함으로써, 법전의 효율성이 높아지게 되고 결국은 의도하는 바 法治의 목적에 가까이 갈 수 있게 될 터였다. 『經國大典』을 정비하며, "백관이 태만한 것은 『경국대전』이 오래되어 폐지되고 해이한 데서 연유한 것이다. 『경국대전』을 修明하려고 한 지가 오래되며 꼭 실행하려고 한다"[75]고 했던 영조

---

75) 『英祖實錄』 卷28, 英祖 6年 12月 癸丑.

의 언명은 君權을 강화하고 법치의 방식을 적극 활용하고자 했던 영조의 의중을 적절히 드러내는 것이라 하겠다.

그러나 탕평책·탕평정치의 시행을 염두에 두는 새로운 법전의 편찬은,『경국대전』의 보완과 보수의 수준을 훨씬 넘어서고 있었다. 탕평정치를 통하여 조선사회가 새로운 질, 새로운 단계를 담보하는 변화를 보인다면, 그 과정에서 새로이 정비되는 법전도 새로운 질, 새로운 단계의 변화를 가지게 될 것이었다.

法制를 재정비하고, 法에 의한 정치를 하고자 하는 의도를 가졌던 영조는 법전을 정비하는 과정에서 여러 경향, 여러 차원의 법·법전 구상에 대한 정보를 전해 듣고 또 스스로도 법전을 편찬하는 데 필요한 法 理念, 法 制度와 관련한 학습을 진행하였다.

우선 들 수 있는 것이,『경국대전』을 修明, 整備하여 政令을 발하고 정치를 행함에 활용하자는 신료들의 잦은 건의와 요구였다. 이러한 주장은 영조 즉위 후부터 개진되었던 바 그 주체는 대체로 少論系 인물들이었다. 영조 연간 法에 의한 치국을 강조하는 태도는 정계 일각에서 나타나고 있었지만, 이미 영조 즉위 후부터 제시되고 있음을 확인할 수 있다. 좌의정 李光佐는 "법을 만들어 놓고 따르지 않는 것은 폐단"이니, 金石의 법을 따르는 않는 자는 論責해야 한다[76]고 하여,『경국대전』에 정리된 바의 규정을 지켜 나갈 것을 촉구하였다. 영조 4년에는 知經筵事 尹淳이『경국대전』을 수정하여 政令에 사용할 것을 청하였다.『대전』은 곧 우리나라의『周禮』로서, 충분히 본받을 만한 책인데 근세에 펼쳐보는 자가 없어 쓸모 없는 서적이 되었으니, 수정하여 政令에 사용한다면 크게 유익할 것이라는 것이었다.[77]『경국대전』을『주례』에 버금가는 법전으로 인정하여 높이는 모습을 눈여겨 볼 수 있겠는데, 이는 후일 조현명이『周禮』를『경국대전』과 같은 차원으로

76)『英祖實錄』卷1, 英祖 卽位年 10月 壬申.
77)『英祖實錄』卷15, 英祖 4年 1月 庚午.

평가78)하는 데서도 똑같이 확인할 수 있다. 윤순은 鄭齊斗의 제자였는데, 그의 스승 정제두 또한『경국대전』의 적극적인 활용을 주장한 바 있었다.79) 宋寅明 역시『경국대전』의 법제를 정비하여 실행할 것을 촉구하였다. "정치하는 도리는 舊法을 닦고 밝히는 것 만한 것이 없다. 우리나라의『경국대전』은 제도가 상세한데 이러한 좋은 법이 이제 다 해이해지고 폐기되어 모든 법도가 무너져 어지럽고 뭇 폐단이 어지러이 일어나니, 이제『경국대전』을 더욱 밝혀 지금 행해도 폐단이 없을 만한 것을 거행하면 반드시 조치하고 다스리는 도리에 크게 유익할 것"80)이라는 것이 그 주장이었다.

이와 같이『경국대전』을 정비하여 治國에 활용하자는 논의는 국법으로서의『경국대전』의 의의와 역할을 중시하는 논의였다 할 것인데, 이와는 다른 경향으로, 유형원의『磻溪隨錄』에 나타난 새로운 국가구상을 주목하고 이를 영조에게 제시, 영조가 이에 대한 정보를 풍부히 가지는 경우도 있었다.

영조 17년, 전 승지 梁得中은 영조가 경연에서 進講할 자료로『朱子語類』를 택했다는 이야기를 듣고 이 책을 강독하는 것은 급한 일이 아니며, 대신『반계수록』을 읽은 뒤 그에 실린 내용을 차례대로 시행하도록 해야 한다고 진언했다.81) 양득중은『반계수록』이 田制에서부터 說敎, 選擧 및 官職, 兵·祿의 제도에 이르기까지 미세한 부분을 거론하지 않은 것이 없음을 강조하고 있었다. 양득중이 보기에 지금은 조세 감면과 같은 조치로는 백성들의 삶을 보존할 수 없으며 井田法과 같은 토지제 개혁을 시행해야만 하는데, 이 같은 방안을 제시한 책이

78)『英祖實錄』卷60, 英祖 20年 11月 辛巳.
79)『霞谷集』(10책본) 筵奏, 戊申 五月 初二日 巳時, "祖宗已行之法 爲三百年至 治之根……法制具於經世六典 禮文具於五禮儀 明白可行 後世儒者 當行謀 事 當行謀禮 而國家惟當行祖宗之法 行祖宗之禮".
80)『英祖實錄』卷19, 英祖 4年 9月 壬子.
81)『英祖實錄』卷53, 英祖 17年 2月 戊午.

『반계수록』이므로, 반드시 이를 깊이 검토하여 그 개혁안을 정책으로 시행해야 한다는 것이었다. 양득중의 진언은 아마 이전에도 있었던 것으로 여겨지는데, 영조는 그의 의견에 대단히 우호적인 반응을 보였다.[82] 양득중의 『磻溪隨錄』에 대한 이해는 이미 스승 尹拯으로부터 전해진 것이었다.[83] 여기에서 『반계수록』의 變法的 國家構想이 18세기 전반에는 南人 少論 등 黨色을 불문하고 널리 회자되고 있었으며, 그 중 일부 인사들은 그 구상의 구체적인 현실화까지 생각하고 있었음을 확인할 수 있다. 『반계수록』을 政務에 활용하자는 이 같은 주장은 뒷날 思悼世子의 대리청정기에도 나타났는데, 좌참찬 권적은 이 책이 三代 이후 최고의 經國策을 담고 있다고 하여 간행할 것을 주청했다.[84] 이러한 노력의 결과로 결국 『반계수록』은 영조 45년에 국가에서 간행, 5史庫에 보관하기에 이르렀다.[85]

법전의 원리를 담고 있는 禮書, 『周禮』에 대한 직접적인 탐구도 있었다. 영조는 太學에서 시행한 視學禮에서 『주례』를 講하게[86] 하여 그 책의 의미를 유생들에게 보였거니와, 재위 18년 되던 해부터는 경연에서 『주례』를 강론하며 성인이 제작한 오묘한 이치를 商考하고자 하였다.[87] 이때, 영의정 金在魯가 名物·度數를 많이 다루어 聖學에는 절실하지 않다고 반대했지만, 영조는 『주례』를 강독하고자 하는 의지를 굽히지 않았다. 이때 사용했던 책은 尹宣擧의 懸吐本이었다.

『續大典』을 찬집하는 과정에서도 영조는 『주례』 강독의 필요성을 인식, 進講을 명령하였다. 元良에게 영조 자신이 나이 들어도 講學하고 있음을 가르치기 위한 것이 그 목적[88]이라고 했지만. 이것은 실제

---

82) 『英祖實錄』 卷53, 英祖 17年 2月 戊午.
83) 『英祖實錄』 卷53, 英祖 17年 2月 戊午.
84) 『英祖實錄』 卷71, 英祖 26年 6月 庚寅.
85) 『英祖實錄』 卷113, 英祖 45年 11月 己丑.
86) 『英祖實錄』 卷33, 英祖 9年 2月 甲子.
87) 『英祖實錄』 卷53, 英祖 17年 2月 甲寅.

『대전』을 정비하는 것이 周公과 같은 성인의 뜻을 잇는 행위임을 스스로 확인할 뿐만 아니라 신료들에게도 천명하기 위한 조치였다. 조현명은 이러한 조치를 두고, 『주례』는 『대전』과 같은 책으로 성인이 제작한 아름다운 뜻을 볼 수 있는데, 나라를 크게 진작시키는 때를 당하여 힘써 익히면 정치를 해 나가는 도리를 만듦에 큰 도움이 될 것이라고 하였다. 영조는 이 책이 '처음에는 名物·度數만을 담고 있는 대수롭지 않은 책이라고 생각했지만, 반복하여 읽으니 지극한 이치가 담겨있다'고 하여,[89] 단순히 名物·度數의 책으로 『주례』의 가치를 파악하는 태도를 넘어서고 있었다. 실제, 영조는 어릴 때부터 『주례』를 보았거니와, 이때에 이르러서는 주공이 성인이었기에 이 책을 만들었고 주공의 덕이 있었기에 이 책의 내용을 행할 수 있다[90]고까지 하며 『주례』의 가치를 높이 사고 있었다.

  이와 같이 영조는 『경국대전』을 수정 정비하는 작업 과정에서, 법전 구상과 관련된 제반 정보를 접하고 법전을 편찬하는 데 필요한 이론 근거를 마련하고 있었다. 『경국대전』과 『磻溪隨錄』의, 정 반대되는 법 체계와 법전 구상에 대해 그가 익히 알고 있었다는 것, 그리고 『주례』를 익히고 그 가치와 이치를 깊이 이해하고 있었던 점은 영조의 『속대전』 편찬 작업이 단순하게 『경국대전』 이후의 번잡해진 법 조항을 정리하고 또 새로이 나타난 법제를 하나의 법전으로 묶는 차원에서 이루어진 것이 아니었음을 보여주는 일이라 하겠다. 영조는 이 시기 국가 체제의 정비, 국가 운영의 신기원을 『續大典』을 매개로 이루어내려는 의도를 지니고 있었다고 할 것이다. 그런 점에서, 『속대전』 편찬은 조선사의 전개과정에서 한 획기를 이룬다고 할 것이다.

---

88) 『英祖實錄』 卷60, 英祖 20年 11月 丙戌, "又敎曰 今方修正大典 講此周禮 欲使元良知予老猶講學之意也".

89) 『英祖實錄』 卷60, 英祖 20年 11月 辛巳.

90) 『御製自省編』 外篇, "周禮幼時汎看 于今五十 乃講此書 雖名物之中 至理存焉 予以二句語結之 曰非周公之聖 莫能作此 非周公之德 不能行此".

영조의 『속대전』 편찬 작업은 형식상으론 肅宗代에 이루어진 법전 정비 사업을 잇고 있었다. 숙종대에 법전 정비 노력이 여러 차례 있었고, 영조는 그 경험을 충분히 활용했던 것이다. 17세 중·후반을 넘기며 조선사회에서는 법전 정비의 필요성이 심각하게 대두하였다. 그러나 그것을 현실화하는 것은 쉽지 않은 일이었는데,[91] 법전 정비 논의가 본격화된 것은 庚戌換局 후, 서인이 정권을 장악하면서였다. 1682년(숙종 8) 11월 승지 徐文重은 외방에 법률서가 갖추어져 있지 않고 受敎는 더욱 어두워 수령들이 판결을 자의적으로 수행하고 있음을 지적하면서 『經國大典』과 『續錄』, 그리고 列聖의 수교를 모아 인쇄하여 배포할 것을 건의하였고, 숙종은 이를 비국당상 李翊이 담당하도록 맡겼다.[92] 1683년(숙종 9)에는 이 일을 이익 혼자서는 감당하기 벅차다 하여 尹趾完으로 하여금 함께 주관하도록 하였다.[93]

법전 정비 사업은 1698년(숙종 24) 『受敎輯錄』의 완성으로 일차 마무리되었다. 『수교집록』은 六典體制의 형식을 따라, 『大典後續錄』이후 시행된 제 수교와 명령을 정리하였다. 120년 만에 이루어진 법 정비였다. 그러나 이러한 수교집은 수교집이 가진 한계로 인하여, 법전으로서의 자기 구실을 하기에는 많은 무리가 있었다.

『수교집록』이 만들어진 이후, 조선 정부에서는 다시 『典錄通考』를 편찬하였다. 이 일은 1701년(숙종 27)에 시작되어 1706년 8월에 완료되었다. 편찬 작업에 들어간 지 5년 만에 이루어진 일이었는데, 이때 실무를 맡은 인물은 비변사낭청 이언경 등이었다. 『전록통고』는 『경국대

---

91) 이를테면 현종 5년, 南人 우의정 許積, 西人 영의정 鄭太和 등이 受敎를 정리할 필요성을 제기했고, 현종도 이에 동의하여, 그 작업을 명령했다(『顯宗改修實錄』卷12, 顯宗 5年 11月 庚寅). 그러나 실제 추진되지는 못했다.

92) 『肅宗實錄』卷13, 肅宗 8年 11月 己未, "承旨徐文重 以外方郡邑 律書未備 至於受敎 尤所昧昧 守令不能援據法例 多以臆決請收聚大典續錄列聖受敎, 鋟梓廣布 上命議廟堂 仍使備局堂上李翊 句管其事".

93) 『肅宗實錄』卷14, 肅宗 9年 5月 丙午, "領議政金壽恒 白曰 受敎裒集 曾使刑判李翊主管 而刑官務劇 勢難兼察 請使尹趾完 同爲主管".

전』과 그 뒤에 나온 법령집인『대전속록』·『대전후속록』·『수교집록』
의 조문을 분류, 통합한 통일법전의 형식을 취하였다.[94]

　『속대전』편찬 작업은 점진적으로 이루어졌다. 그것은『경국대전』의
수명과 재정비가 가지는 의미가 확산되고, 정국이 안정되는 것과 궤를
같이 하며 진행되었다. 영조는 1733년(영조 9)에, 승지들에게『경국대
전』을 가지고 入侍하라고 명하여,『경국대전』에 기록된 옛 여러 제도
를 修擧할 것을 검토하였다. 청백리를 뽑는 문제, 孝廉者·廉謹者를
추천하는 문제, 農桑의 권장, 堤堰의 修理, 공평한 도량형의 시행, 嫁
娶의 보조 등등의 문제가 이때 검토되었다.[95] 영조가 직접『경국대전』
을 활용하여 정책을 판단하고 이를 시행해 나가는 모습을 확인할 수
있다. 1734년(영조 10)에는 祭官들이 모두『경국대전』에 근거하여 玉
을 차고 행사할 것을 직접 명령하기도 하였다.[96]

　영조는 정치적 안정이 어느 정도 이루어진 후에는[97] 스스로 승지들
과 더불어『경국대전』의 내용을 강론하고 法 條項을 준행하도록 申飭
했으며, 또한 규정에는 있으나 실행되지 않던 여러 제도를 시행했다.
視學禮·親耕禮·養老燕·大射禮 등이 그러한 경우였다. 영조는 "등
극한 이후 舊典을 거행하고자 했다"고 하여 이들 법을 실제 시행하는
점에 특별한 의미를 부여하고 있었다. 특히 대사례는 중종 이후 200여
년 만에 처음으로 거행한 행사였다.[98]

94) 홍순민, 앞의 글, 1998.
95)『英祖實錄』卷36, 英祖 9年 12月 庚申.
96)『英祖實錄』卷38, 英祖 10年 4月 甲寅.
97) 여기서 정치적 안정은 王權을 둘러싼 정치적 환경의 안정이란 의미로 바꾸어
　　볼 수 있는데, 景宗의 毒殺說에 연루된 치명적인 약점을 영조가 어느 정도
　　벗어났다는 의미이다. 영조의 입장에서 볼 때, 영조 17년의『辛酉大訓』을 통
　　하여 국왕 즉위와 관련한 도덕적·정치적 약점은 형식상 대체로 해소되었다.
98)『英祖實錄』卷57, 英祖 19年 3月 辛巳.『經國大典』를 정비하겠다는 구상을
　　한 뒤 완성까지 20년의 세월이 소요되었는데 이 과정은 왕위계승에서의 약점
　　을 떨쳐내고 그 지위를 안정시키는 시간과도 맞물린다. 영조 17년에『大訓』

『속대전』 편찬이 본격적으로 추진된 것은 1743년(英祖 19)이었다.
이 해 영조는 纂輯廳을 설치하고, 具宅奎, 鄭夏彦, 金尙星99) 등에게
실무를 맡겨『속대전』의 편찬을 주관하도록 하였다. 이후 완성까지 몇
년의 기간이 소요되었는데,『속대전』편찬 작업 도중 간간이 영조는
관계자들을 불러 자신의 의견이 법 조항에 반영되도록 하였다. 또 찬
집청 관계자가 영조에게 자신의 의견을 적극 개진하는 등,『속대전』의
정비를 두고 영조와 신료들은 많은 의견을 교환하였다.

그 하나가 全家徙邊律을 완화시키는 조처였다. 영조는 1744년(영조
20) 7월에 형조판서 徐宗玉을 불러 全家徙邊에 관한 처벌조항을 대폭
줄이라고 하였다. 자신의 뜻은 '寬'에 있다함이었다.100) 百官의 公服을
고치는 문제를 두고도 영조는 찬집청에 하교하여 추가로 기록하게 하
였다.101) 또 찬집청의 당상관 구택규는 受敎가 대단히 번잡한 것은
『대전』을 상고하지 않고 마음대로 奏達하기 때문이므로 앞으로는 이
를 금지해야 한다고 하여 영조의 허락을 받기도 했다.102)

1744년에 이르러『속대전』은 그 전체 모습을 드러내었다. 1744년 10
월, 영조는 찬집하는 신하들을 인견하여 이들과 직접『속대전』을 강론
하였으며,103) 그 해 12월에는『속대전』찬집에 참가한 실무자들에게
상을 내려 그 노고를 기렸다.104) 1746년(영조 22), 조선정부는 몇 가지
보완작업을 거쳐 『속대전』편찬을 마무리하고 이를 印刊하였다.105)

<hr/>

을 반포한 이후 영조는『續大典』과『續五禮儀』를 편찬하도록 했다.『續五禮
儀』는 영조 20년 8월 辛未日에 완성되었다.
99)『英祖實錄』卷59, 英祖 20年 7月 己亥.
100)『英祖實錄』卷59, 英祖 20年 7月 辛巳.
101)『英祖實錄』卷60, 英祖 20年 8月 己酉.
102)『英祖實錄』卷60, 英祖 20年 9月 辛卯.
103)『英祖實錄』卷60, 英祖 20年 10月 丙寅.
104)『英祖實錄』卷60, 英祖 20年 12月 壬子.
105)『英祖實錄』卷63, 英祖 22年 4月 丙子, "續大典印本成 校正堂上具宅奎加資
郞廳鄭夏彦授準職".

『속대전』편찬은 전반적인 체제정비, 체제의 안정화가 이루어졌음을 보이는 상징적인 사건이었다. 영조는 1744년(영조 20) 12월 『속대전』이 완성된 사실을 두고, 나의 할 일이 이제 다 끝났다고 선언하였다.[106]

『속대전』편찬은 17세기 조선사회가 안고 있던 과제가 매듭지어지며 이제 새로운 단계로 진입함을 보이는 중요한 과업이었다. 『경국대전』이 군주의 일방적 정국운영을 보장하는 것이 아니었던 것처럼,[107] 『속대전』도 기본적으로는 조선을 다스리는 지주 사대부 일반의 이해를 반영하였다. 그럼에도 그 편찬은 國法·國禮가 가지고 있던 정치적 의미를 재천명하는 측면을 가지고 있었다. 『경국대전』의 규정 가운데 첨가하거나 폐지해야 할 것을 조목별로 정리하는 형태, 곧 시대적으로 그 의의를 상실한 조항이나 새로이 관행되는 법제를 追補하는 수준에서 이루어진 것이었지만, 그것이 갖는 참된 의미는 주자학적 정치운영론이 정치운영의 기본 원리로 자리잡게 되면서 현실적으로 그 존재의의가 약해지고 따라서 그 준행이 방기되고 있던 조선 국법의 존재가치를 재천명하고, 이의 실천이 국정운영의 핵심이 되어야 함을 세상에 드러낸 점이었다. 그것은 곧 당쟁을 약화시키고 군주 중심의 탕평을 이 법전을 매개로 이루고자 함이었다. 『속대전』에서 당쟁 격화의 제도적 근거였던 吏曹銓郎 自代法(吏郎通淸權)과 翰林會薦法을 혁파하는 규정[108]을 명시한 것은 그 상징적이고도 구체적인 징표였다.

---

106) 『英祖實錄』卷60, 英祖 20年 8月 丁卯. 영조는 『大訓』·『續五禮儀』·『續大典』의 편찬과 정비가 이루어지자, 이를 두고 나의 일이 다 끝났다고 하였다. 영조의 왕권 안정, 그리고 조선의 체제 정비가 동시에 이루어지고 있었음을 볼 수 있다.

107) 윤국일, 『경국대전연구』, 과학백과사전출판사 : 평양, 1986 ; 정호훈, 앞의 글, 2004.

108) 『續大典』卷1, 吏典 京官職, "吏曹郎官 以曾經三司通融差出 革其主張通淸之弊" ; "翰林圈點 一依弘文錄例 參外人員按榜謄出 而時任翰林及曾經人員 齊會圈點 取次點以上".

4. 맺음말

  18세기 전반『속대전』편찬은 형식상으로 살피면『경국대전』이후
로 생겨난 법 조항의 변화를 총정리하고 있었지만, 정치사 정치사상사
적 맥락에서 살핀다면, 17세기 국가 위기의 극복을 둘러싼 조선사회의
제반 노력을 總結하며 또 탕평정치기의 새로운 정치운영론을 법전상
으로 구체화한 의미를 가지고 있었다. 본고에서는 이러한 관점 위에서
17세기 당쟁극복 구상과 두 계통의 법전 구상, 戊申變亂을 계기로 한
탕평정치, 탕평정치의 정치이념과 그 방법,『속대전』편찬과 그 의미
등의 문제를 살폈다. 논의된 내용을 정리하면 다음과 같다.
  17세기 당쟁이 치열하게 격화되는 상황에서 조선의 官人·儒者들은
당쟁을 종식시키는 방법을 집중적으로 모색하였다. 이때 제시되는 당
쟁극복론은 압축하자면 크게 두 방향 두 차원에서 논의되었다. 柳馨遠
과 같이, 철저한 變法을 이룸으로써 당쟁에 기초한 정치운영 자체를
부정하는 경우도 있었고, 朴世采에게서 볼 수 있듯, 당파의 존재를 인
정하면서도 '惟才是用'의 원칙으로 정국을 운영하자는 견해도 제시되
었다. 두 경향의 붕당극복론은, 전혀 다른 차원의, 성격이 뚜렷이 구별
되는 정치론이었다. 유형원의 논의가 전면적 變法論과 연관하여 제시
된 것이라면, 박세채의 논의는 점진적이면서도 개량적인 現實 變通論
위에서 나오고 있었다. 유형원의『磻溪隨錄』과 박세채의 '속대전' 편찬
구상이 그것이었다.
  현실가능성의 측면에서 살피자면, 유형원의 구상과 당쟁부정론은 당
대로서는 그 실현 가능성이 매우 희박했다. 南人들에 의해 그 생각은
높이 평가받지만, 그 실현이 쉬운 것은 아니었다. 반면 朴世采의 정
치론은 보다 현실적이어서, 군주에게나, 탕평을 생각하는 신료들에게
나 그것이 수용될 수 있는 여지가 매우 컸다. 실제 영조대에 이르러,
그의 영향을 받은 趙文命, 趙顯命, 宋寅明 등은 그의 탕평론에 기초하

여 탕평정국을 이끌어 가고자 하였다.

탕평책은 1728년(영조 4)의 무신변란을 계기로 본격화되었다. 영조와 탕평파 관료들은 영조의 정치적 약점을 해소하기 위한 작업을 활발히 벌이는 한편으로, 노·소론을 중심으로 하는 양반 정치권 내부의 갈등과 불만을 해소하기 위한 조치를 다양하게 강구하였다. 나아가, 영조와 탕평 관료들은 良·賤民의 사회경제적 정치적 불안요소를 제거하기 위한 제도 정비, 법제 정비를 모색하였다. 良役의 모순과 폐단을 줄여 나가기 위한 대책을 마련하는 일 등은 그 주요한 내용이었다. 이같은 탕평책을 통하여, 실제 영조 17년 이후로 영조의 정치적 부담도 많이 완화되었고 정국의 안정과 사회 질서의 안정도 이루어지고 있었다. 탕평이 가지는 소기의 목적은 달성되는 셈이었다.

그러나 영조와 탕평파는 이러한 여러 제도 정비와 아울러 주자학적인 정치론을 벗어날 수 있는 방안을 적극적으로 마련하고자 하였다. 영조와 탕평파에게 주어졌던 근본 과제, 곧 정치적, 사회경제적 갈등과 불만을 완화, 해소함으로써 조선 사회의 질서를 안정화시키는 일을 성공적으로 추진하기 위해서는 그러한 제 갈등과 불만을 해소할 수 있는 政治力을 확보하는 일이 필수였던 바, 탕평파는 그러한 政治力의 확보를 君權의 強化로부터 찾고 있었다. 국가를 대표하는 國王의 권한을 실질적으로 강화하고, 이를 구심점으로 하여 조선사회에 내재하는 諸 利害와 權利의 충돌 현상을 조정, 절충하여 문제를 해소해 나간다는 방침이었다.

이 같은 작업에서 영조와 탕평파가 유의했던 것은 크게 두 가지였다. 하나는, 주자학적인 君主聖學論을 벗어날 수 있는 독자적인 군주론을 모색하는 일이었다. 이것은 영조 御製書를 통하여 정리되고 또 천명되었다. 영조는 이를 위하여 특히 두 가지 사항을 강조하였다. 하나는 국왕의 지위와 위상은 天과 연결된다는 점, 그리고 현 국왕의 존재는 祖宗의 정치적 전통 위에서 그 의의를 인정받을 수 있다는 점이었다. '敬天', '法祖'는 그 점을 확인하는 주요한 방법이었다. 이 같은 생각에는 군주의 지위와 역할을 天理로 표상되는 절대이념에 근거하여 구하는 것이 아니라, 군주를 중심으로 이루어지는 현실의 법질서가 갖는 절대성 그 자체에서 구하고자 하는 논리가 내재하고 있었다. 그 것은 달리 '尊周' 義理의 역할을 축소시키고 국왕의 권위와 위상을 높이고자 하는 것이었다. '尊王'에 대한 강조, 君師論의 적극 전개 등과 같은 일도 이와 연관하여 이루어졌다.

두 번째로 이들은 公論을 중시하고 이에 근거하여 정치를 이루려는 정국운영의 방식을 탈피하여 '法治'의 방식을 강화하고자 하였다. 法이 란, 군주로 대표되는 국가가 규정한 객관적이며 외재적인 강제규범으로, 그 자체 군주의 권위와 권능을 대변하고 있었다. 집권국가로서 출발한 조선사회는 체제를 유지하는 주요한 수단으로서 『經國大典』과 같은 통일법전을 편찬, 운용하고 있었거니와, 그 법전의 존재는 강한 군주권의 표상이었다. 조선의 국왕은 신료들에 의해 그 권한이 제한되기도 했지만, 어쨌든 법전을 통하여 자신의 지위와 권능을 과시하고자 하는 근거는 이미 갖추어져 있었다.

『續大典』편찬은 君主의 권위를 구체화하고 '法治'의 방식을 강화하는 가운데 국정운영의 방법을 모색하고자 했던 노력의 구체적인 귀결이었다. 그것은 『경국대전』을 재정비하여 미비한 점들을 보완·활용함으로써, 이 법의 위상을 보다 실질적인 치국의 근거로 만들어가고자 하는 것이었다. 『경국대전』의 위상이 제대로 정립되면, 결국은 법의 대표자로서의 국왕의 위상이 강화되게 될 것이며, 정치운영의 원칙과 기준이 法制를 보다 강조하게 되는 까닭으로 공론정치론의 문제를 헤쳐 나가게 될 터였다.

『경국대전』을 수정 정비하는 작업 과정에서, 영조는 법전 구상과 관련된 제반 정보를 접하고, 나름대로 법전을 편찬하는 데 필요한 이론 근거를 마련하고자 하였다. 영조는 『경국대전』과 『磻溪隨錄』의, 정 반

대되는 법 구상에 대한 정보를 충분히 확보하고 있었으며, 또한 『주
례』의 가치와 이치를 깊이 이해하고자 하였다. 이것은 영조의 『속대
전』 편찬 작업이 단순하게 『경국대전』 이후의 번잡해진 법 조항을 정
리하고 또 새로이 나타난 법제를 하나의 법전으로 묶는 의미를 벗어나
고 있었음을 보여주는 일이라 하겠다. 영조는 이 시기 國家體制의 정
비, 국가운영의 신기원을 『속대전』을 매개로 이루어내려는 의도를 지
니고 있었다고 할 것이다. 그런 점에서, 『속대전』 편찬은 조선사의 전
개과정에서 한 획기를 이룬다고 할 것이다.

  18세기 전반 『속대전』의 편찬은, 법제적인 측면에서 살핀다면 『경국
대전』 이후 일어났던 조선사회의 제 변화를 정비한다는 의미를 지녔지
만, 실제로는 주자학적인 公論政治의 방식보다는 '法治'의 방식을 활
용하여 조선사회를 다스려 나간다는 정치사・정치사상사적인 의미도
동시에 지니고 있었다. 『속대전』은 말하자면 탕평정치의 이상과 방법
위에서 성립한 법전이었다.

  그러한 성격은 『속대전』이 17세기 이래 국가적 위기의 타개와 國家
再建을 둘러싸고 전개되었던 제반 정치적 노력을 종합・절충하고 마
무리하면서 성립하고 있었음을 의미한다 하겠다. 『續大典』의 항목과
내용이 구체적으로 이를 어떻게 보여주는지에 대해서는 앞으로의 진
전된 연구에서 살펴보고자 한다.

『續大典』「禮典」과 『大典通編』「禮典」에 반영된 '17세기 전례논쟁[禮訟]'의 논점에 대한 고찰

장 동 우*

1. 머리말

宗法制를 전면적으로 시행하기 위해서는 몇 가지 조건이 필요하다. 첫 번째는 혈연을 매개로 구성된 '가부장적 종족집단'의 존재이다. 두 번째는 宗族集團을 齊一的으로 통합할 수 있는 宗子의 존재와 宗子를 정점으로 宗의 구성원을 통합하도록 하는 '象徵的 儀禮 體系'의 존재이다. 세 번째는 儀禮를 집행할 수 있는 '聖所'의 존재이다. 네 번째는 宗子의 지위를 어떠한 방식으로 계승할 것인가 하는 '宗統繼承의 明示的 原則'이다.

주자학을 국가 정책의 기본이념으로 채택한 조선왕조가 宗廟를 세우고 家廟 설치를 채근한 시책들은 儀禮를 집행할 聖所를 마련하고자 한 것이다. 민간의례에서 『朱子家禮』를 도입·시행하고 國家典禮에서 『國朝五禮儀』를 간행한 것은 종통계승의 명시적 원칙을 제시하고 이를 儀禮體系를 통하여 천명하고자 한 의도에서이다. 그러나 『경국대전』에는 종통계승의 명시적 원칙과 관련하여 상충된 종법이해의 표징들이 곳곳에서 발견된다.

* 연세대학교 국학연구원 연구교수, 한국철학

중국의 경우 長子와 衆子의 服制上의 구분이 법제상으로 사라지는 것은 明 洪武 7년(1374) 『孝慈錄』이 처음이다. 이는 『大明律』에도 반영되어 있다. 당대의 『開元禮』는 물론 송대의 『政和禮』에도 장자에 대해서 아버지는 참최삼년, 어머니는 자최삼년, 중자에 대해서는 아버지와 어머니가 모두 자최부장기를 하는 것으로 구분되어 실려 있다.

『경국대전』에는 '맏며느리'와 '맏아들'은 동일하게 '齊衰不杖期'복으로, '맏며느리를 제외한 며느리들'은 '맏아들을 제외한 아들들'과 한 등급의 차이를 둔 '大功'복으로 규정하고 있다. 이는 古禮인 『儀禮』에 '맏아들을 제외한 아들들'과 '맏며느리를 제외한 며느리들'에 대한 복을 '齊衰不杖期'와 '小功'으로 두 등급의 차이를 두고 있고, '맏아들'과 '맏며느리'에 대해 '참최삼년'과 '대공'으로 두 등급의 차이를 둔 규정과는 차이가 있다.

顯宗~肅宗대에 걸쳐 孝宗과 孝宗妃, 그리고 顯宗에 대한 趙大妃의 복제를 둘러싸고 일어난 논쟁인 禮訟은 표면적으로는 時制인 『大明律』과 『經國大典』의 명문 규정이 古禮인 『儀禮』「喪服」과는 달리 '맏아들'과 '맏아들 이외의 아들'을 차이 없이 규정하고 있다는 점에서 기인하지만, 내용적으로는 효종이 장자인가 차자인가 하는 嫡統의 문제와 왕위를 계승한 군주라는 宗統[君統]을 어떻게 조율할 것인가 하는 논쟁이었다.

'왕위 계승의 원칙과 그에 함축된 정통성에 대한 논쟁'이란 예송의 논점은 바로 논쟁에 참여한 쌍방이 宗法에 대한 확고한 이해에 기초하고 있음을 웅변적으로 보여준다. 종법이란 '승계질서 및 종족 성원 각자의 지위에 따른 서로 다른 권리와 의무를 규정한 법칙'이기 때문이다.

본 논문은 17세기 禮訟의 논점을 분석하고, 이러한 논점들이 종법이해의 진전이라는 측면에서 『續大典』과 『大典通編』에 어떻게 반영되고 있는지를 살피고자 하는 것이다. 따라서 본 연구는 다음의 과정을 통해 진행하고자 한다.

첫째, 禮訟은 적장자계승이라는 '종통계승의 명시적 원칙'을 둘러싸고 嫡統과 宗統의 관계 설정을 어떻게 할 것인가를 초점으로 진행된 것임을 밝힌다.

둘째,『경국대전』반포 이후 嫡統에 대한 인식의 변화를 法典을 중심으로 고찰한다. 이는 예송에서 치열하게 전개되었던 논점들이, 종법 이해의 진전 과정에서 필연적으로 발생할 수밖에 없었던 것임을 보이려는 것이다. 이 부분은 15세기『經國大典』과『大典續錄』의 단계, 16세기와 17세기『大典後續錄』,『各司受教』,『受教輯錄』[1]의 단계, 마지막으로 18세기『續大典』과『大典通編』의 단계로 나누어 분석한다.

2. 17세기 '典禮論爭〔禮訟〕'의 논점

효종에 대한 조대비의 복제 논의 과정에서 제기된 주요한 견해들은 송시열, 허목, 윤휴 등으로 대표되는 期年說, 齊衰三年說, 斬衰說의 세 가지이다. 그러나 적통과 종통에 대한 인식을 기준으로 보면 송시열 vs 허목·윤휴의 입장이 대립각을 형성하고 있다. 이러한 입장은 인선왕후에 대한 조대비의 복제 문제를 두고 발생한 갑인예송에서는 물론 현종에 대한 조대비의 복제를 논할 때도 동일하게 적용되고 있다.

1) 嫡統과 宗統의 분리 : 宋時烈

기해예송에서 西人의 거두인 송시열이 취한 입장은, 효종의 친형이자 인조의 장자였던 소현세자의 喪에 대한 서인측의 입장과 밀접하게

---

1)『各司受教』와『受教輯錄』이 1636년과 1698년에 완성된 것이기는 하지만, 본 주제와 관련된 受教들은 대부분 명종 때인 16세기 중엽에서 말엽에 내려진 것들을 모은 것이다.

연관되어 있다. 1645년(인조 23) 소현세자의 喪을 처리하면서 조정에서는 『文獻通考』에 기재된 明나라 莊敬太子의 사례와 『實錄』에 기재된 세조 때 懿敬世子의 사례를 참고하였는데, 주로 후자에 근거하여 처리하였다. 이에 대해 당시 출사하지 않고 향리에 머물고 있던 宋浚吉은 복제 문제에 대한 조정의 처리 방식을 강력히 비판하는 소를 올리고,[2] 「喪服」 斬衰章의 '父爲長子', '妻爲夫', '子爲父'조에 따라 인조와 소현세자빈 그리고 소현세자의 장자는 소현세자에 대해 참최복을 해야 하고, 인조비는 齊衰三年章의 '母爲長子'에 따라 자최삼년복을 입어야 한다고 주장한다.[3]

송시열은 효종에 대한 조대비의 복제를 논하면서, 인조가 이미 소현세자에 대해 長子服을 했다는 전제에서 출발한다.[4] 아버지인 인조가 이미 소현세자를 장자로 예우하였으므로 효종은 차자임이 분명하며, 따라서 효종에 대한 조대비의 복제는 차자에 대한 복일 수밖에 없고, '父爲長子'조에 대한 가공언의 소에서 제시된 '참최복을 하지 않는 네 가지 예외 조항[四種說]'[5]에 해당하므로 기년복을 해야 한다는 것이다. 다시 말하면 효종은 둘째 아들로 종통을 계승하였기 때문에 부자관계에 따른 계승이라는 조건을 갖추기는 하였지만, 적처의 맏아들이라는 조건을 갖추지 못하였으므로 사종설의 '體而不正'의 경우에 해당되고 따라서 참최복의 대상이 될 수 없다는 것이다.

송시열이 제시한 두 번째 근거는 「喪服」의 傳[6]에 제시된 '참최복을

---

2) 『仁祖實錄』 仁祖 23년 5월 20일.

3) 『仁祖實錄』 仁祖 23년 5월 20일.

4) 『송자대전(국역)』 7책, 156~157쪽, 「禮說」 참조.

5) 『儀禮』, 「喪服」, 斬衰章, '父爲長子'條, 賈公彦疏, "雖承重, 不得三年有四種. 一則正體不得傳重, 謂適子有廢疾, 不堪主宗廟也. 二則傳重非正體, 庶孫爲後是也. 三則體而不正, 立庶子爲後是也. 四則正而不體, 立適孫爲後是也".

6) 『儀禮』, 「喪服」, 齊衰不杖期章, '爲人後者爲其父母'條, 傳, "何以期也? 不二斬也. 何以不二斬? 持重於大宗者, 降其小宗也";『儀禮』, 「喪服」, 齊衰不杖期章, '女子子適人者爲其父母‧昆弟之爲父後者'條, 傳, "爲父何以期也?

두 번 하지 않는다[不二斬][7]는 원칙이다.[8] 그는 長子가 성년이 되어
죽고 아버지가 그를 위해 참최복을 했음에도 그를 대신하여 종통을 계
승한 그 다음 연장자를 장자라 호칭하고 다시 참최복을 입는 것은 불
이참의 원칙에 위배된다고 주장한다. 이러한 비판은 장자의 개념에 대
한 규정과 상복은 종통의 계승 여부에 의해 결정되지 않는다는 인식이
전제되어 있다. 즉 장자는 하늘이 낸 유일한 존재이므로 그가 성년이
되기 전에 죽지 않는다면 그 이하 어떤 아들에 대해서도 결코 장자라
는 이름으로 부를 수 없고, 비록 종통을 계승하더라도 참최복을 하지
못한다는 것이다. 그는 이러한 자신의 입장이 嫡統의 所在를 분명히
하기 위한 의도라고 설명한다. 이로부터 복제는 적통의 소재에 따라
결정되며 종통과 분리될 수도 있다는 논점이 자연스럽게 도출된다.[9]

　송시열은 服制와 宗統은 분리될 수 있으며 독립적인 목표를 가진
것이라고 주장한다. 전자는 혈연적으로 한번 결정되면 바뀌지 않는 혈

婦人不二斬也. 婦人不二斬者何也? 婦人有三從之義, 無專用之道".

7) 이는 시집간 여자가 친정아버지에 대하여 참최복을 하지 않고 기년복으로 낮
　추며, 양자로 간 아들이 친아버지에 대하여 마찬가지로 降服하는 이유를 설
　명하기 위한 傳의 논리이다. 혈연관계라는 측면에서 보면 시아버지보다는 친
　정아버지가, 養父보다는 친아버지가 친밀한 관계이지만, 여자가 시집을 가거
　나 남자가 남의 양자로 가게 되면 종의 귀속 상태에 인위적인 변화가 발생한
　다. 이로부터 야기되는 종통상의 혼란, 예를 들면 상속 문제에서의 논란 등을
　방지하고 종통의 일원성을 확보하기 위해 혈연적 친소 관계에 따른 복제가
　아니라 인위적으로 변화된 관계에 따라 남편과 양부를 위해 참최복을 하도록
　규정한 것이다. 이는 자연적인 혈연관계를 인위적인 종통에 종속시켜 혈연관
　계를 종속 변수로 간주하려는 『의례』 성립 당시 유자들의 인식을 표출한 것
　이다.
8)『宋子大全』卷26,「大王大妃服制議」, 4張前, "已成人而死, 其父旣爲之服斬
　三年, 然後又立以嫡, 謂之長子, 而其次嫡死, 又爲之服斬三年耶? 如是則其
　於無二統不二斬之義何如也?"
9)『宋子大全』卷134,「禮說」, 11張前, "服與統自是二事也. 服之降是明嫡之義
　也, 統之移是尊君之道也. 今鑴穆輩必曰, 服降則統不在此, 以爲基禍之張本,
　其亦慘矣".

연적 순정성[嫡統]을 밝히는 것이고, 후자는 인위적으로 변경 가능한 종의 통수권[宗統]의 계승을 존중하는 것이다. 따라서 적장자를 위한 참최복의 경우에서처럼 복제와 종통이 일관되는 경우도 있을 수 있고, 衆子에 대한 기년복의 경우에서처럼 복제와 종통이 일치하지 않는 경우도 있을 수 있다. 그러나 복제와 종통이 각각 상이한 목적을 위해 다르게 처리된다 해도 종통의 일원성은 흔들리지 않는다고 본다.10) 이는 군주 복제의 경우에도 군주와 혈연관계 있는 친족은 예외 없이 적통에 따른 복제를 해야 한다는 원칙을 천명한 것이다.

송시열은 둘째 아들로서 종통을 계승하여 왕위에 오른 효종에 대해 조대비는 둘째 아들에 대한 本服을 회복하는 기년복을 해야 한다고 주장한다.11) 이러한 주장에는 종통을 계승한 중자에 대한 배려가 내포되어 있다. 천자와 제후의 경우에는 '방계 친족에 대한 기년복 이하의 복을 하지 않고 끊는다는 원칙[絶旁周]'12)이 있고, 원칙에 의하면 제왕가의 경우 종통을 계승하지 않은 중자에 대해서 기년복을 하지 않는다는

---

10) 『經禮問答』 卷172, 「答李幼能」, 13張後, "宗統與服制, 有一貫者. 嫡長將傳重, 則其父服斬是也. 宗統與服制, 有各爲一義者. 漢文崩於呂后之世, 則呂后必不服三年. 然豈以不服三年之服, 而漢統不歸乎文帝乎?"

11) 『宋子大全』 卷134, 「禮說」, 11張, "帝王之家, 長子承統則斬, 衆子承統則期, 其餘則絶而無服. 今謂仁祖當爲孝宗服期云者, 是以不承統之衆子服之耶? 如孝廟不承統, 則當爲無服矣. 何可謂當爲期耶?"

12) 『周禮』 「春官·司服」, "모든 凶事에 喪冠을 착용하는 服을 한다(凡凶事服弁服)"의 注 '그 服은 斬衰와 齊衰가 있다(其服斬衰齊衰)'에 대한 疏에서 "천자와 제후는 방계에 대한 기년복은 입지 않지만, 正統의 기년복은 낮추지 않는다. 그러므로 자최복도 함께 말한 것이다. 正服으로서의 大功服도 또한 낮추지 않는 것 같다(天子諸侯絶旁期, 正統之期猶不降. 故兼云'齊衰.' 其正服大功, 亦似不降也.)"고 하였다. 여기에서 정통에 대한 기년복이란 直系의 嫡長 系統의 男女 즉 高祖父母·曾祖父母·祖父母·父母·夫妻·長子와 長子婦·嫡孫과 嫡孫婦를 가리킨다. 이는 이념적으로 천자·제후가 자신의 친족의 한계를 벗어나 모든 사람을 아울러 사랑해야 한다는 당위의 차원에서 제시된 것으로 설명되지만, 천자·제후가 정치적으로 자신의 지존한 신분을 이유로 친족에 대해 복을 낮추거나 복을 하지 않는 尊降의 일종이다.

점에서 사대부의 경우와 구별되기 때문이다.

2) 嫡統은 宗統에 隨伴 : 許穆 · 尹鑴

허목은 송시열이 기년설의 근거로 인용한 가공언의 소 가운데 "적처가 낳은 아들을 모두 적자라고 부른다. 첫째 아들이 죽으면 적처가 낳은 둘째 아들을 세워 또한 長子라고 부른다"[13]는 언급에 주목한다. 이에 따르면 적처 소생의 모든 아들은 그보다 연장인 형이 아버지가 생존 중에 죽으면 그를 대신하여 장자가 되고, 다시 그가 죽으면 아버지는 '부위장자'조에 따라 참최복을 하게 된다는 논점이 성립하기 때문이다.

아울러 장자라는 개념도 송시열의 주장처럼 적처의 맏아들 한 사람만을 지칭하는 것이 아니라 적처가 낳은 모든 아들에게 적용될 수 있는 범칭이 된다. 그렇다면 가공언이 四種說에서 體而不正의 사례로 제시한 '庶子가 종통을 계승한 경우'란 적처 소생이 아닌 첩자가 종통을 계승한 경우에 한정되며, 적처의 맏아들을 제외한 衆子를 지칭하는 것이 되어서는 논리적인 모순을 피할 수 없게 된다.

허목은 不正이 첩자를 가리키는 개념이므로 正은 첩자가 아닌 적처가 낳은 아들을 의미한다[14]는 독해를 근거로 사종설의 체이부정을 효종에게 적용한 송시열의 주장은 가공언의 소에 대한 잘못된 독해에서 비롯된 것이라고 비판한다. 효종은 첩자가 아닌 적처가 낳은 둘째 아들로서 종통을 계승하였기 때문이다.[15]

허목은 이에 근거하여 「喪服」 '父爲長子' 조목을 재해석한다. 이 규

---

13) 『儀禮』, 「喪服」, 斬衰章, '父爲長子'條, 賈公彦疏, "嫡妻所生, 皆名適子. 第一子死也, 則取嫡妻所生第二長者立之, 亦名長子".
14) 『記言』 卷64, 「追正喪服失禮疏」, 25쪽 참조.
15) 『記言』 卷64, 「追正喪服失禮疏」, 25쪽, "立庶子爲後, 謂之體而不正不得爲三年, 妾子故也".

정에서 '長子'는 곧 적처가 낳은 아들로 종통을 계승한 대상 모두를 가리키며, 그가 불행히 아버지가 살아계실 때 죽어 아버지가 그에 대하여 참최복을 하는 것은 적자로 계속 계승되는 의리를 중시하기 때문이라고 본다. 따라서 효종이 적처 소생으로 종통을 계승한 이상 인조의 적통으로 보아야 하며, 계모인 조대비도 적장자에 대한 복을 해야 한다고 여긴다. 그는 지위가 같으면 본래의 복을 한다는 원칙과 어머니는 아들이 어머니에 대하여 하는 복보다 더 무거운 복을 아들에게 하지 않는다는 원칙을 근거로 조대비는 齊衰三年章 '母爲長子' 조에 따라 자최삼년을 해야 한다고 주장한다.16)

　허목은 아울러 송시열의 '不二斬'의 논리를 비판한다. 『儀禮』에서 사용된 '不二斬'의 원칙은 시집간 여자나 양자로 들어간 아들이 종의 귀속을 분명히 하려는 인위적 고려에 따라 혈연적으로 친밀한 친정아버지와 친아버지가 아니라 남편과 양부에게 참최복을 하는 이유로 제시된 傳의 논리이다. 따라서 이는 아버지가 長子를 위해 참최복을 하는 것과 같이 정체로서 종통을 계승한 경우에는 적용될 수 없다고 본다. 더 나아가 그는 長子를 위해 참최복을 하는 이유가 장자의 혈연적 조건에 있는 것이 아니라 적자에서 적자로 종통이 계승된 점, 즉 종통의 계승이라는 점을 중시한 것이기 때문에 참최복을 여러 번 해도 문제될 것이 없다고 주장한다.17) 그는 明宗 喪에 대한 恭懿大妃의 복제 논의에서 고봉의 주장대로 繼體傳重의 삼년복을 한 사례가 있음을 논거로 제시한다.

　윤휴는 正體에 대한 허목의 논점을 지지하지만 君臣 관계의 大義는 드러나지 못하였다는 점을 들어 불만을 표시한다. 그는 군주 복제의 경우 종통을 계승할 지위에 오른 것과 종통을 계승한 것은 구분해야 한다고 전제한다. 어머니가 長子를 위해 자최복을 하는 것은 長子가

---

16) 『記言』 卷49, 「大王大妃服制收議」(1675년(乙卯) 4월), 48쪽.
17) 『記言』 卷64, 「三疏」, 31~32張 참조.

아직 重을 계승하지 못하였을 때이며, 이때는 가공언의 四種說이 적용
된다고 인정하지만 일단 종통을 상징하는 왕위를 계승하고 나면 복제
의 성격이 母子 관계에서 군신 관계로 바뀐다고 본다. 즉 傳重 이전의
상황에서는 어머니와 장자의 관계가 1차적인 요소이지만, 傳重 이후에
는 君主와 臣下의 관계가 일차적 요소로 된다는 점을 허목이 간과하
였다고 생각한다.

윤휴는 허목과 허적을 비롯한 조정 대신들이 현종은 자의대비의 嫡
孫이므로 자최복을 입어야 한다고 주장한 것은 혈연관계에 따라 복제
를 정하는 士庶의 禮를 적용하는 것이라고 비판한다. 그는 왕가의 禮
에서 傳重한 경우 군주에 대한 복의 일차적 기준은 『周禮』의 "상복을
하는 모든 사람은 천자를 위해서는 참최복을 하고, 왕후를 위해서는
자최복을 한다"[18]는 원칙이며, 따라서 자의대비는 효종과 현종에 대해
서는 적장자나 적손에 대한 복으로서가 아니라 군주에 대하여 하는 복
으로서 참최복을 해야 하고, 인선왕후에 대해서는 嫡婦에 대한 복이
아닌 王后에 대한 복으로서 자최삼년복을 해야 한다고 주장한다.

윤휴는 士庶의 禮는 전중 여부가 문제되지 않지만 천자와 제후의
禮는 일단 종통, 즉 왕위를 계승하게 되면, 군주와 오복의 親屬 관계에
있는 親族도 다른 신하와 마찬가지로 군주와 신하의 관계에 놓이게 되
며 혈연상의 親疎관계는 부차적인 요소가 된다고 본다. 따라서 일단
종통을 계승하여 군주가 되면 嫡統은 자연히 수반된다고 말하면서[19]
군주의 복제에서는 적통을 종통에 예속시켜 이해해야 한다는 논점을
세운다.

이 주장은 군주복제에서도 종통과 적통을 구분하고 복제를 적통에
따라 결정해야 한다는 송시열의 입장을 겨냥한 것이지만, 허목의 견해

---

18) 『周禮』 「春官・司服」, "凡喪爲天王斬, 爲王后齊衰".
19) 『白湖全書』 卷26, 「典禮私議」, 中-1047쪽, "且宗統所在, 固嫡統之所歸也. 嫡
統所歸, 卽宗統所在也".

도 함께 비판의 대상이 되고 있다. 그는 명종에 대하여 공의대비가 해야 할 복제 논의에서 고봉이 '천자와 제후는 비록 正體가 아니더라도 일단 왕위에 올라 종통을 계승한 이상은 부모가 그를 위해서 또한 참최복을 해야 한다'고 주장하였으며, 퇴계는 기대승의 견해에 전적으로 동의하였다는 사실을 논거로 제출한다.[20] 그는 허목이 고봉의 주장을 자최삼년설의 논거로 삼았던 것과 달리 참최설을 주장한 것으로 재해석하여 자신의 논거로 삼고 있다.

송시열은 服制와 宗統을 분리하고, 인위적으로 복제를 종통에 종속시키는 것을 반대하며, 복제와 종통이 분리되더라도 결코 종통의 일원성이 손상되지 않는다고 주장한다. 반면 허목과 윤휴는 일단 종통을 계승하여 군주가 되면 嫡統은 자연히 수반된다고 보아 군주의 복제에서는 적통을 종통에 예속시켜 이해해야 한다는 논점을 세운다. 송시열이 '혈연적 유대[親親]'를 매개로 결정되는 服制와 '신분적 상하 관계[尊尊]'에 의해 결정되는 宗統의 분리를 주장하고 복제는 '혈연적 순정성[嫡統]'에 종속되어야 함을 주장하였다면, 윤휴는 혈연적 순정성과 유대감에 의해 결정되는 嫡統과 服制는 인위적 요소에 의해 결정되는 宗統에 종속되는 것임을 주장한 것이다.

3. 嫡統과 宗統에 대한 法典의 인식 변화

禮訟의 과정에서 제시된 嫡統이란 '적처의 맏아들[正]'이라는 조건과 '부자관계에 따른 계승[體]'이라는 조건을 만족시키는 것을 의미한다. 이는 '혈연적 순정성'의 원칙이라고 바꾸어 말할 수 있다. 宗統이란 말 그대로 宗族集團의 통수권을 의미한다. 이는 '신분적 상하관계의 齊一性'이라고 할 수 있다. 전근대 종법사회에서 宗統은 '정치적 상하

관계의 제일성[君統]'과 일치하는 것으로 간주된다.

종통계승의 명시적 원칙으로서 적장자계승제는 종통의 계승이 적통의 계보로 이어지는 '혈연적 순정성'의 원칙에 따라 이루어져야 한다는 것이다. '혈연적 순정성'은 인위적으로 획득 가능한 것이 아닌 이미 주어진 조건이다. 그 점에서 적장자계승이란 인위적으로 바꿀 수 없는 주어진 조건에 의해 종통을 계승하겠다는 것에 다름 아니다.

혈연적으로 순결한 嫡子와 嫡孫의 단일한 계보를 통해 宗統이 계승되어 간다면 더 이상 바랄 것이 없지만 현실은 그렇게 간단치가 않다. 가장 흔하게 나타나는 상황은, 적자와 적손의 계보 모두에 단절이 발생한 경우이다. 이때는 '혈연적 순정성의 원칙'에 따라 적장자의 바로 아래 동생[次長子]에게 계승이 이루어진다. 만일 차장자의 계보에도 단절이 발생한다면 혈연적으로 가장 근접한 친족을 立後하여 계승을 하는 것이 종법의 근본정신에 부합하는 것이다.

조선초기 법제의 정비과정에서 '종통계승의 명시적 원칙'과 관련된 다양한 논의가 발견되는 것은 종법의 시행과정에서 필연적으로 부딪힐 수밖에 없는 문제였기 때문이다.

1) 『經國大典』과 『大典續錄』의 단계

宗法에 있어서 宗統 계승의 제1원칙은 "적처가 낳은 아들로 후계자를 세울 때는 나이를 기준으로 하고 능력을 기준으로 하지 않는다. (적처가 낳은 아들이 없어) 첩이 낳은 아들로 후계자를 세울 때는 (어머니의) 신분을 기준으로 하고 나이를 기준으로 하지 않는다"[21]는 것이다. 이는 계승에 있어서 嫡長子가 우선이기는 하지만, 적장자가 없는 상황을 대비하여 衆子와 妾子로의 계승을 인정하는 일반 원칙이다. 한 걸음 더 나아가 嫡子와 妾子 모두가 없는 상황이라면 종통의 연속성을

---

21) 『公羊傳』, 「隱公‧元年」, "立適以長不以賢, 立子以貴不以長".

확보하기 위하여 동종의 長子가 아닌 支子로 입후할 수 있다[22]는 두
번째 원칙이 따라 나오게 된다.

적처나 첩에게서 아들이 있는 경우이든 그렇지 않은 경우이든, 두
가지 일반 원칙은 '적처의 맏아들', '부자관계에 의한 계승'이라는 嫡統
의 두 가지 조건, 즉 '혈연적 순정성'의 원칙에 근접할 것을 전제로 요
구한다. 두 가지 조건에 합치하는 것이 가장 이상적이지만 그렇지 않
을 경우라도 그에 가장 근접한 방식으로 계승이 이루어져야 한다는 원
칙이 전제되어 있다는 것이다.

宗統 계승의 명시적 원칙을 천명한 『經國大典』「禮典」'奉祀'의 두
번째 조항에는 "만약 적장자에게 자손이 없으면 중자가 제사를 받들
고, 중자에게도 자손이 없으면 첩자가 제사를 받든다."[23]고 규정하고,
'立後' 조목에는 "적실과 첩실에 모두 아들이 없는 경우에는 관에 고하
여 동종의 지자를 세워 뒤를 잇게 한다"는 조항을 싣고 있다. 이 규정
은 高麗 靖宗 12년에 "후사를 세울 때는 적자로 한다. 적자가 有故하
면 嫡孫을 세우고, 적손이 없으면 同母弟로 하며, 동모제가 없으면 庶

---

22) 「喪服」, 齊衰不杖期章, '爲人後者爲其父母報.'條, 傳, "爲人後者孰後? 後大
宗也. 曷爲後大宗? 大宗者尊之統也. 禽獸知母而不知父, 野人曰, 父母何筭
焉? 都邑之士則知尊禰矣. 大夫及學士則知尊祖矣. 諸侯及其大祖, 天子及其
始祖之所自出. 尊者尊統上, 卑者尊統下. 大宗者尊之統也, 大宗者收族者也,
不可以絶. 故族人以支子後大宗也. 適子不得後大宗."

23) 만약 적장자에게 자손이 없으면 중자가 제사를 받들고, 중자에게도 자손이
없으면 첩자가 제사를 받든다(若嫡子無後, 則衆子, 衆子無後則妾子奉祀).
[① 맏아들에게는 첩의 아들밖에 없어서 아우의 아들로 뒤를 잇게 하려고 할
경우에는 허락해 주며 첩의 아들로 따로 한 줄기를 이루어 가려고 하더라도
또한 허락해 준다(嫡長子只有妾子, 願以弟之子爲後者, 聽. 欲自與妾子別爲
一支, 則亦聽). ② 양인 첩의 소생으로서 뒤이을 아들이 없으면 천인 첩의 소
생이 조상의 제사를 받드는 중책을 지게 된다[承重]. 첩의 아들로서 그런 중
책을 지닌 사람은 자기 소생 어머니는 딴 방에서 따로 제사지내며 그것도 자
기 당대에 한한다(良妾子無後, 則賤妾子承重. 凡妾子承重者, 祭其母於私室,
止其身)].

孫을 세운다. 男孫이 없으면 女孫으로 하는 것도 허용한다(立嗣以適. 適子有故立嫡孫, 無嫡孫立同母弟, 無母弟立庶孫. 無男孫者亦許女 孫).”24)고 한 것과 비교해 보면 적장자계승의 종법적 원칙을 충실하게 반영하고 있음을 한 눈에 알 수 있다.

종법의 기본 정신을 천명한『경국대전』의 두 조항은 15세기 조선의 특수한 상황이라는 변수를 만나 적용의 과정에서 갈등을 야기한다. 세조 4년(1458) 趙末生은 맏아들이 죽자 嫡孫인 趙渶이 아닌 셋째 아들 趙瑾에게 奉祀하도록 한다. 적손인 조영이 어려서 땅에 떨어져 다쳤고 이 때문에 병을 얻어 제사를 받들기에 부족하다는 것이 그 이유였다.

禮曹兼判書 右贊成 黃守身·判書 李承孫·參議 金淡·左參贊 朴仲孫 등은 “長子나 長孫에게 廢疾이 있더라도 다른 아들로 하여금 祠堂을 세우게 할 수는 없다”는 입장에서 적손인 조영이 봉사해야 한다고 주장한다. 둘째 아들인 趙贊도 배제한 채 셋째 아들에게 奉祀하도록 한 것은 ‘사사로운 애정’에서 나온 것이다. 이를 용인할 경우 애정이 가는 아들에게 제사를 받들 집과 재산을 물려주려는 의도에서 제사를 주관해야 할 정당한 자손을 모함하는 사태가 빈발하게 될 것이라는 것이 이유였다. 參判 曹孝門·右議政 姜孟卿·右參贊 成奉祖 등은 적장자계승이 보편적인 원칙이기는 하지만 특수한 상황에서는 權道에 따르는 것도 문제가 되지 않으므로 ‘家長의 명’에 따라 셋째 아들 조근이 奉祀해야 한다고 주장한다.

본 사안은 姜孟卿 등의 주장에 따라 셋째 아들 조근(趙瑾)이 제사를 주관하는 것으로 결정된다. 이 결정은 적장자계승의 명시적 원칙이 ‘家長의 命’에 의해 자의적으로 운용될 소지를 허용함으로써『경국대전』의 명문 원칙 자체를 유명무실하게 할 수도 있는 중대한 것이었고, 실제로도 그러하였다. 성종 4년(1473) 禮曹에서 “嫡子를 폐하고 支子에게 제사하도록 하는 행위를 엄벌할 것”25)을 건의한 것은 적장자계승의

---

24)『增補文獻備考』卷86,「禮考」, ‘立後’.

원칙이 무너지자 祭祀權에 수반되는 재산상의 이익을 얻기 위하여 '家長에게 잘 보이기 위해 각축하는 과정'에서 부모와 자식, 형제 사이에 틈이 생겨 가족 간의 유대가 무너지는 현실의 문제를 바로잡기 위한 근본적 처방이었던 것이다.

혈연적 순정성의 원칙은 첩자로의 종통 계승을 용인한다. 그러나 15세기 조선의 현실은 이와는 다른 양상을 보여준다. 성종 4년(1473) 參判 趙邦霖이 嫡子가 없어서 妾子인 趙福海를 後嗣로 결정한다. 조방림이 죽고, 그의 아우 趙傅霖이 『경국대전』 '奉祀' 조항을 근거로 첩자인 조복해가 제사를 모시기 위해 받은 재산을 빼앗자, 조복해가 고소하는 사건이 발생한다.[26)]

禮曹와 韓明澮·洪允成·曺錫文·尹子雲 등은 『경국대전』에 '적장자에게 자손이 없다'는 것은 적실과 첩실에 모두 자식이 없는 경우를 가리킨다고 해석하고, 조복해가 첩의 아들이기는 하지만 조방림의 정당한 계승자라고 주장한다. 鄭麟趾·鄭昌孫·崔恒·金礩·成奉祖·姜希孟·李克增 등은 "법은 천리와 인정에 근본 한다. 衆子가 있는데도 첩의 아들에게 承重한다면, 嫡을 업신여기고 貴를 업신여기며 長을 업신여기는 풍조를 조장하게 될 것"이라는 우려를 표시하고, "忠勳府에서도 적장자가 자손이 없으면 중자로, 중자에게 자손이 없어야 첩의 아들로 입속해 왔다"는 前例를 들어 "『경국대전』은 그대로 두고 중자에게 제사를 받들도록 하며, 적장자에게 첩의 아들이 있다면 죽은 부모를 제사할 수 있으므로 적장자가 사당에서 나갈지라도 제사는 끊어지지 않게 될 것"이므로 문제될 것이 없다고 주장한다.

성종이 再議를 요구하자, 첩자봉사를 인정하는 측에서는 『경국대전』에서는 아들 항렬만 논의하고 손자 항렬에 대한 언급이 없기는 하지만, '입후' 조항에서 "첩의 아들이 있으면 입후를 허가하지 않는다"

25) 『成宗實錄』 成宗 4년 7월 1일.
26) 『成宗實錄』 成宗 4년 10월 1일.

고 규정하고 있다는 사실에 근거하면 첩자봉사가 법을 세운 본의라고
주장한다. 아울러 이 같은 사안을 법대로 처리하지 않을 경우, "죽은
아버지는 죽어서 사당[廟]에 들어가지도 못하고, 정당한 계승자인 첩
의 아들은 노비와 田宅도 모두 빼앗기게 되어 어지럽게 송사가 일어날
것"이라는 우려를 표명한다. 첩자봉사를 반대하는 측에서는 "妾孫에게
承重하면 집안의 격이 낮아지므로 형제의 아들 가운데 원하는 사람을
立後하도록 해야 한다"고 주장한다.

사안은 성종의 의사에 따라 "맏아들에게 첩의 아들만 있다면 동생의
아들을 입후하도록 허용하되, 맏아들이 입후하려고 하지 않고 첩의 아
들로 하여금 달리 하나의 支孫을 만들고자 한다면, 다음 아들이 大宗
을 잇도록 하는 것"으로 결정된다.

이보다 앞서 세종 16년(1434)에는 良妾子의 承重에 관한 결정이 내
려진다. 당시 영의정 황희와 禮曹左參判 權蹈가 "嫡子는 없더라도 庶
子가 있다면 자식이 없다고 할 수 없으므로, 형제가 있어도 妾子로 承
重하는 것이 당연하다"고 주장했음에도 불구하고, 형조 좌참판 崔士儀
등의 "우리나라의 습속은 嫡妾의 분별을 엄격히 하고 있으므로, 嫡子
가 없다고 해서 형제의 아들을 버리고 첩의 아들을 宗祀를 주관하게
하는 것은 우리나라 습속에 맞지 않는다"는 현실론에 밀려, 첩의 아들
이 있는 경우에라도 동생의 아들로 입후하는 것을 허용하는 결정이 내
려진다.[27] 이처럼 15세기 조선의 현실에서 첩자봉사는 현실적 구속력
을 행사하지 못하고 있었던 것이다.

立後는 '친생자가 없더라도 양자를 들임으로써 가계를 이어가겠다
는 강렬한 의지가 표출된 것'이다. 이는 제사가 끊기는 것을 가장 큰
불효로 간주했던 유자들의 보편적 인식[28]에 기반한 것으로 宗統의 연
속성을 확보하고자 하는 고심에서 나온 것이다. 입후는 '동종의 범위

---

27) 『世宗實錄』世宗 16년 4월 16일.
28) 『孟子』, 「離婁上」, "不孝有三. 無後爲大".

안에서 小宗으로부터 大宗으로, 嫡子가 아닌 支子를 통해 이루어지는 것'으로, 대종으로부터 소종으로의 입후도 불가능하고 지자가 아닌 적자를 후사로 보내는 것도 원칙적으로 불가능하다.[29]

『경국대전』 '입후'조는 "적실과 첩실에 모두 아들이 없는 경우에는 관에 고하여 同宗의 支子를 세워 後嗣로 한다(嫡妾俱無子者告官, 立同宗支子爲後)."[30]고 규정함으로써 입후에 관한 원론적 입장을 천명한다. 입후를 통한 종통의 계승은 '혈연적 순정성'의 원칙에 제한을 받는다. 달리 말하면 입후는 '혈연적 동질성을 최대로 확보'하는 범위에서 이루어져야 한다는 것이다. 첩자계승을 인정하는 논리도 바로 이러한 원칙으로부터 도출된다. 따라서 본 규정은 '적자도 첩자도 없는 사람만이 혈연적 동질성을 최대로 확보할 수 있는 대상[同宗近屬] 가운데서 입후를 할 수 있다'는 것이다.

그러나 同宗近屬 입후의 원칙이 15세기에는 관철되지 않는다. 세종 19년(1437) 議政府는 '동종'과 '族孫'을 구분하고 '동종의 둘째 이하의 아들을 세우는 것'이 원칙이지만, '여러 족손 가운데서 골라 세우는 것도 좋다'고 건의한다. 이는 '同宗近屬'의 원칙이 관철되고 있지 않음을 보여준다. 이와 함께 입후를 하기 위해서는 "두 집의 아버지의 동의가 필요하며, 형제 및 尊屬은 後嗣가 될 수 없도록 해야 한다"고 건의한다.[31] 이는 『경국대전』 '입후'의 본 조항 밑에 단서 조항으로 부기된다.

세종 23(1441)년 후사로 들어간 집안의 여러 친족이나 자기의 本宗

---

29) 「喪服」, 斬衰章, '爲人後者'條, 傳, "何如而可爲之後? 同宗則可爲之後. 何如而可以爲人後? 支子可也".

30) 적실과 첩실에 모두 아들이 없는 경우에는 관에 고하여 동종의 지자를 세워 후사로 삼는다(嫡妾俱無子者告官, 立同宗支子爲後). 두 집의 아버지가 함께 합의해서 대를 이을 아들을 세우되 아버지가 죽었으면 어머니가 관청에 신고한다. 그러나 윗 항렬[尊屬]과 형제 항렬이나 손자뻘 항렬은 서로 대를 이을 아들로 삼지 못한다(兩家父同命立之. 父沒則母告官. 尊屬與兄弟及孫不相爲後).

31) 『世宗實錄』 世宗 19년 6월 3일.

에 대한 상복 규정을『儀禮經傳通解』「喪服」에 근거하여 "후사로 들어간 집안의 친족들에 대해 친아들의 경우와 동일하게 상복을 하며, 자신의 친부모를 포함한 本宗에 대해서는 한 등급을 낮추어 해야 한다"는 규정을 마련한다.32) 이 규정은『경국대전』「예전」'成服'의 註로 부기된다.

15세기『經國大典』과『大典續錄』의 단계에서 嫡統과 宗統에 대한 이해의 수준은 매우 불철저했던 것으로 판단된다. 법전적으로는 적장자계승과 첩자봉사의 원칙이 본 조항에 천명되고 있는가 하면 이를 정면에서 부정하는 단서 조항이 註로 附記되기도 하고, 현실에 있어서는 '적장자계승의 원칙'이 '家長權'과 충돌하는 모습을 보이기도 하며, '同宗近屬' 우선의 입후 원칙은 近屬과 疎屬을 가릴 것 없이 입후를 허용하는 포괄 규정으로 해석·적용되는 양상으로 나타나기 때문이다.

2)『大典後續錄』,『各司受敎』,『受敎輯錄』의 단계

명종대 종통의 계승은 立後를 선호하는 경향이 두드러지는 것으로 보고된다.33) 중자나 첩자가 있더라도 대부분 양자를 하는 형태가 일반화되고, 이와 함께 冢婦에 대한 논란이 눈에 띈다고 분석된다.34)

총부는 장자의 처, 즉 맏며느리를 가리킨다. 총부는 장자인 남편을 도와 제사를 받들고 빈객을 접대하는 등의 역할을 수행한다.35) 총부는 '종자의 부인'이라는 조건에 의해 제약을 받는다. 남편이 종자로서의 지위를 상실하면, 다시 말해 남편이 죽고 새로운 종자가 서게 되면, 새로운 종자의 부인이 총부로서의 역할을 수행하게 된다.

상속이 부자간에 발생한 경우라면 새로운 총부와 이전의 총부가 시

---

32)『世宗實錄』世宗 23년 5월 27일.
33) 李樹健,「朝鮮前期의 社會變動과 相續制度」,『歷史學報』129, 1991, 44쪽.
34) 이순구,「조선중기 총부권과 입후의 강화」,『고문서연구』9-10, 254쪽.
35)『禮記』,「內則」.

어머니와 며느리의 관계여서 크게 문제가 되지 않지만, 형제간의 계승
이면서 別籍異財하는 상황이라면 갈등이 증폭되는 것은 당연한 일이
다.『경국대전』「戶典」'사당이 있는 집은 제사를 주관하는 자손에게
전수한다(立廟家舍傳於主祭子孫)'는 조항은 종통의 승계와 동시에 재
산상속이 이루어진다는 사실을 보여주고 있다.

명종 6년(1551) 茂山君의 장자인 李龜壽가 후사 없이 죽자 어머니
인 신씨가 둘째 아들을 후사로 삼아 봉사토록 조치하였는데, 귀수의
아내 안씨가 귀수의 친동생의 아들을 남편의 후사로 삼으면서 벌어진
사건36)은 총부권의 소재가 재산상속의 문제와 상승작용을 일으켜 복
잡한 양상으로 전개될 수밖에 없음을 보여준다.

신광한·김광준 등은 '적통을 장자로 세우는 것은 춘추대일통의 의
리이고, 장자가 후사 없이 죽으면 아우가 당연히 그 제사를 받들어야
한다'는 원칙에 입각해서 '아우가 생존해 있을 경우 그 아우를 제쳐두
고 조카가 계승할 수는 없다'는 입장을 견지한다. 그러나 사안은 "家婦
法은 조선에 고유하며 따라서 그 권한을 인정해주지 않을 수 없다"37)
는 논리에 따라 이귀수의 아내 안씨를 총부로 인정하고, 그녀에 의해
입후된 친동생의 아들을 정당한 계승자로 인정하는 것으로 종결된다.

명종 8년(1553) "장자가 죽은 뒤에 다시 입후를 하여 제사를 주관케
하였다면 장자의 부인이 총부의 이름을 칭탁하여 토지와 노비를 다툴
수 없으니 중자의 예에 따라 재산을 나누어준다"는 수교는 명종 6년의
결정 내용을 뒤집고 종통계승의 원칙을 천명한 것이다. 그러나 이러한
원칙 천명은 바로 그 다음 해인 명종 9년(1554) "부모가 죽기 전에 먼
저 죽은 장자의 아내는 제사를 받들 수 없다. 그러나 부모가 죽은 후에
장자로서 제사를 받들다가 죽은 장자의 아내는 그 자신이 죽을 때까지

36)『明宗實錄』明宗 6년 8월 12일.
37) 김성숙,「이조초기의 제사상속법리와 총부법」,『숭전대학교논문집』15, 1985
참조.

그대로 제사를 받들게 한다"는 수교를 통해 현실과 타협한다.

입후를 하지 않으면 제사는 자연히 시동생인 次子에게 넘어가고 이와 함께 모든 지위를 잃게 되는 총부들에게 있어 立後는 자신의 기득권을 보호해 줄 유일한 방법이었던 것이다. 총부들이 近屬이 아닌 疎屬을 통하여 입후를 하고자 했던 경향 또한 동일한 맥락에 놓여 있는 것이다. 이러한 추세가 혈연적 순정성의 원칙에 따른 종통의 계승이라는 '종통계승의 명시적 원칙'의 조선적 변주라는 것은 두말할 필요도 없다.

이와는 다른 흐름이 16세기 초반부터 감지된다. 중종 15년(1520)에 중종은 "장자도 후사가 없고 차자도 후사가 없어 삼자의 둘째 아들로 차자에게 입후한 경우, 할아버지의 제사를 삼자의 둘째아들이 모셔야 하는가 아니면 삼자의 맏아들이 모셔야 하는가? 입후자가 먼 친척일 경우 친손인 삼자의 아들을 버리고 먼 친척으로 조부모를 봉사하는 것은 불합리하다."고 판단하고 이에 대해 예조에 문의한다.

예조에서는 "동생의 아들이 아닌 遠族을 입후했을 경우는 계부모만을 제사지내게 하고 아우의 아들에게 할아버지 제사를 하도록 해야 한다."[38)]는 입장을 표명한다. 이는 입후는 동종의 疎屬이 아니라 동종의 近屬에 의해 이루어져야 한다는 원칙을 회복하는 것이다. 이러한 원칙은 중종 21년(1526) 우의정 권균이 사촌 권견의 아들을 입후한 것에 대해 『대전』 입후 조항을 근거로 친동생의 아들로 입후할 것을 품의하고 시행한 것에서도 확인된다.

『大典後續錄』「禮典」 '立後' 조항은 "적장자에게 후사가 없는 경우 동종의 近屬으로 입후한다. 자신만을 별도로 떼어내어 종을 구성하고자 한다면 疎屬으로 입후를 하더라도 허가한다(凡嫡長子無後者, 以同宗近屬立後. 欲以身別爲一宗, 則雖疎屬聽)."고 규정함으로써, 명종대 이후 疎屬으로 입후하려는 세태에 제동을 건다.

---

38) 『中宗實錄』 中宗 15년 12월 18일, 19일.

입후와 관련하여 논란이 되는 중요한 사안은 입후를 한 뒤에 친자가 태어나는 것이다. 이 문제는 표면적으로는 종통을 계승한 입후자의 지위에 관한 것이지만, 본질적으로는 적통과 종통의 관계를 두고 치열하게 논쟁을 벌였던 禮訟과 맥을 같이하는 것이다. 예송은 적통이 아닌 효종이 종통을 계승한 뒤 사망한 상황에서 종통과 적통의 관계 설정을 두고 벌어진 것이기 때문이다.

명종 8년(1553) 사헌부에서 故 장흥고령 李墰이 아들이 없어 同宗 支子인 漢垣을 입후한다. 그 뒤 후처가 아들을 낳게 되어 입후를 파기하고자 하자, 사헌부에서는 입후를 파기하지 못하도록 헌의한다.[39] 이에 대해 명종은 "다른 사람의 후사가 된 사람은 그 사람의 아들이 되는 것"이며, "大義가 한번 정해지면, 일시적인 사정에 따라 쉽게 파양하지 못하도록 해야 한다"는 원론적인 입장에서 『大明律』의 "아들이 없으면 동종 가운데서 소목이 맞는 조카뻘 되는 이로 승계를 한다. 먼저 형제를 다 찾아본 뒤 없으면 大功親과 小功親, 緦麻親에까지 이른다. 그런데도 해당자가 전혀 없다면 그때서야 먼 동성을 세워 후사로 삼는 것을 허가한다. 후사를 세운 뒤에 친아들을 낳은 경우에는 그 재산을 후사로 삼은 아들과 균분한다."는 규정을 근거로 "친아들이 제사를 받들되 후사가 된 아들도 친아들과 의리상 같은 형제이므로 衆子로 논의해야 한다"고 결정한다.[40]

『수교집록』에는 "(명종 8년, 1553) 입후한 뒤에 친아들을 낳으면 친아들이 제사를 받들어야 하므로 계후한 아들은 중자로 논하고 어지러이 계후를 파할 수는 없다"[41]는 조항으로 이에 관한 명종의 수교가 기재되어 있다. 아울러 명종 11년(1556)의 수교에서는 "적장자에게 후사가 없을 때 첩자가 제사를 받드는 법은 계축년(명종 8, 1553)에 의논하

39) 『明宗實錄』 明宗 8년 4월 17일.
40) 『各司受教』, 「禮曹受教」, 癸丑(1553, 명종 8) 4월 20일에 받은 전교.
41) 『受敎輯錄』, 「禮典」, '立後'. 이 조항은 『各司受敎』 「禮曹受敎」에도 사안과 관련한 상세한 내용과 함께 동일한 내용이 실려 있다.

여 결정한 것을 따라 시행한다. 의논하여 결정하기 전에 후사를 세운 경우는 고치지 않는다. 비록 계축년 입법 이후에 생긴 일이라도 만일 재상이 上言하여 특별히 임금의 재가를 받은 경우에는 고치지 않는다."고 하여 명종 8년의 수교 내용을 확인하고 있다.

선조 13년(1580) 친자 출생 시 양자는 제사를 받들지 못하지만 3세 전에 수양한 양자는 다른 중자와 같이 재산을 균등하게 분할하도록 한 결정과 선조 13년(1580) 입후를 했다가 첩자를 얻게 되자 입후를 파기하고자 요청한 사안에 대하여 衆子로 대우하고 파양하지 못하도록 한 결정은 명종 8년의 수교와 동일선상에 놓여 있는 것이다.[42]

이러한 흐름은 현종대까지 이어진다. 현종 즉위년(1660)에 태복 첨정 유정의 양자가 폐질에 걸려 아무 일도 하지 못했으므로 유정이 자기 후사가 끊기는 것을 민망히 여겨 그 양자는 파양을 하여 시양자로 삼고, 다시 자기 堂兄의 아들을 양자를 세우고는 시양자는 둘째 아들이나 마찬가지로 대하겠다는 것을 요청하자, 우승지 김수항은 "아버지와 자식 사이는 사람에 있어 대륜인 것으로 이미 계후자로 정했으면 자기가 낳은 것과 똑같은 것이다. 따라서 파양해서는 안 된다"고 주장한다. 이에 현종도 그대로 따른다.[43]

입후와 관련된 보다 진전된 결정은 예송이 한창 진행 중이던 시기와 중첩되어 이루어진다. 현종 3년(1662) 繼後子가 있는데도 親子로 奉祀하게 한 명종 8년(1553)의 受敎를 개정하자는 논의가 대신들을 통해 獻議된다. 영부사 李景奭과 좌의정 元斗杓, 우의정 鄭維城은 한 목소리로 "입후를 한 뒤에 친자를 낳았더라도 계후자를 장자로 삼아 奉祀하도록 할 것"을 요청한다. 이때 논거가 된 것이 仁祖朝의 相臣 崔鳴吉의 경우였다. 최명길은 계후한 뒤에 아들을 낳았지만, 胡文定公의 고사에 따라 계후자를 長子로 삼게 해 줄 것을 청하여 윤허를 받았다

---

42)『宣祖實錄』宣祖 13년 10월 16일.
43)『顯宗實錄』顯宗 즉위년 12월 19일.

는 것이다. 그러나 현종은 "가정 계축년의 수교에 의거하여 시행할 것"을 명하고 끝내 받아들이지 않았다.

같은 해 9월 정언 이단석과 교리 김만기의 거듭된 요청[44]에도 뜻을 굽히지 않던 현종은 다음 해 부응교 南九萬이 인조조의 수교를 김장생의 『疑禮問解』와 金集이 최명길이 요청한 일을 인용하여 단 註를 첨부하여 올리자 조금씩 변화되기 시작한다.[45]

마침내 현종 4년(1663) 예조가 "지난해 10월 4일 諫臣의 陳啓에 따라, 지금부터는 仁祖朝의 受敎에 의거해서 繼後한 뒤에는 親子를 낳아도 所後子가 奉祀케 하고 친자는 둘째 아들로 논할 것이며 이를 어긴 자는 엄히 밝혀 금단토록 했었으니, 이를 京外에 주지시켜 영원히 定式으로 삼게 하자"고 요청하자, "인조조의 수교가 상세하지 못한 듯 하니, 지금 이후로 새로운 事目을 따로 만드는 것이 좋겠다"[46]고 하여 받아들인다. 이러한 결정은 『受敎輯錄』 「禮典」 '입후' 조항에 현종 10년 수교로 기록된다.[47]

『수교집록』의 내용 가운데 주목을 끄는 것은 중종 31년(1536)에 내려진 수교이다. 수교는 "嫡子는 없지만 첩자가 있는 사람이 嫡族 중에 촌수가 먼 사람을 후사로 삼게 되면, 첩자가 있어도 후손이 없는 경우와 같아진다. 『경국대전』에 따라 적처와 첩이 모두 아들이 없는 경우에만 繼後를 허락한다(無嫡子而有妾子者, 以嫡族之疎遠者爲後, 則有妾子者與無後同. 依『大典』嫡妾俱無子者, 乃許繼後)."[48]는 내용이다.

이는 두 가지 점에서 의미가 있는 것이다. 첫째는 '同宗近屬' 우선의 입후 원칙이 16세기에 관철된다는 점이다. 둘째 '적처와 첩이 모두 아들이 없을 경우'에만 계후를 허락하는 원칙적 입장이 천명되고 있다는

---

44) 『顯宗實錄』 顯宗 3년 9월 18일.
45) 『顯宗實錄』 顯宗 4년 4월 1일.
46) 『顯宗實錄』 顯宗 4년 6월 11일.
47) 『受敎輯錄』, 「禮典」, '立後'.
48) 『受敎輯錄』, 「禮典」, '立後'.

점이다. 두 번째 입장은 명종 8년(1553) "적장자에게 첩자가 있는 경우
는 동복아우의 아들이 아니면 후사로 삼는 것을 허락하지 않는다"[49]는
수교를 통해 현실과 타협하는 것으로 보인다.

3)『續大典』,『大典通編』의 단계

『續大典』「禮典」의 '奉祀' 조항은 다음의 두 항목으로 구성되어 있
다.

> ① "맏아들이 죽고 자손이 없어서 다른 아들을 세워서 봉사하게 하였
> 으면 맏며느리는 종부로 논할 수 없다"(長子死無後, 更立他子奉
> 祀, 則長子之婦毋得以冢婦論). [田地와 民結은 衆子의 예에 의거
> 하여 분급하고 사당을 세운 집은 제사를 주재하는 자손에게 전해
> 주되 이를 마음대로 매매하는 것을 금한다(田民依衆子例分給. 立
> 廟家舍傳給於主祭子孫, 而擅賣者禁斷).]
> ② "무릇 아들이 없어서 양자를 세운 경우에 이미 입안을 올렸으면
> 비록 그 후 아들이 태어나도 마땅히 둘째 아들이 되는 것이고 양자
> 로서 봉사하게 한다(凡無子立後者, 旣已呈出立案, 雖或生子, 當爲
> 第二子, 以立後者奉祀)."는 두 조항으로 구성되어 있다.

①조항은『受敎輯錄』「禮典」'立後' 조항의 명종 8년(1553) 수교인
"장자가 죽은 뒤에 다시 입후를 하여 제사를 주관케 하였다면 장자의
부인이 총부의 이름을 칭탁하여 토지와 노비를 다툴 수 없으니 중자의
예에 따라 재산을 나누어준다"는 조항을 정리한 것이다.

②조항 역시『受敎輯錄』「禮典」'立後' 조항의 현종 10년(1669) 수
교인 "이미 계후한 아들이 있는데도 자기가 낳은 아들에게 제사를 주
관하게 하는 것은 예제에 크게 어긋나는 것이니, 제도를 고치고 바로

---

49)『受敎輯錄』,「禮典」, '立後'. 이 조항도『各司受敎』「禮曹受敎」에 실려 있다.

잡는다"는 조항을 반영한 것이다. 주목해야 할 것은 『수교집록』에는 명종 8년(1553)의 수교인 "입후한 뒤에 친아들을 낳으면 친아들이 제사를 받들어야 하므로 계후한 아들은 중자로 논하고 어지러이 계후를 파할 수는 없다"는 조항과 명종 11년(1556) 수교인 "적장자에게 후사가 없을 때 첩자가 제사를 받드는 법은 계축년(명종 8, 1553)에 의논하여 결정한 것을 따라 시행한다. 의논하여 결정하기 전에 후사를 세운 경우는 고치지 않는다. 비록 계축년 입법 이후에 생긴 일이라도 만일 재상이 上言하여 특별히 임금의 재가를 받은 경우에는 고치지 않는다."는 충돌되는 규정도 함께 실려 있다는 점이다. 즉 『수교집록』의 모순된 조항이 『속대전』에 이르면 계후한 아들의 권리를 제도적으로 확고하게 보호하는 방향으로 정리된다는 것이다.

『續大典』 「禮典」의 '立後' 조항은 다섯 항목으로 되어 있다.

① 무릇 적장자가 無後한 경우에는 동종의 가까운 친족으로서 뒤를 잇게 하는 것을 허용한다(凡嫡長子無後者, 以同宗近屬, 許令立後).

② 지방인이 입후를 하는 경우에는 본도 관찰사에게 문서를 올려야 하고 관찰사는 의견을 문서 끝에 기록하여 보고하면 예조에서 입안을 작성하여 내려 보낸다(外方人立後者, 呈狀本道, 觀察使開錄啓聞, 自本曹成立案下送).

③ 동종의 맏아들로서 남의 뒤를 잇게 하는 경우와 한쪽 부모가 모두 죽은 경우, 둘 다 입후를 허용하지 아니한다(以同宗之長子爲後者及一邊父母俱沒者並勿聽).

④ 남의 후사가 된 자의 생가 부모가 무후하게 되었을 경우에는 파양하여 생가로 돌아가게 하고 양가에서는 입후를 다시 하도록 하는 것을 허용한다(爲人後者本生父母絶祀, 則罷繼歸宗, 許其所後家改立後). [만일 소후부모가 이미 사망하여 후계를 바꾸어 세울 수 없으면 旁親은 班祔한다는 사례에 따라 권도로 친부모의 신주를 봉안하고 제사가 끊기지 않게 한다(若所後父母已死, 不得改立後,

則從傍親班祔例, 權奉其神主, 俾不絶祀).]

⑤ 임금의 사위가 아들이 없을 경우에는 동종의 지자로서 양자를 삼게 하고 다시 장가들지 못하게 한다(駙馬無子者, 同宗支子立以爲後, 勿令再娶)의 다섯 조항으로 이루어져 있다.

①항목은『大典後續錄』'立後' 조항의 "무릇 적장자가 無後한 경우에는 동종의 가까운 친족으로서 뒤를 잇게 한다. 자신이 달리 하나의 宗을 이루고자 하면 소원한 친속으로 입후하는 것도 허용한다(凡嫡長子無後者, 以同宗近屬立後. 欲以身別爲一宗, 則雖疎屬聽.)"는 조항에서 소원한 친속으로 입후하는 허용한 부분을 제거한 것이다. 이는 명종대에 입후는 '동종의 근속'으로 하는 것이라는 인식이 반영된 것이다.

②와 ③항목은『新補受敎輯錄』「禮典」, '立後' 조항에 숙종 6년(1680) 수교인 "외방의 사람으로 입후하기를 원하는 자는 먼저 본도의 감사에게 문서를 올리며 감사는 이를 예조에 보낸다. 혹 동종의 장자나 독자를 후사로 삼는 것은 한 쪽의 부모가 모두 죽는다면 법례에 어긋남이 있게 되니 모두 심리를 들어 주지 않는다. 포목으로 낼 때는 한 사람마다 정목 5필로 하고 혹 전으로 낼 때는 5냥으로 한다."는 조항을 둘로 정리한 것이다.

④항목은『受敎輯錄』「禮典」 '奉祀' 조항의 명종 9년(1554) 수교인 "다른 사람의 후사가 된 자가 본래 낳아준 부모의 제사가 끊어질 경우 법에 따라 자기의 本宗으로 돌아가게 하고, 후사를 세웠던 집에서는 바꾸어 세우는 것을 허락해 준다. 만약 후사로 들어갔던 집의 부모가 이미 죽어 바꾸어 세울 수 없다면 방계친의 예에 따라 班祔하여 제사가 끊어지지 않도록 한다."는 조항을 직접 반영한 것이다.

⑤항목은『受敎輯錄』「禮典」 '立後' 조항의 숙종 7년(1681) 수교 "駙馬에게 아들이 없는 경우 동종의 아들 항렬에서 세워 후사를 삼게 하고 다시 장가들지 못하게 한다"는 조항을 옮겨 놓은 것이다.

『속대전』「예전」의 '봉사'와 '입후' 조항은 『수교집록』의 명종대 수교를 많은 부분 그대로 반영하고 있다. 『大典通編』의 「禮典」 '奉祀'와 '立後' 조항은 『경국대전』과 『속대전』의 내용을 附記하고 있다. 따라서 『속대전』과 『대전통편』은 적통에 대한 인식이라는 측면에 한정할 경우 중종·명종대의 변화된 인식을 충실히 반영하고 있다고 평가할 수 있다. 이 점은 특히 계후자의 권리를 보장한다는 측면에서는 보다 분명하게 확인할 수 있다.

명종 8년(1553) 장흥고령 李墇의 사안을 계기로 "다른 사람의 후사가 된 사람은 그 사람의 아들이 되는 것이며, 大義가 한번 정해지면, 일시적인 사정에 따라 쉽게 파양하지 못하도록 해야 한다"는 결정이 내려지면서, 친생자가 奉祀를 하고 계후자는 衆子로서의 권리를 확보할 수 있게 된다. 이후 현종 3년(1662), 명종 8년의 受敎를 개정해야 한다는 헌의를 거쳐, 현종 10년(1669) 제도 개정이 확정되고 이것이 『속대전』에 반영된다.

4. 맺음말

17세기 禮訟의 과정에서 송시열은 服制와 宗統을 분리하고, 인위적으로 복제를 종통에 종속시키는 것을 반대하며, 복제와 종통이 분리되더라도 결코 종통의 일원성이 손상되지 않는다고 주장한다. 반면 허목과 윤휴는 일단 종통을 계승하여 군주가 되면 嫡統은 자연히 수반된다고 보아 군주의 복제에서는 적통을 종통에 예속시켜 이해해야 한다는 논점을 세운다. 송시열이 '혈연적 유대[親親]'를 매개로 결정되는 服制와 '신분적 상하 관계[尊尊]'에 의해 결정되는 宗統의 분리를 주장하고 복제는 '혈연적 순정성[嫡統]'에 종속되어야 함을 주장하였다면, 윤휴는 혈연적 순정성과 유대감에 의해 결정되는 嫡統과 服制는 인위적 요소에 의해 결정되는 宗統에 종속되는 것임을 주장한 것이다.

15세기『經國大典』과『大典續錄』의 단계에서 적통과 종통에 대한 인식은 매우 불철저했던 것으로 판단된다. 법전적으로는 적장자계승과 첩자봉사의 원칙이 본 조항에 천명되고 있는가 하면 이를 정면에서 부정하는 단서 조항이 註로 附記되기도 하고, 현실에 있어서는 '적장자계승의 원칙'이 '家長權'과 충돌하는 모습을 보이기도 하며, '同宗近屬' 우선의 입후 원칙은 近屬과 疎屬을 가릴 것 없이 입후를 허용하는 포괄 규정으로 해석·적용되는 양상으로 나타나기 때문이다.

16세기『大典後續錄』,『各司受敎』,『受敎輯錄』단계의 특징은, 15세기적 인식이 여전히 도도한 흐름을 형성하고 있으면서도 적통과 종통에 대한 확고한 인식이 자리잡아 가는 것으로 판단된다. 총부에 의해 중자나 첩자가 있음에도 近屬이 아닌 疎屬을 통한 입후가 이루어진 것은 '혈연적 순정성[嫡統]'의 원칙에 따른 종통의 계승이라는 '종통계승의 명시적 원칙'의 조선적 변주라는 것은 두말할 나위도 없다. 이와는 달리 '同宗近屬' 우선의 입후 원칙이 관철되고 있고, '적처와 첩이 모두 아들이 없을 경우'에만 계후를 허락하는 원칙적 입장이 천명되고 있으며, 계후자의 권리를 보장하는 진전된 논의가 단계적으로 법제화되고 있다는 점은 적통과 종통에 대한 인식이 이념적 층차에서가 아니라 일상생활의 차원에서 확고하게 뿌리내리고 있음을 보여주는 것으로 생각된다.

18세기『속대전』「예전」의 '봉사'와 '입후' 조항은『수교집록』의 명종대 수교를 많은 부분 그대로 반영하고 있고,『大典通編』의「禮典」 '奉祀'와 '立後' 조항은『경국대전』과『속대전』의 내용을 附記하는 방식을 취하고 있다. 그 점에서『속대전』과『대전통편』은 적통과 종통에 대한 인식이라는 측면에서, 중종·명종대의 변화된 인식을 충실히 반영하고 있다고 판단된다.

변화는 통시적으로 두 가지 점에서 일관성을 지닌 것으로 읽혀진다.

첫째, 宗統의 계승이 嫡統에 보다 근접해 가는 방향으로 변화되고 있다는 점이다. 첩자봉사가 현실화된 것은 아니지만, 입후의 경우 同宗疎屬에서 同宗近屬으로의 변화는 이를 보여주는 사례가 된다. 둘째, 종통계승에 대한 인식이 확고해지는 방향으로 변화된다는 점이다. 입후를 통해 종통을 계승한 뒤 친생자가 태어나더라도 계후자의 권리를 친자보다 우선적으로 보장하려는 법제 개정이 바로 그것이다.

첫 번째 변화는 16세기 초반부터 두드러지게 나타나고, 두 번째 변화는 예송이 한창 진행되던 시기와 중첩되어 나타나 18세기에는 확고부동하게 자리 잡는다. 바로 그 점에서 적통과 종통에 대한 인식은, 15~16세기의 이해기를 거쳐 17세기 君主服制라는 구체적 사안을 둘러싸고 벌어졌던 예송의 과정에서 대립각을 세운 채 충돌하면서 정립되고 숙성되어 갔던 것이다.

찾아보기

526

528

연세국학총서 46
조선 국가의 구조와 경영 2

조선후기 체제변동과 속대전
오 영 교 편

2005년 6월 20일 초판 1쇄 인쇄
2005년 6월 25일 초판 1쇄 발행

펴낸이 · 오일주
펴낸곳 · 도서출판 혜안
등록번호 · 제22-471호
등록일자 · 1993년 7월 30일

☎ 121-836 서울시 마포구 서교동 326-26번지 102호
전화 · 3141-3711~2 / 팩시밀리 · 3141-3710
E-Mail hyeanpub@hanmail.net

ISBN 89 - 8494 - 247 - 2 93910
값 30,000원